建设工程管理前沿理论与实践丛书

建设项目采购模式与管理

李启明　邓小鹏　编著

中国建筑工业出版社

图书在版编目（CIP）数据

建设项目采购模式与管理/李启明，邓小鹏编著. —北京：
中国建筑工业出版社，2010.11
（建设工程管理前沿理论与实践丛书）
ISBN 978-7-112-12620-0

I.①建… II.①李… ②邓… III.①基本建设项目—采购
IV.①F284

中国版本图书馆 CIP 数据核字（2010）第 224677 号

本书在借鉴国际工程项目采购和管理研究与实践的经验基础上，结合国内工程项目采购和管理的研究与实践，全面介绍了国际常见的工程合同系列、发展趋势及合同管理要点，工程合同类型、应用及选择要点，以及工程合同各参与方的主要职责和合同安排，系统介绍和分析了 DBB、DB、EPC、CM、BOT、PPP/PFI、DBO 以及 NC、PM、Partnering 等项目采购模式与管理的内涵、特点、主要内容及实际应用。在此基础上，本书还介绍了工程索赔管理、合同争议处理等内容。

本书可作为全国建设工程管理、项目管理、土木与建筑工程等相关专业博士、硕士研究生的教材或参考书，也可供建设工程管理领域的相关科研人员以及政府、建设单位、监理单位、施工单位等有关管理人员参考使用。

* * *

责任编辑：朱象清　牛　松
责任设计：肖　剑
责任校对：王金珠　关　健

建设工程管理前沿理论与实践丛书
建设项目采购模式与管理
李启明　邓小鹏　编著
*
中国建筑工业出版社出版、发行（北京西郊百万庄）
各地新华书店、建筑书店经销
北京红光制版公司制版
北京市密东印刷有限公司印刷
*

开本：787×1092 毫米　1/16　印张：27½　字数：686 千字
2011 年 4 月第一版　2011 年 4 月第一次印刷
定价：**60.00** 元
ISBN 978-7-112-12620-0
(19855)

版权所有　翻印必究
如有印装质量问题，可寄本社退换
（邮政编码 100037）

建设工程管理前沿理论与实践丛书
编 委 会

主任委员：丁士昭

委　　员（按姓氏笔画排序）：

　　　　丁烈云　王立国　邓铁军　古阪秀三（日）

　　　　冯桂烜　齐宝库　孙继德　李启明

　　　　张守健　陈建国　武永祥　徐友全

序

我国建设事业正处在国际化的进程中，建筑业的体制、法制和机制也正在不断改革的过程中。创新驱动需要理论引导，为此，在数年前成立了本丛书编委会。编委会分别于2006年10月10日在上海，2007年3月16日在杭州召开了会议，启动《建设工程管理前沿理论与实践丛书》的编写工作，讨论了丛书编写的指导思想、读者群、编写的组织、各分册的组成以及各分册的主要内容和大纲，中国建筑工业出版社朱象清和牛松先生参加了会议，并对编写工作提出了指导意见。

本丛书编写的指导思想是：

- 重点阐述和介绍国际建设工程管理的前沿理论以及相关的新概念、新方法、新知识和新工具；
- 关注前沿理论在工程实践中的应用；
- 将随着科学技术的发展，不断扩展和更新丛书的内容。

期望本丛书拥有较广泛的读者群，如：

- 高等院校的教师，包括博士和硕士研究生导师；
- 博士和硕士研究生；
- 在科研单位、建设工程投资方、开发方、设计单位、施工单位从事工程管理的研究人员和工程技术人员；
- 工程监理工程师、建造师和造价工程师等相关的专业人员；
- 在有关学会、协会和政府部门从事建筑业管理和建设工程管理的人员。

本丛书由以下十个分册组成（视需要和可能将继续增加分册）：

1）工程管理导论；
2）工程管理信息化；
3）工程项目价值管理；
4）建设项目的策划与决策；
5）建设项目投资控制与管理；
6）建设项目进度控制与管理；
7）建设项目质量控制与管理；
8）建设项目安全管理；
9）建设项目采购模式与管理；
10）建设项目运营的管理

本丛书由同济大学、哈尔滨工业大学、东南大学、华中科技大学、东北财经大学、东北大学、沈阳建筑大学、湖南大学、山东建筑大学及日本京都大学等高等院校的教授们和工程界的专家们合作编写。

本丛书不足之处在所难免，恳请提出宝贵意见为感。

丁士昭　于2011年1月11日

前　言

　　随着全球市场一体化、经济全球化、信息化进程加快，项目建设和管理理念出现新的变革，这些变革深刻地影响建筑业的发展，同时也影响项目采购模式和管理的发展。自20世纪60年代末以来，国际工程领域项目采购模式与合同条件发生了巨大的变化，各种全新的项目采购模式与合同条件不断涌现，并且在工程实践中得到大量地采用。在项目采购模式领域，除了传统的设计—招标—施工（DBB）项目采购模式，设计—施工（DB）、设计—采购—施工（EPC）、建设管理（CM）、管理承包（MC）、建设—运营—转让（BOT）、公私营合作模式（PPP/PFI）等新的采购模式相继出现。在工程合同领域，FIDIC（国际咨询工程师联合会）、ICE（英国土木工程师学会）、JCT（英国合同审定联合会）、AIA（美国建筑师学会）等国际组织和机构制定的系列标准合同条件也在不断修改、发展和完善，并且在许多实际工程中得以采用。同这些变化相比较，中国的项目采购模式显得较为单调，有些工程项目开始采用新的采购模式，但由于认识和理解不同在实践操作中出现了许多问题。目前我国虽然在建设领域已经广泛推行了建设监理制、招标投标制、合同管理制等工程建设基本制度，但是这些制度以及相应的制度环境基本上是基于传统的项目采购模式，这种局面一定程度上影响了我国工程建设行业的合理发展和对外拓展。因此，准确完整地理解项目采购模式的内涵、基本内容和实践操作，把握工程合同管理的发展方向，完善和发展我国项目采购模式体系和标准工程合同条件，成为我国建筑业和企业实现"走出去"战略，加快与国际接轨步伐，提高国际竞争力的重要课题。

　　作者在对国内外建设项目采购模式和合同管理研究和实践充分调研的基础上，经过2006年10月10日上海会议和2007年3月17～18日杭州会议两次编委会专家的专题讨论和研究，结合承担的建设部课题和开展国际合作的最新研究成果，确定了本书的编写大纲、编写内容和编写要求。全书注重理论与实践相结合，力求思路清晰、概念准确、内容新颖，既具有一定的理论深度，又具有较好的实践操作性。全书根据国际、国内建筑业的实践和发展，全面介绍了国际常见的工程合同系列、发展趋势及合同管理要点；详细介绍总价合同、单价合同、成本加酬金合同等合同类型的特点、应用及选择要点以及工程合同各参与方主要职责和合同安排；系统介绍和分析了DBB、DB、EPC、CM、BOT、PPP/PFI、DBO以及NC、PM、Partnering等项目采购模式的含义、特点、主要内容及实际应用；此外，还介绍了工程索赔管理、合同争议处理等内容。

　　全书由李启明、邓小鹏负责总体策划、编写及统纂定稿，东南大学建设与房地产研究所博士、南京工业大学副教授孙剑参加了部分章节编写工作。本书在编写过程中，查阅和检索了许多建设项目采购模式和合同管理方面的信息、资料和有关专家、学者的著作、论文，并得到东南大学、同济大学、香港理工大学、中国建筑工业出版社等单位和学者的支持和帮助，在此表示衷心的感谢。在本书的编写过程中，东南大学建设与房地产研究所的李静华、朱蕾、王超、吴文宪、付伟等研究生做了大量的基础资料收集、整理和分析工作;东南大学建设与房地产研究所在美国马里兰大学开展联合博士培养的袁竞峰,以及在英国索尔福德大学开展联合博士培养的李先光也做了许多资料收集、整理等有价值的工作;本书作者之一邓小鹏博士在香港理工大学开展了近一年的国际合作研究,得到了香港理工大学申立银等教授的支持和帮助;同济大学丁士昭教授审阅了编写大纲和部分内容,提出许多宝贵建议,在此一并表示感谢。

由于建设项目采购和管理还需要在研究和实践中不断丰富、发展和完善,加之作者水平和时间所限,本书不当之处敬请读者、同行专家批评指正,以便再版时加以修改和完善。

作者

2010 年 11 月

目 录

1 项目采购模式与管理导论 ... 1
1.1 项目采购模式的演变和发展 ... 1
- 1.1.1 项目采购模式的演变 ... 1
- 1.1.2 项目采购模式演变的动因 ... 2

1.2 项目采购模式要点 ... 3
- 1.2.1 项目采购模式的基本内涵 ... 3
- 1.2.2 项目采购模式的基本形式 ... 4
- 1.2.3 不同项目采购模式的区别 ... 14
- 1.2.4 项目采购模式选择的影响因素 ... 15
- 1.2.5 项目采购模式应用的实证分析 ... 18

1.3 工程合同条件与管理要点 ... 20
- 1.3.1 标准合同条件及其发展变化 ... 20
- 1.3.2 工程合同管理要点 ... 22

1.4 本章小结 ... 26

2 工程合同条件系列 ... 27
2.1 FIDIC 合同系列 ... 27
- 2.1.1 FIDIC 合同条件综述 ... 27
- 2.1.2 FIDIC 合同条件系列 ... 29
- 2.1.3 FIDIC 合同条件的应用方式 ... 31

2.2 AIA 合同系列 ... 32
- 2.2.1 AIA 合同系列的项目采购模式 ... 32
- 2.2.2 AIA 的主要特征 ... 32
- 2.2.3 AIA 系列合同的分类 ... 33
- 2.2.4 AIA 合同核心文件的特点 ... 34

2.3 JCT 合同系列 ... 38
- 2.3.1 JCT 合同简介 ... 38
- 2.3.2 JCT 主要合同文本及适用条件 ... 39
- 2.3.3 JCT98 合同主要条款 ... 41

2.4 ICE 合同系列 ... 44
- 2.4.1 ICE 合同特点 ... 44
- 2.4.2 ICE 合同条件 ... 45

目 录

  2.4.3 ICE 与 FIDIC 合同条件的比较 ·················· 46
 2.5 NEC 合同系列 ·················· 47
  2.5.1 NEC 合同简介 ·················· 47
  2.5.2 NEC 合同中参与方之间的合同关系 ·················· 47
  2.5.3 NEC 合同系列的分类 ·················· 48
  2.5.4 NEC 施工合同的特点和主要内容 ·················· 48
  2.5.5 NEC 与 FIDIC 的比较 ·················· 51
  2.5.6 NEC-ECC 合同的参与方关系 ·················· 52
 2.6 国内工程合同系列 ·················· 53
 2.7 国际工程合同条件的发展趋势 ·················· 56
  2.7.1 结构化、系统化、系列化、集成化 ·················· 56
  2.7.2 现代合同原则的引入与强化 ·················· 57
  2.7.3 现代项目管理原则和技术的引入与渗透 ·················· 58
  2.7.4 方便用户原则的强化 ·················· 60
  2.7.5 国内施工合同文本所处阶段及其发展 ·················· 61
 2.8 本章小结 ·················· 61

3 工程合同类型及优选 ·················· 62
 3.1 固定总价合同（Stipulated-Sum Contracts） ·················· 62
  3.1.1 固定总价合同中承包商的职责 ·················· 62
  3.1.2 固定总价合同中业主的职责 ·················· 66
  3.1.3 固定总价合同中设计师（设计商）的责任 ·················· 67
  3.1.4 固定总价合同中分包商的职责 ·················· 69
  3.1.5 固定总价合同中供应商的职责 ·················· 71
  3.1.6 固定总价合同的优缺点 ·················· 71
  3.1.7 固定总价合同的标准文件 ·················· 72
  3.1.8 固定总价合同的关键点总结 ·················· 72
 3.2 单价合同（Unit-Price Contracts） ·················· 73
  3.2.1 工程单价 ·················· 73
  3.2.2 单价合同中承包商的职责 ·················· 75
  3.2.3 单价合同中业主的职责 ·················· 75
  3.2.4 单价合同中设计师的责任 ·················· 76
  3.2.5 单价合同中分包商和供应商的职责 ·················· 79
  3.2.6 单价合同的优缺点 ·················· 79
  3.2.7 单价合同的标准形式 ·················· 79
  3.2.8 单价合同的关键点总结 ·················· 80
 3.3 成本加酬金合同（Cost-Plus-Fee Contracts，CPF） ·················· 81
  3.3.1 CPF 合同内涵及风险 ·················· 81
  3.3.2 建设工程成本（Cost of Construction Work） ·················· 83

3.3.3　CPF 合同中承包商的职责 …………………………………………… 85
　　3.3.4　CPF 合同中业主的职责 ……………………………………………… 87
　　3.3.5　CPF 合同中设计师的责任 …………………………………………… 87
　　3.3.6　CPF 合同中分包商的职责 …………………………………………… 88
　　3.3.7　CPF 合同中供应商的职责 …………………………………………… 89
　　3.3.8　CPF 合同的优缺点 …………………………………………………… 89
　　3.3.9　保证最高成本加酬金合同（Guaranteed Maximum Cost-plus-Fee Contract） …… 89
　　3.3.10　CPF 合同的标准文件 ………………………………………………… 93
　　3.3.11　CPF 合同的关键点总结 ……………………………………………… 93
　3.4　本章小结 ………………………………………………………………………… 94

4　建设工程参与方及其合同安排 …………………………………………………… 95
　4.1　建设工程中的参与方（The Parties Involved in Construction Works）…… 95
　　4.1.1　建设工程（Construction Works）…………………………………… 95
　　4.1.2　业主（The Owner）…………………………………………………… 96
　　4.1.3　承包商（The Contractor）…………………………………………… 97
　　4.1.4　分包商（The Subcontractor）………………………………………… 98
　　4.1.5　供应商（The Supplier）……………………………………………… 99
　　4.1.6　设计师（The Designer）……………………………………………… 101
　　4.1.7　设计顾问（The Designer's Consultants）…………………………… 104
　　4.1.8　建设经理（The Construction Manager）…………………………… 105
　　4.1.9　管理承包商（The Management Contractor）……………………… 108
　　4.1.10　工料测量师/成本工程师/建筑经济师（The Quantity Surveyor, Cost Engineer, Construction Economist）…………………………… 109
　　4.1.11　关键点总结（Summary of Key Points）…………………………… 109
　4.2　建设工程中的合同安排（Arrangements of Contracts for Construction）… 110
　4.3　本章小结 ………………………………………………………………………… 112

5　DB 采购模式与管理 ………………………………………………………………… 113
　5.1　DB 采购模式概述 ……………………………………………………………… 113
　　5.1.1　DB 采购模式的基本概念 …………………………………………… 113
　　5.1.2　DB 采购模式的研究现状和实践应用 ……………………………… 114
　5.2　DB 采购模式的内容和特点 …………………………………………………… 117
　　5.2.1　DB 采购模式的类型 ………………………………………………… 117
　　5.2.2　DB 采购模式的工作流程及工作内容 ……………………………… 120
　　5.2.3　DB 采购模式的特点及适用范围 …………………………………… 122
　5.3　DB 采购模式合同条件分析 …………………………………………………… 125
　　5.3.1　DB 采购模式的标准合同条件 ……………………………………… 125
　　5.3.2　DB 模式下各参与方的风险和责任 ………………………………… 128

目录

- 5.4 DB采购模式案例分析 ··········· 130
  - 5.4.1 工程背景 ··········· 130
  - 5.4.2 项目运作 ··········· 131
  - 5.4.3 经验与教训 ··········· 132
- 5.5 DB模式对建筑业的影响及建筑业企业的应对 ··········· 132
  - 5.5.1 DB模式对建筑业的影响及应对策略 ··········· 132
  - 5.5.2 DB模式对建筑业企业的影响及应对策略 ··········· 133
- 5.6 本章小结 ··········· 135

6 EPC采购模式与管理 ··········· 136
- 6.1 EPC采购模式概述 ··········· 136
  - 6.1.1 EPC采购模式基本概念 ··········· 136
  - 6.1.2 EPC采购模式的研究现状和实践应用 ··········· 136
- 6.2 EPC采购模式的内容和特点 ··········· 138
  - 6.2.1 EPC合同分类 ··········· 138
  - 6.2.2 EPC采购模式的工作流程及工作内容 ··········· 139
  - 6.2.3 EPC采购模式特点及适用范围 ··········· 149
- 6.3 EPC采购模式合同条件分析 ··········· 152
  - 6.3.1 EPC合同条件内容 ··········· 152
  - 6.3.2 EPC合同中的各方权利义务 ··········· 157
  - 6.3.3 EPC合同条件的风险分担 ··········· 158
  - 6.3.4 EPC合同的特点 ··········· 159
- 6.4 EPC采购模式与其他模式比较分析 ··········· 160
- 6.5 EPC模式的管理要点 ··········· 161
- 6.6 EPC采购模式案例分析 ··········· 162
  - 6.6.1 孟巴矿项目 ··········· 162
  - 6.6.2 渤南油气田项目 ··········· 165
- 6.7 本章小结 ··········· 169

7 CM采购模式与管理 ··········· 170
- 7.1 CM采购模式概述 ··········· 170
  - 7.1.1 CM采购模式的基本概念 ··········· 170
  - 7.1.2 CM采购模式的研究现状及实践应用 ··········· 172
- 7.2 CM采购模式的内容和特点 ··········· 174
  - 7.2.1 CM采购模式的类型 ··········· 174
  - 7.2.2 CM单位的工作内容 ··········· 179
  - 7.2.3 CM采购模式的特点及适用范围 ··········· 182
- 7.3 CM采购模式合同条件分析 ··········· 184
  - 7.3.1 代理型CM采购模式的合同条件 ··········· 184

7.3.2 非代理型 CM 采购模式的合同条件 187
7.4 非代理型 CM 模式的工程费用及 GMP 190
　7.4.1 CM 模式的工程费用 190
　7.4.2 保证最大工程费用（GMP） 192
7.5 CM 采购模式与其他采购模式的比较 195
　7.5.1 CM 与 PM 模式的比较 195
　7.5.2 CM 与 PMC 的模式比较 197
　7.5.3 CM 与 MC 模式的比较 198
7.6 CM 采购模式案例分析 199
7.7 国际著名 DB/EPC/CM 承包商的经验 202
　7.7.1 Bechtel 公司概况 202
　7.7.2 Bechtel 公司竞争优势 204
　7.7.3 Bechtel 公司技术创新 205
　7.7.4 Bechtel 公司的开拓之路 207
　7.7.5 Bechtel 公司对中国建筑业企业的启示 208
7.8 本章小结 208

8 PPP/PFI 采购模式与管理 209
8.1 PPP/PFI 模式概述 209
　8.1.1 PPP/PFI 模式的概念 209
　8.1.2 PPP 模式的内涵 212
　8.1.3 与 PPP 模式相关的概念辨析 214
8.2 PPP/PFI 采购模式的研究现状及实践应用 216
　8.2.1 PPP/PFI 采购模式的研究现状 216
　8.2.2 PPP 采购模式的实践应用 219
8.3 PPP/PFI 采购模式的主要内容 224
　8.3.1 PPP/PFI 采购模式的类型 224
　8.3.2 PPP/PFI 采购模式的组织结构及合同结构 228
　8.3.3 PPP/PFI 采购模式的工作流程 230
8.4 PPP/PFI 采购模式的特点及适用范围 236
　8.4.1 PPP/PFI 采购模式的特点 236
　8.4.2 PPP 采购模式的适用范围 238
8.5 PPP/PFI 采购模式合同管理 239
　8.5.1 PPP/PFI 涉及的主要合同 239
　8.5.2 PPP/PFI 合同管理要点 240
8.6 PPP 合同标准文本及设计 242
　8.6.1 国际 PPP 合同标准文本 242
　8.6.2 我国 PPP 合同文本设计 249
8.7 PPP 采购模式案例分析 258

8.7.1　项目概况 ……………………………………………………………… 258
　　8.7.2　股本结构 ……………………………………………………………… 259
　　8.7.3　项目费用与收益分配 ………………………………………………… 260
　　8.7.4　经验及教训 …………………………………………………………… 260
8.8　本章小结 ……………………………………………………………………… 261

9　BOT 采购模式与管理 …………………………………………………………… 262
9.1　BOT 采购模式定义与概念 …………………………………………………… 262
9.2　BOT 采购模式的研究现状及实践应用 ……………………………………… 262
　　9.2.1　BOT 采购模式的研究现状 …………………………………………… 262
　　9.2.2　BOT 采购模式的实践应用 …………………………………………… 265
9.3　BOT 采购模式的主要内容 …………………………………………………… 269
　　9.3.1　BOT 采购模式的类型 ………………………………………………… 269
　　9.3.2　BOT 采购模式的特点及适用范围 …………………………………… 271
　　9.3.3　BOT 采购模式的运作模式 …………………………………………… 273
　　9.3.4　BOT 采购模式的融资结构 …………………………………………… 275
9.4　BOT 采购模式合同管理 ……………………………………………………… 281
　　9.4.1　BOT 采购模式合同体系 ……………………………………………… 281
　　9.4.2　BOT 采购模式合同架构 ……………………………………………… 283
　　9.4.3　国际 BOT 标准合同介绍 ……………………………………………… 286
　　9.4.4　BOT 合同中的特许权期和保证担保 ………………………………… 287
9.5　BOT 采购模式的应用案例 …………………………………………………… 293
9.6　本章小结 ……………………………………………………………………… 295

10　DBO 采购模式与管理 ………………………………………………………… 296
10.1　DBO 采购模式的基本概念 ………………………………………………… 296
10.2　DBO 采购模式的研究现状及实践应用 …………………………………… 296
　　10.2.1　DBO 采购模式的研究现状 ………………………………………… 296
　　10.2.2　DBO 采购模式的实践应用 ………………………………………… 297
10.3　DBO 采购模式的类型、特点及适用范围 ………………………………… 297
　　10.3.1　DBO 采购模式的类型 ……………………………………………… 297
　　10.3.2　DBO 采购模式的特点 ……………………………………………… 299
　　10.3.3　DBO 采购模式的适用范围 ………………………………………… 300
10.4　DBO 采购模式的运作过程 ………………………………………………… 300
10.5　DBO 采购模式合同条件 …………………………………………………… 302
　　10.5.1　FIDIC 的 DBO 合同（讨论版） …………………………………… 302
　　10.5.2　世界银行固体废弃物处理（DBO 模式）标准合同文本 ………… 311
10.6　DBO 采购模式与相关模式的比较 ………………………………………… 314
　　10.6.1　DBO 与 PPP 其他模式的比较 ……………………………………… 314

10.6.2　DBO 与传统的 D、B、F、O、以及 DBFO 模式的比较 ……………………… 315
10.7　DBO 采购模式案例分析 ……………………………………………………… 317
10.8　本章小结 ……………………………………………………………………… 318

11　其他采购模式与管理 ………………………………………………………… 320
11.1　Partnering ……………………………………………………………………… 320
11.1.1　Partnering 模式的定义及内涵 ……………………………………………… 320
11.1.2　Partnering 模式的研究现状及实践应用 …………………………………… 323
11.1.3　Partnering 模式的内容 ……………………………………………………… 326
11.1.4　Partnering 模式的特点及适用范围 ………………………………………… 336
11.1.5　标准合同文本介绍 ………………………………………………………… 340
11.1.6　Partnering 模式应用案例 …………………………………………………… 346
11.2　Novation Contract ……………………………………………………………… 349
11.2.1　Novation Contract 的定义及概念 …………………………………………… 349
11.2.2　Novation Contract 研究现状及实践应用 …………………………………… 350
11.2.3　Novation Contract 模式的主要内容 ………………………………………… 350
11.2.4　Novation Contract 模式的特点及适用范围 ………………………………… 351
11.2.5　Novation Contract 模式应用案例 …………………………………………… 353
11.3　Program Management ………………………………………………………… 353
11.3.1　定义及概念 ………………………………………………………………… 353
11.3.2　Program Management 模式的研究现状 …………………………………… 356
11.3.3　Program Management 模式的主要内容 …………………………………… 358
11.3.4　Program Management 模式的特点及适用范围 …………………………… 365
11.3.5　Program Management 模式与其他模式的比较 …………………………… 366
11.3.6　Program Management 模式应用案例 ……………………………………… 368
11.4　本章小结 ……………………………………………………………………… 377

12　工程合同索赔与争议管理 …………………………………………………… 378
12.1　工程合同索赔基础 …………………………………………………………… 378
12.1.1　索赔的基本概念 …………………………………………………………… 378
12.1.2　索赔的分类 ………………………………………………………………… 380
12.1.3　索赔事件 …………………………………………………………………… 382
12.1.4　索赔的依据与证据 ………………………………………………………… 384
12.1.5　索赔文件 …………………………………………………………………… 387
12.1.6　索赔工作程序 ……………………………………………………………… 389
12.2　工期索赔 ……………………………………………………………………… 393
12.2.1　工程延误的合同规定及要求 ……………………………………………… 393
12.2.2　工程延误的分类、识别与处理原则 ……………………………………… 394
12.2.3　工期索赔分析方法 ………………………………………………………… 399

目　录

12.3　费用索赔 ·· 403
12.3.1　费用索赔的原因及分类 ·· 403
12.3.2　费用索赔的费用构成 ·· 404
12.3.3　索赔费用的计算方法 ·· 408
12.4　工程争议处理 ··· 413
12.4.1　工程合同争议的解决方式 ··· 413
12.4.2　工程合同的争议管理 ·· 421
12.5　本章小结 ·· 424

1 项目采购模式与管理导论

自 20 世纪 60 年代末、70 年代初以来，国内外项目采购模式与工程合同领域发生了巨大的变化，各种全新的项目采购模式与合同条件不断涌现，并且在工程实践中得到大量地采用。在项目采购模式方面，除了传统的设计—招标—施工（DBB）采购模式，设计—施工（DB）、设计—采购—施工（EPC）、建设管理（CM）、管理承包（MC）、建设—运营—转让（BOT）、公私营合作（PPP/PFI）等新的采购模式相继出现。在工程合同领域，国际咨询工程师联合会（FIDIC）、英国土木工程师学会（ICE）、英国合同审定联合会（JCT）、美国建筑师学会（AIA）、美国总承包商协会（AGC）等国际组织和机构制定的系列标准合同条件也在不断修改、发展和完善，并且在许多实际工程中得以采用。这些变革有的是对传统工程建设模式的修改和完善，有的则是根本性的变革。同这些变化相比较，中国的项目采购模式显得单调和薄弱，虽然在建设领域已经广泛地推行了建设监理制、招标投标制、合同管理制等工程建设基本制度，但是这些制度以及相应的制度环境基本上是基于传统的项目采购模式（DBB），这种局面严重地束缚了我国工程建设行业的合理发展和对外拓展。与此同时，我国的标准工程合同格式比较单一，不能够反映建设合同关系的多样性和灵活性。因此，准确理解项目采购模式的内涵，把握工程合同管理的发展方向，完善和发展我国项目采购模式体系和标准工程合同条件，成为我国建筑业和企业实现"走出去"战略，加快与国际接轨步伐，提高国际竞争力的重要课题。

1.1 项目采购模式的演变和发展

随着全球市场一体化、经济全球化、信息化进程加快，项目建设和管理理念出现新的变革，这些变革深刻地影响建筑业的发展，同时也影响项目采购模式的演变和发展。

1.1.1 项目采购模式的演变

建设项目采购模式经历了由业主自营模式到现代承包模式演变的多个发展阶段（如图 1-1 所示）。14 世纪前，一般是由业主直接雇佣工人进行工程建设。后来，由营造师负责设计和施工，这与当时的社会生产力水平有限和专业化协作程度很低以及工程复杂度不是太高的情况是相适应的。随着社会生产力的发展和建设规模的扩大，近代建设项目由于投资大、结构和技术复杂等原因，产生了设计、施工、供应、管理等专业化分工，即由"合"变"分"，分阶段、分专业的平行承发包模式遂成为主流的采购模式。但随着市场要求的变化，加上信息技术等科技的高速发展，专业分工的进一步整合重新被人们所认同，项目采购模式出现由"分"变"合"的新趋势，逐步演变为 DB 模式、EPC 模式、CM 模式、PM 模式、MC 模式以及 BOT 等多种模式并存的局面。

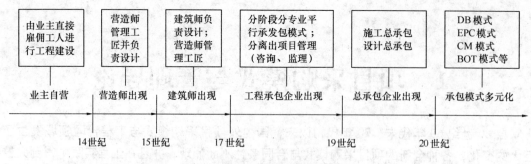

图 1-1 工程项目采购模式的演变

1.1.2 项目采购模式演变的动因

项目采购模式的演变是基于以下四个方面的原因促成的。

1. 业主观念变化

■ 时间观念增强。世界经济一体化增加了竞争的强度，业主需要在更短的时间内拥有生产或经营设施，从而可以更快地向市场提供产品，因而要求项目工期尽量缩短。

■ 质量和价值观发生变化。由于工业领域的业主在生产过程中实行了全面质量管理（Total Quality Management，TQM），他们希望承包方也能采用这种管理，以保证工程的质量。另外，业主意识到项目价值应该是价格、工期和质量等的综合反映，是一个全面的价值度量标准，因而工程价格在价值衡量中的比重降低。

■ 集成化管理意识增强。提倡各专业、各部门的人员组成项目组联合工作，对项目进行整体统筹化的管理。目前许多大项目都采用联合项目组这种方式，将各个专业的人员组织起来共同办公，极大地提高了工程效率。

■ 伙伴关系意识增强。业主、承包商和专业工程师更倾向于为了项目的整体成功而合作，而不再是仅仅追求各自的经济利益。人们的观念正从时刻准备索赔向避免索赔转变。有的合同中还规定了多种争端解决方式，尽量避免仲裁或诉讼。

■ 提供项目一揽子服务需求加大。由于现代建设项目具有规模大、资金需要量大、技术复杂且管理难度高等特点，业主自身项目管理能力和融资能力有限，因而业主越来越重视承包商提供综合服务的能力。

2. 设计与施工一体化趋势

■ 工程项目管理理论的发展。建设项目各阶段都有较成熟的项目管理理论和丰富的实践经验，很多有关的理论和模型都可以被纳入一体化管理的体系中，这使得研究重点集中在设计、施工等阶段的衔接上，项目协调的工作量大大减少。

■ 工业领域的集成管理趋势。自从20世纪70年代中期以来，制造业领域提出了一系列新思想、新概念和新方法，例如并行工程、价值工程、准时生产、精益生产、柔性生产、计算机集成制造（CIMS）等，使制造业得到了快速的发展，同时也为工程领域设计施工一体化提供了可借鉴的丰富经验和理论工具。

■ 项目管理信息化集成。信息技术的高速发展，软件工程理论和实践的突破为设计施工一体化提供了坚实的基础，使设计施工一体化要求的高速信息共享和交流成为可能，保障了设计施工一体化的实施效率。

3. 承包商利润的追求

承包商单纯的工程施工利润逐渐降低，承包业务逐渐向项目前期的策划和设计阶段延伸以及向项目建成后的营运阶段拓展，利润重心向产业链前端和后端转移。承包商参与建设项目的时间已逐渐提前到项目的策划、可行性研究或设计阶段，这一承包方式的发展已经成为国际大型承包商提高竞争力和抗风险能力的重要手段。

4. 传统 DBB 模式的局限性

采用传统的分阶段平行采购（DBB）模式，其局限性表现在以下几个方面。

- 建设周期较长。对于大型工程项目来说，如果项目全部设计结束后才进行施工招标，然后再进行施工，承包商介入工程项目的时间太迟，建设周期延长而使投资增加，影响业主的投资效率。
- 设计变更频繁。随着现代建设项目构成日趋复杂化，设计商在设计时不知道谁将是施工者，因而不能结合承包商的特点和能力进行设计，施工过程中可能会引起设计修改，导致设计变更频繁。
- 设计的可施工性较差。设计商有时对施工过程的具体工艺缺乏足够的重视，对施工方法和工艺了解较少，在设计过程中很难从施工方法及实际成本的角度来选择造价尽可能低、不影响使用功能且施工方便的设计方案。
- 业主项目总体目标控制困难。业主组织、协调工作量大，业主对项目总体目标的控制有困难，主要是不利于项目投资控制和进度控制。在整个项目实施过程中，业主对项目的投资控制既缺乏系统性、连续性，同时也缺乏足够的深度。
- 承包商处于被动地位。承包商"按图施工"，基本上处于被动地位，影响其积极性的发挥。

于是在 20 世纪 80 年代，产生了将设计和施工相结合的单方负责方式（Single Resource Responsibility Systems），其中包括设计-建造（Design-Build）总承包模式、一揽子（Package Deal）总承包模式和 EPC（Engineering Procurement Construction）模式等。在一系列的单方负责承包模式中，EPC 模式是承包商所承揽的工作内容最广、责任最大的一种。

虽然 DB 和 EPC 模式可以很好地将设计与施工结合起来，业主的组织协调工作量较少，但建设周期完全取决于项目总承包单位的分包模式，具有很大的不确定性。为了解决工期要求紧、业主要求其自身工作量最小的大型建设项目的采购问题，人们引入了 Fast-Track 模式。在这种情况下，项目的设计过程被分解成若干部分，每一部分施工图设计后面都紧跟着该部分的施工招标。整个项目的施工不再由一家承包商总包，而是被分解成若干个分包，按先后顺序分别进行设计、招标、施工。这样，设计、招标、施工三者充分搭接，施工可以在尽可能早的时间开始，与传统模式相比，缩短了整个项目的建设周期，由此产生了 CM 模式。

1.2 项目采购模式要点

1.2.1 项目采购模式的基本内涵

国内建筑业中习惯使用的"发包"一词在国际建筑业被称为"采购"。本书中所指的

"采购"术语，不是泛指材料和设备的采购，而是指建设项目本身的采购。项目采购是从业主角度出发，以项目为标的，通过招标进行"期货"交易。而"承包"从属于采购，服务于采购。采购决定了承包范围，业主采购的范围越大，承包商承担的风险一般就越大，对承包商技术、经济和管理水平的要求也越高。业主为了获得理想的建筑产品或服务就必须进行"采购"，而采购的效果与采购方式的选择密切相关。项目采购方式（Project Procurement Method, PPM）就是指建筑市场买卖双方的交易方式或者业主购买建筑产品或服务所采用的方法。

在英国和英联邦国家（澳大利亚、新加坡等）以及中国香港地区，项目采购模式一般称为"Procurement Method"或者"Procurement System"，这两个名字在含义和使用上没有任何区别，本书所用的"采购模式"即是直接从这两个词翻译过来的。在美国以及受美国建筑业影响比较大的国家，项目采购模式一般称为"Delivery Method"或者"Delivery System"，它们两个在含义和使用上也没有任何区别，如果把它们直接翻译成中文就是"交付方式"。英国的"Procurement Method（System）"和美国的"Delivery Method（System）"从概念上讲是完全相同的。Procurement的意思是采购，是从购买方（业主）的角度来讲的。Delivery的意思是交付，是从供货方（设计者、承包商、咨询管理者等）的角度来讲的。不管从哪个角度，它们的意思都是指交易，所以项目采购模式本质上就是指工程项目的交易模式。

国内目前对项目采购模式的叫法相当混乱，如："承发包模式"、"承包模式"、"采购方式"、"项目交付方式"、"分标方式"、"承发包方式"、"项目实施方式"、"项目管理模式"、"工程建设模式"、"组织实施方式"等。"承发包模式"是国内使用比较多的一个叫法，但是工程项目的交易不仅仅是指承发包，承发包仅仅是指业主和承包商之间的关系，业主与设备、材料供应商之间的关系是一般的货物交易关系，与工程咨询方、项目管理方、设计方之间的关系是委托与被委托的关系。承发包与委托关系有着很大的差异，也与一般的货物交易有着明显的不同。所以"承发包模式"并不能完全揭示项目采购模式的所有含义。"项目采购模式"直接从英文翻译过来，忠实于原意，容易被理解，而且也容易与国际交流、与国际接轨。

项目采购模式的严格定义是：对建设项目的合同结构、职能范围划分、责任权利、风险等进行确定和分配的方式，其本质上是工程项目的交易方式。从不同的角度来看，它也可以被理解成工程项目的组织方式、管理方式或者实施方式。不同的项目采购模式有着不同的合同结构和合同安排，项目采购模式的变化深刻地决定着工程合同和管理的变化。

1.2.2 项目采购模式的基本形式

目前国际国内建筑市场普遍采用的项目采购模式有：传统采购模式（Design-Bid-Build, DBB）、设计—建造模式（Design-Build, DB）、建设管理模式（Construction Management, CM）、设计—采购—建设模式（Engineering Procurement Construction, EPC）、项目管理模式（Project Management, PM）、管理承包模式（Management Contracting, MC）、项目融资模式（Build-Operate-Transfer, BOT）和项目伙伴模式（Project Partnering）等。本节对几种主要的项目采购模式进行分析比较。

1. 设计—招标—建造模式（DBB 模式）

该项目采购模式是传统的、国际上通用的项目管理模式，世界银行、亚洲开发银行贷款项目和采用国际咨询工程师联合会（FIDIC）合同条件的项目均采用这种模式。这种模式最突出的特点是强调工程项目的实施必须按照设计—招标—建造的顺序进行，只有一个阶段结束后另一个阶段才能开始。采用这种方法时，业主与设计商（建筑师/工程师）签订专业服务合同，建筑师/工程师负责提供项目的设计和合同文件。在设计商的协助下，通过竞争性招标将工程施工任务交给报价和质量都满足要求且/或最具资质的投标人（承包商）来完成。在施工阶段，设计专业人员通常担任重要的监督角色，并且是业主与承包商沟通的桥梁。《FIDIC 土木工程施工合同条件》代表的是工程项目建设的传统模式，采用单纯的施工招标发包，在施工合同管理方面，业主与承包商为合同双方当事人，工程师处于特殊的合同管理地位，对工程项目的实施进行监督管理。各方合同关系和协调关系如图 1-2 所示。

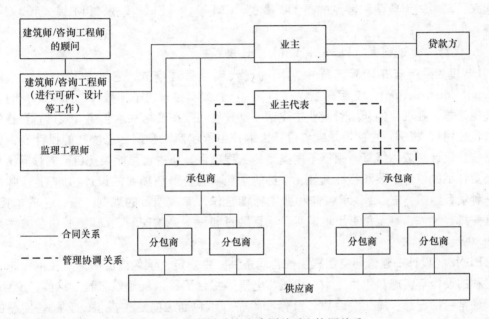

图 1-2　DBB 模式中各方合同关系和协调关系

DBB 模式具有如下优点：

- 参与项目的三方即业主、设计商（建筑师/工程师）和承包商在各自合同的约定下，行使自己的权利，并履行自己的义务，因而这种模式可以使三方的权、责、利分配明确，避免相互之间的干扰。
- 由于受利益驱使以及市场经济的竞争，业主更愿意寻找信誉良好、技术过硬的设计咨询机构，这样具有一定实力的设计咨询公司应运而生。
- 由于该模式长期、广泛地在世界各地采用，因而管理方法成熟，合同各方都对管理程序和内容熟悉。
- 业主可自由选择设计咨询人员，对设计要求可进行控制。
- 业主可自由选择监理机构实施工程监理。

DBB 模式具有如下缺点：

- 该模式在项目管理方面的技术基础是按照线性顺序进行设计、招标、施工的管理，建设周期长，投资或成本容易失控，业主方管理的成本相对较高，设计师与承包商之间协调比较困难。
- 由于承包商无法参与设计工作，可能造成设计的"可施工性"差，设计变更频繁，导致设计与施工协调困难，设计商和承包商之间可能发生责任推诿，使业主利益受损。
- 按该模式运作的项目周期长，业主管理成本较高，前期投入较大，工程变更时容易引起较多的索赔。

长期以来 DBB 模式在土木建筑工程中得到了广泛的应用。但是随着社会、科技的发展，工程建设变得越来越庞大和复杂，此种模式的缺点也逐渐突显出来。其明显的缺点是整个设计—招标—施工过程的持续时间太长；设计与施工的责任不易明确划分；设计者的设计缺乏可施工性。而工程建设领域技术的进步也使得工程建设的复杂性与日俱增，工程项目投资者在建设期的风险也在不断地增大，因而一些新型的项目采购模式也就相应地发展起来，其中较为典型和常见的是 DB 模式、CM 模式、EPC 模式、PM 模式和 BOT 模式等。

2. 设计—建造模式（Design-Build，DB 模式）

DB 模式是近年来国际工程中常用的现代项目管理模式，它又被称为设计和施工（Design-Construction）、交钥匙工程（Turn-key）或者是一揽子工程（Package Deal）。通常的做法是，在项目的初始阶段业主邀请一家或者几家有资格的承包商（或具备资格的设计咨询公司），根据业主的要求或者设计大纲，由承包商或会同自己委托的设计咨询公司提出初步设计和成本概算。根据不同类型的工程项目，业主也可能委托自己的顾问工程师准备更详细的设计纲要和招标文件，中标的承包商将负责该项目的设计和施工。DB 模式是一种项目组织方式，DB 承包商和业主密切合作，完成项目的规划、设计、成本控制、进度安排等工作，甚至负责土地购买、项目融资和设备采购安装。DB 模式中各方关系如图 1-3 所示。

FIDIC《设计—建造与交钥匙工程合同条件》中规定，承包商应按照业主的要求，负责工程的设计与实施，包括土木、机械、电气等综合工程以及建筑工程。这类"交钥匙"合同通常包括设计、施工、装置、装修和设备，承包商应向业主提供一套配备完整的设施，且在移交"钥匙"时即可投入运行。这种模式的基本特点是在项目实施过程中保持单一的合同责任，但大部分实际施工任务要以竞争性招标方式分包出去。

DB 模式是业主和某一实体采用单一合同（Single Point Contract）的管理方法，由该实体负责完成项目的设计和施工。一般来说，该实体可以是大型承包商，或具备项目管理能力的设计咨询公司，或者是专门从事项目管理的公司。这种模式主要有两个特点：

- 具有高效率性。DB 合同签订以后，承包商就可进行施工图设计，如果承包商本身拥有设计能力，会促使承包商积极提高设计质量，通过合理和精心的设计创造经济效益，往往达到事半功倍的效果。如果承包商本身不具备设计能力和资质，就需要委托一家或几家专业的咨询公司来做设计和咨询，承包商进行设计管理和协调，使得设计既符合业主的意图，又有利于工程施工和成本节约，使设计更加合理和实用，避免了设计与施工之间的矛盾。
- 责任的单一性。DB 承包商对于项目建设的全过程负有全部的责任，这种责任的单

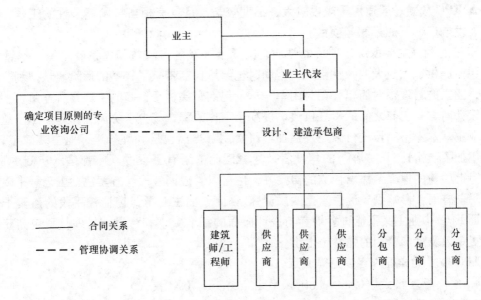

图 1-3 DB 模式中的各方关系

一性避免了工程建设中各方相互矛盾和扯皮,也促使承包商不断提高自己的管理水平,通过科学的管理创造效益。相对于传统模式来说,承包商拥有了更大的权力,它不仅可以选择分包商和材料供应商,而且还有权选择设计咨询公司,但需要得到业主的认可。这种模式解决了项目机构臃肿、层次重叠、管理人员比例失调的现象。

DB 模式的缺点是业主无法参与建筑师/工程师的选择,工程设计可能会受施工者的利益影响等。DB 模式的详细内容参见第 5 章。

3. 设计—采购—建设模式(Engineering Procurement Construction,EPC 模式)

在 EPC 模式中,Engineering 不仅包括具体的设计工作,而且可能包括整个建设工程的总体策划以及整个建设工程组织管理的策划和具体工作;Procurement 也不是一般意义上的建筑设备、材料采购,而更多的是指专业成套设备、材料的采购;Construction 应译为"建设",其内容包括施工、安装、试车、技术培训等。

EPC 模式具有以下主要特点:

- 业主把工程的设计、采购、施工和开车服务工作全部委托给总承包商负责组织实施,业主只负责整体的、原则的、目标的管理和控制。
- 业主可以自行组建管理机构,也可以委托专业项目管理公司代表业主对工程进行整体的、原则的、目标的管理和控制。业主介入具体项目组织实施的程度较低,总承包商更能发挥主观能动性,运用其管理经验,为业主和承包商自身创造更多的效益。
- 业主把管理风险转移给总承包商,因而总承包商在经济和工期方面要承担更多的责任和风险,同时承包商也拥有更多的获利机会。
- 业主只与总承包商签订总承包合同。设计、采购、施工的实施是统一策划、统一组织、统一指挥、统一协调和全过程控制的。总承包商可以把部分工作委托给分包商完成,分包商的全部工作由总承包商对业主负责。
- EPC 模式还有一个明显的特点,就是合同中没有咨询工程师这个专业监控角色和独立的第三方。

■ EPC 模式一般适用于规模较大、工期较长，且具有相当技术复杂性的工程，如化工厂、发电厂、石油开发等项目。

EPC 的利弊主要取决于项目的性质，实际上涉及各方利益和关系的平衡，尽管 EPC 给承包商提供了相当大的弹性空间，但同时也给承包商带来了较高的风险。从"利"的角度看，业主的管理相对简单，因为由单一总承包商牵头，承包商的工作具有连贯性，可以防止设计商与承包商之间的责任推诿，提高了工作效率，减少了协调工作量。由于总价固定，业主基本上不用再支付索赔及追加项目费用（当然也是利弊参半，业主转嫁了风险，同时增加了造价）。从"弊"的角度看，尽管理论上所有工程的缺陷都是承包商的责任，但实际上质量的保障全靠承包商的自觉性，他可以通过调整设计方案包括工艺等来降低成本（另一方面会影响到长远意义上的质量）。因此，业主对承包商监控手段的落实十分重要，而 EPC 中业主又不能过多地参与设计方面的细节要求和意见。另外，承包商获得业主变更令以及追加费用的弹性也很小。

EPC 模式的详细内容参见第 6 章。

4. 建设管理模式（Construction Management，CM 模式）

CM 模式是采用快速路径法施工（Fast Track Construction）时，从项目开始阶段业主就雇用具有施工经验的 CM 单位参与到项目实施过程中来，以便为设计师提供施工方面的建议，并且随后负责管理施工过程。这种模式改变了过去全部设计完成后才进行招标的传统模式，采取分阶段招标，由业主、CM 单位和设计商组成联合小组，共同负责组织和管理工程的规划、设计和施工。CM 单位负责工程的监督、协调及管理工作，在施工阶段定期与承包商交流，对成本、质量和进度进行监督，并预测和监控成本和进度的变化。CM 模式是由美国的 Charles B Thomsen 于 1968 年提出的，他认为，该模式中项目的设计过程被看做是一个由业主和设计师共同连续地进行项目决策的过程。这些决策从粗到细，涉及项目各个方面，而某个方面的主要决策一经确定，即可进行这部分工程的施工。

CM 模式又称阶段发包方式，它打破过去那种等待设计图纸全部完成后，才进行招标施工的生产方式，只要完成一部分分项（单项）工程设计后，即可对该分项（单项）工程进行招标施工，由业主与各承包商分别签订每个单项工程合同。阶段发包方式与一般招标发包方式的比较如图 1-4 所示。

根据合同规定的 CM 经理的工作范围和角色，可将 CM 模式分为代理型建设管理（"Agency" CM）和风险型建设管理（"At Risk" CM）两种方式：

（1）"Agency" CM 方式。在此种方式下，CM 经理是业主的咨询和代理。业主选择代理型 CM 主要是因为其在进度计划和变更方面更具有灵活性。采用这种方式，CM 经理可只提供项目某一阶段的服务，也可以提供全过程服务。无论施工前还是施工后，CM 经理与业主是委托关系，业主与 CM 经理之间的服务合同是以固定费用或比例费用的方式计费。施工任务仍然大都通过竞标来实现，由业主与各承包商签订施工合同。CM 经理为业主提供项目管理，但他与各专业承包商之间没有任何合同关系。因此，对于代理型 CM 经理来说，经济风险最小，但是声誉损失的风险很高。

（2）"At Risk" CM 方式。采用这种形式，CM 经理同时也担任施工总承包商的角色，业主一般要求 CM 经理提出保证最高成本限额（Guaranteed Maximum Price，GMP），以

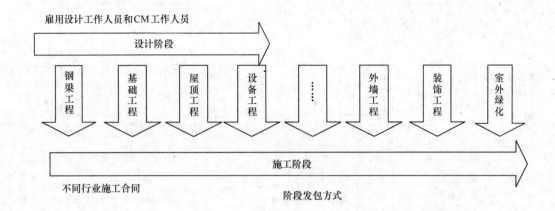

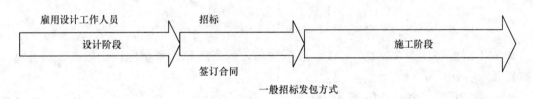

图1-4 阶段发包方式与一般招标发包方式的比较

保证业主的投资控制,如最后结算超过GMP,则由CM公司赔偿;如低于GMP,则节约的投资归业主所有,但CM经理由于额外承担了保证施工成本风险,因而应该得到节约投资的奖励。有了GMP的规定,业主的风险减少了,而CM经理的风险则增加了。风险型CM方式中,各方关系基本上介于传统的DBB模式与代理型CM模式之间,风险型CM经理的地位实际上相当于一个总承包商,他与各专业承包商之间有着直接的合同关系,并负责工程以不高于GMP的成本竣工,这使得他所关心的问题与代理型CM经理有很大不同,尤其是随着工程成本越接近GMP上限,他的风险越大,他对项目最终成本的关注也就越强烈。两种形式的各方关系如图1-5所示。

CM模式具有如下优点:

- 建设周期短。这是CM模式的最大优点。在组织实施项目时,打破了传统的设计、招标、施工的线性关系,代之以非线性的阶段施工法(Phased Construction)。CM模式的基本思想就是缩短工程从规划、设计、施工到交付使用的周期,即采用Fast-Track方法,设计一部分,招标一部分,施工一部分,实现有条件的"边设计、边施工"。在这种方法中,设计与施工之间的界限不复存在,二者在时间上产生了搭接,从而提高了项目的实施速度,缩短了项目的施工周期。
- CM经理的早期介入。CM模式改变了传统管理模式中项目各方依靠合同调解的做法,代之以依赖建筑师和(或)工程师、CM经理和承包商在项目实施中的合作,业主在项目的初期就选定了建筑师和(或)工程师、CM经理和承包商,由他们组成具有合作精神的项目组,完成项目的投资控制、进度计划与质量控制和设计工作,这种方法被称为项目组法。CM经理与设计商是相互协调关系,CM单位可以通过合理化建议来影响设计。

CM模式具有如下缺点:

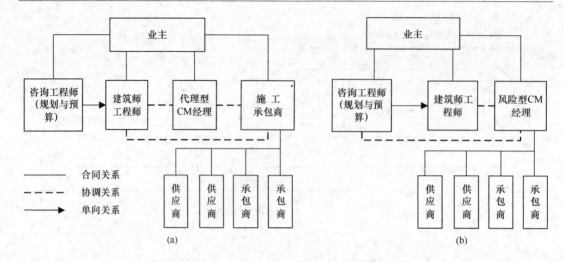

图 1-5 CM 模式下两种管理方式的各方关系
(a) 代理型建设管理方式；(b) 风险型建设管理方式

- 对 CM 经理的要求较高。CM 经理所在单位的资质和信誉都应该比较高，而且具备高素质的从业人员。
- 分项招标容易导致承包费用较高。

CM 模式可以适用于：

- 设计变更可能性较大的工程项目。
- 时间因素最为重要的工程项目。
- 因总体工作范围和规模不确定而无法准确定价的工程项目。

采用 CM 模式，业主把具体项目管理的事务性工作通过市场化手段委托给有经验的专业公司，不仅可以降低项目建设成本，而且可以集中精力做好公司运营。

CM 模式在美国、加拿大、欧洲和澳大利亚等许多国家，被广泛地应用于大型建筑项目的采购和项目管理，比较有代表性的项目是美国的世界贸易中心和英国诺丁安地平线工厂。在 20 世纪 90 年代进入我国之后，CM 模式也得到了一定程度上的应用，如上海证券大厦建设项目、深圳国际会议中心建设项目等。CM 模式的详细内容参见第 7 章。

5. 项目管理模式（Project Management，PM 模式）

PM 模式是指项目业主聘请一家公司（一般为具备相当实力的工程公司或咨询公司）代表业主进行整个项目过程的管理，这家公司被称为"项目管理承包商"（Project Management Contractor），简称为 PMC。PM 模式中的 PMC 受业主的委托，从项目的策划、定义、设计、施工到竣工投产全过程为业主提供项目管理服务。选用该种模式管理项目时，业主方面仅需保留很小部分的项目管理力量对一些关键问题进行决策，而绝大部分的项目管理工作都由 PMC 来承担。PMC 是由一批对项目建设各个环节具有丰富经验的专门人才组成的，它具有对项目从立项到竣工投产进行统筹安排和综合管理的能力，能有效地弥补业主项目管理知识与经验的不足。PMC 作为业主的代表或业主的延伸，帮助业主进行项目前期策划、可行性研究、项目定义、计划、融资方案，以及在设计、采购、施工、试运行等整个实施过程中有效地控制工程质量、进度和费用，保证项目的成功实施，达到项目寿命期的技术和经济指标最优化。PMC 的主要任务是自始至终对业主和项目负责，这可能包括项目任务书的编制、预算控制、法律与行政障碍的排除、土地资金的筹集等，同时使设计者、工料测量师和承包商的工作正确地分阶段进行，在适当的时候引入指定分包商的合同和任何专业建造商的单独合同，以使业主委托的活动得以顺利进行。PM模式各方关系图如图1-6所示。

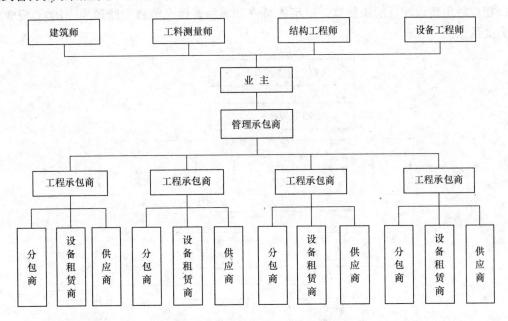

图1-6 PM模式的各方关系

采用PM模式的项目，通过PMC的科学管理，可大规模节约项目投资：

- 通过项目优化设计以实现项目全寿命期成本最低。PMC会根据项目所在地的实际条件，运用自身的技术优势，对整个项目进行全方位的技术经济分析与比较，本着功能完善、技术先进、经济合理的原则对整个设计进行优化。
- 在完成基本设计之后通过一定的合同策略，选用合适的合同方式进行招标。PMC会根据不同工作包的设计深度、技术复杂程度、工期长短、工程量大小等因素综合考虑采取何种合同形式，从整体上为业主节约投资。
- 通过PMC的多项目采购协议及统一的项目采购策略降低投资。多项目采购协议是业主就某种商品（设备/材料）与制造商签订的供货协议。与业主签订该协议的制造商是该项目这种商品（设备、材料）的唯一供应商。业主通过此协议获得价格、日常运行维护等方面的优惠。各个承包商必须按照业主所提供的协议去采购相应的材料、设备。多项目采购协议是PM项目采购策略中的一个重要部分。在项目中，要适量地选择商品的类别，以免对承包商限制过多，直接影响积极性。PMC还应负责促进承包商之间的合作，以符合业主降低项目总投资的目标，包括最优化项目内容和全面符合计划等要求。
- PMC的现金管理及现金流量优化。PMC可通过其丰富的项目融资和财务管理经验，并结合工程实际情况，对整个项目的现金流进行优化。PM模式的详细内容参见第11章。

6. 建设—经营—移交模式（Build-Operate-Transfer，BOT模式）

BOT模式的基本思路是：由项目所在国政府或所属机构为项目的建设和经营提供一种特许权协议，作为项目融资的基础，由本国公司或者外国公司作为项目的投资者和经营者安排融资，承担风险，开发建设项目，并在有限的时间内经营项目获取商业利润，最后根据协议将该项目转让给相应的政府机构。BOT方式是20世纪80年代在国外兴起的基础设施建设项目依靠私人资本的一种融资、建造的项目管理方式，或者说是基础设施国有项目民营化。政府开放本国基础设施建设和运营市场，授权项目公司负责筹资和组织建设，建成后负责运营及偿还贷款，规定的特许期满后，再无偿移交给政府。BOT模式的各方关系如图1-7所示。

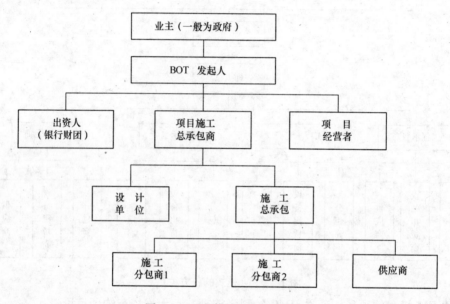

图1-7 BOT模式的各方关系图

BOT模式具有如下优点：

- 降低政府财政负担。通过采取民间资本筹措、建设、经营的方式，吸引各种资金参与道路、码头、机场、铁路、桥梁等基础设施项目建设，以便政府集中资金用于其他公共物品的投资。项目融资的所有责任都转移给私人企业，减少了政府主权借债和还本付息的责任。
- 政府可以避免大量的项目风险。实行该种方式融资，使政府的投资风险由投资者、贷款者及相关当事人等共同分担，其中投资者承担了绝大部分风险。
- 有利于提高项目的运作效率。项目资金投入大、周期长，由于有民间资本参加，贷款机构对项目的审查、监督就比政府直接投资方式更加严格。同时，民间资本为了降低风险，获得较多的收益，客观上就更要加强管理，控制造价，这从客观上为项目建设和运营提供了约束机制和有利的外部环境。
- BOT项目通常都由外国的公司来承包，这会给项目所在国带来先进的技术和管理经验，既给本国的承包商带来较多的发展机会，也促进了国际经济的融合。

BOT模式具有如下缺点：

- 公共部门和私人企业往往都需要经过一个长期的调查了解、谈判和磋商过程，以致项目前期过长，投标费用过高。
- 投资方和贷款人风险过大，没有退路，使融资举步维艰。

- 参与项目各方存在某些利益冲突,对融资造成障碍。
- 机制不灵活,降低私人企业引进先进技术和管理经验的积极性。
- 在特许期内,政府可能会对项目失去控制权。

BOT模式被认为是代表国际项目融资发展趋势的一种新型结构。BOT模式不仅得到了发展中国家政府的广泛重视和采纳,一些发达国家政府也考虑或计划采用BOT模式来完成政府企业的私有化过程。迄今为止,在发达国家和地区已进行的BOT项目中,比较著名的有横贯英法的英吉利海峡海底隧道工程、中国香港东区海底隧道项目、澳大利亚悉尼港海底隧道工程等。20世纪80年代以后,BOT模式得到了许多发展中国家政府的重视,中国、马来西亚、菲律宾、巴基斯坦、泰国等发展中国家都有成功运用BOT模式的项目,如中国广东深圳的沙角火力发电B厂、马来西亚的南北高速公路及菲律宾那法塔斯尔(Novotas)一号发电站等都是成功的案例。BOT模式主要用于基础设施项目包括发电厂、机场、港口、收费公路、隧道、电信、供水和污水处理设施等,这些项目都是投资较大、建设周期长和可以自己运营获利的项目。BOT模式的详细内容参见第9章。

除了以上几种项目采购模式外,还有合伙模式(Partnering,起源于美国20世纪90年代,具体内容参见第11章)、PC—项目总控模式(Project Controlling,起源于德国20世纪90年代)、PFI—私人主动融资模式(Private Finance initiative,起源于英国20世纪90年代,具体内容参见第8章)以及新近兴起的PPP—公私合营模式等(Private Public Partnership,具体内容参见第8章)。不同项目采购模式的承包范围参见图1-8。

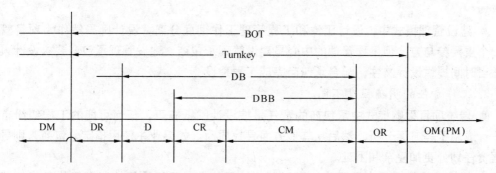

DM (Development Management):开发管理
DR (Design Ready):设计准备
D (Design):设计
CR (Construction Ready):建设准备
CM (Construction Management):建设管理
OR (Operation Ready):运营准备
OM (Operation Management):运营管理
PM (Property Management):设施管理
DBB(Design—Bid—Build):设计—招标—建造(传统采购方式)
DB(Design—Build):设计—建造
Turnkey:交钥匙工程
BOT(Build—Operate—Transfer):设计—建造—移交

图1-8 不同项目采购模式的承包范围

1.2.3 不同项目采购模式的区别

本节主要介绍传统项目采购模式（DBB）与设计—建造模式（DB）、建设管理模式（CM）的区别，主要表现在以下方面。

1. 业主介入施工活动的程度不同

■ 传统项目采购模式中，业主聘用工程师为其提供工程管理咨询，成本工程师、工料测量师或造价工程师等为其提供完善的工程成本管理服务。在国际工程中，建筑师也为业主承担大量的项目管理工作，因此，业主不直接介入施工过程。

■ 设计建造模式中，业主缺乏为其直接服务的项目管理人员，因此在施工过程中，业主必须承担相应的管理工作。

■ 建设管理模式中，一般没有施工总承包商，业主与多数承包商直接签订工程合同。虽然 CM 经理协助业主进行工程施工管理，但业主必须适当介入施工活动。

2. 设计师参与工程管理的程度不同

■ 传统模式中授予建筑师或工程师极其重要的管理地位，建筑师或工程师在项目的大多数重要决策中起决定性作用，承包商必须服从建筑师或工程师的指令，严格按合同施工。因此，在传统的项目采购方式中，设计师参与管理工作的程度最高。

■ 设计建造模式中，设计和施工均属于同一公司内部的工作，设计参与管理工作的程度也很高。设计建造承包商通常首先表现为承包商，然后才表现为设计师，在总价合同条件下，设计建造承包商更多地关注成本和进度。设计工作和工程管理工作一定程度地分离。

■ 建设管理模式中，设计工作和工程管理工作彻底分离。设计师虽然作为项目管理的一个重要参与方，但工程管理的中心是建设管理承包商，建设管理承包商要求设计人员在适当时间提供设计文件，配合承包商完成工程建设。

3. 工作责任的明确程度不同

■ 传统项目采购模式中承包商的责任是按设计图纸施工，任何可能的工程纠纷首先从设计或施工等方面分析，然后从其他方面寻找原因。如果业主使用指定分包商，则导致工程责任划分更加复杂和困难。

■ 设计建造模式具有最明确的责任划分，承包商对工程项目的所有工作负责，即使是自然因素导致的事故，承包商也要负责。

■ 在建设管理模式中，业主和承包商直接签订工程合同，有助于明确工程责任。

4. 适用项目的复杂程度不同

■ 传统项目采购模式的组织结构一般较复杂，不适用于简单工程项目的管理。传统模式在招标前已完成所有工程的设计，并且假定设计人员比施工人员知识丰富。

■ 设计建造模式的管理职责简明，比较适用于简单的工程项目，也可以适用于较复杂的工程项目。但是，当项目组织非常复杂时，大多数设计建造承包商并不具备相应的协调管理能力。

■ 对于非常复杂的工程项目，建设管理模式是最合适的。在建设管理模式中，建设管理承包商处于独立地位，与设计或施工均没有利益关系，因此建设管理承包商更擅长于组织协调。同样，建设管理模式也适合于简单项目。

5. 工程项目建设的进度快慢不同
- 由于传统项目采购模式在招标前必须完成设计，因此该模式下的项目进度最慢。为了克服进度缓慢的弊端，传统模式下业主经常争取让可能中标的承包商及早进行开工准备，或者设置大量暂定项目，先于施工图纸进行施工招标，但效果并不理想，时常导致问题发生。
- 设计建造模式的工作目标明确，可让设计和施工搭接，可以提前开工。
- 建设管理模式的建设进度最快，能保证工程快速施工，高水平地搭接。

6. 工程成本的早期明确程度不同

工程项目的早期成本对大多数业主具有重要意义，但是由于风险因素的影响，导致工程成本具有不确定性。
- 传统项目采购模式具有较早的成本明确程度。传统模式中工程量清单是影响成本的直接因素，如果工程量清单存在大量估计内容，则成本的不确定性就大，如果工程量已经固定，则成本的不确定性就小。
- 设计建造模式一般采用总价合同，包含了所有工作内容。虽然承包商可能为了解决某些未预料的问题而改变工作内容，但必须对此完全负责。从理论上而言，设计建造模式的工程成本可能较高，但早期成本最明确。
- 建设管理模式由一系列合同组成，随着工作进展，工程成本逐渐明确。因此，工程开始时一般无法明确工程的最终成本，只有工程项目接近完成时才可能最终明确工程成本。

1.2.4 项目采购模式选择的影响因素

每种典型的项目采购模式都可以有它的变体，它们不是固定不变的，而是不断发展变化的。它们的发展变化是工程建设管理对建筑业科技进步的一种客观反映。项目采购模式的发展和变化并不是扬弃和替代的过程，不能简单地认为后来出现的新模式就肯定比原来的模式好，采购模式的发展和变化丰富了人们对工程建设进行组织管理的方式。由于工程项目的特殊性，现实中并不存在一个通用的采购模式，选择工程采购模式的时候必须考虑各种具体因素灵活应用。

在对项目采购模式进行选择时，不能仅根据模式本身的优缺点，而是要依据工程项目自身和参与各方的特点来综合考虑。不同建设项目的特点均不相同，应该根据具体情况选择最适宜的模式。影响项目采购模式选择的因素主要有三个方面。

1. 工程项目特点
- 工程项目的范围。项目的范围包括项目的起始工作、项目范围的界定与确认、项目范围计划和变更的控制。确定了项目范围也就定义了项目的工作边界，明确了项目的目标和主要交付成果。一般而言，DBB模式和设计建造模式要求项目的范围明确，并且早在设计阶段，就已经明确了项目的要求；当工程项目的范围不太清楚，并且范围界定是逐渐明确时，比较适合CM模式。
- 工程进度。时间是大多数工程中的一个重要约束条件，业主必须决定是否需要快速路径法以缩短建设工期。DBB模式的建设工期比较长，因为建设过程一经划分后，设计与施工阶段在时间上就没有了搭接和调节工期的可能，而快速路径法则减少了这种延迟，使得设计和施工可以顺利搭接。

■ 项目复杂性。工程设计是否标准或复杂也是影响采购模式选择的一个因素。设计建造模式适用于标准设计的工程，当设计较复杂时，DBB模式比较适用。如果业主还有诸如快速路径等特殊要求时，CM模式就比较适用。

■ 合同计价方式。按照工程计价方式的不同，承包商与业主的合同可以采用总价合同、单价合同或成本加酬金合同。DBB模式、设计建造模式一般均采用总价合同，而CM模式则通常采用成本加酬金方式，即CM单位向业主收取成本和一定比例的利润，不赚取总包与分包之间的差价，与分包商的合同价格对业主也是公开的。

2. 业主需求

■ 业主的协调管理。不同的项目采购模式要求业主与承包商签订的合同不同，因此项目系统内部的接口也随之不同，导致业主的组织协调和管理的工作量也有所区别。在设计建造模式下，业主的管理简单，协调工作量少，采用DBB模式和平行承发包模式时，业主的协调管理工作量增加。在CM模式下，业主的协调管理工作量介于这两者之间。

■ 投资预算估计。在DBB模式和平行承发包模式中，业主在施工招标前，对工程项目的投资总额较为清楚，因此有利于业主对项目投资进行预算和控制。而在设计建造模式下，由于业主和承包商之间只有一份合同，合同价格和条款都不容易准确确定，因此只能参照类似已完工程估算包干。在CM模式中，由于施工合同总价要随各分包合同的签订而逐步确定，因而很难在整个工程开始前确定一个总造价。

■ 价值工程研究。价值工程是降低成本提高经济效益的有效方法，在设计方案确定后，可采用价值工程方法，通过功能分析，对造价高的功能实施重点控制，从而最终降低工程造价，实现建设项目的最佳经济效益和环境效益。如果在工程实践中，业主要求在工程设计中应用价值工程以节省投资，则可以优先选用CM模式。

3. 业主偏好

■ 责任心。由于在设计建造模式下，总承包商承担了工程项目的设计、施工、材料和设备采购等全部工作，对工程进展中遇到的各种问题也由其自己解决，因此，当业主不愿在项目建设过程中较多参与时，可以优先考虑设计建造模式。然而在这种模式下，业主对项目质量控制的难度将有所增加。因而，有些业主宁愿选择其他模式，以利于在设计与施工中的监督与平衡。

■ 业主对设计的控制。业主需要决定在设计阶段愿意多大程度地参与设计以影响设计的最终结果。如果业主希望更富有创造性的或是独特的外观设计，则需要更多地参与设计工作，这样，CM模式和DBB模式就较为合适，但DBB模式由于设计与施工的阶段划分，容易造成设计方案与实际施工条件脱节，从而不利于项目的设计优化。在其他模式下，业主对设计控制的难度较大。

■ 业主承担风险的大小。随着工程项目规模不断扩大，技术越来越复杂，项目风险的影响因素也日益复杂多样。业主是否愿意在工程建设中承担较大的风险也成为影响采购模式选取的重要因素。在设计建造模式下，有些工程项目的任务指标在工程合同中不易明确规定，因此业主和总承包商都有可能承担较大风险。如果业主不愿承担较大的风险，则可以选用其他模式。

根据以上对影响项目采购模式选取因素的分析，可建立层次分析法的递阶层次结构模型，第一层为目标层，即选择合适的项目采购模式；第二层为指标层，是评价的主指标体系，即影响项目采购模式选取的主要因素；第三层为子指标层，是对第二层指标的细化；第四层为方案层，分别为可供选择的项目采购模式（图1-9），并可利用模糊数学和层次分析法（AHP），将之运用于实际项目采购模式的优选。

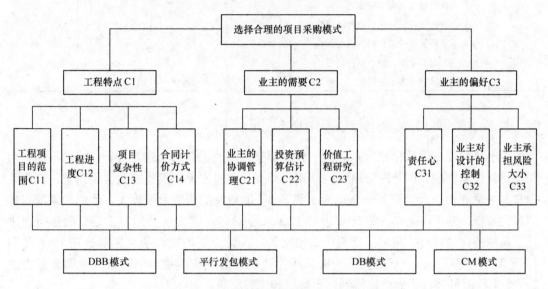

图1-9 项目采购模式选择的层次结构模型

由于没有完全相同的两个项目，每种采购模式各有自己的优缺点，需要业主根据自己的能力、组织结构、项目特点等来选择合适的采购模式和合同类型。表1-1比较了传统采购模式（DBB）、设计—建造模式（DB）、建设管理模式（CM）三种模式的优缺点。

DBB、DB、CM三种模式的优缺点　　　　　表1-1

	比较内容	DBB模式	DB模式	CM模式
合同类型	固定总价合同	√	√	√
	单价合同	√		
	成本加酬金合同	√	√	√
优点	法律和合同判例	√		
	合同成立前成本的确定性	√		
	是否允许快速施工法		√	√
	最小的业主参与程度	√	√	
	通过竞争获得的成本收益	√		√
	对独特专门技术与承包商的谈判可能性		√	√
	没有变更协议情况下是否允许对新合同条件调整		√	√
	单个公司对设计/施工过程的控制		√	
	施工专门技术与设计结合的可能性		√	√
	运用价值工程的机会		√	√
	设计不能从施工专门技术获益	√		
	设计和施工时间最长	√		

续表

比较内容		DBB模式	DB模式	CM模式
缺 点	业主/设计师与承包商的对立关系	✓		
	合同协议受变更影响	✓		
	相互制衡机制较少		✓	
	项目后期出现成本控制		✓	
	合同数额可能与承包商持续谈判而被弄复杂	✓		
	不可预见条件对合同协议的影响	✓		
	由于成本牵制可能会牺牲质量		✓	
	固定价格可能不能确定	✓	✓	✓

1.2.5 项目采购模式应用的实证分析

对于各种项目采购模式，从理论上分析都有各自的优缺点。随着各种模式的不断应用和项目建设的完成，国外在20世纪90年代开展了几种主要采购模式的实证研究。其中美国宾夕法尼亚州立大学的Konchar博士和Sanvido教授的研究影响较大。他们受美国建筑师学会委托，对DB模式、传统DBB模式、风险型CM模式从费用、工期、质量方面进行了系统的比较研究，得出了定量的比较结果。实证分析的建设项目主要是在1990年到1996年之间完成的，分析研究的关键指标为费用、进度和质量。他们对符合调查条件的351个工程项目进行了分析，得到以下数据和比较结果。

1. 三种采购模式项目费用和进度的比较分析

三种采购模式下项目进度和费用的有关数据参见表1-2和图1-10。

项目费用和进度的中值分数比较　　　　表1-2

指标	单位	CM模式	DB模式	DBB模式	最大标准差
单位费用	美元/m^2	1140	861	1291	197
超支费用	%	3.37	2.17	4.83	2.2
工程延期	%	0	0	4.44	1.7
施工速度	m^2/月	761	845	477	220
工程交付速度	m^2/月	438	636	302	191
工程建设强度	(美元/m^2)/月	50	62	40	13

(资料来源：Mark Konchar、Victor Sanvido 1998)

图1-10块状图中显示了不同模式的工程延期情况，每个图块的水平线表示了表1-2中三种模式的工程延期中值。DB模式和CM模式项目中50%的工程延期在0%以下（即缩短工期），这显示了前两种模式和传统模式在这一点上的显著区别。DBB模式的项目中有50%超过了4%的工程延期量。

2. 三种采购模式项目质量的比较分析

调查的业主被要求根据建筑物的实际功能情况和期望功能之间进行比较打分，分值越高表示指标情况越满意，如较低的启用难度、较少的维护费用等，并且用平均值来代表离

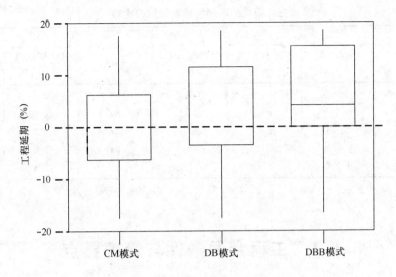

图 1-10 三种采购模式的工程延期情况
(资料来源：Mark Konchar、Victor Sanvido 1998)

散变量的中心趋势,参见表 1-3。

三种模式质量结果分析 表 1-3

质量指标 (1)	CM模式 (2)	DB模式 (3)	DBB模式 (4)	最大标准差 (5)
设施启用难度	7.43	7.5	5.96	0.19
招回承包商的次数和程度	8.07	7.94	7.04	0.19
操作维护费用	6.69	7.67	6.88	0.19
围护结构、顶部、结构、基础的质量	5.36	5.71	4.95	0.19
室内空间和布置	6.28	6.15	5.19	0.19
通风采光等环境系统	5.34	5.24	4.86	0.19
工艺设备质量	5.63	5.61	5.07	0.19

(资料来源：Mark Konchar、Victor Sanvido 1998)

从表 1-3 可以明显看到，DB 模式在质量指标上如果没有优于也至少持平其他的项目采购模式。特别是 DB 模式各项指标都优于传统的 DBB 模式。

3. 多元线性回归模型

三种模式不同指标的多元回归分析参见表 1-4。

以上实证研究，表明了 DB 模式确实具有一定的优越性，而且不断得到不同学者的研究支持。这些研究发现消除了人们对 DB 模式的疑虑，增强了人们对该模式的信心，大大促进了其在工程建设方面的应用。虽然也有学者研究指出 DB 模式与传统模式相比，除了工期上的优势之外，并没有费用和生产力方面的优势，但有一点得到了共识：要成功实行 DB 模式，业主必须具有工程经验，能够在准备设计说明书阶段向承包商准确传达工程概念。因此我国的业主在选择 DB 模式时，除了看到 DB 模式的优势，同时也要审视自己的能力，只有这样才能充分发挥 DB 模式的优势和特点。

三种模式的不同指标多元回归比较　　　　　　表 1-4

多变量模型	U.S			R^2 (%)	UK	R^2 (%)
	DB 与 CM (%)	CM 与 DBB (%)	DB 与 DBB (%)		DB 与 DBB (%)	
单位费用	少 4.5	少 1.5	少 6.0	99	少 13	51
施工速度	快 7.0	快 6.0	快 12	89	快 12	90
交付速度	快 23	快 13	快 33	87	快 30	80
超支费用	少 12.6	多 7.8	少 5.2	24	NA	NA
工程延期	少 2.2	少 9.2	少 11.4	24	NA	NA

（资料来源：Mark Konchar、Victor Sanvido 1998，其中：NA 表示没有进行分析。）

1.3　工程合同条件与管理要点

1.3.1　标准合同条件及其发展变化

1. 标准合同条件

合同条件规定了合同各方的权利、责任以及风险分配，是合同文件最重要的内容之一。工程标准合同条件（Standard Conditions of Contract）能够合理地平衡合同各方的利益，特别是可以在合同各方之间比较公平地分配风险和责任。另外，使用标准合同条件使得各方对合同都较为熟悉和理解，减少了合同管理的风险。国际上著名的标准合同格式有：FIDIC（国际咨询工程师联合会）、ICE（英国土木工程师学会）、JCT（英国合同审定联合会）、AIA（美国建筑师学会）、AGC（美国总承包商协会）等组织和机构制定的系列标准合同格式。其中最为常见的是 FIDIC 标准合同格式，特别是 FIDIC 土木工程施工合同条件（红皮书）。ICE 和 JCT 的标准合同格式是英国以及英联邦国家和地区的主流合同条件。AIA 和 AGC 的标准合同格式是美国以及受美国建筑业影响较大国家的主流合同条件。FIDIC 标准合同格式主要适用于世界银行、亚洲开发银行等国际金融机构的贷款项目以及其他国际工程，是我国工程界最为熟悉的国际标准合同条件，也是我国《建设工程施工合同示范文本》1991 版和 1999 版的主要参考蓝本。在这些标准合同条件中，FIDIC 和 ICE 合同条件主要应用于土木工程，而 JCT 和 AIA 合同条件主要应用于建筑工程。

2. 国际上权威的合同条件

■ ICE 标准合同。ICE 的标准合同条件具有很长的历史，它的《土木工程施工合同条件》已经在 1991 年出版了第 6 版。ICE 的标准合同格式属于单价合同，即承包商在招标文件中的工程量清单（Bill of Quantities）填入综合单价，以实际计量的工程量而非工程量清单里的工程量进行结算。此标准合同格式主要适用于传统施工总承包的采购模式。随着工程界和法律界对传统采购模式以及标准合同格式批评的增加，ICE 决定制定新的标准合同格式。1991 年 ICE 的《新工程合同》（New Engineering Contract，NEC）征求意见版出版，1993 年《新工程合同》第一版出版，1995 年《新工程合同》又出版了第二版，第二版中《新工程合同》成了一系列标准合同格式的总称，用于主承包合同的合同标准条件被称为《工程和施工合同》(Engineering and Construction Contract，ECC)。制定 NEC

的目的是增进合同各方的合作、建立团队精神，明确合同各方的风险分担，减少工程建设中的不确定性，减少索赔以及仲裁、诉讼的可能性。ECC 一个显著的特点是它的选项表，选项表里列出了六种合同形式，使 ECC 能够适用于不同合同形式的工程。

■ JCT 标准合同。JCT 是由 RIBA（英国皇家建筑师学会）主导的由多个专业组织组成的一个联合组织，其标准合同条件的制定可以追溯到 1902 年。JCT 的《建筑工程合同条件》（即 JCT80）用于业主与承包商之间的施工总承包合同，它的最新版本是 1991 年版。同 ICE 的传统合同条件一样，JCT80 主要适用于传统的施工总承包。JCT80 属于总价合同，这是和 ICE 传统合同条件不同的地方。JCT 还分别在 1981 年和 1987 年制定了适用于 DB 模式的 JCT81，适用于 MC 模式的 JCT87。

■ FIDIC 标准合同。FIDIC 于 1945 年出版了《土木工程施工合同条件》（红皮书），在 1989 年出版了第四版。红皮书来源于 ICE 传统的合同条件，它们之间有很多相同的地方，它同样适用于传统的施工总承包模式，同样是单价合同类型。红皮书虽然被工程界称为工程领域的"圣经"，但是红皮书里工程师的角色也引起了不少争议，这促使 FIDIC 在 1996 年红皮书的增补本里引入了"争端裁决委员会"（Dispute Adjudication Board, DAB），以替代工程师的准仲裁员角色。值得注意的是我国几种标准施工合同格式基本上都是以 FIDIC 红皮书为蓝本的，故必须重新考虑其中工程师（监理单位）的角色是否恰当的问题。另外，FIDIC 在 1990 年出版了"业主/咨询工程师标准服务协议书"（白皮书），在 1994 年出版了《土木工程施工分包合同条件》（与红皮书配套使用），在 1995 年出版了《设计—建造与交钥匙合同条件》（橘皮书）。这几个标准合同格式和 1987 年第三版《电气与机械工程合同条件》（黄皮书）共同构成了 1999 年以前的"FIDIC 合同条件"。1999 年，FIDIC 正式出版了一系列新的标准合同条件，即《施工合同条件》（新红皮书）、《工程设备和设计—建造合同条件》（新黄皮书）、《EPC（设计—采购—建造）交钥匙合同条件》（银皮书）、《合同的简短格式》（绿皮书）。这四个新的合同条件和 1999 年以前的系列合同条件有着极大的不同，不仅在适用范围上大大拓宽，而且在具体的合同条件上、形式上、措辞上也有很大的不同，可以说它们是对原有 FIDIC 合同格式的根本性变革。"新红皮书"不仅可以用于土木工程，还可以用于机械和电气工程。"新黄皮书"和"银皮书"可以用于"设计—建造"和"EPC（设计—采购—建筑）交钥匙"等情况。"绿皮书"则适用于各类中小型工程。

■ AIA 标准合同。AIA 从 1911 年就不断地编制各种合同条件，到目前为止 AIA 已经制定出了从 A 系列到 G 系列完备的合同文件体系，其中 A 系列是用于业主与承包商之间的施工承包合同，B 系列是用于业主与建筑师之间的设计委托合同。AIA 系列合同文件的核心是"通用条件"（A201），采用不同的项目采购模式和合同价格类型时，只需要引用不同的协议书格式与通用条件。AIA 合同文件涵盖了所有主要项目采购模式，如应用于"传统模式"（即施工总承包）的 A101、B141、A201（A101 是业主与承包商之间的协议书，B141 是业主与建筑师之间的协议书），应用于代理型 CM 的 B801/CMa、A101/CMa、A201/CMa（CMa 即 CM agency），应用于风险型 CM 的 A121/CMc、A201（CMc 即 CM constructor）。

3. 国内工程合同标准条件及完善

原建设部的建设工程施工合同示范文本、水利部的水利水电工程施工合同条件以及原交通部对道路工程施工所制定的合同示范文本是我国当前使用的标准施工合同条件，这几个示范文本都是以 FIDIC 的红皮书作为参考蓝本，可以说是中国化的 FIDIC 红皮书。虽然它们对我国工程施工合同制的建立和完善起着重要作用，但是它们的单一性也是显而易见的：都是基于传统采购模式的施工合同。完善我国的标准合同条件应该从三个方面着手：首先，标准合同条件应该能够反映各种项目采购模式，不同的项目采购模式应该分别由不同的标准合同条件来反映，而不是体现在同一个标准合同条件里；其次，标准合同条件必须能够反映各种合同类型，也就是总价合同、单价合同、成本加酬金合同，对于每个具体的标准合同条件来说，可以增加相关条款来反映合同类型的多样性；最后，标准合同条件应该全面，也就是说合同条件应该反映各种工程：土木工程、建筑工程、机电工程等等。此外，还应该制定专门的工程施工分包合同条件和适用于小型工程和简单工程的施工合同简短格式。为了应对国际建筑业的快速发展和激烈竞争以及适应加入世界贸易组织的要求，必须对我国的工程建设体制进行更深刻的改革，使我国的建筑业尽快与国际接轨。就工程合同方面，我们必须采取更加积极的应对措施，改革和完善我国项目采购模式的制度环境，使项目采购模式能够实现多样性和灵活性，以建立起完善的项目采购模式体系；另外也必须发展和完善我国的标准合同条件体系，使其更能够反映工程合同关系的多样性。

随着全球经济一体化进程加快及我国投资主体多元化，我国建筑业与国际建筑业的接轨显得越来越重要，项目采购模式必须实现多样化。由于长期计划经济体制的深刻影响以及其他种种原因，我国工程建设领域中传统模式和平行发包模式一直占据着绝对的主导地位，其他模式应用得很少。相应的，我国项目采购的制度环境也只是针对传统模式和它的变体平行发包模式的，这种情形也体现在相关的法律、法规和规章中。这种局面使得我国项目采购模式多样化的进程举步维艰，阻碍了我国工程建设领域与国际接轨的步伐。因此必须加大改革力度，清理、完善相关的法律、法规，使它们能够适应项目采购模式多样化的要求。

工程合同标准条件的详细内容参见第 2 章。

1.3.2 工程合同管理要点

市场经济的本质是契约（合同）经济，合同是市场主体进行交易的依据。合同的本质在于规范市场交易、节约交易费用。工程合同确定了项目的成本、工期、质量、安全和环境等目标，规定了双方的权利、义务和责任。因此合同管理是工程项目管理的核心，合同管理贯穿于工程实施的全过程。现代工程项目是一个复杂的系统工程，技术复杂、建设周期长、投资额大、不确定因素多、项目参与方多、合同种类和数量多，有的大型项目甚至由上千份合同组成，每份合同的圆满履行意味着项目的成功，只要有一份合同履行出现问题，就会影响和殃及其他合同甚至整个项目的成功。

1. 工程合同管理特点

工程合同管理不仅具有与其他行业合同管理相同的特点，还因其行业和项目的专业性具有自身的特点，主要有以下方面。

- 合同管理周期长。相比于其他合同，工程合同周期较长，在合同履行过程中，会出现许多原先订立合同时未能预料的情况，为及时、妥善地解决可能出现的问题，必须长期跟踪、管理工程合同,并对任何合同的修改、补充等情况做好记录和管理。

- 合同管理效益显著。在工程合同长期的履行过程中,有效的合同管理可以帮助企业发现、预见并设法解决可能出现的问题,避免纠纷的发生,从而节约不必要的诉讼费用。同时通过大量有理、有据的书面合同和履约记录,企业可以提出增补工程款项等相关签证,通过有效的索赔,合法、正当地获取应得利益。可见合同管理能够产生效益,合同中蕴藏着潜在的、有时甚至是巨大的经济效益。
- 合同变更频繁。由于工程合同周期长,合同价款高,合同不确定因素多,导致合同变更频繁,企业面临大量的签证、索赔和反索赔工作,因此企业的合同管理必须是动态、及时和全面的,合同的履约管理应根据变更及时调整。
- 合同管理系统性强。业主、承包商等市场主体往往涉及众多合同,合同种类繁杂多样,合同管理必须处理好技术、经济、财务、法律等各方面关系,通过合理的、系统化的管理模式分门别类地管理合同。
- 合同管理法律要求高。工程合同管理不仅要求管理者熟悉普通企业所要了解的法律法规,还必须熟知工程建设专业法律法规。由于建设领域的法律、法规、标准、规范和合同文本众多,且在不断更新和增加,要求企业的合同管理人员必须在充分、及时地学习最新法律法规的前提下,结合企业的实际情况开展才有效。
- 合同管理信息化要求高。工程合同管理涉及大量信息,需要及时收集、整理、处理和利用,必须建立合同管理信息系统,才能开展有效的合同管理。

2. 合同管理阶段及其主要内容

合同生命期从签订之日起到双方权利义务履行完毕而自然终止。而工程合同管理的生命期和项目建设期有关,主要有合同策划、招标采购、合同签订和合同履行等阶段的合同管理,各阶段合同管理主要内容如下:

(1) 合同策划阶段

合同策划是在项目实施前对整个项目合同管理方案预先作出科学合理的安排和设计,从合同管理组织、方法、内容、程序和制度等方面预先作出计划的方案,以保证项目所有合同的圆满履行,减少合同争议和纠纷,从而保证整个项目目标的实现。该阶段合同管理内容主要包括以下方面:

- 合同管理组织机构设置及专业合同管理人员配备。
- 合同管理责任及其分解体系。
- 项目采购模式和合同类型选择及确定。
- 项目结构分解体系和合同结构体系设计,包括合同打包、分解或合同标段划分等。
- 招标方案和招标文件设计。
- 合同文件和主要内容设计。
- 主要合同管理流程设计,包括投资控制、进度控制、质量控制、设计变更、支付与结算、竣工验收、合同索赔和争议处理等流程。

(2) 招标采购阶段

合同管理并不是在合同签订之后才开始的,招标投标过程中形成的文件基本上都是合同文件的组成部分。在招标投标阶段应保证合同条件的完整性、准确性、严格性、合理性与可行性。该阶段合同管理的主要内容有:

- 编制合理的招标文件，严格投标人的资格预审，依法组织招标。
- 组织现场踏勘，投标人编制投标方案和投标文件。
- 做好开标、评标和定标工作。
- 合同审查工作。
- 组织合同谈判和签订。
- 履约担保等。

(3) 合同履行阶段

合同履行阶段是合同管理的重点阶段，包括履行过程和履行后的合同管理工作，主要内容有：

- 合同总体分析与结构分解。
- 合同管理责任体系及其分解。
- 合同工作分析和合同交底。
- 合同成本控制、进度控制、质量控制及安全、健康、环境管理等。
- 合同变更管理。
- 合同索赔管理。
- 合同争议管理等。

3. 合同管理制度

鉴于工程合同管理的特点，工程项目的合同管理必须注重专门化、专业化、协调化和信息化。具体而言就是：企业或项目应设立专门的合同管理机构，统一保存和管理合同；配备专门的专业人员具体负责合同管理工作；强化合同管理过程中企业或项目内外部的分工、协调与合作，逐步建立和完善合同管理体系和制度。合同管理制度主要包括以下方面。

(1) 合同会签制度

由于工程合同涉及企业或项目相关部门的工作，为了保证合同签订后得以全面履行，在合同正式签订之前，由办理合同的业务部门会同企业或项目的其他部门共同研究，提出对合同条款的具体意见，进行会签。实行合同会签制度，有利于调动各部门的积极性，发挥各部门的管理职能作用，群策群力，集思广益，以保证合同履行的可行性，并促使企业或项目各部门之间的相互衔接和协调，确保合同全面、切实地履行。

(2) 合同审查制度

为了保证企业签订的合同合法、有效，必须在签订前履行审查、批准手续。合同审查是指将准备签订的合同在部门会签后，交给企业主管合同的机构或法律顾问进行审查；合同批准是由企业主管或法定代表人签署意见，同意对外正式签订合同。通过严格的审查和批准手续，可以使合同的签订建立在可靠的基础上，尽量防止合同纠纷的发生，维护企业或项目的合法利益。

(3) 合同印章管理制度

企业合同专用章是代表企业在经营活动中对外行使权利、承担义务、签订合同的凭证。因此，企业对合同专用章的登记、保管、使用等都要有严格的规定。合同专用章应由合同管理员保管、签印，并实行专章专用。合同专用章只能在规定的业务范围内使用，不能超越范围使用；不得为空白合同文本加盖合同印章；不得为未经审查批准的合同文本加盖合同印章；严禁与合同洽谈人员勾结，利用合同专用章谋取个人利益。出现上述情况，要追究合同专用章管理人员的责任。凡外出签订合同时，应由合同专用章管理人员携章陪同负责办理签约的人员一起前往签约。

(4) 合同信息管理制度

由于工程合同在签订和履行中往来函件和资料非常多，故合同管理系统性强，必须实行档案化、信息化管理。首先应建立文档编码及检索系统，每一份合同、往来函件、会议纪要和图纸变更等文件均应进入计算机系统，并确立特定的文档编码，根据计算机设置的检索系统进行保存和调阅；其次应建立文档的收集和处理制度，有专人及时收集、整理、归档各种工程信息，严格信息资料的查阅、登记、管理和保密制度，工程全部竣工后，应将全部合同及文件，包括完整的工程竣工资料、竣工图纸、竣工验收、工程结算和决算等，按照国家《档案法》及有关规定，建档保管；最后应建立行文制度、传送制度和确认制度，合同管理机构应制定标准化的行文格式，对外统一使用，相关文件和信息经过合同管理机构准许后才能对外传送。经由信息化传送方式传达的资料需由收到方以书面的或同样信息化的方式加以确认，确认结果由合同管理机构统一保管。

(5) 合同检查和奖励制度

企业应建立合同签订、履行的监督检查制度，通过检查及时发现合同履行管理中的薄弱环节和矛盾，以利提出改进意见，促进企业各部门的协调配合，提高企业的经营管理水平。通过定期的检查和考核，对合同履行管理工作完成好的部门和人员给予表扬鼓励；成绩突出并有重大贡献的人员，给予物质和精神奖励。对于工作差、不负责任的或经常"扯皮"的部门和人员要给予批评教育；对玩忽职守、严重渎职或有违法行为的人员要给予行政处分、经济制裁，情节严重、触及刑律的要追究刑事责任。实行奖惩制度有利于增强企业各部门和有关人员履行合同的责任心，是保证全面履行合同的有力措施。

(6) 合同统计考核制度

合同统计考核制度，是企业整个统计报表制度的重要组成部分。合同统计考核制度，是运用科学方法，利用统计数字，反馈合同订立和履行情况，通过对统计数字的分析，总结经验，找出教训，为企业经营决策提供重要依据。合同考核制度包括统计范围、计算方法、报表格式、填报规定、报送期限和部门等。承包商一般是对中标率、合同谈判成功率、合同签约率、索赔成功率和合同履行率等进行统计考核。

(7) 合同管理目标制度

合同管理目标是各项合同管理活动应达到的预期结果和最终目的。合同管理的目的是企业通过自身在合同订立和履行过程中进行的计划、组织、指挥、监督和协调等工作，促使企业或项目内部各部门、各环节互相衔接、密切配合，进而使人、财、物、信息等要素得到合理组织和充分利用，保证企业经营管理活动的顺利进行，提高工程管理水平，增强市场竞争能力。

(8) 合同管理质量责任制度

合同管理质量责任制度是承包商的一项基本管理制度，它具体规定企业内部具有合同管理任务的部门和合同管理人员的工作范围、履行合同中应负的责任以及拥有的职权。这一制度有利于企业内部合同管理工作分工协作，责任明确，任务落实，逐级负责，人人负责，从而调动企业合同管理人员以及合同履行中涉及的有关人员的积极性，促进承包商管理工作正常开展，保证合同圆满完成。

(9) 合同管理评估制度

合同管理制度是合同管理活动及其运行过程的行为规范，合同管理制度是否健全是合同管理的关键所在。因此建立一套有效的合同管理评估制度是十分必要的。合同管理评估制度的主要内容有：

- 合法性：指合同管理制度应符合国家有关法律法规的规定。
- 规范性：指合同管理制度具有规范合同行为的作用，对合同管理行为进行评价、指导和预测，对合法行为进行保护奖励，对违法行为进行预防、警示或制裁等。
- 实用性：指合同管理制度能适应合同管理的需求，便于操作和实施。
- 系统性：指各类合同的管理制度互相协调、互相制约，形成一个有机系统，在工程合同管理中能发挥整体效应。
- 科学性：指合同管理制度能够正确反映合同管理的客观规律，能保证利用客观规律进行有效的合同管理。

1.4 本章小结

本章介绍了建设项目采购模式的基本内涵以及 DBB、DB、CM、EPC、BOT 等基本形式和主要内容；分析了不同项目采购模式的主要区别和模式选择的影响因素。本章还简要介绍了国际和国内的系列标准工程合同条件；探讨了工程合同管理的特点、各阶段合同管理的主要内容以及合同管理制度建设等问题。

2 工程合同条件系列

2.1 FIDIC 合同系列

2.1.1 FIDIC 合同条件综述

1. FIDIC 组织

FIDIC 是国际咨询工程师联合会的法文缩写，于 1913 年在英国成立。FIDIC 是国际上权威的被世界银行认可的咨询工程师组织，目前已有 60 多个成员组织，分属于 2 个地区性组织，即 ASPAC—亚洲及太平洋地区成员协会，LAMA—非洲成员协会集团。中国工程咨询协会于 1996 年 10 月代表中国加入了 FIDIC 组织，并首次代表中国参加了在南非开普敦召开的 1996 年年会。FIDIC 总部设在瑞士洛桑，主要职能机构有：执行委员会（TEC）、土木工程合同委员会（CECC）、业主与咨询工程师关系委员会（CCRC）、职业责任委员会（PLC）和秘书处等。

2. FIDIC 合同条件的形成和发展

FIDIC 已出版了多种模式的国际合同条件或协议书，典型的有：《土木工程施工合同条件》和《土木工程施工分包合同条件》（简称红皮书）、《业主/咨询工程师标准服务协议书》（简称白皮书）、《设计—建造和交钥匙工程合同条件》（简称橘皮书）。红皮书用于雇主方（或雇主委托方）与承包商所订立的合同或合同专用条件，其估价依据是基于测定的工程量和合同单价。《电气与机械工程合同条件》（简称黄皮书）用于设备的提供和安装，一般适用于大型项目中的部分工程。橘皮书用于以承包商提供设计为基础进行的工程施工。其中《土木工程施工合同条件》的适用范围广泛，权威性远超过黄皮书和橘皮书的影响。一般来讲，如果没有专指，提到"FIDIC 合同条件"，就是指 FIDIC《土木工程施工合同条件》。FIDIC《土木工程施工合同条件》是以英国土木工程师学会 ICE 合同条件为蓝本，由 FIDIC 和 FIEC（欧洲建筑业国际联合会）负责编订，由美国承包商协会（AGGA）、泛美建筑业联合会（FIIC）和美洲及西太平洋承包商协会国际联合会（IFA WP-CA）等核准并推行的，世界银行和亚洲开发银行推荐用于土建工程国际和国内的竞争性招标。

1957 年 FIDIC 首次出版了标准的《土木工程施工合同条件》，在此之前没有专门编制用于国际工程的合同条件。第二版于 1963 年发行，只是在第一版的基础上增加了用于疏浚和填筑工程的第三部分，并没有改变第一版中所包含的条件。第三版于 1977 年出版，对第二版作了全面修改，得到欧洲建筑业国际联合会、亚洲及西太平洋承包商协会国际联合会、美洲国际建筑联合会、美国承包商联合会、国际疏浚公司的共同认可。经世界银行推荐将 FIDIC 合同条件第三版纳入了世界银行与美洲开发银行共同编制的《工程采购招标文件样本》。第三版具有里程碑意义，已臻于成熟，获得国际上的广泛认可和推荐。第四版于1987年出版，之后，1988年出版了第四版订正版并体现于1989年出版的《土木工程施工合同应用指南》之中。1992年对第四版个别条款又进行了修订。1999年9月，FIDIC出版了《施工合同条件》(称为"新红皮书")，共20条163款。从其文本构成、适用范围和条款内容来看，是不同于红皮书的另一种文本，而不是红皮书的新版，该书也注明为1999年第一版。

3. FIDIC合同条件编制原则

■ 标准化原则。它采用了标准的合同样式、详尽的合同条款、规范的工作关系和程序。

■ 竞争择优原则。合同条件仅适用于采用竞争性招标方式选择承包商。合同条件还规定了招标的程序和办法，以确保竞争的可靠性，确保承包商的技术和质量，又能控制造价和工期。

■ 他人监督原则。FIDIC合同条件是针对独立的工程师进行项目管理而编制的，适用的前提是委托工程师进行项目管理。

■ 依法管理原则。FIDIC合同条件明确了它据以解释的有关法律和适用的后继法律，以法律为应用保障。

■ 平等交换原则。工程建设实质上是实物工程量和货币金额之间的等价交换，该合同条件以固定单价方式编制招标文件为前提，工程价格随工程量的变化而变化，体现了承包商和业主之间的平等交换。

4. FIDIC合同条件的特点

(1) FIDIC合同条件的基本特点

■ 国际性、权威性、通用性。FIDIC《土木工程施工合同条件》的国际性和权威性，从其出台的过程以及它被多年应用于国际工程所证实。其通用性，表现在只要是土木工程，包括房屋工程、桥隧工程、公路工程等均通用；另一方面，它不仅用于国际工程，也可应用于国内工程，如我国国内工程广泛应用的原交通部编制的《公路工程施工合同条件》就是等同采用FIDIC合同条件，铁道部编制的《铁路工程施工合同条件》就是等效采用FIDIC合同条件而出台的。

■ 权利与义务明确、内容完善。主要是对承包商的一般权利、义务规定十分明确，所占条款数多，在72条194款中占26条54款。对于工程师职责和权力的规定也十分明确，涉及72条中的50条。经过国际工程领域多年的广泛使用，四次再版，日臻完善。文字严密，逻辑性强，内容广泛具体，可操作性强。

■ 法律制度严格。合同条件中形成了一整套科学的具有法律特性的管理制度，如工程监理制度、合同担保制度、工程保险制度、质量责任制度等，为合同的履行提供了制度保证。

■ 合同文本构成科学合理。通用条件和专用条件的有机结合，也即固定模式和机动模式的有机结合，既完备又简洁。这样能保证合同当事人依法或按照国际惯例签订合同，避免了缺款少项等现象的发生。合同公开性好，具体表现在权利义务趋于平等，风险分担合理。

■ 具有社会成本的效益性。在投标前，由于采用严谨的标准合同条件作为招标文件的组成部分，因而投标人在投标时有一个细致而稳定的依据，容易形成较低的标价。在项目实施中，由于合同条款的严密性及对各方责任的严格要求，对降低社会成本、控制质量和进度、提高业主和承包商的效益等都有好处。从总体上讲，减少了项目实施的社会成本。

(2) FIDIC 最新合同条件发展变化

■ 适应国际工程承包方式的新发展。自 20 世纪 70 年代以来，国际建筑市场的承包方式有了迅速发展，使得 FIDIC 原有的合同条件体系在适应国际工程承包方式发展和需要方面不是特别及时，因此，所作的修改适应了当今世界的发展形势，同时，也有利于扩大 FIDIC 组织以及 FIDIC 合同条件在国际工程界的影响。

■ 结构体系统一。FIDIC1999 年新版合同条件实现了结构体系的统一，三个合同条件文本均为 20 条（与橘皮书一致）163 款。这为承包商分析和比较不同合同条件（实质上反映的是不同采购方式）的区别提供了便利。

■ 大多数条款相同。在新红皮书、新黄皮书、银皮书三个合同条件中，大多数条款的名称和条款的数目均相同（实际上大多数款的名称也相同，只是未在表中反映出来），可以明显反映出不同合同条件的根本区别。

■ 利于计算机辅助合同管理。上述结构体系统一和多数条款相同两个特点，将大大提高计算机辅助合同管理的效率和水平。

2.1.2 FIDIC 合同条件系列

FIDIC 于 1999 年出版了四份新的合同标准格式的第一版，其中包括《施工合同条件》(Conditions of Contract for Construction，以下简称新红皮书)、《生产设备和设计—施工合同条件》(Conditions of Contract for Plant and Design - Build，以下简称新黄皮书)、《设计采购施工（EPC）/交钥匙工程合同条件》(Conditions of Contract for EPC/ Turnkey Projects，以下简称银皮书)、《简明合同格式》(Short Form of Contract)。

1. 《施工合同条件》（新红皮书）

(1) 简述

FIDIC 施工合同条件（1999 版，简称新红皮书）的通用条件共包括 20 条 163 款，涉及的内容包括：一般规定，雇主，工程师，承包商，指定分包商，职员和劳工，工程设备、材料和工艺，开工、延误和暂停，竣工检验，雇主的接受，缺陷责任，测量和估价，变更和调整，合同价格和支付，雇主提出终止，承包商提出暂停和终止，风险和责任，保险，不可抗力，索赔，争端和仲裁。对于每一份具体的合同，都必须编制专用条件，通用条件和专用条件共同构成了约束合同各方权利和义务的全部合同条件。

该合同条件被推荐用于由雇主设计或由其代表（工程师）设计的房屋建筑或土木工程 (Building or Engineering Works)。一般的合同安排是承包商按照雇主提供的设计进行工程施工，但该工程可以包括由承包商设计的土木、机械、电气和（或）构筑物的某些部分。

(2) 与原红皮书的区别

该合同条件与原来的《土木工程施工合同条件》相对应，其名称的改变并不是出于简化目的，而在于其适用的工程范围扩大，不仅可以用于土木工程，也可以用于房屋建筑工程。新版 FIDIC《施工合同条件》继承了以往合同条件的优点，并根据多年实践取得的经验以及专家学者和相关各方的意见和建议，在布局、结构、措辞等方面做了重大的修改，定义和措辞更加准确，包括了施工合同的通用条件和专用条件，附有争端裁决协议书、一般条件、各担保格式以及投标函、合同协议书等文件。

2.《生产设备和设计—施工合同条件》（新黄皮书）

该合同条件被推荐用于电气和（或）机械设备的供货以及房屋建筑和工程构筑物的设计与施工。一般合同安排是承包商按照雇主要求来设计和提供生产设备和（或）其他工程，此类工程可以包括土木、机械、电气、房屋建筑和（或）工程构筑物以及它们的组合。该合同条件与原来的《电气与机械工程合同条件》（黄皮书）相对应，不仅其合同名称发生了改变，内容等方面也有不小的变化，具体如下：

- 新版的适用范围已有所扩大。它适用于所有以机电为主要内容的承包项目。不仅包括旧版所指的土木和市政工程中的泵站、水处理厂等，还指所有工业生产和加工项目。可以用于世界银行贷款项目和私人投资的工业生产项目。
- 新版的工作内容扩大了。新版加上了"成套设备，设计施工承包"，而旧版只提到"包括场地吊装"。它其实是用于工业项目的设计施工总承包。
- 新版强调了对"Plant"的承包。这个名词从设计开始，包括设备、配套的土建工程和现场安装。在此，可以将此词理解为成套设备，可以是一个工厂，也可以是一个车间。
- 承包跨度很大。承包的跨度包括建成验收、投产前的调试验收和投产一段时间后的测试。

3.《设计采购施工（EPC）/交钥匙工程合同条件》（银皮书）

该合同条件适用于在交钥匙基础上进行的工厂或类似设施的加工或动力设备，或其他类型开发项目的实施。这种合同条件所适用的项目有：

- 可以有一个较准确的最终价和完成时间的开发项目。
- 承包商完全负责项目的设备和施工，雇主基本不参与工作。在交钥匙项目中，一般由承包商实施所有的设计、采购和建造工作，即在交钥匙时，提供一个配套完整、可以运行的设施。

该合同条件与原来的《设计—建造和交钥匙（工程）合同条件》（橘皮书）有一定的相关性，但 FIDIC 并无意以银皮书取代橘皮书。EPC 的英文名称是"Engineering Procurement Construction"，它原来是 20 世纪 80 年代美国大建筑公司打出的一种营销方式。这里的 Engineering 是关于工程技术上的安排，包括规划、工程或建筑设计、结构等都在内。Procurement 包括置办、采购以及所有过程中的管理，如招标、订约、催办、运输、报关、验货、检查、入库等，在概念上不仅仅是采购。Construction 实际是发包管理直至竣工验收，不是单指施工。

4.《简明合同格式》

该合同被推荐用于资本金额较小的房屋建筑或工程构筑物项目。根据工程类型和情况，这种合同格式也可用于资本金额较大的工程，特别是用于简单或重复性的工程或工期较短的工程。采用这种合同格式时，通常由承包商按照雇主或其代表（如有时）提供的设计进行工程施工，但这种格式也可适用于包括或全部是由承包商设计的土木、机械、电气、房屋建筑和（或）构筑物的合同。

2.1.3 FIDIC 合同条件的应用方式

FIDIC 合同条件是在总结了各个国家、地区的业主、咨询工程师和承包商经验基础上编制出来的，也是在长期的国际工程实践中形成并逐渐发展成熟起来的，是目前国际上广泛采用的高水平、规范的合同条件。考虑到工程项目的一次性、唯一性等特点，FIDIC 合同条件分成了通用条件（General Conditions）和专用条件（Conditions of Particular Application）两部分。通用条件适于某一类工程，专用条件则针对一个具体的工程项目，在考虑项目所在国法律法规不同、项目特点和业主要求不同的基础上，对通用条件进行的具体修改和补充。

1. FIDIC 土木工程合同条件的适用条件

■ 适用于竞争性招标项目。适用于根据公开招标或有限竞争招标的国际惯例选择承包商，不适用于议标、直接委托等非竞争方式。

■ 适用于单价合同类型。不适用于"总价合同"及"成本加酬金"等其他类型的合同。单价合同是一个重新计量合同，合同总价除标价评判外很少有用。单价合同比固定总价合同更具有实用性，对合同双方当事人更具有公平性。

■ 适用于工程师进行施工项目管理。因为合同条件旨在建立以工程师为中心的专家管理体系。

■ 完善和良好的法制环境。FIDIC 合同条件的实施需要一个良好的法制环境。

2. FIDIC 合同格式选择

■ 不同性质项目应当选择相应的 FIDIC 合同形式。由雇主或其代表（工程师）设计的工程项目，由承包商按雇主提供的设计进行工程施工，对此类工程应当选用新编 FIDIC《施工合同条件》；关于电气和（或）机械设备供货或工程的设计与设备，承包商按照雇主的要求设计、提供生产设备和（或）其他工程，应使用《生产设备和设计—施工合同条件》；建设工厂或类似设施的加工、动力设备、基础设施项目或其他类型开发项目，在项目的工期、最终价格确定的交钥匙工程，由承包商进行全部设计、采购和施工，最终提供一个配备完整设施的工程应选用新编《设计采购（EPC）/交钥匙工程合同条件》；对于投资金额较小的建筑工程，或投资较大但工程简单、重复或工期较短的，应当选择使用《简明合同格式》。

■ 不同投资主体对合同形式的选择。业主为中国法人（含中外合资、外方独资的企业）的项目，工程在中国境外，或虽在境内但雇主与承包商一方或双方为中国境外的法人，工程项目进行国际招标的，合同当事人除按工程性质或状况选择相应的 FIDIC 格式合同外，还应对所适用该合同形式的通用条款、专用条款进行修改、确认与补充，如法律适用、争端解决（DRB）与仲裁（管辖）等作出选择与约定。

3. FIDIC 合同条件的应用方式

■ 国际金融组织和国际项目直接采用。在世界各地，凡世行、亚行、非行贷款的工程项目以及一些国家和地区的工程招标文件中，大部分全文采用 FIDIC 合同条件。在我国，凡亚行贷款项目，全文采用 FIDIC "红皮书"。凡世行贷款项目，在执行世行有关合同原则的基础上，执行我国财政部在世行批准和指导下编制的有关合同条件。

■ 在合同管理中对比使用。许多国家在学习、借鉴 FIDIC 合同条件的基础上，编制了一系列适合本国国情的标准合同条件。这些合同条件的内容与 FIDIC 合同条件大同小异。主要差异体现在处理问题的程序规定以及风险分担规定。FIDIC合同条件的各项程序是相当严谨的,处理业主和承包商风险、权利及义务也比较公正。因此,业主、工程师、承包商通常都会将FIDIC合同条件作为一把尺子,与实际工程中遇到的其他合同条件相对比,进行合同分析和风险研究,制定相应的合同管理措施,防止合同管理上出现漏洞。

- 在合同谈判中使用。FIDIC合同条件的国际性、通用性和权威性,使合同双方在谈判中可以以"国际惯例"为理由,要求对方对其合同条款的不合理、不完善之处作出修改或补充,以维护各自的合法权益。这种方式在国际工程合同谈判中普遍使用。

- 部分选择使用。即使不全文采用FIDIC合同条件,在编制招标文件、分包合同条件时,仍可以部分选择其中的某些条款、规定、程序甚至某些思路,使所编制的文件更完善、更严谨。在项目实施过程中,也可以借鉴FIDIC合同条件的思路和程序来解决和处理有关问题。需要说明的是,FIDIC在编制各类合同条件的同时,还编制了相应的"应用指南"。在"应用指南"中,除了介绍招标程序、合同各方及工程师职责外,还对合同每一条款进行了详细解释和说明,这对使用者是很有帮助的。另外,每份合同条件均列有有关术语的定义和释义,这些定义和释义非常重要,它们不仅适合于合同条件,也适合于全部合同文件。

2.2 AIA 合同系列

美国建筑师学会(The American Institute of Architects,简称AIA)已有近140年的历史,致力于提高建筑师的专业水平,促进其事业的成功以达到改善大众的居住环境和生活水准的目的。作为建筑师的专业社团,其制定的AIA系列合同条件在美国建筑业界及美洲地区工程界具有很高的权威性,影响大、使用范围广。AIA系列合同条件经历了十五次修改,其最后一次修改在1997年,可见美国建筑师学会对于合同文本的实用性是非常重视的。

2.2.1 AIA合同系列的项目采购模式

AIA系列合同条件主要用于私营的房屋建筑工程。AIA系列合同条件涵盖了主要的项目采购模式,如应用于传统DBB模式的A101、B141、A201(A101是业主与承包商之间的协议书,B141是业主与建筑师之间的协议书);应用于代理型CM的B801/CMa、A101/CMa、A201/CMa(CMa即CM agency);应用于风险型CM的A121/CMc、A201(CMc即CM constructor)。其中传统模式又按工程规模大小划分为普通工程、限定范围工程、小型工程、普通装饰工程和简单装饰工程等。

AIA合同针对三种不同的项目采购模式制定了各自的合同文件体系,主要包括标准协议书和通用条件。从计价方法上看,AIA合同文件主要有总价、成本补偿和最高限定价格三种方式。

2.2.2 AIA的主要特征

1. 适用范围广、合同选择灵活

AIA合同系列是一套适用于美国建筑业通用的系列文件,被美国建筑业广泛采用并被作为拟定和管理项目合同的基础。AIA 合同系列涵盖了主要项目采购模式的各种标准合同文件，主要包括业主与总承包商，业主与建设管理承包商，业主与设计商，业主与建筑师，总承包商与分包商等众多标准合同文本，这些标准合同文件可应用于不同的项目采购模式和计价方式，为业主提供了充分的选择余地，使用范围广泛。

2. 对承包商的要求非常细致

美国工程界所采用的合同形式很多，其中业主和承包商以固定总价合同和成本加补偿合同较为常见，这两类合同中关于承包商职责的条款有 21 条之多，要求非常细致。而相对来说，对业主的利益较为保护，如合同中规定业主代表要对实施过程进行检查和验收，但通过检查和验收并不等于免除承包商的责任等。

3. 适用法律范围较为复杂

美国作为一个联邦国家，各州均有独立的立法权和司法权，因此，AIA 合同条件中均有适用法律的有关条款，法律关系较为复杂，但是为了减少争端，一般选择采用项目所在地法律。

2.2.3 AIA 系列合同的分类

1. AIA 系列合同分类

AIA 合同条件针对不同的项目采购模式及不同的合同类型编制了多种形式的合同条件，大体包括 A、B、C、D、F、G 系列，如：

- A 系列——用于业主与承包商之间的标准合同文件，其中包括合同条件、承包商资质报表、各类担保的标准格式等。
- B 系列——用于业主与建筑师之间的标准合同文件，其中包括专门用于建筑设计、室内装饰工程等特定情况的标准合同文件。
- C 系列——用于建筑师与专业咨询人员之间的标准合同条件。
- D 系列——建筑师行业内部使用的文件。
- F 系列——财务管理报表。
- G 系列——建筑师、企业及项目管理中使用的各种文件。

每个系列又有其不同的标准合同文件，如 A 系列有：

- A101——业主与承包商协议书格式——总价
- A105——业主与承包商协议书标准格式——用于小型项目
- A205——施工合同一般条件——用于小型项目（与 A105 配合）
- A107——业主与承包商协议书简要格式——总价——用于限定范围项目
- A111——业主与承包商协议书格式——成本补偿
- A121——业主与 CM 经理协议书格式
- A131——业主与 CM 经理协议书格式——成本补偿
- A171——业主与承包商协议书格式——总价——用于装饰工程
- A171——业主与承包商协议书简要格式——总价——用于装饰工程
- A181——业主与建筑师协议书标准格式——用于房屋建筑
- A188——业主与建筑师协议书标准格式——用于房屋建筑服务
- A191——业主与设计—建造承包商协议

- A201——施工合同通用条件
- A271——施工合同通用条件——用于装饰工程
- A401——承包商与分包商协议书标准格式
- A491——设计—建造承包商与承包商协议书

2. AIA系列合同部分主要条款

(1) 业主与建筑师协议书标准格式（AIA-B141）

美国建筑师学会制定的《业主和建筑师协议书标准格式》(Standard Form of Agreement Between Owner and Architect)，简称AIA-B141，于1977年7月发行第十三版。它规定业主与建筑师之间签订咨询服务合同的模式，共有14个主题条款，每个主题条款下又有若干分条款。14个主题条款（Articles）包括：建筑师的服务与职责、业主的职责、工程造价、人员的直接开支、可予报销开支、对建筑师的支付、建筑师的会计记录、文件的所有权及其应用、仲裁、协议书终止、其他条款、继承人及其制定、协议范畴、报酬的计算。

(2) 施工合同的通用条件（AIA-A201）

施工合同的通用条件（General Conditions of Contract for Construction）提供了土建工程通用合同模式，简称AIA-A201，也包括14个主题条款，每个主题条款又有若干分条款，最多的达36条。14个主条款包括：合同文件、建筑师、业主、承包商、分包商、由业主或其他承包商完成的工作、其他规定、工期、建成与支付、人员及财产的保护、保险、工程变更、工程剥露与修改、合同的终止。

根据上述合同条款编写每个工程项目的合同条件时，应对该项目提出一份"补充条件"，具体包括工程地点、工作范围、现场勘察、开工、实施及完工、税收、工资、临时设施、施工图纸、支付、保险以及场地清理等具体事项。补充条件是通用条款的具体补充，它们共同组成工程的施工合同条件。

(3) 总价合同协议书的标准格式（AIA-A101）

业主和承包商之间总价合同协议的标准格式（Standard Form of Agreement Between Owner and Contractor Stipulated Sum），被简称为AIA-A101，于1977年6月发行第十一版。该协议书标准格式比较短，仅提出施工协议书的模式，作为具体工程施工协议书的建议格式，由工程合同文件的编印者填入具体数据或说明，协议书标准格式包括以下七条：

- 合同文件：列出合同文件的组成部分。
- 工程项目：列出工程的名称，位置。
- 开工时间及基本建成：写明开工的日期，施工天数以及拖期完工的每日赔偿金条款。
- 合同价：写明总价条款及其组成部分。
- 进度款的支付：写明支付方式及支付的时间安排。
- 最终付款：写明最终一次付款的条件及具体时间。
- 其他。

2.2.4 AIA合同核心文件的特点

AIA系列合同A系列中的文件A201，即施工合同通用条件，类似于FIDIC的土木工程施工合同条件，是 AIA 系列合同中的核心文件，在传统项目采购模式和 CM 模式中被广泛采用。以下从五个方面分析 A201 文件（以下简称"AIA 合同"）的特点，并与 FIDIC 的土木工程施工合同条件（以下简称"FIDIC 红皮书"）进行比较。

1. 关于建筑师

建筑师在 AIA 合同中具有类似 FIDIC 红皮书中"工程师"的作用。建筑师是业主与承包商的联系纽带，是施工期间业主的代表，在合同规定的范围内有权代表业主行事。建筑师主要有以下权力：

- 检查权：检查工程进度及质量，有权拒绝不符合合同文件的工程。
- 支付确认权：建筑师审查、评价承包商的付款申请，检查、证实支付数额并签发支付证书。
- 文件审批权：建筑师对施工图、文件资料和样品的审查批准权。
- 编制变更令权：建筑师负责编制变更令、施工变更指示和次要工程变更令，确认竣工日期。

尽管 AIA 合同规定建筑师在做出解释和决定时对业主和承包商要公平对待，但建筑师的"业主代表"身份和"代表业主行事"的职能实际上更强调建筑师维护业主的一面，相应淡化了维护承包商权益的一面，这与 FIDIC 红皮书强调工程师"独立性"和"第三方性"的特点有所不同。

2. 关于工程变更的三种形式

AIA 合同划分了三种不同的工程变更形式，即变更令、施工变更指示和次要工程变更令。分成这三种形式是因为它们的变更依据各不相同。变更令是基于业主、承包商和建筑师之间的协议，用以说明工程变更、合同总价调整和工期调整；而施工变更指示是在不具备业主、承包商和建筑师之间协议的情况下使用的，是由建筑师成文并由业主和建筑师单方面签发的书面指示，承包商可能同意也可能不同意，但承包商接到施工变更指示后应及时实施工程变更，并可向建筑师提出不同意建筑师做出的因变更导致合同总价调整或工期调整的意见和建议，对此，合同中专门规定了具体的解决程序；次要工程变更令不涉及总价或工期调整，这种变更以签发命令的形式生效，对业主和承包商都有约束力，承包商应及时执行。

3. 关于支付及其相关问题

(1) 关于付款申请书和工程价值一览表

AIA 合同规定在承包商第一次提交付款申请书前，承包商应向建筑师提交一份在报告形式和数据精度上都能满足建筑师要求的工程价值一览表，该表对工程的各部分价值进行细分，建筑师今后将以此表作为审查承包商付款申请的基本依据。在每次进度款支付日到达至少 10 日前，承包商应根据工程价值一览表就本期完成的工作向建筑师提交付款申请书。与 FIDIC 红皮书类似，在 AIA 制定的业主与承包商标准协议书中也提出了按月结算的方式。

(2) 关于由于不支付导致的停工

AIA 合同在承包商申请付款问题上有倾向承包商的一面，如规定在承包商没有过错的情况下，如果建筑师在接到承包商付款申请后 7 日内不签发支付证书，或在收到建筑师签发支付证书情况下，业主在合同规定的支付日到期 7 日内没有向承包商付款，则承包商可以在下一个 7 日书面通知业主和建筑师，将停止工作直到收到应得的款额，并要求补偿因停工造成的工期和费用损失。尽管实际上建筑师和业主很容易找出理由拒绝向承包商支付，但相对 FIDIC 红皮书而言，AIA 合同从承包商催款到停工的时间间隔更短，操作性更强。三个 7 日的时间限定和停工后果的严重性会力促三方避免长时间扯皮，特别是业主面临停工压力要迅速解决付款问题，体现了美国工程界的办事效率，这也是在美国建筑市场上未造成工程款严重拖欠的原因之一。

(3) 关于支付与工程所有权

与 FIDIC 红皮书比较而言，AIA 合同在支付与工程所有权问题上也有倾向业主的一面，如承包商应保证将支付申请书中涉及的工程所有权在业主支付前移交给业主。这样，所有颁发过支付证书并得到业主支付的一切工程就不存在承包商、分包商或其他个人、团体对该工程的抵押、索赔、抵押收益或财产留置权，同时还规定业主可随时占用或使用已竣工或部分竣工的任何部分工程，并且这种占用或使用并不构成对不符合合同要求的工程的接受。这些条款有效地防止了承包商因未得到工程款等原因而通过拒绝移交工程来给业主施压，使业主蒙受损失，避免了国际工程中经常出现的业主不支付、承包商不移交的恶性循环、两败俱伤情形。

(4) 关于对分包商的支付

对分包商的支付，FIDIC 红皮书规定：如果承包商没有或拒绝在适当时候支付给指定分包商应得的各项款额，业主可直接将款额支付给指定分包商，并从应付给承包商的各项款额中抵扣。而 AIA 合同只是提出承包商在收到业主付款后应及时向每个分包商支付款项，尽管建筑师可以向分包商通报业主对承包商的支付情况，以利于分包商向承包商催款，但业主和建筑师没有义务查看承包商对分包商的支付情况，也没有义务越过承包商而直接向分包商支付。可见 AIA 合同在付款问题上，业主、建筑师只和承包商发生收支关系，分包商只和承包商发生收支关系，是一种单对单链条式的责任机制。这种做法有利于承包商对分包商的管理，但不利于指定分包商的支付保障。

4. 关于保险

AIA 合同将保险分成了三个部分，即承包商责任保险、业主责任保险、财产保险。与 FIDIC 红皮书相比，AIA 合同中业主明显地要承担更多的办理保险、支付保费方面的义务，除了业主责任保险外，业主还要为财产投保保险。AIA 合同规定：业主应按照合同总价以及由他人提供材料或安装设备的费用投保并持有财产保险。该保险中包括了业主以及承包商、分包商的权益，并规定业主如果不准备按照合同条款购买财产保险，业主应在开工前通知承包商，这样承包商可以自己投保，以保护承包商、分包商的利益，承包商将以工程变更令的形式向业主收取该保险费用。比较而言，承包商责任保险的种类相对较少，主要是人身伤亡方面的保险。值得注意的是，AIA 合同规定了对保险期限要相互通告的具体要求，即在保险单包括的险种取消或到期至少 30 日前，合同一方要向另一方发出书面通知，以避免漏保情况的发生。

5. 关于索赔

AIA 合同在索赔问题上的一个鲜明特点是：详细列明在发生不同索赔事件情况下，分别按照什么样的时间、方式、处理和调整办法进行索赔，如列举了以下几种情况：

■ 发现地表以下或其他不明情况与合同文件有出入或其他异常情况。

- 承包商要求增加费用的索赔。
- 承包商要求延长工期的索赔。
- 合同一方蒙受了因另一方人员过失造成的财产损失或人员伤亡。
- 因变更令或施工变更指示使原定的工程量发生了根本性变化。

AIA 合同的上述规定为索赔内容、范围、程序和处理办法提供了指南，使合同双方有据可查，有章可循，同时提高了索赔结果的可预见性。AIA 合同还包括应放弃向对方索赔后续损失的规定，如放弃双方对租赁开销、行政办公开销、商誉等一些间接损失进行索赔，防止要价过高或互相扯皮，简化明确了索赔内容，有利于索赔的快速有效处理。

与 FIDIC 红皮书（1987 年第四版）比较，AIA 合同索赔与争端的处理程序在时间要求上呈现出"两快一慢"的特点：一"快"是建筑师做决定的时间（10 日＋7 日）快，远短于 FIDIC 红皮书 84 日的决定时间；二"快"是建筑师作出索赔决定后，留给索赔双方考虑是同意还是提出仲裁的时间短（30 日），远短于 FIDIC 红皮书 70 日的决定时间；一"慢"是登记仲裁后调解期的时间长（60 日），略长于 FIDIC 红皮书 56 日的调解期。AIA 合同上述特点体现出务实的风格，实际上双方本来是可以很快对建筑师的意见做出判断和决定的，因此留给各方做出判断和决定的时间短，防止了一方（主要是业主方）故意不做决定，拖延时间，同时又为鼓励和争取调解解决争端留有较充裕的时间。

6. 关于 AIA 合同的争议解决方式

AIA 合同的争议解决方式主要有协商、调解、仲裁和诉讼等，鼓励争议双方采用协商、调解等非诉讼争议解决方式。

(1) 协商

出现争议后，首先通过有权解决争议的双方代表直接磋商来解决争议。若双方代表不能迅速解决争议，有权解决争议的双方高级管理人员应于争议发生的 21 日内会晤。若争议在提交给高级管理人员的 7 日内仍未解决，则将争议提请调解。

(2) 调解

在争议付诸其他解决程序之前双方应按照美国仲裁协会《施工行业调解规则》努力调解争议。一旦一方向对方和美国仲裁协会提出调解要求，双方应在提出要求的 60 日内解决。

(3) 争议解决菜单

若争议在 60 日内不能通过调解予以解决，双方应将争议提交合同附录的争议解决菜单，当事人可从菜单中选出双方同意的单一或累进使用的程序。这些程序主要有：

- 争议评审委员会。一般由 3 名成员组成，应该在施工开始之前选出该委员会，委员会应定期开会并做出咨询决策。
- 咨询仲裁。按照美国仲裁协会《施工行业调解规则》进行咨询仲裁。
- 小审判。在高级管理人员出席的情况下，将争议提交经双方共同推荐的个人成员，做出非约束力的建议。
- 有约束力仲裁。将争议提交距工地现场最近的美国仲裁协会（AAA）办公室，由仲裁协会做出有约束力的裁决，该裁决应是终局的。
- 诉讼。向项目所在地具有管辖权的相应的州或联邦法庭提出诉讼。

关于争议处理，AIA 合同文本有二个突出特点：一是大力实践非诉讼纠纷解决方式，这与美国积极鼓励采用非诉讼纠纷解决方式相对应。1998年美国通过了《替代性纠纷解决法》，对非诉讼纠纷解决方式有充分的认识和广泛应用的基础。二是强调业主和承包商的友好关系，现代合作双赢的思想逐步取代了传统管理中的风险转嫁、利益纷争的做法。

7. 业主所承担义务

对于任何一个工程项目，支付工程款和提供项目相关资料尤其是提供地质勘察资料都是业主应承担的主要义务。针对以上两项义务，AIA标准合同文本与FIDIC合同条件分别作出了不同程度的规定。众所周知，在建筑市场已经成为买方市场的今天，承包商事先替业主垫付巨额工程款已经成为相当普遍的现象，因此，业主能否按时按量支付工程款就成为承包商面对的一大风险。像比较成熟完善的FIDIC标准合同，也规定承包商要提供相当于工程款10%的履约保函，而对业主的支付能力却没有作出规定。显然这样的规定有利于业主，而不利于承包商，在权利和义务的规定上是不对等的。但在AIA合同文本中却对业主的支付能力作出了明确的规定。AIA2.2.1条规定："按照承包商的书面要求，工程正式开工之前，业主必须向承包商提供一份合理的证明文件，说明业主方面已根据合同开始履行义务，做好了用于该项目的资金调配工作。提供这份证明文件是工程开工或继续施工的先决条件。证明文件提供后，在未通知承包商前，业主的资金安排不得再轻易变动"。虽然此条款不一定在每一个项目上都能得到切实的贯彻，但它起码可以对业主的资金准备工作起到一定的推动和监督作用，同时也说明AIA在业主和承包商的权利义务分配问题上处理得比较公正合理。对于提供项目地质勘察资料的问题，FIDIC和AIA合同文本都作出了明确的规定，但存在着细微的差别。FIDIC合同文本第11.1条规定："在承包商提交投标书之前，业主应向承包商提供该工程的水文及地表以下的资料，但承包商应对上述资料的解释负责"。熟悉工程索赔的人员都清楚，由于此条款而引发的工程索赔不胜枚举，大都因为业主提供的勘察资料不准确或不全面，而他们又将此风险通过这个条款推给了承包商。但AIA合同文本对此内容却有不同的规定，该合同文本第2.2.3条规定："业主须负责对现场进行勘察测量，要对项目现场的实际特征、法律限定以及具体位置作出说明，从而完成一份正式合法的情况报告。对业主的情况报告，承包商可以充分依赖其准确性"。可见，如果执行此合同文本，业主就不能把现场环境或地质条件的风险推给承包商，而是由其自己承担。

2.3 JCT合同系列

2.3.1 JCT合同简介

JCT合同条件是英国Joint Contracts Tribunal出版的房屋建筑合同系列的标准文本，是英国最权威的合同条件之一，在欧洲被广泛采用，也是中国香港标准合同文本的原型。

英国的土木工程师学会（ICE）创立于1818年，至今已有将近200年的历史。ICE在1945年出版了《土木工程合同文件》（ICE Conditions of Contract），在欧洲具有权威的学术地位。

英国的共同合同评议委员会（JCT）是一个关于审议合同的组织，成立于1931年，它于1963年在ICE Conditions of Contract基础上制定了建筑工程合同的标准格式，1977

年进行修订，JCT 的《建筑工程合同条件》（即 JCT80）用于业主跟承包商之间的施工总承包合同，其主要适用于传统的施工总承包。JCT80 属于总价合同，这是和 ICE 传统合同条件不同的地方。JCT 还分别在 1981 年和 1987 年制定了适用于 DB 模式的 JCT81，在 1987 年制定了适用于 MC 模式的 JCT87。目前在中国香港较多采用的主要是 JCT1998 年版本。

Joint Contracts Tribunal 成立于 1870 年，是英国建设工程行业的一些知名组织的联合，出版了房屋建筑合同系列的标准文本。目前其成员包括：英国工程顾问联合、大不列颠地产联盟、建设联合会、当地政府协会、国际承包商委员会、英国皇家建筑学院、苏格兰房屋建筑合同委员会等。

2.3.2 JCT 主要合同文本及适用条件

1. JCT98（Joint Contracts Tribunal Standard Form of Building Contract 1998 Edition）

JCT98 是 JCT 的标准合同，在 JCT98 的基础上发展形成了 JCT 合同系列。JCT98 主要用于传统采购模式，也可以用于 CM 采购模式，共有 6 种不同版本，分别为私营项目和政府项目的带工程量清单、带工程量清单项目表和不带工程量清单形式。JCT98 还有一些修订和补充条款，包括私营项目和政府项目的通货膨胀补充，计算规则，带工程量清单、带工程量清单项目表的分段竣工，不带工程量清单的分段竣工，带工程量清单的承包商完成部分设计工作补充条款，以及不带工程量清单的承包商完成部分设计工作补充条款。另外，还有和 JCT98 配套使用的分包合同条款。JCT98 的适用条件如下：

- 传统的房屋建筑工程，发包前的准备工作完善。
- 项目复杂程度由低到高都可以适用，尤其适用项目比较复杂，有较复杂的设备安装或专业工作。
- 设计与项目管理之间的配合紧密程度高，业主主导项目管理的全过程，对业主项目管理人员的经验要求高。
- 大型项目，总金额高，工期较长，至少一年以上。
- 从设计到施工的执行速度较慢。
- 对变更的控制能力强，成本确定性较高。
- 索赔条件较清晰。
- 违约和质量缺陷的风险主要由承包商承担，但工期延误风险由业主和承包商共同承担。

2. MW98（Agreement for Minor Work）

MW98 包括一份简单的协议书和关于税收的补充条款，主要用于小型的简单工程。合同条件仅给出了双方责任和义务的简要概括，它可以用于一些小型的直接分包工程，但通常合同金额较低，以不超过 50 万元为宜（英国标准是按照 1992 年物价水平，总价低于 70000 英镑）。它的主要优点就是简单，但对于大型工程项目来说就是最大的缺点。MW98 的适用条件如下：

- 工程规模较小，工期较短，采用固定总价包干形式。
- 设计与项目管理之间的配合紧密程度高，建筑师和项目经理常常是同一个人，业主参与项目管理的程度低。
- 总价包干的范围包括图纸、技术规范、施工组织等，没有详细工程量。
- 合同总金额较小。
- 对变更的控制能力不强，成本的确定性不高。
- 项目简单，不需要控制专业分包的选择，如果有专业分包，则可以以暂定金额的形式或在招标文件中指定分包商，但最好是直接总包或平行发包。
- 从设计到施工的执行速度中等或较快。
- 索赔条件不清晰。
- 违约、工期延误和质量缺陷的风险主要由承包商承担。

3. IFC98 （Intermediate Form of Building Contract）

IFC98 是一种介于 JCT98 和 MW98 之间的合同条件形式。IFC98 比 JCT98 要短但仍然也比较复杂，它主要用于一些没有复杂安装工程的项目，适用于传统采购模式或 CM 采购模式。IFC98 同样也分为私营项目和政府项目的带工程量清单或不带工程量清单的形式。虽然它没有指定分包选项，但也有一种不同的做法可以实现类似的结果，它主要通过在招标文件中列出分包商的名称或列出暂定金额来控制。IFC98 的适用条件如下：

- 传统的房屋建筑工程，发包前的准备工作完善。
- 项目复杂程度中等或较低，施工工艺简单，没有复杂的专业分包工作。
- 设计与项目管理之间的配合紧密程度高，建筑师和项目经理常常是同一个人，业主参与项目管理的程度低，项目由建筑师主导。
- 项目工期较长，分期开发。
- 从设计到施工的执行速度中等。
- 对变更的控制能力强，成本的确定性较高。
- 索赔条件的清晰程度一般。
- 违约、工期延误和质量缺陷的风险主要由承包商承担。

4. CD98 （JCT Standard form Contract with Contractor's Design 1998 Edition）

CD98 主要用于承包商承担房屋的设计和施工的情况，设计和施工的责任全部由承包商承担。与 JCT98 不同的是，CD98 中业主没有委派建筑师和测量师。CD98 的适用条件如下：

- 传统的房屋建筑工程，发包前的准备工作不完善。
- 业主熟悉施工项目管理，参与项目管理的程度较高。
- 业主对项目的工期、成本、功能、质量等目标的重要度明确。
- 设计与项目管理之间的配合紧密程度低，业主不聘请建筑师，设计和施工全部由承包商承担，建筑师不参与项目管理。
- 项目的工期较长，采用边设计边施工，从设计到施工的执行速度快。
- 对变更的控制能力弱，成本的确定性很高。
- 索赔条件的清晰程度高。
- 违约风险全部由承包商承担，但工期和质量风险由业主和承包商共同承担。

5. CDPS98 （Contractor's Designed Portion Supplement）

CDPS98 主要用于承包商承担房屋的部分设计和全部施工的情况，设计和施工的责任仍然全部由承包商承担。CDPS98中业主聘请建筑师完成方案设计，承包商根据业主的要求继续深化设计，再完成施工。CDPS98的适用条件如下：
- 传统的房屋建筑工程，发包前的准备工作不完善。
- 业主熟悉施工项目管理，参与项目管理的程度较高。
- 业主对项目的工期、成本、功能、质量等目标的重要度明确清晰。
- 设计与项目管理之间的配合紧密程度较低，业主仅聘请建筑师做方案设计，深化设计和施工全部由承包商承担，建筑师基本上不参与项目管理。
- 项目的工期较长，采用边设计边施工，从设计到施工的执行速度快。
- 对变更的控制能力弱，成本的确定性很高。
- 索赔条件的清晰程度高。
- 违约风险全部由承包商承担，但工期和质量风险由业主和承包商共同承担。

6. JCT Construction Management Contract

JCT Construction Management Contract 主要用于CM采购模式，业主必须是项目管理的专家，所有承包商由业主直接发包确定，所有的顾问服务也同样由业主直接发包。JCT Construction Management Contract 没有固定的标准格式，可以根据业主的要求而变化，最大限度地满足了灵活性要求，其适用条件如下：
- 业主精通工程项目管理，同时对一些或所有的专业顾问及承包商比较熟悉，全程参与项目管理。
- 项目的主要风险是工期和成本，业主是私营企业，对房屋建筑的成本经济性要求较高。
- 项目的设计与管理之间配合紧密程度低，设计协调工作少。
- 对变更的控制能力比较弱，但调整设计的灵活度高。
- 违约、质量风险和JCT98一样，大部分由承包商承担，但工期、成本的风险由业主和承包商共同承担。

7. JCT Building Contract for a Home Owner/Occupier

仅适用于家庭或个体业主的房屋建筑工程。

2.3.3 JCT98合同主要条款

1. 双方的基本权利和义务

(1) 承包商的义务
- 执行和完成各项工作，满足工作完成的质量和标准（包括客观要求如图纸、技术规范并取得验收合格证书，主观要求如令建筑师合理的满意）。
- 业主授权建筑师发出的一切工程指令，承包商应完全遵守并执行。
- 承包商若发现工程规范与图纸及说明不一致，或合同文件之间出现不一致，有义务向建筑师提出，虽然造成上述不一致的责任在于业主或建筑师。
- 承包商必须遵守法定要求，如按当地政府规定交纳税费，遵守当地政府的环保法规、劳动法规等。
- 承包商采用的物料、工艺和货物应符合合同规定的种类和标准，以及取得当地政府的使用许可，若使用专利权须支付专利费用。

- 承包商有义务采用合理的技术执行相关工作。
- 竣工后的缺陷保修。

(2) 建筑师/业主的义务
- 向承包商交付工程现场，提供放线资料。
- 提供合同文本、图纸和工程规范。
- 按照合同条件规定，向承包商发出相关指令或文件，如完工证书、中期付款证书等。

(3) 承包商完成工作的时间要求
- 进占工程现场时间和竣工的时间。
- 延长竣工期限的条件，如不可抗力、异常恶劣天气等。
- 拖期违约赔偿。
- 工程正常进度受到建筑师或业主干扰引起的损失。
- 分段竣工。

(4) 业主须支付的金额
- 合同条件第13条承包金额的规定（如：无论如何不得以任何方法调整或变更，包括物价波动、汇率变动等因素）。
- 合同条件第12条工程量清单内说明或数量的任何错误或项目遗漏的处理（如：任何错误无论是否属承包商计算金额时的算术错误应视作被双方接受）。
- 合同条件第12条工程量清单对暂定数量、暂定项目的规定（如：工程量清单中所列的暂定数量只是为工程所估计的工程量，不能作为承包商按本合同履行其义务的实际工程量。暂定数量将按图纸重新计量，承包单价则不会因实际数量的多少作出修订或调整，而承包金额将按承包单价和实际数量重新计算）。
- 变更、暂定金额和指定金额的规定。
- 施工措施项目费用的规定。

2. 变更条件及范围

(1) 变更的权力
- 建筑师有发出变更工程指令的权力。
- 建筑师有责任就暂定金额、暂定项目的工作发出指令，取消或执行。

(2) 费用结果
- 发生变更的费用估价程序及方法。
- 合同终止情况下的相关规定。

3. 执行情况的监督和控制

(1) 给承包商的指令

如当工程质量明显地与合同条件不符时，建筑师可向承包商发出停工指令，但建筑师必须在发出停工指令后三个工作日内予以确认。

(2) 各种管理规定

如合约图纸和工程量清单的保管，证书的签发等。

(3) 执行情况的监督
- 承包商应向建筑师提供施工进度计划，以便建筑师根据进度发出早期延误警告。

- 物料和货物的报送和审批。
- 建筑师进入工程现场，以及为合同作预备工作的车间或其他地方的权利。
- 委派工程监理。

(4) 控制谁执行工作和谁被委派执行工作
- 转让和分包。
- 建筑师有权拒绝不合格的承包商或其代表进入工地。
- 拒绝承包商分包和转让。
- 指定分包。
- 指定供应商。

4. 付款的估价和承兑期

(1) 进度付款期限
- 中期付款证书中应注明付给承包商的金额，根据合同规定在一个月内完成的工程量及价值计算得出。
- 承兑期限为从发出付款证书之日起 14 天。
- 付款证书发出后不迟于 5 天，业主应向承包商发出书面说明，描述付款金额的计算。
- 一切关于扣款的书面说明须在付款证书期限届满前 5 天发给承包商。
- 除非另有扣款说明，业主应按照付款证书的金额支付给承包商。

(2) 中期付款证书金额
- 完成的工程量及价值，含变更工程量和暂定金额项目。
- 为配合完成合同工程运抵现场的物料或货物。
- 上述金额总数扣除 5% 的保留金就是付款金额。

(3) 倒数第二次付款期限
- 合同工程全部实际完工后 14 天内。
- 承兑期限为从发出付款证书之日起 14 天。
- 付款证书发出后不迟于 5 天，业主应向承包商发出书面说明，描述付款金额的计算。
- 一切关于扣款的书面说明须在付款证书期限届满前 5 天发给承包商。
- 除非另有扣款说明，业主应按照付款证书的金额支付给承包商。

(4) 倒数第二次付款金额
- 根据合同支付给承包商的金额应为实际完工工程量及价值，含变更工程量和暂定金额项目。
- 上述金额总数，扣除已支付的进度款和 2.5% 的保留金就是付款金额。

(5) 最终付款
- 承包商在工程实际完工后 3 个月内提交合理的最终结算报告书。
- 如果缺陷完工证书已发出，建筑师在收到最终结算报告书 28 天内发出最终付款证书。

5. 工期风险与措施
- 如果造成承包商工期延误的原因是由于完成建筑师的指令，且这些指令的发出并非由于承包商的违约，承包商将被允许延长工期。

■ 未完工损失：如果承包商没有按工期完工（包括延期时间），业主可以向承包商收取规定的工期违约赔偿金或直接在根据合同支付给承包商的工程款中扣除。

2.4 ICE 合同系列

2.4.1 ICE 合同特点

1. ICE 简介

ICE 是英国土木工程师学会（The Institution of Civil Engineers）的英文缩写。该组织创立于 1818 年，它是根据英国法律具有注册资格的有关教育、学术研究和资质评定的团体，现已成为世界公认的资质评定组织及专业代表机构。FIDIC "红皮书"的最早版本就源于 ICE 合同条件。ICE 合同属于普通法（Common Law）体系，即判例法，英文为 Case Law。判例法属于由案例汇成的不成文法，英、美及英联邦国家现行的都是判例法，因此这些国家对生效的典型判例非常重视。

ICE 的标准合同条件具有很长的历史，它的《土木工程施工合同条件》在 1991 年已经出版到第六版。ICE 标准合同格式采用单价合同，即承包商在招标文件中的工程量清单中（Bill of Quantities）填入综合单价，以实际的工程量而非工程量清单中的工程量进行结算。此标准合同格式主要适用于施工总承包的传统采购模式。随着工程界和法律界对传统采购模式以及标准合同格式批评的增加，ICE 决定制定新的标准合同格式。1991 年 ICE 的"新工程合同"（New Engineering Contract，NEC）征求意见版出版，1993 年《新工程合同》第一版出版，1995 年《新工程合同》又出版了第二版，第二版中《新工程合同》成了一系列标准合同格式的总称，用于主承包合同的合同标准条件被称为"工程和施工合同"（Engineering and Construction Contract，ECC）。制定 NEC 的目的是增进合同各方的合作、建立团队精神，明确合同各方的风险分担，减少工程建设中的不确定性，减少索赔以及仲裁、诉讼的可能性。ECC 一个显著的特点是它的选项表，选项表里列出了六种合同形式，使 ECC 能够适用于不同合同形式的工程。

2. ICE 合同条件的特点

■ ICE 合同条件没有独立的第二部分（即专用条件），而是将第 71 条作为其专用条款，在第 71 条中专门列举工程项目的特殊要求及相关数据。

■ ICE 合同条件对土木工程合同中经常遇到的问题，在条款中都有较全面和严格的规定，如第 69 条、第 70 条就专门对税收问题作了严密的规定。

■ 有关工程师的职责和权限的规定，ICE 合同条件明确指出，工程师在向承包商发布是否属于不利的自然条件、延长工期、加速施工、工程变更指令以及竣工证书等指示之前，必须事先得到业主的批准。

■ ICE 合同条件主要在英国及英联邦国家中使用，一些历史上与英国关系密切的国家，也有使用 ICE 合同条件的。

■ FIDIC 合同 1999 年版明显与 ICE 合同框架相异。FIDIC 合同是亲承包商的，英文称之为 Pro-Contractor，它维护承包商的利益更多些。ICE 合同是亲业主的，英文称之为 Pro-Employer，它侧重于维护业主的利益。作为承包商，要善于维护自己的利益，对业主争取使用 FIDIC 合同，而对分包商却要尽量采用 ICE 合同或 ICE 的分包合同，并不主动推荐 FIDIC 版本的分包合同。

2.4.2 ICE 合同条件

ICE 由英国土木工程师学会、咨询工程师协会、土木工程承包商联合会共同设立的合同条件常设联合委员会制定，适用于英国本土的土木工程施工。现用版本为 1991 年第六版的 1993 年 8 月校订本，全文包括合同条件 1991 年第六版原文，1993 年 8 月发行的勘误表，合同条件索引，招（投）标书格式及附件，协议书格式和保证书格式。合同条件共 23 章 71 条，目录如下（二级条款从略）：

- 定义与解释。包括工程师和工程师代表的定义；工程师的义务和权力。
- 转让与分包。包括合同转让和分包的规定。
- 合同文件。包括文件相互解释；文件的供给；后续图纸、技术说明和指示。
- 一般义务。包括承包商的一般责任；合同协议；履约担保；信息资料的提供与解释；不利的外界条件和人为障碍；工程应使工程师满意；制订计划；承包商的监督；承包商雇员的免职；放线；钻孔与勘探挖掘；安全保卫；照管工程；工程等的保险；人身与财产的损害；第三方保险；人员的事故或受伤；保险证明和保险期限；发送通知与支付费用；1950 公共设施街道工程法；专利权；对交通和毗邻财产的干扰；避免损坏公路等；为其他承包商提供设施；化石等；竣工时的现场清理；劳务人员和承包商设备报告。
- 操作工艺和材料。包括材料和工艺质量及检测；进入现场；工程覆盖前的检查；不合格工程与材料的排除；暂时停工。
- 开工时间与延误。包括工程开始日期；现场占用与出入；竣工时间；延长竣工时间；夜间和星期日工作；施工进度。
- 误期损害赔偿。包括整个工程实际竣工的误期损害赔偿。
- 实际竣工证书。包括实际竣工通知。
- 未完工程与缺陷责任。包括工程未完；承包商进行调查。
- 变更、增加与省略。包括指令变更；指令变更的估价。
- 材料和承包商设备的所有权。包括承包商设备的归属；不在现场的货物和材料的归属。
- 计量。包括工程量；测量与估价；计量方法。
- 暂定与原始成本金额和指定分包合同。包括暂定金额的使用；指定分包商及对指定分包商的反对。
- ICE 证书与付款。包括月报表；缺陷改正证书。
- 补救措施和权力。包括紧急修理；承包商雇用的终止。
- 挫折。包括发生挫折时的付款。
- 战争条款。包括战争爆发时工程继续 28 天。
- 争议的解决。包括争议的解决方法和程序。
- 用于苏格兰。用于苏格兰的条款。

- 通知。包括给承包商的通知。
- 税务。包括劳务（税）的变动；增值税。
- 专用条件。专用条件没有具体的条文，仅说明任何专用条件都应合并于相应的合同条件之中，并予以编号，构成合同条件的一部分。
- 招（投）标书及附件、协议书、保证书等格式有简单的说明，以指导正确使用。

2.4.3 ICE与FIDIC合同条件的比较

ICE合同条件（土木工程施工）自1945年出台进行了6次修改，最新版本为1991年1月的第六版，其内容基本上与FIDIC合同条件相同，所不同的主要有以下方面（或ICE合同条件的事先规定）：

- 关于工程师。合同中规定的工程师应是英国皇家注册工程师，否则该工程师应授权某皇家注册工程师代替其承担合同规定的全部责任。
- 关于转让。雇主和承包商均可将合同或合同的某一部分或权益转让出去，但这部分转让必须得到另一方的书面同意。
- 关于进度计划。在授权后21天内，承包商应编制一份进度计划并提交工程师批准，如果工程师不批准，则承包商应在21天内提交经修订后的进度计划。如果在21天内，工程师未表态，则可认为工程师已经接受了所提交的进度计划。
- 关于噪声干扰及污染。如果在工程实施过程中产生了不必要的噪声干扰和其他污染，承包商应承担由此产生的一切责任，包括一切有关的索赔和各种费用。但是，如果工程施工过程中不可避免地要产生噪声干扰和其他污染，业主应承担由此产生的一切责任，包括一切有关的索赔和各种费用。
- 关于保险。工程保险是合同条件中规定的承包商的重要义务之一。承包商应以承包商和业主的联合名义，以全部重置成本加10%的附加金额对工程、材料和工程设备进行保险，以弥补各种损失所产生的费用。
- 关于暂时停工。在停工持续了三个月后承包商可要求复工。如不能复工可采取将工程删减或认为业主违约等行动。
- 关于业主未能支付。如果工程师未能及时对月支付、最终支付或保留金的支付出具证明或业主未能及时支付，业主应当按照月复利向承包商支付每日的利息。
- 关于争端的解决。一般情况下，如果承包商和业主之间发生争端，包括与工程师的决定、建议、指令、命令、证明和评估的争端，则首先提交工程师来调解。双方在收到调解人建议一个日历月内如果没有提出仲裁要求，则认为采纳了调解人的建议。
- 关于安全管理中的职责。ICE合同条件规定（1991年第六版，1993年修正版）："承包商应为一切现场操作和施工方法的足够稳定性和安全性负责"（第8条）；"承包商在工程实施全过程中，应全面关心留在现场上的任何人员的安全，并保持现场（在承包商控制范围内）和工程（尚未竣工或尚未为雇主占用）处于秩序良好状态，以避免对上述人员造成危险"（第19（1）款），还要求提供各种防护装置和安全标志。ICE合同条件中规定，"如业主方使用自己的工人在现场工作，则业主应全面关心现场所有人员的安全……，如业主在现场雇用其他承包商，则应要求他们同样关心安全，避免危险"（第19（2）款）。

2.5 NEC 合同系列

2.5.1 NEC 合同简介

英国土木工程师学会（ICE）于 1995 年出版的第二版"新工程合同"（New Engineering Contract，简称 NEC 合同）是对传统合同的一次挑战，它具有明确的指导思想，即力图促使合同参与方按照现代项目管理的原理和实践，管理好其自身的工作，并鼓励良好的工程管理，以实现项目质量、成本、工期等目标。这一指导思想在 NEC 系列合同中的工程施工合同（Engineering and Construction Contract，简称 ECC 合同）核心条款第一条第一款作了明确规定："雇主、承包商、项目经理和监理工程师应按本合同的规定，在工作中相互信任、相互合作，裁决人应按本合同的规定独立工作"。而且，这一指导思想贯穿于所有合同条件中，特别反映在如"早期警告"机制、"裁决人"制度、"提前竣工奖金"、"补偿事件"等合同条件中，充分反映了 NEC 合同"新"的指导思想。

NEC 合同首先引入合同双方"合作合伙"（Partnering）的思路来管理工程项目，以减少或避免争端。合同双方虽有不同的商业目标，但可以通过共同预测及防范风险来实现项目目标，同时实现各自的商业目标。NEC 合同强调合同双方的合作，强调各自的管理工作，鼓励开展良好的管理实践以减少或避免争端，使合同参与各方均受益。业主从项目达到预期目标而受益；承包商可从施工中节省成本并充分地在工程实践中运用他们的施工技术而获利；项目经理和监理工程师可以从更有效的管理和更充分地在工程中运用他们的管理技能而获益。由于争端事件减少，项目目标就能顺利实现，最终业主受益。

2.5.2 NEC 合同中参与方之间的合同关系

NEC 合同明确项目经理（Project Manager）与监理工程师（Supervisor）是业主的代表，他们不是独立的第三方，他们受雇于业主，从业主处获得服务费用，他们的职责是代表业主管理工程，维护业主的利益。但项目经理与监理工程师分别与业主签订"NEC 专业服务合同"，各自的工作范围及工作职责不相同。ECC 合同核心条款第 13.6 条、第 14 条对项目经理和监理工程师的工作范围、工作内容作出了明确规定。项目经理可向业主和承包商签发证书，而监理工程师只能向项目经理和承包商签发证书。

NEC 合同中的设计工作，既可由类似传统合同由业主聘用的工程咨询公司完成所有永久性工程的设计，也可由承包商来完成设计，或由业主负责部分设计（如机电设备、工艺流程），承包商承担部分设计（如土建工程），以满足业主对工艺或功能的要求。承包商承担设计的范围、内容应在合同文件中的工程信息中作出规定。承包商对其设计所承担的合同责任在第 21.5 条中有明确规定。因此，"设计师"在 NEC 合同中可以与业主或承包商签订专业服务合同。

项目经理是合同管理的关键人物，应该认为项目经理作出的任何决定均已得到业主的认可，他有权随时与业主就工程实施中涉及的工期、成本、质量等问题进行商量，作出最适合业主要求的决定，并将此决定通知承包商。

监理工程师由业主聘用，其主要任务是进行质量控制，检查工程是否按合同技术说明的要求来实施，指出工程中存在的缺陷并检查承包商对缺陷的整改。监理工程师的行为可能产生工程成本方面的后果，但监理工程师不直接介入项目成本问题。NEC合同还规定，项目经理与监理工程师的行为应相对独立，当监理工程师的行为受到承包商质问时，监理工程师不得求助于项目经理。当承包商对项目经理或监理工程师的行为不满意时，应诉诸于裁决人。

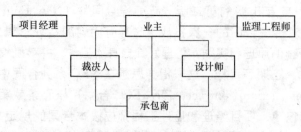

图2-1 新工程合同中参与方之间的合同关系

NEC合同中的裁决人是独立于业主和承包商双方的人，是由业主和承包商共同指定的，NEC裁决人合同是由业主和承包商共同与裁决人签订。裁决人的作用类似于FIDIC合同中的"咨询工程师"，主要是处理争端和纠纷。不管裁决决定如何，裁决人的费用由业主和承包商平均分摊。

新工程合同中项目参与方之间的合同关系参见图2-1。

2.5.3 NEC合同系列的分类

为适用合同各方之间不同的关系，NEC合同包括了以下不同系列的合同和文件。

- 工程施工合同（ECC），用于业主和总承包商之间的主合同，也被用于总包管理的一揽子合同。
- 工程施工分包合同（ECS），用于总承包商与分包商之间的合同。
- 专业服务合同（PSC），用于业主与项目经理、监理工程师、设计师、测量师、律师、社区关系咨询师等之间的合同。
- 工程施工简要合同（ECSC），适用于工程结构简单，风险较低，对项目管理要求不太苛刻的项目。
- 裁决人合同，用来作为雇主和承包商（联合在一起）与裁决人订立的合同，也可以用在工程施工分包合同中和新工程合同中的专业服务合同中。

工程施工合同和工程施工分包合同于1993年3月出版，1995年11月再版；专业服务合同和裁决人合同于1994年发行第一版。

2.5.4 NEC施工合同的特点和主要内容

NEC系列合同中的工程施工合同，类似于FIDIC的土木工程施工合同条件，是NEC系列合同中的核心文件，在许多国家得到广泛采用，并成为英国及英联邦国家建筑行业的标准合同。以下从几个方面来探讨分析NEC施工合同的内容和特点，并将其与FIDIC土木工程施工合同条件进行简单的比较。

1. NEC施工合同的特点

(1) 灵活性

NEC施工合同可用于包括任一或所有的传统领域，诸如土木、电气、机械和房屋建筑工程的施工；可用于承包商承担部分、全部设计责任或无设计责任的承包模式。NEC施工合同同时还提供了用于不同合同类型的常用选项，诸如目标合同、成本偿付合同等。

NEC施工合同除了适用于英国外,也适用于其他国家。这些特点是通过以下几个方面来实现的:
- 合同提供了6种主要计价方式的选择,可使业主选择最适合其具体合同的付款机制。
- 具体使用合同时,次要选项与主要选项可以任意组合。
- 承包商可能设计的范围从0~100%,可能的分包程度从0~100%。
- 可使用合同数据表,形成具体合同的特定数据。
- 针对特殊领域的特别条款从合同条件中删除,将它们放入工程信息中。

(2) 清晰和简洁

尽管NEC施工合同是一份法律文件,但它是用通俗语言写成的。该文件尽可能地使用那些常用词以便能被那些第一语言为非英语的人们容易理解,而且容易被翻译成其他语言。NEC施工合同的编排和组织结构有助于使用者熟悉合同内容,更重要的是让使用合同的当事人的行为被精确地定义,这样,对于谁做什么和如何做的问题就不会有太多争议。NEC施工合同是根据合同中指定的当事人将要遵循的工作程序流程图起草的,有利于简化合同结构。有利于使用者阅读的很重要的一点是合同所使用的条款数量和正文篇幅比许多标准合同要少得多,且不需要、也没包含条款之间的互见条目。

(3) 促进良好的管理

这是NEC施工合同最重要的特征。NEC施工合同基于这样一种认识:各参与方有远见、相互合作的管理能在工程内部减少风险,其每道程序都专门设计,有助于工程的有效管理。主要体现在:
- 允许业主确定最佳的计价方式。
- 明确分摊风险。
- 早期警告程序,承包商和项目经理有责任互相警告和合作。
- 补偿事件的评估程序是基于对实际成本和工期的预测结果,从而选择最有效的解决途径。

总之,工程施工合同旨在为雇主、设计师、承包商和项目经理提供一种现代化手段以求合作完成工程。该合同还可以使他们更加协调地实现各自的目的。使用工程施工合同可以使雇主大大减少工程成本和工期延误以及竣工项目运行不良的风险。同时,使用工程施工合同还增加了承包商、分包商和供应商获得利润的可能性。

2. NEC施工合同的内容及结构

(1) 核心条款

核心条款是所有合同共有的条款,共分为9个部分:总则、承包商的主要责任、工期、测试和缺陷、付款、补偿事件、所有权、风险和保险、争端和合同终止。无论选择何种计价方式,NEC施工合同的核心条款均是通用的。

(2) 主要选项条款

针对6种不同的计价方式设置,任一特定的合同应该而且只能选择1个主要选项,这种选择的范围涵盖了各种类型的工程和建筑施工中的大多数情况。每个选项的风险在业主和承包商之间的分摊不一样,向承包商付款的方式也就不一样。对一个特定的合同,必须选用一个主要选项条款和核心条款合在一起构成一个完整的合同。以下是每个主要选项的主要特征和用途的简要概述：

- 选项 A——带有工程量表的总价合同。分项工程量表由承包商制定并对其进行报价，这些分项工程的价格总和就是承包商承包整个工程的价格，即价格风险和数量风险均由承包商承担。选项 A 提供的是阶段付款。

- 选项 B——带有工程量清单的单价合同。工程量清单包含了工作项目和数量，承包商根据招标文件及有关资料进行报价，承包商承担价格风险，业主承担数量风险，与 FIDIC 计价方式基本相似。

- 选项 C 和 D——带有分项工程量表和工程量清单的目标合同。按分项工程总价确定目标总价，价格风险和数量风险由业主和承包商按约共同承担。目标合同适用于拟建工程范围没有完全界定或预测的风险较大的情况。财务风险主要有以下列方式分担：①承包商通过使用分项工程表或工程量清单以合同总价的形式报出目标价格。目标价格包括承包商估算的实际成本加其他成本以及承包商间接费中的管理费和利润。②承包商按实际成本的间接费率报出自己的间接费。③在合同执行的过程中，承包商得到的款项是实际成本加间接费，即迄今已完工程总价（PWDD），可因补偿事件和通货膨胀因素而调整。④在合同结束之时，承包商根据合同资料中提供的计算公式应得到（或支付）最终合同总价与最终迄今已完工程总价（PWDD）之间的分摊金额。

- 选项 E——成本偿付合同。承包商不再承担成本风险，其得到的款项是实际成本加上所报的间接费。成本偿付合同适用于当施工工程的范围界定不充分，甚至作为目标价格的基础也不够充分而又要求尽快施工的情况。

- 选项 F——工程管理合同。管理承包商不必亲自施工，但其承担的责任等同于那些根据其他主要选项工作的承包商所承担的责任，分包商与管理承包商签订分包合同。管理承包商就他的费用以及他所估算的分包合同总价报价，分包合同的价格是作为实际成本支付给管理承包商的，并且是以这种方式支付的唯一款项。

以上计价方式的不同主要是注意到了设计的深度、工期的紧迫性、业主风险分担意愿的不同。在上述 6 种支付方式中，工程管理合同不包括 CM（Construction Management）模式，总价合同不包括设计建造及交钥匙工程（Design-Building and Delivery Key）模式。对业主而言，工程造价不确定性的风险按 A 至 F 的顺序逐渐增加。业主或由咨询工程师协助选择合适的支付方式对项目的成功是非常重要的。若业主以工程造价作为主要因素则应选择总价合同；若以工期或质量为首要因素，则应选择其他合同形式。

（3）次要选项

在决定了主要选项后，当事人可根据需要选择部分、全部或根本不选择次要选项，选定的次要选项和选定的主要选项必须在合同资料文件第一部分的首要说明中加以说明。次要选项包括：

- J. 完工保证；
- K. 总公司担保；
- L. 工程预付款；
- M. 结算币种（多币种结算）；
- N. 部分完工；
- O. 设计责任；

- P. 价格波动；
- Q. 保留（留置）；
- R. 提前完工奖励；
- S. 工期延误赔偿；
- T. 工程质量；
- U. 法律变更；
- W. 特殊条件；
- X. 责任赔偿；
- Y. 附加条款。

其中，M 项选择仅适用于总价合同和单价合同；P 项选择不适用于成本补偿合同和工程管理合同；Q 项选择不适用于工程管理合同。业主可根据工程的特点和要求从上述条款中（J－Y）中作出选择。若选择 Y 项（附加条款），应尽可能按 NEC 的风格编写附加条款。

(4) 成本组成表

对成本组成项目进行全面定义，从而避免因计价方式不同、计量方式差异而导致不确定性。成本组成表的作用有两点：一是规定了因补偿事件引起的成本变化的计价中所包含的成本组成项目，适用于选项 A、B、C、D 及 E；二是规定了承包商可直接得到补偿的成本组成项目，适用于选项 C、D 及 E。而成本组成表不适用于选项 F（管理合同）。在使用时，业主要根据具体项目进行选择，如认为表中的任何项目与特定合同无关，可将其删除。

(5) 合同资料

合同资料是指在合同生效日起有效的资料，包括由业主发给投标人的文件、投标人投标的文件、双方谈判期间的改动以及合同实施过程中的变更等，它明确了达成的合同协议的细节，使合同趋于完善。

2.5.5 NEC 与 FIDIC 的比较

1. 合同的原则

NEC 是对 ICE 合同条件的发展，NEC 施工合同在订立时坚持灵活性、清晰简洁性和促进良好管理的原则，但纵观合同全文的条款以及运用中的一些实际情况，NEC 合同还是倾向业主的，它侧重于维护业主的利益。

FIDIC 的最大特点是程序公开、公平竞争、机会均等，对任何人都没有偏见，至少出发点是这样。从理论上讲，FIDIC 对承包商、业主、咨询工程师都是平等的，谁也不能凌驾于其他人之上。相对 NEC 合同，FIDIC 合同条件更倾向承包商，它维护承包商的利益更多。因此，作为承包商应尽量选用 FIDIC，这样才能更好地保护自己的经济利益及合法权利；而作为业主或向外分包，则希望采用 NEC 合同。

2. 合同的结构

NEC 旨在用于那些包括所有的传统领域诸如土木、电气、机械和房屋建筑工程的施工，为了在合同使用时具有灵活性，其在核心条款后规定了主要选项条款和次要选项条款，首先从主要选项条款中决定合同形式的选择，然后再从次要选项的 15 项中选出适合合同的选项。

FIDIC 土木工程施工合同条件分为通用条件和专用条件两个部分。把土木工程普遍适用的条款逐条以固定性文字形成合同通用条款，条款中详细规定了在合同执行过程中出现开工、停工、变更、风险、延误、索赔、支付、争议、违约等问题时，工程师处理问题的职责和权限，同时也规定了业主和承包商的权利、义务。而把结合具体工程情况需要双方协商而约定的条款作为合同专用条款，在签订合同时，合同双方根据工程项目的性质、特性将通用条件具体化。

3. 项目的组织模式

NEC 工程施工合同假定的项目组织包括以下参与者：雇主、项目经理、监理工程师、承包商、分包商和裁决人。两个合同条件对于雇主、承包商和分包商在合同中的地位、项目管理中的角色等方面的主要规定是基本相同的；不同之处在于，对项目管理的执行人和准仲裁者的规定上。FIDIC 施工合同条件项目管理的执行人是工程师，而 NEC 施工合同规定项目管理由项目经理和监理工程师共同承担，其中监理工程师负责现场管理及检查工程的施工是否符合合同的要求，其余的由项目经理负责；FIDIC 施工合同条件中准仲裁的执行人是工程师，由于依附于雇主而很难独立，而 NEC 施工合同的准仲裁人是独立于当事人之外的第三方，由雇主和承包商共同聘任，更具独立性和公正性。

4. 承包商的义务

在承包商的设计、施工方面，两个条件的规定是很类似的，只是侧重点不同，FIDIC 注重工作范畴的界定，而 NEC 却对实施的细节步骤加以明述。但在遵守法律、现场环境和物品、设备运输等方面，FIDIC 做出了细节性的阐述，而 NEC 却对这些方面没有涉及。同时，在 FIDIC 中出现了为其他承包商提供机会和方便的规定，而在 NEC 中提到的却是承包商与其他方的合作，以及分包时承包商责任的规定。

5. 索赔问题

FIDIC 有一个专门的"索赔程序"条目，把索赔过程写得一清二楚，进行索赔时可依据这个程序进行工作；而 NEC 对此没有相应条款。主要原因是 FIDIC 属于普通法（Common Law）体系，是判例法，属于案例汇成的不成文法；而 NEC 是在成文性的法律体系基础上编制的，并且 NEC 施工合同强调的是合同条件的简明和促进良好的管理，在成文法律的规定下，雇主和承包商以一种合作式的管理模式来完成项目。所以，为了促进这种关系，NEC 没有涉及法律中有规定的而又是表现雇主和承包商之间矛盾的索赔问题。

2.5.6 NEC-ECC 合同的参与方关系

NEC 系列中的工程施工合同（ECC），自 1993 年第一版问世以来，已在英国、南非、中国香港地区等大型土木工程上广泛应用并取得了良好的效果，工程风险分配明确，工程争端事件明显减少，因而大大有利于工程的顺利实施。ECC 中合同当事方之间的关系如图 2-2 所示。

ECC 合同中"项目经理"为业主代表，从事工程项目的全过程管理。"监理工程师"是由业主为某一特定合同而指定，其基本工作是检查工程的施工是否符合合同要求。"裁决人"是由业主与承包商联合指定的。ECC 合同的工作原则是业主、承包商、项目经理和监理工程师应按合同规定，在工作中相互信任、相互合作。裁决人应按合同规定独立工作。

从图 2-2 中不难看出，ECC 合同中监理工程师（Supervisor）的地位和作用类似我国目前监理单位在工程项目管理中所处的地位和作用。ECC 规定了监理工程师的职责为检查工程是否按合同要求实施，包括对所用材料、设备的测试和对施工质量的检查以及监督和观察承包商所进行的各类试验。一旦发现缺陷，监理工程师有责任立即向承包商指出，并检查、认可承包商对缺陷的整改工作，并且在最终证书签发时，有权证实是否尚存缺陷。合同核心条款第 4 条"测试和缺陷"对监理工程师的职责作了具体的规定。因此，ECC 合同中监理工程师的主要任务是从事施工质量管理。

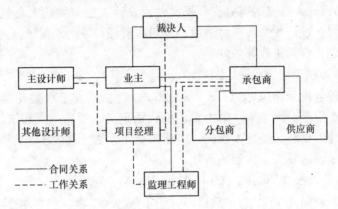

图 2-2 ECC 中合同各方之间的关系

2.6 国内工程合同系列

与国际工程合同文本均由专业学会（协会）编制不同，国内的工程合同示范文本基本上是由主管政府部门（如建设部、交通部、水利部等）与国家工商行政管理局联合制定并颁布实施的。1991 年 3 月颁布的《建设工程施工合同》（GF-1991-0201）是国内最早的工程合同示范文本，之后陆续制定并颁布了工程监理、工程勘察、工程设计、建设工程施工（修订）、公路工程施工、水利水电工程施工、建设工程施工专业分包和劳务分包等工程合同示范文本，基本形成了具有中国特色的工程合同系列。上述示范文本借鉴了国际工程合同系列文本及合同管理的有益经验，吸收了最新工程建设法律法规的内容，并结合国内工程合同管理的实践，对于规范工程合同当事人的行为，完善工程合同制度和内容，提高工程合同履约水平和效果，均起到了重要的指导和规范作用。

1. 建设工程勘察合同（GF-2000-0203/0204）

建设工程勘察合同（GF-2000-0203）主要适用于岩土工程勘察、水文地质勘察（含凿井）、工程测量、工程物探等勘察工作。合同协议书主要包括双方当事人；工程概况[含名称、地点、工程规模、特征、工程勘察任务委托文号、日期、工程勘察任务（内容）与技术要求、承接方式、预计勘察工作量、工程内容]；发包人提供的文件资料并对其准确性、可靠性负责；勘察人提交的勘察成果资料并对其质量负责；开工及提交勘察成果资料的时间和收费标准及付费方式；发包人责任；勘察人责任；违约责任；争议处理；合同生效；合同终止等条款。

建设工程勘察合同（GF-2000-0204）主要适用于岩土工程设计、治理、监测等工作。合同协议书主要包括双方当事人；工程概况；发包人提供的有关资料文件；承包人交付的报告、成果、文件；开工及提交勘察成果资料的时间；勘察费用；变更及工程费的调整；发包人、承包人责任；违约责任；材料设备供应；报告、成果、文件检查验收；争议解决办法；合同生效与终止等条款。

2. 建设工程设计合同（GF-2000-0209）

建设工程设计合同（GF-2000-0209）主要适用于民用建设工程设计合同。合同主要包括双方当事人；合同签订依据；设计项目的内容（名称、规模、阶段、投资及设计费等）；发包人应向设计人提交的有关资料及文件；设计人应向发包人交付的设计资料及文件；定金及其支付；设计收费及支付进度；发包人责任；设计人责任；违约责任；现场设计代表；争议处理；合同生效等条款。

3. 建设工程监理合同（GF-1999-0202）

建设工程监理合同示范文本（GF-1999-0202）包括建设工程委托监理合同、标准条件和专用条件三个部分。标准条件中主要包括词语定义、适用范围和法规、监理人义务、委托人义务、监理人权利、委托人权利、监理人责任、委托人责任、合同生效、变更与终止、监理报酬、争议的解决、其他等条款。

4. 建设工程施工合同（GF-1999-0201）

建设工程施工合同（GF-1999-0201）可适用于土木工程，包括各类公用建筑、民用住宅、工业厂房、交通设施及线路管道的施工和设备安装。主要由合同协议书、通用条款和专用条款构成，并附有三个附件：附件一是《承包人承揽工程项目一览表》，附件二是《发包人供应材料设备一览表》，附件三是《工程质量保修书》。合同协议书包括双方当事人；工程概况；工程承包范围；合同工期；质量标准；合同价款；组成合同的文件；合同术语定义；双方承诺；合同生效。《通用条款》包括：词语定义及合同文件、双方一般权利和义务、施工组织设计和工期、质量与检验、安全施工、合同价款与支付、材料设备供应、工程变更、竣工验收与结算、违约索赔和争议、其他，共11部分47条，是一般土木工程所共同具备的共性条款，具有规范性、可靠性、完备性和适用性等特点，该部分可适用于任何工程项目，并可作为招标文件的组成部分而予以直接采用。《专用条款》也有47条，与《通用条款》条款序号一致，是合同双方根据企业实际情况和工程项目的具体特点，经过协商达成一致的内容，是对《通用条款》的补充、修改，使《通用条款》和《专用条款》成为双方当事人统一意愿的体现。《专用条款》为合同双方补充协议提供了一个可供参考的提纲或格式。

正在修订的建设工程施工合同示范文本将会有较大改变，主要借鉴了NEC的结构和经验，由四部分构成：第一部分是合同协议书，与GF-1999-0201基本相同。第二部分是合同选项表，包括主要选项，必须在固定总价合同、固定单价合同、可调价格合同和成本加酬金合同四种合同类型中任意选择一种；次要选项，可在支付担保、履约担保、保密承诺、裁决和廉政责任五个选项中任意选择一种，或任意组合或不选。第三部分是通用条款，包括核心条款、主要选项条款和次要选项条款。核心条款包括一般规定、双方一般权利和义务、施工组织设计和工期、质量与检验、安全施工、合同价款与支付、材料设备供应、工程变更、竣工验收与结算、违约、索赔和争议、其他共11个部分。主要选项条款包括采用固定总价形式的合同、采用固定单价形式的合同、采用可调价格形式的合同、采用成本加酬金形式的合同四项。次要选项条款包括支付担保、履约担保、保密承诺和廉政责任四项。第四部分是专用条款，也包括核心条款、主要选项条款和次要选项条款。此外文本还包括承包人承揽工程项目一览表、发包人供应材料设备一览表、发包人支付委托保证合同、发包人支付保函、承包人履约委托保证合同、承包人履约保函、房屋建筑工程缺陷责任书、建设工程廉政责任书、裁判协议、仲裁协议等合同附件。

5. 水利水电土建工程施工合同（GF-2000-0208）

水利水电土建工程施工合同（GF-2000-0208）分为"通用合同条款"和"专用合同条款"两部分，其中通用条款有二十二部分共60个条款、220个子款；专用合同条款中的各条款是补充和修改通用合同条款中条款号相同的条款或当需要时增加新的条款，两者应对照阅读，一旦出现矛盾或不一致，则以专用合同条款为准，通用合同条款中未补充和修改的部分仍有效。

根据水建管〔2000〕62号文件规定，凡列入国家或地方建设计划的大中型水利水电工程使用《水利水电土建工程施工合同》，小型水利水电工程可参照使用。其中，通用合同条款应全文引用，不得删改；专用合同条款则应按其条款编号和内容，根据工程实际情况进行修改和补充。除专用合同条款中所列编号的条款外，通用合同条款其他条款的内容不得变动。若确因工程的特殊条件需要变更通用合同条款的内容时，应按工程建设项目管理的隶属关系报送水利部、国家电力公司和国家工商行政管理局的业务主管部门批准。

通用合同条款包括词语含义、合同文件、双方的一般义务和责任、监理人和总监理工程师、联络和图纸、转让与分包、承包人的人员及其管理、材料和设备、交通运输、工程进度、工程质量、文明施工、计量和支付、变更、违约与索赔、争议的解决、风险和保险、其他等条款。

6. 建设工程施工专业分包合同（GF-2003-0213）

建设工程施工专业分包合同（GF-2003-0213）由协议书、通用条款、专用条款三部分组成。协议书主要包括分包工程概况、分包合同价款、合同工期、工程质量标准、组成分包合同的文件、合同术语定义、双方承诺、合同的生效等10个方面的内容。《通用条款》基本适用于各类建设工程施工专业分包合同，包括双方一般权利与义务、工期、质量与安全、合同价款与支付、工程变更等10部分38条组成。《专用条款》与《通用条款》是相对应的，承包人与分包人通过协商将工程的具体要求填写在《专用条款》中，建设工程专业分包合同《专用条款》的解释顺序优于《通用条款》。

7. 建设工程施工劳务分包合同（GF-2003-0214）

建设工程施工劳务分包合同（GF-2003-0214）与建设工程施工合同（GF-1999-0201）、建设工程施工专业分包合同（GF-2003-0213）的结构有很大不同，仅由一部分组成，没有再细分为协议书、通用条件、专用条件，但另附有三个附件。附件一是工程承包人供应材料、设备、构配件计划；附件二是工程承包人提供施工机具、设备一览表；附件三是工程承包人提供周转、低值易耗材料一览表。主要条款包括合同文件及解释顺序、总（分）包合同、合同双方的权利与义务、安全控制、劳务报酬及计价、材料和机具等供应、质量控制、违约责任、索赔、争议处理、不可抗力、合同解除等。

2.7 国际工程合同条件的发展趋势

本节以 FIDIC 及 NEC 施工合同条件的形成和发展为主线，分析国际施工合同条件的发展趋势。

2.7.1 结构化、系统化、系列化、集成化

1. FIDIC 施工合同条件 1999 版的结构化、系统化探索

没有结构和系统的施工合同文件往往会存在约定不完善、内容交叉重叠甚至逻辑谬误的问题。如 NEC 没有对合同风险作系统的分析，在其有关业主风险的规定中根本没有考虑到自然风险，导致根据其规定可能得出这样的结论：除恶劣气候条件以外的自然风险，如地震，哪怕影响再大工期也不能顺延；自然风险引起的工程、材料、设备的损害责任由承包商来承担。又如，因同样的原因，根据 FIDIC 和 NEC，由地震等自然风险和暴乱等社会风险引起的业主雇员的伤害和损害要由承包商来承担责任。这样的规定明显不符合情理，在具体适用法律时可能导致该条款无效。

新版 FIDIC（1999）彻底改变 FIDIC（1987）合同结构散乱的局面，向结构化、系统化方向迈出了实质性的一步。FIDIC（1987）共分 72 条。同一条中的各款往往没有必然联系，正如其第 1.2 条款说明的那样，标题和旁注不应视为本合同文本的一部分。同时条款之间没有逻辑关系或者逻辑关系混乱，且其条款之间相互解答、相互引用，最终使其成为一个没有框架体系、杂乱的混合体。与之相反，FIDIC（1999）则初步形成了结构化、系统化的体系。FIDIC（1999）分为 20 条，具体为：一般规定，业主，工程师，承包商，指定分包商，职员和劳工，设备，材料和工艺，开工，延误和暂停，竣工检验，工程移交，缺陷责任，测量和估价，变更和调整，价款和支付，业主解除合同，承包商提出暂停和解除合同，风险和责任保险，不可抗力，索赔，争端和仲裁。其各部分相对独立，各条款不再相互引用。

事实上，施工合同的结构化、系统化不是 FIDIC（1999）标新立异的冲动之举，而是工程施工活动安全性和便捷性的必然要求。工程承发包活动的安全性要求施工合同具有完备的条款，涉及面甚广的施工合同如果仅仅凭经验起草是难以避免疏漏的，而分析、起草合同的系统化是避免疏漏的有效方法。工程承发包活动的便捷性要求施工合同易于理解、便于履行，而施工合同的结构化、条理化正是正确理解合同本身的保证。

2. FIDIC 和 NEC 的系列化进程

经过 40 多年的发展，特别是近 10 年的发展，FIDIC 合同形成了较为完备的合同体系：按照适用工程类型不同可分为土木工程合同及电气和机械工程合同；按照适用对象不同可分为咨询服务合同、总承包合同及分包合同；按照承包商参与设计的程度不同可分为施工合同和设计—施工合同。

从表面上看，NEC 合同系列化没有 FIDIC 合同明显，但实质上，NEC 合同已经经历了系列化的过程。作为其起草基础和依据的合同体系已经达到足够详尽的系列化程度，如作为其起草基础和依据之一的 JCT 合同文件，早已形成了 17 种文本的系列，除了 FIDIC 合同文件所考虑的情况外，还考虑了其他计价方式（如成本加酬金合同）、其他承包方式

(如设计、施工总承包合同)、其他分包形式（如完全的自定义分包）等。

FIDIC 和 NEC 合同的系列化是由现代工程施工活动的特点决定的。首先，业主希望根据工程准备的情况及工程实施的特定要求采取广泛的合同策略；其次，工程施工的专业分工要求合同能够反映各个工程施工自身的特点和要求；再次，承包商的专业化分工及其施工管理水平的提高也使施工合同系列化、多元化成为可能。

3. NEC 体现出的集成化趋势

当工程合同系列化发展到一定程度后，就明显地出现了种种弊端。在过去的 25 年中，工程建设某些专门领域的多种合同形式日趋增加，并在最近又有进一步加速的趋势。每种新的合同文件发起人和制定人都有明确的目的和意图，但总的效果是：要求工程施工领域从业人员熟悉不同合同的风格、内涵、确切性以及商业敏感性。正如 FIDIC《土木工程施工合同条件》（第四版）和 FIDIC《电气与机械工程合同条件》，即使由同一个标准合同组织制定，并且前者已尽可能作出努力与后者协调，但仍存在明显的差异。这使得同一工程人员遇到不同类型的合同时很难尽快适应，还使得在同一工程项目中运用众多合同文本时存在不可避免的种种冲突。

为了克服施工合同系列化过程中存在的上述弊端，ICE 集成了各种主要系列合同的实质性内容，并考虑相互间的差异，制定了一种用途广泛、简单的合同形式——NEC 工程施工合同。这种集成化主要表现在：集成了适应不同工程类型的合同；集成了管理合同和传统的总承包合同；集成了有全部、部分、无工程量清单的合同；集成了承包商承担全部设计、部分设计、不承担设计任务的情况；集成了成本加酬金合同和目标合同。

2.7.2 现代合同原则的引入与强化

1. 公平原则对工程师地位的重新界定

公平原则是市场经济中价值规律的客观要求，也是法制化了的社会道德。公平原则是对合同自由原则的制约，其作用主要在于：防止当事人滥用权力，有利于保护当事人的合法权益，维护和平衡当事人之间的利益。合同的效率原则认为合同制度"蕴藏着完整的经济逻辑，其目的是增加经济效益"。人们对合同的理解存在着这样的分歧：效率是合同的第一要素，还是公平是合同的第一要素？然而近年来各国对公平原则的强调和重视，彻底否定了合同的效率原则。与强调效率原则相比，合同制度更强调公平原则归根到底是经济上的需要。因为合同双方形式上或实质上的不公平，最终影响了双方通过合同共同达到最大限度增加经济效益的可能性。

工程师担任准仲裁者制度是合同效率原则的要求，但却是对合同公平原则的否认。工程师担任争端的准仲裁者是传统工程施工合同的共同点。这种制度早在 200 多年前即已出现并一直停滞不前，于是有人认为这种制度的存在是有成效的，值得建筑业界继续支持。然而如上所述，对工程施工合同来说，实质上的效率—公平原则比表面的效率原则更为必要、更为有用。

事实上，有些施工合同标准文件已经采纳了上述现代合同的原则。FIDIC (1999) 和 NEC 工程施工合同文件均摒弃了工程师担任准仲裁者这一角色，而将工程师仅仅限制在业主的代理人这一地位。FIDIC (1999) 除了约定准仲裁者处理争端的一般程序外，还提供了《争端裁决协议书通用条件》和《争端裁决协议书格式》。

2. 合作原则对合同双方关系的全新定义

合作原则是诚实信用原则的要求和强化。诚实信用原则表现在合同的缔结过程中会产生协作义务，要求合同双方共同尽力促成合同的缔结和履行。诚实信用原则是《合同法》对合同的一般要求，而合作原则则要求合同双方以相互信任、相互合作的精神进行工作，始终主动努力寻求解决问题的方法。合作原则的作用是：使合同双方当事人从相互对立的状态中解放出来，避免了合同一方总认为自己比对方聪明，尽力使对方失利，结果两败俱伤的后果，最终达到双方都有收益。

NEC工程施工合同率先将合作义务作为合同义务予以明确规定，使得合同双方的关系从传统的对立转变为合作。该合同文件要求承包商和业主应相互合作，不合作将被视为违反合同并应承担相应的违约责任。如其规定双方要共同保证进度计划不断更新，双方应就影响质量、工期、造价的因素向对方及时发出早期警告等。

3. 严格责任原则对合同内容提出的严格要求

严格责任原则要求合同的约定明确、客观，尽量摒弃事后需要主观判断的约定。严格责任原则是指违约发生后，确定违约当事人的责任时，不考虑当事人主观上有无故意或过失，而只考虑违约结果是否因当事人的行为造成的一种归责原则。其与过错责任原则相对，都是确定违约当事人民事责任的根据和标准。严格责任原则是《合同法》发展的趋势，如《联合国货物销售合同公约》和《国际商事合同通则》均采用严格责任原则。而大陆法系奉行的过错责任原则已日趋衰落，并向严格责任原则靠拢。严格责任原则分配风险完全通过事先的合同约定。合同约定的客观与否决定了该归责原则的有效性。

NEC工程施工合同较好地满足了违约责任原则的上述要求，而FIDIC（1999）较FIDIC（1987）有较大的进步。首先，NEC最为引人注目的约定是工程管理者进行工程管理时，对几乎所有的不批准或不认可必须有合同约定的标准，如"项目经理应对承包商提交的或再次提交其认可的函件作出答复。若答复为不认可，项目经理应说明理由……项目经理不予认可的理由是需要承包商提供进一步的资料，从而全面评价承包商所提交的函件"。其次，NEC明确约定了几乎所有的期限，如函件的答复期等。NEC甚至连支付进度款时间的约定都比FIDIC（1987）要独到得多，FIDIC（1987）约定业主支付进度款的时间为工程师签发临时支付证书日起28天内支付（注意：工程师签发临时支付证书之日为一个不确定的日期），而NEC则约定为结算周期末期3周内支付，FIDIC（1999）也有同样的约定。再次，NEC对其他标准的约定也是尽可能地明确、客观，如NEC第60.1(13)条约定的"不利气候条件"为"在一个日历月内，整个合同竣工日前，合同资料指定的场所所记录的气象实测数据低于10年一遇的气象数据的平均值"。

2.7.3 现代项目管理原则和技术的引入与渗透

1. 传统工程管理方法对工程施工合同的制约

传统工程管理方法主要是基于工业化初期的工程特点：项目规模较小，项目参与方不多，施工技术简单。然而，现代工程项目较工业化初期已发生了巨大的变化，目前绝大部分工程施工合同仍停留在传统工程管理的阶段。这种停滞主要表现在目前绝大部分工程施工合同规定的工程管理关系为：工程师作用如同主人，承包商作用如同仆人，仆人接收许多工程中固有的风险。在工程进展过程中，工程师也许会发出新的指示，而承包商必须服从。工程师对承包商因执行这些新的指示而应获得的额外时间和额外费用作出决定。当承包商和工程师发生争端时,该争端由工程师作出决定。

尽管上述传统工程管理方法所确定的、业主和承包商发生管理关系的唯一渠道的原则一直被认为是有效的方法,但其产生的不能预料和无法事前估算的额外付款及其产生的工程索赔等众多的争端已经使其有效性受到人们的质疑;管理体系存在的不理想的特性并未被工程界所认同,当出现纠纷时,工程师们请来律师而不是将它纠正,常常导致了费时费钱的法律程序,最终毫无结果。

2. 现代项目管理原则和技术的引入

近 30 年来,由于现代管理理论、管理方法及管理手段的引入及项目管理的社会化、专业化、标准化和规范化,现代项目管理学科已发展到了被广泛接受并付诸实践的程度。然而,当其他行业的管理方法越来越好的同时,建筑业的管理方法却相对地越来越差。在这种情况下,作为连接业主和承包商的工程施工合同引入并强化现代项目管理原则和技术成为一种必然的趋势。NEC 和 FIDIC 工程施工合同文件,特别是 NEC 合同文件,在这方面已作出了有益的尝试。

(1) 事前控制原则对 NEC 和 FIDIC 的改造

事前控制原则是前馈控制理论的基本准则,不同于已出现问题后再寻求解决问题的传统控制方法,前馈控制理论要求根据项目投入的实际情况,预测将要产生的和可能产生的问题,提前采取措施,在问题出现之前将其解决。

NEC 规定的预警程序及 NEC 和 FIDIC (1999) 规定的工程变更前预先估价程序是事前控制原则的具体应用。NEC 规定:一经发现可能发生价款增加、竣工推迟、使用功能削弱时,承包商或项目经理应以通知形式单独通知对方;警告方可要求对方出席会议,讨论解决方案并采取行动;承包商未发出一个有经验者应有的预警,则项目经理将未早期警告的情况通知承包商,则应按已发出过早期警告的情形计价。该预警程序将事前控制作为合同双方的义务,违反该程序则视为违约,而遵守该程序则意味合同双方均有所获益,即所谓的"双赢规则"(Win-Win)。

NEC 确定了先进行计价、后进行工程变更的一般原则,FIDIC (1999) 也有部分类似的规定。NEC 规定:项目经理决定变更或指示变更时应指示报价,承包商应在接到指示报价后 3 周内提交报价,项目经理收到报价后 2 周内答复或解释理由后指示修改;项目经理就变更指令要求承包商提交多种方案报价;变更可以预计成本的变化进行估价。该规定要求工程管理者不得随意发出工程变更指令,他应在变更前考虑该变更对工程目标的影响。FIDIC (1999) 也规定工程师可以以要求承包商提交建议书的方式进行变更。

(2) 整体风险最小原则对 FIDIC 和 NEC 的强化

整体风险最小原则是系统管理理论的要求。传统管理方法强调管理工作的专业化,把任务、职责、权限分得很清楚,这当然也是项目管理所必不可少的,但系统管理理论则更强调各类人员和各个部分之间的沟通、协调和综合。前者较注重各个部分的高效率,而后者则以达到整个系统的高效率为主要目标。如果将整个工程项目作为一个系统,则系统风险最小显然是系统高效率的标志。

事实上,工程施工合同确立整体风险最小原则对业主和承包商来说都有好处:

- 承包商报价中的不可预见费较少,业主可以得到一个合理的报价。

- 减少合同的不确定性，承包商可以准确地计划和安排工程施工，业主也可以准确地预测工程的成本。
- 可以最大限度地发挥合同双方的风险控制和履约的积极性。

FIDIC 和 NEC 都根据整体风险最小原则规定了合同风险的分配：技术风险、经济风险对合同权利的损害责任由业主承担；社会风险、自然风险对财产的损害责任按所有权分担，对人身的损害责任按雇佣关系分担，对合同权利的损害责任、延误由业主承担，费用由承包商承担。

NEC 还根据计价方式的不同规定了 6 种主要选项，每种选项的风险分配情况各不相同。在具体确定工程施工合同时，由业主决定选择某个主要选项。为此，NEC 提醒业主在确定主要选项时应考虑工程的实际情况及双方控制风险的能力。NEC 根据整体风险最小原则确定了风险的分担方法：

- 含分项工程表的报价合同，承包商承担价格风险和数量风险。
- 含工程量清单的报价合同，承包商承担价格风险，业主承担数量风险。
- 含分项工程表的目标合同，价格风险和数量风险由双方按约分担。
- 含工程量清单目标合同，数量风险由业主承担，价格风险由双方按约分担。
- 成本补偿合同，承包商风险小，其获取相对固定间接费而不关心实际成本的控制。
- 管理合同，承包商本人不必从事工程的具体施工任务，其风险也小。

(3) 进度计划控制技术对 FIDIC 和 NEC 的强化

进度计划控制技术是项目管理的重要工具。进度计划控制技术是随着关键路线法 (Critical Path Method, CPM) 和计划评审技术 (Program Evaluation and Review Technique, PERT) 等网络计划方法出现而成熟和完善的，它是进度控制的基础，也与质量控制和成本控制密切相关。

NEC 对进度计划作了详细的规定，承包商应及时保证进度计划能跟上实际施工的节奏，工程管理者应及时审批进度计划，并以此为标准，以指令停工和指令加速为手段，监控实际进度，确保工期目标的实现。此外，NEC 还对进度计划的内容、提交的时间、工程管理者对其的审批、进度计划修改时间、内容等作了规定。

2.7.4 方便用户原则的强化

方便用户原则是指工程施工合同文件应该尽量满足更广泛的用户的需要，引起更多的共鸣。其中，用户包括实际工程施工合同条件的制定者、该合同文件的阅读者、实际工程施工合同的投标人、在实际合同管理中或工程实施过程中涉及的人。

方便用户原则并不是近年来的工程施工合同文件的创造。1957 年制定的 FIDIC《土木工程施工合同条件》(第一版) 将合同条件分为两个部分：通用合同条件和专用合同条件。熟悉通用合同条件的用户只需要阅读专用合同条件就可了解整个合同条件的内容，这标志着方便用户原则开始应用于工程施工合同。在 FIDIC《土木工程施工合同条件》的后续版本中，方便用户原则都有所强化，这种趋势一直持续到最近的 FIDIC (1999)。但是，只有在 NEC 工程施工合同中，方便用户原则才真正贯穿于整个工程施工合同条件。这主要表现在：

- 清晰、简洁。NEC 用常用语言书写，易于被母语为非英语的人员理解并翻译成其他语言。NEC尽量使用常用词，无冗长的句子，仅在保险部分保留了少量法律用语。

- 便于信息管理。NEC提供了条款编码系统，易于理解条款；提供程序流程图。传统的ICE合同、JCT合同或者FIDIC合同不能用电子交换必要的信息来管理众多的界面工作及合同管理工作。NEC则打破了这种枷锁，结合其编码系统和程序流程图应用现代电子网络技术，最终可以实现无纸化的工程管理。
- 减少争议的出现。NEC条款数目少且相互独立，尽量不使用模糊用词，避免歧义。

2.7.5 国内施工合同文本所处阶段及其发展

从理论上讲，国内施工合同文本与国际施工合同条件存在着较大的差距。国际施工合同条件已在结构化、系统化、集成化方向上大步前进，国内施工合同文本虽已有一定的结构化、系统化趋向，但系列化、集成化差距明显。国际施工合同已经融入了现代合同原则和现代项目管理原则与技术的精华及最新发展，而国内施工合同文本还停留在国外传统施工合同的阴影中。国际施工合同文件已开始考虑满足用户需要、方便用户，开始了自我营销之旅，而国内施工合同文本仍由国家制定，并需要政府半强制性推行。

从实践上讲，国内施工合同文本比国际施工合同条件更能满足我国工程建设需要。国内施工合同文本完全立足于我国国情：包括法律、工程习惯及现实情况，内容也较精简，更能为我国广大业主和承包商所理解、接受并应用。实践证明，国内施工合同文本总体上是行之有效的。国际施工合同条件有当事人较高的管理水平和工程合同意识及一整套技术、标准作为支撑，前者是我国业主、承包商及其他参与方所达不到的，后者与我国技术标准存在很大的差异，故国际施工合同条件较难满足我国工程建设的一般需要。

从发展角度上讲，随着全球经济一体化和我国建筑市场的成熟，合同双方的管理水平和合同意识的提高，国内施工合同文本最终会迈向实践与理论的统一，同国际施工合同条件完全接轨。因此，我国应在立足国情、满足我国工程建设需要的前提下，借鉴、吸收国际施工合同的精华和成功经验，而最具操作性的方式就是针对我国施工合同文本在应用中存在的主要问题，借鉴国际施工合同条件完善国内施工合同文本。

2.8 本章小结

本章介绍了国际上主要采用的FIDIC、AIA、JCT、ICE、NEC系列工程合同条件的分类、特点、适用条件和主要内容，以及国内建设工程勘察、设计、监理、施工、分包等系列合同文本；分析了国际施工合同条件的发展趋势和国内施工合同文本的发展方向等问题。

3 工程合同类型及优选

土木工程本身的复杂性决定了工程合同的多样性,不同的合同类型对招投标文件、合同价格确定及合同管理工作也有不同的要求。按照计价方式不同,工程合同主要可分为固定总价合同、成本加酬金合同和单价合同。为了获得对合同类型概念和内容准确和完整的理解,本章主要以欧美发达国家为参考蓝本来论述工程合同类型及其选择要点。请读者注意与我国建设法律法规的不同和区别。

3.1 固定总价合同 (Stipulated-Sum Contracts)

固定总价合同 (AIA Document A101, Standard Form of Agreement Between Owner and Contractor refers to the *stipulated sum*, The Canadian Standard Construction Document CCDC2 by The Canadian Construction Documents Committee refers to *a stipulated price*. The Terms *stipulated sum*, *lump-sum*, and *stipulated price* all mean the same thing.) 是指投标者以固定的总价完成某项工程 (The stipulated-sum contract is such a contract the bidder stipulates the amount for which he will do the work)。这种合同也许是近一百年甚至更长时间内我们最熟悉的合同形式。这种合同形式也许现在仍然是最普遍的合同,至少是使用最多的合同形式,但现在许多大型工程不再签订固定总价合同。由于它应用广泛且形式简单,它是开始理解和审核工程合同主要类型的最佳合同。

3.1.1 固定总价合同中承包商的职责

1. 以一个固定的总价完成一个完整的工程

在固定总价合同中,承包商最主要的责任是在合同协议规定的工期内完成合同文件要求的工程项目 (The contractor's primary duty in a *lump-sum contract* is to do the work as required by the contract documents within the contract time stated in the agreement),而承包商最主要的权利是以双方同意的方式、合理的时间,通常是分期付款方式取得合同价款 (The contractor's primary right is to be paid the contract amount, usually in installments, in the agreed manner and at proper times)。

固定总价合同中影响承包商责任的一个重要法律观点是:以一个固定的总价完成一个完整的工程 (a fixed sum for a complete job of work)。例如对于传统建筑,承包商会同意为业主以基于图纸和规范(没有现在详细和明确)的固定总额建造一所乡村别墅;社会形成的合同本质、承包商的信誉和通常采用的传统交易和材料足以保证业主能获得合适的建筑并能使用;合同的本质是以固定的总价完成一个完整的建筑,一个符合业主生活质量的带有合适装修、设施、配件、设备、辅助建筑的别墅,尽管在合同文件中可能没有描述上述细节。

固定总价合同的概念仍坚持要求承包商提供和完成合同文件中可以"合理推断出来的、产生预期结果所必需的工作"（The concept of a lump-sum contract still persists and requires a contractor to provide and install work that "is reasonably inferable from the contract documents as being necessary to produce the intended results"）。"合理推断出来的、产生预期结果所必需的工作"（AIA Documents A201-1997, *General Conditions of the Contract for Construction*, Article1, *Contract Documents*, §1.2.1. Other lump-sum Contracts contain similar wording. For example, CCDC2-1998 contains the words "properly inferable"）这段话含义丰富，但只能由法庭上案件审理的法律告诉我们。例如尽管一个两层别墅的设计图纸没有楼梯，技术规范也没有说明，承包商仍有义务安装一个楼梯，以实现"预期结果"——提供一个能适宜居住的两层别墅。在一个固定总价合同中，为了完成整个工程某些不可缺少必需的工作和合理推断的工作，即使没有明确，都属于合同隐藏包含的工作（Works that are indispensably necessary to complete the whole work, and are reasonably inferable, are included by implication, if not specifically, in the *lump sum* of a contract）。

如果固定总价合同文件中包含了工程量清单，那么将会引发一个合同含义和意图的问题，即工程量是否构成合同一部分及是否决定合同的工作范围，或它们仅作为信息和根据合同条款决定单价变更的一个基础，这一点合同必须明确规定。

2. 承包商应承担的投标风险

业主或被授权的设计师，可以通过签订一份固定总价合同，实际上转移自己所有的风险，让承包商在合同规定的时间内完成工程，并可以供业主使用。与此同时如果业主想节省投资，必须考虑这样的规定对投标人的影响。投标人可能会更多地考虑他们的风险，计算风险的影响和可能性，并在估价和报价时对每个风险增加费用，这也不是业主明智的选择。

在固定总价合同中，任何明确的风险都可以被孤立、描述和排除。合同应该设置如果发生偶然性事件业主可支付额外费用的合同条款，这样投标人在投标时就不需要考虑偶然性事件、额外工作，报价时可以不考虑风险费用，偶然性事件发生后也能得到补偿，不会产生额外损失。为了达到这样的目的，在固定总价合同中应该规定明确的内容和条款，并且投标人的报价也必须符合合同这样的规定。

3. 工程变更

固定总价合同另外一个影响双方当事人的重要特征是它的固定特性，非常重要的一点就是，绝大多数的固定总价合同都包含一个在不影响合同效力时业主可以作出工程变更的条款。如果没有这样明确的条款，固定总价合同就不能作出变更，除非业主和承包商双方同意。有了这样的条款，承包商就必须完成所有的有效变更，这在普通法和有些国家标准合同条款中是一个事实，但变更必须在"合同的总体范围"内，这意味着如果业主可以指示变更，那么变更不能超出合同范围和本质，这是事实也是法律解释。例如某业主按固定总价合同建造一幢别墅，他可以指示变更外墙粉刷采用灰泥的类型，但不能将卧室数量从3个变更到4个，尤其当承包商不希望如此，即使业主准备支付额外的费用。事实上，唯一可以让承包商改变方式的是放弃原来的合同，双方协商重新签订一份新的合同。

值得注意的是，尽管所有的标准工程合同文件，在合同有效的前提下都为业主提供了一定的工程变更权利，但是标准合同文件同样要求业主对双方同意的变更支付额外费用。

如果不能达成协议，通常情况下承包商必须完成业主命令的工作，并保留详细的会计记录，使工程价值能得到设计师的认可。最后承包商如果不满意的话，可以提交仲裁或法庭。总体来说，在商谈变更时承包商一般都处在相对较强的地位。

4. 施工组织和方法

在固定总价合同中，承包商通常完全控制工程并且有单独的责任去组织和决定分包商，这也从侧面反映出了这种合同的本质。总的来说，承包商可以自己决定施工方法，但一个增长的趋势是由设计师来说明施工的方法和手段。

由判例形成的普通法要求承包商按照通常的交易实践完成工程，以合理的速度完成固定总价合同中业主需要的合适建筑物。但是技术已经超出了传统，普通法变得越来越难适用，因为普通法基于传统，且被成文法否决。现在，设计师必须采用新材料和新的施工方法设计，并尽可能详细和明确，因为没有传统的东西可以依照，所以承包商必须等待设计师告诉他们该干什么，这样承包商就失去了主动权。同时由于工程的复杂性，设计师（和承包商配合）已经修改完善了总价合同来克服原来合同文本的约束，常包括多方案投标（Alternates in Bids）、合同现金补贴（Cash Allowances：an amount of money specified to be followed by all bidders in their bids for specific parts of work of a project for which the owner or an agent of the owner is unable or unwilling at the time of preparing the bidding documents to provide sufficient design information to enable the bidders to estimate the costs of that specific part or parts; which specified amount is the agent's best estimate of the costs. The contract sum is subsequently adjusted according to the amount of variation between the actual amount instructed (by the agent of owner) to be expended on the specified parts of work and the specified amount of the cash allowance. Also known as a prime cost sum (P. C. sum) or a provisional sum, especially outside the United States. ——或称暂定金额）（参见图 3-1）、工程变更和工程延期等。为了适应现在的需要，固定总价合同的基本本质已经被扭曲，同样承包商的某些基本职责在改革中也不分明或者已丢失。

5. 承包商的其他责任

在固定总价合同的标准文本中，承包商有责任保证业主、设计师及他们的代理人和雇

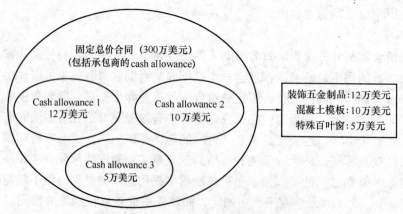

图 3-1 作为总价合同一部分的暂定金额

（备注：实际支付的暂定金额可能会变化，合同总额会相应调整）

员免于因工程履行所导致的所有索赔、损害、损失和开支而造成的损失。这意味着业主和设计师,无论在现场或其他地方,对建造过程中完成的任何工作不承担责任,如果它是由承包商、分包商及他们雇佣的任何人的全部或部分的疏忽所导致的。

6. 承包商的现场项目经理

在合同履行期间承包商应聘请一位全职的经理(和必需的助理),在现场他将代表承包商。在很大程度上,工程的圆满履行和合理的进度都得依靠他。许多的项目经理拥有一定商业训练和实际经验,随着承担更大规模和更复杂的工程,他们大多是从工长的职位上提升的。

现在的项目经理拥有了不同的背景,他们在工程或施工方面受过专业和技术教育,既有办公室工作的经验,又在现场做过工程估价、成本核算或经理助理,但没有行业师徒关系式的训练,这两种人都有争议和反对,最理想的项目经理是既得到行业训练又有实际经验。

困扰有些承包商的一个问题是从开始施工到竣工一直都有一个好的项目经理,尤其是当许多工作由分包商完成、承包商可能要求该项目经理开始新的项目且工程趋于结尾时,承包商通常换个差点的项目经理,将好的项目经理换到新的项目上去。但是承包商有责任按照合同要求合理完成工程,包括所有分包商和班组的工作,这些工作承包商必须组织和监督,对业主完全负责。在工程完成到某一阶段(如 75%)时调换项目经理,对工程竣工是有害的。许多合同规定项目经理的任命和免除要得到业主和设计师的认可。

7. 承包商的缺陷弥补责任

承包商的一个主要责任是在施工过程中和基本完工(Substantial completion of the work)后修改有缺陷的工作,即在所谓的保修期内,国际上通常是从基本竣工后的一年内 (In CCDC2-1994, the warranty period is one year, but effectively six years, with certain requirements and limitations. See the current editions, including A201-1997, in which Article 3.5, *Warranty*, mentions no period of time; whereas Article 12.2, *Correction of work*, refers to a one year period "for correction of work")。有这样的事实常未注意到,即一份建造合同没有结束,在一般条款规定的保修期内仍然有效。同样的事实是承包商弥补缺陷的责任也不受保修期的限制;当合同不再有效,业主虽然不能因承包商拒绝修复缺陷而寻求违反合同的损害赔偿,但他随时可按照工程所在地有效的法律管辖提起诉讼赔偿要求 (Although an owner cannot seek damages for breach of contract because of defective work which the contractor refuses to make good if the contract is no longer in force, an owner can sue for damages at any time, subject to the statute of limitations in force at the place of the work),这意味着业主在基本竣工若干年后还能向承包商提出诉讼赔偿要求,并且只要有合理合法的理由,这样的诉讼很可能会成功,只要承包商公司还存在着。

8. 承包商未获得付款后责任

如果承包商没有得到应得的支付,他可以停止施工直到他得到支付,但是绝大多数合同要求承包商在采取这种严重行为前提交一个有明确天数的书面通知。这是承包商按照合同条款应该得到支付的合同基本权利。类似的,在有设计师的标准合同文本中,设计师签署了承包商有权获得固定数额的书面证明后,业主应该支付给承包商。所以根据标准合同条件,如果设计师没有及时签发付款证明,承包商可能会停工。如果在一定时间内(通常

30天)没有获得一个付款证明或付款,承包商在书面通知后可终止合同,并要求支付已完工程及其遭受的损失赔偿。很明显,这是合同意图赋予承包商在这些情况下的行动权利,但不是立即和严重的行动,书面通知将劝说对方去做他们能力范围内应该做的事。如果他们不做,才能采取停止施工的最后行动。

给承包商的付款通常是按月支付的,根据直至当月已完工程的总价值和运到现场的材料,折算成合同总额的一定比例,再扣除以前的付款,这样操作可以避免累积误差(Payments usually are made to a contractor each month on the basis of the total value of work completed and materials delivered to the site up to the date of the month set out in the contract as a proportion of the contract sum, less any previous payments, in this way, cumulative errors are avoided.)。通常情况下承包商每月不能获得所有应得之款,因为工程合同包含有业主在竣工前扣留一定比例保留金的条款。

3.1.2 固定总价合同中业主的职责

1. 业主的主要职责

在任何标准工程合同中,业主的主要职责是:①提供工程相关资料和现场通道;②按照协议和合同条款支付承包商工程价款。几乎所有的其他事情都是由代表业主的设计师完成的,而业主都是通过设计师签发所有的指令给承包商。但有一些行为只能由业主做出,例如终止合同,但他通常不能单方面终止,需要得到设计师的许可。在标准合同中,业主几乎没有职责,这些职责被赋予了设计师。在有些合同中要求业主购买保险(事实上他可以选择);但对于一份特定的合同,无论保险是由业主购买还是由承包商购买,它总是由业主直接或间接支付(Insurance in construction contracts is of two basic kind: 1) insurance against loss due to damage (such as from fire) to the construction work; and 2) insurance against loss due to injury of third parties (persons not a party to the contract), or to their property, because of the work.)。

在AIA文本A201—1997中,业主需要提供为完成其义务的合理资金安排的证据、所有的现场勘察、支付土地费用、及时提供所有信息和服务,以便于承包商行使自己的权利、履行义务,避免工程延期。同时业主须指派一名业主代表。

2. 工程缺陷弥补

在有些标准合同文件中,业主的权利通常大于自己的义务。例如,如果承包商没有改正不合格工程或者不能持续供应构成工程实体必需的材料或设备,业主有权命令工程停止。如果承包商没有按照合同条款履行义务,业主在取得设计师许可的情况下可以自行修复工程缺陷,并向承包商索取相应工程款。然而这个规定并没有起到预想的效果,首先,该情况含义并不明确;其次,很难寻找一家新的承包商进驻场地修复缺陷或完成施工;最后,如果承包商有困难,可能是财务上出现问题,这样业主可能很难讨回自己的工程款。尽管如此,业主必须要有续建工程的最终权力;另外一个保护可能是担保公司提供的履约担保,多数的合同会提供上述两个保护。另外一种办法是在招标时选择一个实力较强、信誉较好的承包商。但在固定总价合同中,业主也必须承担一些风险。当然,业主可以选择一个对自己有利的合同条件。

3. 业主终止合同

业主在取得设计师的许可后，有权按照通用条款所列理由终止合同。通常包括承包商破产、承包商坚持拒绝继续执行合同、未能支付分包商或材料供应商款项、持续违反法律、法规、严重地违反法律、法规和严重违反合同条件。不过业主通常要有设计师的书面认可和足够的证据才可以采取这种极端的做法，并且业主必须书面通知承包商。这是业主、设计师和承包商之间的相互关系的一种说明。正如上面所说，设计师是位于施工合同当事人之间的一个仲裁人。在标准合同中业主通常没有单方面的行为权力，因为大多数业主合同行为的权利被授予设计师。我们应该注意，在业主可以终止合同之前，承包商必须正在或者即将违反合同。美国和加拿大的标准合同文本都参考了合同的这种实质违反。当然，在合法且承包商最初同意的情况下，业主有可能拥有更大的个人权力。许多非标准的合同（由或为业主起草的）为业主提供了更多的权力。

如果工程对业主有用，业主通常有权接受一个不符合合同规定的缺陷工程。例如实用的工程或紧急的工程，但此时需要折减合同价款（美国 AIA 文本 A201—1997）（A201—1997, Article 12.3, *Acceptance of nonconforming work.*）。

4. 误期损害赔偿

标准的固定总价合同文本中包含有特殊条款的空间，如承包商没有按时完工的误期损害赔偿（*Liquidated Damages* are damages which are settled (liquidated) in advance of any loss, or damages incurred. Damages included in construction contract agreement and payable in the event of late completion of the work.）。如果协议中包含这样的条款并且承包商未能及时完工，业主就可以根据设计师的许可和合同条款，有权从应支付给承包商的任何款项中扣除相应的金额，并且可以通过任何其他法律途径要求赔偿损失。一般来说，任何涉及完工和合同工期的"罚款—奖励条款"（Penalty-Bonus Provision）都可能给业主带来其他的责任（权力或义务）。

3.1.3 固定总价合同中设计师（设计商）的责任

1. 设计师的地位

设计师在固定总价合同中没有任何职责，因为他不是合同的主体，只有合同主体才承担由合同所产生的职责。然而标准工程合同赋予设计师特定的责任并对业主负责。我们可以看到工程合同中设计师的通常地位，一般称其为建筑师、工程师、业主代理。在标准合同通用条款中（AIA 和 CCDC），对于建筑师作用的描述还在不断发展中。在 A201—1997 标准协议（A101）及 A201 第 4 条款"合同管理"中，建筑师（不管是个人还是企业）在建设过程至最终付款前被描述为业主代表，类似的措辞在加拿大 CCDC2—1994 中也能见到。

因为业主的主要义务是支付给承包商，而支付需要设计师的证明，这可被定义为设计师的基本职责。如果设计师雇佣被终止，标准合同要求业主取代协议中定义的建筑师。此外，设计师作为合同仲裁人和解释者不能偏袒合同任何一方。

2. 设计师的解释或指令

设计师所做的解释必须是公正的并与合同文件的意图和合理推断相一致（A201—1997, 4.2.12），CCDC 2—1994 中有相同的表述，在 AIA 文件 A201—1997 中规定"如果与合同文件表示的意图符合时，设计师对与审美影响相关事件的决定是最终的"（4.2.13），它暗示其他的决定不是最终的，并且4.6小节提供了仲裁，正如CCDC2第8条款"争议解决"一样。由设计师所做出的解释会产生潜在的争议，因为要解释的文件是由设计师准备或在其指导下准备的，不满意的争议常提出诉讼。然而鉴于建筑工程的本质，由于合同文件不可避免的缺陷，公正的解释通常是需要的。

虽然北美的合同文件总体上标准很高，实际上，他们不可能处理好每一个细节问题——潜在的歧义来源，尤其在固定总价合同中总价是固定的。工程建设中的细节减少是工程少量变更（Minor changes in the work: contractually (in AIA standard contracts) the subject of an order by an architect with authority under construction contract to order minor changes in the work that do not involve an adjustment to the contract sum or the contract time and that are not inconsistent with the intent of the contract.）的基础（The details of construction are less so, which is on basis for minor changes in the work）。然而受双方合同约束，要求双方不应参与合同总价或合同工期的调整。这是设计师不同解释说明的结果，也是潜在歧义的原因。在CCDC2—1982中相应地被称为"附加指令"（Additional Instructions），在CCDC2—1994中被称为"补充指令"（2.2.9）（Supplemental Instructions），其重要性没有以前的版本高。

当任何一方要求建筑师做出解释时，建筑师应做出解释。但在A201—1997中并没有指出任何一方可以要求发布少量变更。CCDC2—1994中说到"补充指令"应由顾问（建筑师、工程师）根据合同双方同意的计划来签发，明显忽视了补充指令和少量变更的可能要求。重申一点，所有设计师的解释、少量（大量）变更以及指令应与合同文件一致。

对于固定总价合同的招标文件尤其是技术规范，投标者应找到必需的信息来完成全面准确的报价，但合同文件并不绝对包括实际完成工程所需要的所有信息（A similar situation usually exists with shop drawings to be provided by a contractor (which are usually provided to him by his subcontractors) for approval by the designer. Shop drawings must be consistent with the contract, otherwise the contractor is required to state in writing to the designer where they differ from the contract documents.）。例如，投标者通常不需要了解油漆的颜色，只需要知道油漆的种类和涂层数。直到合同工程开工时，设计师通常才准备配色方案。投标者只有从技术规范或自身的实践经验了解情况，并在工作开始和在他或其油漆分包商需要之前，从设计师处取得配色方案。然而某些特殊颜色能影响成本（例如一些沥青涂层中的亮色），这要求设计师在招标文件中明确油漆的颜色，如果没有明确，投标者可以合理假设一种比较便宜的颜色，那么后来要求更鲜艳的配色方案可认为是与合同条款不相符。

设计师的解释或附加指令必须与合同文件相一致，因为承包商是根据合同文件来编制报价及投标的，而且是工程合同双方达成协议的基础。承包商所做的每一项合同工作必须可以从招标文件中合理地看出或推断，这样承包商才能在投标报价中计算所有成本。然而设计师可能会根据标准文件的通用条款做出一些少量工程变更，从而影响合同工期与总额，但需与合同文件的意图一致，合同的连贯性是最重要的，但同时会产生解释的问题。设计师总能够以承包商的眼光看问题吗？设计师能够完全明白少量工程变更对承包商组织和进度的影响吗？显然这取决于设计师个人，如果我们看一下许多设计师的教育状况，通常是建筑业务与经济的有限锻炼，就可以得出设计师最终应从实践中获得这些知识和理解力。例如，合同图纸指出门窗在混凝土砖外墙上开设，门窗和周围砖的尺寸是以暴露面的一块砖长为模数的，设计师签发变更指示需要改变个别门窗的位置，并归类于"轻微变更"（在 CCDC2 中叫做"补充指示"），而承包商声明这不是一个轻微变更，因为这需要切割砖块来满足变更要求的非模数化尺寸。一个熟悉砌筑工程方法和成本的、有经验的设计师知道这样的变更会导致额外费用，因此不应该归为轻微变更。总价合同在签订时总价就是固定的，所有后续的解释或变更会引起争议，在执行过程中这些问题的解决需要知识、理解和相互的善意。

根据标准合同文件，设计师是合同和双方履行行为的解释者，在双方之间不能有任何的偏袒。但设计师的决定很少是有约束力的最终决定，标准合同文本提供了争议的仲裁程序。然而 AIA 文本 201 中规定，即使符合合同文件意图，但有关最终艺术效果的事宜还需要建筑师的决定，这种条款一定是难以解释和应用，因为涉及艺术效果及与合同保持一致本身就容易产生争议，而且合同双方并不总是接受建筑师的决定。有必要说明，一般在法律尤其是合同中，最后的决定来自最高法院，但即使是这样也经常会产生争议。

3. 设计师或其代表的现场工作

按照合同要求，设计师通常应访问现场，检查工程的进展，但他或她不对工程的合理施工负责，除非法律有明确要求，这是承包商按照合同作好工程的主要义务。然而如果技术规范要求承包商用一种被证明是有缺陷的特殊方法完成工程，有一些责任很可能属于建筑师，但通常很难划分清楚。这里有一个设计师和承包商的共同责任区域，有缺陷的工程可能是引起争议的原因，需要他们具有解决问题的知识且相互理解。从专业工程的合格律师角度看，责任划分问题可能是建筑业中的最大问题。

业主可能同意设计师委派常驻现场的全职代表来履行他的职责，此时该代表的授权范围和职责必须在施工合同中明确规定。许多施工合同并没有明确规定双方应该在现场，所以许多日常的事务通常由他们的代表处理。在施工过程中，有设计师的业主还可能会有另外的全职代表在现场，与设计师或其代表一起工作，尤其对于大型的综合商业性工程，每天需要当场做出决定。同样大型工程的设计师通常有一个兼职或全职的代表在现场，来处理合同中规定的日常事务；承包商按照合同规定在现场也应该有项目经理。设计师其他重要的职责是签署工程基本竣工证书和签发最终付款证书。

3.1.4　固定总价合同中分包商的职责

1. 业主和设计师对分包商的认可

在业主与总承包商签订的主合同中，分包商是没有责任的，因为分包商从来就不是主合同的当事人，分包商是与总承包商签订分包合同的一方，而且分包合同可能是总价合同。在业主与总包商签订的主合同中通常会涉及分包商，因为他们将要完成大部分施工工作，因此业主和设计师都比较关注分包商。尽管总承包商在所有的工作中只对业主负责，而且业主和分包商之间不存在直接的关系，但是在主合同的标准文本中要求总承包商给予业主和设计师审批所有分包商的权利，而且标准合同会通过总承包商的分包合同来维护业主和设计师的权益。

2. 替换分包商

业主和设计师通常会在提交投标书或者中标后不久要求总承包商提供准备聘用的分包商名单。比较而言，业主要求投标人在提交标书时就提供分包商的名单更好一些，因为此时业主在处理这些事情时将比在中标后处于更有利的地位。如果业主和设计师决定拒绝名单上的分包商并且要求总承包商替换其他的分包商，则标书的标价（或者是后来的合同价格）可能需要调整（很可能增加），因为大多数情况下，分包商的最低标价会包含在总承包商的固定总价标书中，由于替代分包商的标价会比原来分包商的标价高，则固定的总价就必须随之增加。

由于所有的主合同（分包合同）必须在双方自愿并达成一致的情况下签订，如果任何一方受到强迫或过分影响，则合同无效。所以总包商不能够被强迫与某一个分包商签订合同，同时业主和设计师享有批准所有分包商的权力。因此如果他们对建议的分包商不认可，可以要求总包商（或者未签订合同时的投标人）提供替换的分包商。由于业主和设计师都比较关注成本和质量，因此设计师能够知道分包工程的标价是有利的，他或她可以在投标时把这一信息作为应该满足的要求。

3. 分包商报价的公开

美国建筑师协会（AIA）和美国承包商联合会（AGCA）曾经建议在签订主合同之前，承包商不应该向任何人透露分包合同的标价，但是这种情况并没有持续太久。一些业主可能不同意，在潜在承包商与业主签订合同之前，这些都应最大程度地公开。对于因变更分包商而产生的标价变更，业主如何才能知道这会增加他多少成本？仅仅在这种情况下，业主和设计师应该有充分的理由知道分包合同的标价。

4. 分包商责任与总承包商责任的联系

分包合同中分包商的责任会明显地受到主合同中总承包商责任的影响，总承包商有责任要求分包商根据主合同的条款和条件来完成他们那部分的工程。换句话说，考虑到分包商是在分包合同范围内完成工程，他们的责任必须在一定程度上反映主合同合适和必需的要求。遗憾的是，有些总承包商忽略了这点，而某些分包商也从未签署过书面分包合同，甚至在大型工程上，分包商有时候将分包工程投标和中标信件作为他们的分包合同，而且分包合同的签订程序也是不正式的。有些分包商承认他们从来没有阅读过主合同，然而主合同要求总承包商和所有分包商应维护业主的利益，总承包商应按照主合同的要求和分包商签订施工合同。如果一个分包商不能完全知道和理解主合同，那他如何签订一份合适的分包合同呢？AIA 文本 A201—1997 第 5.3 章"分包合同关系"中试图处理这类问题，但是签订合同前的一些补救措施是必要的。

每一份分包合同都应该是书面形式的，所有分包工程的投标文件和合同文件都应在形式和内容上反映主合同的要求，并且要符合分包工程的施工要求，至于为什么没有做到这一点还没有找到很好的原因。同样重要的是每一个分包工程的投标人都应该有主合同招标文件的复印本，便于每个人都能确切地知道投标工程的有关内容。分包商的责任，连同由分包合同以及分包合同中的特殊工程引起的额外责任，都是主合同中总承包商的责任在适当程度上的反映和延伸。

3.1.5 固定总价合同中供应商的职责

像分包商一样，供应商在主合同中也没有责任，但是同样地，供应商签订的合同在一定程度上受主合同的影响。然而，比起分包合同与主合同的关系，供应合同与主合同的距离更远。在我们提到的标准合同中，相对于分包合同的处理条款，并没有关于处理供应合同的条款，这可能是应该有待改进的一个缺陷。

在过去，供应商与分包商是完全不同的，但是今天，工程合同的标准文件并不总是认可供应商的作用：传统分包商的最佳替代者。在工业领域正在发生一种变化，供应商与分包商的区别正在减弱，越来越多的建筑工作都是在施工现场之外完成的，所有的主合同应该认可那些提供材料或专门设计部件的分包商（As in CCDC2-1994, *Definitions*: 5, *Subcontractor*, and 6, *Supplier*. See also AIA Document A201-1987, Article 5, *Subcontractors*, which defines a subcontractor and a sub-subcontractor, as having a contract with the contractor, or a subcontractor, to perform any of work at the site.）。

3.1.6 固定总价合同的优缺点

在分析承包商的责任中我们已经认识了固定总价合同的特点，该类合同的基本特点是总价固定或是相对不可改变，可以看出现在的标准合同正通过追加条款尽量减弱这些固定的特点，这样业主（通过设计师）就可以进行工程变更而不至于使合同无效。下面的分析可以看出固定总价合同的优缺点。

对于业主来说，固定总价合同的主要优点就是可以评价收到的标书并且选择一个在预算范围内的标书（如果设计团队已经完成预算工作），可以确定工程开支不会超过规定的总价——合同价格。不过并不总是这么干脆利落，例如承包商后来遇到一些不可预料的底层土，这就需要一些额外的成本，比如要炸开硬石或是抽干地下水。由于拥有现场的归属权，业主就应该承担这些风险，尽管有时候承包商会按照规定的条款接受这些风险，但这些在施工过程中经常是变化的。如果设计师在设计图纸、技术规范和制定其他文件时能够做好细节工作，而且业主没有变更，那就可能不用变更指令而实施固定总价合同，这有可能发生，但不常见。工程变更除了会产生纠纷外，对业主来说还会产生较大代价，因为这与固定总价合同的基本特点是相反的，而且业主必须按照能够达成的最好协议去支付变更价款。在建筑业领域合同变更和索赔通常是承包商获取利润而不是损失的主要理由。然而业主要通过固定总价合同达到对开支的控制，业主和设计师必须向投标人提供足够的设计信息（Design Information: that information about a project provided to bidders and to contractors by the owner and designer and others (agents of the owner); as distinct from experiential information together with which the design information ideally comprises all of the information needed to perform the construction contracts of the project.），设计和施工中的细节问题必须在招标前予以解决，在这方面业主的劣势就显露出来了。只有在合同签订之后才能开始施工，而且必须在所有的文件准备好后才能签订合同。整个工程必须先设计好，工程的设计期与施工期一样长、甚至更长是不常见的。

为了让投标人能在相同的基础上投标（为了相同工程的投标而且便于直接对比），设计师必须对每一部分工程做出设计决策和技术说明，施工过程中任何一种改变都会产生变更指令，这就存在内在的风险和问题。然而，即使是最细心最认真的设计师都会承认他并不总是能够在第一时间对每一部分工程做出最好的决定，只要不在根本问题上做出变更，变更指令通常都是可取的。但是一旦完成了施工详图和技术说明，它们就成了整个铁板一块的总价合同的一部分，业主或设计师做出变更指令就会像混凝土大坝出现裂缝，如果变更过大或过多就会导致整个工程瘫痪。

因为固定总价合同的本质，业主基本上无法了解承包商的施工技能和经验。在做完设计工作后，业主就只能在未知和沉默状态下等待了，最后当他看到了图纸和规范并且准备进行估价和招标时，投标人也很少有时间和兴趣对设计提出建议，即使他知道他的建议会很好地被接受（设计师可能要求投标人采用多种方式报价，成为多方案投标，但这样也不能让投标人做出什么建议，而且通常会让投标人感到厌烦）。

固定总价合同一般会让承包商做一些附属工作，此时承包商对工程施工也不会有创造性的贡献。相反，此种合同类型的承包商仅考虑按设计施工，不会受到创造性的挑战，毫无疑问对业主来说是一个损失。在过去，设计阶段能够获得承包商专业技能的常用方法是通过采用业主要承担风险的成本补偿合同。现在最常用的方法是聘请一位建设经理（Construction Manager），这种采购方式（CM）的广泛应用正是过去总价合同或成本补偿合同都没有满足需要的印证。然而，一些承包商更喜欢生产商的角色，在设计师的指挥下完成产品的施工。对于承包商，总价合同是有吸引力的，因为他能够在整体上控制整个工程，而且他会以最大的效率施工以获得最大的利润。固定总价合同有自己的应用范围，它们多适合一些简单的工程，如标准的住宅和商业建筑；能够全面描述和明确规定以提供最多设计信息的工程；以及现场条件可预见和风险较小的工程。这样的工程容易投标和报价，而且有效率的承包商在总价合同中会得到利润。

3.1.7 固定总价合同的标准文件

在前面已经提到在北美得到广泛应用的总价合同的标准文件：在美国被结合使用的AIA—A101和A201文件以及包含了协议书和通用条款的加拿大标准工程合同文件CCDC2。

美国的合同文件更长、更细致，并且不停地改版。因为合同内容更多和更详细，对学习工程合同的学生具有特别的指导作用；同时对于比较美国和加拿大（英国）标准文件的区别也有指导作用。例如加拿大文件（在通用条款中）包括了合同文件存在争议或差异时的相对优先解释顺序，如合同协议书具有最优解释权，而图纸具有最低的解释权。尽管有些美国设计师按照加拿大标准文件对AIA标准文件进行补充，但美国标准文件A201并没有规定合同文件的优先解释权。

3.1.8 固定总价合同的关键点总结

- 合同的一般法律原则仅能作为解决具体合同问题的指导，通常在处理特定事件时需要向律师咨询适当的建议和指导。

- 固定总价合同有它独特的法律特征，即"用固定的价格完成工程"；合同文件可能不需要对完成工程所需的每一件事都做出明确的说明。

- 在固定总价合同中，承包商的主要职责是履行合同并相应得到支付。
- 在固定总价合同中，业主的主要职责是提供现场通道以及按照合同对已完工程进行支付。
- 设计师的主要责任是按照合同及时签发付款证书和竣工证书；需要时对合同作出解释；按照标准合同规定，监督合同双方的履行情况。
- 在固定总价合同中，没有与承包商达成一致，业主不能随意作出工程变更，不论是合同规定的（在标准形式合同中），还是双方后来达成的协议。
- 分包合同应该包含主合同的相关条款。
- 在固定总价合同中，承包商比业主承担更大的风险。
- 固定总价合同如果允许工程变更，业主就要承担增加成本的风险。
- 固定总价合同要求招标前设计工作应差不多全部完成并确定，但业主在设计和施工阶段就不能吸取承包商的知识和技能。
- 设计简单和标准化施工的工程最适合采用固定总价合同类型。

3.2 单价合同（Unit-Price Contracts）

单价合同在北美最不为人们所熟知，因为它通常被严格用于工程师所设计的土木工程项目，这些工程大多地点遥远、偏僻，不像城市中的新建筑能真实看到。但大多数工程建设人员对单价（Unit Price：similar to a unit cost but usually consisting of all direct costs and some or all indirect costs, as in a bill of quantities or a schedule of unit prices; usually based on historical unit costs that are based on actual costs.）并不陌生，至少是固定总价合同中对变更的估价，单价合同的单价是固定的，并且可用于所有或者绝大多数子项（It is common practice with engineering works to apply unit prices to those items likely to vary in quantity, and to require separate lump sum prices for other items. For example, for an earth-filled dam, different fill materials priced by unit prices and penstock gates by a lump sum.）。

3.2.1 工程单价

多年来，由于与超市或杂货店所售的食品相联系，"单价"这个术语已经变得很普通。而今，成千上万的产品每盎司或每克的价格都是以单价表示的。在工程建设中，随着工程类型、位置、风俗和个人喜好的不同，单位也是变化的。在美国并没有官方的建设工程标准计量方法（而英国和加拿大有）。最终公制计量系统的采用或许会促使这种标准的颁布，目前缺乏该标准的主要原因是没有感兴趣的学会或专业机构。

普通的计量单位是工程主要材料在买卖中使用的单位，但在某些建设工程中，例如钢结构和木结构，它并不总是适用于报价工程计量和成本核算的最好单位，尤其是劳动密集型工程。因此工程计量方法的说明是单价合同必需的组成部分，但有时会被忽略，编写单价表的设计师可能相信他对计量单位的选择、使用和习惯与投标人的理解完全一致，相信可能没有任何误解。除非规定基本的计量规则，否则误解就很容易出现。发布国家计量标准方法的国家，如大多数说英语的国家，通常非强制性使用这些标准，但为了使有关方完全理解，必须明确指明与标准方法的偏差或对其的补充。

单价是平均价格，即任何工程子项的单价是通过该子项的总费用除以总工程量来计算的。由于每个工程项目的独特性以及影响子项成本的变化条件，一个具体子项的单价会随项目不同而不同。

估价师估算某项单价时，会借鉴过去不同环境下已完工程的该项单价的实践经验。除了不同的项目条件，单价也受工程量的影响。一般来说，工程量越少，单价就越高。这种互成反比的关系在有些情况下会变得更加突出，如在安装工程中，常常会有一个制定、安排工程计划和学习该具体工程流程的初始人工费用，这种初始人工费用或多或少是固定的，而不论需完成的工作量多少。因此，如果一个子项工程量小，该子项每单位需要的人工费比例将更大，也就意味着单位成本会更高，这个事实已经被大多数单价合同所认可。

我们需要对北美国家土木工程中常用的单价合同与其他英语通用国家的房屋建筑和土木工程合同作个区别。在英语通用国家，工程量清单（Bill of Quantities (BOQs)：used in contracts with quantities as bidding documents and as contract documents and containing the terms and conditions (commonly by reference to standard contract documents), specifications, and accurately measured quantities of work (according to a published standard method of measurement) which during bidding are priced by the bidders in the calculation of their bids.）常被作为招标和合同文件的一个文件。北美国家土木工程的单价合同常常是以工程子项的近似工程量为基础的，由设计师计算工程量并列入单价表（Schedule of unit price：usually is used in North America in referring to a document used in a unit-price contract—usually for engineering or industrial construction. The terms bill of quantities usually is used in other English-speaking countries, and in some other countries, in referring to a document used in contracts for all kinds of construction work. Fundamentally, the two are the same, but the latter usually is more detailed and its quantities integrated with specifications for the work.）。之所以要签订单价合同，是因为业主虽然知道自己想要什么工程，但他却不知道准确的工程数量，以及因为现场条件无法事先精确估算工程量。尽管如此，由于已经知道工程的性质和近似工程量，业主就没有必要采用成本加酬金合同形式。在单价合同下完成的工程总是不像房屋建筑那样由数目庞大的不同子项组成；相反，它是由相对较少的不同子项组成的重型工程（Heavy Engineering），但工程量常常很大，例如管道、下水道、道路和水坝等工程。有时大型工程的基础和现场工程会单独采用单价合同，而其上部结构则采用另外的合同形式。例如，由于地基下层土质信息限制，打桩工程量就不能精确地预估，因此，投标人是按照含有近似工程量的单价合同形式投标，并完成打桩工程合同总额计算，当工程完成后进行计量，承包商将根据实际工程量和单价获得工程款。

对于成千工程子项能够精确计量的大型房屋建筑合同，被称为工程量合同（Contracts with Quantities：a construction contract in which the contract documents (and the bidding documents) include bills (schedules) of quantities prepared by a quantity surveyor employed as an agent by the owner.），通常不需要现场计量工作，主要有以下原因（除地下工程外）：首先，地上房屋建筑部分的工程量能根据图纸精确地预估；其次，完成计量的专业工料测量师在工程计量方面技能熟练；最后，工程计量国家标准可作为计量和互相理解的基础。尽管如此，对于工程量合同，双方都有在工程完工时进行复测的权利，但往往没有必要行使，或者仅在少量子项上使用。

3.2.2 单价合同中承包商的职责

1. 承包商的主要职责

承包商首要的职责永远是相同的：按照合同完成工作和按照约定的方式获得工程款。在单价合同中，需要对已完工程的计量来确定支付工程款的数目，除此之外，单价合同与典型的总价合同非常类似。但对于具有每个子项的工程，一个独立的总价取决于子项的单价和完成的工程量。当实际工程量与合同规定的工程量有重大变化时，承包商（和业主）有权对任何单价寻求变更，即使合同条件和条款对此没有规定，因为工程量的变化构成了合同范围和本质的变化，如果原来的合同范围改变，合同法提供了新的付款条款。可是问题在于，如何对构成工程量的重大变更达成一致，因此在单价合同中最好有明确的条款，说明工程量变更超过多大幅度，才能变更单价。在已发行的单价合同标准文件中包含了这样的条款，在招标文件的空白处，由业主或设计师填写实际的数据，或者在签订合同时与承包商达成一致并填写到合同文件中，最常选的数据是 15%；因此如果这个数据写入到招标文件并得到认同，当任何已完工程子项的工程量超出合同规定的 15% 时，该子项的单价将会降低，反之，单价将会提高。这个新单价将会成为代表业主的设计师或成本顾问与承包商谈判的话题。

单价合同的这项条款使得设计师或顾问谨慎和精确地计量合同工程量变得非常重要，以避免与承包商谈判新单价，因为承包商往往处于谈判中的有利位置。承包商清楚业主一定会处理，并且他有权索赔，承包商比业主或设计师更了解工程成本以及工程量变更对他们的影响。

2. 工程计量

施工进程中，满足支付要求的工程计量往往由承包商和业主双方的代表完成。常常问到的一个问题是：谁抓住计量带的哪一端？除非合同中另有明确的说明，承包商当然有权派遣自己的代表参加现场的工程计量，但会被认为不公平。工程必须根据合同规定或明确隐含的方法来精确计量，因此工程计量国家标准是有用的。有时，包含子项工作内容描述的工程量清单实际上并不能进行工程的精确报价，例如，模板工程包含在混凝土里；以体积计量的大面积土方机械挖掘，和为浇筑基础混凝土需要的表面人工挖土或基底找平并不相关。

单价合同的工程子项清单必须由熟悉建筑材料、方法和成本，并且熟悉估价和成本核算的人员来准备。如果承包商签订了一份包含子项计量错误或遗漏的单价合同，并且以后计量方法和它产生的结果被证明对他不利时，承包商就没有有效的权利提出索赔，尤其当这份合同明确是固定总额时。

3.2.3 单价合同中业主的职责

1. 业主的主要职责

单价合同中业主的职责在很大程度上与更为常见的不含工程子项清单（a Schedule of quantities (SOQ)：similar to a bill of quantities, but whereas the latter is usually part of the bidding documents and contract documents for a contract with quantities, a schedule of quantities often refers to a list of items of work, the unit prices for which are submitted with a bid for a contract, often a unit price contract. Schedule of quantities are more common in North America than bills of quantities, are found mostly in contracts for engineering work, and can emulate bills of quantities for building work as contract documents)的总价合同一样：根据合同付款的义务；提供所需要的信息；任命一位设计师作为自己的代表监督双方合同的履行。当承包商没有正确履行，业主也有权自己完成工程，并且根据特定状况和合同规定，最后终止合同。几乎在所有方面，业主在单价合同中的职责（和承包商职责一样）和总价合同是相同的。

2. 变更工程及其单价确定

单价合同的显著特点是在合同规定的限制幅度内业主有权变更工程量，幅度常常是合同工程量加上或减去15%。超出幅度部分，合同规定需要对单价进行重新谈判并做出调整。如果业主要求完成工程量清单项目以外的额外工程，单价合同通常规定按照成本加酬金方式完成这些额外工程。为此，单价合同的标准形式常包含成本加酬金合同标准形式必要的和相同的合同条款。

尽管如此，为什么单价合同指示的额外工程不是按照原有合同同意的单价，或按总价合同对总价的限定和认同，或任何其他合同形式中的方法来完成，这是没有任何理由的。甚至在总价合同里，业主通常也能够指示额外工程和变更合同工程，在任何其他形式的合同中也是如此。这些额外工程或许能在双方认同的基础上完成：按照单价、成本加酬金或是规定和接受的总额（事前或事后合同）。一份合同由双方同意的主要付款方法所确认和说明，但并不排除有些工作以其他方法完成和支付。

业主也可以选择这样的单价合同：建筑物的基础和框架按照合同单价完成和支付（如模板工程、混凝土工程和钢筋工程），此外，合同可能含有许多现金补助（Cash Allowances），或称暂定金额来覆盖工程的其他部分，包括空洞、粉刷和服务等。工程的这些部分或许可以通过总价或单价分包合同完成，甚至希望通过成本加酬金分包合同完成。任何愿意使用和合适的合同安排都是可能的，并且每个工程的所有合同都要特定地设计。

3.2.4 单价合同中设计师的责任

1. 设计师的主要责任

作为业主的代表、工程合同的解释者和仲裁者，设计师的职责与以前一样。在单价合同里，设计师签发付款证书的职责中包括对已完工程量的核实。当然，设计师在所有种类合同中总是有责任核实付款证书的数量，但单价合同需要精确的计量作为支付的基础，唯一的方式是设计师或其代表参与到工程的实际计量中。

2. 工程计量

设计师（代表业主利益）和承包商都应对已完工程进行计量，记录双方共同完成的计量结果。一方可能会接受另一方的计量结果，但这并不是一个好的做法。设计师不应当接受是因为他有为业主核实的职责；承包商也不应当接受，不仅因为他有为自己公司核实计量结果的责任，而且他需要将工程计量作为日常管理和成本核算的一部分，对待所有工程项目都应当如此。

在单价合同里，设计师一个基本的职责实际上在合同签订之前就产生了，事实上，这或许对签订一份好的合同是很关键的：检查业主准备中标的投标书所提交的单价清单，但它并不总是最低标。设计师（或成本顾问）应当检查单价清单并达到算术精确（If there is an arithmetical error, the entered unit price may be required to stand with the error corrected, or the unit price may be corrected, or the accumulated errors may be adjusted (before a contract is made) by applying a percentage to all unit prices. The intended method of correction should be stipulated in the documents or subsequently agreed. The purpose is to keep the original total figure stipulated unchanged.），但更重要的是价格本身的数量，它们对项目的适应性和它们相对的重要性。由于是近似的工程量以及根据工程需要的变更，投标的总价格对业主来说并不是唯一重要的。

3. 对不平衡报价的处理

在使用单价合同的工程项目中，一些有经验和敏锐洞察力的承包商（或一个投机者的本能）可能会蓄意提高一些项目的单价并降低另外一些项目的单价。他们相信提高单价的子项工程量会增加而降低单价的工程量会减少，他们将会获得额外的利润；或者提高单价的部分属于早期施工项目。投标人可能比设计师有更多的工程经验，他们知道工程或现场的性质将可能会产生某些特定项目的工程量变更。

提高和降低有些项目单价的一个原因是在开始就获得额外的付款，例如通过提高初始管理项目和早期施工项目的价格（比如临时服务和设施、表层土清除和大面积土方工程等）和降低后期实施的其他项目的价格，这样承包商就能够用业主的钱为工程筹集部分资金，也就节省了自己的筹资成本。

为了避免这种被称为前后倒置（Front-end loading：(of a schedule of values, or a schedule of unit prices) the deliberate overstatement of the costs of earlier work, balanced by the equivalent understatement of the costs of later work, by a contractor, in order to be paid more than he is entitled to in the earlier part of a contract's duration），或称为不平衡报价的现象，设计师或成本顾问必须确定管理费的补助总额和所有主要项目的单价是真实的、没有被歪曲的。这并不容易做到，需要设计师对工程的成本有自己精确真实的估量，以便在收到标书和授予合同前和投标人的标书、补助表和单价清单作比较。当业主和设计师仍然能影响合同授予时，这是关键的时刻，为了形成一个平衡的投标，投标人对单价调整的合理建议是比较开放的，而在合同授予之后要求承包商调整不合理单价的建议将会很难实现，同样的程序也适用于总价合同中的价值清单（Schedule of values (SOV)：a breakdown (analysis) of a contract sum, usually required of a contractor in a stipulated-sum contract before submission of the first application for payment for checking and approval by an agent of the owner, after which the SOV is the basis for all future applications for payment in that contract. A SOV usually shows the various section of work; the names of contractor, contractor, or subcontractor responsible; and the value (total costs to the owner) of each section or part section, the total of which equals the contract sum. Cash allowances are usually show separately.），参见表3-1。

3 工程合同类型及优选

工程价值清单示例 (A Schedule of values)　　　　　表 3-1

价值清单
根据合同通用条件，本价值清单是业主和建筑师所需要的，并由承包商在第一次付款前提交。合同所需要的暂定金额将从分包商报价中扣除并将单独列出。

项目名称：××教学楼　　合同日期：2006-6-6　　合同总价：1160000 美元

工程分项	姓名	工程价值
1　一般开支	总承包商	
（1）初始开支	同上	18000
（2）连续开支	同上	84000
2　现场工程	同上	36000
3　钢筋混凝土工程		
（1）模板	同上	110000
（2）钢筋	同上	65000
（3）混凝土	同上	95000
4　砌筑工程	Acme 公司	33000
5　金属工程		
（1）杂项	Ferrous 公司	28000
（2）结构	Cansteel 公司	5500
6　木作工程		
（1）粗木作	总承包商	5000
（2）细木作	同上	12000
（3）打磨	Foursquare 公司	28000
7　保护工程		
（1）屋面	Blackspot 公司	21000
（2）防水	同上	7000
8　孔洞		
（1）铝合金和玻璃	Alspec 公司	40000
（2）室内门	Portico 公司	12500
9　装修工程		
（1）粉刷	Stucco 公司	51000
（2）隔声砖	Denman 公司	20000
（3）弹性地面	Vyner 公司	10000
10　机械工程		
（1）管道	Cobre 公司	52000
（2）供热和通风	Cobre 公司	214000
11　电子工程	Sparks 公司	104000
		1051000
工程总价值		
加：暂定金额：		
意外事件补偿　　　　10000		
装饰五金制品（供应）　63000		
检测和测试　　　　　5000		
电子装置（供应）　　21000		
景观工程　　　　　10000		
		$=\dfrac{+109000}{1160000}$
合同总额：		

3.2.5 单价合同中分包商和供应商的职责

同所有的工程合同一样，分包商和供应商的职责实质上是总承包商职责的反映，所以，本节不再赘述。单价合同的通用条款和总价合同几乎一样，除了与单价紧密相连的条款，例如工程量变动和导致单价变动的条款，但是以单价合同作为主合同的分包合同并不必然是单价分包合同，它们可能会是任何一种合同形式。基于单价的主合同会包含与成本加酬金合同相关条款的另外一个理由，是不能以合同单价对变更工程进行计价（因为它们不合适），而且要确立业主和设计师在基于成本加酬金的任何分包合同中的要求。

3.2.6 单价合同的优缺点

概括地说，业主在单价合同中的主要优势是能以更小的风险开展工程，尽管业主由于工程或现场性质不能告诉投标人准确的工程量。一个最有可能的选择是成本加酬金合同，但对业主风险较大。在北美，单价合同常预先假定一个土木工程项目不需花费较多的时间和费用就能迅速完成计量，在这类合同中，工程的特定部分需要按总价计价，而其他部分以单价计价。

业主在单价合同中的劣势在于近似工程量严重不准确的可能性以及远超过预估的花费，尤其当它们与包含价格扭曲且承包商已经正确判断或押注的"不平衡投标"结合的话，情况会更糟。这种合同类型下完成的工程往往会产生不可预见性：如不合适的地质条件需要更多的土方开挖和回填；地下水层需要降水设备来保持工作面干燥，这些类似的意外事件都是不可预见的，或者至少不可能在合同中注明每一个意外事件。未注明的意外事件不得不由业主和设计师通过承包商来处理，同时双方协商费用。只有当承包商对额外工程的报价无理取闹时，另找承包商来完成新要求的工程才是可行的。即使承包商只有一半理由，他也经常能谈判商定一个好的价格，因为他已经在现场并能按照意外事件来准备必要的施工，对业主来说，这些花费可能既高又不可预测。此时业主唯一的选择，如果额外工程必须做的话，就是重新签订合同和选择承包商，这两种环境对业主都是不利的。

相比其他同类合同，除了由于不平衡报价带来的财务优势，或者上述描述的业主的劣势，单价合同中承包商唯一的优势就是不需要工程计量就能投标并排除了伴随的风险，否则，对承包商来说，就很像不含单价的、传统的总价合同。正如权利对应责任一样，对一方的劣势可能隐含另一方的优势。毫无疑问，平衡（天平的两臂）在古代罗马签订合同的仪式中扮演着重要作用。

3.2.7 单价合同的标准形式

美国和加拿大的建筑学会并不出版单价合同的标准形式，北美仅有的标准形式是由工程学会发布的。对于大多数土木工程而言，合同文件看上去是由设计师准备的非标准文件，常常是明显地但又不承认参考了现有的标准形式。作为专业人员，工程师似乎比建筑师更不愿意使用合同的标准形式，这或许是因为土木工程更加多样化；或是工程师们相信不同种类的土木工程无法使用标准形式；或是因为更多的工程是为政府或带有政府性质的机构和公司而完成的，这些机构都与众不同地喜欢他们自己的合同形式。

由美国土木工程师学会（ASCE）和美国总承包商会（AGC）联合编写和发布的工程建设项目合同标准形式（The Standard Form of Contract for Engineering Construction Projects, ASCE Form JCC-1, AGC Standard Form 3），特别不推荐在房屋建筑工程中使用。这是一个混合的文件，包含基于总价、单价、成本加酬金的可选择的合同协议形式，以及用于上述三种合同类型的通用条款的标准系列。

加拿大使用固定单价的工程合同标准形式是 ACEC、CCA、EIC 第 4 号文件（Canadian Standard Form of Construction Contract for Use Only When the Work Is Being Done on the Basis of Stipulated Unit Prices, ACEC, CCA, EIC Document No. 4），这是由加拿大咨询工程师协会（The Association of Consulting Engineers of Canada, ACEC）、加拿大建设协会（The Canada Construction Association, CCA）和加拿大工程学会（The Engineering Institute of Canada, EIC）批准的，并在编制准备过程中咨询了加拿大皇家建筑学会（The Royal Architectural Institute of Canada）。这份文件由一份协议书和通用条款所构成，与加拿大总价合同标准形式（The Canadian Lump-Sum Standard Forms of Contract）相类似。虽然是合同文件隐含的，这两种含有单价的北美标准合同形式都不需要特定地处理工程的复核计量，并且项目子项的工程量被认为是近似的。

使用近似工程量的房屋建筑合同的一个标准形式（The Standard Form of Building Contract, 1980 Edition, Private, With Approximate Quantities, Private Edition, Issued by the Joint Contracts Tribunal. Variants of the Standard Form are published: 1) Private 2) Local Authorities; each with or without quantities of the work included in the contract, or, as in this case (as cited), with approximate quantities）是由英国联合合同审理委员会（The Joint Contracts Tribunal of Britain, JCT）发布的，为了工程发包目的，招标时设计还没有完成，因此竣工时需要对工程量进行复核。它声明对已完工程的计量"应当根据准备合同清单（工程量和单价表清单）采用的原则"，它们也是合同清单参照的国家标准计量方法的原则，类似于项目手册。这种合同有一点是明确的，就是工程要在竣工时计量并作为支付的基础，类似于北美的单价合同，除了它是适用于房屋建筑工程。当然也有土木工程的类似形式，但应特别关注合同含有的"近似工程量"，因为它用于房屋建筑工程，因此在北美没有相同的版本。

3.2.8 单价合同的关键点总结

- 单价是项目子项每个单位的平均价格。
- 单价合同在北美仅限于土木工程；但在固定价格合同中，单价可用于对房屋建筑变更的估价。
- 当已完工程的工程量超过或少于规定数量（一般为 15%）时，单价合同通常需要对单价进行调整。
- 对于单价合同的招标，业主的工程师应当注意投标人的不平衡报价。投标人通过不平衡报价可以从不同子项工程量的变化中获得好处或在项目早期获得额外的付款。
- 单价合同要求对已完工程进行计量和计量的工程量以单价计价；作为合同一部分，有必要明确工程的计量方法。
- 在许多其他国家，基于单价的合同（其中一些或所有已完工程都需计量）常用于房屋建筑工程（以及土木工程）。
- 单价合同的标准形式在北美是由专业工程师学会发布的。

3.3 成本加酬金合同 (Cost-Plus-Fee Contracts, CPF)

3.3.1 CPF 合同内涵及风险

成本加酬金合同是指业主支付承包商所有的工程成本，再加上承包商的运行管理费用和利润 (The cost-plus fee contract is such a contract the owner pays the contractor all the costs of the work, plus a fee to cover the contractor's operating overhead and profit)。该类合同最简单的形式（无固定的保证最高成本，with no guaranteed maximum cost stipulated）与固定总价合同正好相反。因为在简单的 CPF 合同中，业主承担了大部分风险，承包商则承担较少风险，而固定总价合同正好相反。事实上，业主和承包商在两种合同类型（固定总价合同和成本加酬金合同）中的理论合同风险分布正处于最高和最低两头，参见图 3-2。

在总价合同中，承包商承担了大部分财务损失的风险，因为他承诺用固定的总价去完成合同工程，这个总价包含了承包商对成本的估价和承担的风险。如果业主不能选择到采用经济合理的合同总价去完成工程的承包商，那么业主可选择采用其承担大部分风险的成本加酬金合同形式，不同合同类型的风险分布参见图 3-2。

风险分配的主要决定因素是度量成本和风险信息的可获得性。我们可以看到承包商通常获得一份工程施工合同，按照设计信息和其他可利用信息的数量，将风险在业主和承包商之间进行分配。没有信息，就不能完成费用估价。如果业主想要这个工程妥当完成，那他必须承担支付所有费用的风险，显而易见，业主将处在一个非常不利的境地。如果业主和他的设计师能为投标人提供一些设计信息，那投标人就可以估算成本与风险。随着有效信息数量的增加，估算工程最大成本的有效性也相应增加，直到获得所有需要的信息，投标者就可以充分准确地估价，并按照固定总价来提供投标报价。

在最大信息条件下固定总价合同是可行的，因为此时成本估算较为准确。而在最小信息条件下就只有采用成本补偿合同。工程合同必须按可获得的信息量进行设计，参见图 3-3。为了同时降低双方的风险，一份合同应当尽可能多地提供以下资料：
- 设计资料（如图纸、说明）；
- 承包商对于设计要求的设计响应 (Design Responses: submissions by a contractor to a designer in response to a contract's general conditions or specifications that give to the contractor responsibility for the design of certain minor parts or details of work, or for provision of information about specific materials, tests, etc. (i. e., samples, shop drawings and product data.))（如施工图）；
- 对第三方的风险分配（如分包商、供应商、保险公司）；
- 风险的防范措施（如保险、保证、施工条件的信息、施工过程中的检查）；
- 详细的管理要求（如工程进度、工程预算、工程控制、施工报告）；
- 详细的员工守则（如资格管理、成本核算）；

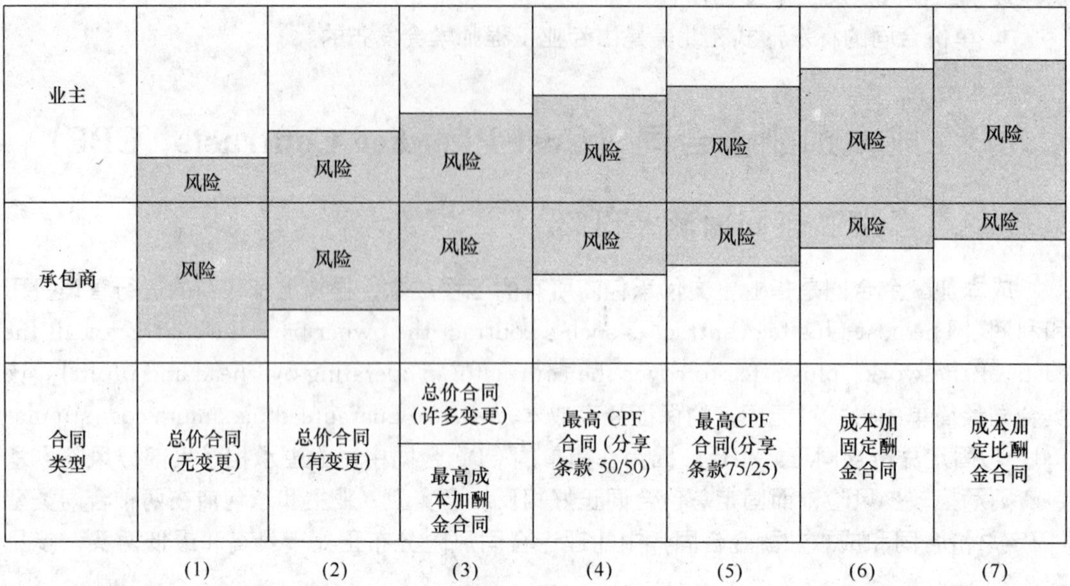

3 工程合同类型及优选

业主		风险	风险	风险	风险	风险	风险	风险
承包商	风险	风险	风险	风险	风险	风险	风险	
合同类型	总价合同（无变更）	总价合同（有变更）	总价合同（许多变更）/最高成本加酬金合同	最高CPF合同（分享条款50/50）	最高CPF合同（分享条款75/25）	成本加固定酬金合同	成本加定比酬金合同	
	(1)	(2)	(3)	(4)	(5)	(6)	(7)	

图 3-2 不同合同类型的风险分布

注释：
(1) 业主承担少量风险。
(2) 允许一些变更的合同改变总价合同的性质，业主承担一定损失风险。
(3) 允许许多变更的合同改变总价合同的性质，业主承担相当损失风险。
(4) 理论上假设（非实际中）风险平均分配（50/50）。
(5) 风险分配的变化取决于许多因素，包括最高成本的数额，节省与损失的分配等。
(6) 对承包商有一定风险（如果合同范围增大，固定酬金是否恰当）。
(7) 对承包商只有少量风险（定比酬金是否恰当）。

- 各方的资金保证（如银行及其他借贷方的证明）。

如果业主想得到一个更好运行的建设项目以及更好的建筑物，他必须支付足够的工程费用并保证提供工程合同中所涉及的各项必需事项（如独立的工程监督）。考虑其他的评标标准比单单采用最低价中标的方法往往更加有效。一份合同应该满足双方的要求，适当的工程需要合理的价格，合同双方都应负责承担自己最有控制能力的风险。

显然，业主如果能采用其他合同形式，通常不会使用 CPF 合同。采用这种类型的合同，业主不仅要承担大部分风险，而且容易被承包商所控制。业主想要获得公平的交易，就需要承包商遵守公平合同的精神。书面合同的文字并不能包括所有的可能性，CPF 合同比其他合同类型要求双方更大程度的相互信任和信心（The cost-plus-fee contracts demand from both parties a much greater degree of mutual trust and confidence than other kinds of contracts），这是因为虽然业主在 CPF 合同中承担大部分的风险，但对于来自业主的风险，承包商通常有更大的控制权。业主的主要风险是因成本超支导致的财务损失，如果承包商认真并有效施工，成本就会减少，相反成本就会增加（The owner's primary risk is one of financial loss through excessive costs, if the contractor is efficient and careful, the costs will be less; if the contractor is inefficient and careless, the costs will be

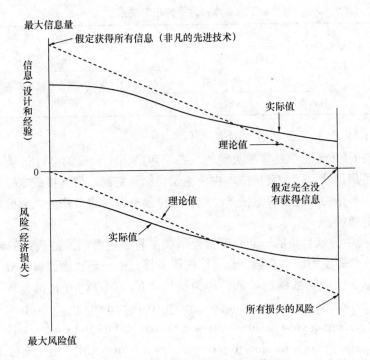

图 3-3 招标与合同中的风险和信息

more)。对于业主和设计师来说很难促使承包商高效和用心工作,在很大程度上要依赖承包商又好又经济完成工程的能力和品德。根据合同规定,设计师有一定的控制权,在极端情况下业主能够终止合同,但会导致重大损失。

3.3.2 建设工程成本（Cost of Construction Work）

要合理地理解 CPF 合同形式,首先要理解建设成本,它们是什么？它们从哪里来？它们如何分类？但在此之前,必须明白工程（work）、工程子项（items of work）及其相关术语如工程的基本子项（basic item of work）和工程的具体子项（particular item of work）等的基本概念。

1. 工程成本的构成内容

工程成本通常包括下列内容：

(1) 工程直接成本（Direct costs of work）

- 人工费用（Labor costs）。
- 材料费用（Materials costs）。
- 工具、机械和设备费用（Tools, plant and equipment costs）。
- （现场）工程管理费用（Job overhead costs）。

(2) 间接工程成本（Indirect costs of work）

- （企业）运行管理费用（Operating overhead costs）。
- 利润（Profit）。

直接成本是与特定的现场和项目相关并由他们确定的费用,但间接成本不是,因为它们在性质上与企业整体和企业所有项目更相关,参见表 3-2。

工程成本：分类与相互关系　　　　　　　　　　　　　表 3-2

间接成本	利润			酬金（%）	建设工程总成本
	运行管理费用			(L/Sum)	
工程直接成本	现场管理费用			（成本加酬金合同定义的）工程成本	
	材料费用	人工费用	设备费用		

2. CPF 合同关于工程成本的支付规定和要求

工程成本在 CPF 合同中是非常关键的，在承包商出示合适的会计记录并由业主、其代理人或其项目雇员认可后，直接成本由业主偿付给承包商。但间接成本并不采用相同的方法，因为它们不是由特定项目直接产生的，甚至没有项目也会产生大部分间接成本，它们是企业经营的费用。

在 CPF 合同中，承包商的一部分运行管理费用将以包含利润的酬金的方式支付给承包商，可以是一个固定的酬金总额，也可以按照直接成本一定比例计算的酬金。在固定价格合同中，包括一个固定数额的价款，称为提价幅度（Markup：a popular term for the inclusion in an estimate of the operating overhead costs and the profit, often (either singly or jointly) as a percentage of the direct costs to arrive at the total estimated costs as a basis for a bid or for negotiations leading to a construction contract.），用于支付承包商一部分运行费用和利润。不同项目的现场管理费用和运行管理费用有时很难区别。例如办公设备既可用于现场又可用于承包商的永久办公室。如果 CPF 合同对管理费用没有明确，有些管理费用是由现场工程直接产生的，有些则是（办公室）运行管理费用（作为酬金的一部分），那么业主可能会发现其支付了所有的办公设备和不是现场所需要的其他费用（甚至应该是在承包商永久办公室而非在现场办公室工作的人员费用）。

在固定总价合同中，业主对人工费用、承包商支付材料或租赁设备的费用或现场管理费用等并不关心，只要工程能够按照合同履行。而在 CPF 合同中，业主关心所有的直接成本，包括现场管理费用，但对承包商关注的间接成本却不关心，业主所关心的是间接费用应包括在酬金之内。因此业主能采用固定总价合同就不应该使用 CPF 合同，如果不能避免，应该寻求采用含有保证最高价格（Guaranteed Maximum Price, GMP）的 CPF 合同，其次采用成本加固定酬金合同（Cost-plus-fixed-fee contract）。成本加百分比酬金合同（Cost-plus-percentage-fee contract）对于业主来说是最困难的，糟糕的是基于标准合同形式的成本加百分比酬金合同还没有修改，以减少业主超额支付的风险，尤其是现场管理费用。CPF 合同应精确定义哪些现场管理费用在多大程度上由业主直接负责。例如关于补偿成本（不是酬金），CPF 合同应规定，现场管理费用包括：

- 下列全职和认可的现场人员的工资及标准福利：1 名现场经理，……。
- 下列现场临时设施直接和认可的租赁费用：一辆办公挂车，尺寸……。

所有可补偿的现场管理费用均应详细列出和描述，而且合同应指出没有列出的任何其他管理费用应被认为包含在酬金中。对于大多数项目某些现场管理费用是共同的，有些仅是具有一定特征的现场需要的（如距离遥远，地点偏僻，规模巨大等）。显然，为满足业主项目和现场一般和特定的需要，CPF 合同应该由熟悉成本的成本估价师、工料测量师或其他专业工程师来起草和编制。CPF 合同与固定总价合同正好相反，参见图 3-2。因此，CPF合同中的业主或其代理人或雇员必须与承包商及其雇员具有一样的成本知识。

关于设备，现场需要什么、多长时间的设备，现场保留设备与先运走需要时再运回相比较的经济性（考虑设备在现场的闲置时间），在CPF合同中业主不得不关心许多这类成本问题，这也可以解释为什么在CPF合同中要求承包商应该公正、诚实并关心成本节约。与此同时，需要业主理解如某个设备在再需要前有时在现场保持闲置是最佳的。

还没有书面的CPF合同能处理影响成本的每个方面和细节，合同中的交易双方应该通过公正和诚实表示真实意图并达成协议。有了对CPF合同中成本的一般了解，我们可以更好地理解双方的职责和义务以及承担的风险。

3.3.3　CPF合同中承包商的职责

1. 承包商的主要职责

与任何合同一样，在CPF合同中，承包商的首要义务是依据合同协议和条款进行施工，其首要权利是得到支付。在对这类合同的考查中，问题在于可能的合同条件和条款存在多样性。存在多样性（排除合同各方的要求）的主要原因是在投标时设计信息数量的变化。鉴于此，我们将首先讨论基于最少设计信息和无最高规定成本的一种简单CPF合同中各方的职责，然后再分析规定最高成本的其他CPF合同。

大多数CPF合同的标准形式在合同协议中都会包含一个要求承包商及现场机构提供现场管理和监督服务的条款。由于承包商在现场的所有工程成本都会获得补偿，这意味着承包商应对其酬金之外的管理和监督工作付出代价。因此成本、酬金的定义和酬金的数量对双方都非常重要。

由于CPF合同条款和条件的变化范围很大，投标人应当仔细阅读。

案例（3-1）：

某大型工程项目采用CPF合同招标，多家投标企业受邀按照成本加百分比酬金的基础投标。在标书提交后、合同授予前，投标人开始了解到各家标书的报价。大多数报价中的酬金都在5%左右，而最低的只有1%。这时其他投标人会暗示最低价投标人犯了某些明显的错误，他应该撤回投标，但该投标人并没有退出投标且最终签下了合同，结果是最低价投标人从该工程中获得了满意的利润。之后，他告诉其他的竞争者，很明显他们没有研究合同的协议和通用条款。合同条款规定承包商会获得包括所有监督、管理、会计核算、草图和详图在内的所有成本的补偿。换句话说，工程的管理工作已全部包括在内，酬金纯粹是利润，而对于数百万美元的项目获得1%的利润已经足够。

经常有这种情况，投标人不去研究招标文件的条款和条件，来充分理解他们希望获得的合同，而想当然地认为"那些要求和往常是一样的"。与此相似，有些设计师也带着同样的想法使用合同的标准形式，而不去充分理解它们，不会针对工程的具体条件和要求对合同文件进行修改或补充，对CPF合同来说这尤其有害。可补偿成本的准确定义对业主和承包商双方都是至关重要的。

案例（3-2）：

在CPF合同中承包商提交的支付申请中包含许多现场管理费用时，比如现场办公室的租赁费（承包商在现场已含有所有设施的办公挂车）、办公用具和日用品费用，设计师应寻求建议。设计师十分反感承包商为小的条目如订书机等索要支付，尤其当承包商向其出具原始的、不可更改的标准合同条文来表明他们这样做是正当的。设计师并没有研究和理解标准文件，所以不知道建设成本的构成条目以及酬金中应该准确地包含哪些费用。

2. 履行合同的诚意和公正

双方达成一致协议对所有合同来说都是根本的，特别就 CPF 合同来说，承包商和设计师全面理解合同文件是非常关键的，即使是最好的文件也不能够充分地表达这类合同所有需要被理解的内容。但若是所选的标准文件没有被彻底地研究、理解并适当修改，结果会更糟。所有合同都要求双方一定程度的诚意和信任，因此我们说合同的精神实质或者合同意图已超出了合同文件文字表达的内容。CPF 合同尤其要求双方保持诚信和信任的态度以及激发信任的本质。正如一个 CPF 合同标准文本描述："在本协议中承包商接受和业主之间建立诚意和信任的相互关系"（AIA Document A111, *Standard Form of Agreement Between Owner and Contractor Where the Basis of Payment Is the Cost of the Work Plus a Fee*, Article 1, §3.1）。但是如果承包商不承认诚意和信任的相互关系，如果承包商缺乏诚意，如果 CPF 合同文件文字表达不严密，承包商常常可以获得好处。即使业主在现场雇佣了全职的代表，也不可能审查和评价承包商要求的每项成本。在相互不信任氛围下项目不可能成功，如果值得采用 CPF 合同，业主也必须对承包商信任和诚实。

3. 承包商经济而高效地工作

在 CPF 合同中，承包商有义务像在固定总价合同中那样尽可能高效而经济地实施工程。然而，由于工程性质以及这类合同的特有条款，承包商不是永远能做到这点。但是坚持合同的精神实质，是合同双方要努力追求的理想。例如非必要的工作人员不应在现场，除非需要设备不要进场，不需要时设备应被移走，或者为正当的设备闲置收取低额的费用。承包商应当以竞争性价格去采购材料，且应将其有能力拿到的交易折扣收益给予业主，但早期支付款项获得的贴现利息是承包商利用自由资金获得的正当回报。作为回报，承包商有权利按合同条款及时得到支付。通常做法是基于承包商的实际支出按月支付款项，并加上一定比例的酬金。就这些而言，承包商的权利基本与固定总价合同相同。事实上，在 AIA 标准形式合同中，这两类合同的通用条款采用的形式是相同的。

4. 承包商的酬金支付

关于 CPF 合同中承包商的酬金，它既可以是工程成本的一定比例，也可以是固定数额的酬金或者这些形式的组合。随着合同总量不同，酬金会变化，可以采用浮动计算法。决定支付酬金的类型是很重要的。因为如果只有少量的设计信息，则 CPF 合同应是"可修改的"，由于不知道工程的范围，承包商无法合理地估计出一个固定数额的酬金，酬金可能就会按成本的一定比例计算。相对的，如果有大量的设计信息，承包商就可以对工程的总成本做出准确的估计。业主和设计师可能期望支付固定总价的酬金，并且在合同中予以规定。我们可以回顾图 3-2 关于风险量度的说明，在成本加固定酬金合同中，业主承担较大程度的风险，而在成本加定比酬金合同中，业主承担的风险达到最大，承包商承担的风险降到最小。有一点很重要，就是设计师要认识到他所准备的合同类型以及由之规定的酬金类型。就固定酬金来说，如果合同已完工程量大量增加，合同中应制定条款来调整酬金，这就自然地引导我们考虑将规定最大成本的条款写进合同协议中，于是 CPF 合同就表现出一些规定最大成本合同的特点,详见3.3.9节中的讨论。

3.3.4 CPF合同中业主的职责

1. 业主的主要职责

业主在CPF合同中的职责和固定总价合同相似:依据合同条款支付工程款;提供信息;通常在最初设计师任职被终止时,任命另外的设计师。和固定总价合同一样,业主大部分的其他职责交给了业主代表,即设计师。

业主在标准CPF合同中的权利通常也和标准固定总价合同相似:如前所述,根据情况暂停施工和终止合同的权利;业主从来都有普通法权利要求合理的完工时间,但在CPF合同中,完工时间的控制权更多地掌握在业主和设计师手中,而不是承包商。不过,如果承包商不能提供足够的劳动力或材料,或者不能高效施工,那么业主可以终止合同,虽然这些因素可能很难在CPF合同中规定和声明,因为和固定总价合同相比,成本补偿合同有更多易变和不确定的因素。

2. 关于工程缺陷的弥补

通常,CPF合同中(和固定总价合同中相同)会有这样的条款:如果承包商有所忽视,或者承包商不履行合同条款,那么业主有权利自己完成工程。CPF合同可能发生的问题是承包商对缺陷工作的修补。标准形式的CPF合同陈述或者暗示承包商将为缺陷的修补承担成本,但是在业主支付缺陷修复费用前,业主和设计师通常无法发现这些缺陷,或者发出修补缺陷指令后,这项费用就很难分离。这时,我们又要回归到这类合同的精神实质,以及CPF合同中十分重要的诚信和信任关系。尽管CPF合同也需要这种关系,业主可能仍然希望雇佣专职现场代表。标准的CPF合同一般(或者应该)要求承包商保持业主或设计师满意的完整系统的所有交易清单和工程成本清单(有些标准形式有不同规定),并且业主(或设计师)有权利查看所有清单,直到工程最终付款后指明的时间。

3.3.5 CPF合同中设计师的责任

1. 设计师的主要责任

代表业主的设计师在CPF合同中的责任和固定总价合同相同:作为业主代理人的义务;作为合同解释者的义务;和作为仲裁者力求使双方履行合同的义务。但在CPF合同中,设计师可能发现他会更多地被卷入现场工作和合同执行工作,不仅是因为设计师在施工过程中需要准备施工图纸和技术说明,而且由于合同弹性较大的特征,业主和承包商会更频繁地向设计师寻求建议。所以CPF合同实践中,业主、设计师通常会指派他们的代表到施工现场,代表应根据工作需要和业主的支付情况经常访问现场。

2. 设计师对工程成本的控制

就CPF合同来说,对设计师在施工技术和工程发包程序方面的知识要求更高,并且要求设计师充分了解工程成本的本质,以便准备文件和施工期间核实支付申请。在文件准备过程中,主要的工作就是对业主要补偿的成本以及由承包商自己担负的费用进行定义,并规定酬金的组成方式(按固定比例或者固定数额及调整性条款的制订)。在核实成本和支付申请时,设计师会发现拥有一位经验丰富的现场代表来核查材料购进清单、施工进度表和其他与成本有关的条目是十分必要的,同样业主也会雇佣一位代表来做这些工作。对于要核查补偿成本的设计师和支付成本补偿的业主，两者都满意并同意按合同条款支付是很重要的。业主可能勉强支付了现场人员发生的费用，但是如果业主认为超出了他应当支付的，那么他一定会为此指责设计师。设计师应当在开始就保证业主能全面理解所有的 CPF 合同条款和条件，以及设计师—业主合同中设计师的管理职责（A designer's duties in a construction contract (to which he is not a party) arise from his obligations in the design contract he has with the owner, and that a designer's right in a construction contract come to him only because he is both the owner's agent and the arbiter between owner and contractor.）。

3.3.6　CPF 合同中分包商的职责

CPF 主合同下的分包合同通常是总价分包合同，原因是在 CPF 合同程序中，业主和设计师可以有替换分包商的直接控制权，如果熟悉条款，业主通常更喜欢固定总价合同，出于相同的原因，业主更喜欢总价分包合同。在 CPF 合同中所有分包合同的数量都是工程成本的一部分（补偿费用），在总包商支付了自己的费用后，补偿费用由业主支付给承包商。因此业主（和设计师）会对分包合同的选择以及数量产生兴趣。

1. 分包商的选择

在 CPF 合同中，总包商常规做法是以竞争性招标方式签订分包合同，但是邀请的分包商名单通常是由承包商、业主和设计师共同决定的，以便所有投标人名单在开始就是双方所认可的。这样做绝对是必要的，因为业主应该有认可的权利，但总包商也有认可的权利，因为他必须和每一个分包商签订分包合同，没有总包商对分包商的完全同意和接受，合同是无法签订的。分包工程由总包商进行招标，并且由总包商选择中标人，但投标书通常是递交到设计师办公室，在那里业主、设计师和总包商一起审查投标书，设计师会选择或推荐分包商，然后设计师会指示总包商接受选择的分包商并相应地签订合同。当总包商有合理理由（根据标准通用条款）反对某个分包商时，可以拒绝和他签订分包合同，避免这种问题的最好措施是寻求总包商对分包投标人名单的早期认可。不过可以预见的是，在认可分包投标人名单后总包商也可能合理拒绝与业主和设计师选择的分包商签订合同，例如，总包商认为分包商的中标价太低，如果接受分包商，那么他不会是一个可靠的分包商。

CPF 合同中关于分包和分包合同的安排是一种可行的方法，同时这也是一个难以平衡的问题。任何分包合同均是总包商和分包商之间的法律关系，不涉及第三方。总包商和业主还有合同关系，然而分包合同却主要是在业主或设计师（代表业主）的指示下签订的。围绕业主与总包商之间的 CPF 主合同以及业主与设计师之间的设计合同所产生的一系列相互影响的合同与非合同关系是很微妙的。

2. 分包商的地位

分包商在 CPF 主合同下的地位和固定总价主合同没有显著差别。例如，从设计师获得分包合同中已完工程付款证书的信息上是相同的。区别在于 CPF 主合同下分包商的处境可能比固定总价主合同更保险一些，在 CPF 合同中，设计师和业主更直接地参与到分包合同的签订中，而且 CPF 合同中设计师在现场的施工管理中扮演更重要的角色。因此在固定总价合同中很多分包商有理由反对的事情，例如总包商要求的逐步再降价（Bid Shopping: the practice of some contracting companies which, having received sub-bids for work, suggest separately to each of the sub-trade bidder with the lowest sub-bids that they reconsider their bids and submit new and lower sub-bids because their original sub-bids were, they say, not quite low enough; something like a Dutch auction conducted covertly)和含糊的费用,在 CPF 合同中发生的可能性会减少。

3.3.7 CPF 合同中供应商的职责

供应商在 CPF 合同中的地位和固定总价合同相比,除了可从业主和设计师参与分包合同签订中受益以外(和分包商类似),没有太大区别。但是 CPF 合同的标准形式没有特别提到供应商。由于 CPF 合同的固有本质,加上施工过程中业主和设计师的即时介入,像分包合同一样,材料供应合同也引起业主和设计师的密切关注。在有些 CPF 合同中,业主直接与某些供应商签订供应合同。例如,业主可能之前和某个供应商有过商业往来;或者业主是在许多地方操作不同项目的总公司,他和同一个供应商签订一系列的标准构件和设备供应合同,这些合同分别为业主的多个项目服务。这类合同中,主要成本可能是供应的标准构件和设备本身,而安装作为次要成本,由业主通过 CPF 合同支付。

3.3.8 CPF 合同的优缺点

概括来说,业主在 CPF 合同中的主要优势是业主可在设计未完成的情况下开始施工,同时承担大部分风险,工程施工可能会在不经济的情况下完成或者根本不能完成。在该类合同中,业主其他的优势是付款的灵活弹性,也可能要付出更高的价格。在 CPF 简单合同中,业主最大的劣势是不知道最终成本有多少,为了减少这种风险,业主应该尝试尽量增加设计信息,使投标者能够提供一个完成工程需要的最大成本。

承包商的优势是承担相对较小的风险,只要酬金是充足的。唯一的劣势就是这种合同的无结果性,它通常减少了激励,有时对其他工程的计划难以开展,因为承包商不能确定 CPF 合同何时结束。在 CPF 合同中,双方当事人最大的劣势可以通过合同对工程最高成本的规定来减轻或消除。

业主在 CPF 合同中的另外一个优势通常是分阶段施工(Phased Construction: that in which the design and the production of work more or less overlap, thus shortening the time of a project),一些施工可以在设计完成前开始,设计和施工阶段可重叠进行。分阶段施工的目标往往是为业主节省时间和金钱,由于提早完工从而降低财务成本,提前实现投资回报。在分阶段施工中,材料供应的及时性可能特别关键,因此在 CPF 合同下设计师和业主要对一部分或全部供应合同的安排负责。

随着建设管理(Construction Management)(作为分阶段施工的一种方法)的出现和在工程设计阶段成本估价技术的发展,令人质疑的是,大部分工程需要或者应该在 CPF 简单合同环境下运行并且业主不可避免地承担成本超支的风险。几乎每个工程,在缺少完整设计信息情况下,都可以提出并应用一些成本限制的方法,其中之一就是保证最高成本加酬金合同。

3.3.9 保证最高成本加酬金合同(Guaranteed Maximum Cost-plus-Fee Contract)

当业主或设计师能提供大量设计信息时,投标人就能够估算工程的最高成本,再加上酬金总额，投标人就可以在保证最高成本加酬金合同（GMCPF）环境下投标并完成工程。

案例（3-3）：

某商业建筑设计和招标文件已完成，并以总价合同形式准备招标。但在邀请招标前，根据未来客户要求，业主告诉设计师工程项目需要做大的变更。然而业主不可能在几周内做出决策，并对工程开工感到焦急（影响短期财务成本）。经过讨论和咨询，业主觉得总价合同中的变更将是昂贵的，于是业主接受了设计师的建议，将总价合同改为 GMCPF 合同，需要做的是修改招标文件中的"协议和通用条款"部分，包括含有最高成本和酬金总额的 CPF 合同标准形式，以及投标书格式。另外在协议中添加了一个条款：即任何工程节省额（完成工程的实际成本小于最高成本）将按照业主获得 75%、承包商获得 25% 的比例分享（通常称为分享条款）。

邀请的投标者收到了按总价合同形式准备的招标文件（图纸和技术说明），但要求他们以含有分享条款的 GMCPF 合同形式代替投标。所有收到的标书非常相近，接受的最低标低于设计师估价的 1%。因此，最高成本和酬金的总数大约低于设计方对工程总价估算值的 1%（Under the AIA Document A111, *Owner-Contractor agreement*, for a CPF contract, the Maximum Costs is defined (in article 5 of the 1974 edition) as including the Contractor's Fee, and the Fee is stipulated in the following article. In the example quoted the Maximum Cost was defined as the maximum cost of the work excluding the Fee, or the maximum total of reimbursable costs. The difference usage is not significant, but obviously the definition in a contract must be clearly made. In the 1978 edition, Cost of the Work is defined in Article 8, and "Such reimbursement shall be in addition to the Contractor's Fee stipulated in Article 6."）。

合同签订后工程开工，工程需要变更，设计师在变更通知（Notice of change: a written notice without real contractual significance issued to a contractor by an owner (usually through his agent) giving notice only of an intention to order a change in the work of a construction contract; intended to initiate the necessary negotiations for the change without making a commitment.）前发出每个变更指令（Change Order: an order issued by owner and agent of the owner according to the terms and conditions of a construction contract to the contractor to make a specific change in the work that may result in a change in the scope of the contractor's work, the contact sum, or the contract time, depending on the change order's purpose and substance.）给承包商，承包商对每个变更估算成本，同时设计师也对其进行估算。通过对比估价、讨论和谈判，设计师和承包商达成了每个变更的数额。按照图纸、技术说明和完成工程需要的其他指令，签发了从合同最高成本扣除或增加双方同意数额的变更指令。在少数情况下，给出的变更通知和估价由于太昂贵而放弃，变更指令也就不签发。在大多数情况下，双方对变更的数额能达成协议，工程变更也能实施。最后竣工工程的总成本低于合同调整的最高成本，承包商分享的节约额也得到了支付。

究其本质，该工程似乎是以总价合同的形式投标的，但用两个总额，即最高成本和酬金，代替了一个总价。按照 CPF 合同管理工程，但每次变更对最高成本的影响均由设计师和承包商评估并达成一致，这样可以调整最高成本，节约的价款可以计算和分享。为了成功地执行本合同，关键的是设计师及其人员能够准确地估算变更成本并与承包商很快地确定。

如果合同规定实际成本超出了合同中确定的最高成本，承包商就要承担所有额外的成本，这对于投标人和承包商都是可以接受的，因为提供的所有设计信息对于相当精确地估算最高成本是可能的，就像总价合同一样。如果设计信息不完整，投标人要承担更大的风险，其报价可能也会更高。

有个问题也许会提出：对于业主来说，签订一个 GMCPF 合同总是绝对比一个没有最高成本的简单 CPF 合同更好吗？绝对的答案不能简单给出。如果设计信息非常少，那么投标人的最高成本将会包括他认为必需的成本和风险费用，如果太高可能使业主不能接受。潜在的节约款额可能会很高，业主可能会放弃含有分享条款的 GMCPF 合同，而冒着一定风险采用简单的 CPF 合同。同样的问题是：对于业主来说，使用固定总价合同是否总是比 GMCPF 合同更好呢？我们可能要针对上述分析过的例子来回答，如果关于合同的问题是相反的，答案要由工程的性质来决定。我们已经讨论了总价合同的优缺点以及适用于标准、简单工程项目的适用性，如果项目没有变更，总价合同可能对业主是比较好的，问题是没有办法绝对地确定是否会有变更，因为每个工程都是有差异的。采用何种合同形式给业主的回答是寻求最好的专业建议，但是这不是结论性的，还会出现其他的问题：什么是最好的建议？它来自于谁？

根据工程、现场和获得的信息，合同协议中的分享条款可以为业主和承包商提供双方同意的节约和损失的任何分享比例。当设计信息基本完成，通常业主分享较大比例的节约额，实际成本超过最高成本的任何损失由承包商全部承担。对于信息较少、风险较大的合同，需要规定能大体反映风险分担的损失分担比例。可以设想合同能提供由双方平等承担节约价款和损失的规定。

根据工程类型、现场条件、投标时所提供的设计信息、风险性质和程度，可以设计适合任何特定工程环境的 GMCPF 合同。理想情况下，这种合同的条款和条件是通过谈判达成的，而不是设计师在招标文件中规定，然后邀请投标人即时投标，因为只以一方规定的条款和条件要达成双方高度一致的协议几乎不可能。

推荐使用 CPF 合同最简单的形式，即没有最高成本和分享条款，仅是一个权宜的考虑，业主在没有其他办法时也可以这样完成工程。但是对于大型复杂工程，含有实际最高成本和反映项目环境的公平分享条款的 GMCPF 合同，通常优于任何其他种类的合同。工程规模不仅仅是选择 GMCPF 合同而不是总价合同的主要标准。一个 200000 平方英尺和耗资几百万美元的仓库建筑可能是采用总价合同理想的工程。相反，工程的复杂性、导致决策灵活性的复杂现场和需要分阶段施工的项目，通常是选择 GMCPF 合同而不是总价合同的正确原因。

获得灵活性和分阶段施工的替代方案可通过主合同和建设项目经理（CM 模式）来安排。在各种合同类型（可能是其他类型合同，但通常是总价合同）和实行总分包施工的 GMCPF 合同之间一开始做出选择并不容易，一个重要标准就是在设计阶段聘用建设项目经理。如果设计团队能够提供精确的投标前成本估算，那么通过 GMCPF 合同设计团队也能为业主提供同样类型的服务。但如果没有这个估算,业主可能会处于不利境地。最后,业主所获得的服务质量是由个人而不是系统整体和合同方案决定的。

图 3-4、图 3-5、图 3-6 显示了固定总价合同、成本加百分比酬金合同以及保证最高成本加固定酬金合同三种合同类型的比较分析。

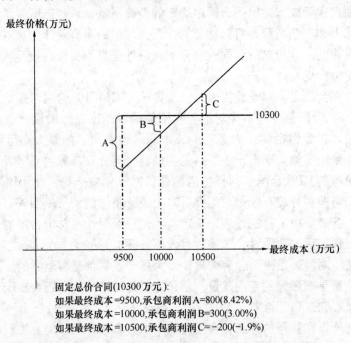

固定总价合同(10300万元):
如果最终成本=9500,承包商利润A=800(8.42%)
如果最终成本=10000,承包商利润B=300(3.00%)
如果最终成本=10500,承包商利润C=-200(-1.9%)

图 3-4 固定总价合同中承包商的最终价格和利润

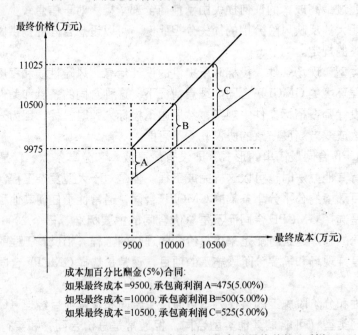

成本加百分比酬金(5%)合同:
如果最终成本=9500,承包商利润A=475(5.00%)
如果最终成本=10000,承包商利润B=500(5.00%)
如果最终成本=10500,承包商利润C=525(5.00%)

图 3-5 成本加百分比酬金合同中承包商的最终价格和利润

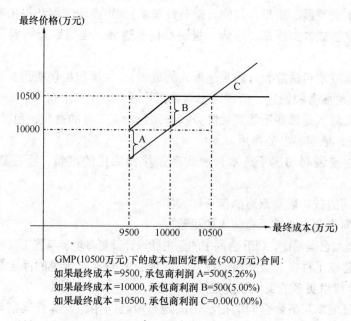

GMP(10500万元)下的成本加固定酬金(500万元)合同：
如果最终成本=9500，承包商利润 A=500(5.26%)
如果最终成本=10000，承包商利润 B=500(5.00%)
如果最终成本=10500，承包商利润 C=0.00(0.00%)

图 3-6　GMP 下成本加固定酬金合同中承包商的最终价格和利润

3.3.10　CPF 合同的标准文件

CPF 合同可变性的广泛衡量标准使编制和出版合适的标准形式比固定总价合同更困难，使用 CPF 合同频率较低可能是它们受到较少关注的另一个原因。然而，AIA 文件的 A111："基于工程成本加酬金付款基础的业主和承包商之间的标准协议"，通常可作为一个优秀的指导文件，只要使用者遵循 AIA 给出的建议并考虑是否需要对标准形式进行修改。这种协议形式是为含有规定最大成本的 CPF 合同编制的，如果需要可以为 CPF 简单合同删减该条款，同时其他条款的修改也是必要的。没有充分理解和必要的修改补充就使用标准合同文件是危险的，这在本节已经论述过。AIA 文件 A111 同样可用于总价合同通用条款的标准形式，而经过修改的 AIA 文件 A201 也可用于 CPF 合同。还有一些 CPF 合同的其他形式在美国和加拿大出版，但是 AIA 文件在形式和内容上都是最好的。

3.3.11　CPF 合同的关键点总结

■ CPF 合同和固定总价合同是合同的基本类型，处于高低风险相反的两端。两种合同类型的变化取决于风险的度量，最重要的是含有反映风险分担的分享条款的最高保证成本加酬金合同。

■ 对于 CPF 合同的业主来讲有两种费用：1）定义的成本（通常是直接费）；2）定义的酬金（通常包含工程间接成本）。成本和酬金的定义是非常关键的。

■ 工程成本包含人工、材料、机械和现场管理成本等直接成本以及企业运营成本和利润等间接成本。

■ 成本估算和核算的基本单位是工程子项。

■ 人工成本是工资、法定薪酬、奖金和差旅费、住宿费、车船费等直接成本。生产效率同样会影响人工成本。

- 材料成本受产量、质量、时间（季节性需求）、地点、信用和折扣等因素影响。
- 机械和设备成本由折旧、维修、投资费用和进场、出场和运行费用决定，还有工作和空闲时间。
- 现场管理成本包括监管（通常是最大的成本）、保险和担保费用、许可费用、安全和保护成本、临时服务和设施、清理、出清存货等成本。
- 企业运营成本是那些不能直接区分和归结到特定工程的费用，包括管理人员费用、房租及办公设备、通信等办公费用。
- 对于业主来说利润属于成本，利润率是投资回报的度量，也是量化利润的更好方法。
- CPF合同的成功需要双方的信任和诚实。
- CPF合同中业主通常承担较大的风险。
- 与其他类型合同相比，CPF合同中的业主和设计师更多地参与到工程和成本管理中。
- 在大型建筑工程中，最高保证成本加酬金合同通常比传统的固定总价合同更受到偏爱，因为它能提供更多的灵活适应性。
- 最高保证成本加酬金合同的招标与固定总价合同相似，其管理则与成本加酬金合同相似，以便能调整最高成本，而最高成本反过来又会影响合同的分享条款。
- CPF合同标准形式在具体工程上的使用需要注意和小心。

3.4 本章小结

本章以美国、英国等国家为背景，主要介绍和分析了固定总价合同、单价合同和成本加酬金合同的概念、特点、优缺点、各参与方职责、标准合同条件选用及关键因素总结等问题，并介绍了合同类型的选择要点。

4 建设工程参与方及其合同安排

建设工程的参与方众多，主要有业主：包括公共工程业主、私人工程业主、业主代表等；专业设计师：包括建筑师（CAD设计师、技术规范编写人员、室内设计师、景观设计师等）、工程师（结构工程师、机械工程师、电气工程师、土木工程师、测量师等）；承包商：包括总承包商、专业承包商、分包商等以及材料和设备供应商等。不同的主体参与不同的合同并承担不同的职责。由于各个国家法律法规等制度不同，在不同国家相同主体的职责也有可能不同，本章主要以美国、英国等国家为背景来分析，请读者注意与我国建设法律法规的不同和区别。

4.1 建设工程中的参与方
(The Parties Involved in Construction Works)

4.1.1 建设工程（Construction Works）

建设工程可以被描述为依据专门的设计，通过熟练工人使用工具和设备，将材料和构件在永久现场的计划集成，并在土地上完成永久成品的工作，其中也包括根据工程的专门设计在现场以外完成的、构成工程实体前的工作 (Construction work may be described as the planned integration of materials and components on a permanent site by means of skilled labor using tools and equipment to produce a permanent fixture to the land, according to a special design, including any fabrication done elsewhere according to the special design of the work prior to its integration into the work at the site)。

为了鉴别和讨论，需要对建设工程进行分类。建筑业是如此的庞大和可变，我们很难描述它的完整性和同类性，但可以依据功能将建设工程进行有用但广义的分类：

- 房屋建设（Building Construction）：各类以庇护和围占为目的的建筑。
- 工程建设（Engineering Construction）：包括水坝、桥梁、公路和服务设施等。
- 工业建设（Industrial Construction）：制造和处理设备。

但是，上述分类过于粗略，没有价值，有时需要依据功能和规模做进一步分类：

- 房屋可分为多层或低层。低层指三层以内的建筑，多层指三层以上的建筑。房屋建设也可以被分为：居住、商业和公共建筑。加拿大国家建筑规范描述得更细，该规范依据用途和占地面积，包含六个主要的建筑类别和许多分类，建筑物最主要的划分为是否超过三层和 $600m^2$（约6500平方英尺）。
- 工程或重型建设（Engineering or Heavy Construction）往往明显不同，因为这些建设工程不提供居所，而是建设道路、桥梁、水坝、隧道、铁路等，而它们中的每个都是一个建设类别。

■ 工业建设包括生产线和设备安装，这也是它根本特性的区别，房屋只是附带的（用来保护生产线和机器），不同于工程建设（但更类似于房屋建设），它通常不包含很多的土方工程。

就像所有的分类一样，这里的分类也不是绝对完整的，它们之间存在着交叉。但无论怎样，这些分类是有用的。建设工程的范围和种类非常广泛，也存在许多不同，很多问题存在争论。比如，低层的住宅建设大多由一年施工少量别墅的承包商和非工会的工人完成。另一方面，大型的商业建筑则需要雇佣工会工人的不同类别的承包商所完成。同时，商业和公共建筑也比住宅建筑包含更多的专业设计工作。但是，所有的建设工程都有两个相同的基本事实：(1) 工程合同，(2) 工程建设所占用的土地，它们表明了建设项目的特性和内涵。

4.1.2 业主（The Owner）

很多人认为使用业主的称号，是因为他们拥有根据合同所建设的建筑，但是更重要的原因是他或她拥有与工程建设相关的土地权利，也包括拥有土地上的建筑物的权利。我们把土地所有权描述成拥有特定的权利，是因为业主不可能拥有土地的全部权利，比如土地下的矿产权或者他只是获得一段时间内在土地上建设的租赁权，而期满后他必须将土地及其上的附属设施归还给原来的业主或者继承人。

在大多数英语通用国家，建设合同中的业主又被称为雇主（Employer），这样的称呼可以使我们从另一个角度来看待他们，即作为完成建设工程的承包商的雇主。业主可以分为个人、公司和政府三类。个人业主是一个人；公司业主是企业或公司；政府作为业主可以是国家、州政府，或者事实上就是全体公民。除了个人住宅，大多数的建设工程是为公司或者政府业主完成的，这也是在大多数工程合同中，除了技术知识需要外，由一个代理人，比如设计师（Designer）或项目经理（Project Manager），代表业主工作的一个理由。对承包商来说，在获得一个微小工程决策前等待广泛的会议是不现实的，大多数业主都缺乏必要的技术知识。

业主是工程合同的第一方，也是工程合同协议命名的第一方（The First Party），他与承担工程施工的另一方（The Second Party），即承包商签订合同。业主的首要义务是依据合同条款支付给承包商工程款。

根据书面合同的通用条款，业主可以通过设计师进行工程变更，他也可以在包括承包商过失在内的特定条件下终止合同。如果没有要求承包商购买保险，业主可能会根据合同要求为工程和相关的第三方责任购买保险。在有些合同中，业主会任命一名代表，代理他处理设计和施工事务。这里指的并不是也作为业主代理的设计师，而是一个人，一个项目经理，他代表业主，因为业主是公司或者政府部门。即使个人业主也会任命和授权一名代表来替他行使职权。在许多建设工程中，项目经理、合同经理（The Contract Manager）或其他类似称谓的人作为业主的代表是很常见的。设计师也可能有一个或者多个代表，而承包商则一定是由一名监工（Superintendent）所代表。业主、设计师和承包商通常是合作伙伴，每一方都由一个个人代表着实际目的。在法律上，这些人是公司的代理或者雇员，很明显，每个人了解他人的功能和授权范围是很重要的，因为他们的授权往往是有限的。以业主代表为例，他可能被授权做出主要决策和在接受设计师支付证书后向承包商支付工程款，或者也可能被授权在一些小事上做出决定。这样的授权必须在工程合同中明确规定。业主、设计师和承包商之间的传统合同关系参见图4-1（注意与我国建筑法的规定有区别）。

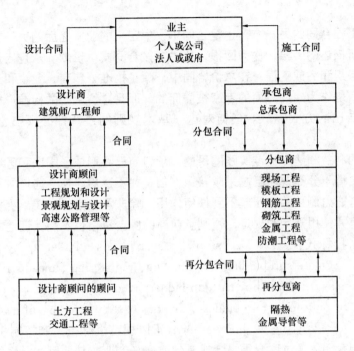

图 4-1 美国等国家的传统合同安排

4.1.3 承包商（The Contractor）

承包商得名是因为他签订合同是以完成工作获得报酬为目的的，有时他也被称为总承包商（The General Contractor, The Primary Contractor）。早在19世纪时，整个建筑工程由一个承包商完成，他再雇佣许多种类的分包商。在此之前，通常的实践是业主雇佣工匠或者手艺人完成他们的专业工作，而且是以计件单价为基础的。如今的总承包商往往不亲自承担主要工程。事实上，过去几十年的趋势是更加专业化。因此，总承包商只是亲自完成特定的有限工作，而更多的工作由与总承包商签订分包合同的分包商完成，所有的工程由总承包商对业主负责，如图4-1所示。在这种形式下，总承包商的主要责任是组织、协调、监督整个工作，包括他亲自完成的工作和分包商完成的工作。通常总承包商会亲自完成基础工程和结构工程，但有时也会少一些。在有些合同中，总承包商就是完成所有工程的分包商的唯一经纪人和经理，总承包商不雇佣任何工人。有些业主，特别是政府业主，对此十分反对。在有些地方，法律明确规定，总承包商必须亲自完成建设工程的最少的部分工程，这保证承包商在工程中承担的财务义务或公平性。因此，出色的表现和成功的产品会带来更多的责任和利润。另外，业主也可以雇佣一个建设经理（Construction Manager）来管理项目，在这种情况下，就没有总承包商。参见4.1.8中的详细描述。

总承包商这一称呼已被使用了一个多世纪，但它一直在变化，今天几乎已经没有原来意义上的总承包商。如今大多数总承包商仅雇佣一些分包商，比如钢筋工、木工、劳务以及专做土方和混凝土工程的工种，并事实上成为管理分包商的专业承包商。其他的总承包商已不再雇佣任何工人并成为上文所提到的经纪人，或者自己成为建设经理（Construction Manager），不仅是监督和管理专业承包商，而且在设计阶段辅助设计师。

承包商是工程合同的另一方，也是合同协议中定义的业主之后的另一方。承包商同意完成合同文件所描述的工程，作为回报，业主会按合同支付价款。承包商通常可以以他选择的任一方案组织和完成工程，在总价合同中，除了批准分包商，业主和设计师不能干涉承包商。承包商是作为建设方面的专家被雇佣的，而且总价合同的标准形式也确认工程必须由承包商用自己的方式完成。任何对这一基本规则的违背都必须在合同文件中明确说明。

为了相互的利益和建立标准实践的目的，承包商已经形成了国家和区域的协会。承包商的建筑执照变得十分需要而且越来越普遍，但是并不通用。在一些地方承包商因形象不佳而头疼，没有能力测试的执照起不到任何作用。除非承包商协会要求更多的会费或者在需要的时候拥有并使用开除的规定，否则承包商的协会资格也不能保证他的能力。一些承包商协会创造了投标代存（Bid Depository: a system, usually set up by a contractor's organization, to regulate sub-bidding by receiving, registering, and distributing sub-bids to general bidders as designated by the sub-bidders who may say whether their sub-bid are available to all, or only to certain bidders, or not; usually, the use of a bid depository is authorized or required by the bidding authority）以规范投标行为和控制投标中的违法行为。承包商的国家团体通过联合委员会或其他方式与专业或其他团体合作，制定合同和计量方法的标准形式，以及建筑业中其他标准。至少在一个方面，承包商已经组织一个代表团与行业工会谈判，以避免大量琐碎的会谈，因为承包商的分裂性一般有利于行业工会。但是工会的重要程度在近几十年内已经逐渐减少。

一些承包商的高级职员是专业协会的会员，他们认为自己是专业承包商，建筑业需要更多的专业人士，传统的合同方法和安排正在被取代。但是，一个真正的专业团体必须要经过严格的公正性测试和认证，而且必须要有执行准则和开除过失会员的权力。此外，一个真正的专业团体要保证实践中应用的知识通过教育过程，至少是部分依靠团体的教师、资金支持和开展的研发项目，能够连续扩展和传播。

4.1.4 分包商（The Subcontractor）

分包商因为在传统合同安排中为总承包商工作，并接受总承包商的领导而得名，参见图4-1。我们会看到在不同的合同安排中，分包商可能是具有自身权利的一个专业承包商（A Specialist Trade Contractor）。分包商总是需要雇佣一到两家不同工种工匠的专业公司，比如：一个砌筑分包商会雇佣瓦工和瓦工助手；机械分包商会雇佣水管工和连接工等。在过去和现在的一些情况下，砌筑工程是由总承包商完成的，特别在砌筑是工程普遍类型的地方。另一方面，设备工程，比如供水和供热系统安装，因为较高的专业程度和在公众健康和安全利益方面工人资质的要求，通常由专业公司来完成。因此，和其他行业一样，建筑业的生产专业化也是追求效率的结果，这种专业化趋势还在继续，并且在近几十年内产生了一批新的专业公司，比如地基加固、排水、打桩、混凝土浇筑、模板、钢筋、养护、防漏、特殊屋面以及新型的装饰和保护。没有一个总承包商可以拥有所有必需的技工、工长和管理人员以及完成所有工程所需要的特殊设备，而且随着新材料和新方法的运用，新的专业人员要学会使用它们。

专业化产生了分包商，但是持续发展的专业化产生了另一种水平上的分包商，即分包商的分包商，称为再分包商（The Sub-subcontractor: one who does trade work in a contract subsidiary to a subcontract; one defined in a subcontract as a subcontractor to the contracting party of a subcontract.），甚至是再分包商的分包商（The Sub-sub-subcontractor）。比如，设备服务分包商提供管道安装、排水、燃气供暖、空调安装等服务，而且可能雇佣另外的专业公司安装金属薄壁管道，甚至再雇佣一家专门从事设备比如锅炉和供热管道隔热安装的公司。如果设备服务公司是分包商的位置，那么它所雇佣的公司就是再分包商，如果这些公司再雇佣另外的公司，比如油漆公司，那么油漆公司就是再分包商的分包商。

从图 4-1 中可以看出分包商和业主之间没有合同关系（同样也包括再分包商），因此，设计师总是需要通过总承包商来处理与分包商有关的问题，同样总承包商也必须通过合适的分包商来处理涉及再分包商的问题。遵循同样的次序，分包合同文件必须与主合同文件一致，再分包合同文件必须与分包合同文件一致。换句话说，如果承包商同意主合同中的一项特殊条款，比如，所有进入工地的工人必须佩带蓝色的安全帽，那么他就必须确保所有的分包合同都包含同样的条款，而且要确保它的执行，而分包商必须确保再分包商的执行等。

这个层次系统显示了总合同和分包合同职责链条之间的逻辑和直接关系，但是这需要在实践中对合同细节的关注，而这不总是能做到。如果总承包商没有注意到主合同中的一个条款而且没有把它包含在分包合同中，这样的结果会是什么？他可能会去说服设计师或者业主：蓝色的安全帽对工人来说是不合适的，而且是可以被忽略的。但是，如果业主坚持该项合同条款，那么总承包商就要试图说服分包商去执行，而他将面对一次艰难的谈判。如果这个条款在分包合同中没有明确的规定，总承包商就没有任何合法的手段迫使他们执行，所以他将处于一个艰难的境地，而依赖他与分包商之间的关系解决问题。但是，在实践中，分包商在现场总是有许多事情依赖于总承包商，而且总承包商总是处于一个更为有利的位置，尽管不受合同约束。

对分包商的合同定义通常是非常重要的，许多的法庭案例就是由这种定义，或者缺乏定义所导致的。因此，最好在合同中对分包商有专门的定义而且能够被充分理解。

4.1.5 供应商（The Supplier）

供应商的标题初看似乎是清晰明了，意思也显而易见，但是，供应商和分包商的合同区别有时不是很清晰，而且原因是很有趣和有意义的。

至少在一种工程合同的标准形式中明确了分包商和供应商之间的区别。分包商是指与总包商有直接的合同关系，在现场负责完成一部分工程的承包商，而供应商是指为专门设计提供材料和设备的供应者（AIA Document A201, General Conditions of the Contract for Construction, §5.1.1）。另一种标准形式将供应商包含在分包商的定义中（Canadian Standard Construction Documents, CCDC 12 (Architects) and CCDC 2 (Engineers),

§1.3, Both now replaced by Standard Construction Documents CCDC 2, 1994, which refers to neither "Architect" nor "Engineer" but to the "Consultant", and defines "supplier" as one who supplies products not worked to a special design.)。问题是：什么时候产品的供应者不是供应商而是分包商？而答案将会在专用条款关于分包商的定义中找到。更为重要的问题是：什么时候产品的供应者必须是分包商。

在过去，习惯上所有的建设工作都在现场实际完成，包括地面打磨、橱柜、楼梯、甚至还有门窗。随着机械化程度的提高，打磨工作更多地在预制商店或者工厂，而不是现场完成。但是，只要工程是"专门设计"的，无论是在现场还是别的地方完成，完成工程整体中这些工作的人的关系是相同的。为什么完成主合同一部分而且与总包商有合同关系的打磨公司却不认为是分包商呢？是因为他在工地以外的地方完成了大多数甚至所有的打磨工作而安装仍是由总承包商完成？一旦某物是为了"专门设计"而生产，那么生产者就要在项目中进行投入。打磨公司在建设工程上投资，一旦开始实施"专门设计"的施工，就会产生工程的利益和权益（权利或要求）。

供应商在项目中的利益和权益处于比分包商更低的水平，尤其当供应商提供的产品不是为了"专门设计"的施工，因为这些产品在安装前更容易转变为其他用途，"专门设计"的产品对生产者来说价值是很低的，除非用于为特殊设计服务的工程。事实上，供应商之间的商业交易与分包合同关系是由不同的法律所管辖的。但是，为了"完成专门设计"的材料供应也是一种一般的商业交易吗？

供应商和承包商的区别与供应商供应原材料相比已经变得更为重要，而且随着施工方法改变以及更多的工作在现场以外的商店和工厂完成，这种重要性日趋增加。的确，在现场没有工人的公司没有涉及有关主合同的要求和条件，比如在现场戴蓝色安全帽。但是，为"专门设计"供应产品、却在工地上没有工作的这些供应商的利益和分包商本质上是一致的，原因在于他们完成工程的特殊性和在工程上的投入及其产生的项目上的利益。

不管怎样准确定义，在业主与总包商标准合同中，供应商都不可能像分包商一样得到明确的承认。在大多数的主合同中，分包商都是得到明确承认的，分包合同或多或少是由主合同形成的，而且分包商的许多权利和义务都是由主合同最初建立的。但在AIA-A201 (1987) 第13版中提供了供应商对延期付款的保护。供应商和其他顾客之间的合同关系参见图4-1。

供应商在建筑业中的重要性已经得到了明显的提升，而且随着施工过程从现场的原材料加工向大规模的建筑构件安装转变，这种重要性还会继续增加，因此工程合同的条件和定义也必须适应这种现实。变化是持续进行的，却不易被察觉，有一天当我们发现完全的变革意外降临时，必需调整以适应新环境。我们已经看到供应商提供的信用对总包商和需要工程融资的分包商越来越关键，供应商的信用在很大程度上支持分包商完成工程和购买供应商的产品。很多供应商比他们的顾客（承包商和分包商）拥有更充足的资金储备，因为供应商往往是作为大型工业联合体的制造商的顾客或辅助企业，供应商可以从他们那里获得信用支持。资金是工程建设和项目发展的最关键要素之一，而供应商和制造商是许多建设项目融资的重要来源和渠道。

4.1.6 设计师（The Designer）

设计师（或设计商）的称呼更多的是用来说明一项功能而不是一个人或一个专业，因为根据需要设计和建设的工程的特性，设计师可能是几个专业中的一个。在大多数大型工程项目中，设计师是一个建筑师或者一个专业工程师。如果是建筑工程，设计师往往是建筑师。如果是其他类型的工程，设计师一般是专业工程师。无论哪种情况，设计师都会依据工程的需要和特性雇佣一名或多名其他专业的顾问来协助他。设计师顾问的工作将在后面讨论。

设计师是业主的代理人，他受业主聘请或雇佣去设计工程、编制工程合同、依据合同检查工程履行情况，这些主要概括了设计师为业主的工作范围，但是对他的业主或顾主，设计师服务的可能性和范围变化是多种多样的。"聘请"一名专业人士实际是指提前支付初始费用作为预约金，以保证在需要时可以及时获得他的服务，但是这样的做法现在已经越来越少。

设计师雇佣费的计算有多种方法，可根据设计和建造工程的种类、业主要求的设计合同类型和设计师提供的具体服务来选择。常用的设计酬金种类如下：

- 工程成本的百分比：设计酬金的数量可根据业主接受的最低投标价、合同金额或者完成工程的实际成本来计算；如果没有招标则根据工程估算成本确定。
- 固定酬金：数量通过谈判确定，通常有时间限制以保护设计师。
- 固定酬金加费用：数量通过谈判确定，通常有时间限制，费用部分则是满足开始阶段业主无法确定准确服务的弹性要求。
- 复合直接成本：双方同意和明确的首席设计师和雇员的小时费率乘以一个同意和计算的管理费和利润的系数，同时也包括一些明确的额外补助的费用。

这些是最普遍的设计酬金，这些费用的任何变化都是有可能的，但是最低设计酬金以下的服务是被专业团体所禁止的。这是一个复杂且充满争议的话题，包含着我们所不愿承担风险的"职业道德规范"。按工程成本百分比计算设计酬金的方式是最普遍的，但许多设计师并不认为这是一个合理的计算基础，因为工程成本和设计酬金数量之间没有必然的联系。业主通常非常关注工程成本，而且工程成本主要是由设计决定的。换句话说，在一定范围内设计师可以影响工程的最终成本。在房屋建设工程中，这种范围是广泛的，如果业主想要一个经济的房屋建筑而且设计酬金是基于该房屋工程成本，那么设计师就会不可避免地处于两难的境地。期望设计师努力工作以降低其设计酬金是不合理的，因为这需要设计师更多的技能、时间和努力去设计一个更加经济、满足业主需要的房屋建筑，而设计师做了更多的工作却得到更少的报酬。

设计师的服务可以分为五个连续的阶段，但可能不要求他们提供全部这些服务。在有些项目中，一些阶段可能需要合并得到加强。这五个阶段如下：

- 概要设计阶段（Schematic Design Phase）：向业主提供设计研究，通常是初步设计图纸，说明大纲和拟建项目描述。同时提供一份大概的工程成本说明。
- 详细设计阶段（Design Development Phase）：向业主提供更加详细和详尽的设计图和说明大纲；表示出项目的规模和特征以及结构构件、供水管道、供热、供电等安排以及业主需要的服务设施。同时提供第二份根据以上设计的工程成本估算。

■ 建设文件阶段（Construction Documents Phase）：向业主提供建设文件以获得批准，并帮助业主按法律要求在对项目有管辖要求的有关机构进行文件登记并存档。

■ 招标或谈判阶段（Bidding or Negotiation Phase）：帮助业主获得合适的工程合同；大多数工程文件将会成为合同文件，并且依据所需要的合同类型，在工程施工中使用这些文件。

■ 建设阶段（Construction Phase）：为业主提供工程日常管理（由承包商及其团队依据工程合同具体施工），由设计师提供专门服务，包括根据工程合同条件对工程定期检查、作为业主代理人和合同文件的解释者。

这是在传统工程合同安排中，设计师为业主服务阶段的概要描述，但并不全面。建议读者去阅读由专业设计团体出版的业主与设计师（或建筑师、工程师）协议标准形式，以全面了解哪些是设计师向业主提供的基本服务，哪些是附加服务。

概要设计可能是业主最难评价的阶段，因为业主看到的成果十分微小，但是事实证明它对业主是最有价值的。由于设计师概念解决设计问题的初步设计图纸也许没有完成，也不完整，可能会忽视设计师已经构想出好的解决方案的事实。有些设计师准备了色彩鲜艳的效果图，或者制作建筑模型使业主有更直观的印象，虽然很少有人有足够的知识完全理解它们。效果图、模型和其他艺术工作如果能使业主更好地理解设计方案，那它们是有用的，如果它们被误解，效果反而会适得其反。但是设计方案的好坏很难定义和判断。

许多业主很自然地关心工程成本，而且在大多数项目中，造价也是最重要的，或许是因为项目发展具有商业风险、投资费用受项目经济可行性的限制（如果投资过多，回报会不足），或者仅仅是因为业主的资金有限。当然总是存在限制的，即使是设计宫殿，而设计师的初始问题就是去发现这个限制。业主毫无疑问会问：造价是多少？要想回答这个问题，在设计阶段必须要多方案成本估算。拟建工程的成本估算通常在三个设计阶段是必须的：①概要设计；②详细设计；③招标文件阶段，而且需要更频繁的估算。估算的质量与基础信息的质量是一致的，但在设计阶段控制成本需要技术和程序，如果没有雇佣相关人员，业主超支的风险相当大。一些设计师用自己的员工在设计阶段控制拟建工程成本，有些则聘请顾问。成本控制在快速通货膨胀阶段尤其困难。

在传统合同安排中，由设计师自己完成的工程项目越来越少，日益增加的项目设计由公司、政府业主所永久雇佣的设计师以及由承包商完成。业主与其代理人，包括项目经理、建设经理、工料测量师、造价工程师等共同开始实施工程项目，还有提供不同类型项目需要的特殊技能和服务的人员。承包商正在改变功能，变成了建设经理或者设计—施工承包商。过去各角色清晰的功能正在模糊，业主、设计师、顾问和承包商正在进行功能转换和组合，以降低成本和提高生产效率。

无论工程和团队怎样组合设计和施工，设计总是最初的行为，并最好由设计师个人完成，而设计师通常无法以团队的形式工作。为了创造满足业主需要的设计，全面理解现场问题和设计方案，通常只有一个人能创造这些方案。一个单独的设计师对好的设计方案非常重要，无论他的地位和关系，应该允许他创造和捍卫他的设计，不被其他人错误的经济或实践因素所干扰，这经常需要坚定的信念。独立的设计师和业主之间的关系是业主和设计师设计合同的一种。合同关系对双方均有约束力，直到他们已经全部履行合同义务或者通过其他途径解除合同。合同关系也描述了双方同意、接受和应履行的专有约束义务。参照《业主与建筑师协议》或《业主与工程师协议》形成的业主与设计师合同协议也是一样。

但在图 4-1 所示的传统设计和施工安排中，设计师和承包商是怎样的关系？他们之间没有合同关系，也不存在像业主与设计师、业主与承包商之间的合同关系。设计师与承包商之间存在关系是因为业主与他们都有合同关系。在已经公布的工程合同标准形式中，我们发现：作为施工合同一方的业主，却没有怎么被提及，而不是施工合同主体的设计师，却在合同协议和通用条件中被频繁地提及。为什么是这样呢？出于公平利益考虑，这些合同标准形式意图削弱业主对工程的决定权和执行权。这些工程合同的标准形式在英语通用国家被广泛应用，并在几个世纪的设计、施工实践中得到完善，发展成为设计团体和承包商及分包商代表团体之间的协定。现在我们需要关注的是设计师和承包商之间的非合同关系。

在我们所研究的不同类型的工程合同中，可以发现相对于业主和承包商，设计师总是在相同的位置上，除了设计—施工合同。在所有的其他工程合同安排中，业主和设计师之间的关系是基于设计合同，业主和承包商之间的关系是基于施工合同。但在图 4-1 传统合同安排中，设计师和承包商间不存在合同关系，建筑师在与业主的设计合同中，以及与设计或成本顾问的合同中均负有义务，但在业主与承包商之间的合同中没有义务、只有职责。

在专业机构公布的不同类型工程合同中，设计师（建筑师或工程师）被定义成业主的代理和代表。此外，作为业主代理，设计师往往具有另一种职能：在以前的 AIA 文件 A201：合同通用条件（1976）中这样描述："……负责对合同文件做出解释，同时对业主和承包商的履行行为做出评判"。1987 年版的 A201 中这样描述："建筑师负责解释和决定与履行有关的事务……在业主或承包商提出书面要求时"。对这个问题上，1997 年版与 1987 年版基本一致。在另一个标准形式 CCDC 12（1974）中规定："建筑师在合同下将有权强迫双方忠实地履行"。它的后续版 CCDC 2（1994）中规定："建筑师或者工程师首先可以解释合同文件，而且可以基于双方表现做出判断……并与合同意图一致"。你会发现新版本其实对权利是一种削弱。在标准合同（AIA，CCDC）中可以看出，在各方和他们的职责之间，建筑师的职权在近 20 年内得到了减少。这可能是从法律上加强业主的设计师（建筑师、工程师）作为解释者的结果。虽然，在标准合同中建筑师不再是"评判者"或者"执行者"，但他仍然需要公正地决策及解释合同。

在大多数工业化国家中，政府是建筑业最大的客户。政府通常使用自己的雇员作为设计师和项目经理，而建设经理往往是负责管理工程合同的（而不是设计师），设计师作为仲裁人的地位也不如从前重要了，未来产业发展及所导致的"重构"会进一步削弱其地位。

建筑师从建设业务中分离出来已经持续半个多世纪，建筑师作为独立的顾问可以使业主获得不受商业利益干扰的设计，因此这种分离是有价值的，虽然设计酬金按工程成本一定百分比取费的做法有时会受到质疑。无论设计师是谁，合同安排如何（如设计—施工模式），设计就是设计，对设计的评价总是有疑问的。

独立设计师负责准备招标文件,包括图纸、技术说明、合同协议和条件以及投标者须知等。合同签订后,设计师经常被雇佣负责合同管理,包括:

- 检查工作是否符合合同要求。
- 在业主与承包商之间扮演对话者和仲裁者角色。
- 评估承包商提交的工程价值表和付款申请,证明业主应支付给承包商的款额。
- 获取并批准承包商提交的施工图纸。
- 签发变更指令、指示、命令等。
- 决定和证明工程基本竣工和最终竣工日期。

4.1.7 设计顾问(The Designer's Consultants)

设计顾问是指按照业主对建设工程的要求,被雇佣为设计师(The term designer refer not only to an individual but also to a firm or corporation of designers. The same applies to the term designer's consultants. These terms, therefore, include the firms and corporations and the individuals employed by them.)提供专门服务并作为设计团队成员的设计和施工专家,参见图4-1。

如果拟建房屋建筑或其他土木工程相对简单,那么设计者可以依据其知识和技能完成设计工作而不需要任何帮助。但是如果拟建工程复杂,设计师就需要助手。在过去,许多房屋建筑全部由一个设计师完成,而且我们已经发现优秀的设计理念通常来自个人的思想。但是,把设计思想变成施工图纸、技术说明和合同就不可能由设计师独自完成,因为需要的专业知识范围太广,或是由于专业化及效率问题。因此在工程、规划设计和管理等许多领域都需要顾问,参见表4-1。

设计顾问的专业领域 表4-1

工程	规划和设计	管理
土方工程	宾馆和复合商业建筑	融资
结构工程	饭店和厨房	可行性研究
机械服务	教育设施	价值分析
电气服务	医疗设施	成本和经济
音响	工业和制造设备业	进度计划
民用和军事工程	交通和停车场	成本收益分析等
公路和桥梁等	景观和公园	
	舞台和体育场	
	展览馆	
	城市规划等	

表4-1列出了主设计师(Primary Designer)所需要的主要顾问,但并没有列出其他顾问,如工业和矿山工程师,因为他们自己经常以主设计师的身份工作。主设计师聘请顾问的数量和种类是由业主和现场需要的工程和设计师自身专业的性质所决定的。如果需要设计的工程是综合建筑,那么主设计师(或业主代理)会是建筑师,加上一些工程顾问和其他顾问。如果需要设计的是大型停车场,那么主设计师会是结构工程师,再聘请几个顾问,包括设计立面和装饰的建筑师。通常一个设计团队的领导是其专业适合工程主要部分

的设计师，其他设计团队成员将依据设计工程的需要和业主的认可来选取。顾问费通常通过设计师支付。设计工作的准确范围、付款金额和付款方法必须在业主和设计师协议中明确规定。

工料测量方法在英国和其他英语通用国家是很普遍的。工料测量师（Quantity Surveyor）一般在设计师任命后就被业主或者设计师所任命，在项目全过程中，与设计师紧密合作，就像另一个业主代理。在北美情况类似，建设经理任命后就任命工料测量师。在上述两种情况下，业主与两个代理人都有合同关系。因此工料测量师和建设经理均不是设计师顾问，他们的作用将在以后讨论。

如果拟建工程需要，被聘为设计顾问的任何专家可以由业主直接雇佣作为顾问和代理，这主要是由设计工程的类型所决定的。根据专业特点，某些方向的专家常被雇为设计顾问，比如，厨房设计专家可作为建筑师的顾问，如果业主正在开展商业厨房的革新，那他可能雇佣厨房专家作为其主要顾问和代表。

设计师和顾问之间的合同与总承包商和分包商之间的合同是类似的。分包合同在一定程度上必须包含主合同的意图和条件，分包合同的履行构成了主合同履行的一部分。因此，业主与设计师之间的主合同一般可以作为设计师和设计顾问之间合同的内容。设计师和其顾问之间的合同和专业关系，以及提供综合设计服务的联合体各设计师之间的合同和专业关系可以参考AIA发布的文件，同时AIA也发布了一些建筑师、工程师和其他顾问之间的设计合同标准形式。

4.1.8 建设经理（The Construction Manager）

与已经讨论过的主体相比，建设经理是一个相对较新、还需要准确定义的概念。其他类似含义和不准确的名称包括：合同经理（Contract Manager）和项目经理（Project Manager）。有些人不加区别地使用这些称呼，但准确地说，他们各自的含义还是有区别的。

项目经理（Project Manager）最适用于在项目全过程中作为专门代表业主的人（一个项目包含设计和施工两个过程）。项目经理是业主的主要代理人，通常在所有其他人员任命之前任命，所以项目经理通常任命设计师及其他代理，而且他经常代表业主处理项目事务。

合同经理（Contract Manager），顾名思义，是为业主（或承包商）管理一项或者多项工程合同，虽然该名称有时和建设经理互换使用，但我们现在对此加以区别，将在设计师任命后被委任的、仅为业主管理工程合同的人称为合同经理。通常合同经理不参与设计过程而且权力也比建设经理小（The term contract manager is not common in North America, and it carries a certain ambiguity. Sometimes, it identifies an employee of a contracting company. AIA Document A201 refers to the Architect's Administration of the Contract.）。

建设经理（Construction Manager）是指在工程施工、施工管理和工程经济方面拥有专长的个人或公司，他们受雇于业主作为业主的代理，与业主的其他代理人、设计师在工程设计和施工过程中共同工作。建设经理的主要功能是为业主管理工程，也就是以前所谓总包商履行的管理功能。但是，一个称职的建设经理能够而且通常会在设计阶段提供建议，正因为这样的原因，他应当与设计师同时委任或者在此之前。此外，他还应该完成下列现场施工管理工作：

- 依据设计师的概要设计（Schematic Design）、设计中途阶段的详细设计（Design Development）、设计最后阶段的施工图和技术说明，对工程成本进行估算，从而保证工程可以在业主的预算内完成。
- 在施工技术、价值工程以及工程经济等方面向设计师和其顾问提供建议，尤其在设计阶段。显然，建设经理的主要工作是设计阶段后的工程管理，但他在设计阶段的服务也是极为有用的。

建设经理和设计师经常都被业主雇佣并在整个项目阶段工作，但由于个人不同的知识和技能，每个人都有一个主要的角色而在其他方面扮演辅助角色。因此，设计师在设计阶段得到建设经理的支持，而建设经理在施工阶段得到设计师的支持。设计师在施工中也会提供一些常规服务，包括提供设计详图、解释文件以及按照有关工程合同检查工程进展情况。

建设经理的许多职责与传统工程合同中的总承包商是一致的，他负责组织和协调专业分包商的工作。但在建设经理模式下，每个专业承包商都与业主签订了相应的工程合同，参见图4-2，图中的合同关系用双向箭头表示。而建设经理与专业承包商之间不存在任何合同关系。过去由总包商完成的工程（通常是土方和结构工程），现在由专业承包商完成，所有其他部分也是一样。

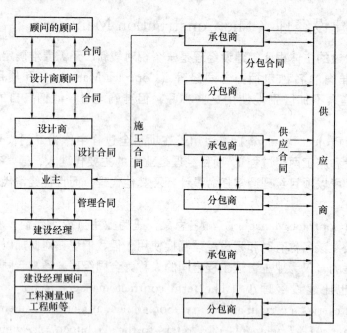

图 4-2 CM 模式的合同安排

许多总承包商公司全部或者部分地转向了建设管理（Construction Management），并称他们具有最好的资格扮演此种角色，但也有另外一种声音，就是许多承包商逐渐增多的劣质管理，设计师有时也发现承包商的监工对专业分包商完成的工作知道很少，所以对分包商的组织和监管十分糟糕，也许造成一些承包商劣质管理的主要原因是缺少训练有素的监工（Superintendent）和总工长（General Foreman）。随着建设工程的日益复杂，需要越来越多的专业承包公司，也需要具有更多知识和技能的监管人员和经理。一个优秀的工长并不总是一个优秀的监工。行业技能和管理技能是不同的，两者都要训练。因此，一个总包商并不一定是优秀的建设经理。

建设工程采用建设经理模式日益增加的其他原因有：

- 有些设计师在设计阶段没有工程成本估算和控制能力，导致许多项目投标价格高于业主的预算。
- 有些设计师及其顾问缺乏实际施工经验，出现不可行的、成本过高的设计详图；有缺陷的合同文件；过多的设计变更；以及现场的误解和纠纷。
- 出现不可变的传统总价合同和一个领导许多分包商的总包商。
- 传统的设计—招标—施工流程，延长了项目工期，增加了财务成本。

采用建设经理模式的一个积极原因是，它允许工程分段进行和完成，用一系列单独的合同代替一次性的一个合同。

许多施工管理公司现在或曾经是总承包公司，有些是完全从承包业务分离出来，还有一些是施工管理和承包业务两者都做。有些公司使用相同的人员和设施做两项工作，有些成立了新的公司从事施工管理，因为施工管理与工程承包有着不同的风险和回报。此外，包括工程师、建筑师、工料测量师、施工监工在内的许多人都进入了施工管理领域，但事实上他们很少有人拥有建设经理所需要的足够的经验和技能。通常只有工料测量师和成本工程师具有工程估价的能力，只有施工监工取得了现场管理的经验。从事施工管理的最佳人选是受过工料测量师训练的、具有监工的现场经验、加上商务管理训练和经验的那些人。具备上述条件的往往不是个人而是一家公司，因为设计师、承包商、建设经理所需要的服务范围广、种类多，只有公司才能够提供。施工管理公司需要拥有众多知识、技能和经验的关键人物，事实上，这才是施工管理公司的本质——出售知识和经验。

建设经理和设计师一样是收取酬金的，而且两者使用同样的方法计费，但通常的做法是要求施工管理公司提交有竞争力的管理酬金投标，与建设工程投标相似。根据专业团体的规定，设计师往往不允许参加设计工作的投标，而建设经理还没有这样的限制。除了形成的习惯外，这似乎没有理由，他们都是提供个人技能、知识和经验的公司，可能是通过竞争招标选择设计师比建设经理更困难。

在传统合同安排中，缺少管理技能在一定程度上削弱了总包商的地位，而在设计阶段缺少成本控制的技能也使设计师无法成为设计和建造团队的领导者。不可否认，有些承包公司可以胜任施工管理，有些设计师也可以完成成本控制。但建筑业中往往是大公司少、小公司多，而且糟糕的管理公司淘汰率也很高。但建筑业对所谓的总包商仍然有需求，特别是小型的房屋建筑和大型的土木工程项目；仍然需要专业公司完成过去由总包商完成的土方工程和混凝土工程，同时也需要施工管理专业承包商。但是将承包商和建设经理的功能加以区分是十分重要的，因为让施工管理公司来完成承包工程并不是业主的兴趣和利益。既做管理又做工程承包的公司又变回了总包商。一个重要的问题是：建设经理能否对业主负责工程的履行和成本控制？如果是这样，那么在什么范围内负责？建设经理和管理承包商有什么区别？答案将取决于标题的含义和管理合同的规定。

4.1.9 管理承包商（The Management Contractor）

一个管理承包商并不直接完成工程，也没有分包商，但他管理一些承包商并与他们存在合同关系，有些人也许会称他为承包商或者建设经理，这容易造成误解，因为没有明确的定义。在北美国家管理承包商不是一个常用称呼，一般使用的是承包商或者建设经理，虽然准确的定义应该是管理承包商。这里的管理承包商是指管理由多个承包商和分包商完成的工程项目并承担工程质量、工期、成本风险和责任的那些承包商。管理承包商具有如下不同的能力和责任：

■ 总价合同（AIA A101/201，或 CCDC2）中的承包商（Contractor）直接通过自己，或者通过分包商从事着施工和管理两项工作（如果他不负责任何施工，就与定义的管理承包商类似；如果他完成一部分施工，那么可称为总包商，但标准合同中不使用这样的称呼）。

■ 作为业主的代理，建设经理（Construction Manager）管理着项目，但并不对工程负责，他收取管理酬金，提供某些现场工作和服务，就像承包商一样（如果建设经理对工程负责，就与定义的管理承包商相似）。

■ 管理承包商（Management Contractor）管理着各个施工承包商，而且对工程施工和成本负责，并以此取得酬劳，但他不直接提供现场服务或亲自完成工程，参见图4-3。

■ 项目经理（Project Manager）作为业主的代理或雇员，代表业主工作，其地位或与建设经理相似，或者实质拥有业主任命他人的权力（包括设计师、建设经理、承包商、管理承包商），而且拥有代表业主做出决策和付款的权力。

由于存在多种可能性，工程主体名称总是需要明确的定义，主要根据与业主签订的合同中规定的责任程度和付款方式来描述，包括如下问题：

■ 谁和谁之间存在合同关系，特别是与业主和完成工程的主体之间的关系；谁向谁支付什么款项？（如合同金额、酬金、奖金或薪金等）

■ 谁对工程的质量、造价、工期承担责任？

■ 在合同或项目中，谁承担特定的风险和财务损失等？

在所描述的几个经理中，有些是独立的承包商，也有的是业主的雇员。"合同经理"与合同管理人员是同义的，但也有一些承包商是指那些在办公室和现场监工之间从事联系工作的人。任何经理领导下的承包商应该从经理与业主的关系中注意到他的权力，因为仅凭名称不能完全说明他的职责和义务。图4-3表示了管理承包模式与建设管理模式合同安排的区别。

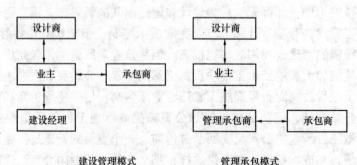

图4-3 管理承包合同安排与建设管理合同安排比较

4.1.10 工料测量师/成本工程师/建筑经济师 (The Quantity Surveyor, Cost Engineer, Construction Economist)

工料测量师 (The largest and oldest professional body of quantity surveyor is Royal Institute of Chartered Surveyors (RICS), with some 80000 members throughout the world, of which about one-third are building and quantity surveyor. There are other institutes of quantity surveyors in most English-speaking countries and other countries in Europe, Africa and Asia. The Canadian Institute of Quantity Surveyors was founded in the early 1960s.) 是个老标题，但很常见，而更广博的标题—建筑经济师被经常用到。在美国更常见的术语是成本工程师，但大多数成本工程师更多的是与工业设备有关，而不是建筑。

工程计量学有着很长的历史，它起源于 17 世纪的苏格兰和英格兰，一个从事行业工作的测量员，开始成为按单价支付的熟练计件人员，后来他成为宣誓过的专业计量员，经常处理一些特殊行业的工程，通过这些逐步发展为专业的工料测量师。工业革命和都市化进程，产生了工厂、住宅、教育建筑等大量需求，而雇佣大多数工人和提供一些项目融资的总承包商满足了这一需求，工料测量师也发挥了作用。

一个多世纪以来，工料测量师的基本工作一直是编制作为招标文件和合同文件的工程量清单 (Bill of Quantities)。它们的主要价值体现在计量的工程数量和承包商所包含的单价中。除了准备工程量清单，专业的工料测量师在项目整个过程中还扮演着业主代理的角色。工料测量师在设计阶段提供成本控制，在现场施工过程中提供财务管理，包括确定变更工程价款和计算应付给承包商的价款，这些是与工料测量师合作的建筑师所证明的。因此，在工程量合同 (Contract with Quantities) 中，建筑师对工程财务、经济以及工程文件方面承担比较小的责任。工料测量师在准备工程量清单过程中，通常要设计施工细节，然后表现在建筑师的图纸中。

工料测量师也为设计师在选择不同成本的设计方案方面提供建议。工料测量师的服务与建设经理存在相似之处，建设经理的职位可以由工料测量师所递补。作为一个公共服务人员，专业的工料测量师应研究公共工程的成本学和会计学。你可以思考一个会计的角色，但是对工程需要的核算和对工程成本的理解，尤其是施工过程中的成本。建设工程是复杂的，并存在腐败现象，由于控制不严，建设资金常被滥用和挪用，尤其是公共资金。从材料的使用到拥有两份账目（一份为政府或是其他业主，另一份为开发商和承包商），对于不懂建筑材料、方法、标准和成本的人来说，存在很多既不能发现也不能理解的欺骗手段。最能核算建设花费的专业人员就是工料测量师，或更贴切地是建筑经济师。

财政部门常雇佣专业的工料测量师来监管没有工程量清单的建设工程，汇报质量和工程进度、计量已完工程作为中间付款的基础。工料测量师的其他专门服务包括用于保险和融资目的的现有建筑物的价值评估（例如公司的出卖和合并）、可行性分析、成本利润分析和价值工程等。

4.1.11 关键点总结 (Summary of Key Points)

- 建筑产品在所有产业中是唯一的，因为它的自然属性和与土地的法律关系。
- 业主是工程合同的一方，其主要合同义务是支付工程价款，但他在合同中的许多职责都转移给了业主的设计师。
- 承包商是工程合同的另一方,其主要义务是履行合同,并对分包商的工程负责。
- 供应商不是分包商,他仅为建筑工程供应材料或是产品,随着施工方法的变化,供应商的作用愈加重要;因此供应商的定义应该反映这种变化。
- 分包商与总承包商签订完成部分工程的合同,然而需要更加精确和全面的定义,如果供应商为了专门的设计完成工作,应当被认为是分包商。
- 设计师与业主签订有关工程设计的合同,设计师经常检查工程的进展情况,看它是否符合设计,他也为工程准备文件,安排工程合同方案。设计师是业主的代理,他也是一个类似的判决者、仲裁人,或是业主和承包商之间的调解人。
- 设计师通常有专业顾问,负责工程特殊部分的设计,典型的有结构和设备系统(如机械和电气工程)。
- 在与传统不同的建筑中,业主可能会雇佣建设经理或是管理承包商作为其代表,对于前者,业主会签订若干个施工合同,后者不是。
- 工料测量师是业主的代理,他和设计师一起工作,在设计和施工阶段,处理建筑工程财务和预算方面的事务。需要时他可以准备合同文件,即工程量清单,提供给投标人合同需要的精确的计量和工程的不同子项的工程数量。

4.2 建设工程中的合同安排（Arrangements of Contracts for Construction）

在本节中,我们继续关注参与方（法人或自然人）以及他们在建设工程中的作用。建设工程中的参与方主要有:
- 业主：拥有土地开发权,是建设工程的发起人,并雇佣他人完成项目（Owner: with rights to develop land, initiator of construction work, and the employer of others for that purpose）。
- 设计师：(常指设计师或工程师) 被业主雇佣作为业主代理或顾问,完成建筑设计、安排与管理合同,并监督工程按合同要求完成（Designer: usually architect or engineer, engaged by an owner as agent and consultant to design buildings, to arrange and administer contracts for work, and to see that it is done according to a contract）。
- 设计顾问：被设计师所雇佣,完成设计师应完成的工作,但仅限于部分设计任务,如结构、机械、电子等设计（Designer' consultant: engaged by a designer to do what a designer is employed to do, but only for certain parts, e. g., the structure, mechanical and electrical services）。
- 建设经理：被业主雇佣作为业主顾问或代理,提供工程的咨询与管理服务,通常提供有关现场服务以及设计、施工方法及工程造价等咨询服务,但通常不负责工程施工（Construction manager: engaged by an owner as consultant and agent to advise on and manage the work, often to provide some site services, and to advise on design, construction method, and costs; usually not responsible for the work's performance）。
- 承包商：被业主雇佣,按设计师或代表设计师的设计顾问管理合同的要求,完成工程的全部或部分工作，通常应以自己的劳动力完成一定的工程任务（Contractor: employed by an owner to do all or parts of the work of a project required by the contract administered by the designer, or by the designer's consultant on designer's behalf; often does some work on a project with his own forces）。

- 管理承包商：被业主雇佣来管理工程的施工，并对承包商及分包商完成的工程负有相应责任（Management contractor: employed by an owner to manage the work of a project for which he is responsible, but which is performed by several contractors and sub-contractors）。
- 分包商：被承包商雇佣完成部分工程任务，如机械安装等（Sub-contractor: employed by a contractor to do parts of the construction work on his behalf, e.g., mechanical services）。
- 再分包商：被分包商雇佣完成部分工程任务，如管道工程（Sub-subcontractor: employed by a subcontractor to do parts of the construction work on his behalf, e.g., ductwork）。
- 供应商：通过合同为业主、承包商、分包商或再分包商提供符合标准质量或能满足特定项目特殊设计要求的材料、产品和部件（Supplier: with contract to supply materials, products, and components, either of standard quality or worked to a special design for a particular construction project, to an owner, contractor, subcontractor, or sub-subcontractor）。
- 工料测量师：被业主雇佣作为业主顾问、代理或代表，提供合同、经济、工程成本方面的咨询，管理项目的财政和成本；也可能受雇于贷款人以监督项目及其财政（Quantity surveyor: engaged by an owner as consultant, agent, or representative, to advise on contracts, economics, and costs of construction and to manager finances and costs of a project; may be engaged by a lender to monitor a project and its financing）。
- 项目经理：被业主雇佣作为业主代理，在项目设计和施工的全部或部分方面扮演业主代言人角色（Project manager: employed or engaged by an owner as agent to act on his or her behalf in all or some aspects of a project, its design, and its construction work）。

此外在建设工程中还涉及为不动产开发提供资金的银行、抵押公司及其他金融机构，缺少他们许多开发项目将无法完成。一些公司可能在不同的项目上扮演不同的角色，如承包商、建设经理或者管理承包商。大部分所列的公司（个人）可能雇佣其他公司（个人），各建设工程参与方的可能合同安排如下。

1. 业主与承包商

该类工程合同安排可能用于变更、修复和拆迁，不需要设计或需要少量设计，或者承包商可能就是设计师。参见图4-4。

图4-4 业主与承包商之间的合同安排

2. 业主、设计师与承包商

该类工程合同安排需要设计师（建筑师/工程师）参与，总承包商也需要雇佣若干分包商。参见图4-5。

3. 业主、设计师（设计顾问）与承包商

该类工程合同安排需要设计师顾问（如结构、机械、电气工程师等）以及专业再分包商（如机械系统的绝缘等）参与，在此种情况下，管理承包商有可能代替承包商（参见图 4-3、图 4-6。

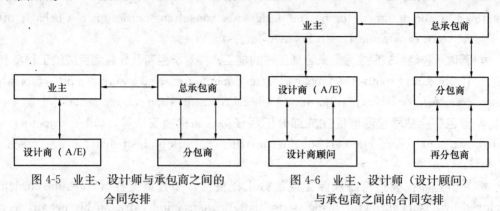

图 4-5 业主、设计师与承包商之间的合同安排

图 4-6 业主、设计师（设计顾问）与承包商之间的合同安排

4. 业主、设计师与建设经理

该类工程合同安排中业主雇佣若干专业承包商，并由建设经理管理各专业承包商。参见图 4-7。

5. 业主与项目经理

在该类工程合同安排中，业主的职责由项目经理行使。参见图 4-8。

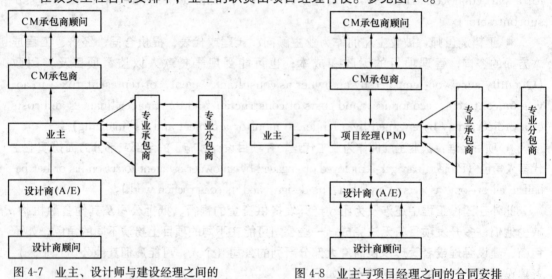

图 4-7 业主、设计师与建设经理之间的合同安排

图 4-8 业主与项目经理之间的合同安排

4.3 本章小结

本章以美国、英国等国家为背景，主要介绍和分析了建设工程中业主、承包商、分包商、供应商、设计师、设计顾问、建设经理、管理承包商、工料测量师、成本工程师、建筑经济师等参与主体的含义、责职、他们的主要工作以及各主体之间可能的工程合同安排。由于各个国家法律法规等制度不同，在不同国家相同主体的职责也有可能不同，请读者注意与我国建设法律法规等的不同和区别。

5 DB 采购模式与管理

5.1 DB 采购模式概述

5.1.1 DB 采购模式的基本概念

工程总承包是一个内涵丰富、外延广泛的概念。建设部《关于培育发展工程总承包和工程项目管理企业的指导意见》文件中指出，工程总承包是指"从事工程总承包的企业受业主委托，按照合同约定对工程项目的勘察、设计、采购、施工、试运行（竣工验收）等实行全过程或若干阶段的承包"。工程总承包模式包括设计-建造（Design-Build, DB）、交钥匙工程（Turnkey）和设计-采购-施工（Engineering Procurement Construction, EPC）三种主要模式。

设计-施工总承包（DB 模式）是指工程总承包企业按照合同约定，承担工程项目设计和施工，并对承包工程的质量、安全、工期、造价全面负责。也就是说，DB 模式是一个实体或者联合体以契约或者合同形式，对一个建设项目的设计和施工负责的工程运作方法。

在我国台湾，将 DB 总承包模式称为统包制度。台湾的"统包"术语首先来源于国外的 Turnkey 模式，由其字面意思可以理解为由承包商负责工程的设计、施工、采购等，最后把钥匙（Key）交到（Turn）业主手中。后来又引入 Design-Build 采购模式，由于 Turnkey 制度和 Design-Build 最本质的特征都在于同一承包商负责工程的设计与施工，因此在一般情况下不加以严格的区分，对 DB 模式仍然沿用统包这一名词。美国的工程总承包模式包括 Turnkey、Design-Build、Design-Construct、EPC 等，而近年来多以 Design-Build 称之。国际上一些主要机构或团体对这些术语在范围的界定上有些不同，如：

- 美国土木工程师学会（American Society of Civil Engineering，ASCE）认为 Turnkey 工程契约是由一个机构负责完成契约中所载明的设计和施工任务。该机构可以是单一公司也可以是几个公司联合的组织。契约承揽方式可以是议价或者竞标，并且可以采用总价承揽、成本加酬金等多种计价方式。

- 美国建筑师协会（American Institute of Architect，AIA）认为设计-施工总承包是由一个机构同时负责设计和施工，并与业主签订负有工程全部责任的单一契约，此设计-施工机构同时提出设计及施工报价，并在工程进行初期即获施工委托，设计与施工有可能并行作业。而 Turnkey 模式经常与 DB 模式通用，但 Turnkey 契约常超出设计与施工范围，例如由厂商提供其他服务，如土地取得、融资、营运、运转、维护以及人员培训等。

- 联合国跨国机构中心（United Nation Centre on Transnational Corporation）认为 Turnkey 契约（Turnkey Contract）又称为设计施工契约，其内容包括设计、施工、设备

采购及营运前测试工作,并由承包商负工程设计、施工之全部契约责任。

■ 美国设计-建造协会（Design-Build Institute of American，DBIA）也认为Turnkey和Design-Build之间存在些许差异,该协会认为Turnkey通常用在业主不只是需要单一机构提供设计和施工服务,其他尚包含该设施的融资,甚至营运及日后的维修。

■ 国际咨询工程师协会（International Federation of Consulting Engineers，FIDIC）认为Turnkey系指总承包商执行各项工程设计、供应与施工,以提供配备完整的设施,由其负责整体工程的设计、施工直到营运为止。在某些情况下,这种方式可能还包括工程的财务筹措。而Design-Build是由DB承包商负责办理全部设计施工工作。

综上所述,Turnkey与Design-Build的本意相近,但对于总承包商提供服务范围的界定不一致,其中Design-Build之范围较小,承包商仅负责工程的设计与施工;而Turnkey要求承包商提供的服务范围较广,除了设计和施工外,还可能包含项目的融资、规划以及工程完工之后的营运与维修等工作,如图5-1所示。

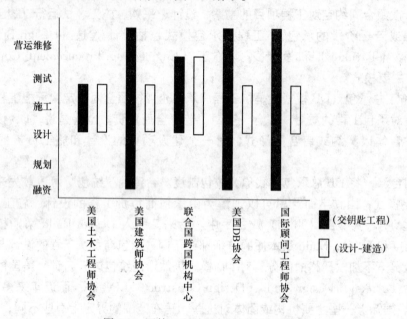

图5-1 国外工程总承包模式定义的比较

从图5-1可以看出,和传统模式相比,DB模式将设计商与业主的合同关系转变为设计商与承包商的合同关系。这样,业主的管理难度大大降低,而承包商作为甲方的身份进行设计管理和协调,使得设计既符合业主的意图,又有利于施工和节约成本,使得设计更加合理和实用,避免了两者之间的矛盾。

5.1.2 DB采购模式的研究现状和实践应用

1. DB采购模式的研究现状

随着DB模式的兴起和应用,国内外学术界对该模式进行了广泛的研究。

（1）境外研究现状

境外学者对DB模式的研究可以归纳为以下几个方面:

■ DB模式的特点及适用性、DB项目的选择模型,以及业主对DB模式的需求态度。

- DB 模式制度特性以及与其他相关模式之间的比较。
- DB 模式的成功因素、指标框架，以及 DB 项目合约成功的因素。
- DB 模式的项目管理，包含组织策略、过程控制、成本控制、风险管理及分担。
- DB 承包商的选择标准、选择过程、选择方法、选择指标和选择模型。
- DB 模式中的招标投标，包括评标的指标、资格预审系统等。
- DB 对承包商的影响、立法环境。
- 预测 DB 项目的实施情况等。

(2) 国内研究现状

中国的学者主要在工程总承包模式的层面上研究问题，虽然重点没有集中在 DB 模式上，但其中的许多成果对 DB 模式仍然是适用的。在国内学术界，对 DB 模式的研究主要还停留在对该模式的基本特性介绍，缺少对 DB 模式原创性研究。国内对 DB 模式（包括工程总承包）的研究可以归纳为以下几个方面：

- DB 模式的招标与投标。
- 总承包项目成本控制，包括成本核算对象、成本分配的原则、核算的程序和方法。
- 工程总承包项目的运作过程、组织方式、合同责任及制度效率。
- 工程总承包的风险管理。
- 传统设计商、承包商向 DB 总承包商以及项目总承包商转变等。

2. DB 采购模式的实践应用

设计-施工模式的渊源可以追溯到公元 4500 年前，当时埃及人为建造金字塔采用的"主营造商"概念，即法老为其项目选定一个承担所有的设计和施工责任的主营造商。采用 DB 模式的项目自二战以后不断增长，据美国《工程新闻记录》(Engineering News Record, ENR) 报道，前 100 家国际大承包商以设计施工 (DB) 形式完成的工业项目合同额就达到 360 亿美元。如今，DB 模式已运用到高技术建筑、办公楼、机场、桥梁、高速公路、公共交通设施及污水处理等项目，尤其是在桥梁、高速公路等公共交通设施上应用得更广。

(1) 境外国家和地区实践情况

到 1994 年，欧洲有 40% 以上的非住宅工程采用此采购模式，在日本这一比例超过 60%。以下简要介绍 DB 模式在一些境外国家和地区的发展情况。

1) 欧洲。DB 模式于 20 世纪 80 年代初开始在欧洲出现，因其能减少建设活动时间而日益发展成流行的项目采购方式。据统计，1984~1991 年间，英国 DB 合同的市场份额由 5% 增至 15%；90 年代初到中期，15%~20% 的工程采用 DB 模式。据英国皇家特许测量师学会 (RICS) 和英国里丁大学的研究表明，截止到 1996 年，DB 模式在英国市场的份额已达 30%。

2) 美国。美国的 DB 模式可以追溯到 1913 年国内的第一座电灯厂。早期的 DB 项目多为美国的石化工业工程，如化工、厂矿等。但 1968 年后，DB 工程在小规模及简单工程上陆续成功的案例越来越多，20 世纪 80 年代已经扩展到一般工程，如公路建设。采用 DB 模式的项目规模从数十万美元到数亿美元的都有。美国业主采用 DB 模式的主要原因是为了缩短工期、减少成本、使设计具有良好的可建造性等。DB 模式在美国公共工程上的应用，曾经受到很大的限制，主要原因在于：

- 竞标法令的限制。
- 限制采用工程议价制度。
- 传统观点认为业主、设计顾问与承包商之间必须互相制衡。
- 业主和DB承包商之间缺乏共同分担工程风险的办法以及一些法律上的障碍。

1987年，美国总务署开始采用DB模式进行工程采购，并制订该署的DB契约范本。1993年美国设计-建造协会（Design-Build Institute of American，DBIA）成立，促进了DB模式的实施。此后，在美国建筑市场上，无论是私人部门还是公共部门在招标时采用DB模式的比例均呈现出持续性的增长。据美国设计-建造协会（DBIA）的统计，截止到2005年，采用DB模式的项目达到40%，预计2015年将达50%，DB模式将超过传统模式而占据主要的建设市场。而与此相对应，传统的采购模式市场占有率出现大幅度的下降。另据报道，美国排名前400位的承包商利税值的1/3来自DB合同。在美国，大多数是由负责施工的承包商与业主签订合同，但是以设计顾问公司为总包商的项目在逐渐增加。此外，除了以往的设计商和承包商以外，美国有所谓的A/E/C公司（Architect/Engineer/Construction Firm），即兼营设计和施工的公司，A/E/C公司是美国承揽总承包工程的主流企业。

3）日本。DB模式在日本具有悠久的历史，现在许多大型的商社发迹于17世纪的木匠工作。由于木匠在工作成果上自主追求品质至上的荣誉感，促使业主不断委托后续营建工作。直到1912年西方建筑艺术传入日本后，才有所谓的独立设计的建筑师。由于传统的施工者的设计能力在长时间上获得业主的认同，所以设计和施工分离的承包制度在日本并没有获得扩张。随后由于日本境内大兴土木，针对业主部门更为广泛和全面的需求，许多施工承包商不断扩编设计部门，成为更全面的DB承包商。美国设计-建造协会的研究表明，日本有70%的工程采用DB模式，许多日本营造商社的承揽量中超过三分之一为DB承包工程。

4）新加坡。新加坡的统包工程从1970年代开始，该国政府尝试以总包方式发包较小规模的项目。在1970~1990年间，DB模式应用的例子多为土木工程或一些以营利目的的工程，属初期发展阶段；在1990年初期，新加坡政府决定全面推行总承包，其主要决策原因如下：

- 解决政府人力不足问题。
- 刺激厂商研发创新、技术升级。
- 节约物料资源与提升生产力。
- 配合民间承揽工程能力的成长。

1991年，新加坡的房屋开发委员会（Housing Development Board，HDB）大量采用DB模式建造房屋、住宅，促进了总承包模式在新加坡的推广使用。DB模式在新加坡所有住宅工程的占有率由1992年约1%开始，逐年稳定的增加到1998年的23%以上。新加坡使用DB模式的合同额也逐年增长，从1992年的0.74亿新元增长到1996年的10.95亿新元，在1992~2000年间公共工程增长到16%，私人工程增长到34.5%。在DB承包商的主导企业方面，由于新加坡有95%的设计公司是属于员工数30人以下的中小型公司，因此，在新加坡没有设计公司主导DB项目的案例，全部由施工商主导DB项目的开发实施。

5) 香港特别行政区。由于历史原因，香港的建设制度长期以来沿用英国的典章制度。有九成以上的民间住宅、商业大楼及工业工程采用传统承包制度。这主要是因为香港地价昂贵、开发成本高，民间业主通常针对工程采购类别的资源、承包商经验、财务能力稳定性、技术能力等选择承包商，以确保中标对象为有履约能力的承包商。因此香港民间业主对由单一主体负责设计和施工的 DB 模式采取观望态度。相较于民间工程，公共工程采用 DB 模式正处于蓬勃发展中。香港在 20 世纪 80 年代曾经将 DB 采购模式应用在工业厂房、医院、大学校舍等工程中。一些大型公共工程项目，如青马大桥、大老山隧道基本上采取 DB 模式，这些案例中的土木工程作业，由专业厂商提供设计与施工的服务。近年来一些需要并行作业采购方式与复杂施工专业的公共建筑工程，其中涉及土木、机电工程等，也由各专业厂商负责设计与施工。

6) 台湾地区。在台湾最早开始采用 DB 模式的是 1973 年的中国造船厂船坞工程，随后只有高雄过港隧道工程、台北市区地铁工程等少数几个项目采用 DB 模式。这是由于受到建筑相关法律的限制，且欠缺相关的准则可供遵循。1999 年实施的《政府采购法》明确了总承包制度，赋予了总承包制度的法律依据，使得 DB 工程制度在近年来逐渐被广泛接受，并且在政府公共项目建设中得到广泛的应用。目前台湾地区每年在公共工程投资的规模在七千亿元台币左右，有高速公路、机场、大型购物中心、金融大楼、码头、垃圾焚化场等，其中大都适合于采用 DB 模式。而且台湾地区不少公共工程的业主具有高度的意愿采用 DB 模式进行项目建设，台湾地区工程界认为岛内 87% 的公共工程有需要实施 DB 模式。

(2) 我国内地实践情况

近几年来，随着我国建筑业的不断发展，传统的工程采购模式（DBB）在不断成熟和规范的同时，其本身的一些问题也不断显现。因此新的采购模式，尤其是以统一设计与施工为主的工程总承包模式如 DB 模式、CM 模式、EPC 模式等应运而生，如 2000 年在柳州市双冲桥项目中就采用了 DB 模式。2003 年建设部发布了《关于培育发展工程总承包和工程项目管理企业的指导意见》，其中规定设计-施工总承包是工程总承包的一种形式。但是由于种种原因，DB 模式没有得到广泛的应用，大多数项目仍然采用的是传统 DBB 建设模式。

中国目前的 DB 合同仅为 1% 左右，据对全国 22 个行业 236 家工程公司和设计院的不完全统计，自 1993 年至 2001 年，共完成国内工程总承包 3409 项，合同金额 2550 亿元；完成国外工程总承包 123 项，合同金额 25 亿美元。应用 DB 模式的项目主要有：武汉阳逻长江大桥南锚碇工程、南京地铁盾构二三标段以及北京乐喜金星大厦（LG）工程等。

5.2 DB 采购模式的内容和特点

5.2.1 DB 采购模式的类型

DB 采购模式按照不同的依据，其分类方式也不相同。

1. 按照设计深度分类

按照设计的深度，DB 采购模式可以分为：传统设计-施工合同、详细设计-施工合同和咨询代理设计-施工合同。

（1）传统设计-施工合同。业主在项目早期阶段邀请一家或少数几家承包商投标。承包商让自己的设计人员根据业主的要求或设计任务书提出方案和费用概算。业主的设计任务书可能只提出一些基本的设计要求。有些业主可能自请咨询公司帮助编制较为详细的设计任务书和招标说明书。一旦中标，承包商必须对项目的工程设计和施工负起全责，业主仅需与承包商打交道。其合同结构如图5-2所示。

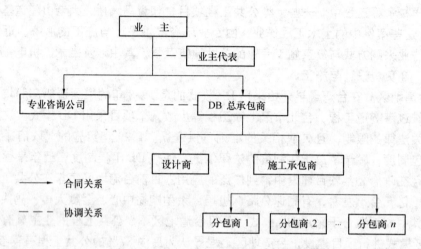

图5-2　传统设计-施工合同结构示意图

（2）详细设计-施工合同。业主自行或外请设计咨询公司作出项目的概念和方案设计(达到一定深度)，然后进行招标。要求投标的公司提出进行详细设计和完成其余未完设计工作的建议以及设计费用估算。业主一般根据投标者所报的费用对建议书进行评估。当业主将全部设计任务交给承包商感到不放心，或想对设计过程进行控制，但又打算让一家公司负责项目的详细设计和施工时，可选用这种做法。其合同结构如图5-3所示。

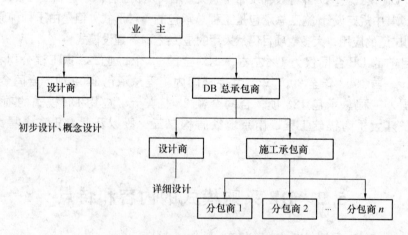

图5-3　详细设计-施工合同结构示意图

（3）咨询代理设计-施工合同。同详细设计-施工合同一样，业主先自行或外请设计咨询公司作出工程项目的概念设计和方案设计，然后请投标的公司提交建议书和费用估算。在选定承包商时，业主将委托的设计咨询公司介绍给承包商，承包商同该设计咨询公司签订协议,后者协助承包商进行详细设计,完成未完的其余设计工作,并在施工阶段提供帮助。转换型合同(Novation Contract)就属于这种情况,如图 5-4 所示。

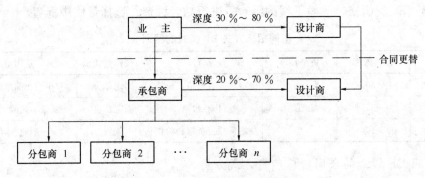

图 5-4 转换型合同结构示意图

2. 按照 DB 承包商的组成形态分类

DB 承包商可透过许多不同的组织形态来承揽工程,这些形态最简单的区分方式就是由业主、总包商与分包商三级制的阶层形态,其四种基本形态为:承包商主导、设计商主导、联营体形态和单一企业形态,如图 5-5 所示。

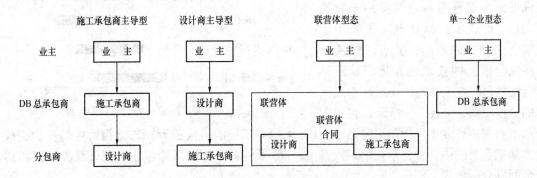

图 5-5 DB 承包商的组成形态

- 承包商主导型(Contractor as Prime Contractor)。即以施工企业为总包商,设计顾问机构为分包商。
- 设计商主导型(Architect as Prime Contractor)。即以设计顾问机构为 DB 总包商,施工承包商为分包商。
- 联营体型(Jiont venture)。设计商与施工承包商以某种程度的伙伴关系或联合承揽关系,结合为单一组织并成为总包商。
- 单一企业型(Corporation Format),即由一具有设计与施工业务能力的企业为总包商。

3. 按照 DB 模式的采购方式分类

根据业主选择 DB 承包商的方式不同,DB 模式可以分为单一阶段(One-step)、双阶段(Two-step)和基于资格(Qualifications-based)三种招标方式(如表 5-1 所示)。

- 单一阶段招标。评标时,对技术建议书和价格进行综合评定。
- 双阶段招标。招标分为技术评标和价格(最佳价值)评标两个过程,只有技术建议书被认可的承包商方可进入第二阶段的评标。

5 DB采购模式与管理

- 基于资格招标。在选择DB承包商时通过具有竞争性的谈判方式，选择过程针对投标者的技术和资源选择的建议进行评价。对投标者的技术、施工质量、产品功能、管理能力、财务情况、价格、同类工程的经验等进行综合评选，选择最优中标者。

不同招标方式DB模式的区别　　　　　　　　　　　　　　　　　表5-1

招标类型	设计深度	资格预审	授标标准	授标方式	适用范围
单一阶段	0～50%	否	价格；或者资格、价格	固定总价	小型、简单的项目
两阶段	0～35%	是	资格、价格	固定总价	复杂、风险大的项目
基于资格	0～10%	是	资格；或者资格、价格	谈判	有专利技术的项目

4. 按照DB模式的合同价格确定方式分类

DB模式的合同价格的确定方式有：固定总价、保证最大工程费用（Guaranteed Maximum Price, GMP）和成本加酬金三种形式。在DB模式发展的早期，业主一般选择总价合同形式，而随着项目的发展，业主希望对各分包工程进行竞争性招标而变为保证最大工程费用形式。

固定总价合同多用于普通建筑，保证最大工程费用合同多用于特殊项目，而成本加酬金合同主要用于紧急工程，如抢险、救灾，以及一些风险很大的技术创新项目。三种合同的风险在业主与DB承包商之间的分担不同，如图5-6所示，在固定总价合同中，业主承担的风险最小，DB承包商承担的风险最大；与此相对应的是，在成本加酬金合同中，业主承担的风险最大，DB承包商承担的风险最小；保证最大工程费用合同则介于两者之间。

图5-6　不同合同价格方式的风险分担

5.2.2　DB采购模式的工作流程及工作内容

DB采购模式的工作流程与传统模式有些相同（如图5-7所示）。业主要拟定详细的资格预审要求（Request for qualifications，RFQ）、投标须知（Instructions to Bidders，ITB）以及建议书要求，这些文件用于确定DB承包商的短名单，其最关键的问题是如何选择合适的投标方案以及具备相应资格和能力的投标人。DB承包商最关键的问题是如何编制一套完全符合业主要求的设计图纸和技术要求，以及在项目实施阶段如何满足业主对项目的目标要求。DB模式的工作流程如图5-7所示。

DB模式可能会给业主提供一些有利的方面，但通常不容易去量化衡量。若DB承包商信誉不佳或执行成效差，则业主就可能处于风险之中。在DB模式下，业主应对下述问题进行关注：

- 对DB合同有多大程度的了解？
- 是否需要独立的顾问/代理来准备招标邀请和评价收到的标书？
- 在招标文件中要预定和规定拟建工程的设计、成本和进度计划是多少？
- 应采用哪种合同形式？

5.2 DB 采购模式的内容和特点

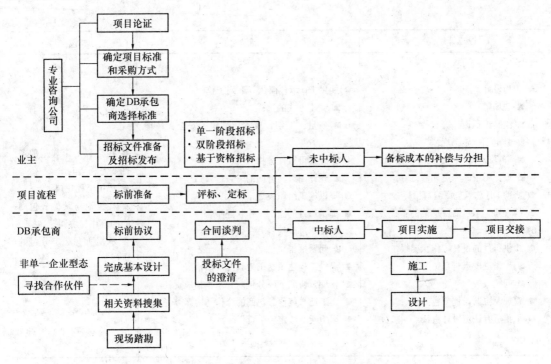

图 5-7 DB 模式的工作流程示意图

- 如何评价和比较投标书？（需要同时考虑设计和成本）
- 需要给未中标的投标人补偿吗？
- 如何管理工程？

DB 承包商通过整合组织内外资源，对工程承担总的、全局的责任，其主要负责的工作内容包括：

- 项目的采购与分包管理。
- 对业主所提供的项目资料进行检查和核实。
- 对业主及分包工程计价作业。
- 成本、工期及质量管理等总体控制工作。

在美国 DB 协会（Design-Build Institute of American，DBIA）所制定的合同条款中，可以了解 DBIA 所规划的 DB 承包商各成员的主要工作架构（如表 5-2 所示）。

DB 承包商各成员的主要工作　　　　表 5-2

DB 承包商的主要工作
● 项目的采购与分包管理 　■ 寻找合适的合作伙伴 　■ 合同谈判、签订和审核 ● 对业主提供的项目资料进行检查和核实 　■ 地质分析报告 　■ 项目环境条件评估 　■ 项目标准和要求 ● 工程质量、成本、工期、健康、安全、环境的控制 ● 对业主工程款项的领取与分包商的工程款的发放 ● 项目规划方案的适当更新和调整 ● 设计、施工、供应各参与方的协调处理

续表

设计商	施工商	分包商
● 工程设计 　■ 现场踏勘 　■ 绘制工程设计图 　■ 制定工程施工规范 　■ 解释设计图纸 　■ 设计图纸的变更和修订 ● 协助DB总承包商编写投标文件 ● 检查施工承包商所反馈的替代方案的可行性 ● 提供每月的设计工作状况报告 　■ 工作进度报告 　■ 问题报告 ● 管理及协调设计分包商 ● 承担所有法定设计责任	● 协助DB承包商执行下列工作 　■ 施工方式的选择 　■ 质量、工期、成本、健康、安全、环境控制 　■ 施工可行性分析 　■ 设计图纸与合同的一致性及适当性 ● 提供施工组织设计 ● 提供每月的施工工作状况报告 　■ 工作进度报告 　■ 问题报告 ● 提供工程建议、工地状况反馈情况 ● 管理及协调下属分包商并承担相应责任 ● 在工地与其他分包商的合作与协调 ● 承担所有法定施工责任	● 在符合工作规范的条件下完成其工作 ● 提供工程建议 ● 在工地与其他分包商间的合作与协调 ● 承担所有法定分包的责任

5.2.3 DB采购模式的特点及适用范围

1. DB采购模式的特点

DB模式也称为一站式采购（One - Stop Shopping），它与传统模式的重要区别在于设计文件未产生或未完成时，设计-施工联合体与业主的关系就开始了。为了减少设计、施工分离可能出现的工程变更，控制工程总体造价，减少承包中的中间环节，提早投产使用，产生经济效益，使工程的成本和风险分担具有更大的确定性，业主方更多的希望设计和施工紧密结合，倾向以设计-建造采购模式发包。采取设计和施工总承包模式，可以在很大程度上解决这些问题。与传统模式相比，DB模式具有单一职责、降低管理成本、缩短工期、降低造价等一系列优点，尤其对于大型、复杂的工程项目，DB承包模式具有不可比拟的优势。DB模式与传统采购模式的区别如表5-3所示。DB模式的特点主要体现单一的权责界面、可提供项目投资的综合效益、风险的重新分配等方面。

DB模式与传统采购模式比较　　　　　　　　表5-3

	设计-建造模式（DB）	传统模式（DBB）
招标	设计、施工仅需招一次标	设计完成后才能进行施工招标
承包商的责任	总承包商对设计、施工负全责	设计商、承包商承担各自的相应责任
设计、施工衔接	DB承包商在设计阶段介入项目，设计与施工联系紧密，设计更加经济，使成本有效降低，所以能获得较大的利润	设计与施工脱节，有时设计方案可建造性差，容易形成责任盲区，项目出现问题，解决的效率低

续表

	设计-建造模式（DB）	传统模式（DBB）
业主管理	业主管理、协调工作量小，对项目控制程度较弱	业主管理、协调工作量大，对项目控制程度较强
工期	设计与施工搭接，工期较短	工期相对较长
保险	没有专门的险种	有相应的险种
相关法律	缺乏特定的法律、法规约束	相应的法律、法规比较完善

(1) 单一的权责界面

DB模式通过将设计和施工在一个联合体（企业）内部一体化，不仅有利于发挥各自的核心竞争力，而且进一步加强了各自的责任。对于工程的质量、成本与工期的整体绩效而言，可形成一个紧密互动的单一权责界面。在DB模式下，业主方只需直接负责同项目DB总承包商保持联系，仅承担单一的项目责任，项目各参与方之间更容易协调处理，有利于把纠纷、矛盾减小到最少。同时，DB承包商参与项目的设计和施工，打通了设计与施工的界面障碍，这种安排可以减少由于设计与施工之间的责任分担而带来的问题，从而更好地降低工程索赔事件的发生。由于设计方案由DB承包商所提出，设计和施工均是承包商的责任，能避免设计、施工之间的矛盾和纠纷，消除责任盲区。倘若在设计与施工的权责范围之间发生矛盾、抵触甚至冲突时，则由DB承包商自行负责整合解决。

(2) 可提高项目投资的综合效益

由于DB承包商在设计阶段的介入，在设计阶段可较早考虑可施工性（Constructability），通过革新设计和施工方法，减少设计变更的机会，保证有效的设计和对工程成本的早期控制，进而达到降低工程造价的目标。DB模式下，可通过交叉设计和快速路径法（Fast Track）来缩短工程项目建设的总周期（指从编制招标文件至工程竣工）。各项材料设备的购置与施工作业都可以在相关设计文件尚未完整齐备的情况下就开始办理，并且由于招标次数的减少，以及整合设计与施工后重新设计机会减少，可大幅缩短整体设计与施工所需要的工期。

对于传统的采购模式（DBB），必须依靠契约上的限制性条文，以本位对立的立场看待工程采购中的每件事情，利用大量的检验程序和法律手段来确保工程的品质，或仅仅限制契约所规定的消极行为。而在DB模式下，由于DB承包商的各组织成员共同对项目的目标承担连带责任，单一的权责界面，促使其相互合作并整合资源，以创造组织最高效能与最佳工程品质。

因此，业主采用DB模式能从包干报价、承包商对工程（包括设计与施工）的整体责任以及潜在的节约（费用和时间的组合优化上）等方面获得益处，提高工程项目的综合效益。

(3) 风险的重新分配

业主提供设计要求或把设计部分全部委托给承包商，由承包商提供大部分的或全部的设计（包括详细设计）。这样，设计部分所涉及的风险便都转移至承包商，业主方所承担的风险相应地减少，DB模式可更好地满足业主避免风险的要求。业主在DB模式下主要是提出工程项目的总体要求（如工程的功能要求、设计标准、材料标准的说明等），进行宏观控制，对工程项目的设计和施工具体过程的控制相对减少。若DB承包商信誉不佳或执行成效差，则业主风险较大，因此业主应尽可能选择技术、管理能力及信誉优秀的承包商，以尽可能地避免这方面的不利因素。

建筑师和总承包商长期在传统DBB模式下工作，积累了相当多的经验并形成了各自的行为方式，传统DBB模式与设计-施工模式的文化差异是各方需要克服的。DB模式的优缺点如表5-4所示。

DB模式的优缺点 表5-4

对象		优点	缺点
建筑业		● 提高建筑业准入门槛，优化建筑业产业结构； ● 规模经济效应，提高行业利润率； ● 提高产品差异性，便于发挥承包商的竞争优势； ● 促进建筑业资源整合和技术革新	● 倾向于有限竞争，投标竞争性降低； ● 投标成本相对较高； ● 传统DBB模式下的制衡体系在设计-施工模式中不复存在； ● 标准的DB合同仍在改进； ● 法规有可能不支持DB合同
业主		● 减少发包作业次数； ● 单一的权责界面，易于追究工程责任； ● 利用快速路径法（Fast Track）的建设管理技术来缩短工期； ● 对设计的反馈在统一组织内进行，有利于项目全过程优化； ● 设计部分所涉及的风险都转移至承包商，业主方所承担的风险相应地减少	● 业主对DB模式不熟悉； ● 若DB承包商信誉不佳或执行成效差，则业主风险较大； ● 业主不易查核、评估DB承包商的设计或施工计划的适宜性； ● 不同设计方案与施工计划之间的评比较为复杂和困难； ● 业主对项目的控制降低
DB承包商	施工商	● 统筹设计、施工作业，增加对整体计划控制程度； ● 设计阶段的介入，承包商对业主的需求更加了解，有利于实现项目的目标； ● 减少设计-施工协调的时间和成本，能快速处理工程变更问题； ● 与设计商的紧密合作，引入新式施工技术与概念，提升专业施工技术	● 必须承担设计作业的过错责任； ● 在设计尚未全部完成前承揽工程，成本难以确定，风险大； ● 备标费用较高，增加投标企业的财务负担； ● DB项目中获得合适的保险、保证和支付担保很困难； ● 总承包市场相对较少，业务获取不易
	设计商	● 获得参与决策机会，有利于提高设计质量； ● 减少与施工承包商之间的索赔纠纷； ● 与施工承包商之合作，引入新式施工技术与概念，使设计的可施工性更强	● 必须承担施工作业的过错责任； ● 倾向于施工方法的经济考虑，而舍弃较佳的设计方案； ● 有损于传统发包方式中独立超然的立场

2. DB采购模式的适用范围

DB采购模式的基本出发点是促进设计和施工的早期结合，以便能充分发挥设计和施工双方的优势，提高项目的经济性。每一种采购模式都有其自身的特点，因此也有其相应的适用范围。DB采购模式主要适用于那些专业性强、技术含量高、结构、工艺较为复杂、一次性投资较大的建设项目（包括EPC项目或类似投资模式的项目）。根据文献资料和工程案例，适于 DB 模式的工程类型大致可分为下列五类：
- 建筑工程，包括简单的建筑工程（如一般住宅、办公大楼）、特殊用途的建筑工程（如医院、体育馆、看守所）和社区开发工程等。
- 需要专利技术的工程，包括石化工厂（如石油裂解厂、化学材料制造厂、肥料厂等）、电厂工程（如水力、火力、核能发电厂工程）、废弃物处理工程（如垃圾焚化场、污水处理厂）等。
- 交通工程，包括隧道工程、公路工程、捷运工程、地铁等。
- 机密性工程，如配置重要军事武器的基地工程、具有国家安全机密的特殊工程。
- 业主有特定需求的工程，如医院或研究单位的无菌室、放射性工程等。

下列项目不适用采取 DB 采购模式：
- 纪念性建筑。因为这种建筑往往优先考虑的不是造价和进度等经济因素，而是建筑造型艺术和工程细部处理等的技术。
- 新型建筑。这类建筑一般有较高的建筑要求，同时结构形式的选择和处理有许多不确定性因素，无论是对于设计者还是对于施工者可能都缺乏这方面的经验，如果采用设计-建造采购模式，对于项目总承包商来说风险过大，也不符合建设单位的利益。
- 设计工程量较少的项目，比如大型土石方工程。

在下述情况下，对于业主而言则不宜采用 DB 采购模式：
- 设计不宜单独发包的工程。
- 业主需要对承包商的施工图纸进行严格审核并严密监督或控制承包商的工作进程。
- DB 承包商不具备较高的素质要求，如 DB 承包商资金较为薄弱、技术和协调能力差、承担风险的能力差。

DB 采购模式对于 DB 承包商而言具有较大的风险，DB 承包商不宜承接项目的情况有：
- 在投标阶段没有足够时间或资料仔细研究和证实业主的要求，或对设计及将要承担的风险没有足够的时间进行评估。
- 建设内容涉及相当数量的地下工程，或承包商未能调查的区域内的工程。
- 中期付款证书的金额要经过类似工程师的中间人审定。

5.3 DB 采购模式合同条件分析

5.3.1 DB 采购模式的标准合同条件

随着 DB 模式的快速发展，国际上许多专业机构都出版了设计-建造模式的标准合同范本，比较典型的标准合同条件有：

1. 国际咨询工程师联合会（International Federation of Consulting Engineers，FIDIC）

国际咨询工程师联合会（FIDIC）在 1995 年出版了设计-施工与交钥匙合同条件（Conditions of Contract for Design-Build and Turnkey）（橘皮书），用于设计-施工模式和交钥匙工程。1999 年，FIDIC 出版了工程设备和设计-施工合同条件（Conditions of Contract for Plant and Design-Build）（新黄皮书）、设计-采购-施工交钥匙合同条件（Conditions of Contract for EPC Turnkey Projects）（银皮书）。新黄皮书用于设计-施工模式，银皮书用于 EPC 和交钥匙工程模式。FIDIC 所编制的这 3 个合同条件适用的都是总价合同类型。FIDIC 的标准合同格式主要适用于世界银行、亚洲开发银行等国际金融机构的贷款项目以及其他的国际工程，是我国工程界最为熟悉的国际标准合同条件，也是我国建设部《建设工程施工合同（示范文本）》的蓝本。FIDIC 合同条件主要应用于土木工程。

2. 英国合同审定委员会（Joint Contracts Tribunal，JCT）

英国合同审定委员会（JCT）在 1981 年出版了承包商负责设计的标准合同格式（Standard Form of Contract with Contractor's Design，JCT81）。JCT81 适用于承包商对所有设计都负责的情况，包括在签订设计施工总承包合同之前很大一部分设计已经由业主所委托的设计者完成的情况。如果在很大一部分设计已经完成的情况下签订设计施工总承包合同，总承包商实际上并没有做那部分设计，但是却要对包括那部分在内的所有设计工作负责，这其实是设计施工模式的变体——转换型合同（Novation Contract）模式。研究表明，JCT81 标准合同条件在英国的 DB 模式中得到了成功的应用。1998 年 JCT 在 JCT81 的基础上出版了最新的承包商负责设计的标准合同格式，并称之为 WCD98。

1981 年 JCT 出版了 Contractor's Designed Portion Supplement to JCTS0，对传统施工总承包模式下承包商负责部分设计的情况制定了一个指南。根据该指南，如果承包商承担部分设计，承包商只对其所完成的那部分设计负责，而不是对所有设计负责。JCT 合同条件主要应用于建筑工程。

3. 英国土木工程师学会（The Institution of Civil Engineers，ICE）

英国土木工程师学会（ICE）在 1992 年出版了设计-建造合同条件（Design and Construction Conditions of Contract），在 2001 年又出版了此合同条件的第二版，该合同文本适用于土木工程领域设计加施工模式的合同条件。ICE 在 1995 年第二版的"新工程合同"（New Engineering Contract，NEC）也适用于承包商承担部分设计或者全部设计的情况。ICE 合同条件主要应用于土木工程。

4. 美国建筑师协会（American Institute of Architect，AIA）

AIA 系列合同条件的核心是 A201，不同的采购模式只需要选用不同的协议书格式。与 DB 模式相对应的标准协议书格式有三个：

- 业主与 DB 承包商之间标准协议书格式（Standard Form of Agreements Between Owner and Design-Builder）（A191）；
- DB 承包商与施工承包商之间标准协议书格式（Standard Form of Agreements Between Design-Builder and Contractor）（A491）；
- DB 承包商与建筑师之间标准协议书格式（Standard Form of Agreements Between Design-Builder and Architect）（B901）。

A191 和 A491 都分别由两部分组成。A191 的第一部分涵盖初步设计和投资估算服务，第二部分涵盖后面的设计和施工。A491 的第一部分涵盖初步设计阶段的管理咨询服务，第二部分涵盖施工。AIA 的 DB 合同条件都要求在设计开始之前签订 DB 合同，因此工程费用要到初步设计完成并经过业主的同意后才能够确定。AIA 合同条件主要应用于建筑工程。

5. 美国总承包商协会（Association General Contractors of America，AGC）

AGC 所制定的 DB 模式标准合同条件和 AIA 相类似，但是更加综合，主要包括：

- 业主与承包商之间设计施工的简要协议书（Preliminary Design-Build Agreement Between Owner and Contractor）（AGC400）；
- 在以成本加酬金并带有保证最大价格的支付方式下，业主与承包商之间设计加施工的标准协议书格式及一般合同条件（Standard Form of Design-Build Agreement and General Conditions Between Owner and Contractor, Where the Basis of Payment is the Actual Cost Plus a Fee with a Guaranteed Maximum Price）（AGC410）；
- 在总价支付方式下，业主与承包商之间设计施工的标准协议书格式及一般合同条件（Standard Form of Design-Build Agreement and General Conditions Between Owner and Contractor, Where the Basis of Payment is a Lump Sum）（AGC415）；
- 承包商与建筑师/工程师设计施工项目的标准协议书格式（Standard Form of Agreement Between Contractor and Architect/Engineer for Design-Build Projects）（AGC420）；
- 设计施工承包商与分包商的标准协议书格式（Standard Form of Agreement Between Design-Build Contractor and Subcontractor）（AGC450）。

AIA 和 AGC 的设计施工合同条件都要求在设计开始之前签订设计加施工合同，因此工程费用，包括保证最大工程费用（Guaranteed Maximum Price，GMP）要到初步设计完成并经过业主的同意后才能够确定。

6. 美国工程师联合合同委员会（Engineers Joint Contract Documents Committee，EJCDC）

美国工程师联合合同委员会（EJCDC）为 DB 模式所制定的合同条件包括：

- 业主与设计施工总承包商之间的标准一般合同条件（Standard General Conditions of the Contract Between Owner and Design-Builder）（1910-40）；
- 业主与设计施工总承包商之间在确定的价格基础上的标准协议书格式（Standard Form of Agreement Between Owner and Design-Builder on the Basis of a Stipulated Price）（1910-40-A）。Stipulated Price 即"确定的价格"，也就是总价，是指在合同中约定一个确定的总价，此总价不一定是固定的；
- 业主与设计施工总承包商之间在成本加酬金基础上的标准协议书格式（Standard Form of Agreement Between Owner and Design-Builder on the Basis of Cost Plus）（1910-40-B）；
- 设计施工总承包商与工程师之间的设计职业服务分包标准协议书格式（Standard Form of Sub-agreement Between Design-Builder and Engineer for Design Professional Services）（1910111）；
- 设计施工总承包商与分包商之间的施工分包协议标准一般合同条件（Standard General Conditions of the Construction Sub-agreement Between Design-Builder and Subcontractor）（1910-48）；
- 设计施工总承包商与分包商之间在确定价格基础上的施工分包协议标准协议书格式（Standard Form of Construction Sub-agreement Between Design-Builder and Subcon-

tractor on the Basis of a Stipulated Price）(1910-48-A)；

■ 设计施工总承包商与分包商之间在成本加酬金基础上的施工分包协议标准协议书格式（Standard Form of Construction Sub-agreement Between Design-Builder and Subcontractor on the Basis of Cost Plus）(1910-48-B)。1995 年 EJCDC 对这些文件都作了一定的修改。

此外，还有英国咨询建筑师学会（Association of Consulting Architects，ACA）、美国设计-建造学会（Design-Build Institute of American，DBIA）、日本工程促进协会（Engineering Advancement Association of Japan，ENAA）也都制定了相应的应用于 DB 模式的标准合同条件。这些组织所编制的标准合同条件都对合同双方的权利、责任、义务进行了约定，并对风险进行了合理的分配。此外，这些标准合同条件对设计文件的版权、对设计优化的奖励、支付程序、争端处理方式、履约担保等也作了相应规定。这些组织所编制的标准合同条件对规范、引导 DB 模式的应用起着重要作用。

DB 模式合同条件的要素和任何其他合同条件一样，包括对合同双方的权利、责任、风险的确定，同时还应反映 DB 模式的特征，其要素有以下几个方面：

■ 在质量方面反映总承包商对其所承包的设计和施工的单点责任（Singlepoint responsibility），也就是说总承包商是其所承包的设计和施工任务的责任主体。单点责任避免了传统施工总承包模式下设计者和施工承包商之间互相推诿责任的问题。

■ 在工程进度方面反映设计与施工合理搭接技术，如快速路径技术（Fast-track）的应用，以缩短整个建设周期。快速路径技术的应用主要牵涉到合理划分合同包（Packaging）的问题，合同条件里要有关于合同包的划分以及合同界面协调方面的规定。

■ 在合同价格方面应反映计价方式（单价、总价或成本加酬金），反映工程款的具体支付方式。

■ 反映施工与设计的整合，将施工知识、经验等融入设计过程中，以增强设计方案的可建造性，降低工程造价，缩短整个建设周期。这个方面牵涉到总承包商的可建造性研究和价值工程活动。FIDIC1995 年版《设计-建造与交钥匙合同条件》的 14.2 款就对价值工程作了专门的规定。

■ 确定总承包商所承包工作的范围。范围管理（Scope Management）对于 DB 模式十分重要，合同条件里必须有确定总承包商工作范围方面的内容。

5.3.2 DB 模式下各参与方的风险和责任

1. 业主方的合同风险和责任

不同的采购模式下，合同各方所面临的风险和责任并不相同，这些风险和责任总是多方面的、相互的和不可避免的。

(1) DB 模式下业主方的主要风险

按照 DB 合同要求，业主所面临的主要风险是：设计-建造合同失去了传统承包合同中固有的多道检查监督机制，一旦某个环节失控，工程目标将会受到严重的影响。因此，业主应就项目的投标方案进行评估，而非仅仅是价格，并且针对承包商的选择，更应看重承包商的信誉、经验和能力。

(2) DB 模式下业主的责任

1) 编写设计任务书。设计任务书至少应有下列内容：
- 基本要求说明书，包括工程状况一览表和主要技术经济指标。
- 红线及场地的地质情况。
- 建设场地的交通运输条件。
- 主要材料设备的技术要求和规格。
- 配套设备设计所需参数，如水、电、气、通行等设计参数。
- 对设计文件的认可和审批。
- 采用的设计规范和标准，特别是工程强制性建设标准的应用情况。

2) 不应妨碍承包商的工作。这是一项隐含责任，不妨碍承包商工作可以广泛地理解，如不及时向承包商发出必要的指示、不及时向承包商提供施工场地等均可理解为妨碍承包商的工作。

3) 向承包商支付合同款。如果业主不按合同及时向承包商付款，承包商有权根据合同停止工作或终止合同，并可按程序申请索赔。

2. 承包方的合同风险和责任

(1) DB 承包商的风险

在 DB 模式下，DB 承包商将承担比传统施工承包商更大的风险，主要体现在：
- 承包商需预先支付设计、投标方案及报价等费用。
- DB 承包商对技术要求说明中的错误要比传统采购方式中承包商承担的责任大得多。如果因设计图纸或技术要求说明中出现错误造成的损失，则必须由承包商而不是业主承担。DB 承包商在项目出现差错时不能再引用技术要求说明书的隐含担保来为自己开脱责任。DB 承包商可能还要为技术要求说明书中的错误向施工分包商负责，要为施工错误以及图纸规定的设备或材料使用不当造成的损失负责。
- 在 DB 合同中，要求承包商做到的是实现合同中规定的某些目标，承包商一般要保证实现这些目标，从而大大增加了自己的责任风险。
- DB 合同可能会产生保险问题。原来设计商所投保的专业责任险一般不考虑施工中发生的错误，而施工商所投保的工程一切险一般又无关于设计中错误和疏漏的规定。在 DB 模式下，上述两种保险都不适用。因此，DB 承包商在投保时应与保险公司商谈，在保险单中列入包括设计和施工两方面的条款。

(2) DB 承包商的责任

在设计-建造合同中，DB 承包商对业主所负的责任有：
- 合同条款严格约定的。
- 技术和专业方面的疏忽或不负责任行为。
- 违背承诺。
- 发生了质量缺陷或质量事故。
- 承包商应支付设计中的不当费用，此外，承包商一般还要对履约保证负责。
- DB 承包商如对工程在完工后应具备的功能作出保修承诺，则必须对此负责。

在设计-建造合同中，承包商对分包商也负有一定的责任，且所负责任一般比传统采购方式更大，因为业主的参与减少了，原来由业主承担协调的设计问题将由 DB 承包商直接承担。

DB承包商可以通过设立责任范围条款减少因设计和施工中的缺陷或不足而应承担的责任。这些条款可以通过下列方式限制损失赔偿数额：

- 排除所有隐含保证。
- 要求业主对建筑工程风险投保。
- 排除次生损失的责任。
- 限制承包商在工程出现缺陷时重新设计或处理所造成的额外费用。
- 为承包商应当支付的损失赔偿费设立上限。

3. 其他参与方的责任

DB模式下其他参与方还有担保方、分包商和贷款机构。

- 担保方。DB合同提出了若干独特的担保问题。许多担保公司虽然可多收取一些担保手续费，但仍不愿意为DB项目提供履约担保和付款担保。原因之一是DB合同常用于边设计边施工项目，对于这样的项目，担保公司不能准确地确定担保数额。为了减少风险，担保公司只能分阶段为边设计边施工项目担保。当项目未完成之前就遭受较大损失时，容易出现担保公司在施工过程中停止担保，不再为项目的后续阶段继续提供担保。一旦出现这种情况，业主就很难找到其他公司为项目的其余部分担保。担保公司遇到的另一个问题是，设计商不再是独立的设计单位，因此担保公司可聘请独立的建筑师或工程师对付款证书进行审查，防止DB承包商多收工程进度款，降低风险。

- 分包商。采用DB合同时，一般而言，分包商的地位与采取传统采购方式时基本相同。在付款、工作范围、与其他分包商的协调等方面，若遇到问题仍需找DB承包商解决。然而，情况有时也会有所不同，如：在某些地区（如美国的有些州），同DB承包商签订分包合同的承包商和设计商就没有同业主直接签订合同时所拥有的留置权。因此，此类地区的分包商在签订项目合同协议前，应对DB承包商的信誉和技术水平进行认真的考察。

- 贷款机构。贷款机构的风险要比传统采购方式大。如果业主根据未完成的设计寻求贷款，情况更是如此。不过，贷款单位与担保单位的情况略有不同，贷款人的风险有一部分可以由DB合同的优点弥补，其中之一就是设计和施工的所有责任都交给了一家公司负责。贷款人可以请独立的机构检查DB承包商的实际工作情况，防止承包商多收工程进度款。

5.4 DB采购模式案例分析

5.4.1 工程背景

在上海IKEA（宜家家居）标准店的建设过程中，IKEA管理层委托一家香港管理公司进行全程管理，该管理公司采用了传统的项目运作模式。但对该项目管理过程进行分析后，认为该项目所采用的模式存在如下问题：

1）作为外资公司的管理公司对大陆的设计单位、监理单位和施工单位的运作方式并不了解；传统的项目运作模式使得信息的传递层次过多，存在信息损失和变形，从而使IKEA最初的要求出现失真现象，同时也使得交易成本加大，项目周期相对延长，IKEA

的投资回报速度相应放缓;

2)施工单位面对工期的压力,由于很难从管理上寻求解决方案,只能采用赶工的办法,从而导致一系列的质量通病的出现;

3)传统的项目运作模式使得施工单位对项目运作的前期参与甚少,一些本来可以在设计阶段避免的质量通病无法避免,同时由于施工单位前期的过少参与,对IKEA标准店的总体文化氛围不甚了解,从而在施工过程中无法充分站在业主的文化需求上考虑施工重点的安排和布置。

经过审慎分析和考虑,IKEA管理层决定北京IKEA卖场的项目采购宜采用DB模式。

5.4.2 项目运作

DB模式在北京IKEA卖场项目的具体运作如下。

1. 确定项目需求。

业主分析并确定项目的地点、规模、功能、装饰装修、质量要求、投资大小及需要满足的法律法规等。这些要求通过业主自己的工程师或者外聘的顾问准备的设计概要来体现。如果业主希望在设计方面有更大的影响力,也可以将准备设计草图包含在项目需求内。作为IKEA的标准店来说有详尽的规定。

2. 邀请招标

邀请承包商进行投标。大多数情况下,在进行投标之前业主将对承包商进行资格预审。承包商可以与设计单位组成联合体参加资格预审,当然对一些同时具备设计和施工能力的公司,也可以单独进行资格申报,而且其优势更加明显。在进行资格预审时,承包商的财务状况、同类工程的经验作为主要的考虑条件。由于进行DB项目的投标是既耗时又耗力的工作,因而供选择的DB团队一般不宜过多。提供设计方案的承包商在接到邀请函之后,会同其负责建筑设计、结构设计和机电设计的工程师一起按照业主的要求进行设计优化。根据工程项目的不同,投标的周期将为2~5个月。

3. 评标

进行设计方案评价和承包商的选择,经过一定的评标程序决定出哪一种方案最符合业主的要求。一般对设计方案可以从与招标文件的符合性、设计的创意和项目的成本等方面进行评判。通常有下列四种评标模式:

(1)业主对技术标书和投标报价进行打分,总分最高的投标商将赢得该工程;

(2)业主只对技术标书进行评价打分,投标报价可以根据技术标书的得分情况进行调整,调整后的最低价将赢得该项工程;

(3)业主给定承包总价,评标过程中只对承包商的技术标书的编制情况进行评价;

(4)跟传统的项目采购方式(设计-招投标-建造)类似,工程将交给符合基本条件和呈报最低报价的团队进行项目管理。

在IKEA的项目,采用第一和第三种方式进行评标。

4. 合同签订

中标的承包商正式与承担设计的公司签订合约。合约中清晰界定各方的工作范围、设计费用、付款方式和设计进度等方面的要求。承包商将与设计单位在详图设计和施工图设计方面紧密合作。承包商同时需保证所有的审批手续得到准许。IKEA 工期要求比较紧，工程施工在设计工作进行到一定阶段时就开始进行。

5. 施工和交付

承包商开始施工，业主可委派自己的项目管理班子监督项目的运行以保证各项要求的实现。承包商确保项目的最终测试通过，同时保证项目交给业主之前试运行的各项指标均达到要求。

5.4.3 经验与教训

由于上海 IKEA 标准店已经投入运营，维修服务部的相关工作人员对先期项目管理的不妥所带来的后遗症感受颇深。因而在其他地区的 IKEA 卖场的建造过程（特别是设计阶段）中，他们的参与尤其重要。在施工阶段，业主委托独立的监理单位进行质量监督是必不可少的。业主在进行承包商的选择时，不能将造价作为评判承包商的唯一依据。

5.5 DB 模式对建筑业的影响及建筑业企业的应对

5.5.1 DB 模式对建筑业的影响及应对策略

DB 模式对承包商的选择策略与执行特性会使建筑市场准入门槛提高，因此较具规模及绩效良好的承包商，其竞争优势将更为明显，而且 DB 工程庞大的备标费用及履约时较高的风险，会加速建筑业市场设计与施工的垂直整合化进程。由于我国建筑业多为仅具有设计或施工之单一能力的企业，处于产品无差异化、同质竞争的状态。短期而言，设计商与施工商会以战略联盟的方式进行合作；长期而言，较具规模的施工承包商或设计商将发展成整合设计与施工业务的大型承包商，主导未来总包工程市场，而较小规模的企业则仅能以专业分包商的方式经营。

DB 承包商的前身通常是设计或施工公司，它们将业务向前后延伸。中国存在着大批功能单一的设计院和施工公司。设计单位进行的是单一、静态的功能设计，使原本系统化的工程在建设过程中相互脱节，设计在建设过程中发挥不了应有的作用，并且由于设计酬金根据投资额的百分比计算，设计单位往往很少考虑经济性，使投资增加，有些本可以实施 DB 模式的项目也无法实现。

DB 模式提高了建筑业准入门槛和产品差异性，便于发挥承包商的竞争优势，优化建筑业产业结构，促进建筑业资源整合和技术革新。但是，我国对推行 DB 模式还处于探索阶段，DB 模式的优越性并没有凸现出来，况且相关的配套政策和法规系统尚未建立和完善，给 DB 项目中的业主和承包商带来了很多潜在的风险。比如，纠纷不能得到有效解决、合同文件不完整等，特别是现行法律、法规主要适用于传统采购模式，有些条款的制约给项目实施带来风险。如《建筑法》第十三条规定从事建筑活动的主体取得相关资质等级后才可在其范围内从事建筑活动，《建筑法》第二十六条规定，禁止建筑施工企业超越本企业等级许可业务范围承揽工程，而《建筑业企业资质管理规定》中只规定了建筑业企业资质分为施工总承包、专业承包和劳务分包 3 个序列；《建设工程勘察设计企业资质管理规定》中就设计资质分为工程设计综合资质、工程设计行业资质、工程设计专项资质，其承接的为设计业务。在这两类企业资质管理办法中，均未界定 DB 总承包企业的资质标准序列，因此，施工企业或设计企业欲组建为 DB 总承包企业就面临着法律问题。

在建设程序中也存在着限制 DB 总承包企业发展的条文。如《建筑法》中规定建筑工程要依法进行招标发包，即建设程序为：设计招标→设计→施工招标→施工；而在 DB 模式下，其建设程序为：招标→设计→施工。按此程序显然有悖于我国的基本建设程序。《建筑法》第五十八条规定建筑施工企业要按图施工，《建筑工程质量管理条例》第二十八条规定的仅是施工单位在施工过程中发现差错时，应提出意见和建议。因此，施工企业无法在设计时就施工中的方便性、经济性提出自己的方案，也无法在工程中利用新工艺和新施工方法。这些条文都在一定程度上限制了施工企业向 DB 总承包企业发展。

因此，完善相关的配套政策和法规体系应是当务之急，具体措施为：

1）在具体的法律实施上确立 DB 总承包商的法律地位和责任，资质等级序列上应在原有的三个序列下为 DB 总承包商列名，并在具体的资质管理办法中规定；

2）建立一套适合 DB 模式的建设程序；

3）拟定 DB 模式实施细则，比如在评标方面；

4）在借鉴国际 DB 合同文本的基础上尽快制定适应中国国情的 DB 模式标准合同文本。

总而言之，应营造良好的 DB 模式应用环境，增强建筑企业的竞争力，打破无差别化经营的僵局，促使建筑行业良性地发展。

5.5.2 DB 模式对建筑业企业的影响及应对策略

1. DB 模式对建筑业企业的影响

DB 承包商承担工程设计、施工的全过程责任，这对于 DB 承包商而言，既是挑战也是一个发展的机遇。DB 模式对建筑业企业的影响主要体现在：规模经济效应、绝对成本优势、产品差异性。

（1）规模经济（Economies of Scale）效应

规模经济系指某一产品（或投入生产的作业或功能）在绝对数量增加时，单位成本下降的现象。对于 DB 承包商而言，规模经济效应主要体现在以下几个方面：

- 项目融资与财务调度的成本。由于 DB 工程投标时图纸并未完成，以致在工程所需人力及材料的数量上波动较大，并且 DB 承包商须负责对业主的工程款的申领以及对分包的工程款项发放等计价工作，项目融资与财务调度的难度相对提高，因此，财务能力强的企业将比较小规模的企业更具竞争优势。

- 采购与分包管理的成本。DB 工程在某些设计或施工的业务上需借由采购或分包的方式来完成，DB 承包商只是审核及整合各项工作。在材料方面，因采购规模大，与供货商的长期合作将产生较高的议价能力，甚至企业业务向后整合形成规模经济；而在分包管理方面，总承包商期望降低分包价钱的筹码即在于是否能提供下游企业稳定且足够规模的工作。因此，具备相当规模的企业，有较低的成本优势。

- 备标成本。备标成本的规模经济可从两个方面来考虑：其一，为在同一个标中花费较少备标成本的规模经济；其二，为可承受好几个项目的备标成本的规模经济。

DB 模式在投标阶段尚缺详细设计图，仅凭着招标要求进行设计和施工的考虑，因此

DB承包商须投入相当大的设计、采购、财务、施工人员等成本，方能在投标期做出准确性且具有竞争性的报价。如在美国，采用DB模式竞争的一栋普通大小的办公大楼投标费用需达五十万美元。因此，若公司具备完整的估算、投标体系，并根据公司已往的经验判断，可获得竞争优势。

(2) 绝对成本优势（Absolute Cost Advantage）

绝对成本优势系指现有的建筑业企业因技术或声誉等因素，而能得到较为低廉的生产投入成本。DB承包商创造成本优势在于业主给予的设计空间。一般而言，DB项目较传统项目可让DB承包商在工法以及材料上有较多创新的空间，同时也可增进企业整合的效率。DB承包商可能产生的成本优势如下：

- 获得较低成本材料的优势。
- 因良好的管理而产生的成本优势。
- 因特殊施工技术、工法或其他材料专利权而产生的成本优势。
- 价值工程或替代方案的实行。
- 因设计具有良好可建造性而产生的成本优势。

(3) 产品差异性（Product Differentiation）

产品差异性系指某种具有多样特性的产品，使顾客不能找到完全的替代品之特性，亦即厂商能提供消费者某种独特的价值，使消费者对特定厂商提供之产品有不同的偏好。

在传统上，由于我国设计与施工分开，施工商对于大多数工程的材料以及工法的选择受到相当大的限制，使得建筑企业不可能有所谓"产品差异性"的优势。企业仅有的竞争方式为价格竞争，其竞争优势是在既有的设计与规范下追求更低的成本以达到更低的报价。然而DB模式提供了企业能整合设计与施工的机制，因此建筑业企业在材料、工法上有相当程度的选择权，加上业主可依据承包商的经验、信誉、技术和价格等多方面的因素，对竞标企业进行评选，这个改变使得总包市场有了因产品差异化的非价格性竞争，这部分的竞争优势可以在单价上及评分上得到体现。单价上的优势即指总包商因为有良好设计与施工的整合管理所带来的低成本优势；而评分上的优势系指企业因为经验、信誉和技术等因素，在综合评选时可获得较好的优势。

(4) 刺激承包商研发投入

在传统的工程建设（DBB模式）中，施工承包商的责任就是按图施工。在DB模式中，在符合业主需求功能和规范的情况下，为DB承包商提供了革新设计和施工的空间，可刺激其投入研发。日本承包商之所以在全球建筑市场颇具口碑，主要是因为其重视研发。我国建筑业企业研发投入占产值比例普遍小于1%，达不到DB模式技术、智力密集性的要求，DB模式将促使我国建筑业企业增加研发投入、进行技术革新。

2. 建筑业企业对DB模式的应对策略

承包商要突破DB模式的市场进入障碍有两种做法：其一，是以较低的单价竞争；其二，是做更高质量的设计，如专利材料或工法所保证提供的产品特殊功能以及较短的工期保证等提供给业主独特的价值，以抵消甚至取代业主的风险心理。但这两种做法皆会导致承包商付出不少的移转成本（Switching Cost）。这对于组织健全、绩效良好的企业较有利，而掌握专利材料或技术的企业有更大的发挥空间。企业可通过对其组织内外的资源进行整合以克服市场进入障碍。

(1) 内部化组织垂直整合

企业内部化组织垂直整合有两种情况：对于施工承包商而言，可以成立设计部门或购并的方式整合设计与施工业务，因为设计商的进入障碍小，则其整合成本较低；对于设计商而言，由于施工承包商的进入障碍较高，加上多数设计商的财力本来就不如施工承包商，设计商采用内部化垂直整合方式的可能性较低，少数大型设计商则可整合施工管理人才，其余施工业务采用分包方式较为合理。

(2) 市场交易横向整合

企业以市场交易的方式进行横向整合主要采取的方式是战略联盟（Strategic Alliances）。战略联盟指由两个或两个以上有着共同战略利益的企业为达到共同拥有市场、共同使用资源等战略目标，通过各种协议、契约而结成的优势互补或优势相长、风险共担的一种松散的合作模式。战略联盟是一种组织安排，同时也是一种经营策略，从组织安排的角度讲，它具有不同形式，如合资、合作、联合研究开发等。战略联盟是一种企业间的合作关系，是一种竞合（Co-competition）关系，而非简单的合作。如设计商和施工承包商组成联营体进行设计施工总承包。

企业在决定采取横向整合或垂直整合策略时，会受到许多因素影响，但组织成本和交易成本的大小是企业考虑整合策略最重要的因素之一，其简化公式如下：

组织成本＝内部生产成本 ＋ 内部管理成本；

交易成本＝外包成本（市场采购价格）＋ 市场交易成本。

当组织成本大于交易成本时，企业会选择市场交易的方式筹措资源；当交易成本大于组织成本时，企业则会倾向以垂直整合或内部化的方式取得必要资源。此外，除了市场交易与内部化组织两种情况，企业也可基于策略考虑，选择或介于这两者之间的组织形态。

5.6 本 章 小 结

本章介绍 DB 模式的基本概念、研究现状、实践应用、工作流程及工作内容，重点分析了 DB 采购模式的合同条件，并以上海 IKEA（宜家家居）标准店采用 DB 模式进行了分析，最后探讨了 DB 模式对建筑业的影响及建筑业企业的应对策略。

6 EPC采购模式与管理

6.1 EPC采购模式概述

6.1.1 EPC采购模式基本概念

EPC是一个源于美国工程界的固定短语，它是规划设计（Engineering）、采购（Procurement）、施工（Construction）的英文缩写，是总承包商按照合同约定完成工程设计、材料设备的采购、施工、试运行（试车）服务等工作，实现设计、采购、施工各阶段工作合理交叉与紧密融合，并对工程的进度、质量、造价和安全全面负责的项目管理模式。EPC模式的概念侧重承包商的全过程参与性，承包商作为除业主外的主要责任方参与了整个工程的所有设计、采购及施工阶段。EPC模式具体包括以下三个方面：

1）规划设计（Engineering）：一般包括具体的设计工作，如设计计算书和图纸，以及根据"业主的要求"中列明的设计工作（如配套公用工程设计、辅助工程设施的设计以及建筑结构设计等），而且可能包括整个建设工程内容的总体策划以及整个建设工程实施组织管理的策划和具体工作，甚至可能包括项目的可行性研究等前期工作。

2）采购（Procurement）：不仅包括建筑设备和材料采购，还包括为项目投入生产所需要的专业设备、生产设备和材料的采购、土地购买，以及在工艺设计中的各类工艺、专利产品以及设备和材料等。采购工作包括设备采购、设计分包以及施工分包等工作内容。其中有大量的对分包合同的评标、签订合同以及执行合同的工作。与我国建设单位采购部门的工作相比，工作内容更广泛，工作步骤也较复杂。

3）施工（Construction）：EPC承包商除组织自己直接的施工力量完成土木工程施工、设备安装调试以外，还包括大量分包合同的管理工作。一般包括全面的项目施工管理，如施工方法、安全管理、费用控制、进度管理及设备安装调试、工作协调、技术培训等。

在EPC方式中，承包商在各个阶段的工作深度是随着具体合同的规定而变化的。如对于采购，承包商可能只提供供应商名单；可能在提供供应商名单的同时还要提供报价及分析报告；也有可能完全负责在充分询价比较基础上的订货购买。对于施工，可能只负责协调管理，也可能只负责部分实施工作。此外，对承包商的支付方式也有多种组合，在设计、采购、施工各阶段根据其服务的性质和特点，可分别采用支付服务费用、支付承包价格或两者相结合的形式。

6.1.2 EPC采购模式的研究现状和实践应用

1. EPC采购模式的研究现状

国外理论界一直以来将EPC模式作为设计建造模式的一个分支。1999年国际咨询工程师联合会（FIDIC）认识到这种模式与设计建造模式的根本区别以及其广泛的应用前景，将原来的《设计建造和交钥匙合同条件》划分为《工程设备和设计建造合同条件》及《EPC/交钥匙项目合同条件》两个单独的合同条件，从而确立了 EPC/交钥匙模式在工程采购模式体系中的独立地位。

(1) 国外研究现状

国外学者对 EPC 模式的研究可以归纳为以下几个方面：

1) EPC 模式下信息管理对项目造价和进度的影响；
2) EPC 模式的关键链项目管理及采购框架耦合；
3) EPC 项目中的时间管理等。

(2) 国内研究现状

国内学者的研究主要集中在以下几个方面：

1) EPC 项目的合同管理、争端及索赔；
2) 设计管理和风险管理及风险分担；
3) EPC 合同的法律特性及运作流程；
4) EPC 项目的成本管理、费用变更管理及价值管理等。

2. EPC 采购模式的实践应用

(1) 国外实践情况

目前全球最大的 225 家国际工程承包商几乎都能提供交钥匙承包业务，国际上许多大型的工程项目也都已经或正在采用这种采购方式。近年来，由于私人融资项目有了更快的发展，将有更多的建设项目需要这种固定最终价格和竣工日期的合同形式，EPC 模式将在工程建设市场中逐渐占有更多的份额。表 6-1 所示为国际上若干 EPC 工程项目。

国际上若干 EPC 工程项目　　　　表 6-1

序号	国家	项 目 名 称	规　　模
1	美国	佐治亚发电站	发电能力 936MW
		联合电力系统	发电能力 550MW
2	德国	东布鲁士威克废气发电项目	发电能力 10MW
3	日本	San Roque 大坝	灌溉面积 18800 公顷
4	加拿大	Iroquois 瀑布电站	发电能力 110MW
5	卡特尔	Ras Abu Fontas 电站	发电能力 600MW
6	印度	Cochin 电站	发电能力 622MW
7		Petronet 输油管道	合同价 650000000 美元
8	菲律宾	Ilijan 电站	发电能力 1200MW
9	老挝	Nam OU 大坝	发电能力 110MW
10	哥伦比亚	LA MIEL 电站	发电能力 375MW

(2) 国内实践情况

国内真正有能力承包 EPC 项目的总承包商大约有 100 多家，最早开展这种业务的是化工行业的一系列设计单位。如今，我国承包商承建的 EPC 项目已逐渐从国内市场走向国际市场（表 6-2），获得了良好的社会效益和经济效益。

我国承包商承建的部分 EPC 交钥匙工程　　　　表 6-2

序号	总承包商	项目名称	项目规模
1	北京勘测设计研究院	陕西汉江喜河水电站工程	装机 3 台 6 万千瓦机组，建设总工期 4.5 年。工程总投资 13.8 亿元
2	中国国际信托投资公司	伊朗德黑兰地铁 1&2 号线机电系统交钥匙工程	五座高压变电站、牵引及动力照明输配电网、通信信号及控制系统、车站及隧道通风系统和大修厂等五个子系统。合同总金额 3.85 亿美元
3	中国石油工程建设（集团）公司	苏丹油田生产设施项目	该项目设计年原油生产能力近 1000 万吨。合同金额 1.9 亿美元

随着 EPC 模式在国际上的推广应用，国内也有不少项目采取 EPC 模式，如：张庄入黄闸改建加固工程、洛阳石化总厂化纤工程、海南电站、唐山电站等。

6.2　EPC 采购模式的内容和特点

6.2.1　EPC 合同分类

由于各个项目的自身特点不同，签订合同的具体条款不完全相同，EPC 总承包的工作范围也不尽相同，EPC 合同可分为以下几种方式。

■ 设计、采购、施工总承包（EPC）。EPC 总承包是指业主对项目的目的和要求进行招标，承包商中标并签订具体的合同，承包商承担项目的设计、采购、施工全过程工作的总承包。业主只与总承包商形成合同关系，其他的项目管理工作都由总承包商承担并对项目最终产品负责。其合同结构形式如图 6-1 所示。

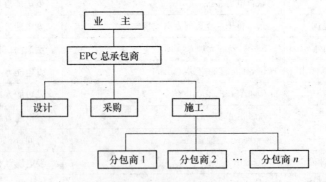

图 6-1　EPC 模式的合同结构示意图

■ 设计、采购、施工管理总承包（EPCm）。设计、采购、施工管理总承包（Engineering，Procurement，Construction Management）是指 EPCm 总承包商与业主签订合同，负责工程项目的设计和采购，并负责施工管理。另外由施工承包商与业主签订施工合同并负责按照设计图纸进行施工。施工承包商与 EPCm 总承包商不存在合同关系，但是施工承包商需要接受 EPCm 总承包商对施工工作的管理。设计、采购、施工管理承包商对工程的进度和质量全面负责。具体的合同结构如图 6-2 所示。

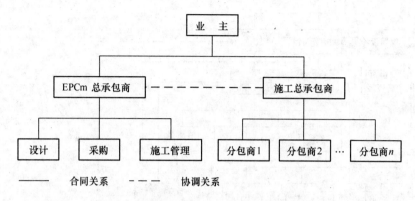

图 6-2　EPCm 模式的合同结构示意图

■ 设计、采购和施工咨询总承包（EPCa）。设计、采购和施工咨询是指 EPCa 总承包商负责工程项目的设计和采购，并在施工阶段向业主和施工承包商提供咨询服务。施工咨询费不包含在承包价中，按实际工时计取。施工承包商与业主另行签订施工合同，负责项目按图施工，并对施工质量负责。合同结构如图 6-3 所示。

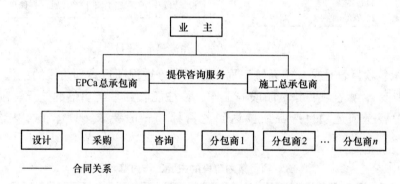

图 6-3　EPCa 模式的合同结构示意图

6.2.2　EPC 采购模式的工作流程及工作内容

1. EPC 采购模式的工作流程

EPC 总承包项目的产品就是工程，因此拥有工程建设本身所特有的过程。完整的工程总承包项目，其创造项目产品的过程一般要经过 5 个阶段，即策划阶段、设计阶段、采购阶段、施工阶段和调试/移交阶段，其工作流程如图 6-4 所示。

策划阶段主要是拟定项目计划，包括商业计划、产品技术计划、设施范围计划、项目实施计划以及合同策略；设计阶段主要包括规划设计、详细设计以及施工与采购策划；采购阶段包括采买、催交、检验、运输及保管等工作；施工阶段包括施工前准备、施工以及施工后清理等工作；调试/移交阶段包括项目投产计划、移交以及项目结束等工作。

2. EPC 采购模式的工作内容

(1) 项目策划阶段

6　EPC采购模式与管理

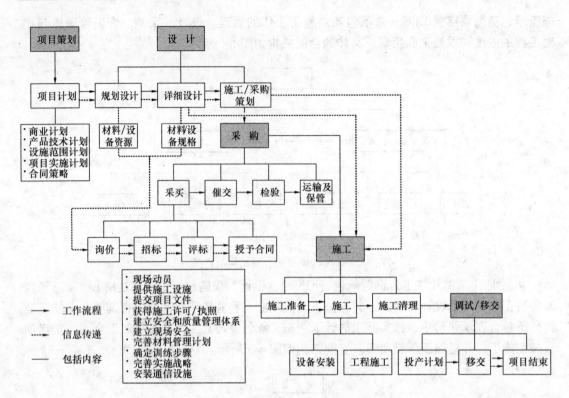

图 6-4　EPC 模式工作流程示意图

EPC 总承包项目管理是一个系统工程，必须十分重视项目策划阶段的工作。"凡事预则立，不预则废"，重视项目策划阶段的工作，往往能收到事半功倍的效果。项目策划阶段主要工作内容是描述项目产品所要达到的目标和一般要求，具体工作内容如表 6-3 所示。

EPC 项目策划阶段的主要工作内容　　　　　　　　　表 6-3

序号	工作类型	工作内容
1	商业计划 (Business Plan)	● 确定商业目标； ● 确定设施目标和需求容量； ● 市场调查研究和分析； ● 建立愿景和公众联系； ● 项目选址； ● 相关的法律问题； ● 拟定融资计划； ● 原材料资源分析； ● 劳务计划和人力资源问题； ● 确定项目调试要求
2	产品技术计划 (Product Technical Plan)	● 技术调查和工艺流程分析； ● 产品开发/认证和测试过程； ● 获得专利和执照； ● 签订安全和保密协议

续表

序号	工作类型	工作内容
3	设施范围计划 (Facility Scope Plan)	● 拟定工艺和实施计划; ● 设施效用和远距离监控范围; ● 环境范围; ● 现场计划; ● 详细的工作结构分解
4	项目实施计划 (Project Execution Plan)	● 确定项目的初始设计标准; ● 建立初始项目组织; ● 完成投资估算; ● 建立主要项目的计划; ● 相关的质量和安全问题; ● 建立初始实施计划; ● 确定项目范围
5	合同策略 (Contract Strategy)	● 确定合同策略; ● 确定招标工作包范围; ● 拟定潜在的EPC承包商投标人名单; ● 选定EPC承包商; ● 劳务策略

(2) 项目设计阶段

EPC项目总承包的设计过程是创造项目产品的重要阶段,即详细和具体描述项目产品的阶段。设计阶段完成的设计文件和图纸是采购、施工和设备调试等各个阶段的依据。在EPC总承包项目中,设计起主导作用,这反映在:

1) 设计工作对整个项目的影响

根据1998年W.E.Back对美国20个EPC项目的统计,设计工作平均消耗承包商在整个项目中28%的劳动力成本和22%的实施时间,但它对整个项目的影响远远不止于此:

■ 一个项目约80%的投资在方案设计阶段就已经确定下来,而后续的控制只能影响到其余20%的投资。

■ 生产率的70%～80%是在设计阶段决定的。

■ 约40%的质量问题起源于不良的设计。

2) 设计变更对工程的影响

工程变更的成本随时间推迟呈对数关系上升(Siegai, 1999),因此,虽然设计工作本身所占成本不高,大部分费用由其下游的生产准备、采购和施工过程消耗,但它对整个工程的成本、投入运营的时间以及质量有着巨大的影响。因此承包商在早期设计阶段就必须及早全面地考虑工程建设中的各个后续环节。否则,进行设计变更的时间越晚,变更的成本越大。对EPC总承包项目的设计过程进行有效的管理,通常会起到事半功倍的效果。而要做到这点,就有必要了解如何对设计阶段进行划分、如何对设计专业进行设置以及如何对设计的版次进行有效的管理。对于设计阶段的划分方法国内与国际上有一些不同,目前比较通行的划分方法如表6-4所示。

表6-4 发达国家设计阶段的划分

	专利商		工程公司	
设计阶段	工艺包（Process Package） 基本设计（Basic Design）	工艺设计（Process Design）	基本设计（Baisic Engineering）、分析和规划设计（Analytical and Planning engineering）	详细设计（Detailed Engineering）、最终设计（Final Engineering）
主要文件	● 工艺流程图 ● 工艺控制图 ● 工艺说明书 ● 工艺设备清单 ● 设计数据 ● 概略布置图	● 工艺流程图 ● 工艺控制图 ● 工艺说明书 ● 物料平衡表 ● 工艺设备表 ● 工艺数据表 ● 安全备忘录 ● 概略布置图 ● 各专业条件	● 管道仪表流程图 ● 设备计算及分析草图 ● 设计规格说明书 ● 材料选择 ● 请购文件 ● 设备布置图 ● 管道平面设计图 ● 地下管网 ● 电气单线图	● 详细配管图 ● 管段图 ● 基础图 ● 结构图 ● 仪表设计图 ● 电气设计图 ● 设备制造图 ● 其他图纸
用途	提供工程公司作为工程设计的依据、技术保证的基础	把专利商文件转化为工程公司文件，开展专业工程设计，并提交用户审查	为开展详细设计提供资料，为设备、材料采购提出请购文件	提供施工所需的全部详细图纸和文件，作为施工依据和材料补充订货

发达国家设计阶段划分与我国现行设计阶段划分相比有以下优点：

■ 设计过程是连续的，阶段间没有中断进行的初步设计审核环节。

■ 设计过程是渐进的，工艺包-工艺设计-基本设计-详细设计，逐步深化和细化。

■ 前一阶段的工作成果是后一阶段工作的输入，对前一阶段的成果通常只能深化而不能否定。

由于设计过程要完成对项目产品的详细和具体的描述，因此设计专业的设置直接影响EPC总承包项目产品的水平和质量。我国先前的设计专业设置不够科学，例如，工艺专业包含的设计内容太广太杂，从工艺计算、工艺流程、布置、配管、保温、涂漆到安装材料等，因此设计技术水平和设计质量都不高；有的与工程项目产品密切相关的专业，例如，系统专业、管道机械专业等又没有单独设置，影响了工程总承包项目产品的水平和质量。

在整个项目的设计阶段，由于要涉及各个专业，接触到不同界面（尤其是设计方与施工方的界面），随着设计的深入，必然导致设计文件和图纸的不断变更、调整，这就需要对其进行科学的版次设计来反映最新的设计动态，不至于由于设计理念的沟通不畅造成不必要的损失。不同专业的版次数目根据实际情况自行调节，即根据项目的进展所反映的问题对相关的文件图纸进行实时升版。

3）设计过程与采购过程的关系

EPC总承包项目是一个系统工程，各个阶段其实是相互交叉运行的，这也是EPC总承包模式的最大特点。以设计为主导，设计、采购、施工、调试的合理交叉，为保证工程质量，缩短建设工期，降低工程造价提供了有力的保障。采办纳入设计过程是指在设计过程中，设计与采办工作合理的交叉、密切的配合，进行设计可施工性分析，以保证设计成品（文件和图纸）的质量和采办设备、材料的质量。具体做法为：

- 由设计专业负责编制设备材料清单和技术规格书。设计专业按专门制定的表格和要求编制设备材料清单和技术规格书，能准确表达设计要求，减少采购过程的技术错误，同时使合同采办部门在与供货商谈判时心中有数。
- 由设计专业负责对供货商报价中技术部分进行技术评审。设计专业负责对供货商报价中技术部分的技术评审，确保采购的设备、材料符合设计要求。这点尤其重要，在大型工程项目建设中，当需要进行设备、材料采办时，首先由合同采办部组织招标投标，然后由其组织设计部门专业人员、各个分项目组的专业工程师对合格供货商提供的标书中的技术部分进行评定，拿出各自的意见并汇总，最后交由合同采办部同供货商商谈，看其是否能满足项目所需设备、材料的技术要求，以决定是否与其签订合同。这会在很大程度上避免日后施工、调试阶段发生的各种问题。此外，如果采办的设备、材料出现质量问题，设计人员还能参与到索赔中，并提出自己的建议。
- 由设计专业负责审查确认供货商的先期确认图和最终确认图。在合同采办部同供货厂家签订采办合同后，设计专业首要负责审查确认供货商提供的先期确认图，找出其中的不足并反馈给厂家，之后厂家根据设计专业提出的意见和建议对先期确认图进行修改并提交最终确认图，设计专业还需负责审查确认供货商的最终确认图，保证设备、材料制造质量。
- 由设计专业分期分批提交设备、材料采办清单。在整个工程项目建设中，所需的材料、设备有先后次序之分，这就需要设计专业分期分批及时地提供设备、材料采办清单，保证关键、长周期设备提前订货，缩短采购周期和工程建设总周期。

项目设计阶段的主要工作内容是描述项目产品详细的和具体的要求，具体内容如表6-5所示。

EPC 项目设计阶段的主要工作内容　　　　　表 6-5

序号	工作类型	工作内容
1	项目最终范围 (Fninalize Scope)	● 最终的设施范围计划； ● 确定主要的设备和材料标准； ● 最终的设施效用和远距离监控范围； ● 法规、标准和环境影响要求； ● 获得许可和法律授权、批准； ● 场地评价
2	详细估价 (Detailed Cost Estimate)	● 估计设备成本； ● 估计安装成本； ● 估计需要提供服务的成本； ● 估计材料成本； ● 估计间接成本； ● 估计其他成本（如通货膨胀、应急费等）
3	详细计划 (Detailed Schedule)	● 详细设计计划； ● 详细的材料管理计划； ● 详细的施工计划； ● 详细的调试计划

续表

序号	工作类型	工作内容
4	详细设计 (Detailed Design)	● 详细的工程设计图纸； ● 最终的图纸和施工标准/规程； ● 费用和进度分析； ● 设计/施工审视； ● 获得业主阶段性审查和批准； ● 对变更的审查和批准； ● 对设计的可建造性进行审查； ● 对设计的质量进行审查； ● 对项目的范围和估价进行审查； ● 协调供应和施工； ● 设计文件的发放
5	工作包准备 (Prepare Work Package)	● 项目计划方案； ● 拟定材料标准/要求； ● 拟定材料清单

(3) 项目采购阶段

在创造EPC总承包项目产品的整个过程中，设计以前的阶段是项目产品的描述过程，从采购阶段开始，是实际制造和形成工程实体的过程。采购过程在工程项目运行中实际上起到了一个承上启下的作用，一方面它根据设计阶段的成果来采办工程所需的设备、材料；另一方面，采办回来的设备材料要应用到工程中去，所以说采办过程监控和管理的好坏能直接体现在整个工程质量上。采购在创造项目产品中的具体作用体现在：

1) 由于设备、材料的质量是工程质量的基础，这就要求合同采办部门能够找到提供合格产品的供货商。

2) 设备、材料运抵施工现场的时间是工程进度的保障，这就要求合同采办部门实时监控合同执行的情况，在保证提供合格产品的前提下，按照交货日期及时提供产品。

3) 设备、材料费用约占工程总成本的50%～60%，采购成本直接影响工程的造价。采购过程的重要性决定了在EPC模式中，要对其实施有效的项目管理。

对于EPC模式，项目组织中一般都设有合同采办部，专门负责招投标、谈判、签订合同并负责跟踪合同的执行情况。采购阶段的主要工作内容就是按照设计的要求来采办设备和材料，其具体工作内容如表6-6所示。

EPC项目采购阶段的主要工作内容　　　　表6-6

序号	工作类型	工作内容
1	大批商品 (Bulk Commodities)	● 详细指明材料； ● 询价； ● 供应招标； ● 供应评标； ● 授予合同； ● 材料运输

6.2 EPC采购模式的内容和特点

续表

序号	工作类型	工作内容
2	设备制造 (Fabricated Items)	● 最终的材料规格/标准； ● 询价； ● 供应招标； ● 供应评标； ● 授予合同； ● 供应商资料管理； ● 制造设备的材料； ● 材料运输
3	标准设计设备 (Standard Engineered Equipment)	● 详细指明设备； ● 询价； ● 供应招标； ● 供应评标； ● 授予合同； ● 供应商资料管理； ● 供应商制造； ● 设备运输
4	特殊设计设备 (Specialized Engineered Equipment)	● 详细指明设备； ● 询价； ● 供应招标； ● 供应评标； ● 授予合同； ● 协调供应商设计； ● 供应商资料管理； ● 供应商制造； ● 设备运输
5	现场管理 (Field Management)	● 接收和检查材料； ● 材料的清点、储存和维修； ● 材料问题； ● 供应商检查； ● 引导会计业务
6	服务 (Services)	● 工作包/服务范围； ● 供应商/分包商资格预审； ● 供应商/分包商招标； ● 授予合同
7	文件（Documentation）	● 准备采购的最终报告/移交文件
8	现场设备管理 (Field Equipment Management)	● 协调材料管理计划； ● 协调材料管理

项目采购工作一般由采买、催交、检验、运输及保管几个步骤组成，如表6-7所示。

EPC项目采购的步骤及内容　　　　　　　　　　　　表6-7

采购环节	采购的步骤及内容
采买	● 接受设计提交的采办清单，包括设备、材料采办清单，设备、材料采购说明书、询价图等； ● 编制询价文件，包括技术部分和商务部分； ● 选择合格询价厂商，并对合格供货厂商进行资格预审； ● 根据设计提供的请购文件向多家供货商询价； ● 报价的技术评审（设计部门负责）和商务评审（采购部门负责）； ● 确定2~3家拟合作的可能供货商； ● 和可能供货商进行合同谈判； ● 签订合同，发放订单； ● 供货厂商协调会； ● 签发采买订单（签订采购合同）
催交	● 落实供货厂商设备、材料制造计划和交付计划； ● 落实供货厂商原材料供应及其他辅料的供应； ● 催办先期确认图和最终确认图的提交，审查确认和返回给制造商； ● 跟踪制造计划和交付计划
检验	● 落实第三方检验计划及合同的签订； ● 落实业主检验计划； ● 关键设备、材料安排驻厂监造和设备材料出厂检验； ● 进出口海关检验； ● 运抵现场开箱检验
运输及保管	● 选择合理的运输方式； ● 签订运输委托合同； ● 办理或督办运输保险； ● 办理或委托办理进出口报关手续； ● 跟踪货物运输（重点是超限或关键设备、材料）

（4）项目施工阶段

在EPC总承包项目管理模式下，施工过程是受控于设计和采购过程的，因为设计没有进行到一定阶段或者设备、主要材料没有采购到位，是不可能进行施工的。但对于施工过程本身，它又是完全独立的，因为施工方要根据设计方制定的设计方案来进行施工。施工阶段在创造项目产品过程中的具体作用体现在：

1）施工是创造EPC总承包项目产品的最后环节，即按照设计文件和图纸的描述和要求，把采购提供的设备、材料组合成项目产品，形成生产力的过程；

2）施工是把设计质量和采购质量转化为项目产品（工程）质量的过程。

对于EPC总承包项目，施工阶段的主要工作内容是完成整个工程项目的建设和安装，这一阶段风险最大，不可预知的因素也最多，所以对这一阶段的投入也就越大，管理难度也最大，其具体工作内容如表6-8所示。

EPC项目施工阶段的主要工作内容 表 6-8

序号	工作类型	工作内容
1	施工前准备 (Pre-work)	● 现场动员； ● 提供施工设施； ● 提交项目文件； ● 获得施工许可/执照； ● 建立安全和质量管理体系； ● 建立现场安全； ● 完善材料管理计划； ● 确定训练步骤； ● 完善实施战略； ● 安装通信设施
2	施工 (Execution)	● 完善工作计划； ● 实施劳务管理和施工； ● 监控进度状态，及时调整计划； ● 建立设计支持与沟通联系方式； ● 进度报告； ● 资料管理； ● 材料管理并监控其状态； ● 变更管理； ● 支付； ● 监控成本/预算状态； ● 人力资源管理； ● 检查和调试设备； ● 分包商管理； ● 工程质量文件
3	施工后清理 (Demobilize)	● 协调竣工后争议的解决； ● 按合同归还剩余的材料； ● 移出施工设备、临时设施和施工设施，并进行现场清理

施工过程总承包商的主要任务是对施工分包商的管理。这就要求对施工过程的关键环节进行有效的管理：

1) 分包商管理。将整个 EPC 项目合理分解并进行施工分包招标，完成分包合同的签订，在与分包商签订分包合同后，要派专人对合同的实施情况以及合同的变更进行实时监控和管理。

2) 进度控制。EPC 总承包模式对项目进度要求很高，因为只有缩短工期才能最大限度地获得利润。总承包商对进度的控制包括施工计划和进展的测量、分析以及预测，当发现影响进度的因素时，及时采取纠正措施对其进行调整。

3) 费用控制。总承包商对施工费用的控制主要包括审查工程预算、对工程进展进行测量、各个分包商工程款的结算控制等。

4) 质量控制。质量是衡量项目产品是否合格的标准，具体实施办法主要包括建立质量管理体系，对项目的各道工序进行质量检查，然后对其进行质量确认，对发生的质量事故要记录在案，分析其产生的原因，吸取教训防止以后类似事件再次发生。

5）安全管理。EPC模式对安全管理相当重视，包括制订安全管理计划、进行现场安全监督、实行危险区域动火许可证制度、对安全事故进行通报等措施。

(5) 项目调试/移交阶段

项目产品在交付使用也就是在投产之前都要进行调试并移交，这个阶段是项目投产前的最后一个阶段。通过对大型设备（如发电机）的试运转，可以及时发现问题，并会同供货厂家一起解决。其主要作用表现在：

1）调试过程是对EPC总承包项目产品的验证，其重点是项目产品的范围、功能、特性和质量。

2）调试过程实施整体调试，也就是对整个项目的工艺流程进行试运行。通过调试使工程达到预期的设计能力。

3）通过调试使产品质量达到设计或合同要求。

4）通过调试为业主和第三方验收提供依据。

调试/移交阶段的主要工作内容是对项目产品的质量、特性等进行检验并移交给业主，具体工作如表6-9所示。

EPC项目调试阶段的主要工作内容　　　　　　表6-9

序号	工作类型	工作内容
1	项目投产计划 (Start-Up Plan)	● 拟定项目投产的实施步骤（包括安全检查、投产方案）； ● 投产人员安排； ● 人员训练； ● 供应商的审查； ● 获得原材料（如催化剂、化学药品等）； ● 审视经营和维修手册
2	移交 (Commissioning)	● 移交主要工程系统； ● 移交工艺设施； ● 移交远距离监控设施； ● 指导产品测试； ● 提供原材料投放； ● 审视项目实施保证
3	项目结束 (Project Close-Out)	● 确认保证条款； ● 最终的成本状况； ● 提交最终报告/移交文件； ● 最终的竣工图

对于EPC总承包项目的调试过程需要注意以下关键环节：

1）试运行。试运行是项目投产前的一切准备工作，包括部分单元或整个系统的联动试运行。需要注意的是，试运行工作要由业主负责组织进行并且有第三方参与和见证。

2）投产方案。注意现场实际条件与原设计条件的差别，根据现场实际条件编制投产方案，包括根据实际情况调整操作条件等。

3）调试。设计、采购、施工的缺陷都可能在调试过程中暴露出来，调试阶段应有设计人员、关键设备制造商的专家参加。

4) 项目产品验收。项目产品验收应在整个工程达到了设计能力，产品质量符合设计或合同要求并连续稳定运行的条件下进行。

6.2.3 EPC采购模式特点及适用范围

1. EPC采购模式的特点

交钥匙模式是一种简练的工程项目管理模式，是一种具有特殊性的设计-建造方式，即由承包商为业主提供包括项目科研、融资、土地购买、设计、施工直到竣工移交给业主的全套服务。采用此模式，在工程项目确定之后，业主只需选定负责项目的设计与施工的实体——交钥匙的承包商，该承包商对设计、施工及项目完工后试运行全部合格的成本负责。项目的供应商与分包商仍须在业主的监督下采取竞标的方式产生。

项目实施过程中保持单一的合同责任，在项目初期预先考虑施工因素，减少管理费用；能有效地克服设计、采购、施工相互制约和脱节的矛盾，有利于设计、采购、施工各阶段工作的合理深度交叉。由于EPC承包商是长期从事项目总承包和项目管理的长久性专门机构，拥有一大批在这方面具有丰富经验的优秀人才，拥有先进的项目管理集成信息技术，可以对整个建设项目实行全面的、科学的、动态的计算机管理，这是任何临时性的领导小组、指挥部、筹建处和生产厂家直接进行项目管理无法实现的，从而达到业主所期望的最佳项目建设目标。

(1) 单一的权责界面

业主只与总承包商签订工程总承包合同，把工程的设计、采购、施工和开车服务工作全部委托给总承包商负责组织实施。业主只负责整体的、原则的、目标的管理和控制。这样，由单个承包商对项目的设计、采购、施工全面负责，项目责任单一，简化了合同组织关系。EPC总承包商签订工程总承包合同后，可以把部分设计、采办、施工或投产服务工作，委托给分包商完成。分包商与总承包商签订分包合同，而不是与业主签订合同。分包商的全部工作由总承包商对业主负责。

(2) EPC总承包商在项目实施过程中处于核心地位

该模式要求EPC总承包商具有很高的总承包能力和风险管理水平。在项目实施过程中，对于设计、施工和采购全权负责，指挥和协调各分包商，处于核心地位。EPC模式给总承包商的主动经营带来机遇的同时也使其面临更严峻的挑战，总承包商需要承担更广泛的风险责任，如出现未预计到或不良的场地条件以及设计缺陷等风险。除了承担施工风险外，还承担工程设计及采购等更多的风险。特别是在决策阶段，在初步设计不完善的条件下，就要以总包价格签订总承包合同，存在工程量不清、价格不定的风险。另一方面，对总承包商而言，虽然风险加大，但这些风险总承包商可以通过报价体现，同时可以通过设计优化获得额外利润。

业主介入具体组织实施的程度较浅，EPC总承包商更能发挥主观能动性，充分运用其管理经验，为业主和承包商自身创造更多的效益。项目的业主只负责提供资金，提供合同规定的条件，监控项目实施，按合同要求验收项目，而不负责具体组织实施项目。EPC模式中业主把大部分风险转移给承包商，因此承包商的责任和风险大，同时获利的机会也多。

(3) 业主权力受到更多限制

EPC 模式的承发包关系与传统模式的承发包关系不同,在签订合同以后的实施阶段角色发生变换,承包商处于主动地位。EPC 承包商有按自己选择的方式工作的自由,只要最终结果能够满足业主规定的功能标准。而业主对承包商的工作只进行有限的控制,一般不应进行干预。例如,FIDIC 银皮书第 3.5 条规定,业主就任何事项对承包商表示同意或不满意时,应该与承包商商量,促使其做出努力,达成协议;如不能达成协议,则业主应按合同做出一个公平的终止,并接管所有有关现场。这些通知和决定,应该用书面形式表达同意或不同意,并附有支持材料。在业主发出通知 14 天内,承包商可以通知业主,表示失望和不支持。此时,就应该启动合同争议解决程序。

(4) 业主易于管理项目

EPC 模式业主参与工程管理工作很少,一般由自己或委托业主代表来管理工程,重点在竣工检验。在有些实际工程中,业主委派项目管理公司作为其代表,对建设工程的实施从设计、采购到施工进行全面地严格管理。总承包商负责全部设计、采购和施工,直至做好运行准备工作,即"交钥匙"。由于全部设计和工程的实施、全部设施装备的提供,以至于业主在工程实施过程中的合同管理都由承包商承担,因此对业主来说管理相对简单,极大地减少了业主的工作量。同时业主承担的项目风险减少,项目的最终价格和要求的工期具有更大程度的确定性。

(5) 项目整体经济性较好

EPC 总承包模式的基本出发点在于促成设计和施工的早期结合,整合项目资源,实现各阶段无缝连接,从项目整体上提高项目的经济性。由于 EPC 项目设计、采购、施工等工作均由同一承包商组织实施,设计、采办、施工的组织实施是统一策划、统一组织、统一指挥、统一协调和全过程的控制。承包商可以对设计、采办、施工进行整体优化;局部服从整体,阶段服从全过程,实施设计、采办、施工全过程的进度、费用、质量、材料控制,促进项目的集成管理,以确保实现项目目标,最终提高项目的经济效益。

EPC 模式之所以在国际上被普遍采用,是因为和其他项目采购模式相比,具有明显的优势,如表 6-10 所示。

EPC 模式的优势与劣势 表 6-10

对象	优 势	劣 势
业主	● 能够较好的将工艺的设计与设备的采购及安装紧密结合起来,有利于项目综合效益的提升; ● 业主的投资成本在早期即可得到保证; ● 工期固定,且工期短; ● 承包商是向业主负责的唯一责任方; ● 管理简便,缩短了沟通渠道; ● 工程责任明确,减少了争端和索赔; ● 业主方承担的风险较小	● 合同价格高; ● 对承包商的依赖程度高; ● 对设计的控制强度减弱; ● 评标难度大; ● 能够承担 EPC 大型项目的承包商数量较少,竞争性弱; ● 业主无法参与建筑师、工程师的选择,降低了业主对工程的控制力; ● 工程设计可能会受分包商的利益影响,由于同一实体负责设计与施工,减弱了工程师与承包商之间的检查和制衡

续表

对象	优势	劣势
承包商	● 利润高； ● 压缩成本、缩短工期的空间大； ● 能充分发挥设计在建设过程中的主导作用，有利于整体方案的不断优化； ● 有利于提高承包商的设计、采购、施工的综合能力	● 承包商承担了绝大部分风险； ● 对承包商的技术、管理、经验的要求都很高； ● 索赔难度大； ● 投标成本高； ● 承包商需要直接控制和协调的对象增多，对项目管理水平要求高

2. EPC采购模式的适用范围

EPC合同适合于业主对合同价格和工期具有"高度的确定性"，要求承包商全面负责工程的设计和实施并承担大多数风险的项目。因此，对于通常采用此类模式的项目应具备以下条件：

1) 在投标阶段，业主应给予投标人充分的资料和时间，使投标人能够详细审核"业主的要求"，以便全面地了解该文件规定的工程目的、范围、设计标准和其他技术要求，并进行前期的规划设计、风险评估以及估价等。

2) 该类工程包含的地下隐蔽工作不能太多，承包商在投标前无法进行勘察的工作区域不能太大。这是因为，这两类情况都使得承包商无法判定具体的工程量，无法给出比较准确的报价。

3) 虽然业主有权监督承包商的工作，但不能过分干预承包商的工作，如：要求审批大多数的施工图纸等。既然合同规定由承包商负责全部设计，并承担全部责任，只要其设计和完成的工程符合"合同中预期的工程目的"，就认为承包商履行了合同中的义务。

4) 合同中的期中支付款（Interim Payment）应由业主方按照合同支付，而不再像新红皮书和新黄皮书那样，先由业主的工程师来审查工程量，再决定和签发支付证书。

不适用EPC合同的情况：

1) 时间仓促或信息不足，使投标厂商无法详查并确认业主需求或办理设计、风险评估及估价。

2) 含有相当数量的地下工作，投标厂商无法及时勘察，取得准确的资料作为判断。

3) 业主意欲严格督导或控制承包商的工作。

4) 每次期中付款金额须由业主或其他第三人决定。

业主在采用EPC模式时，必须谨慎考虑下述情形：

1) 承包商可能基于成本考虑，采用最低设计标准；

2) 当业主质疑设计成果的安全性及耐久性时，承包商常以施工责任抗辩；

3) 承包商可能基于成本考虑，选用较低标准材料及设备的同等品；

4) 承包商可能选用低成本的过时设备而不采用自动化的新设备；

5) 对附属设备或设施尽量省略，增加业主营运成本及不便；

6) 如有终止契约的情形出现时，因厂商拥有专业技术（know-how）与智慧财产权，更换承包商不易，接续施工产生问题；

7) 初期运转如不顺利或未达到规定或保证的功能，业主要求承包商负瑕疵改善责任，而承包商却希望业主能减价接受，常为争议所在。

EPC 模式常用于基础设施工程，如公路、铁路、桥梁、自来水厂或污水处理厂、输电线路、大坝、发电厂，以及以交钥匙方式提供工艺和动力设备的工厂等。

6.3　EPC 采购模式合同条件分析

1999 年 9 月 FIDIC 出版了四本新版合同条件，其中的《EPC 交钥匙项目合同条件》第 1 版（Conditions of Contract for EPC Turnkey Projects，以下简称 EPC 合同条件）是 FIDIC 第一次编制出版的一种新型的合同条件。因为 EPC 合同条件的封面为银灰色，有时被简称为"银皮书"。在 FIDIC 对四份新合同文件的统一前言中，对《EPC/交钥匙合同条件》这一新的文本介绍指出：这是一份为工业生产或电力项目提供交钥匙工程的合同。它可以用于整个工厂或与之类似的设施，或用于一个基础设施项目。在此合同下，承包人负担了全部设计、采购和施工（EPC），提供全部完全装备好的设施，直至做好运行准备，这就是"交钥匙"。FIDIC 在起草此合同条件时，有通用的条件加以规定。特定项目的许多条件可以在使用时作出调整，写出专用条件，以适应项目环境。

6.3.1　EPC 合同条件内容

EPC 合同条件与传统的 FIDIC 合同一样分为通用条件和专用条件及附录和附件等。其中通用条件共有 20 条 166 款，包括：一般规定；业主；业主的管理；承包商；设计；职员和劳务；工程设备、材料和工艺；开工、延误与暂停；竣工检验；业主的接收；缺陷责任；竣工后实验；变更与调整；合同价格与支付；业主的终止；承包商的暂停与终止；风险与责任；保险；不可抗力以及索赔；争端与仲裁（如表 6-11 所示）。

通用条件与专用条件的合同条款分别从合同文件管理，工期管理，费用和支付，质量管理，环保，风险分担以及索赔和争端的解决等方面对合同双方在实施项目过程中的职责、义务和权利作出了全面而明确的规定。

FIDIC-EPC 的主要合同条款　　　　表 6-11

主题条款	分　条　款
1. 一般规定 (General Provisions)	1.1　定义（Definitions） 1.2　解释（Interpretation） 1.3　通信交流（Communications） 1.4　法律和语言（Law and Language） 1.5　文件的优先次序（Priority of Documents） 1.6　合同协议书（Contract Agreement） 1.7　权益转让（Assignment） 1.8　文件的照管和提供（Care and Supply of Documents） 1.9　保密（Confidentiality） 1.10　业主使用承包商文件（Employer's Use of Contractor's Documents） 1.11　承包商使用雇主文件（Contractor's Use of Employer's Documents） 1.12　保密事项（Confidential Details） 1.13　遵守法律（Compliance with Laws） 1.14　共同的和各自的责任（Joint and Several Liability）

续表

主题条款	分 条 款
2. 业主 (The Employer)	2.1　现场进入权（Right of Access to the Site） 2.2　许可、执照或批准（Permits，Licenses or Approves） 2.3　业主人员（Employer's personnel） 2.4　业主的资金安排（Employer's Financial Arrangements） 2.5　业主的索赔（Employer's Claims）
3. 业主的管理 (The Employer's Administration)	3.1　业主代表（The Employer's Representative） 3.2　其他业主人员（The Employer's personnel） 3.3　受托人员（Delegated Persons） 3.4　指示（Instructions） 3.5　确定（Determinations）
4. 承包商 (The Contractor)	4.1　承包商的一般义务（The Contractor's General Obligations） 4.2　履约担保（Performance Security） 4.3　承包商代表（Contractor's Representative） 4.4　分包商（Subcontractors） 4.5　指定的分包商（Nominated Subcontractors） 4.6　合作（Co-operation） 4.7　放线（Setting out） 4.8　安全程序（Safety Procedures） 4.9　质量保证（Quality Assurance） 4.10　现场数据（Site Data） 4.11　合同价格的充分性（Sufficiency of the Contract Price） 4.12　不可预见的困难（Unforeseeable Difficulties） 4.13　道路通行权和设施（Rights of way and Facilities） 4.14　避免干扰（Avoidance of Interference） 4.15　进场道路（Access Route Transport of Good） 4.16　货物运输（Transport of Good） 4.17　承包商设备（Contractor's Equipment） 4.18　环境保护（Protection of the Environment） 4.19　电、水和燃气（Electricity，Water and Gas） 4.20　雇主的设备和免费提供的材料（Employer's Equipment and Free-Issue Material） 4.21　进度报告（Progress Reports） 4.22　现场保安（Security of the Site） 4.23　承包商的现场作业（Contractor's Operations on Site） 4.24　化石（Fossils）
5. 设计 (Design)	5.1　设计义务一般要求（General Design Obligations） 5.2　承包商文件（Contractor's Documents） 5.3　承包商的承诺（Contractor's Undertaking） 5.4　技术标准和法规（Technical Standards and Regulations） 5.5　培训（Training） 5.6　竣工文件（As-Built Documents） 5.7　操作和维修手册（Operation and Maintenance Manuals） 5.8　设计错误（Design Error）

续表

主题条款	分 条 款
6. 职员和劳务 (Staff and Labor)	6.1 员工和劳务的雇佣（Engagement of Staff and Labor） 6.2 工资标准和劳动条件（Rates of Wages and Conditions of Labor） 6.3 为业主服务的人员（Persons in the Service of Employer） 6.4 劳动法（Labor Laws） 6.5 工作时间（Working Hours） 6.6 为员工和劳务提供设施（Facilities for Staff and Labor） 6.7 健康和安全（Health and Safety） 6.8 承包商的监督（Contractor's Superintendence） 6.9 承包商人员（Contractor's Personnel） 6.10 承包商人员和设备的记录（Records of contractor's Personnel and Equipment） 6.11 无序行为（Disorderly Conduct）
7. 工程设备、材料和工艺 (Plant, Materials and Workmanship)	7.1 实施方法（Manner of Execution） 7.2 样品（Samples） 7.3 检验（Inspection） 7.4 试验（Testing） 7.5 拒收（Rejection） 7.6 修补工作（Remedial Work） 7.7 生产设备和材料的所有权（Ownership of Plant and Materials） 7.8 土地（矿区）使用费（Royalties）
8. 开工、延误与暂停 (Commencement, Delays and Suspension)	8.1 工程的开工（Commencement of Works） 8.2 竣工时间（Time for Completion） 8.3 进度计划（Program） 8.4 竣工日期的延长（Extension of Time for Completion） 8.5 当局造成的延误（Delays Caused by Authorities） 8.6 工程进度（Rate of Progress） 8.7 误期损害赔偿费（Delay Damages） 8.8 暂时停工（Suspension of Work） 8.9 暂停的后果（Consequences of Suspension） 8.10 暂停时对生产设备和材料的付款（Payment for Plant and Materials in Event of Suspension） 8.11 暂停延长（Prolonged Suspension） 8.12 复工（Resumption of Work）
9. 竣工检验 (Tests on Completion)	9.1 承包商的义务（Contractor's Obligations） 9.2 延误的试验（Delayed Tests） 9.3 重新试验（Retesting） 9.4 未能通过竣工试验（Failure to Pass Tests on Completion）
10. 业主的接收 (Employer's Taking Over)	10.1 工程和分项工程的验收（Taking Over of the Works and Sections） 10.2 部分工程的接收（Taking Over of Parts of the Works） 10.3 对竣工试验的干扰（Interference with Tests on Completion）

续表

主题条款	分条款
11. 缺陷责任 (Defects Liability)	11.1 完成扫尾工作和修补缺陷 (Completion of Outstanding Work and Remedying Defects) 11.2 修补缺陷的费用 (Cost of Remedying Defects) 11.3 缺陷通知期的延长 (Extension of Defects Notification Period) 11.4 未能修补的缺陷 (Failure to Remedy Defects) 11.5 移出有缺陷的工程 (Removal of Defective Work) 11.6 进一步的试验 (Further Tests) 11.7 进入权 (Right of Access) 11.8 承包商调查 (Contractor to Search) 11.9 履约证书 (Performance Certificate) 11.10 未履行的义务 (Unfulfilled Obligations) 11.11 现场清理 (Clearance of Site)
12. 竣工后试验 (Tests after Completion)	12.1 竣工后试验的程序 (Procedure for Tests after Completion) 12.2 延误的试验 (Delayed Tests) 12.3 重新试验 (Retesting) 12.4 未能通过的竣工后试验 (Failure to Pass Tests after Completion)
13. 变更与调整 (Variations and Adjustments)	13.1 变更权 (Right to Vary) 13.2 价值工程 (Value Engineering) 13.3 变更程序 (Variation Procedure) 13.4 以适用货币支付 (Payment in Applicable Currencies) 13.5 暂列金额 (Provisional Sums) 13.6 计日工 (Day-work) 13.7 因法律改变的调整 (Adjustments for Changes in Legislation) 13.8 因成本改变的调整 (Adjustments for Changes in Cost)
14. 合同价格与支付 (Contract Price and Payment)	14.1 合同价格 (The Contract Price) 14.2 预付款 (Advance payment) 14.3 期中付款的申请 (Application for Interim Payments) 14.4 付款价格表 (Schedule of Payments) 14.5 拟用于工程的生产设备和材料 (Plant and Materials intended for the Works) 14.6 期中付款 (Interim Payments) 14.7 付款的时间安排 (Timing of Payments) 14.8 延误的付款 (Delayed Payment) 14.9 保留金支付 (Payment of Retention Money) 14.10 竣工报表 (Statement at Completion) 14.11 最终付款的申请 (Application for Final Payment) 14.12 结清证明 (Discharge) 14.13 最终付款 (Final Payment) 14.14 业主责任的中止 (Cessation of Employer's Liability) 14.15 支付的货币 (Currencies of Payment)

续表

主题条款	分条款
15. 业主的终止 (Termination by Employer)	15.1 通知改正 (Notice to Correct) 15.2 业主终止 (Termination by Employer) 15.3 终止日期时的估价 (Valuation at Date of Termination) 15.4 终止后的付款 (Payment after Termination) 15.5 业主终止的权利 (Employer's Entitlement to Termination)
16. 承包商的暂停与终止 (Suspension and Termination by Contractor)	16.1 承包商暂停工作的权利 (Contractor's Entitlement to Suspend Work) 16.2 承包商终止 (Termination by Contractor) 16.3 停止工作和承包商设备的撤离 (Cessation of Work and Removal of Contractor's Equipment) 16.4 终止时的付款 (Payment on Termination)
17. 风险与责任 (Risk and Responsibility)	17.1 保障 (Indemnities) 17.2 承包商对工程的照管 (Contractor's Care of the Works) 17.3 业主的风险 (Employer's Risks) 17.4 业主风险的后果 (Consequence of Employer's Risks) 17.5 知识产权和工业产权 (Intellectual and Industrial Property Rights) 17.6 责任限度 (Limitation of Liability)
18. 保险 (Insurance)	18.1 有关保险的一般要求 (General Requirements for Insurances) 18.2 工程和承包商设备的保险 (Insurance for Works and Contractor's Equipment) 18.3 人身伤害和财产损害险 (Insurance against Injury to Persons and Damage to Property) 18.4 承包商人员的保险 (Insurance for Contractor's Personnel)
19. 不可抗力 (Force Majeure)	19.1 不可抗力的定义 (Definition of Force Majeure) 19.2 不可抗力的通知 (Notice of Force Majeure) 19.3 将延误减至最小的义务 (Duty to Minimize Delay) 19.4 不可抗力的后果 (Consequences of Force Majeure) 19.5 不可抗力影响分包商 (Force Majeure Affecting Subcontractor) 19.6 自主选择终止、支付和解除 (Optional Termination, Payment and Release) 19.7 根据法律解除履约 (Release from Performance under the Law)
20. 索赔、争端与仲裁 (Claims, Disputes and Arbitration)	20.1 承包商的索赔 (Contractor's Claims) 20.2 争端裁决委员会的任命 (Appointment of the Dispute Adjudication Board) 20.3 争端裁决委员会未能取得一致 (Failure to Agreement Dispute Adjudication Board) 20.4 取得争端裁决委员会的决定 (Obtaining Dispute Adjudication Board's Decision) 20.5 友好解决 (Amicable Settlement) 20.6 仲裁 (Arbitration) 20.7 未能遵守争端裁决委员会的决定 (Failure to Comply with Dispute Adjudication Board's Decision) 20.8 争端裁决委员会任命期满 (Expiry of Dispute Adjudication Board's Appointment)

1999年9月与银皮书同时出版的还有另外三本新版FIDIC标准合同条件,它们一同被称为FIDIC"彩虹族"合同条件(如表6-12所示),是一个能涵盖大多数工程承包模式的完整体系。

银皮书与其他FIDIC"彩虹族"合同条件　　　　　　　　　表6-12

名　称	简明合同格式	施工合同条件	生产设备和设计-施工合同条件	设计采购施工(EPC)/交钥匙工程合同条件
英文名称	Short Form of Contract	Conditions of Contract for Construction	Conditions of Contract for Plant and Design-Build	Conditions of Contract for EPC Turnkey Project
简称	绿皮书	新红皮书	新黄皮书	银皮书
适用项目类型	投资额较低,或简单小型项目	由业主(或其工程师)负责设计的项目	由承包商负责设计或包含大量电力、机械设备安装项目	以交钥匙方式实施的加工厂、电站类似项目以及基础设施的建设等
承包商的工作	视具体合同而定	施工	设计、施工	规划设计、采购、施工
风险分担原则	视具体合同而定	双赢原则	双赢原则	承包商承担绝大部分风险

FIDIC"彩虹族"合同系列都有各自的特点和适用范围,具体选择哪一种合同,应根据项目的特点、业主的要求而定,图6-5为FIDIC合同系列的选择示意图。

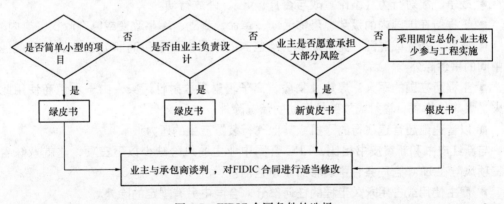

图6-5　FIDIC合同条件的选择

6.3.2　EPC合同中的各方权利义务

在《EPC/交钥匙合同条件》通用条件第2部分和第4部分对业主与承包商的权利和责任作了明确说明。

1. 业主的权利和责任

■ 拥有现场进入权,但应按照合同要求交付给承包商进入和占用现场各部分的权利,这既是业主的权利也是业主的责任。

■ 业主有责任根据承包商的请求对其提供包括取得工程所在国法律文本、许可、执照或批准等合理的协助。
- 业主应对雇主人员负责，并对雇主人员与承包商的合作负责。
- 业主有责任按照合同支付工程款，并在期限内提出资金安排计划的合理证明。同时合同也规定，雇主认为根据合同条款或合同有关事项，有权利得到任何付款或者缺陷通知期的延长，业主拥有索赔的权利，可向承包商发出通知，说明细节后进行索赔。

2. 承包商的权利和责任
- 承包商的一般义务是按照合同设计、实施和完成工程，并修补工程中的任何缺陷，工程应能满足合同规定的预期目的。
- 承包商有义务按照合同或惯例向业主提交履约担保。
- 承包商有权利指派承包商代表，但应经过业主的认可；未经业主事前同意，承包商不能撤销或更改承包商代表的任命。
- 承包商要对分包商的行为和违约负责，并且不能将整个工程分包出去。
- 承包商有权利合理拒绝与业主指定的分包商签订合同。
- 承包商有义务按照合同遵守安全程序，做好质量保证和环境保护，负责核实与解释业主提供的现场水文及环境资料。合同中规定的承包商其他义务包括：如道路通行权和设施及其全部费用开支，负责进场通路，电、水、燃气供应，避免干扰公众等。

6.3.3 EPC 合同条件的风险分担

EPC 合同条件在 17.3 款（业主的风险）中明确划分了业主与承包商的风险分担情况。其中，业主的主要风险包括：
- 战争、敌对行为（不论宣战与否）、入侵、外敌行动。
- 工程所在国国内的叛乱、恐怖活动、革命、暴动、军事政变或篡夺政权，或内战。
- 暴乱、骚乱或混乱，完全局限于承包商的人员以及承包商和分包商的其他雇佣人员中间的事件除外。
- 工程所在国的军火、爆炸性物质、离子辐射或放射性污染，由于承包商使用此类军火、爆炸性物质、辐射或放射性活动的情况除外。
- 以音速或超音速飞行的飞机或其他飞行装置产生的压力波。

与新红皮书和新黄皮书相比，EPC 合同中业主的风险缺少以下三项，这就意味着以下三项风险在 EPC 合同条件中转移给了承包商：
- 雇主使用或占用永久工程的任何部分，合同中另有规定的除外。
- 因工程的任何部分设计不当而造成的，而此类设计是由业主的人员提供的，或由雇主所负责的其他人员提供的。
- 一个有经验的承包商不可预见且无法合理防范的自然力的作用。

前两条由于 EPC 交钥匙合同的性质自然消失，但后一条则是业主按 EPC 交钥匙合同条件转由承包商承担的风险。这就意味着，在 EPC 合同条件下，承包商要单方面承担发生最频繁的"外部自然力的作用"这一风险，这无疑大大地增加了承包商在实施工程过程中的风险。另外，从其他一些条款中也能看出，在 EPC 合同条件中，承包商的风险要比在新红皮书和黄皮书中多。如：

（1）EPC 合同条件 4.10 款（现场数据）中明确规定：承包商应负责核查和解释（业

主提供的）此类数据，业主对此类数据的准确性、充分性和完整性不负任何责任。而在新红皮书和新黄皮书相应条款中的规定则比较有弹性：承包商应负责解释此类数据。考虑到费用和时间，在可行的范围内，承包商应被认为已取得了可能对投标文件或工程产生影响或作用的有关风险、意外事故及其他情况的全部必要的资料。

(2) EPC 合同条件第 4.12 款（不可预见的困难）中规定：

■ 承包商被认为已取得了可能对投标文件或工程产生影响或作用的有关风险、意外事故及其他情况的全部必要的资料。

■ 在签订合同时，承包商应已经预见到今后为圆满完成工程而可能发生的一切困难和费用。如对于业主所提供的地质资料等，业主认为在签订合同时，承包商已进行过必要的调查核实，由此引起的变更等责任由承包商自行负责。

■ 不能因任何没有预见的困难和费用而进行合同价格的调整。如对于工程量的变化，业主认为承包商已考虑到工程量的变化并包括在合同总价中。

而在新红皮书和新黄皮书中的相应条款第 4.12 款（不可预见的外部条件）中却规定：如果承包商在工程实施过程中遇到了一个有经验的承包商在提交投标书之前无法预见的不利条件，则承包商就有可能得到工期和费用方面的补偿。这表明在 EPC 合同条件下，承包商要承担远多于其他合同条件下的风险，这无疑大大增加了承包商成功实施工程的难度。EPC 项目实际操作中承包商几乎要承担全部工作量和报价风险，对业主要求的理解负责，以及现场环境和水文地质条件等风险。这些风险在其他合同条件下大都由业主承担。

6.3.4 EPC 合同的特点

EPC 合同条件与其他 FIDIC 合同相比有显著的不同，其特点主要体现在以下几个方面：

1. 固定总价和工期

EPC 合同的最大特点是固定总价和工期，这与前文所述 EPC 的产生背景有密切关系。此外，由于 EPC 通常与融资有密切关系，为了偏重于融资安排的缘故，融资人要求项目成本一定要有确定性，不能敞口，并且还要有前瞻性，以保证融资金额的相对固定和安全，固定总价和工期这一特点对于 EPC 项目的管理有很大的影响。

■ 首先，由于是固定总价，投标和签订合同时总价的确定就显得非常重要，此时，项目没有详细完整的设计方案和图纸，只能依据已经建成和在建的同类型项目及承包商的经验来定价，这对承包商投标报价和投标管理要求很高。

■ 其次，中标后谈判过程时间较长，这与 FIDIC 红皮书的单价合同不同，固定总价合同议标、谈判的过程是一个讨价还价的过程，因为价格一旦固定就很难再索赔。例如不良地质条件之类的未知因素在普通 FIDIC 合同中很明确不是承包商承担的风险，属于可索赔的范畴，而在 EPC 合同条件下是由承包商承担的。这使得 EPC 承包商必须在签订合同时争取更有利的价格及工期，以便在面对完全固定的硬性规定时保证利润。

■ 最后，固定总价和工期还导致项目实施过程费用控制和进度控制的难度加大，在 FIDIC 合同"红皮书"中，工程量的变更导致费用增加是可以索赔的，而 EPC 承包商承担设计、采购、施工全部责任，总价一旦固定就很难索赔。

2. 没有"工程师"第三方

与传统的采用独立的"工程师"管理项目不同，EPC合约中没有咨询工程师这个专业监控角色和独立的第三方，项目参与各方的关系不再是"红皮书"条件下的三角关系。业主按照EPC合同第三条"雇主的管理"的规定，委派业主代表来管理项目，并将业主代表的姓名、地址、任务和权利，以及任命日期通知承包商，当业主希望替换已任命的雇主代表，只需要提前14天将替换人的姓名、地址、任务、权利以及任命日期通知承包商即可。而在新红皮书和新黄皮书中，业主更换工程师，接替原工程师的人选需要经承包商的同意。此外，EPC项目中业主代表作出决定时，也要求不像"工程师"那样，业主代表对项目的管理主要是监控进度，对承包商的监管很弱，业主实际参与项目的力度很小。

在我国具体实践中，由于EPC合同模式应用时间还不长，国内应用经验不足，对EPC合同的做法还不完全一样，工程的具体实施方式和对项目的监管力度是由业主根据自己的实际情况来决定。

3. 里程碑式的付款方式

EPC合同的支付是"里程碑式的付款方式"，而不像传统的FIDIC合同那样，计算已完工程量来确定期中支付，最终支付合同价款必须通过"竣工试车"验收并最终成功。EPC合同的支付方式，有时在业主的招标文件中作出原则性规定，例如规定项目达到某种要求和功能时支付已完工程的金额。承包商根据业主的原则性规定，在填写支付表确定支付里程碑时提出详细的支付要求。必要时，常常在授标之前协商有关支付事项，确定最终的支付方式和里程碑事件并签订合同。

例如，中国一阿拉伯化肥有限公司一期工程总投资5800万美元，首先总承包商（法国SB公司）按照合同范围，列出全部工程清单，并分解为许多个工作包，然后每月依据已完成的工作包提出付款申请。工作包的分解就是里程碑的界定，以工作包的完成情况和完成多少来确定支付数额。

承包商在确定"里程碑"填写支付计划表时，除了上述划分工作包，按里程碑支付已完工程金额的方式，还可按投标时的进度计划支付，在支付表中为合同期的每个月份填入一个合同价格的百分数作为支付依据。另外，也可以根据工程项目的性质灵活采用上述两种支付方式，例如土石方量和混凝土浇筑量等可以合理划分工作包，按实际进度支付；设计可以采用工作深度里程碑（初步设计、详细设计等）来划分。

6.4 EPC采购模式与其他模式比较分析

2003年建设部《关于培育和发展工程总承包和工程项目管理企业的指导意见》中规定，除了设计-施工总承包（DB）和设计、采购、施工（EPC）/交钥匙工程总承包之外，还可采用设计-采购总承包（E-P）、采购-施工总承包（P-C）等方式。但实际上，设计-采购总承包（E-P）和采购-施工总承包（P-C）模式并不是国际上通行的方式。各种总承包模式的区别在于承包商所承担的工作内容及进入项目的阶段不同，如表6-13所示。

几种工程总承包模式的工作阶段比较　　　　表 6-13

阶段＼承包模式	工程项目建设程序						
	项目决策	初步设计	技术设计	施工图设计	材料/设备采购	施工	试运行
EPC	━━━						
DB		━━━━━━━━━━━━━━━━━━━━━━━━━━━				━━━━━	
E-P		━━━━━━━━━━━━━━━━━━━━━━━━━━━━━━━━━━━					
P-C					━━━━━━━━━━━━━━━		
施工总承包						━━━━━	

工程总承包中应用广泛的是 DB 模式及 EPC 模式，二者的差别在于采购。按照国家《关于培育和发展工程总承包和工程项目管理企业的指导意见》中各自的概念定义，DB 模式只是包括了设计、建造，对采购的管理并未提及，既没有规定采购属于总承包合同之一，也没有规定是业主自身进行采购管理。而 EPC 中则明确规定，采购与设计、施工一起，以整体的形式发包给总承包商，业主本身不介入任何采购管理。

6.5　EPC 模式的管理要点

EPC 模式的管理要点主要体现在工程报价、项目综合管理以及全过程费用控制三个方面。

1. 工程报价

EPC 总承包项目的成败，与项目报价关系密切。报价工作应特别注意下列问题：

1) 完全理解业主要求。业主要求是业主对项目范围和目标的描述，疏于对业主要求的完全理解，严重的将导致项目的完全失败。

2) 技术建议书尽量达到基本设计的深度。对于 EPC 总承包项目，报价阶段的技术建议书工作做得越深，合同签订之后变更的概率越小。对承包商来说，意味着风险越小。当然工作深度越深，投标费用越大，这需要根据项目特点和经营策略作出权衡。

3) 报价估算做到偏差控制在±10%的准确度。EPC 总承包项目，对业主和承包商风险都比较大，应该控制报价估算的准确度。通常技术建议书做到接近基本设计的深度，报价估算的偏差可以控制在±10%之内。

2. 项目综合管理

EPC 总承包项目管理的实质是 EPC 的综合管理，如果不强调综合，就失去 EPC 总承包的意义。1987 年版美国 PMI《项目管理知识体系指南》(PMBOK Guide) 中，没有列入项目整体管理这一章，到 1996 年版和 2000 年版，PMI 正式承认了项目整体管理知识领域的存在，列入了项目整体管理这一章，强调项目综合管理的重要性。项目综合管理的意义在于保证在 EPC 之间及项目管理各要素之间作出平衡，协调和控制它们之间的相互影响，使项目顺利开展，有效地达到项目目标。

EPC 总承包项目的综合管理是项目经理的职责。有经验的项目经理能熟练地协调、平衡和控制 EPC 之间及项目管理各要素之间的相互影响，满足或超出项目业主的需求和期望。综合管理的重要表现就是在保证工程质量的前提下，尽量使项目进度深度交叉，从而缩短工程建设总周期。进度交叉会带来返工的风险，但同时会创造缩短建设周期、提高投资效益的机会。有经验的工程公司或项目经理能权衡和把握进度交叉的风险和机会，采取合理措施，在可接受的风险条件下，协调设计、采办、施工之间合理、有序和深度交叉，在保证各自合理周期的前提下，可使EPC工程建设总周期缩短（如图6-6所示）。据统计，采用EPC模式建设工程比采用传统的DB模式要节省20%～30%的工期，既降低了融资费用，又能使工程提早投入运行产生收益。

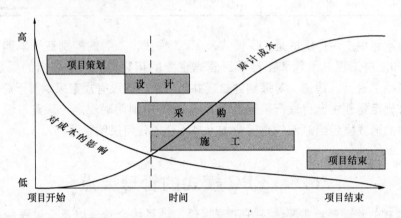

图6-6　EPC模式的各阶段交叉及成本关系

3. 全过程费用控制

EPC总承包项目管理着眼于全过程的费用控制，关注每一个经济增长点，因而有可能使工程总造价降至最低。如果E、P、C分别承包，虽然设计商要对初步设计做概算，然而对概算的准确性责任不大，设计人员更关注的是先进性和可靠性，经济性的观念比较薄弱。只有在EPC工程总承包的模式下，项目经理才会要求实行定额设计及设备、材料的采购定价，超出定额或定价要经过批准。

通过合格供货厂商采购设备、材料，既能保证供货进度和质量，价格又比较合理，还能避免返工造成的浪费。施工过程中EPC总承包商严格的管理和积极主动的变更控制，可以大大降低施工成本。EPC全过程的费用控制，使工程造价比传统的管理模式降低，使EPC总承包这种组织实施方式显示出强大的生命力。

6.6　EPC采购模式案例分析

6.6.1　孟巴矿项目

1. 工程概况

孟加拉巴拉库普利亚煤矿项目（以下简称孟巴矿项目）是中国第一个大型海外煤炭资源开发的国际工程，也是孟加拉国第一个煤矿项目。该项目位于孟加拉国的东北部，井田面积为5.8平方公里，距离首都达卡（Dhaka）约360公里。20世纪80年代初期经过孟加拉地质勘探局以及英国WA公司勘探，探明在该项目区域有丰富的煤炭资源。该国能源消耗主要是石油和天然气，其中天然气资源相当丰富，但这些资源开发权主要控制在西方发达国家公司手中。为了改善该国的能源结构，孟加拉国政府在 1994 年决定开发煤炭资源，于是将孟巴矿项目进行国际公开招标，寻找开发建设的承包商。中国机械进出口总公司（以下简称 CMC）主要从事机电产品的进出口和国际工程承包业务，具有丰富的商务经验，最终获得该项目的中标。

项目总目标为：矿井设计生产能力为年产 100 万吨（或日产 3333 吨）的井工煤矿一座，包括相应的地面生产、生活设施。

项目的技术方案采用了 2 个综合机械化采煤工作面，配备两条综合机械化掘进生产线，每个工作面年产原煤 50 万吨，井田开拓采取立井与暗斜井相结合，立井井底水平-260m，为主要生产水平（井深 293.6m）；暗斜井井底水平-430m，为辅助生产水平（高差 190m）。

项目中可能遭遇的风险主要有：

1) 孟巴矿井水文地质条件较复杂，水患与涌水量较大；

2) 矿井地温较高，井下湿度大，工作环境恶劣；

3) 孟巴矿项目是孟加拉国和该矿区第一个矿井，在地质构造、煤层赋存条件和开采条件方面缺乏可比性，存在发生不同程度变化的可能性或风险；

4) 孟加拉国整体工业化水平较低，孟巴矿作为一个独立的矿区，缺乏相关工业的有力支持；

5) 维持正常施工的后勤保障线长，投入大，不可预见因素多。

2. 项目的组织结构及合同关系

该项目采取 EPC 模式，CMC 以 EPC 交钥匙方式总承包整个项目的建设：包括设计、建设、设备采购、安装、试运转和移交等工作，项目组织机构的设置具有明显的中国特色。以中方（CMC）管理为主，孟加拉国营石油、天然气和矿业公司（以下简称 PB）管理为辅。

在 1992—1999 孟巴矿项目的组织结构图（如图 6-7 所示）中，国内由 CMC、总承包公司、设计院、基建公司、其他协作单位组成。国外由项目办、现场办、总承包、设计院、基建公司、其他协作单位组成。在实际运行过程中发现组织机构层次多，特别是在工地现场，责任不明确，容易造成相互扯皮，影响项目执行。因此在 1999 年末将组织机构进行了调整（如图 6-8 所示），国内由 CMC、设计院、基建公司、其他协作单位组成。国外由项目办、基建公司组成。

孟巴矿项目的合同关系如图 6-9 所示，CMC 在与孟加拉方签订了总承包合同后，采用邀请招标方式，选定了国内的设计分包单位、施工分包单位和培训分包单位，分别承担对外合同责任和义务项下的设计任务、施工任务和培训任务。

3. 项目合同的主要条件

合同以 FIDIC 的《EPC 交钥匙项目合同条件》为主要框架，采取总价合同，合同金额为 1.99 亿美元，建设工期为 60 个月。CMC 提供约 70% 的卖方信贷资金，其余资金为随工程进度而支付的当地货币。孟加拉国提供政府财政保函，来保证 CMC 信贷的偿还。CMC 向业主提交 10% 合同额的履约保函。项目合同价格构成如表 6-14 所示。

6　EPC采购模式与管理

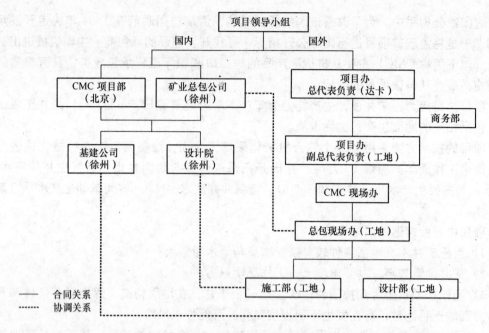

图 6-7　孟巴矿项目组织结构示意图（1992～1999）

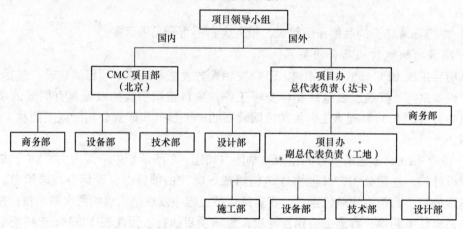

图 6-8　孟巴矿项目组织结构示意图（2000～2004）

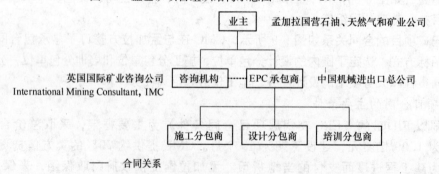

图 6-9　孟巴矿项目合同关系示意图

6.6 EPC采购模式案例分析

孟巴矿项目合同价格构成（单位：万美元） 表 6-14

序号	项目名称	合同总价	外汇部分	当地货币部分
1	建安工程	11798.52	6485.88	5312.64
	1.1 矿建工程	7422.36	3999.05	3423.31
	1.2 土建工程	1996.15	714.84	1281.31
	1.3 安装工程	2380.00	1771.99	608.01
2	设备购置	4875.31	4653.82	203.49
3	其他费用	2835.19	1516.00	1319.19
	3.1 设计费	388.00	388.00	0.00
	3.2 咨询费	265.00	231.00	34.00
	3.3 培训费	400.00	200.00	200.00
	3.4 开办费及其他费用	1782.19	697.00	1085.19
4	合计	19981.00	12896.00	7085.00

6.6.2 渤南油气田项目

1. 工程概况

渤南油气田位于渤海湾南部，距离最近的陆地（山东省龙口市）大约90公里左右。项目包括一个新建平台、两个改造平台、一个单点系泊系统以及两条海底管线，其终端处理厂位于龙口港附近。总投资在人民币20亿元以上。

2. 组织结构

由于渤南油气田产权隶属于中海油总公司，而施工地点位于渤海湾，所以由总公司（北京）委任一名项目总经理，由他负责联合渤海石油公司（天津）各个部门，抽调所需的各个专业人员，组建联合项目组——渤南油气田开发工程项目组（Bo Nan Project Management Team，BNPMT），负责整个油气田的开发工作，包括设计、采办、施工以及调试、投产，直至最后通过总公司天津分公司生产部门的验收并交付其使用。BNPMT实行项目总经理负责制，组织结构如图6-10所示。

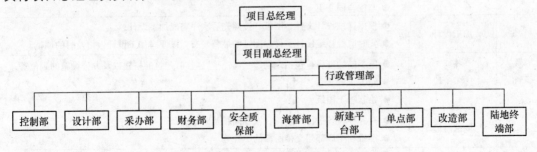

图 6-10 BNPMT 组织结构图

3. 项目进度及工作安排

渤南油气田开发项目为 EPC 总包项目，计划工期为 26 个月，进度计划的划分如图 6-11所示，它的特点是各个阶段相互交叉（这也正是 EPC 模式项目管理的特点）。

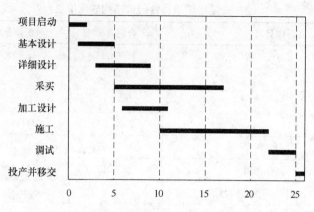

图 6-11 渤南油气田开发项目进度计划

根据渤南油气田开发项目的特点，将项目划分为启动阶段、基本设计阶段、详细设计阶段、采办阶段、加工设计、施工阶段、调试阶段、投产并移交阶段等八个阶段，每个阶段的主要工作内容如表 6-15 所示。

渤南油气田各阶段的工作安排　　　　　　　　　　　　　表 6-15

序号	工作阶段	工作内容
1	项目启动阶段	● 组建联合项目组，编制组织机构图； ● 在工作分解结构（WBS）和组织分解结构（OBS）的基础上，对所有工作包进行编码； ● 编制项目执行计划； ● 完成工艺流程图（PFD）和工艺数据表
2	基本设计阶段	● 对各个专业进行基本设计，包括机械、电气、仪表、结构、防腐、舾装等； ● 确定主要采办的设备、材料等的基本技术要求； ● 建立文件和材料信息控制系统
3	详细设计阶段	● 细化基本设计所涉及的各个专业的工作； ● 完成所有详细设计文件、图纸； ● 编制材料单（Materials Take-off，MTO）
4	采办阶段	● 招标投标、和厂家谈判、签订采办协议或合同； ● 根据 MTO 等文件、图纸，完成设备、材料的采购； ● 实时监控最终材料采购单的最新发布； ● 监控合同变更
5	加工设计	● 根据详细设计文件、图纸，按照先后次序完成加工设计； ● 实时监控详细设计文件、图纸的最新发布，以便对加工设计做出及时的调整
6	施工阶段	● 施工前的准备，包括现场"三通一平"、临时建筑的搭建以及办公设施的到位等； ● 施工； ● 绘制竣工图纸
7	调试阶段	● 对各种设备进行试运行，发现问题及时处理； ● 准备和生产部门交接所需的文件等
8	投产并移交阶段	● 投产； ● 办理项目移交，即交由生产部门验收并接管； ● 文件、图纸等归档； ● 安置剩余材料、设施等； ● 编制完工报告，做项目总结

4. 项目各阶段的协调与控制

EPC 项目采购模式的一个最大特点就是项目各个阶段相互交叉、重叠进行，这必然会涉及不同单位、部门的利益，处理不好就会产生矛盾并有可能影响项目进展。据此，BNPMT 采取了如下管理措施：

(1) 由设计部牵头，组建设计协调小组。设计是工程的根本，但同时设计也是矛盾最集中的地方，因为后续的大部分工作都是围绕它来展开的，对设计阶段管理的好坏直接影响整个工程的质量。设计协调小组就是把设计各个专业以及大量供应商的设计部门有机地联系为一个整体。当初步的技术规格书、数据表格、材料单和图纸准备完毕后，由设计协调小组分发给相应的各子项相关负责人并登记签收，负责设计文件及图纸的各专业之间的会审、传递；供应商文件图纸从行政管理部传来后，他们要负责登记并分发到各专业，跟踪催促直到获得审查意见，然后返还给行政管理部发回供应商做进一步修改。

(2) 在详细设计阶段，施工经理派遣专业技术人员协助计划工程师编制尽可能详细的施工计划和施工方案，使设计、采办部门及时地了解施工的先后次序，即哪些文件图纸、材料设备必须先到场，这样设计、采办部门在项目前期就能够有计划地支持施工。施工方提前介入设计阶段的好处就是把设计、采办、施工等部门紧密地联系在一起，从而最大限度地保证工程质量，避免返工和怠工。

(3) 施工方在设计阶段还要安排各个专业的技术人员从日后现场施工的可操作性和易于维护性等方面来审查详细设计文件图纸，这样做的好处就是及时发现设计中的错误和纰漏，避免返工等情况的发生。

(4) 详细设计阶段，定时召开由各专业负责人参加的设计例会，着重解决设计各个专业间信息流动的问题。行政管理部的文秘组通过计算机软件跟踪详细设计文件图纸的升版并出具升版报告，它还要和设计协调小组紧密配合，及时有效地保证系统信息快速流动，尤其要催促设计部门加快对供应商图纸的审查进度，以保证采办工作的及时进行。

(5) 从项目启动阶段开始，每周五召集各相关单位和部门负责人参加项目协调例会。在例会上要着重解决设计部门与采办部门、设计部门与施工部门之间出现的矛盾，理顺工作关系和工作界面，并就项目运行中各阶段出现的问题进行及时的协调和解决。

(6) 施工阶段，相关专业的设计人员要长期驻扎现场进行设计支持服务，及时解决有关设计规范和图纸的问题，并就详细设计和加工设计出现的冲突作出及时的设计变更。

(7) 生产调试阶段，组织相关专业的设计人员、设备供应商进行整个生产系统的试运行，就出现的问题及时反馈和解决。

(8) 投产和移交阶段是项目运行的最后阶段，这个阶段事件相对繁琐，这就需要项目组所有的部门联合起来，特别是施工单位和行政管理部门需紧密配合，共同整理完工文件、图纸和移交工作所需的一切资料，以保证项目的圆满结束。

5. 项目费用控制

费用控制的重点是尽量将工程最后实际发生的费用限定在最初的预算之内。BNPMT 对费用的控制主要按照如下程序：编制预算→控制变更→成本实时监控→费用偏离报告→费用控制报告。

(1) 编制预算

EPC 模式下的成本预算并不是一开始就非常清晰，而是随着设计的逐渐深入而逐步明确的。BNPMT编制预算系统是按照下面的步骤进行的：

- 初步估算。根据标书中提到的设计费用、设备及主要材料询价的结果，直接和间接施工费用等估算得到。它可以为编制项目实施规划和主进度计划提供必要的基础数据。
- 初步预算。从基本设计阶段开始到此阶段中期完成。控制部收集各方面的人工工时初步预算、设备材料估算和其他估算，发布初步预算。其中人工工时预算以动员阶段的实耗人工工时情况为参考。
- 控制预算。从基本设计阶段中期开始，到进入详细设计阶段后2个月完成。它应该是足够准确、可用于控制人工工时耗费的预算。其中，设计、采购人工工时部分是在设计各专业完成详细设计图纸文件目录清单和明确规定所有进度统计活动后开始形成的，剩余部分要在详细设计阶段完成。
- 精确预算。在详细设计阶段后期形成，误差率±5%，它是对控制预算的更新。此时，设备、主材料的数量和单价绝大部分已经落实，设计人工工时耗费已发生，会有变化的不确定性因素主要是施工的直接人工费和间接费。
- 施工预算。在所有的分包商已经选定、直接和间接的人工费基本清楚，施工计划确定后形成的。它是对精确预算的更新。
- 预算储备。这部分主要是项目的备用金，是随着项目的不断进展而发生的不可预见费用。

(2) 控制变更

随着项目的进展，变更不可避免地会发生。控制变更过程就是使变更朝着有利于工程顺利进行，同时最大可能地缩减与之相对应的费用。变更包括设计变更和现场变更：

- 设计变更。设计变更在工程项目中是最常见的。随着工程的进展，施工单位、采办部门等有可能对原设计文件图纸提出异议，这时就要进行相应的设计变更。但需要注意的是：任何在设计各个专业工作中出现的合同工作范围和设计标准的变更，都只有在通知业主有关工期和费用的影响后才能执行。如业主批准变更，则变更单应被登记，增加的费用和工期进入预算和计划系统。设计变更尽量发生在设计阶段前期，越往后期，越应该减少设计变更。
- 现场变更。现场变更是在施工现场发生的变更。现场变更包括现场成本、材料费用、工期延误以及不可预见费的估算等。

(3) 成本实时监控

随着项目的不断深入，成本也在不断地增加，这就需要一个成本实时监控系统来保证。BNPMT采取的做法是：

- 设计人工实耗成本报告。在基本设计阶段，通过对工时单以及费率的录入，形成设计人工实耗成本报告。
- 详细设计成本报告。包括设计单位各个专业的人工成本、各支持小组的成本以及所有订货设备和材料的订单、变更单、付款。
- 现场目标成本报告。现场目标成本报告记录实际完成工程量、实耗人工工时、费率、人工成本以及其他实际发生的费用。

(4) 费用偏离报告

根据成本实时监控系统与最初编制的预算系统可形成费用偏离报告，应对超出预算的活动及时采取措施。

(5) 费用控制报告

在项目即将关闭时,应形成费用控制报告,它显示项目的最终成本、进度状况和毛利润。

6. 进度统计和付款

进度统计在项目管理中是非常重要的,它能反映项目进行到了什么程度,离目标还有多远。付款计划一般也是根据进度统计的结果分阶段(如里程碑点)来支付的。

(1) 进度统计

BNPMT 的进度统计以周、月、年为单位来进行,结果反映在周、月、年进度报告中。周、月、年进度报告由文字叙述、进度统计表和进度曲线组成。在海上施工时,还要有工作日报,反映每天的进度。

对于设计工作,设计部中每个专业按合同要求具体制定一份详细图纸文件目录清单(包括规格书、图纸以及材料单等),清单上每项工作任务都定出人工工时,控制部据此设定若干进度关键控制点,而且每个控制点都标明达到该点时已取得的进度百分数,用它乘以设计所占的权重就是已完成设计工作占项目总进度的百分数。

对于设备、材料的采办工作,首先要编制所要采办的所有设备、材料的清单,然后由控制部设定若干进度关键控制点(采办工作一般分为发询价、发订单、到货验收等),同样也要标注达到该点时已完成的进度百分数,用它乘以采办所占的权重就是已完成采办工作占项目总进度的百分数。

对于施工工作,首先要把工作分解,建立工作包,即执行 PMBOK 中的 WBS(工作分解结构)一项,如 BNPMT 海底管线施工可分成平管铺设、立管安装、后挖沟、清管试压、充氮干燥以及后调查等几部分。然后对每个工作包进行设定,如完成平管铺设占总进度的百分数,用它乘以施工所占的权重就是此工作包工作的完成占项目总进度的百分数。最后对所有工作包完成的百分数进行累加就可以得到施工完成量占项目总进度的百分数。

(2) 付款

BNPMT 的付款工作由控制部和财务部紧密配合共同完成。承包商凭月赢得值(Earned Value,即每月实际完成的进度百分数×预算值)向业主申请月进度付款。

6.7 本 章 小 结

本章介绍了 EPC 模式的定义、概念、研究现状及实践应用;分析了 EPC 模式的分类、工作流程、工作内容、特点及适用范围,并重点探讨了 EPC 模式的合同条件;将 EPC 模式与其他采购模式进行了比较分析,阐述了 EPC 模式的管理要点;最后介绍了两个 EPC 项目的运作过程。

7 CM 采购模式与管理

7.1 CM 采购模式概述

7.1.1 CM 采购模式的基本概念

CM 是英文 Construction Management 的缩写,直译为"施工管理"或"建设管理",但由于"施工管理"或"建设管理"在汉语中已有其明确的内涵,而 CM 作为一种项目采购模式,有其特定的内涵,因此不宜将 CM 进行直译,文中沿用"CM 模式"这一术语。

CM 模式是美国的 Charles B Thomsen 等人在 1968 年受美国建筑基金会的委托,研究如何加快设计与施工进度以及如何改进控制方法时,通过对美国许多大型建筑公司的调查,在综合各方面经验和体会的基础上,提出了一份名为 *Fast Track* 的研究报告。报告中详细研究了设计与施工的搭接、施工阶段的管理和系统工程的管理方法。1981 年,Charles B Thomsen 又在其代表作 *CM: Developing, Marketing, and Developing Construction Management Service* 一书中指出 CM 的全称应为 Fast-Track-Construction Management,并指出在这一模式中:项目的设计过程被视作一个由业主和设计人员共同连续地进行项目决策的过程,这些决策从粗到细,涉及项目各个方面,而某个方面的主要决策一经确定,即可进行这部分的工程施工。采用 Fast-Track,由于项目采用分段招标、分段施工的方式,这将使施工招标工作量明显增加;众多施工分包单位参与项目施工,使承包合同的数量明显增加,合同管理工作变得复杂;同时也给业主对分包单位的管理、组织和协调工作增加了难度。因此,业主为了有效地控制项目实施,就必须委托一家公司来负责项目的协调设计、组织和管理施工,以解决因采用 Fast-Track 方式而使业主管理工作复杂化的问题,从而降低业主管理工作的难度。CM 模式由此应运而生,这也体现了 Fast-Track 模式与 CM 概念的内在联系。

此后,有关学者对 CM 概念又提出了不同的观点,代表性的有:

■ 1983 年,美国建筑业研究及信息协会(Construction Industry Research and Information Association, CIRIA)认为 CM 是一种措施,即业主委托一个外部组织去管理和协调设计与施工,这个 CM 单位负责组织建筑安装和设备工程,但一般情况下不直接承担永久或临时工程的施工。

■ 1984 年,Batt 认为 CM 是那些和某一建设过程(施工阶段)有关的管理活动,并经常地包括项目的设计和审批阶段的咨询服务,CM 经理与业主签订合同,提供专业性的咨询服务并收取服务费。

■ 1985 年,Nahapiet 提出 CM 经理是"受业主的委托来与其他专业咨询顾问一起工作,其目的是保证有关施工的专家意见能在项目的早期(设计)就能得到体现"。

7.1 CM采购模式概述

- 1989年,美国工程新闻记录(Engineering News-Record,ENR)指出:所有开展建设管理服务(CM服务)的公司,无论是设计公司、管理承包商、还是"纯粹"的建设管理公司,都是为了收取服务费用而提供专业服务。
- 1990年,Bennett和Grice将CM定义为一种系统:业主委托建筑师、承包商或委托一个咨询顾问单位对建造过程进行管理并收取一定的费用,由它负责进行议标或公开招标,确定分包单位。
- 1999年,国内学者乐云将CM模式定义为:由业主委托CM单位,以一个承包商的身份,采取有条件的"边设计、边施工",即Fast-Track的生产组织方式,来进行施工管理,直接指挥施工活动,并在一定程度上影响设计活动的一种承发包模式。

从这些不同角度对CM模式的解释可以看出,CM模式的基本概念可以归纳如下:

(1) 其初衷是为了使设计和施工充分搭接,在生产组织上实现有条件的边设计边施工,以缩短建设周期,从而提高建设项目的效益。Fast-Track是指在设计尚未结束之前,当工程某些部分的施工图设计已经完成,即先进行该部分施工招标,从而使这部分工程施工提前到项目尚处于设计阶段时即开始。Fast-Track方法使设计、招标、施工三者充分搭接,项目的设计过程被看成是一个由业主和设计师共同地不断地进行项目决策的过程。这些决策从粗到细,涉及项目的各个方面,而某一方面的主要决策一经确定下来,即可进行这部分的工程施工。与传统的建设项目采购模式相比,采用Fast-Track方法,使施工在尽可能早的时间开始,缩短了项目的建设周期(如图7-1所示)。

(2) 产生了CM单位,其受业主的委托工作,扮演着建设组织者和管理者角色,目的在于减少业主的工作量。

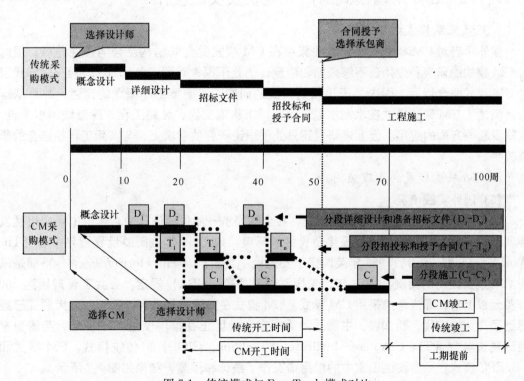

图7-1 传统模式与Fast-Track模式对比

(3) 非代理型 CM 模式采用的是 GMP 合同，即保证最大工程费用；代理型 CM 模式采用的是"成本加利润"合同，其意义在于提高 CM 单位管理积极性。

Fast-Track 模式、CM 单位和 GMP 方式，它们的组合减少了业主的管理工作量，而且三者之间存在着前后传承的关系：Fast-Track 模式采用流水化作业的方式，把一个大型工程分解为可以前后衔接的"包"，按不同先后顺序分别进入设计、招标、施工的流水中；Fast-Track 模式使参与工程的设计、施工、监理单位增多，增加了业主的协调、管理工作，业主试图从这种繁重工作中解脱出来的意愿直接催生了 CM 单位；为了最大限度调动 CM 单位的积极性，保障业主利益，GMP 方式成为 CM 采购模式（风险型）常用的计价方式。

CM 模式有两种形式，一种是代理型 CM（CM /Agency, Pure CM, Professional CM），在这种安排下，业主与施工管理承包商（Construction Manager）签订施工管理合同，然后业主再与多个施工承包商（Trade Contractor）分别签订施工合同。施工管理承包商只承担施工管理任务，它并不负责具体的施工，也不对施工任务负责；另一种为非代理型 CM（CM/Non-Agency, CM at Risk），在这种安排下，CM 公司负责与设计商、承包商、材料供应商等签订合同，并与业主方签订保证最大工程费用合同（GMP 合同）。

由业主委托的 CM 经理与建筑师组成一个联合小组共同负责组织和管理工程的规划、设计和施工，但 CM 经理对设计的管理是协调作用，完成一部分工程的设计后，即对这一部分工程进行招标，发包给一家承包商，由业主直接就该部分工程与承包商签订承包合同。CM 经理与各个承包商之间是管理和协调关系。

7.1.2 CM 采购模式的研究现状及实践应用

1. CM 采购模式的研究现状

国外学者对 CM 模式的研究主要集中在 CM 模式的合同结构及合同条件分析。国内对 CM 模式的研究和应用还不够成熟和广泛，仍处于探索时期。自从 20 个世纪 90 年代引进 CM 模式概念以后，国内关于该采购模式的研究，主要集中于概念的论述，并且从理论上阐述了 CM 采购模式在水利水电工程、城市轨道交通、公路工程、跨流域调水工程、铁路工程等方面的应用。但上述研究还只处于理论研究的层次上，与实际工程相结合的研究较少。

2. CM 采购模式的实践应用

(1) 国外实践情况

CM 模式产生已有近四十年的历史，在全球经济一体化的进程中，建筑市场的迅猛发展和开放，为 CM 模式的发展提供了良好的环境。如 1966 年美国的世界贸易中心（The World Trade Centre），1983 年英国诺丁安的地平线工厂（The Horizon Factory）都是采用 CM 模式成功的案例。1972 年，美国联邦总务署（GSA）规定：公共工程规模达 500 万美元以上者，即应考虑采用 CM 模式。CM 模式在美国、加拿大、欧洲、澳大利亚已经得到了广泛的应用，新加坡、中国香港等国家和地区正在推广使用。1993 年，英国皇家特许建造学会（The Chaptered Institute of Building, CIOB）对传统模式、CM 模式和 DB/EPC 模式在西方发达国家中的应用情况作了统计和预测，结果如图 7-2 所示。

CM 单位大部分是由以前的大型承包商转化而来的，在项目的建设过程中，这些公司

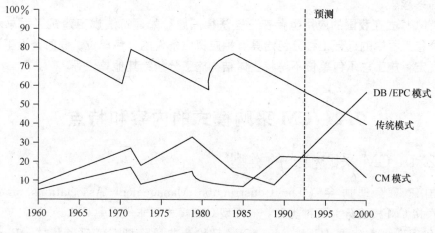

图 7-2　项目采购模式的发展趋势（1960—2000）

积累了大量的管理经验、成本控制方法，能够编制切实可行的进度计划，能够较早地参与项目，为项目设计提供更好的建议和优化方法。据美国《工程新闻记录》（Engineering News Record）统计表明：美国建筑承包 500 强企业中有半数以上提供 CM 服务，其合同金额占总承包金额的三分之一以上。

（2）国内实践情况

一些国内项目也尝试使用了 CM 模式，如上海证券大厦、上海岳阳大酒店、深圳国际会议中心等。国内对 CM 模式的研究和应用还不够成熟和广泛，仍处于探索时期。国内目前提供 CM 服务的多为监理公司，采用的均是代理型 CM 模式，风险型 CM 模式应用不多，可归因于在这种模式下，CM 单位需要承担很大的 GMP 风险和管理风险，这些风险已超过了国内监理公司的承受范围。从国际 CM 模式发展的情况来看，CM 公司均是由大型建筑施工企业发展而来的，或者是由几家施工企业联合组成 CM 公司。

CM 采购模式相对传统模式而言具有合理协调设计与施工，缩短建设周期的优越性，有利于业主合理组织生产与管理，有利于合理利用投资，提高投资效益。但是 CM 模式也存在不足：

- 从质量控制的角度来看，CM 模式对质量控制的有利并不是绝对的。因为作为承包商角色的 CM 单位在工程设计阶段就进入了项目，其设计、施工的风险由 CM 单位承担。对于有经验的 CM 单位而言，规避风险有一定的经验，对质量控制相对有利；而如果 CM 单位经验并不丰富，则质量控制的风险时刻存在。同时，由于设计与施工是搭接的，一好皆好，一损皆损，如果某一处存在质量隐患，对整个工程的质量就如"多米诺骨牌"效应，后果难料，不易补救。
- 从 CM 模式的特点看，CM 单位的角色仍显单一，还是传统模式所涉及的工作范围，仍然是围绕设计、施工与施工管理方面。而随着业主方对采购需求的新动向，业主希望承包商能够提供的服务已经延伸到前期立项决策、融资，以及完工后的运行管理等方面，CM 在这方面已有落后的趋势。
- 由于国际承发包市场竞争激烈，为了获得市场，带资承包的方式兴起，这种方式解决了业主紧急的资金短缺，与之相比，CM 模式靠纯粹的技术与管理优势已不能引起业主足够的兴趣。

■ CM 模式在我国的应用也存在一些法律问题。如建筑法规定建筑工程总承包单位可以将承包工程中的部分工程分包给具有相应资质条件的分包单位，同时建设工程质量管理条例规定：施工总承包单位不得将主体结构施工分包给其他单位等。

7.2 CM 采购模式的内容和特点

7.2.1 CM 采购模式的类型

美国建设管理协会（The Construction Management Associations of America, CMAA）将 CM 模式分为两种类型：代理型 CM 模式和非代理型 CM。

■ 代理型 CM 模式（CM/Agency），又称为非风险型 CM 采购模式、Pure CM 或 Professional CM。代理型 CM 模式是指 CM 单位仅以"业主代理"的身份参与项目工作，为业主提供专业性咨询服务，CM 单位不负责分包工程的招标发包，由业主直接与分包商签订合同。

■ 非代理型 CM 模式（CM/Non-Agency），又称为风险型 CM 模式（CM at Risk）或保证最大费用型 CM 模式（CM/GMP-Type）。CM 单位是以管理承包商的身份工作，受业主委托负责进行工程项目的发包和与施工单位签订分包合同。但与施工总承包不同，它不直接从事工程施工活动，其工作性质仍属于专业咨询服务的范畴。

1. 代理型 CM 采购模式

代理型 CM 模式下，业主直接与各分包商或供货商签订合同，业主所签订合同数量多，合同管理工作量以及组织协调工作量大。CM 单位不直接从事施工活动，也不承担保证最大工程费用，而是代表业主行事，协助业主进行合同管理，签订设计、施工、材料供应合同（如图 7-3 所示）。

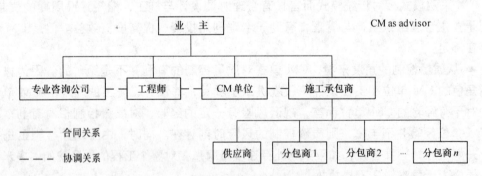

图 7-3 代理型 CM 模式组织结构示意图

代理型 CM 模式下，业主和 CM 单位服务合同的计价方式通常是固定酬金加管理费。该模式的优点是：可以充分利用中介机构的专业化管理，弥补业主建设管理水平不足的缺陷；招标前可确定完整的工作范围和项目原则；完善的管理与技术支持。缺点是：CM 经理不对进度和成本作出保证；可能索赔与变更的费用较高，业主方风险很大。代理型 CM 模式下 CM 单位的性质主要体现在：

(1) CM 单位介入项目的时间很早。CM 单位的委托不取决于设计深度，也不依附于施工图和工程量清单，因此它有别于一般的施工总承包管理。CM 单位受业主委托，扮演了咨询机构的角色；

(2) CM 单位与设计商、承包商之间的关系是相互协调的关系，它可以通过合理化建议来影响设计，但它区别于项目总承包，它与设计商没有紧密的合作关系。

2. 非代理型 CM 采购模式

在非代理型 CM 采购模式下，CM 单位负责与设计商、承包商、材料供应商等签订合同，并与业主方签订保证最大工程费用合同（GMP 合同），CM 单位扮演了总承包商的角色（如图 7-4 所示）。

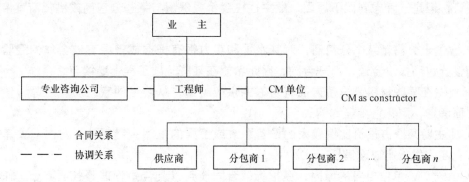

图 7-4 非代理型 CM 模式组织结构图

从形式上看，非代理 CM 采购模式的合同结构与 PM 模式、项目总承包模式等有很大的区别，与施工总承包却有类似之处，但其实质明显不同。与项目总承包和施工总承包相比，非代理型 CM 单位只是一个中介机构，提供的是对工程项目实施的管理、控制和协调服务，侧重于合同管理、三大目标控制及组织协调工作，其实质仍是属于工程咨询服务的范畴。其特点表现为以下几点：

(1) 对业主来说，除自行采购和自行分包之外，业主与 CM 单位签订 CM 合同，而与大部分的分包商/供货商之间无直接的合同关系。因此，对业主来说，合同关系简单，合同管理工作量小，对各分包商的组织协调工作量也较小，大部分合同管理和协调工作转移给了 CM 单位。原则上业主与分包商或供货商之间没有合同关系，但在许多项目中，业主希望保留与某些分包商或供货商直接签约的权力。CM 单位往往同意接受，并愿意有条件地对其进行管理。

(2) CM 单位与分包商和供应商直接签订合同，对 CM 单位来说，一方面增加了对分包商/供应商的约束力；另一方面也增加了 CM 单位的工作量，同时也加大了 CM 单位的责任和风险。一般来说，CM 单位自己不进行施工，但有时需要为分包商提供通用的设施，如现场进出道路、临时用水、用电、脚手架等。当然，业主有特殊要求或针对项目具体情况，CM 单位有时也要进行一些零星工程的施工。

(3) CM 单位对各分包商的资格预审、招标、议标以及签约都是公开的，而且一般需经业主确认才有效，有时 CM 单位与分包商的合同价款亦可以由业主直接支付。另外，业主还可向 CM 单位指定与其签约的分包商或供货商。

(4) 非代理型 CM 单位由于履行了类似于施工管理公司的职责，相应地取得一笔酬金。CM单位介入项目时间较早，并且通常采用Fast-Track方法，进行招标、投标时尚无完整的设计图纸，不能准确地确定工程量，因此，CM合同形式一般采用"成本加酬金"（即CMcost＋CMfee）方式。只有CM单位与分包商签订合同，才能确定该分包合同价，而不是事先把总价包死，这与施工总承包模式有很大区别。

（5）业主为了加强投资控制，往往要求CM单位承担工程费用不超过预算的保证责任，即保证最大工程费用（Guarantee Maximum Price，GMP）。如果工程竣工结算超过这一限定，那么，超额资金由CM单位承担，反之则归还业主，并按合同规定对CM单位进行奖励。因此，CM公司承担了较大的风险，业主的风险降低。

在非代理型CM的合同结构中，虽然原则上所有的分包合同/供货合同都是由CM单位来签订，但是，考虑到以下原因，业主往往会希望保留与某些分包商或供货商直接签约的权力。

■ 业主十分信赖某个分包商，对其水平和实力很有把握或曾经有过合作的经验，并且相信该分包商报价合理、严守合约，因此希望在某些分项工程上继续与之合作。

■ 业主在某些材料或设备方面有可靠的供应渠道，从价格便宜或质量可靠、信誉保证等方面考虑，愿意直接签约购买。

■ 业主对某些占投资比例较大的设备系统或工程的重点关键部位，对由CM单位来选择分包商或供货商缺乏信任。

■ 由于CM单位自身的原因，在招标、合同谈判以及合同管理等各项实际工作中的某些方面缺乏能力，业主不得不采取的一种补救措施。

保留部分签约权是业主的权利，因此CM单位只能表示同意。但是如果与业主直接签约的分包商或供货商过多，则往往会对CM单位产生以下不利：

■ 业主直接与分包商或供货商签约，CM单位的直接工作任务将减少，因此CM酬金有可能被业主扣减。

■ 过多的分包商或供货商与业主直接签约，会影响CM单位管理工作的系统性和连续性。尽管业主往往会将这部分分包商或供货商仍交由CM单位管理，但间接的合同关系将削弱CM单位对这些分包商或供货商的控制能力。

■ 由于CM单位在这部分分包、采购工作的委托中很少有发言权，一旦业主决策错误，或产生其他问题，将会给CM单位的工作造成不利影响，如工期拖延、甚至整个合同的终止。

因此，CM单位往往是有条件地接受"业主保留部分直接签约权"，要求业主在自行签订发包、采购合同时，征求CM单位的意见，并且要在GMP所限定的数额内签约，否则，CM单位对此不承担风险和经济责任。同时，业主应在与CM单位签订的CM合同中，事先明确业主自行签约的范围，而不能在项目实施过程中随意地决定或改变自行签约的范围，否则可能造成招标准备工作的重复，或造成CM单位工作被动，给CM单位带来不利。

业主在保留部分签约权的同时，也会给自身带来以下问题：

■ 由于业主直接与分包商或供货商签约，将会大大增加业主招标及合同管理的工作量，使业主的组织协调任务明显增加。

■ 如果业主过多地与分包商或供货商直接签约，可能会出现业主过分干预工程施工和管理的倾向，在一定程度上可能会挫伤CM单位的积极性，同时也给CM工作造成不必要的干扰。

■ 业主与分包商或供货商直接签约，减少了CM单位的风险，同时却增加了业主自己的风险。业主可以减少给CM单位的酬金，但却可能会增加其他方面的费用，甚至有可能造成事与愿违的结果。

非代理型CM模式下的CM单位具有以下性质：

■ CM单位的基本属性是承包商，而不是咨询单位，它区别于PM（项目管理，国内的建设监理），可直接参与施工活动，因此一般咨询单位不宜承担CM任务。

■ CM承包是一种管理型承包，CM单位的工作重点是协调设计与施工的关系，以及对分包商和施工现场进行管理，它区别于施工总承包。

■ CM单位不是仅仅拥有技术和管理人员的纯管理型公司，很多CM公司的背景是大型承包商，拥有施工机械和工人，拥有直接从事施工活动的力量（不排除有其他背景的公司承担CM任务，但这不是本质上的CM单位）。

■ CM单位受业主的委托，但不同于代表业主利益的项目管理，在经济关系上与业主有一定的对立。

3. CM模式的变体

在CM模式下，CM单位只负责项目的建造及相应的项目管理工作，与设计商只是协调关系，CM单位与设计商的这种关系可能造成设计与建造的脱节，增大项目风险；另一方面，CM单位与设计商的平行关系，需要业主的介入才能解决某些问题，使两者之间达到平衡，这无疑增加了业主的工作量。在这种情况下，可以把CM模式与其他采购模式相结合，在CM单位和设计商与业主之间加入一个单位，在平衡设计商与CM单位关系的同时，减少业主介入项目的程度。图7-5是CM模式与PM模式结合所形成项目各参与方的关系图。

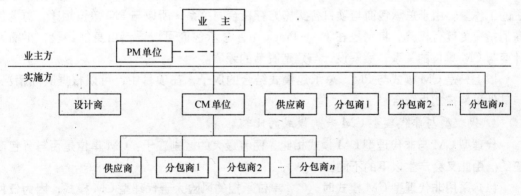

图7-5 CM模式与PM模式结合示意图

在CM模式与PM模式的混合形式中，业主与PM单位组成业主方；设计商、CM单位（包括与CM单位签订合同的分包商和供货商）、业主直接签订合同的分包商和供货商一起组成项目的实施方。PM单位虽然只是业主聘用的一个项目管理咨询机构，但在实际工程中，可以代表业主管理设计商、CM单位和直接与业主签订合同的分包商和供货商，减少了业主介入项目的程度，使业主从大量的协调工作中解脱出来。特别是在Fast-Track

中，PM 可以凭借自身的经验，平衡设计商与 CM 单位的关系，缓解设计与建造脱节的矛盾。

CM 模式与 PM 模式混合形式中，业主仍保留了与设计商、CM 单位、部分供货商和供应商的合同关系，由此增大了其合同管理的工作量，在这种情况下，业主可以采用总承包模式与 CM 模式混合的形式，不仅能解决 CM 模式的弊病，还可以从复杂的合同管理中解脱出来。图 7-6 是 CM 模式与 DB 总承包模式结合所形成项目各参与方的关系图。

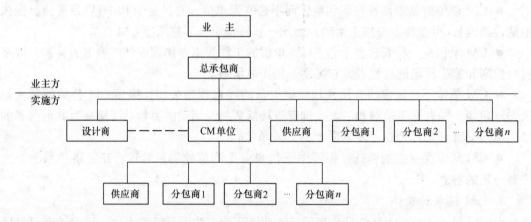

图 7-6 CM 模式与 DB 总承包模式结合示意图

在 CM 模式与 DB 总承包模式结合的形式中，业主与总承包商组成业主方（总承包商可看作形式上的业主）；设计商、CM 单位（包括与 CM 单位签订合同的分包商和供货商）、业主直接签订合同的分包商和供货商一起组成项目的实施方。业主与总承包商签订总承包合同，总承包商再根据项目的特点，自行组织实施方，并与设计商、CM 单位、部分分包商和供货商签订合同（业主也可以保留与部分分包商和供货商签订合同的权利，但这必须在总承包合同中指明）。总承包商承担了协调项目各实施方的工作，从而减少了业主的工作量。由于总承包商与项目各实施方存在合同关系，所以与 PM 单位相比，总承包商的指令更具有权威。特别是在 Fast-Track 中，总承包商可以凭借自身的经验，平衡设计商与 CM 单位的关系，缓解设计与建造脱节的矛盾。

以上只是 CM 模式与 PM、总承包模式结合的例子，在项目中，可以根据实际情况，与其他采购模式相结合。

4. 代理型与非代理型 CM 采购模式的比较

代理型 CM 与非代理型 CM 模式相比，两者最大的区别在于：CM 单位是否与分包商签约。由此又会产生以下的不同：

(1) 采用非代理型 CM 模式时，CM 单位承担的风险大于代理型 CM 模式，因为任何工程合同的签约者都将承担风险。而对业主来说，与非代理 CM 采购模式相比，它所签订合同数量明显增加，因此合同管理工作量以及组织协调工作量将增加。

(2) 采用非代理型 CM 模式，CM 单位对分包商的控制强度要大于代理型 CM 模式，业主要对工程实施变更，需要 CM 单位的积极配合才行，业主对项目的控制力明显减弱。而在代理型 CM 采购模式下，CM 单位对分包商的控制强度要小，业主对项目掌握较大的控制力，当项目需要进行大的变更时，能够通过与承包商友好的协商而解决。

(3) 合同条件的内容和组成有很大的区别。在代理型 CM 采购模式下，各项目参与方的角色和责任在项目的组织结构中更为清晰，这样就会减少项目风险不合理分配和转移的可能性。在代理型 CM 采购模式下，当 CM 单位不能胜任工作而导致合作关系破裂时，业主要解除与 CM 单位之间的合同关系就相对简单。

(4) 合同价的构成有很大的区别。在代理型 CM 采购模式下，CM 单位与业主签订的合同是管理费用合同，CM 单位不向业主单独收取利润；而在非代理型 CM 采购模式下，CM 单位与业主签订的是 GMP 合同，合同价中包含了 CM 单位的利润。

(5) 在代理型 CM 采购模式下，可以更好地实现项目的信息流通，减少流通环节、提高流通的效率。

两种 CM 模式的比较如表 7-1 所示。

两种 CM 模式的比较 表 7-1

比 较 内 容	非代理型 CM 模式	代理型 CM 模式
与分包商的关系	不签合同	签订合同
对分包合同的管理	业主任务较轻；	业主任务较重；
项目组织与协调	CM 单位工作量较大	CM 单位工作量较小
投资控制	有 GMP 保证，CM 单位风险较大	业主风险较大
是否参与施工任务	可能参与	一般不参与

具体项目究竟选用哪一种合同结构，关键取决于业主班子自身的管理能力，特别是是否具有合同管理和组织协调方面的高级人才。当业主自身管理能力较强，有熟悉工程招标投标、设备采购合同管理方面的人才时，一般可以采用代理型 CM 模式，相反则适合采用非代理型 CM 模式。出现以下情况时，可考虑采用代理型 CM 采购模式：

(1) CM 单位不了解当地建筑市场情况，不了解分包商情况，没有把握承担 GMP。

(2) 在试行 CM 采购模式初期，CM 单位对 CM 采购模式尚不熟悉，业主方拟通过控制与分包商的签约权来强化业主班子的总体控制能力。

7.2.2 CM 单位的工作内容

1. CM 单位在准备阶段所承担的主要工作

采用 CM 模式使传统的业主、设计商、承包商和供货商组成的项目团队中增加了一个新的角色，即 CM 单位。CM 单位受业主的委托而工作，在项目团队中扮演着非常重要的建设组织者和管理者角色。CM 单位在准备阶段所承担的主要工作包括以下方面（参见表7-2）。

■ 合理地确定分包合同结构和招标方案，制订周密的项目进度计划，实现设计和施工的相互搭接，使各承包商的进场、设备、材料以及预制构件供应的招标、生产和到货等各项工作得到妥善安排。

■ 为了控制项目总投资，CM 单位要在项目的各个阶段准确地编制项目估算，并进行不断调整，在设计阶段采用价值工程等方法，向设计商提供能降低施工成本的合理化建议。

- 在整个招标过程中，CM单位要负责全部招标工作的组织、招标文件和合同文件的编制，并主持议标和合同谈判甚至直接与分包商签约。
- 在施工阶段，CM单位负责直接管理和指挥、协调各分包商，甚至直接从事未分包工程和零星工程的施工，最终使工程高质量地完成。
- 协调与设计商的关系，提出有利于施工的设计合理化建议。
- 进行项目质量的总体策划，开展质量控制工作。

CM单位在准备阶段的工作内容 表 7-2

工作任务	工 作 内 容
咨询服务	• 分析业主提供的项目资料，提出项目规划的建议； • 对方案设计、技术设计和施工图设计提出合理化建议，并对场地利用、材料和设备选用提出意见； • 对影响工程成本、工期、质量目标的各种因素进行分析，并对设计进行价值工程分析，优化设计
进度控制	• 初步评估业主提供的总进度安排，在业主提供的项目要求基础上，编制项目初步进度计划，报建筑师和业主批准； • 研究"边设计、边施工"的可行性，提出 Fast-Track 的分包进度计划； • 及时向业主报告实际进度情况，分析实际进度与计划进度之间的差异，提出纠偏措施或修改方案； • 定期召集并出席由业主、设计商、分包商和供货商以及其他有关单位参加的进度协调会议，商讨加快进度的措施
费用控制	• 根据业主的详细要求和设计图纸，采取单位面积或体积成本及其他估价方法，编制初步预算，报业主和建筑师审核； • 随着设计的不断深入，相应地修改费用预算，若修改后的预算超过原来的数值，分析原因，采取调整措施； • 当施工图设计即将完成，在已修改的预算基础上，编制 GMP，与业主和建筑师协商后确定（适用于非代理型 CM 模式）； • 采用价值工程的方法，向业主和建筑师提出节约费用的建议
质量控制	• 向业主提出选择材料和施工工艺的建议，以确保工程质量； • 主持或参与提前采购的材料和设备的招标及合同谈判，保证材料和设备满足工程要求
合同管理	• 向业主提供可选择的分包商和供货商的名单； • 编制分包项目和采购项目的招标文件，主持招标、评标和合同谈判，确定中标单位，报业主批准； • 协助业主准备施工合同，在取得业主同意后，签订分包合同和采购合同（适用于非代理型 CM 模式）； • 提出材料、设备的采购建议，协助业主询价、比价，并签订合同； • 协助业主进行合同管理
施工场地管理	• 编制施工现场总平面图； • 协助业主完成施工临时用水、电、道路、通信等准备工作； • 协调各分项工程的进场顺序、场地占用范围，合理布置场地

2. CM单位在施工阶段所承担的主要工作

CM单位在施工阶段的主要任务是：进度控制、费用控制、质量控制、信息管理和施工现场管理，主要的工作内容如表7-3所示。

CM单位在施工阶段的工作内容　　　　　　表7-3

工作任务	工作内容
进度控制	• 进一步调整和完善施工前阶段编制的初步进度计划，以确定项目的施工进度计划； • 若有重大工程变更时，应采取对策以尽量减少工期延误； • 确保分包商、供货商之间的计划安排保持连续性，尤其是各分项工程接口处的衔接安排无误； • 编制短期动态进度计划，检查各分包商和各分项工程的日、周、月进度，及时向业主报告工程进展情况； • 定期召开由业主、设计商、CM单位及有关分包商、供货商参加的进度会议，讨论工程进度情况，商讨加快进度的措施
费用控制	• 确保施工费用不超过GMP（适用于非代理型CM模式）； • 编制各分包项目、采购项目的分项预算，并据此进行分包和采购的招标； • 审核各分包商、供货商的付款申请，向业主提交付款申请，在收到业主的付款后，及时向各分包商和供货商付款（非代理型CM模式）； • 有工程变更时，及时提交变更引起的成本变化报告，提出建议或措施，尽量减少因变更引起的费用增加； • 编制现金流量计划，并按实际情况定期更正，以便业主及时安排资金； • 定期审查实际费用数据，并与预算比较，提出调整措施； • 采用价值工程方法，提交合理化建议
质量控制	• 建立质量控制和检查程序以及质量保证计划，监督工程质量，严格按质量标准和合同进行检查、验收； • 配合政府质量部门开展质检工作，配合业主聘请的其他检验部门的工作
合同管理	• 对各分包商和供货商进行合同执行期间的跟踪管理，协调各分包商和供货商； • 处理合同纠纷以及有关索赔事宜
信息管理	• 建立合理、完整的工程档案系统（包括施工日记等），保证业主和设计商在现场能使用合同文件、图纸及其他技术资料
施工现场管理	• 合理安排和布置施工场地，做到文明施工； • 及时协调和解决各分包商之间的矛盾，使工程顺利进行； • 联络材料和设备的运送，做好仓储及发料工作； • 负责施工现场的安全和保卫工作； • 完成业主指定的或合同约定的其他工作

从CM单位应承担的工作内容可以看出，CM单位必须非常熟悉施工工艺和施工方法，并且十分了解施工成本，只有这样它才能在设计阶段向设计单位提出合理化建议；另外CM单位必须具有很高的施工管理和组织协调能力，这样才能在施工阶段直接管理和指挥分包商。因此，在国外CM这一角色大多由承包商来扮演，它们除了拥有技术和管理人员外，还拥有施工机械和工人，因此可以在管理承包商的同时，直接承担部分零星工程的施工，甚至可以参加该项目的某个分部工程的投标。

7.2.3 CM采购模式的特点及适用范围

1. CM采购模式的特点

CM采购模式的特点主要体现以下几个方面。

(1) 有利于合理协调设计与施工，缩短建设周期

CM的生产组织方式是Fast-Track，可实现有条件的边设计、边施工，通过设计和施工充分的搭接来达到缩短建设周期。CM单位在设计阶段的介入，改变了传统模式设计与施工相互脱离的弊病，使设计师在设计阶段可以获得有关施工成本、施工方法等方面的意见和建议，因而在一定程度上有利于设计优化。同时，在施工过程中，比较容易发现设计的疏忽，可以及时地对设计进行变更。这种边做边改的办法，避免了传统模式由于设计大量变更所带来的工期延误和返工等问题。需要注意的是，尽管在CM采购模式中施工的开始被提前到设计尚未结束之前进行，但是由于整个施工被分解成若干个工作包，而每一个工作包的施工招标都是在具备了该部分完整施工图的基础上进行的。

(2) 有利于业主合理组织生产与管理，简化管理程序

采用CM模式合同关系比较简单，对于风险型CM只有业主和CM单位之间一层合同管理，就是CM单位与业主签订的主干合同关系。而代理型CM中业主有多个合同关系，一方面是CM单位与业主之间的合同关系，另一方面是业主与各承包商、供货商之间的合同关系，但主要还是业主和CM单位之间的合同关系，CM单位将会合理确定分包合同结构和招标方案，制定周密的进度计划，使得各项设计、施工、设备的安装、材料的调配等工作得到妥善的安排，最终高质量地完成项目。

(3) 合理利用投资以提高投资效益

CM模式合理利用投资在以下三个方面得到体现：第一，传统的模式在理论上相对比较谨慎，它使业主的管理任务简单，且能保证投资，使业主不会承担太大的风险，但是其最大局限在于设计与施工的相互分离，承包商介入项目的时间太迟，使建设周期延长而使投资增加。而CM模式由于设计与施工的充分搭接，使承包商得以及时进入项目，也有助于设计商与承包商的沟通，及时变更设计方案，减少不必要的损失。第二，采用CM模式，由于有GMP和Budget0，所以对业主来讲，付给CM单位的酬金是完全可以控制的，即使工程实际费用低于GMP，对节约的部分，CM单位仅获取合同约定比例的奖励，但若超出，CM单位会承担所有超支部分的费用，业主没有预算超支的风险。第三，CM模式使得业主管理的层次单一，协调工作减少，因此，业主支出的管理费用也将大大减少。

(4) 有利于确立和促进信息交流的协作关系

CM模式可以减少其他模式中常见的对立关系。由于承包商和设计商相互找茬，关系比较紧张，参与工程建设的单位众多，如设计、施工、材料供应商、政府机构、中介咨询以及许多专业分包商等，每一单位又往往只关心自身利益，免不了会产生许多矛盾和冲突。CM模式强调集体协作，其目的就是要求每个单位以协作、而不是对立的态度参与工程项目的建设。显然，要达到这个目标，取决于CM单位的管理技巧和手段。此外，CM模式与其他模式相比，它可以创造更多的集体协作机会。

CM单位具有以下性质和地位：

1) CM单位的基本属性是承包商，而不是咨询单位，它区别于PM，可直接参与施工活动，因此一般咨询单位不宜承担CM任务。

2) CM承包是一种管理型承包，CM单位的工作重点是协调设计与施工关系，以及对分包商和施工现场进行管理，它区别于施工总承包。

3) CM单位不仅仅是拥有技术和管理人员的纯管理型公司，很多CM单位的背景是大型建筑公司，拥有施工机械和工人，拥有直接从事施工活动的力量。

4) CM单位介入项目的时间很早，CM单位的委托不取决于设计深度，也不依附于施工图和工程量清单，因此它区别于一般施工总承包管理。

5) CM单位与设计商的关系是相互协调的关系，CM单位在一定程度上不是单纯的按图施工，它可以通过合理化建议来影响设计。但它区别于项目总承包，它与设计商没有紧密的合作关系。

6) CM单位受业主的委托，其基本属性决定了它所处的承包商的地位。因此CM单位的基本身份不同于代表业主利益的项目管理单位，在经济关系上与业主有一定的对立。

该模式的缺点主要体现在：可供选择的CM单位较少；总成本中包含设计和投标的不确定因素等。

2. CM采购模式的适用范围

虽然CM模式在很多方面具有优势，但是CM模式同任何其他模式一样，都有一定的局限性。因此在实际应用时，应了解其主要的特点和适用范围。根据CM采购模式的内容和特点，其适合的工程项目应具有以下特点：

(1) 需要有独立的、专业的机构来负责工程设计和项目管理等（对应于CM单位）；

(2) 要求尽早开工和快速采购、不能等到设计全部完成后再招标的项目（对应于Fast-Track模式）；

(3) 合同为目标价格合同，而不是总价合同，由于工作范围和规模不确定而无法准确定价的项目（对应于GMP模式）；

(4) 项目组成或参与单位复杂，对灵活性要求较高，各方面技术不够成熟的项目。

具体来讲，CM采购模式可适用于以下类型的工程项目：

(1) 工业项目：如大型工业单体建筑和群体建筑。这些项目组成复杂，由很多子项目组成，而且大多需要采用现代化高科技手段，施工难度大，或者是参与项目的单位多，有多家中外单位参与设计和施工。

(2) 民用建筑：如房地产项目中的住宅小区开发、高层公寓、外销商住楼等项目，业主往往要求工期很紧，缩短建设周期对房地产开发商来说特别重要；又如现代化的群体高层建筑或智能大厦、国际会议中心、大会堂、博物馆、学校、医院、旅游城等项目，项目实施的周期长，而且投资大，技术复杂。

(3) 市政项目：如道路、桥梁、地铁、水坝等项目。

虽然CM模式的应用范围十分广泛，但也不是任何项目都适合于CM模式，具有以下特征的建设项目不适合采用CM采购模式：

(1) 规模小、工期短、技术不复杂的小型项目；

(2) 设计已经标准化的项目（如普通住宅等）；

(3) 施工图设计已经完成的项目；

(4) 设计简单、或工期不紧（不需要进行设计与施工的搭接）的项目。

从以上 CM 模式的应用范围来看，业主在选用项目采购模式时，应根据项目的规模大小、技术复杂程度、投资额度、建设周期等因素来考虑，不能排斥其他项目采购模式和项目管理模式。一般的，复杂项目宜采用 CM 模式，而对于标准化的建筑更适合采用项目总承包方式。

7.3 CM 采购模式合同条件分析

CM 模式产生于美国，并且在北美得到了广泛的应用，故美国形成了一套完整的、独立的适用于 CM 采购模式的一系列合同条件，它们是由美国建筑师学会（American Institute of Architects，AIA）和美国总承包商协会（Associated General Contractors，AGC）共同制定的 CM 标准合同条件。但在 FIDIC、JCT 和 ICE 体系中目前还没有专门适用的标准合同文本，因此目前国际上采用 CM 模式的项目通常采用或参考美国 AIA 合同条件。该文件系列共有两份，其中一份适用于代理型 CM 模式，被 AIA 定为 B801/CMa，同时被 AGC 定为 AGC510；另一份适用于非代理 CM 模式，被 AIA 定为 A121/CMc，同时被 AGC 定为 AGC565。具体适用合同条款见表 7-4 所示。

CM 模式适用合同条款 表 7-4

类　型	核心文件	业主与 CM 经理协议书	业主与承包商协议书	业主与建筑师协议书	
代理型 CM	A201/CMa	B801/CMa AGC510	A101/CMa	B141/CMa	CM 经理不作为承包商
非代理型 CM	A201/CM	A121/CMc AGC565		B141/CM	CM 经理作为承包商

7.3.1 代理型 CM 采购模式的合同条件

B801/CMa 和 AGC510 合同条件的全称为《业主与 CM 经理协议书标准文本，其中 CM 经理不作为承包商》(Standard Form of Agreement Between Owner and Construction Manager, Where the Construction Manager is not a Constructor)，该文件颁发于 1992 年。

1. B801/CMa 和 AGC510 合同条件

B801/CMa 和 AGC510 合同条件由 14 个条款和若干分条款组成，其具体条款如表 7-5 所示。

代理型 CM 模式的主要合同条款 表 7-5

主题条款	分　条　款
1. CM 经理的责任	1.1 CM 经理提供的服务
2. CM 经理的基本服务范围	2.1 定义 2.2 施工前阶段 2.3 施工阶段—施工合同管理

续表

主题条款	分条款
3. 增加的服务	3.1 总则 3.2 不可预见的额外服务 3.3 可预见的额外服务
4. 业主的责任	4.1 提供全部资料 4.2 确定和更新项目总预算 4.3 提供财务保证 4.4 业主指定的代表 4.5 建筑师的委托 4.6 提供有关检验和测试报告 4.7 提供法律、会计和保险的辅助服务工作 4.8 提供施工文件
5. 施工费用	5.1 定义 5.2 施工费用的责任
6. 施工机构活动	6.1 受承包商协议的约束 6.2 款项的偿还
7. 建筑师图纸说明书和其他文件的说明	7.1 CM经理对图纸、说明书和其他文件不得拥有版权
8. 仲裁	8.1 根据美国仲裁协会、建筑业仲裁协会规则执行 8.2 仲裁申请 8.3 施工前阶段的仲裁 8.4 施工阶段—施工合同的管理
9. 终止、暂停或放弃	
10. 其他规定	
11. 保险	11.1 CM经理的责任保险
12. 对CM经理的付款	12.1 直接人工费 12.2 应支付费用 12.3 对基本服务的付款 12.4 对额外服务和应支付费用的付款 12.5 不付款的规定 12.6 CM经理财务记录
13. 服务费基础	13.1 首期付款 13.2 基本服务费 13.3 额外服务费 13.4 应支付费用 13.5 补充规定
14. 其他条件和服务	

为了适应CM模式不断发展的需要，AIA和AGC规定B 801/CMa，AGC510必须与下列文件一起配套使用：

1) A101/CMc《业主—承包商的协议书，固定总额CM合同—建议版》（Owner-Constructor Agreement, Stipulated Sum Construction Manager-Advisor Ed）；

2) B141/CMa《业主—建筑师的协议书，CM合同—建议版》（Owner-Architect A-

greement, Construction Manager-Advisor Ed);

3) A201/CMa《工程施工通用合同条件, CM 合同—建议版》(General Conditions of the Contract for Construction, Construction Manager-Advisor Ed)。

A101/CMc 和 B141/CMa 界定了在代理型 CM 采购模式下,业主与承包商、建筑师之间的关系;A201/CMa 则规定了在此模式下施工合同的条款和细则。

2. B801/CMa 和 AGC510 合同规定

(1) 对 CM 单位提供服务的规定

B801/CMa 和 AGC510 对代理型 CM 单位所应承担的工作进行了详细的规定,文件规定 CM 单位的服务如图 7-7 所示。

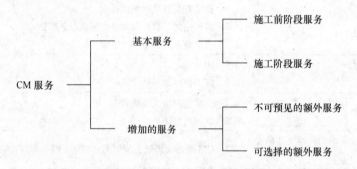

图 7-7 代理型 CM 单位的服务

对 CM 单位提供的服务,B801/CMa 和 AGC510 的规定比 A121/CMc 和 AGC565(非代理型 CM 采购模式采用的合同条件)的规定详细得多。有关施工前阶段共计 21 项,而 A121/CMc 中只有 10 项;有关施工阶段的服务共计 25 项,而 A121/CMc 中只有 7 项。但是这并不意味着 B801/CMa 所规定的 CM 单位的工作量和范围比 A121/CMc 所规定的大。事实上,由于非代理型 CM 单位要与分包商签订合同,因此其组织协调和合同管理的工作量将大于代理型 CM 单位。除此之外,单从 CM 单位所承担的工作任务和内容来看,两者并无太大的区别。

在 CM/Non-Agency 模式中,CM 单位是承包商,它要承担经济责任,因此其应承担的责任和应从事的工作相对比较明确。而在 CM/Agency 模式中,CM 单位提供的是顾问和咨询服务,而顾问和咨询服务不同于承包,其工作内容和标准不是十分明确的,因此其具体内容必须在合同中予以明确,从而为业主检查和衡量 CM 单位的工作业绩提供标准。

另一方面,在 CM/Agency 模式中,CM 单位与业主班子的工作关系更加密切,合作更加频繁,因此必须通过合同文字来明确分清双方的责任和义务。在 B801/CMa 中,之所以要详细规定 CM 单位的服务范围,主要原因如下:

1) 明确 CM 单位与业主班子的工作任务分工,分清双方各自所应承担的责任,避免因双方职责不清而产生矛盾;

2) 为业主检查和监督 CM 单位的工作提供合同依据和标准。

(2) CM 酬金的有关规定

B801/CMa 和 AGC510 详细规定了 CM/Agency 模式中,业主所应支付 CM 单位的酬金,如图 7-8 所示。

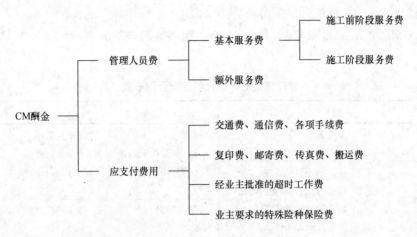

图 7-8 代理型 CM 单位的酬金

管理人员费包括工资、税金、保险、假期工资、病假工资、休假工资、退休金以及类似的其他收益。

业主对 CM 酬金中的应支付费用的实际支付，不单是各项费用的实报实销，而应包括对基本服务和额外服务的服务费的补偿。其计算公式如下：

应支付费用＝CM 经理和其雇员或咨询人员为本项目发生费用×系数

因此，CM 单位在报价时应报出该系数。由此可以看出 CM/Agency 酬金有以下特点：

1) CM 单位收取的是 CM 班子的直接工作成本加一定比例的补偿，CM 单位不向业主单独收取 CM 管理费。

2) CM 合同价中不包括在 CM/Non-Agency 中所包括的"Cost of the Work"（有风险补偿的作用），其组成比 CM/Non-Agency 简单得多。

(3) 施工费用

与 A121/CMa 和 AGC565 类似，在 B801/CMa 和 AGC510 中对施工费用也进行了定义和说明，施工费用是指由建筑师设计和确定的，本项目由业主承担的所有部分的费用和相关费用。施工费用包括业主提供的劳动和材料费、设备费、各分包商合同价和 CM 酬金等，不包括设计费、土地费和资金费用等。

B801/CMa 和 AGC510 规定由 CM 经理负责对施工费用进行初步估算、修订和详细估算，但不要求 CM 经理保证实际费用与估算不发生偏差，不要求 CM 经理对施工费用确定一个固定的限价，除非当事双方对此固定限价取得一致书面同意。即使有固定限价，CM 经理也不对实际费用超出的部分承担经济责任，也不对节约的部分提成。

7.3.2 非代理型 CM 采购模式的合同条件

A121/CMc 和 AGC565 合同条件的全称为《业主与 CM 经理之间协议书标准文本，其中 CM 经理又是承包商》(Standard Form of Agreement Between Owner and Construction Manager, Where the Construction Manager is also the Constructor)，该文件颁发于 1991 年。

1. A121/CMc 和 AGC565 合同条件

A121/CMc 和 AGC565 合同条件由 11 个主题条款和若干分条款组成,其具体条款如表 7-6 所示。

非代理型 CM 模式的主要合同条款　　　　　　表 7-6

主题条款	分　条　款	主题条款	分　条　款
1. 总则	1.1 双方关系 1.2 一般条件	6. 施工阶段的工程费用	6.1 应支付费用 6.2 不应支付费用 6.3 贴现、折扣和退款 6.4 账目记录
2. CM 经理的责任	2.1 施工前阶段的责任 2.2 GMP 提出和确定的时间 2.3 施工阶段的责任 2.4 专业性服务工作 2.5 不安全因素	7. 施工阶段付款	7.1 施工进度付款 7.2 最终付款
3. 业主的责任	3.1 提供资料及帮助 3.2 业主任命的代表 3.3 建筑师 3.4 协作要求	8. 保险和保函	8.1 CM 经理需要的保险 8.2 业主需要的保险 8.3 履约保函和付款保函
4. 施工前阶段工作的报酬和付款	4.1 报酬 4.2 付款	9. 其他规定	9.1 施工前争议的解决 9.2 施工中争议的解决 9.3 其他约定
5. 施工阶段工作的报酬	5.1 报酬 5.2 GMP 5.3 工程变更	10. 终止或中止	10.1 在确定 GMP 之前的终止 10.2 GMP 之后的终止 10.3 中止
		11. 其他条件或服务	

由于在 CM/Non-Agency 模式中,CM 经理是以承包商的身份工作,在合同履行过程中要面临许多复杂的关系,而在适用于非代理型 CM 合同文本中,仅有 11 个条款是远远不够的。因此,A121/CMc 和 AGC565 中规定,该文件必须与下列文件一起协调使用:

(1) AIA 文件 B141《业主与建筑师协议书标准文本》(Standard Form of Agreement Between Owner and Architect),于 1977 年 7 月发行第 13 版。它规定了业主和建筑师之间签订咨询服务合同的模式,也有 14 个主题合同条款,每个主题条款下又有若干分条款。

(2) AIA 文件 A201《工程施工通用合同条件》(General Conditions of the Contract for Constructions),于 1976 年 8 月发行第 13 版。该文件具体规定了业主、建筑师、承包商、分包商之间的权利和义务,包括 14 个主题条款和诸多分条款。

AIA 文件 B141 界定了在非代理型 CM 采购模式下,业主与建筑师之间的关系;AIA 文件 A201 规定了在此模式下,施工合同的细则和条款。

此外,为了使业主能够随时监控工程成本,也可以采用成本加酬金而非最高限定价格的方法签订合同,但此时应采用另外一个协议书文本 A131/CMc,即《业主与 CM 经理协议书(CM 经理负责工程施工)—成本加酬金》,该条件亦应与 A201 配合使用。

2. A121/CMc 和 AGC565 合同规定

(1) 对 CM 单位提供服务的规定

CM 单位在项目建设中究竟应该承担哪些工作,在 A121/CMc 和 AGC565 中作了明确说明，CM 单位的服务分为两个阶段，如图 7-9 所示。

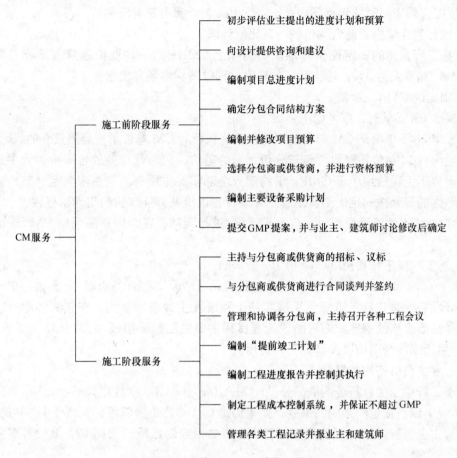

图 7-9　非代理型 CM 单位的服务

(2) 业主支付 CM 单位费用的规定

按照 A121/CMc 和 AGC565 规定，业主支付 CM 单位的费用由施工前阶段工作的报酬和施工阶段合同总费用两部分组成，如图 7-10 所示。

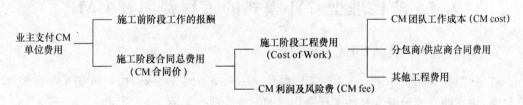

图 7-10　业主支付 CM 单位的费用

根据 A201/CMc 和 AGC565 规定，非代理型 CM 模式施工阶段合同总费用（即 CM 合同价）由施工阶段工程费用（Cost of the Work）和 CM 利润及风险费（CMfee）两大部分组成（施工前阶段 CM 单位工作报酬另计，通常按照管理人员的直接人员费的一定比例计取），CM 单位对 Cost of the Work 承担 GMP 责任。

1) CM 利润及风险费（CMfee）

CM 利润及风险费（CMfee）是 CM 合同价中的一个重要组成部分，是业主支付的

CM单位的利润，其中包括CM单位承担管理工作所包含的风险补偿金，通常是业主和CM单位在合同谈判时的焦点问题之一。CMfee的计算方法有三种：

- 按分包商或供货商合同价的一定比例计取。
- 按工程费用的一定比例计取。如国际上CMfee的平均取值通常占工程总费用的2%～4%，加拿大为3%，这比我国的建设监理收费标准要高出很多。
- 固定的CM fee金额。

在确定CM fee时，应考虑下列因素：

- CMfee不单单是CM单位的利润，还应包括对CM单位承担经济责任的风险补偿。
- 由于CM单位不赚取总包与分包之间的差价，它与分包商的合同价对业主是公开的。如果实际工程费用小于GMP，节约部分全部归业主所有。业主应制定一定的奖励措施，将节约的部分按一定比例奖励给CM单位，以提高CM单位的工作积极性。
- 当有较大的设计变更时，应对CM fee进行调整，在合同中要明确CM fee的调整方式。

2) 施工阶段工程费用 (Cost of the Work)

A121/CMc和AGC565对施工阶段工程费用 (Cost of the Work) 定义为：工程费用是指CM项目经理在施工阶段为正确实施工程所发生的必须费用。在该文件中对工程费用作了详细而严格的规定。施工阶段工程费用主要由三部分组成：CM团队的工作成本、分包商/供货商的合同价以及其他工程费用。

(3) 业主自行签约的部分

关于工程中业主自行签约的部分，A121/CMc和AGC565规定如下：

1) 业主自行发包和采购的部分，如果仍由CM单位负责管理，则属于GMP的范围，但此时业主自行签订的合同价应不超过GMP中相应的数额，否则CM单位有权要求对GMP进行调整。

2) 如果业主自行签约的部分由业主自行管理，则不属于GMP的范围，CM单位当然也不承担经济责任和风险。

7.4 非代理型CM模式的工程费用及GMP

7.4.1 CM模式的工程费用

在A121/CMc和AGC565中，工程费用 (Cost of the Work) 由CM班子工作成本、分包商/供货商合同价以及其他工程费用三大部分构成，如图7-11所示。

1. CM团队工作成本

CM团队工作成本简称CM cost，是指CM团队为实施管理工作而发生的管理人员的实际工作成本，包括人员费用和工作费用。CM cost的计算依据是CM班子的组织结构及其人员构成，以及CM管理人员的工作时间。由于CM单位报价时已将利润 (CM fee) 作为专项单列，因此，计算CM cost时不应再计取补偿费用，而应按实际结算。通常情况下，业主都希望CM单位对CM cost实行总价包干，或者对大部分进行包干，小部分事先无法准确估计的费用进行实报实销。

7.4 非代理型 CM 模式的工程费用及 GMP

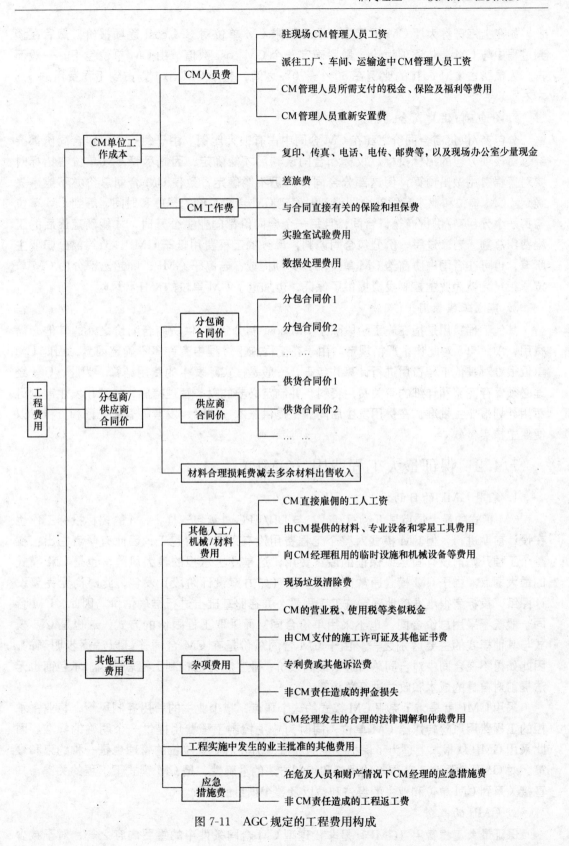

图 7-11 AGC 规定的工程费用构成

如在上海证券大厦 CM 招标中，业主要求 CM 单位对 CM cost 逐项报价，然后在谈判过程中与 CM 单位逐项讨论，最后确定一个 CM cost 数值，由 CM 单位包干。一般而言，人员费占 CM cost 的比例在 50%～70%之间，整个 CM cost 则占到工程费用的 5%左右。

2. 分包商/供货商合同价

分包商/供货商合同价之和在 CM 合同中占有很大比例。由于每一个分包合同价都要经过对该项分包的招标投标、议标和合同谈判后才能确定，因此尽管 CM 单位在招标时要对工程费用做出预算，但这部分合同费用仍不能确定，致使 CM 合同总价亦不能事先确定。CM 单位和业主只能在合同谈判时确定 CM 合同总价的程序和时间，等到 CM 单位与每一个分包商/供货商签订合同，且每一个合同价都向业主公开时，才能确定最后的工程费用总额。若通过每一份分包合同谈判，最终的工程费用低于 GMP，节约部分归业主所有，也可在合同中协商给 CM 单位部分奖励提成；若高于 GMP，则超出部分由 CM 单位承担，这就为业主控制投资提供了保证，也加重了 CM 单位的责任和风险。

3. 其他工程费用

其他工程费用是指在施工阶段除了 CM cost 和分包商/供货商合同价之外的其他必需费用，AGC565 对此作了严格规定。由于在工程施工过程中有许多不确定因素，因此 CM 单位很难对其他工程费用进行计算并包干，一般是按实际发生的费用结算。为此，CM 经理必须保存完整和详细的有关费用资料，并制定必要的财务管理措施，在费用发生前制订费用计划报业主批准，在费用发生后向业主提供账本、记录、发票等有关凭证和资料，以便业主核实付款。

7.4.2 保证最大工程费用（GMP）

1. 采用 GMP 的目的

CM 模式的最大特点是 Fast-Track，与 DB/EPC 总承包一样，CM 的招标投标工作也在设计前期进行，但 CM 模式对整个工程费用没有采取总价包干，因此有学者指出：在整个工程开始前没有固定或保证的最终费用，这是业主承担的最大风险，也是 CM 模式的最大弱点。由于 CM 模式通常在设计初期（如方案设计阶段）发包，此时尚无完整设计图纸，投标者很难准确地确定施工工程量，并在此基础上进行准确估价。因此，CM 合同一般既不采用总价合同，也不采用单价合同，而采取工程限价的方式，这也是 CM 模式与其他模式的主要区别之一。由于 CM 合同总价是在 CM 合同签订以后逐步明确的，因此如果不在合同中对合同总价进行最高限价，业主将无法控制工程总费用，承包商也无法提前对自身的成本和收益进行总核算。

采用 GMP 就是为了克服 CM 模式的这个弱点，减少业主的费用控制风险，将业主承担的工程费用风险转嫁给 CM 单位，同时为业主控制工程费用提供一个明确的标准。因此采用 GMP 从根本上是为了保护业主的利益，另外对 CM 单位的管理也是一种约束和鞭策。对 GMP 的概念、范围等的理解和编制方法的准确性，是 CM 模式下工程的关键，其直接关系到 CM 单位和业主的经济利益以及整个项目的成败。

2. GMP 的概念

保证最大工程费用（GMP）是非代理型 CM 合同条件中的重要内容之一，对于减少业主风险，控制工程费用具有重大作用。在 A121/CMc 和 AGC565 文件第 5.2 条中规定：CM 经理在施工阶段向业主保证工程费用和 CM fee 的总和（称为 CM 合同总费用）不超过附件 1 规定的数额，这个最大数额在合同文件中称为"保证最大工程费用"（除合同文件规定的设计变更之外），超过保证最大工程费用的那部分应由 CM 单位支付，业主不予承担。其含义如下：

(1) CM 单位对其施工阶段的工作要承担经济责任，即他必须按 GMP 的限制来计划和组织施工。因此 CM 模式有别于 PM 模式，不但有控制工程费用的义务，并要对此承担直接的经济责任。

(2) 业主向 CM 单位支付的合同总费用中除 CM cost 和 CM fee 外，其他组成的数额在签约时并不事先固定。但是随着 GMP 确定以后，实际上就是事先确定了 CM 合同总费用所能够达到的最大数额。

(3) GMP 表明了 CM 单位向业主保证的最大合同价格，但并不表明 CM 单位按这个固定数字向业主承包。业主实际支付的费用将小于或等于 GMP。因此，GMP 有别于施工总承包中固定的合同总价。如果实际工程费用加 CM fee 超出了 GMP，将由 CM 单位承担；反之如果实际工程费用小于 GMP，节余部分将归业主。

(4) 为鼓励 CM 单位控制工程费用的积极性，通常经双方协商，CM 单位可对节约部分作一定比例的提成。

由此可见，所谓保证最大工程费用（GMP）就是 CM 单位通过施工管理和组织，保证实际施工阶段的费用与 CM fee 之和不超过预先与业主商定的目标值，这个目标值是 CM 经理向业主保证的最大 CM 合同价格，即：

$$\text{GMP} = 工程费用(\text{Cost of the Work}) + \text{CM 单位利润酬金}(\text{CM fee})$$

GMP 仅仅是业主项目总投资的一部分，不包括土地费、设计费、业主方的管理费用等投资，只是项目施工阶段建筑安装工程投资和设备投资中，由 CM 单位负责管理或实施的那一部分投资。CM 单位对不属于自己管理范围的分包合同、供货合同的投资部分不负经济责任，这部分由业主自行签订的合同价数额不属于 GMP 范围，由业主自行承担经济责任和风险。对于业主指定的分包商/供货商，如果仍由 CM 单位负责主持招标和合同谈判并签约，这部分合同价格属于 GMP 范围，如果指定的分包商/供货商合同价大于 GMP 中相应的数额，CM 单位可以拒绝与之签约，或由业主根据 CM 经理建议的报价与实际签署合同价之差值来重新调整 GMP 目标值。

另外，A121/CMc 和 AGC575 文件第 2.2 条中规定：GMP 的"工程费用中应包括 CM 经理的不可预见费"，"应包括在制定 GMP 时法规规定的税费"。不可预见费是 CM 经理的专项费用，主要用于支付工程中事先无法估计的费用，但是不能用来支付因设计变更而造成的费用。在 CM 合同谈判中，不可预见费往往是确定 GMP 时双方争论的焦点之一，其大小一般应取决于工程项目的复杂程度、项目所在地的市场状况和物价水平等因素。

3. GMP 的编制

确定一个合理的 GMP 是业主和 CM 单位的首要任务。但是，由于非代理型 CM 模式一般采用在设计阶段即进行招标投标，CM 单位不可能在投标时提出一个合理的 GMP，因此，GMP 一般是在 CM 合同签订之后，当设计图纸和文件达到足够深度时，由 CM 单位在双方商定的规定时间内提出,并由业主确定。值得注意的是,GMP 确定得太早或太迟,都将失去其控制投资和工程费用的意义;同时,GMP 的编制是一个连续的不断修正的过程。在实际工程中通常的做法是:

(1) 在工程建设开始阶段,业主提出建设任务和要求,CM 单位与建筑师、业主一起共同研究,对项目的规模、标准、功能要求、技术条件等达成一致意见,并提出初步投资建议,CM 单位据此编制工程费用的第 1 号预算 (Budget 1)。

(2) 在工程初步设计阶段,随着设计工作的不断深入,CM 经理同业主和设计商一起分析和确定项目的标准和功能要求,并对这些要求达成一致意见,然后由 CM 单位根据这些标准和要求着手编制工程费用。按照 CM 合同的事先商定,在合同签订后的合理时间内,CM 经理不断修改和细化工程费用预算,不断报业主批准,先后编制出第 2 号、第 3 号预算……(Budget 2, Budget3,……),并报业主审核。

(3) 在工程设计进展到某一阶段,通常是在施工图设计全部或基本完成后,CM 单位提出 GMP 方案报业主批准,经业主接受和批准的工程费用详细预算在合同中称为最高限价,即保证最大工程费用 (GMP)。该 GMP 方案及其修正文件将一同作为业主工程付款的最大限额。

GMP 何时提出取决于设计图纸的深度和技术说明书的深度。因此 CM 单位同业主谈判时不能笼统地承诺在签字后的若干周即可提出。但是,CM 单位在投标时编制的项目总进度计划中,应包括提出 GMP 的时间计划,合同双方在谈判时进一步估计并商定提出和确定 GMP 的相对时间计划。

GMP 的编制是经过诸多动态过程而产生的一个静态结论,即 GMP 数额。与 DB/EPC 等模式由预算编制(静态过程)得出的结论相比,这种方式要更切合实际,不论对业主还是 CM 单位都更为合理、有利。从以上 GMP 的编制过程来看,GMP 的编制是一个连续的动态过程,由估算、概算到预算,循序渐进,逐步细化,以达到 GMP 的要求。确定 GMP 是一个复杂的过程,对 CM 单位的费用估算能力要求较强。

4. GMP 的调整

GMP 一经确定下来,即成为业主与 CM 单位之间协议的组成部分,双方均应遵守执行,原则上不得修改。但是,考虑到施工过程的复杂性或业主方面的原因,CM 合同文件中规定了在下列情况下,可以对 GMP 进行修改和调整:

(1) GMP 生效后,发生设计变更和补充图纸;

(2) 因业主的原因,改变材料或设备的种类、规格、数量和质量,或者是改变装修的范围、标准和质量等;

(3) 当业主指定的分包商或由业主自行签约而由 CM 单位管理的分包商的合同价格大于 GMP 中相应部分的价格时。

经业主批准后的对原 GMP 的修改和调整,将作为合同中新的最高限价。实际上,CM 单位为了控制工程费用,通常要在项目实施过程中,随着工程实际情况的变化,不断地编制工程费用预算。对其中影响 GMP 限额的部分进行修正,并报业主审核批准。若双方意见发生分歧,则由一个双方均能接受的第三方(如仲裁机构)来仲裁,以确定业主付款的最大额度。

7.5 CM采购模式与其他采购模式的比较

7.5.1 CM与PM模式的比较

CM（Construction Management）模式与PM（Project Management）模式在称谓上很接近，仅一字之差，在应用中很容易将两者混淆。

PM模式是在20世纪50年代末、60年代初开始逐步在美国和西欧等国广泛应用的一种国际通用的项目管理方法，它包括业主方的项目管理、设计方的项目管理和施工方的项目管理三种类型（如图7-12所示）。

国内主要采用的类型为业主方的项目管理。在这种类型中，项目管理咨询公司受业主的委托，采用科学的管理思想、组织、方法和手段，对项目投资、建设周期和项目质量三大目标实施控制，并向业主提供合同管理、信息管理和组织协调等服务。项目管理咨询公司既不参与设计、也不参与施工活动，其基本属性是向业主提供咨询，它受业主的委托，在工作中代表业主的利益，是业主忠实的顾问。而且在PM模式下，对施工组织、合同价款方式没有特殊规定。国内实行的建设监理制度从指导思想上借鉴了国外的"业主方的项目管理"。

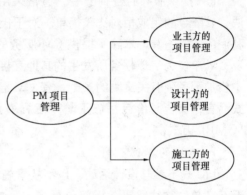

图7-12 PM项目管理

两者存在着一些共同点，如：CM与PM一样，都是一种工程管理咨询的模式，都可以仅拥有高级技术和管理人员，而不直接拥有机械和工人等施工力量，但是两者又存在着一些区别，PM模式的"业主方的项目管理"与CM模式之间的区别主要体现在以下几个方面。

1. 基本属性不同

PM是为业主提供咨询，在工作中代表业主的利益；而CM模式是为加快建设速度而产生的一种特殊的采购模式，CM单位一般是承包商的身份，并不是代表业主利益的身份，它与设计商、分包商及供货商共处于项目实施方。

2. 出发点不同

PM的出发点是实现项目的三大目标控制（投资控制、进度控制和质量控制）；而CM模式尽管也会对投资、质量进行控制，但其根本出发点是缩短项目建设周期，因此CM采购模式在方法上的最大特点是快速路径法。

3. 介入项目的时间不同

PM是指项目全过程的管理，因此PM的工作应从项目一开始就介入，而且对PM来说项目前期的工作对目标控制尤为重要；而CM的工作往往在设计阶段中途介入。CM单位开始工作的时间有多种可能性：在方案设计结束后开始、在扩初设计结束后开始或在施工图设计期间（施工图结束前）开始。也就是说，PM模式作为全过程的项目管理比CM

模式介入项目的时间更早。

4. 与分包商的关系不同

PM对分包商是指令关系,没有合同关系,即PM不可能直接与分包商签订合同;但是对于非代理型CM模式,CM单位可以与分包商产生合同关系。

5. 与设计商的关系不同

PM代表业主的利益工作,在工作中依据业主的意见,PM方可向设计商发布指令;而CM单位与设计商之间没有指令关系,它们之间是相互协调的关系,CM单位只能向设计商提出合理化建议,在一定程度上影响设计。

6. 取费方式不同

PM提供服务的咨询酬金,通常采用按投资百分比、按人月单价或人月数的计算方法,其酬金的组成相对比较简单。对于代理型CM模式而言,CM合同价通常采用成本加利润的方式,其成本除了提供CM服务的管理成本外,还包括未分包及零星工程费用以及CM单位为完成任务所发生的其他直接成本,CM单位除收取固定的利润外,尚在合同中增加了多项有关奖励的条款,使CM合同价的组成变得较为复杂;对于非代理CM模式而言,其合同价包括施工阶段工程费用和CM利润及风险费,多采用保证最大费用(GMP)方式。

7. 承担的单位不同

PM既不参与设计活动、也不从事施工活动,因此PM工作一般都由咨询公司承担;而CM单位往往需要承担部分零星工程或未分包工程,甚至参加某个分部工程的投标,因此CM工作往往由承包商承担。这个承包商不是仅拥有技术和管理人员的纯管理型公司,而往往是拥有机械和工人的具有施工力量的承包公司。

8. 承担的风险不同

PM提供的是咨询服务,因此它只为在其专业领域内的活动承担专业责任。在FIDIC条款中明确规定,咨询工程师在下列情况下,要承担经济责任:

(1) 违反法律规定的行为;

(2) 严重的疏忽和失职;

(3) 由咨询工程师的重大失误和直接错误指示导致项目损失。

一般而言,PM单位承担的经济责任将不超过PM合同总酬金。与PM模式相比,CM单位承担的风险要大得多。在非代理型CM合同中有关保证最大工程费用(GMP)的条款,要求CM经理向业主保证工程费用的总和不超过合同文件中规定的最大数额。如果超过,则要由CM单位承担,这也是CM工作要由具有一定承包实力的承包商来承担的原因之一。

综合以上分析,CM与PM的区别可以用表7-7表示。

CM模式与PM(业主方的项目管理)比较 表7-7

序号	比较方面	CM模式	PM模式
1	基本属性	承包商	咨询机构,代表业主的利益
2	出发点	缩短建设工期	项目目标控制

续表

序号	比较方面	CM 模式	PM 模式
3	介入项目的时间	略迟	早
4	与分包商的关系	协调关系	指令关系
5	与设计单位的关系	协调关系	指令关系
6	承担的单位	承包商	咨询公司
7	取费方法	复杂	简单
8	承担的风险	大	小

7.5.2 CM 与 PMC 的模式比较

PMC（Project Management Contract/Contractor）中文为项目管理承包/承包商，是指具有相应的资质、人才和经验的项目管理承包商，在工程项目立项决策阶段为业主进行可行性分析和项目策划，编制可行性研究报告；在工程项目实施阶段为业主提供招标代理、设计管理、采购管理、施工管理和试运行（竣工验收）等服务，代表业主对工程项目进行质量、安全、进度、费用、合同、信息等管理和控制，保证项目的成功实施。

建设项目是一个系统工程，有其内在的规律，需要通过与之相适应的管理模式、管理程序、管理方法、管理技术去实现。事实证明，一个项目如果采用先进的技术或设备只能使工程利润提高 3%～5%，而依靠良好的管理方式却能使工程利润增加 10%～20%，因此，PMC 管理模式应运而生。一个项目的投资额越高、项目越复杂且难度越大、业主提供的资产担保能力越低，就越有必要选择 PMC 进行项目管理。PMC 一般来讲只负责项目策划和项目管理工作，并不承担具体的设计、采购、施工等。因此 PMC 必须根据项目管理层次和管理跨度的要求以及国际和国内资源的状况将整个项目分解成若干个工作包，为每个工作包确定最有竞争力的承包商，并监督和管理承包商工作的实施。PMC 有以下特点：

- 采用业主参与型的一体化管理方式。
- PMC 承包商对设计、采购、施工等承包单位统一进行协调管理，进行整体统筹安排、优化设计方案，对质量成本和进度进行有效的综合控制。

PMC 对承包单位要求很高，承包的工程项目性质比较复杂，比较适于下述的一些项目：

- 项目投资额很高且包括相当复杂的工艺技术。
- 项目业主是由多个大公司组成的联合体。
- 投资额巨大，需要从商业银行和出口信贷机构取得国际贷款的项目。
- 业主自身的资产负债能力无法为项目提供融资担保的项目。
- 业主对工程项目管理生疏，凭借自身的资源难以完成的项目。
- 一些缺乏管理经验地区的建设项目。

与 CM 模式相比，两者的区别主要体现在项目组织合同关系、项目管理工作范围、介入项目的时间、承担的风险、业主介入项目管理的程度等方面。

1. 在项目组织合同关系方面

代理型 CM 单位只与业主签订合同，而与其他参与方的关系属于协调关系，非代理型 CM 单位除与业主签订 CM 合同外，还直接与各施工分包商、供应商签订分包合同，但与设计商没有合同关系；在 PMC 模式中，项目管理承包商与业主签订 PMC 合同，然后将全部工程分包给各分包商。

2. 工作范围

CM 模式主要是在设计阶段做好设计与施工的协调工作，负责招标投标并随后管理施工现场；PMC 的工作范围则比较广泛，通常是全过程的项目管理承包，工作内容也是全方位的，涵盖目标控制、合同管理、信息管理、组织协调等各项管理工作。

3. 介入项目的时间

PMC 模式在全过程的项目管理服务时介入项目的时间较早，一般在项目的前期就开始介入项目，完成有关的项目策划和可行性研究等工作；而 CM 模式一般在初步设计阶段介入项目，时间上滞后于 PMC 模式。

4. 承担的风险

虽然 CM 单位和 PMC 单位同时作为承包商，对项目的责任和风险相对较大，特别是非代理型 CM 单位，一般要承担保证最大工程费用 GMP，项目风险较大。

5. 业主介入的程度

非代理型 CM 模式中，业主需要承担较多的管理和协调工作，特别是在设计阶段，虽然 CM 单位可以提出合理化建议，在一定程度上影响设计，但由于 CM 单位与设计商没有合同和指令关系，很多决策和协调工作需要由业主完成，因此业主介入项目管理的程度较深；而在 PMC 模式中，业主方只需要很少的项目管理人员，介入项目管理的程度较浅。

7.5.3　CM 与 MC 模式的比较

管理承包（Management Contracting，MC）模式起源于 20 世纪 60 年代的英国，是在仿效美国 CM 管理模式的基础上，结合英国建筑管理现状产生的一种工程项目采购模式，是传统项目管理模式和 CM 模式相结合而产生的一种管理模式。它既像传统项目管理模式下的项目咨询机构，又采用美国 CM 模式中的 Fast-Track 等思想。所以 MC 模式在美国被定义为代理型 CM 模式。

MC 项目管理模式中的组织形式如图 7-13 所示。在这种管理模式中业主选择一个外部的 MC 管理公司来管理项目的设计和建设，MC 公司自己不从事任何项目的建设，而是把整个项目划分成合理的工作包，然后将工作包发包给分包商。

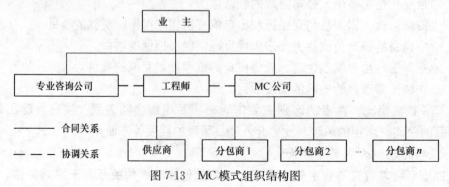

图 7-13　MC 模式组织结构图

从图 7-13 可以看出，MC 模式实质上就是非代理型 CM 模式在英国应用的一种变体。综合前述，PM、CM（代理型、非代理型）和 PMC 三种模式的对比见表 7-8 所示。

PM、CM、PMC、MC 几种模式的对比分析　　　　表 7-8

比较方面	PM 模式	代理型 CM	非代理型 CM	PMC 模式	MC 模式
项目组织中的性质	提供项目管理服务	非承包商性质	承包商性质		提供施工管理服务
合同关系	只同业主有合同关系		除与业主签订合同，还与其他分包商签订合同		
项目管理工作范围	可以是建设全过程或某个阶段	设计和施工阶段		从项目策划开始的建设全过程	施工阶段
介入项目时间	项目前期策划阶段	初步设计阶段		项目前期策划阶段	施工阶段
项目责任和风险	承担管理责任风险较小	承担承包责任风险较大		承担管理责任有一定的风险	承担管理责任风险较大
需业主介入的程度	一定程度	较深		较浅	一定程度
与其他模式的共存	可与 DB、非代理型 CM 共存，但不与代理型 CM、PMC 和 EPC 共存	不与 PM 和 PMC 共存	可与 PM 模式共存，但不与 PMC 共存	可与 EPC、DB 模式共存，但不与 CM 和 PM 模式共存	可与 PM、DB 模式共存，但不与 EPC 共存

7.6　CM 采购模式案例分析

1. 上海证券大厦工程

国内第一个试行 CM 模式的大型民用建筑项目是上海证券大厦项目，该工程位于上海浦东新区陆家嘴金融贸易区，总建筑面积约 10 万 m^2，总投资约 1.4 亿美元，由亚洲最大的证券交易所和高层次的综合办公楼两大部分组成，采用国际上先进的现代化设备和系统。主体结构施工及设备系统安装调试采用国际招标。在招标文件上要求国外单位必须与一个中方合作伙伴组成联合体，共同投标。在上海证券大厦 CM 招标中，业主要求 CM 单位对 CMcost 逐项报价，然后在谈判过程中与 CM 单位逐项讨论，最后确定一个 CM-cost 数值，由 CM 单位包干。在该工程中，PLC 公司与中建八局组成的上海证券 CM 班子组织结构如图 7-14 所示，其组织结构有如下特点：

（1）由于项目规模较大，因此在经理上增设一位项目主任，CM 班子的工作由项目主任负责领导，该职务由外方人员担任。项目主任是 CM 班子的总指挥，全权负责 CM 班子的工作。PLC 项目主任一直驻守现场，直至工程竣工。项目主任有五个直接下级：项目总工程师、项目经理（应为 CM 经理）、合同经理、财务协调经理以及采购和仓储经理。

（2）项目总工程师负责领导技术部的工作，该职务由中方人员担任。由于该项目采用高层钢结构、全玻璃幕墙，技术较为复杂，因此在总工程师手下配备了两名外方技术人

7 CM采购模式与管理

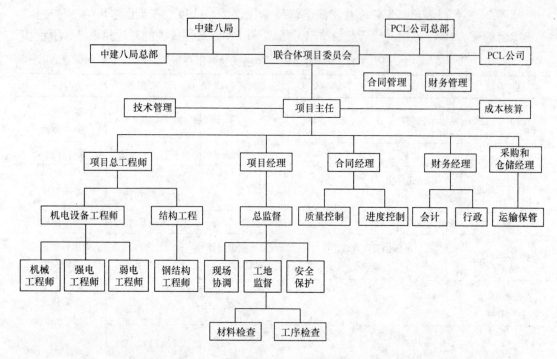

图 7-14 上海证券大厦工程组织结构示意图

员,一名负责设备安装组,另一名负责钢结构和外墙组。由项目总工领导下的技术部负责与设计单位的协调和联系,向设计者提出合理化建议,在施工过程中指导和协助分包商解决出现的有关技术难题。

(3) 施工工作由项目经理负责,此处的项目经理实际上是 CM 经理。在该组织结构中,项目经理由中方人员担任。项目经理负责整个工程施工的管理和协调工作,向项目主任汇报工作,协调、监督、管理分包商,对工程施工进度、质量和安全负责。该组织结构中的施工部被加强了,其班子由三个层次组成,即项目经理—总监督—工地监督。总监督负责处理分包商之间的具体协调工作,督促和检查分包商的施工进度计划,是施工现场的总负责人,他必须确保工程按计划竣工日期完成。工地监督负责对材料、施工工序进行监督和检查,向总监督汇报工作,审查分包商的质量保证措施、安全措施和文明施工措施。

(4) 除了分管施工的项目经理以外,项目主任的另一重要助手是合同经理。合同经理的责任包括两大方面:

■ 合同管理,包括确定"Fast Track"的分包合同结构方案、主持分包商和供货商招标、起草合同文件、主持合同谈判,以及负责合同执行期间的跟踪管理等。

■ 费用控制,包括编制工程费用预算、修改和调整工程费用预算、编制工程费用控制报告等。

合同管理和工程费用控制是 CM 班子的两大重要任务,不但工作量大,而且难度高。从图 7-14 所示 CM 班子组织结构来看,这部分力量仍显得较为薄弱。一方面,本项目中有大量国际招标工作,而该项工作是国内人员的薄弱环节,只能由合同经理(外方人员)专人负责;另一方面,编制工程费用预算和控制费用要运用计算机软件,比较好的办法是外方派专人在现场从事费用控制工作。

(5) 财务经理负责 CM 班子的财务管理工作，保管所有的会计凭证，编制财务报表报送项目主任，由项目主任上报业主。财务经理还要负责工程的资金管理工作，编制资金使用计划，并负责向分包商和供货商支付工程款和购货款等有关款项。财务经理同时兼管现场办公室的行政工作。

(6) 采购和仓储经理负责工程所需的材料、设备的供应和管理工作，包括编制材料、设备采购计划；参与材料、设备招标和合同谈判；监督设备、半成品的生产过程，负责运输、保管等管理工作；以及现场物资贮存管理调配工作。由于单独设立了采购部，在一定程度上缓解了合同经理在材料、设备合同管理方面的压力，这是大型项目可取的一种方法。

2. 上海浦东东南花苑主题项目

中建八局三公司在上海浦东东南花苑主题项目上也是采用 CM 模式，且是为数不多的正式实施 CM 模式的项目之一。下面以 CM 单位与施工单位间的合同关系为主进行简介。

该工程位于上海浦东，总建筑面积 8.9 万 m^2，建筑高度 $99.7m^2$，公寓 400 套，办公房 22 套，剪力墙及框架结构。该项目的业主为上海浦东新区东南置业有限公司，通过招标投标确认由韩国极东建设株式会社为项目的 CM 承包方（上海浦东新区东南置业有限公司是韩国极东建设株式会社设于上海的子公司，该公司希望项目能够采用 CM 的模式达到节省费用、合理安排设计与施工间关系、缩短工期的目的，但又不希望一笔可观的 CM 费用被别人赚取，所以采用了子公司发包，母公司承包的方式）。

韩国极东建设株式会社作为 CM 方就工程的各分项全面进行了公开的招标投标，最后确定：设计总包是上海华东建筑设计研究院浦东分院，方案设计为法国 F. R. I 设计所，施工总包是中建八局第三建筑公司，工程监理单位为上海市建设工程监理公司。

从项目的合同关系和各分项合同签订的双方主体可以看出，韩国极东建设株式会社在项目中不是以业主顾问的身份出现，而是以承包商的身份进行工作的，所以该项目采用的是 CM/Non-Agency 的组织结构。

(1) 关于设计与施工的充分搭接。在 1997 年 12 月 28 日 CM 单位与施工单位签订的项目主体工程施工合同（DNHY / CONTRICT /04）中第三条合同工程内容和第十二条图纸中明确指出，在提交的任何技术说明、设计、绘图中出现的错误或疏忽、不妥随时都可以更正，承包方要安全、准确地完成合同工程范围内的工程施工。这种随时更充分体现了设计与施工上的搭接，减少设计变更，力求完美的思想。

(2) 关于项目施工过程中 CM 单位的权利。在合同第十三条一般义务的第 1 款规定了 CM 单位的工作权利，如：

■ CM 单位可以委派有关的具体管理人员，承担自己的权利和职责，也可以在任何时候撤回委派，只要在委派和撤回发生前 5 天通知承包方即可。

■ 紧急情况下 CM 代表要求承包方立即执行的指令，即使承包方有异议，但如果 CM 代表决定仍继续执行的指令，承包方应予执行。

■ CM 代表可就承包方在施工中违反合同规定的任何问题向承包方发出指示，承包方必须立即执行，若在收到 CM 单位催促执行指示的书面通知后的 7 天后，承包方仍未执行，CM 单位可另聘他人执行该指示中所要求的工作，并向承包方追讨所有有关费用，或从合同应付和将付的款项中扣除该部分的费用。针对不同可能发生的情况，CM 单位有权顺延工期，还可以随时终止合同，只需要 56 天前给承包方发出终止合同的通知即可。

(3) 关于项目施工过程中 CM 单位的工作任务。合同明确规定了 CM 单位的任务：

- 将施工所需水、电、电讯线路从施工场地外部接至施工场地，保证施工期间的需要。
- 向承包方提供施工场地的工程地质和地下管网线路资料，保证数据真实准确。
- 协助办理施工所需各种证件、批件和临时用地。
- 将水准点与坐标控制以书面形式交给承包方，并进行现场交验。
- 组织承包方和设计单位进行图纸会审，向承包方进行设计交底。
- 审批承包方的施工组织设计（或施工）方案及进度计划，提出改进意见。
- CM 单位的工程师可以在任何时候进入现场，检查、管理并发布可以使施工顺利进行的命令和指示，如果发现有不满意之处要及时向承包方提出予以修正。
- 确定合同款项，并在合同签订 15 天内，在承包方提供履约保函后 30 天内，向承包方提供合同总价 5% 的预付工程款，开工后按月和比例逐次扣回。
- 按月核实确认承包方的工作量并支付工程款，按照约定的材料种类、规格、数量、单价、质量等级和提供时间、地点的清单，向承包方提供材料设备及其产品合格证明，CM 代表在所供材料设备验收 24 小时前将通知送达承包方。
- 确定设计变更和确定变更价款。
- CM 代表在收到承包方提供的完工验收报告及完工资料后 50 天内组织有关部门验收，并在验收后 10 天内给予批准或提出修改意见。
- 完工后，CM 代表在收到承包方的结算报告后应及时给予批准或提出意见。
- 在发生不可抗力后，迅速采取措施与承包方共同解决，并为灾害处理提供必要的条件。

7.7 国际著名 DB/EPC/CM 承包商的经验

7.7.1 Bechtel 公司概况

创建于 1898 年的 Bechtel 公司是一家具有国际一流水平的集工程设计、建设于一体的综合性建设公司。2006 年 Bechtel 公司营业额达到了 153.67 亿美元，其中国际营业额 89.31 亿美元，工程总承包和工程项目管理是 Bechtel 公司的主要服务形式，其中工程总承包业务占 60%～85%，工程项目管理服务占 5%～15%。工程总承包的方式主要有：DB 总承包、EPC 总承包、施工管理承包、CM 承包和工程设计、采购、咨询等形式，2006 年以 DB 模式承包的工程营业额全球排名第一。

该公司总部设在旧金山，公司大约拥有 5 万名员工，2005 年的净收入为 18.1 亿美元。在全球 140 个国家完成了 22000 多个项目，包括 Hoover 大坝、英吉利海峡隧道、香港国际机场、旧金山高速公路系统、三藩市海湾地区快速运输系统、海湾战争后科威特油田的重建、Jubail 工业城及 Alma 铝冶炼等项目。其业务领域涉及施工、管理、开发、财务等领域。

1. 公司组织结构

公司总部分为工程部门和职能管理部门，在工程开发部门下设专业公司和地区代表处

(如图 7-15 所示)。各专业公司管理采用事业部制的组织形式，公司在世界各地按照业务领域都建立若干专业分公司，各分公司在组织结构形式上基本相同，大都设有项目管理部、项目控制部、质量管理部、设计部及相关专业设计室、采购部、施工部等。

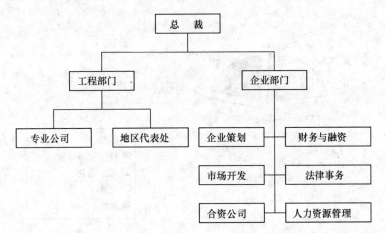

图 7-15　Bechtel 公司组织结构图

Bechtel 公司项目管理采用矩阵制管理模式，职能部门与作业区域双汇报制。项目部设有现场经理、工程总管、总工程师。下面分设安全健康与环境主管（经理），费用控制与计划主管（经理），劳资主管，采购经理，施工经理，合同主管六个部门。即以永久的专业机构设置为依托，按临时的、综合严密的项目管理组织，具体组织实施项目。

2. 人员结构

Bechtel 在全球拥有五万余名员工，其中，白领 3 万多人，蓝领 2 万多人，分布在 140 多个国家和地区。其人员构成以设计人员最多，占 36.79%，其他技术类人员较多的是工艺、安全与环境专业人员，以及项目管理与工程规划技术人员，非技术人员比例仅为 14.0%，如图 7-16 所示。

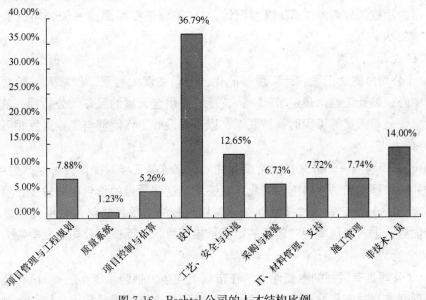

图 7-16　Bechtel 公司的人才结构比例

3. 行业结构

Bechtel 公司的主要业务领域为工业/石化、交通和能源，同时涉足排污/垃圾废物处理（如图 7-17 所示）。在 Bechtel 公司经营结构中能源领域占 21%，在该行业市场高居首位。

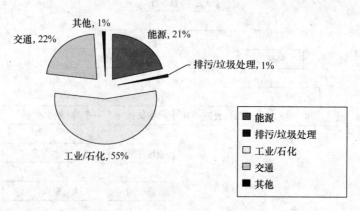

图 7-17 Bechtel 公司行业结构图

7.7.2 Bechtel 公司竞争优势

Bechtel 公司的竞争优势主要体现在：项目管理能力、工程设计能力、创新能力、融资能力、采购业务能力和营销能力等几个方面。

1. 项目管理能力

Bechtel 公司拥有大规模和复杂项目的管理能力，不仅拥有良好的项目管理体制和机制，还有先进的项目管理技术和手段作支撑。项目管理技术和手段包括：项目管理手册、项目管理程序文件、施工管理规范、项目管理数据库、先进的计算机系统和网络体系、集成化的项目管理软件等。Bechtel 公司把组织机构和营运、规程、经营管理作为企业项目管理金字塔的组成部分。通过 3D 模型设计、4D 工程进程监测技术使公司的项目管理处于世界的领先水平。

2. 工程设计能力

Bechtel 公司力图让工程设计实现智能化，公司在澳大利亚、加拿大、印度和美国都设有设计中心，设计工程师超过了 350 人，能够提供全天候的服务，公司拥有的全球化高速通信设施使公司人员能够实时保持联系，以确保设计工作能够与工程进度相匹配。

3. 创新能力

Bechtel 公司利润一部分来自危险废弃物处理，这类工程对操作员可能产生巨大伤害，需要特殊的操作程序和防护措施，因此，能够承接这些项目的承包商比较少，项目的利润也相对较高。Bechtel 公司通过技术创新，向高科技施工项目转移，利用其雄厚的资金和技术创新优势，进入利润率相对较高的行业承接项目，从而提高公司的竞争能力。

4. 融资能力

Bechtel 公司具有很强的融资能力，在市场上竞争力很强。Ben 是 Bechtel 公司旗下专门从事项目开发、融资和投资管理的公司。该公司主要提供项目拓展、结构化融资和信贷方面的专业顾问服务。自1990年来，Ben已经帮助客户通过商业银行、多边贷款机构、国际贷款机构、出口信贷机构和资本市场安排了超过340亿美元的融资。除此之外，Bechtel公司还提供投资和资产管理服务。通过与业主密切的合作，Bechtel公司已经成功投资了77个项目，总值达320亿美元。

5. 采购业务能力

Bechtel公司拥有自己的采购业务解决方案，能够提供集成化可靠的和经济的供应链管理服务。公司在世界各地的业务中心拥有一个流动的职业或专业的智囊库，通晓当地的法律、市场、客户和物流采购惯例，并与关键制造商和承包商建立了长期和高层次的合作关系。这些有利的条件都促使公司能够在全球以较快的速度和较低的价格及时获得合适的货物和服务。

6. 营销网络优势

优秀的国际承包商在国际市场上拥有发达的营销网络，便于他们在各地收集市场信息和国际工程招标信息，并以整个公司优势力量投标，开拓新市场。Bechtel公司全球性的知识与资源网融入了各个地区的组织当中，并能直接为当地的业主提供服务。Bechtel公司全球性的组织网络包括：

（1）亚太地区（中国、中国香港、印度尼西亚、日本、韩国、马来西亚、大洋洲、菲律宾、新加坡、中国台湾、泰国）；

（2）欧洲、非洲、中东和东南亚（英国、法国、西班牙、俄罗斯、沙特阿拉伯、阿拉伯联合酋长国、阿曼、土耳其、埃及、印度）；

（3）拉丁美洲（阿根廷、巴西、智利、墨西哥、秘鲁、委内瑞拉）；

（4）北美（加拿大、美国）。

在中国，Bechtel公司从1979年开始在北京设立办事机构以来，一直积极活跃于中国市场。Bechtel在北京和上海设立了常驻办事机构，上海办事处是中国执行单位，在1994年12月获得中国的建设许可证，成为第一个获得此类许可的外方公司，并且拥有在北京、上海、天津、福建、河南和辽宁建设的许可证。Bechtel公司在中国大约完成了70个项目，主要从事土木工程、电厂和工业建设等领域的业务。

7.7.3 Bechtel公司技术创新

Bechtel公司始终将最新的技术应用于业主的工程与建设项目当中，并积极进行技术创新。其主要的技术创新体现在：信息管理、安全管理、知识管理等方面。

1. 信息管理

随着建设工程项目的类型和特征的日趋复杂化，工程服务方式的多样化、市场化，使得各类业主对项目管理的精益程度要求也越来越高，传统的管理手段很难实现精确、高效的项目管理，因此国际著名承包商都把发展信息化技术作为提升行业竞争力的重点。

Bechtel公司每年投入1000万美元以上的费用用于工程项目管理软件的开发。Bechtel正努力开发信息系统和运用电子商务，包括：

（1）确定下一代针对供应商的应用程序，以便加速信息在工程、建设、采购和项目管理活动中的流动。创建基于大功率的网络导向的物流和协作工具，发展新的网络技术，帮助Bechtel提供世界范围内的安全沟通，时时了解全世界项目进程、物料价格信息。这种信息系统优势使得 Bechtel 公司能够在世界范围内提供最好的工程师、建筑经理、全球采购专家和物流专家，也使得公司能够处理各类复杂的项目，从而获得较高的利润。

（2）开发新的网络技术，如虚拟个人网络。随着大量小型、临时项目的增加，为了减少因安装专用线路而花费高昂的费用，虚拟个人网络为 Bechtel 提供全球范围的安全沟通线路；

（3）通过 Bechtel 技术风险投资（BTV）投资互联网业务，以优化内部操作的流程；

（4）运用多种基于网络的采购与合作工具；

（5）开发整合的语音数据网络，不但节约费用，还可以为在边远的、无通讯设施地区的项目提供支持；

（6）对现有的软件进行升级换代，以确保其适应新的环境。

2. 安全管理技术

安全问题对于公司信誉和形象十分重要。Bechtel 公司将相当多的资金用于对员工安全的保障和保险，并使得其工伤死亡率一直处于很低的水平。在 2000 年，Bechtel 全球 90% 的项目（1.1 亿工作小时）保持了零事故记录，公司的安全绩效远高于行业标准。"安全第一"的宗旨不但有助于工人的安全，而且有利于自身，因为事故率越低，保险费就越少。

在 Bechtel 公司，安全被注入工作的每一个环节，从项目规划开始形成一套综合的安全与健康程序。其安全与健康程序包括了最新的数据管理系统、基于计算机的训练程序、基于行为的安全过程以及全球医疗服务系统。公司在总部建立了强大的安全技术支持系统，很多安全专家专门致力于研究安全管理、安全施工技术和个人防护技术，进行事故调查，分析原因，制定措施，编制计划等，为现场安全健康与环境工作提供技术支持，工程现场安全人员的主要工作是执行安全计划。

Bechtel 公司通过综合现场执行程序、培训与教育过程、评估过程等开发了健康、安全和环境（Health, Safe, Environment, HSE）管理系统，并应用于所有的项目中。每个 Bechtel 公司的分包商与合作者均被要求采用其安全与健康的要求，Bechtel 公司还要审查他们的安全记录和 HES 资格。Bechtel 公司通常为全球的业主提供全方位的 HSE 服务，包括：

（1）制定现场环境、安全和健康计划；

（2）监控现场的化学与射线辐射；

（3）在工作的所有国家承诺 HSE 计划；

（4）开发安全培训计划和适用所有有关语言的资料；

（5）提供全球紧急计划设施，包括联系、撤出和医疗支持。

3. 知识管理

一些具有多年工程建设工作经验的项目团队自然积累了大量的专业知识，遗憾的是，其中很多知识根本不为企业其他人所知。这些知识始终处于封闭隔绝的状态，他人难以接触，其利用率也就大打折扣。国际著名承包商把知识与经验看作企业的重要资产，投入资金加强管理。只有对企业的"复合型知识"进行优化管理，才能获得最充分的收益。如果能够为积累知识与经验提供更多的投入，企业就能创造更多的财富并降低成本。

Bechtel 公司投入大量资金建立了一套基础知识管理体系，以促进复合型知识的迅速普及，这一措施在很大程度上免除了公司人员的培训负担。公司通过建立"知识超级便利店"缩短项目周期，关注知识管理系统的服务质量并获得更大的效益。为了使信息不断更新，Bechtel 公司要求项目经理必须在项目结束后抽出 5% 的时间来进行归纳、整理。在培训机制上，公司层层设有训练机构，并在总公司设立了一个规模很大的"管理人员训练中心"。

7.7.4 Bechtel 公司的开拓之路

Bechtel 公司的业务拓展更多地采用战略联盟机制，通过与 23 家企业结成战略联盟开拓全球市场，这些联盟企业可划分成如下四类：

1. 当地的合作伙伴

这样的合作伙伴通常都是针对海外市场所建立的合资企业，往往基于战略互补而形成，但是，合作伙伴不一定要有相同的目标。例如，Bechtel 和 Metodo 结成联盟，组建 BMT 公司，Bechtel 公司是为了扩大在巴西的电信市场份额，而 Metodo 是期望从 Bechtel 引进先进的工程技术。Bechtel 在全球范围内的重点工程的分布主要集中在美国本土、智利、秘鲁及加勒比海地区、埃及、英国、挪威、俄罗斯、马来西亚、中国和阿拉伯海地区。与此相对应的在伦敦、埃及、土耳其、中国、加拿大、加勒比海地区、智利、秘鲁、巴西各有一个 Bechtel 的战略联盟伙伴。

2. 与美国政府的合作

Bechtel 公司与美国政府合作，获得了伊拉克战后重建中的首份大额合同（合同总额高达 6.8 亿美元）。Bechtel 公司与美国政府的合作项目主要有：AMWTP 公司、BPMI 公司、Bechtel Jacobs 公司和 Los Alamos 公司。其中，AMWTP 公司主要是协助美国海军处理爱德华州的铀污染；BPMI 主要服务于国家舰队及海军，通过提供卓越的设计、采购及技术服务成为美国安全系统的重要组成部分；Bechtel Jacobs 公司主要为美国能源管理部门提供环境治理和垃圾再利用的管理服务；Los Alamos 公司与加利福尼亚大学、BWX 技术公司和华盛顿国际小组形成战略联盟，建设 21 世纪全球最先进的国家安全实验室。在经营这四家联盟合作企业时，Bechtel 公司的主要目标并非赢利，甚至有可能要花费一些资金，但这种与政府部门的合作却是必不可少的。它带来的技术支持较短期的赢利更为重要，并为以后更多的与政府部门的合作打下了良好的基础。

3. 咨询服务、技术支持类的战略联盟

咨询服务、技术支持类的战略联盟通常是依据互补技能选择伙伴。在这类战略联盟中，有三家企业是独立于 Bechtel 公司而为其提供独立的咨询、技术服务。它们是：EPCglobal 公司、APX 公司和 Bentley 公司。其中 EPCglobal 公司是一家很有代表性的提供人力资源信息服务的企业，目前有超过 10 万家建筑企业与其合作。如 Bechtel 在沙特阿拉伯的一个项目，由于其历时较长，需要不断供给劳动力，EPCglobal 也就成为它的主要劳务提供机构。

4. 以子公司形式的技术支持

虽然子公司从表面来看不足以形成一种战略联盟，但是 Bechtel 参与 PECL 公司、Nexant 公司和 BSC 公司的经营管理，这些公司为 Bechtel 提供专业领域的技术支持，对 Bechtel 的全球战略起到了举足轻重的作用，而 IPSI LLC 公司和 Bechtel Bettis 两家子公司则主要以研发来为母公司提供技术支持服务。

7.7.5 Bechtel公司对中国建筑业企业的启示

目前我国许多大型承包商都已经发展到规模不经济的阶段，要发展企业需要更多的资源，但是如果继续增大企业的规模，其管理成本将会急剧增加，组织内耗也会变得相当巨大，所以建立战略联盟可以有效整合企业的外部资源，使企业进一步发展而达到一个新的高度。

通过研究Bechtel公司的战略联盟机制，不难发现其战略联盟的建立层次清晰，纵向联盟和横向联盟都已较为完善。中国建筑业企业也可结合自身特点，例如公司的技术强项等，建立以下四种联盟：

(1) 建立以国际工程为中心的当地合作伙伴战略联盟；
(2) 加强与政府的合作；
(3) 与科研机构和高等院校的技术合作；
(4) 与提供技术、资源支持的公司建立战略联盟。

7.8 本 章 小 结

本章介绍了CM的基本概念、研究现状及实践应用；分析了CM模式的特点、工作内容、适用范围，重点探讨了CM模式的合同条件、工程费用及保证最大工程费用(GMP)，并将CM模式与其他模式进行了比较分析；最后介绍了上海证券大厦及上海浦东东南花苑主体两个CM项目以及国际著名DB/EPC/CM承包商-Bechtel公司的经验。

8 PPP/PFI 采购模式与管理

8.1 PPP/PFI 模式概述

8.1.1 PPP/PFI 模式的概念

基础设施在国民经济和社会发展中起着重要作用,因此,不论是发达国家,还是发展中国家,都积极加速公共设施建设,以期增加该国的竞争力。因为公共建设具有外部效益的缘故,传统上,公共部门义无反顾地承担起直接提供公共项目的责任。但是,由于社会环境快速变化,公用事业所带来的财政压力和低效率引起广泛关注。各国政府转而重新思考由私营机构参与提供基础设施的合理性和可行性,公私合作模式 PPP (Public Private Partnership)、PFI (Private Finance Initiative) 由于能够提供更高质量、更高效益的公共服务,以 PPP/PFI 模式推动公共建设的政策,遂成了各国竞相尝试的新途径。

1. PPP 模式的概念

PPP 模式在全世界的应用已经成为一种趋势,许多国家已经建立了中央机构来管理和协调这些项目。联合国及许多国家和地区已经建立了相应的组织机构来管理和协调 PPP 项目,并制定相应的政策。关于 PPP 模式的定义,许多文献和国际机构等曾有不同的定义 (见表 8-1),这些定义可以分为广义和狭义两种:从广义的角度来看,PPP 泛指公共部门与私人部门为提供公共产品或服务而建立的各种合作关系;而从狭义的角度可以理解为一系列项目融资模式的总称,它包含 BOT、TOT、DBFO 等多种模式,狭义的 PPP 更加强调合作过程中的风险分担机制和资金价值 (Value For Money, VFM)。

国际组织机构对 PPP 模式的定义 表 8-1

序号	组织机构	定义
1	联合国培训研究院 (United Nations Institute for Training and Research)	PPP 涵盖了不同社会系统倡导者之间的所有制度化合作方式,目的是解决当地或区域内的某些复杂问题。PPP 包含两层含义,其一是为满足公共产品需要而建立的公共和私人倡导者之间的各种合作关系,其二是为满足公共产品需要,公共部门和私人部门建立伙伴关系进行的大型公共项目的实施❶
2	欧盟委员会 (European Commission)	PPP 是指公共部门和私人部门之间的一种合作关系,其目的是为了提供传统上由公共部门提供的公共项目或服务❷

---

❶ UNITR (2000). PPP-For Sustainable Development [EB/OL]. United Nations Institute for Training and Research, available from http://www.unitar.org/ny

❷ EC (2003) Guidance for Successful PPP [M]. The European Commission, Available from http://europa.eu.int/comm/regional_policy/sources/docgener/guides/ppp_en.pdf

续表

序号	组织机构	定义
3	加拿大PPP国家委员会（The Canadian Council for Public Private Partnerships）	PPP是公共部门和私人部门之间的一种合作经营关系，它建立在双方各自经验的基础上，通过适当的资源分配、风险分担和利益共享机制，最好地满足事先清晰界定的公共需求❶
4	澳大利亚基础设施发展委员会（Australian Council for Infrastructure Development）	PPP是公共部门和私营部门一起工作，双方有义务为服务的提供尽最大努力。私营部门主要负责设计、建设、经营、维修、融资、风险管理；公共部门负责战略计划的制订、规制、计划并提供便利、核心业务的提供、消费者保护❷
5	美国PPP国家委员会（The National Council For PPP，USA）	PPP是介于外包和私有化之间并结合了两者特点的一种公共产品提供方式，它充分利用私人资源进行设计、建设、投资、经营和维护公共基础设施，并提供相关服务以满足公共需求❸
6	香港效率促进组（Efficient Unit，Hong Kong）	PPP是一种由公营部门和私营机构共同提供公共服务和进行计划项目的安排。在这种安排下，双方通过不同程度的参与和承担，各自发挥专长，收相辅相成之效❹
7	联合国发展计划署（United Nations Development Programm）	PPP模式是指政府、私人机构形成的相互合作关系的形式，同时私营机构提供某些形式的投资。因此，PPP模式将服务和管理合同排除在外，但是包括租赁和特许经营❺
8	PPP学会（Institute for Public-Private Partnerships，IP3）	PPP模式是基于私营实体与政府部门之间的协议，邀请私营合作者提供期望的服务并承担相应的风险。作为提供服务的回报，私营机构可以根据一定的服务标准以及合同中约定的标准通过收取服务费用、税收、用户付费的方式获得相应的收益。政府将从提供服务的资金和管理的困扰中脱身，但是保留对私营合作者经营的规制和监管❻
9	英国财政部（HM treasury）	PPP是公共和私营部门为了共同利益的一种长期合作模式，主要包含三个方面的内容：完全或部分的私有化；PFI；与私营企业共同提供公共服务❼

---

❶ Allan J R (1999) PPP：A Review of Literature and Practice [J]. Saskatchewan Institute of Public Policy，Public Policy Paper, No. 4, p56-75

❷ AusCID (2005b) Australia at a Crossroads-Public/Private Partnerships or Perish? Finance and Legal issues [EB/OL]. The Australian Council for Infrastructure Development, Available from http：// www. auscid. org. au/

❸ Norment R (2000) Executive director of National Council for Public Private Partnership (NCPPP) of the USA [R]. National Council for Public Private Partnership, USA

❹ Lee Vicky (2005) Public private partnerships, Research and Library Services Division [EB/OL]. Legislative Council Secretariat, HKSAR, available from http：//www. eu. gov. hk

❺ UNDP (2001) Just managing the solid waste management partnerships in Biratnagar [EB/OL]. By Nepal, Plummer J & Slater R, Building Municipal Capacity for Private Sector Series, The United Nations Development Programm, available from http：//www. undp. org

❻ Loew J and McLindon M (2005) A P3 Primer：Why are Countries Interested in P3 [EB/OL]. Available from http：//www. ip3. org

❼ Spackman M (2002) Public-private partnerships：lessons from the British approach [J]. Economic Systems, 26, p283-301

续表

序号	组织机构	定义
10	英国PPP委员会（Commission of Public private Partnership，CPPP）	PPP模式是指公共部门和私营部门之间基于共同的期望所带来的一种风险共担政策机制。某些政府部门，特别是教育和劳工部门认为服务外包也是PPP的一种形式❶

还有一些专家学者，根据自己的研究对PPP进行了定义。Kernaghan将PPP模式定义为一种广义的系统，即PPP是公共和私营部门为了共同的目标和利益，所形成的共享彼此权利、工作、支持以及信息的关系❷。Kouwenhoven定义PPP模式为"政府与企业间协力合作的互动，为达到社会与企业的共同任务，参与团体能各自维持其完整的一致性与责任，而双方预期的协力效果必须比各自单独的作为更实际和有效"❸。Savas认为PPP模式可界定为政府和私人部门之间为提供公共服务的多样化安排，其结果是部分或传统上由政府承担的公共活动由私人部门来承担❹。王灏则认为PPP模式有广义和狭义两种理解。广义的PPP泛指公共部门与私人部门为提供公共产品或服务而建立的各种合作关系，而狭义的PPP可以理解为一系列项目融资模式的总称，它包含BOT、TOT、DBFO等多种模式。狭义的PPP更加强调合作过程中的风险分担机制和项目的资金价值（Value For Money）❺。余晖、秦虹认为PPP模式是指公共部门与私人部门为提供公共服务而建立起来的一种长期合作伙伴关系，这种伙伴关系通常需要通过正式的协议来确立❻。

总体看来，PPP模式作为公共产品的一种采购模式，是有别于传统模式的新生事物，但对于PPP模式的理解仍未形成一个公认的权威定义和分类体系。这其中的原因可能有以下几个方面：

■ PPP模式本身的复杂性，尤其是它涉及各参与方复杂的体系结构和漫长的生命周期，并且其应用的范围极其广泛，在不同领域中的应用也不尽相同。

■ 由于各个国家的历史背景、文化传统不同，PPP模式在各个国家的演变也不同，衍生出各种各样的子模式，而且仍然处于发展变化之中。

■ 不同研究者所涉及的研究领域和知识背景的多样性，以及研究视角的不同，导致人们对PPP模式的认识在一定范围内产生歧义。

综合分析国内外各种参考文献，PPP的概念可以定义为：公共部门和私营机构为提供公共服务，以合同方式确立的，基于风险共担和利益共享的长期合作机制。

2. PFI模式的概念

目前，关于PFI也有多种定义，如任波等给出的定义是政府以不同于传统的由政府

---

❶ CPPP (2001) Building Better Partnerships, Commission on Public Private Partnerships [M]. London: Institute of Public Policy Research

❷ Kernaghan. Partnerships and Public Administration: Conceptual and Practical Considerations [M]. Canadian Public Administration, 1993, Vol. 36, No. 1, p57-76

❸ Kouwenhoven V. Public-private partnership: a model for the management of public-private cooperation [M]. In Jan Kooiman (ed.), Modern Governance: New Government-Society Interactions, Sage, London. 1993

❹ Savas E S. Privatization and public-private parnership [M]. New Jersey: Chatham House, 2000

❺ 王灏. PPP（公私合伙制）的定义和分类探讨 [J]. 都市快轨交通，2004，Vol. 17, No. 5, p23-27

❻ 余晖，秦虹. 什么是公私合作制—《中国城市公用事业绿皮书 No. 1—公私合作制的中国试验》总报告之一 [R]. 天则公用事业研究中心，2005，http://www.unirule.org.cn

负责提供公共项目产出的方式,而采取的促进私营部门有机会参与基础设施和公共产品的生产或提供公共服务的一种全新的公共项目产出方式。该方式实质就是政府与私营部门合作,由私营部门承担部分政府公共物品的生产或公共服务提供,政府则购买私营部门提供的产品或服务,或授予私营部门以收费特许权,或政府与私营部门以合伙方式共同营运,实现政府公共物品产出中的资源配置最优化,效率和产出的最大化[1]。

英国曼彻斯特大学金融与会计学院的 Julie Froud 给出的 PFI 定义是:以签署合同协议的形式,通过私营部门和设计、融资机构、建设和资产管理等部门建立合作伙伴关系,将私营部门承担的角色和任务延伸到以往由公共部门提供的公共服务领域(例如健康卫生、教育、交通基础设施、监狱和政府行政管理职能),以实现最终交付高质量成果的目标[2]。

英国财政部发布的 PFI 官方定义是:公共部门以一个长期协议或合同的方式从私营部门购买高质量的服务,包括双方议定的交付成果、相应的维护维修或建设必要的基础设施。公共部门不仅希望获得私人融资,还希望能充分利用私营部门由于承担较大风险而产生的卓越管理技能。

在我国,PFI 有私人主动融资、私人融资计划、民间主动融资、民间融资活动等多种译法。采用"私人主动融资"的译法更符合 PFI 模式的隐含特征,更能体现私营部门参与公共项目的主动性,与政府调动私营部门积极参与公共项目建设运营的改革思路相吻合。显然,这里的私人含义并非是指自然人,而是指包括企业和个人的具有独立投资决策权的非政府经济主体,或多种经济主体组合形成的组织。

8.1.2 PPP 模式的内涵

公私合作制并不是一个全新概念,政府和私营资本之间的合作由来已久。公私合作的起源多是务实动机,即经济因素,然后才衍生出理念与规范性问题。这种融合新公共管理理论、民营化理论、委托—代理理论,被用来克服市场失灵和政府失灵的新型合作关系——PPP 模式,打破了可能存在于政府、企业和社区之间的障碍和对立,其内涵可以用图 8-1 来表示。具体而言,PPP 模式的内涵体现在以下方面。

1. 参与者(Participants)

PPP 模式中至少包括两个或者更多参与团体,并且至少有一方为公共部门。每个参与者能够代表自身进行谈判并签署合同。所有的参与者须负有组织义务。每个参与者可以基于自己的利益去协商,而不是依靠权力。PPP 模式中的 Public 可以是中央或地方政府、国有企业及政府委托的代理机构。这里的国有企业是由相关政府机构进行管理并对其负无限责任,是国家机构的一个组成部分,它不是独立的法人。PPP 模式中的 Private 可以是民营企业、国有企业和外商投资企业。这里的"国有企业"不同于前者,是市场化的具有法人资格的国有企业。如北京奥运主会场的国家体育馆采用 BOT 模式,中标方为北京城建和中信的联合体,而参与投标者悉数为国有企业。在我国由计划经济向市场经济过渡中,国有企业在一定时期内仍然是 PPP 模式的主角。

---

[1] 任波,李世蓉. 公共项目私人融资新途径—PFI [J]. 重庆建筑大学学报,2002-10,22 (2):90-94
[2] Julie Froud. The Private Finance Initiative:risk, uncertainty and the state [J], Accounting, Organizations and Society 2003 (28):567-568

8.1 PPP/PFI模式概述

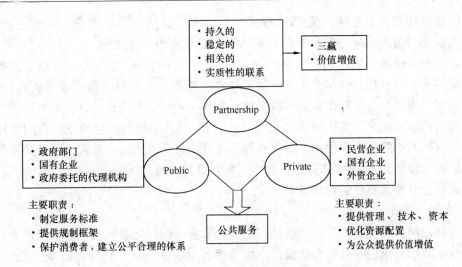

图 8-1 PPP模式内涵示意图

2. 合同（Contracts）

公私之间的合作（partnership）并不是法律意义上的合伙，而只是契约关系。公私双方合作的基础是合同框架，通过合同确定双方必须遵守的游戏规则（Rules of the game）。合同中要体现价值分享、对政策目标、优先权的理解，以及相互的信任。这使得PPP模式有别于通常的公私之间的协作关系，如合作安排（Cooperative arrangements），与特许经营相比，这种模式显得非正式。如地方政府，通过财政激励或者提供保证，吸引私人资金提供低价格的房屋。在韩国及其他一些国家，独立的电力公司和自发电者（如在澳大利亚，包括住户的太阳能发电）可以向国家电网售电。在 Costa Rica，政府兴建和维护国家公园，私营机构则可以开展生态旅游（Eco-tourist）项目，或者为旅游活动进行注资[1]。

3. 分享（Sharing）

PPP模式的合作框架包括责任和风险（融资、经济、环境、社会等）的共享，通过协商与契约安排，将各方所投入资源、承担风险及收益作合理化的分配。这种共有的责任有别于：公共部门和私营机构的联系中，公共部门从私营机构那里得到建议仍然保留政策决定权；公共部门和私营机构的联系中，主要通过合同，并以行政命令的方式联系。在这些示例中，私营机构不是真正意义上的合作者。

4. 合作（Partnership）

PPP模式中合作的前提是政府与公共服务供应商的职能分离，或者是政府职能的重新定位，政府仅成为公共服务提供的安排者，没有这种职责分离的所谓"合作"机制都是不理想的。在合作中，公、私部门的任何一方皆无法单独完成工作，相互依赖性是合作关系的重要基础。这种合作不是零和（Zero-sum）的竞争关系，而是双赢关系。这种双赢关系是由政策设计、契约规划、承诺所形成的竞争合作态势。

PPP模式中的合作必须是持久、稳定和相关的。公共部门年复一年地向同一家供货商购买商品或者服务，提供保证，征收罚金、税收，这些交易虽然也意味着行为的真正连

---

[1] Rondinelli D (2000) Public-Private Partnerships [M]. In C. Kirkpatrick, R. Clarke and C. Polidano, Handbook on Development Policy and Management, Cheltenham: Edeward Elgar

续性，但是这种方式不能认为是PPP模式，因为他们之间不能产生真正意义上的合作。如一个政府部门每天向同一家餐馆订午餐就不能认为是PPP模式❶。

合作同时意味着对后果和行为共同承担责任。合作的核心是权力、责任、义务、风险、利益的分享和分担。这种合作是一种实质性的联系，是一种有形资源（资金、土地）和无形资源（权威）在参与团体之间的交换和转移。通过这种合作，达到公共部门、私营部门、用户的三方共赢及价值增值（Value added）。合作的双方一旦形成稳定的长期合作关系，不仅有利于降低交易费用，而且有利于提高双方资产的协同效应，从而获得更多的收益。这种合作关系是一种制度化的合作关系，是将合作关系通过政策与法律予以制度化，是以利益分享为基础的合作关系。

5. 信任（Trust）

在目标已经聚合的前提下，公私部门间产生互惠互利与互助关系，但是这种关系需要信任来维系。相互信任在公私合作模式中扮演相当重要的角色。信任可以减少彼此猜疑，减少交易成本，降低行为的不确定性。信任有助于促成紧密结合的伙伴关系，而且伙伴关系也会增加彼此信任，故两者是相互增强的。

8.1.3 与PPP模式相关的概念辨析

1. PPP模式与民营化

Starr认为民营化意味着：活动和功能从国家转向私营部门，特别是产品和服务的提供。导致产品和服务的提供由公共部门转移到私营部门有四种类型：

（1）政府相应的活动停止和从相关领域的退出，意味着绝对的私有化。对公共服务数量、实用性、质量等的限制，引导消费者转向私营机构提供的可替代产品和服务；

（2）公共财产（公共土地、基础设施、企业）通过售卖、租赁的方式转移给私营机构；

（3）政府不直接提供某些服务，而是向私人服务提供资金，如合同外包（contracting out）或者提供保证；

（4）放松进入原来由政府部门垄断的一些业务的管制也会导致民营化。

四种民营化类型没有一种可以直接涵盖PPP的实例。一些财产转移，特别是通过租赁方式，成为PPP模式的重要部分。放松进入限制对于PPP模式也极为重要。部分民营化，如BOQT/BOO/BOO，公共部门从私营机构处获得服务并进行支付，虽然这些服务在一个比较长的时间内由私营机构提供，但公共部门保留最终的对服务提供的责任。在完全民营化模式下，如剥离，私营机构负责提供服务并承担相应的责任，私营机构的产品和资本市场都面临着竞争，而且，如果市场不是有效的，或者私营企业存在着某些垄断。政府通常会进行某些形式的规制，特别是价格和收益率。但是，政府除了对市场和私人部门进行必要的管制之外，政府的介入和干预是十分有限的。这种规制有别于对PPP模式下的规制。PPP项目的产品/服务的标准、价格以及各参与团体的一般权利和义务在合同或者特许经营协议中进行详细的规定。这样，规制不是来源于法定部门或者不可预见的市场作用，而是直接作用于合同，如执行表现和质量标准。

---

❶ Kelly G (2000) The New Partnership Agenda [R]. London: Institute for Public Policy Research

2. PPP 模式与 PFI/PSP/Concession/BOT

PPP 模式起源于 PFI，但含义更为宽泛，已涵盖了 PFI 的所有内容，PFI 成为 PPP 模式中最重要的组成部分。PFI 更强调私人部门的资本投入，PFI 模式中私人融资是必须的，因此可以说 PFI 是一种特定的项目融资模式。但是在 PPP 模式中，私营部门融资不是必须的。PPP 模式中更强调稳定和持久的合作。私营部门参与项目的经营是 PPP 模式的必要条件。

世界银行使用私营部门参与 PSP (Private Sector Participation, PSP) 来泛指私人部门与公共部门各种程度的合作关系。PPP 是私营部门参与的一种形式，其表现形式也是多样的。

基础设施项目特许经营 (Concession) 是指：政府把应当由政府控制或需要由政府实施的基础设施项目通过特许授权，在一段规定的时段内（即特许期内），由国内民营公司或外国公司作为项目的投资者和（或）经营管理者，来安排项目的融资，进行开发建设或维护，经营管理项目以获取商业利润，并承担投资和经营过程中的风险，特许期满后，根据特许权合约的规定将该项目转让给政府机构，其典型模式为 BOT。特许权的范围，可以从供应某种产品或服务的权力到使用某些公共资源的权力。政府特许权的授予，一般都要附带某些合约条款，这些合约条款可以采取政府对特许权使用者的部分或全部经营活动进行管制的形式。特许权合约构成政府实施管制的法律基础，特许权从广义上来讲是一种法律安排。特许经营是 PPP 模式中的一种主要类型。

3. PPP 与合同外包 (Contracting Out)

PPP 模式和合同外包通常被认为是一对同义词，特别是在美国。合同外包主要是指公共部门通过合同的方式将一些业务推向市场竞争，私营部门通过商业的途径提供那些以前由政府所提供的服务。某些外包方式，如果不涉及私人部门参与决策、与公共部门共同承担风险和责任问题，则不属于 PPP 模式。对于公共设施的运营、维修和管理 (OM&M) 的长期合同外包和 PPP 类似。但是 PPP 模式比合同外包在资金、组织、合同方面体现出更多的责任性和协作性。

4. PPP 与公共部门管理 (Public Sector Management)

PPP 模式作为一种通过长期合同来生产和提供公共服务的方式，公私双方承担各自的责任。这种合作将双方的资源整合在一起，并清楚地界定各自的任务和风险。合作的目的是通过革新带来基础设施的增值，使政府在同样的费用下能提供更多的服务，或者提供的服务数量相同，但可以降低成本。PPP 模式设计要能最大化私营机构的技能，以弥补公共部门的不足。PPP 模式可以消除完全民营化导致的利益冲突，避免政府部门由于垄断地位造成的低效和表现不佳。Linder 总结了 PPP 模式在美国运用的经验，认为 PPP 模式可以在六个方面改变政府部门。

- PPP 模式是政府部门管理改革的工具，将市场规则引入到公共服务的提供中。
- PPP 模式将导致公共部门的业务重组，方便私营机构的进入以及由私营部门承担更多的融资风险。公共部门所关注的不再是过程，而是所获得的成果。
- PPP 模式将会导致公共服务管理者的"道德重建"(Moral Regeneration)。
- PPP 模式使融资风险从公共部门转移给私营部门。
- 合作 (partnership) 是公共服务重构的手段。

- 作为一种权力分享安排，PPP 模式从根本上改变业务型政府的关系。

8.2 PPP/PFI 采购模式的研究现状及实践应用

8.2.1 PPP/PFI 采购模式的研究现状

1. 国外研究现状

国外在 PPP 模式方面的理论研究比较深入，很多国家和地区在 PPP 项目融资模式方面从理论和实践方面进行了深刻的探讨。

(1) 案例研究

Broadbent & Laughlin 介绍了从不同的角度来审视 PFI，并且从美国、新西兰和澳大利亚等国 PPP 项目的实践研究了 PFI/PPP，文中还对 PPP 的本质、规则、预决策和后评价进行了相应的阐述[1]。Brian et al 分析了香港的两个 PPP 项目，由于政府的行为导致政府信用降低而影响到工程的实施[2]。Shaoul 对伦敦地铁应用 PPP 模式进行了分析和研究[3]。Zhang X Q 通过案例分析、文献回顾以及对国际专家的问卷调查研究了 PPP 基础设施项目的关键成功因素[4]。

(2) 问卷调查

Li B 通过问卷调查和文献综述，分析了影响 PPP 项目的关键因素，并认为，强有力的私人运作机构，合理的风险分配，可行的金融市场是其中最为关键的因素[5]。Qiao et al[6]，Jefferies et al[7] 也分别对影响 PPP、BOT、BOOT 项目的关键因素作了调查、分析和研究。

(3) 风险分析

Akintoye et al 对 PFI 模式中的各参与主体的风险因素进行了识别和分析，从各参与方的角度分别阐述了 PPP 项目风险管理的方法和技术[8]。Grimsey & Lewis 从参与 PPP 项目的公共和私人部门实体的角度出发，建立了 PPP 项目的风险评价框架，并且通过苏

---

[1] Broadbent J and Laughlin R (2003) Public private partnerships: an introduction, Accounting [J]. Auditing & Accountability Journal. Vol. 16, No. 3

[2] Brian B et al. (2005) Building public trust through PPP [J]. International Review of Administrative Science, Vol. 71, No. 3, p23-31

[3] Shaoul J (2002) A financial analysis of the London Underground Public Private Partnership [J]. Public Money Manage, Vol. 22, No. 2, p67-81

[4] Zhang X Q. Paving the Way for Public-Private Partnerships in Infrastructure Development [J]. Journal of Construction Engineering and Management, ASCE, 2005, 1: 71-80

[5] Li B, Akintoye A, Edwards P J. and Hardcastle C (2005) Critical success factors for PPP/PFI projects in the UK construction industry, Construction Management and Economics, No. 23, p459-471

[6] Qiao L, Wang S Q, Tiong R L K, Chan T S (2001) Framework for critical success factors of BOT projects in China. Journal of Project Finance, Vol. 7, No. 1, p29-36

[7] Jefferies M et al. (2002) Critical success factors of the BOOT procurement system: reflection from the Stadium [J]. Australia Management, Vol. 9, No. 4, p45-56

[8] Akintoye A, Beck M and Hardcastle C (2003) Public-private partnerships: Managing risks and opportunities [M]. Blackwell Science Ltd

格兰的一个废水处理 PPP 项目进行了实证分析[1]。

(4) 定价

Hai Y, Qiang M (1998) 研究了 BOT 模式下具有需求弹性的道路网络的总收费水平和最优容量选择模型[2]。Louie N L, McDonald J F. (1998) 研究了城市高速公路系统中次优拥挤定价的经济效率问题[3]。

2. 国内研究现状

自从 PPP 模式引入国内后,许多专家和学者对 PPP 模式进行了研究和探讨,主要在以下方面。

(1) 典型模式、适用范围及其运作程序研究

李秀辉等研究了 PPP 模式的产生背景、概念特征、优势,并就其在中国公共基础设施中的应用进行了展望[4]。王灏在我国轨道交通投融资现状的基础上,提出了切合国内轨道交通项目的两种 PPP 运作模式,即前补偿模式和后补偿模式[5]。蔡玉萍提出了适合于不同城市轨道交通发展需求的两类创新 PPP 模式,即以竞争为驱动和以融资为驱动[6]。

(2) PPP 模式应用所需的环境及其关键成功因素研究

周云圣 (2003) 从中国公共部门的实际情况出发,指出 PPP 在中国的广泛应用会遇到政府角色、政策平台、规制制度、运作方式和公共服务定价等方面的阻力[7]。沙骥 (2004) 在对中国基础设施发展和投融资现状分析的基础上,结合中国民营经济和民间资本的发展,探讨了中国基础设施建设引入 PPP 模式的可行性与优势,并分析了 PPP 模式在中国基础设施建设中的主要运作方式、运作流程和风险管理,提出了中国应用 PPP 模式面临的问题和对策[8]。邓小鹏等提出了有效应用 PPP 模式需要相应的主要政策环境,包括政府角色、监管规制、问责机制与公众参与方式[9]。WANG Wen-xiong (2007) 提出了中国 PPP 模式下基础设施项目的 45 个成功因素,并通过问卷调查和统计分析从中找出了 21 个关键成功因素,采用系统工程方法,分析了 21 个关键成功因素的关联性。该研究认为,合理的风险分担机制、项目的金融制度与政策、PPP 模式下相关法规的完善、PPP 模式项目产品的合理定价机制、有效的监管机制 5 个因素直接影响着其他成功因素的实现,对项目成功起着决定性作用,这些问题应是未来研究的重点[10]。

(3) 风险评价、分担与决策

---

[1] Grimsey D and Lewis M L (2002) Evaluating the risk of public private partnerships for infrastructure projects [J]. International Journal of Project Management, Vol. 20, p 107-118

[2] Hai Y, Qiang M. Highway pricing and capacity choice in a road network under a build-operate-transfer scheme [J]. Transportation Research Part A, 2000, 34: 207-222

[3] Louie N L, McDonald J F. Economic efficiency of second-best congestion pricing schemes in urban highway systems [J]. 33B, 1999: 157-188

[4] 李秀辉, 张世英. PPP: 一种新型的融资方式 [J]. 中国软科学, 2002 (2): 51-54

[5] 王灏. 城市轨道交通项目 PPP 模式的结构分析 [J]. 中国投资, 2004 (7)

[6] 蔡玉萍. 城市轨道交通项目 PPP 模式的创新与应用 [J]. 都市轨道交通, 2007 (2)

[7] 周云圣 (2003) 公私合作模式 (PPP) 及其在我国的应用 [D]. 沈阳: 东北财经大学

[8] 沙骥 (2004) PPP 模式在我国基础设施建设中的应用研究 [D]. 南京: 东南大学

[9] 邓小鹏, 申立银, 李启明 (2006) PPP 模式在香港基础设施建设中的应用研究及其启示 [J]. 建筑经济, No. 9, 14-18

[10] WANG Wen-xiong, LI Qi-ming, Deng Xiao-peng, LI Jing-hua. Critical Success Factor of Infrastructure Projects under PPP Model in China, 2007 International Conference on IEEE Engineering Management, Services Management and Knowledge Management

周伦淡（2004）对英国 PFI 和澳大利亚 PPP 政府工程的风险分析进行了研究，为我国政府工程成本控制的风险分析模式提供借鉴，并结合我国实际情况，按照 PFI 和 PPP 模式中风险分析的思路和方法，对我国应用 PPP 模式的风险分析与防范进行了探讨❶。王全新（2005）探讨了基础设施 PPP 模式的运作程序和具体合约形式。在分析 PPP 项目风险因素和风险评价指标体系的基础上构建了基础设施 PPP 模式的风险评价模型❷。刘雷（2005）以北京轨道交通建设运营中应用 PPP 模式的尝试为例，利用 CAPM 模型对项目风险进行定价，利用现金流量模型对项目经济强度进行财务敏感性测试，分析了地铁四号线如何构造各种协议进行风险分担和利益分配，为项目参与各方的决策提供参考❸。吴娟（2005）在分析公用事业项目以及 PPP 模式特征的基础上，识别了基于 PPP 模式的公用事业项目风险因素，包括环境风险、金融风险、技术风险、市场风险、管理风险以及不可抗力风险❹。李永强、苏振民（2005）从政府部门、私营企业等不同角度对 PPP 项目的风险进行了分析，并运用不完全静态博弈理论对风险分担做了初步的探讨❺。刘新平、王守清（2006）分析了影响 PPP 项目风险分配的因素，提出由对风险最有控制力的一方承担相应的风险、承担风险程度与所得的回报相匹配、承担的风险要有上限等风险分配原则，并设计了相应的风险分配框架❻。王晓刚（2004）认为：应用 PFI 模式建设交通基础设施项目取得成功的关键是政府与私人资本之间合理的风险分担机制，并分析在交通工程中应用 PFI 模式的风险分担机制、分担方案和分担措施，在此基础上提出了改善中国交通 PFI 模式风险分担机制的政策性建议❼。

(4) PPP 模式定价研究

PPP 模式下城市交通基础设施项目定价研究主要集中在两个方面：其一是研究我国 PPP 模式下交通基础设施价格合理性及价格政策存在的弊端及建议；其二是研究定价方法与博弈定价模型，调价的机制、幅度确定和方法，定价中关键风险的分担格局，为政府制定价格提供政策依据。王雪青等研究了合理的项目价格应满足三个调价：社会福利丧失最少，取得尽可能高的社会效益；产生足够大的直接经济效益；产品的使用能够承受项目价格❽。王灏研究了我国城市轨道交通票价管制模式存在政府定价缺乏预期和弹性，调价滞后于市场情况，财政补贴风险大，无法适应基础设施投融资改革大环境的需要等问题❾。陈爱国和卢有杰提出了效率、可持续发展、公平和激励的 PPP 项目价格调整原则，以及以售价、销售收入和税后利润为基础的三种调价方式。分析了以售价为基础的调价方式不能规避市场需求变动、运营维护成本激增、银行贷款利率上涨以及税收变动的风险；以销售收入为基础调价方式不能激励项目公司提供充裕的产品和服务，项目公司缺乏动力；以税后利润为基础的调价方式不能促使项目公司改进管理、提高效率等各种调价方式

---

❶ 周伦淡（2004）风险分析在政府工程成本控制中的应用 [D]. 重庆：重庆大学
❷ 王全新（2005）PPP 模式在我国基础设施建设中的应用研究 [D]. 武汉：武汉理工大学
❸ 刘雷（2005）PPP（公私协作）在北京轨道交通建设运营中的应用研究 [D]. 北京：对外经济贸易大学
❹ 吴娟（2005）基于公私合作模式的公用事业项目风险研究 [D]. 长沙：湖南大学
❺ 李永强，苏振民（2005）PPP 项目风险分担的博弈分析 [J]. 基建优化，Vol. 26, No. 5, p16-19
❻ 刘新平，王守清（2006）试论 PPP 项目的风险分配原则和框架 [J]. 建筑经济，No. 2, p59-63
❼ 王晓刚（2004）交通 PFI 模式的风险分担机制研究 [D]. 成都：西南交通大学
❽ 王雪青，孔德泉，何伯森. 对特许权项目产品定价的探讨 [J]. 价格理论与实践. 1999 (11): 30-32
❾ 王灏. 地铁公私合作模式运作中的票价政策研究 [J]. 都市快轨交通. 2004 (5): 12-15

的风险规避能力，并以实例说明调价方式的选择[1]。孙淑云等通过实证方法，研究了高速公路 BOT 项目特许定价中关键风险的分担格局，并分析了决定该格局的主要因素，从而为政府和高速公路公司的特许谈判提供了关于风险分担的理论依据[2]。

8.2.2 PPP 采购模式的实践应用

1. 国外实践情况

PPP 模式在世界各国得到广泛的应用，英国、美国、新西兰、智利、匈牙利、阿根廷等国家在发展 PPP 模式方面处于领先地位。

(1) 欧洲

PPP 模式在欧洲各个国家的应用并不相同。西班牙、葡萄牙、芬兰、荷兰应用得较为成熟。欧盟委员会 (European Commission) 在 1997 年 6 月发布的政策文件 (AGENDA 2000) 为政府采购，尤其是涉及公共/私人资金的 PFI 项目，提供了参考依据。

公私合作企业 (Joint public/private ownership enterprise) 在欧洲有很长的历史。政府可以直接或者间接拥有公司的股份。典型的例子是德国的大众汽车公司 (Volkswagen)，联邦政府和 Lower Saxonyz 州各占 20% 的股份，私营机构占 60% 的股份。这种方式的企业在法国亦很普遍。国家持股企业 (State holding company) 在许多欧洲国家很普遍，如意大利、英国、法国。

法国私营部门参与提供公共服务的历史可以追溯到 16 世纪 (Frilet, 1996)。经营城市水务的一些私营公司，如 Compagnie Générale des Eaux (1853 年), Lyonnaise des Eaux (1880 年)。20 世纪 70 年代，PPP 的浪潮再次席卷法国，在水务方面，私营公司提供服务从 1854 年的 31% 上升到 1980 年的近 60% 以及 1991 年的约 75%。在法国，私营部门参与有多种形式，从 BOT 类到简单的管理服务合同。法国巴黎为 1998 年世界杯足球赛的举行而建设的法兰西体育场也采用了 PPP 模式，总投资 36600 万欧元，国家投资为 19100 万欧元，其余通过招标由中标人负责筹集。

英国政府在推广 PPP 方面走在最前列，英国政府在 1997 年就出台了关于 PPP 的政策。英国在 PPP 模式应用也更为广泛，在 2003 年～2004 年的投资中有 11% 是通过 PPP 模式提供公共服务 (约为 613 亿美元)，有 451 个 PPP 项目已经完成，包括 34 所医院和 239 个新建和改造的学校项目。PFI 是英国国民卫生服务部门 (National Health Service, NHS) 采用 PPP 模式的一种主要方式。PFI 模式应用于 NHS 不仅仅是融资，还有各种管理、商业和创新技术。英国主要的 PFI 计划都是典型的 DBFO 形式，NHS 在特许经营期 (25～40 年) 使用私营所有的设施，并每年支付费用。1997 年英国教育和劳工部 (Department for Education and Empolyment) 开始在英格兰和威尔士地方教育机构 (Local Education Authorities, LEA) 提供的学校中采用 PPP 模式，与传统模式不同的是，PFI 要求 LEA 规定产出 (Outputs) 而不是投入 (Inputs)，这就要求私营部门提供创新和为公共部门节约成本的解决方案。1998 年 4 月的 New Deal for Schools (NDS) 议

---

[1] 陈爱国, 卢有杰. 基础设施 PPP 的价格调整及风险分析 [J]. 建筑经济, 2006 (3): 20-23
[2] 孙淑云, 戴大双, 杨卫华. 高速公路 BOT 项目特许定价中的风险分担研究 [J]. 科技管理研究, 2006, 26 (10): 154-157

案,对PFI项目提供了进一步的支持,超过200所学校和价值2亿英镑的教育设施采用PFI模式。

(2) 加拿大

加拿大在公共项目政府采购中采用的是PPP模式,目前已在联邦一级和一些省份(主要在安大略、不列颠—哥伦比亚、新不伦瑞克省和诺瓦斯科舍省)成功建立了公共与私营部门之间的合作伙伴关系。加拿大PPP实践经验中值得关注的是这几个省份为推进实施PPP所建立的不同的组织机构。安大略省(Ontario)于1996年设立私有化办公室,由一位部长级大臣(未设部长职务)直接领导,下设秘书处,全面分析企业私有化可能引起的风险、带来的机会与挑战;让公众了解政府可以接受的私有化方式;给出贯彻实施私有化所需要的必要条件,并提供采用项目私有化是否可行的建议。英属哥伦比亚省(BC)是在应用PPP模式之前设立特别工作小组(PPP Task Force)并进行全面调查的少数省份之一。这个工作小组对省政府投资战略的实施做出建设性建议,这些战略是关于如何及时地将民间管理方式和资金引入到一些传统上由公共部门投资的领域。数年来BC省政府一直致力于积极推动其下属的城市与地区建立公私合作伙伴关系,鼓励他们从中获得利益。2000年省政府发布了PPP手册,对如何建立和发展PPP所需考虑和获得的环境条件和信息提供了指导。

新不伦瑞克省(New Brunswick)也是建立和发展PPP的省份之一。其政策是所有建立PPP的提案都必须通过特定的标准衡量及核准,保证新不伦瑞克人能从中获得最佳利益,其建立与发展过程必须是公正、公平和透明的,而且有理由证明这个提案是最佳选择,建立的PPP应以最经济、最有效的方式提供公共服务为目标,并为该省经济的全面发展作出贡献,尤其是在鼓励民营经济的成长、创造良性竞争环境和增长新的经济机会方面发挥作用。政府的相关政策包括详细的指南、协议草案和合适的程序,这些政策对项目范围、所需达到的目标、竞争环境和进程的透明公平、风险和利益如何最佳分摊、合同签订期限以及参与各方如何有效地相互沟通都作了详细的说明和规定。

诺瓦斯科舍省(Nova Scotia)对PPP的概念非常清晰,但尚未配套明确的政策,而且与其他省份相比,Nova Scotia省的PPP项目集中在学校建设上。与大多数省份不同,NovaScotia省直接承担各级公立学校的建设,历年来为建设新学校所负债务令公众瞩目,新学校建设的需求、维护维修的一再延迟、教师工资与雇佣关系的冻结以及教育改革的推延等问题与省教育建设经费间的矛盾日益尖锐,而采用PPP模式则有效地缓解了这一系列敏感的难题。该省政府强制性、单一地在学校建设中推行PPP模式,尽管这些项目和程序也通过了省政府总审计师的审核和省政府相关的议程,并在贯彻实施中不断修正所发现的问题与错误,但还是引起了各界相当多的争议和讨论。为此,Nova Scotia省政府正在总结过去的成功经验和教训,进一步研究、修正与制定相关的指导政策。

(3) 日本

1995年在大阪召开的亚太经济合作(APEC)会议上,各国对社会资本的整合利用以及提高城市基础设施的建设运营效益进行了广泛的讨论,在此基础上,英国公共项目建设运营的PFI模式引起了日本政府的关注。1997年日本全国建设业协会(简称全建)和日本建设业团体联合会(简称日建联)等民间团体开始讨论如何利用民间资本,1998年PFI模式被正式引入日本并开始得到应用,1999年日本颁布《PFI法》,提供合适的立法框架以促进 PFI 模式的规范化发展。在《PFI 法》颁布后的数年间，日本公共项目逐渐增大了应用 PFI 模式的比例。

(4) 澳大利亚

澳大利亚政府在 1995 年 4 月采纳了国家竞争政策（National Competition Policy, NCP），要求澳大利亚联邦和州在各个部门（如基础设施发展）引入竞争，导致许多先前公共拥有、垄断的设施的结构重组。另一方面，澳大利亚政府重新认识提供公共服务的隐形成本（Hidden Cost），如资金成本、价格风险以及公共利益的需要等，由此导致 PPP 模式被作为提供基础设施的重要方式。2000 年悉尼奥运会主体育场——奥林匹克体育场，采用 PPP 模式建设，通过国际招标选择中标人负责体育场的设计、投资融资和建设，同时政府给予资金上的支持。澳大利亚为推动和促进 PPP 模式的发展设立了澳大利亚基础设施发展委员会（The Australian Council for Infrastructure Development, AusCID），并依托维多利亚州政府对 PPP 模式的发展进行了积极的推动，维多利亚州建立了 PPP 模式完善的发展体系和应用大纲，在政策、指导方针、技术措施、顾问咨询等方面出版了一系列文本与指引，2000 年以《维多利亚合伙政策》（Partnerships Victoria Policy）为蓝本作为指引方针，旨在提高公共事业和基础设施的核心服务能力、公众兴趣、合理的风险分配以及最大的资金价值。此后又出台了关于水务项目和 PPP 合同管理的政策及相关指南，为私人投资者提供了详尽的鼓励措施和技术支持。2003 年 6 月出版了《维多利亚合伙指引材料——合同管理指引》。

(5) 其他国家或地区

世界各地对 PFI 模式也都有广泛的应用。智利于 1994 年引进 PFI 模式，至今已完成交通、机场、监狱等 36 个项目，投资额达 60 亿美元，不仅提高了基础设施的现代化程度，而且获得了充足资金投资到社会发展领域。巴西于 2004 年 12 月通过公私合营（PPP）模式法案，以法律形式对国家管理部门运用 PPP 模式下的工程招标投标和签订工程合同做出具体的规定，巴西已经列入 2004 年～2007 年 4 年发展规划中的 23 项公路、铁路、港口和灌溉工程将作为 PPP 模式的首批招标项目，总投资达 130.67 亿雷亚尔。南非在 PPP 方面建立的法律、政策比较全面、系统。根据 1999 年公共融资法案（PFMA），2004 年 3 月 National Treasury 出版了《标准 PPP 规定》，这个规定涉及合同的很多方面，其全面性和英国的 PFI 合同标准第三版相当，被公共机构或单位所采用。

这些国家和地区应用 PPP/PFI 的成功经验与失败教训都为公共项目的进一步高效发展及政府行政改革提供了许多新的研究课题，对尚处于起步阶段的国内市场有着重要的借鉴作用。在世界各国 PPP/PFI 模式应用于基础设施建设获得成功的同时，也有许多存在问题甚至失败的案例，如英法海底隧道、中国台湾高铁、中正机场捷运案、马来西亚的国家污水处理项目、印度的大博厂（Dabhol Power Company）、泰国曼谷三大捷运计划等。

2. 国内实践情况

PPP 术语虽然从 20 世纪 80 年代引入我国，但这种模式应用的雏形可以追溯到 100 多年前的台湾铁路和京师自来水公司。光绪十三年（1887 年），刘铭传担任台湾巡抚时，就曾经奏准藉助民力兴建台湾铁路，可惜最后功败垂成。光绪三十四年（1908 年），为解决皇宫灭火问题，由天津的一个钱柜筹资成立了北京第一家京师自来水公司，该公司的性质实为官督商办[1]。

新中国成立后,我国在公用事业领域采购方面经历了三次转变:采购者与生产者合二为一(即政企不分阶段)、政企分开阶段(企业有一定自主权但是政府垄断生产经营阶段)与民营化阶段。前两个阶段不存在任何竞争,而在第三个民营化阶段(包括PPP模式),企业、政府、市场形成一个复杂的制约三角关系,竞争因素被引入。

改革开放后,我国引进PPP模式经历了一个曲折的发展过程,如图8-2所示。我国第一个基础设施PPP项目是1984年的深圳沙角B电厂,虽然该项目开创了我国基础设施私人融资的先河,但并没有使PPP模式在国内得到推广。1992年《关于BOT方式吸引外商投资有关问题的通知》和1994年《关于试办外商投资特许经营权项目审批管理问题的通知》的出台以及中国各地方政府对于吸引外资的迫切需要,以电厂和水厂为主要投资对象、以外商为投资主体的第一次PPP投资浪潮在20世纪90年代中期达到顶峰。其中代表性的项目有:中山坦洲供水厂(1992)、漳州厚古电厂(1994)、上海市三桥两隧(南浦大桥、杨浦大桥、徐浦大桥、延安东路隧道、打浦路隧道)(1994)、广西来宾B电厂(1995)、山东日照电厂(1995)、上海大场水厂(1996)、成都第六水厂(1997);以及民

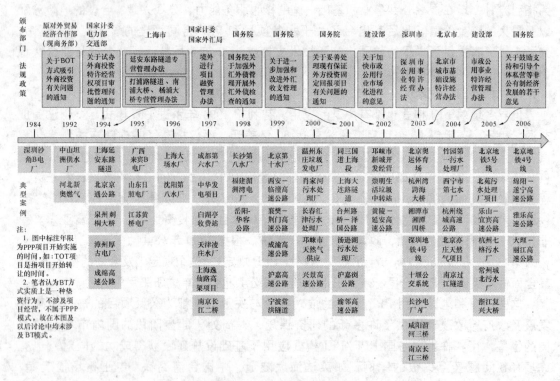

图8-2 PPP模式在我国应用的发展历程及典型案例

营企业参与的河北新奥燃气(1992)、泉州刺桐大桥(1994)等项目。之后,由于中国政府实施积极的财政政策,将大量国债资金投放于基础设施领域以及因回报保证、政府信用、中央清理地方政府各种违规PPP项目等原因,第一次PPP投资浪潮于1998年后逐渐

---

[1] 高中(2003)官督商办:中国水行业民营化的发展方向[R].中国公用事业民营化研究中心研究报告,http://finance.sina.com.cn/hy/20031018/0919480027.shtml

沉寂。

从 1999 年开始，国内投资者成为第二轮 PPP 的主导力量。这时的 PPP 项目主要集中在交通设施（高速公路、隧道）、水厂及电厂。由于无法可依，这些 PPP 项目面临着极大的政策、法律风险，这一轮的项目大都以失败告终。

2004 年建设部颁布了《市政公用事业特许经营管理办法》，在 2003～2006 年间，各地相应地出台了公用事业特许经营管理办法，如北京、天津、重庆、成都、贵州、吉林、湖南、山西、深圳、东莞、济南、潍坊、青岛、赤峰、赣州、邯郸、鄂尔多斯等省市。在北京，奥运主体体育场项目、北京亦庄天然气项目、北京地铁 5 号线和北苑污水处理厂项目等均采取 PPP 模式。此外，约 30 多个奥运场馆中的半数以及到 2008 年总投资达 2300 多亿的基础设施项目中的大多数，也都将以 PPP 模式进行。2005 年《国务院关于鼓励支持和引导个体私营等非公有制经济发展的若干意见》更是强调允许非公有资本进入电力、电信、铁路、民航、石油等垄断行业，加快完善政府特许经营制度，支持非公有资本参与各类公用事业和基础设施的投资、建设和运营。这表明新一轮 PPP 投资浪潮已经在中国兴起。

虽然在中国应用 PPP 模式取得了一定的成功，但由于种种原因，PPP 模式在我国应用中出现了不少问题，顺利运营的 PPP 项目屈指可数。通过对国内 150 多个 PPP 项目的调查，可以把问题归结为四个方面：政府部门（public）、私营机构（private）、合作机制（partnership）和项目层面（project）。

- 政府部门。政府在 PPP 项目中的影响，贯穿于确定项目、招标、特许权协议的签订、法律法规的制订、税收、外汇政策的调整、政治风险的避免等多方面，PPP 项目的成败在很大程度上取决于政府的支持程度。在 PPP 模式下，政府部门的职责之一就是营造良好的项目环境并进行必要的监管，以确保私营机构提供公共服务的质量不会下降。PPP 项目的成功建设和运营离不开政府的配合和支持。但是从已经实施的许多案例中，可以发现政府在政策法规、监管体制、标准程序、信用体系等方面还存在着问题。

- 私营机构。私营机构是 PPP 项目实施的主体，许多实际案例表明私营机构的综合能力和社会责任都存在不少问题。

- 合作机制。建立长期的合作关系是 PPP 项目成功的重要保证。这种基于双方相互、长期、稳定的合作关系主要体现在：公众参与、私营部门与公共部门分担风险、共享收益的合作机制。而我国的 PPP 项目实践表明，这种合作机制的建立还很不完善，许多 PPP 项目公私双方短期化倾向严重，缺乏长期合作精神。在 PPP 模式的合作框架下，存在着私营和公共领域的"利益的交汇"。只有各利益群体的利益都能得到保证，PPP 项目才能在长时间内保持持续、稳定和健康的经营，反之 PPP 项目就面临夭折的危险。泉州刺桐大桥就是一个比较典型的例子。作为国内首例以 BOT 方式吸引民间资本投资的公路项目，泉州刺桐大桥在项目建设期和建成初期还是成功的，但是在营运期间，该项目在收费、配套设施经营权方面受到政府部门的种种限制，并出现了高速公路连接舍近求远、大桥连接不上高速公路等现象，影响了民间投资基础设施的积极性。

- 项目层面。在项目层面，PPP 项目反映出来的问题主要有：项目融资成本高和缺乏有效的争端解决机制。

此外，民间资本市场准入的隐性壁垒[1]、规划变更导致竞争性项目出现（如杭州湾大桥）、开放基础设施"宁国勿民"的观念障碍[2]等也是PPP模式应用中存在的问题。

8.3 PPP/PFI 采购模式的主要内容

8.3.1 PPP/PFI 采购模式的类型

1. PPP/PFI 采购模式的分类简介

由于世界各国的意识形态、社会文化背景、经济体制等不同以及推广应用PPP模式所积累的经验不同，各种国际组织机构以及专家学者对于PPP模式的分类分歧很大。各个国家和地区在推行PPP模式时会结合自身特点加以创新，从而衍生出更多更灵活的新模式。目前没有对PPP模式统一和公认的分类，表8-2是一些国际组织机构对PPP模式的分类。

国际组织机构对 PPP 模式的分类　　　　表 8-2

序号	组织机构	分类
1	联合国培训研究院 （United Nations Institute for Training and Research）	特许经营、BOT 和 BOO
2	世界银行（The World Bank）	服务外包、管理外包、租赁、特许经营、BOT/BOO 和剥离
3	欧盟委员会 （European Commission）	传统承包类：服务合同、经营和维护、租赁； 一体化开发和经营类：BOT、交钥匙工程； 合伙开发类：特许经营、剥离
4	加拿大 PPP 国家委员会 （The Canadian Council for Public Private Partnerships）	经营和维护 O&M、设计—建设 DB、设计—建设—主要维护 DBMM、设计—建设—经营 DBO、租赁—开发—经营 LDO、建设—租赁—经营—转让 BLOT、建设—转让—经营 BTO、建设—拥有—转让 BOT、建设—拥有—经营—转让 BOOT、建设—拥有—经营 BOO、购买—建设—经营 BBO
5	澳大利亚基础设施发展委员会 （Australian Council for Infrastructure Development）	设计—建设 D&C、经营和维护 O&M、设计—建设—经营 DBO、建设—拥有—经营—转让 BOOT、建设—拥有—经营 BOO、租赁—拥有—经营 LOO、联盟（Alliance）
6	PPP 学会（Institute for Public Private Partnerships, IP3）	服务合同，管理合同，租赁，BOT 及其变体，特许经营
7	英国政府	资产售卖，商业交易，合伙公司，PFI，联营体，合作投资，政策合作

---

[1] 赵鹏，吴亮（2002）"隐形壁垒"制约民间投资 [N]. 经济参考报，2002-3-29
[2] 张剑英，孙彩（2004）民营经济参与BOT项目面临的障碍因素及其对策，管理科学，Vol. 17, No. 3, p94-97

续表

序号	组织机构	分 类
8	Yukon 政府 （育空政府，加拿大一地区）	DBFO（Design-Build-Finance-Operate），LDO（Lease-Develop-Operate），O&M（Operate & Maintenance），BLOT（Build-Lease-Operate-Transfer），BOO（Build-Own-Operate），BOOT（Build-Own-Operate-transfer），BBO（Buy-Build-Operate），FO（Finance Only），DB（Design-Build），SC（service Contract），OL（Operation License）

此外，国内外一些专家学者对 PPP 模式进行了较为深入的分析研究，有如下一些具有代表性的分类：Grimsey & Lewis（2004）认为 PPP 模式有很多种形式，其中最为常见的有 BOT/BOO 模式、联营体（JV）、租赁、合同外包、管理合同以及其他形式的公私合作形式，如合作安排（Cooperative arrangements）❶。Akintoye et al（2003）则认为 PPP 模式可以分为选择性合同（Alternative contract）、租赁、联营体、特许经营、民营化五类，按照私营机构的参与程度分为拥有（长期、中期和部分拥有）、公共财产使用、服务❷。Frank（2002）按合作双方扮演角色的重要程度，将 PPP 模式划分为政府主导型（DB、O&M 等各种外包类）、共同协商型（DBFO、DBTO、LUOT、PUOT、BLOT、BOOT）和私人主导型（PUO、BOO）❸。Broadbent（2004）认为 PPP 的前身是资源外包（Outsourcing），还有四种类型分别是 BOT、BOO、BOOT 和 DBFO。根据政府的控制程度和私营经济规模，PPP 模式中私营机构参与的程度从服务的提供直到完全拥有设施❹。甘绮翠（2005）按照私营机构的参与程度将 PPP 模式分为设计-建造（DB）、营运维修（O&M）、特许经营（Concession）、设计-建造-营运（DBO）、设计-建造-拥有-营运-移交（DBOT）等类型❺。王灏（2004）采取三级结构分类法将 PPP 模式分为外包、特许经营和私有化三大类，其中外包类 PPP 项目一般是由政府投资、私人部门承包整个项目中的一项或几项职能，包括模块式外包和整体式外包；特许经营类包括 BOT 及其一些变体；私有化类包括部分私有化和完全私有化两类❻。

纵观以上各国际组织机构以及专家学者的分类，可以发现存在以下几个问题：

1）目前的很多分类没有一个标准，其分类体系是不完备的，各个类别之间会有重叠现象。如联合国培训研究院将 BOT 与特许经营并列起来，很显然，特许经营类包括了 BOT 及其变体。

2）有些分类中，PPP 所包含的模式过于泛化，将传统模式（如设计—建造）和私有

---

❶ Grimsey D and Lewis M L（2004）Public private partnerships: The Worldwide Revoulution in Infrastructure Provision and Project Finance [M]. Edward Elgar Publishing, Inc.

❷ Akintoye A, Beck M and Hardcastle C（2003）Public-private partnerships: Managing risks and opportunities [M]. Blackwell Science Ltd.

❸ Frank H（2002）Introduction to PPP [EB/OL]. Available from http: // www. unitar. org/

❹ Broadbent J and Laughlin R（2004）PPPs: nature, development and unanswered questions [J]. Australian Accounting Review, Vol. 14, No. 2, 4-10

❺ 甘绮翠（2005）公私营合作的业务方案 [EB/OL]. HKSAR. http://www.eu.gov.hk

❻ 王灏（2004）PPP（公私合伙制）的定义和分类探讨 [J]. 都市快轨交通, Vol. 17, No. 5, p23-27

化类（剥离）也归入到 PPP 模式中，不能体现 PPP 有别于传统模式以及私有化模式的特征。

2. 适合我国国情的 PPP 模式分类研究

世界银行使用术语"私营部门参与"（Private Sector Participation，PSP）来泛指私人部门与公共部门各种程度的合作关系。私人部门参与公共设施建设的模式有很多种，从完全的公共服务提供、提供合同、业务外包直到私营机构拥有资产产权的完全私有化，包括服务合同、管理合同、特许经营（Concession），还包括一些非正式的部门参与。PPP 模式是私营部门参与（PSP）的一种形式。基于 PPP 模式的概念及内涵，并结合国内外组织机构及专家学者的分类以及我国的实际情况，PPP 模式可采用如图 8-3 所示的分类。

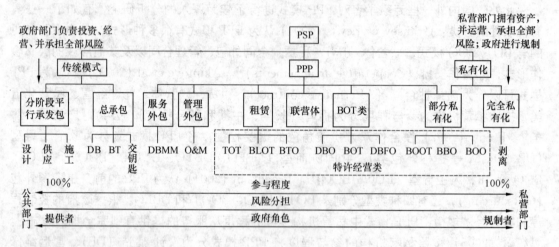

图 8-3 私营部门参与（PSP）分类示意图

这种分类主要基于以下几个理由：

■ PPP 模式中合作是持久、稳定和相关的。这种合作只有在长期的经营中得到体现，因此，只有私营部门参与项目经营才有可能是 PPP 模式。譬如在设计—建造模式中，私营机构只是部分参与，在约定的一定期限内，私营机构提供与基础设施相联系的服务，这种合作是短暂的，并且项目的收益与私营机构无关。国内许多学者认为 BT 模式也是一种 PPP/BOT 模式。作者认为，BT 模式中私营机构虽然也参与融资，建设完毕后，将项目移交给政府，但是项目的经营收益与私营机构没有任何关系，BT 模式其实就是私营部门（承包商）的一种垫资行为，这种合作也不是持久稳定的。

■ 特许经营是 PPP 模式采用的主要方式。根据特许经营权的获得，可分为通过租赁方式取得和通过融资方式取得（以 BOT 为代表）两类。TOT、BTO（或 DBTO）模式中，政府将现有公共基础设施交给私营机构经营，特许期满后经营权交还给政府，这种经营权的取得实际上是一种租赁。在 BOT 类模式中，私营部门通过融资的方式获得特许经营权。在特许经营期内，私营部门可以拥有产权，如 BOO/BOOT/BBO，也可以不拥有产权，如 DBO/DBFO/BOT，特许经营期结束后，可以将项目移交给政府，如 BOT/BOOT，也可以不移交给政府，如 BOO/BBO/DBO。

■ PPP 模式中私营部门参与项目不一定是特许经营。譬如在联营体模式下，政府与私营机构共同投资于旅游、商业等基础设施项目，共同拥有和运营。如香港迪斯尼乐园，港府拥有57%的股份，迪斯尼公司拥有43%的股份，就是典型的联营体模式。

从图 8-3 中可以看出，从左至右，公共部门的参与程度减少、承担的风险也相应地减少，而私营部门的参与程度增加，所承担的风险也在增加。其两极分别是公共部门承担全部风险和私营部门承担全部风险。政府的角色也从公共产品的提供者转为规制者。PPP模式介于两者之间。表 8-3 对各种模式进行了解释，并列出了相应的典型案例。

私人部门参与（PSP）各种模式及其含义 表 8-3

序号	模　式	说　明	典型案例
1	设计、施工、供应、DB 总承包、交钥匙工程	政府部门与私营部门签订合同，私营部门设计和建设符合政府标准和绩效要求的设施	传统的公共工程的提供方式
2	建设—转让 Build-Transfer（BT）	政府授权企业对项目融资建设，项目建成后所有权和使用权交给政府，政府以项目的经营收益还款	北京地铁 2008 奥运支线
3	设计—建造—主要维护 Design-Build-Major Maintenance（DBMM）	公共部门承担公共设施的经营责任，但主要的维修功能交给私人部门（Allan, 1999）	加拿大多伦多 407 号公路
4	经营和维护 Operation & Maintenance（O&M）	政府部门拥有产权，私营机构与公共部门签订协议，在约定的期限内提供服务，管理和维护公共设施，政府向私人部门支付一定费用（AusCID, 2005a）	伦敦地铁，Hamilton Wentworth 水务设施
5	转让—经营—转让 Transfer-Operate-Transfer（TOT）	指政府将现有公共设施交给私营机构经营，特许期满后经营权交还给政府	上海南浦大桥、杨浦大桥
6	建设—租赁—经营—转让 Build-Lease-Operate-Transfer（BLOT）	私人部门建设基础设施，并在租赁期内经营该设施，租赁期结束后将该设施交还给公共部门（Yukon, 2005）。有时也用 BROT（Build-Rent-Operate-Transfer）表示	菲律宾 Metro Rail Transit Corporation（MRTC）
7	设计—建造—转移—经营 Design-Build-Transfer-Operate（BTO）	私人部门先投资建设公共设施，完工后以约定好的价格移交给公共部门。公共部门再将该设施以回租给私人部门，由私人部门经营该设施（CCC, 1998）	加州 SR-91 收费公路
8	联营体 Joint Venture（JV）	联营体是指公共部门和私营部门组建基于项目的公司，对公共设施进行联合投资、拥有和运营（Grimsey & Lewis, 2004）	如香港迪斯尼公园，北京地铁 4 号线

续表

序号	模式	说明	典型案例
9	设计—建造—经营 Design-Build-Operate (DBO)	又称为超级交钥匙（Super Turnkey），指私人部门承担设计、建造、经营基础设施，但资产的所有权仍由公共部门保留（Trottier et al., 2006）	新西兰 Clearwater Wellington 污水处理厂
10	建设—拥有—转让 Build Own Transfer (BOT)	政府与私营机构签订特许权协议，私营机构负责筹资和建设公共设施项目，并在特许期内拥有、运营和维护该设施，回收投资并取得合理利润；特许期满后，投资人将运作良好的项目无偿转让给东道国政府，包括所有权和经营权（WB, 1997）	香港三条过江隧道、深圳沙角B电厂、广西来宾电厂、深圳地铁4号线
11	设计—建造—融资—经营 Design-Build-Finance-Operate (DBFO)	私人部门投资建设公共设施，并进行相应的设计、建造和经营。营运收入来自公共部门的支付或者是最终用户（USDF, 2004）	伦敦大学学院医院重建及发展计划
12	建设—拥有—经营—转让 Build-Own-Operate-Transfer (BOOT)	私人部门在获得公共部门授予的特许权后，投资、建设基础设施，并通过向用户收费而收回投资实现利润。在特许期内私人部门具有该设施的所有权，特许期结束后交还给公共部门（AusCID, 2005a）	英法海底隧道、悉尼奥运体育场和悉尼圆顶体育场
13	购买—建设—经营 Buy-Build-Operate (BBO)	公共基础设施通过合约的方式转移给私营机构，私营机构对基础设施经过一定程度的更新、扩建后并在特定时限内经营该设施。公共部门通过合同控制其经营（UNDP, 2006）	加拿大 Goderich 港改造工程
14	建设—拥有—经营 Build-Own-Operate (BOO)	私人部门投资、建设并永久拥有和经营基础设施，在与公共部门签订的合同中注明保证公益性的条款，受政府管理和监督（Grimsey & Lewis, 2004）	北京高安屯垃圾焚烧处理项目
15	剥离 Divestiture	将公共资产或国有股权通过出售或者管理层收购等形式转让给私人称为"剥离"（EC, 2003）	私营机构提供的服务完全市场化，受政府法定部门的规制

8.3.2 PPP/PFI 采购模式的组织结构及合同结构

PPP/PFI 项目实施中有众多的参与者，归纳起来可以分为三大参与方：政府公共部门、私营部门和金融机构。这三大参与方对项目的实施起着决定性的作用。各方之间复杂的关系参见图 8-4。

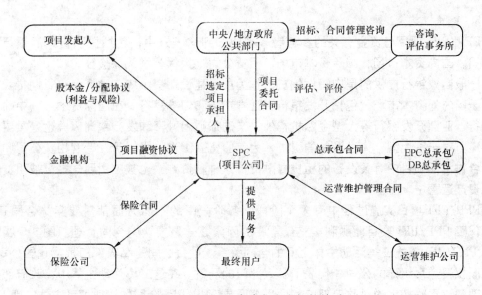

图 8-4　PPP/PFI 各参与方之间的关系

1. 政府公共部门

政府公共部门是指发起项目的部门，还包括与项目有关的所有政府部门，例如财政、建设、环保、规划以及政府咨询机构等。在 PPP/PFI 项目中，政府公共部门考虑的是如何能更好地运用有限的财政资金，为公众提供良好的公共服务。因此，公共部门会就项目采用 PFI 模式或采用传统模式的费用进行比较，得出项目是否能获得资金价值，从而作出采用何种模式的决策。政府主要负责审批项目方案，给予政策支持；发起项目的部门向上级政府部门申报项目采购方案，获得批准后一方面组织招标选择承担项目的项目公司，通过谈判与磋商确定特许经营许可和可提供的优惠条件等，另一方面须将批准的方案向公众公布，由项目最终用户提出有针对性的意见，并根据反馈信息进行方案调整甚至是大的变动。

2. 私营部门

有兴趣参与公共项目融资建设的私营部门，应当是有充沛资金来源或能组织资金的机构，而且还需要拥有对所承担项目进行全过程管理的丰富经验和管理技能，以此获得长期高额收益和回报，这就必须评价拟投标项目的内部收益率和融资成本等经济指标的优劣。其中，基准收益率的设定是关键问题之一，它会直接影响项目的取舍决策。一般而言，私营部门还包括由项目公司招标选定的项目设计商、建设承包商、材料和设备供应商、运营维护商等，彼此间以合同条款作为维系和约束。

项目公司须注入资本金，负责最初需要的资金，形成主要股权。与项目有关的建筑承包商、设备商、运营商等为了提高中标率，可能以股权或准股权的形式提供少量资金。还有对项目盈利抱有信心的投资机构或个人可能以股权形式提供资金，但这部分资金通常都不多，多数仅占总投资的 5%-10%。项目主要的资金是通过银行贷款和国内、国际资本市场筹集获得，不同的资金来源和筹集方式所产生的费用会有很大不同，风险也不同，这直接关系到项目的成功与失败。项目公司还需与各阶段的主要承包商签订合同，通过有效的监督管理保证项目的正常运行。

3. 金融机构

PPP/PFI 项目与资金有关的参与者多半能归到这一方中，包括提供贷款的银行、证券公司、国内资本市场、国际资本市场、租赁公司、担保公司、保险公司和一些个体投资者。一般商业银行提供的是中短期信贷，作为项目建设期资金和流动资金；长期贷款更多依赖于国内外资本市场，包括开发银行、证券市场和债券发行。在国际资本市场中除了世界银行、亚洲开发银行等大型金融机构外，辛迪加财团融资和发行欧洲债券也是重要的融资渠道。对一些大型、先进设备的引进，为克服资金困难，由银行、专营租赁公司和贸易公司合作承担项目中有关设备的租赁式融资，这种融资方式也被应用到一些可被租赁的已建成资产运营中。

PPP/PFI 项目实施过程中有多个阶段，各阶段中的不同方面都需要实施合同管理。因此保障 PPP/PFI 项目能顺利实施最重要的因素之一是成功的合同管理。图 8-5 展示了典型 PPP/PFI 模式三类活动主体之间的合同关系。项目公司是私人部门根据我国公司法、注入股权资金后组建的公司，代表了私人部门的利益。在这三类活动主体中，政府部门和私人部门，更确切地说是政府部门和项目公司是 PPP/PFI 合同的法律关系主体，即 PPP/PFI 合同是政府部门和项目公司之间签订的合同。

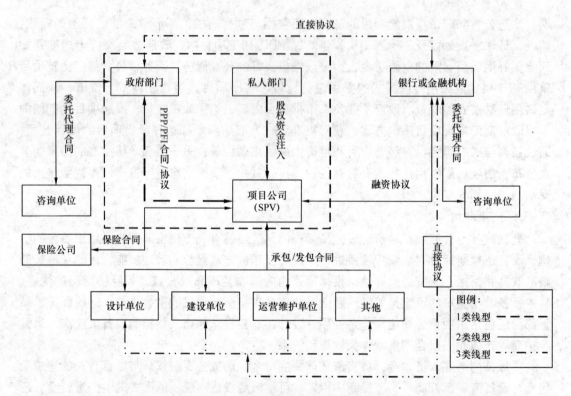

图 8-5　PPP/PFI 模式的主要合同结构

8.3.3　PPP/PFI 采购模式的工作流程

任何建设项目都要遵循一定的建设程序，公共项目更应该建立起标准的实施流程，既有利于科学推进项目的实施，又能有效提高项目实施的成功率和效益。

1. PPP/PFI 项目实施阶段划分

PPP/PFI 项目实施程序包含三个阶段，分别是拟建公共项目的选定、项目承担人的招标与选择、项目建设与运营维护（如图 8-6 所示）。

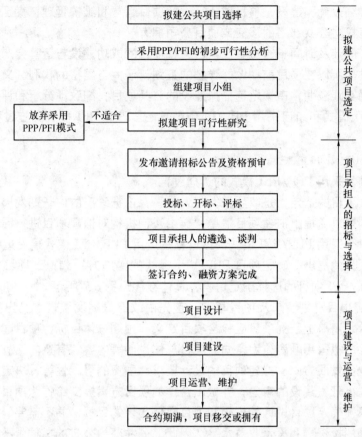

图 8-6　PPP/PFI 项目实施流程图

在第一阶段，公共部门首先根据社会公众对公共服务的新需求，结合考虑公共部门的服务供给能力，确定需要新开发的公共项目；然后在待选公共项目中，依据 PPP/PFI 模式的适用特征与条件，初步选定应用 PPP/PFI 模式的公共项目；接着在政府部门的主导下，联合有关咨询机构，组建拟建项目的工作小组；对拟采用 PPP/PFI 模式的公共项目进行初步可行性分析和设计，确定项目实施方案，按照公共项目采用 PPP/PFI 模式的基本原则，评价应用 PPP/PFI 模式的可行性和有效性，测算出应用 PPP/PFI 模式进行项目开发的综合效益，对项目的商业计划大纲做出评价；根据测算和评价结果最终确定其是否采用 PPP/PFI 模式进行开发，并对公众发布结果。

在第二阶段，项目工作小组委托招标代理机构或组成招标小组起草招标文件、发布招标公告或投标邀请；有关私营部门组成项目公司后首先要通过资格预审，再依据招标文件要求准备投标书、确定融资方案；招标小组按规定组成评标委员会进行评标和遴选，并与 2～3 位候选人在项目财务分析、资金价值评估基础上就特许经营权细则、补助金以及优惠条件等问题进行标前谈判，最终确定项目承担人；并在此基础上招标小组与承担人进行细节磋商，确定双方认可的融资方案和建设、运营方案，签订一揽子合同与协议。值得注意的是，一旦进入到候选人名单，承包商就应针对提出的融资方案开始组织融资，在被确定为中标人后签署贷款协议，实施融资直至融资完成。

第三阶段，即项目建设和运营维护阶段，在项目工作小组的监督下，项目公司组织融资，进行项目详细设计和建设，项目建成后进行项目运营和维护管理，直至合约期满，最后完成项目所有权对公共部门的移交或项目公司拥有。

公共项目一般涉及时间长、资金投入巨大，项目的成功建设与运营会产生极大的经济效益和社会效益。所以在项目前期做好详细的策划、研究与周密的权利、义务安排是十分必要的。国外的实践表明，审慎地选择拟建设的公共项目，细致地分析和评价拟建项目能否采用 PPP/PFI 模式和如何采用 PPP/PFI 模式，是 PPP/PFI 模式实施过程中的核心决策问题之一。

2. PPP/PFI 项目的主要流程

(1) 公共项目采用 PPP/PFI 模式的选择过程

对拟建公共项目的选定，是以项目发起人为主，依据政府的中长期发展规划和社会公众对公共服务的需求，提出拟建项目清单，再由咨询机构对拟建项目进行评估，确定某个具体公共项目是否采用 PPP/PFI 模式。该过程是运用 PPP/PFI 模式建设运营公共项目的第一阶段。由项目的提出、确定项目 PPP/PFI 模式的实施方针和拟建项目的最终确定三大步骤构成 PPP/PFI 项目的选择确定过程，具体程序见图 8-7 所示。

■ 提出拟建项目计划清单及项目草案。首先由政府根据发展规划列出拟新建或改建的公共项目清单，清单上所列项目应包含项目定义和预期总体目标、项目建设背景、社会经济及环境条件、拟采用融资方案意向、项目总体说明等内容。有意向又有能力的私人机构可根据自身业务发展方向、拟建项目的设计要求、融资的可能性等，决定是否对清单上的项目响应并提出开发建设的意向，并做出合理的项目方案提交给作为项目发起人的公共部门。该阶段只需确定项目设计的规模和项目需要实现的目标，并不需要确定项目采用的技术、项目准确的投资额和投资收益水平。因此，公共部门公布的文件中不需要详细规定项目的技术方案和实施方案，只需要勾画出项目在规模、技术、经济等方面的轮廓，鼓励私营部门在项目构想、融资方案和设计方面提出新的观点，发挥他们的资金、技术和管理优势，从而有利于公共部门根据各项目提案确定最合适的方案作为实施方案。

■ 项目采用 PPP/PFI 模式的初步可行性分析。拟建项目一经提出，需进行初步的项目可行性研究，重要的内容是项目的财务评价、国民经济评价和社会评价。对于一般项目，针对项目自身盈利与清偿能力的财务评价对项目的可行与否具有举足轻重的影响，但对于公共项目，最终受益者是社会公众，因此可行性研究应从政府角度以及对整个社会的影响，从国家和社会的整体角度考察所建公共项目的效益和费用，衡量项目的综合效益。

■ 确定拟建项目实施方案的主要内容。发起项目的公共部门在明确甄别出可能采用 PPP/PFI 模式的项目后，需进一步确定项目的实施方案并予以公布。在实施方案公布后，公共部门应设有公众意见反馈通道，收集公众对项目的期望与建议。实施方案应尽可能详细地说明拟建公共项目内容、项目承担者的选定方法、已公布项目提案中有关要求的进一步诠释等。

■ 项目实施草案的评价。在确定项目实施草案的主要内容后，发起项目的公共部门须自行或聘请专业咨询机构对项目实施草案进行评价，根据评价结果确定拟建项目。这种

8.3 PPP/PFI 采购模式的主要内容

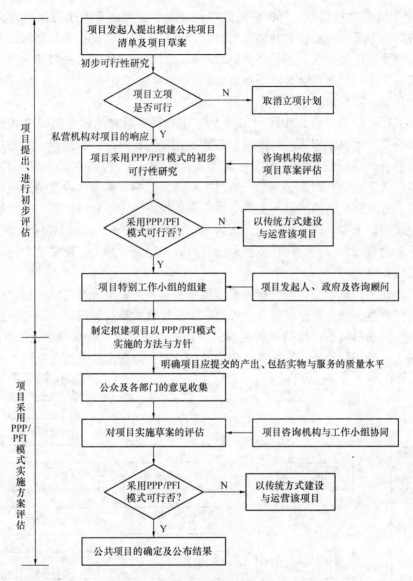

图 8-7 拟建公共项目选择程序

评价不同于一般项目的可行性研究,重点评价项目的资金价值(VfM)、全过程成本(LCC)、生存发展能力、对期望服务水平的完成能力及公众可接受的服务价格与水平等,以确定项目在 PPP/PFI 模式下实施的可能性和有效性。这种评价需要定性分析与定量分析相结合的综合评价。定量分析主要是评估项目采用不同采购方式所对应的资本结构与运行成本及可获得的利润,并对其内在的乐观偏好、特殊风险、预计交易成本加以调整;定性分析通过问卷调查和专家咨询方式进行,侧重于考察项目的潜在发展能力、可能实现的期望值以及项目的可完成能力。

■ 给出明确的结论。在定性与定量相结合综合分析和评价的基础上,可以确定该项目较为合适的建设运营方式,即该拟建项目是否适合采用 PPP/PFI 模式,如果分析结果为采用 PPP/PFI 模式不能得到更优的资金价值,那么项目依然采用传统政府采购方式是更好的选择。如果私营部门的资金、经营能力以及专门技术能力都能得到有效的利用,那么采用 PPP/PFI 模式就可能获得良好的效率与效果，这意味着两个方面的含义：一是在相同公共服务水平下，政府在公共项目上的投入可以减少；二是在公共财政投资相同的情况下，获得更优质的公共服务水平。据此政府部门做出对拟建项目的采购决策以及项目相应的最终实施方案，并向社会公众公布公示。

(2) PPP/PFI 项目承担人的选择流程

拟建公共项目确定采用 PPP/PFI 模式后，接着需要解决的核心问题是通过招标投标的方式选择合适的项目承担人。制定科学有效的招标投标程序，采用科学的方法对投标人进行评价和选择，寻找到最合适的项目承担人，是保证 PPP/PFI 项目成功实施的关键。公共项目承担人的选择是政府公共部门通过招标方式，招募愿意承担该特定项目的有能力的私营企业，双方形成特殊的合同关系，并在一定情况下给予特许经营、政策性补贴或财政、税务优惠等。选择、确定项目承担人的招标流程见图 8-8。但对于采用 PPP/PFI 模式的军事工程和监狱项目，一般采用议标形式直接确定项目承担人，需要更严格地审查候选承担人的资格与能力。

根据《中华人民共和国招标投标法》的规定，在我国进行大型基础设施、公用事业等关系社会公共利益、公众安全的项目建设过程中，项目的勘察、设计、施工、监理以及与工程建设有关的重要设备、材料等的采购，必须进行招标。虽然采用 PPP/PFI 模式的项目均为投资大、融资结构复杂、关系社会公共利益和公众安全的大型基础设施和公用事业

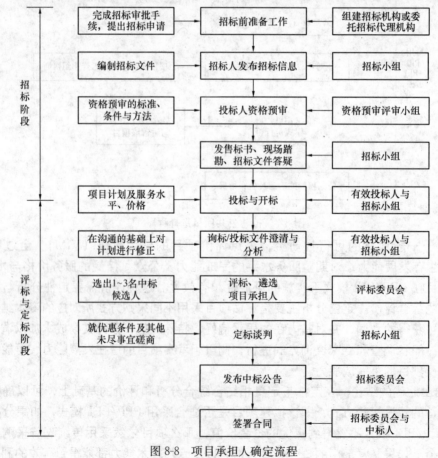

图 8-8 项目承担人确定流程

项目，属于国家规定的招标投标范围，但因项目有大额私人资金注入，所以项目承担人的选择流程是在参考招标投标法的基础上为 PPP/PFI 项目独立设计的。

(3) PPP/PFI 合同的支付流程

支付流程是 PPP/PFI 合同"定价和支付"核心条款的重要内容，在合同中必须作出明确规定。以向政府收取费用为例，对 PPP/PFI 合同的支付流程进行说明，参见图 8-9。

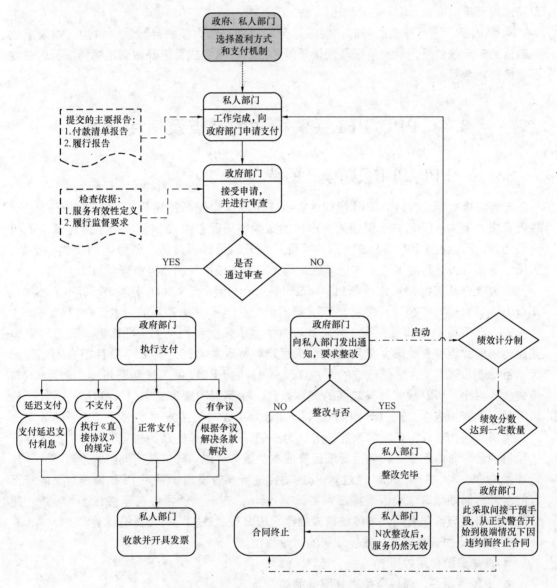

图 8-9　PPP/PFI 合同的支付流程

■ 根据项目特点，政府部门和私人部门选择项目盈利方式和支付机制。对于政府付费项目，必须在合同中明确：政府向私人部门支付的付款是否包括现在及将来的增值税；如果包括，增值税的种类有哪些。

■ 私人部门向政府部门提出支付申请，同时提交付款清单报告、履行报告等。清单中应列明应付款项、扣减款项、增值税款项等。履行报告应该详细描述相关时期项目的进展及私人部门的履行情况等。政府部门根据服务有效性定义和履行监督要求等对私人部门提交申请进行审查。如果审查通过，则政府部门进行支付；如果未通过审查，则政府部门责令私人部门整改。

- 政府部门责令私人部门整改。私人部门整改后再次提请政府部门进行支付，重新进入支付流程。如果私人部门不进行整改或者整改多次后，服务仍然无效，则合同因私人部门违约而提前终止。
- 私人部门进行整改的同时，绩效计分制得到启动，绩效分数逐渐累加。如果绩效分数达到一定的数量，政府将采取间接干涉手段，即从正式警告开始到极端情况下因违约而最终终止合同。

8.4 PPP/PFI 采购模式的特点及适用范围

8.4.1 PPP/PFI 采购模式的特点

与传统模式相比，PPP/PFI 模式的重点在于政府对服务的接受，而不是在于政府对基础设施的采购，PPP/PFI 模式关注产出的效果，因此就给投标者提供了进行革新的机会和动力，而且在 PPP/PFI 模式下，项目从最开始设计、建造，到服务的提供、运营、维修、更新可以进行成本的一体化考虑，最大限度降低项目的全寿命周期成本。

英国政府及英国国家审计署（National Audit Office，NAO）分别在 1999 年、2002 年对 PFI 项目进行了统计，采用非 PPP 模式的公共工程中有 73% 的成本超支和 70% 的工期拖延，而采用 PPP 模式，相应的只有 22% 的成本超支和 24% 的工期拖延。采用 PPP 模式比传统模式能够有效减少费用超支和工程延期等现象。22% 的 PFI 项目超支也都是因为项目标准和规定发生变化造成的，并且只有 8% 的 PFI 项目工程延期超过 2 个月[1]。与传统模式相比，PPP 模式具有较高的成本效益。在英国国家审计署（NAO）的另外一份 PPP 项目调查报告中，超过半数的政府部门认为在成本效益方面非常好，81% 的政府部门认为满意和比较好，15% 的政府部门认为一般，只有 4% 的认为很差[2]。PPP 模式降低了项目的全寿命周期成本，包括降低运营成本、服务成本、降低政府部门的管理成本、降低项目的总成本。Arthuretal 通过对 PPP 项目进行调查发现，采用 PPP 模式对于政府而言的全寿命周期成本比政府直接提供要降低 17%，在一个项目中甚至降低了 45%[3]。此外的一些研究与实践表明，与传统模式相比，PPP 模式在如下方面具有优势：

- 更广泛的资金来源，减轻政府的财政负担。
- 提高资源使用效率。
- 更关注用户，通过竞争提高服务品质。
- 加速基础设施建设，让公众提前享受公共设施。

---

[1] NAO (2003) PFI: Construction Performance [R]. Reported by the Comptroller and Auditor General, National Audit Office, London

[2] NAO (2001) Managing the relationship to secure a successful partnership in PFI projects [R]. Reported by the Comptroller and Auditor General, National Audit Office London

[3] Arthur Andersen and Enterprise LSE (2000) Value for Money Drivers in the Private Finance Initiative [M]. London

- 提高项目的可建造性。
- 大部分风险转移给私营合伙人,使得风险分担更有效率。在 PPP 模式下,私营机构大约承担 2/3 (约 70%) 的风险,而在传统模式下,私营机构只承担 20% 的风险[1]。
- 缩短项目的完成时间。
- 创造就业机会。
- 引进和利用最新的技术。
- 提高了政府部门的整体解决问题能力。
- 促进了地方经济的发展。

有些学者认为 PPP 模式是一个有争议和疑问的方法。在英国,贸易联盟 (Trade Union) 对 PPP 模式提出了尖锐的批评,并提倡再国有化 (Re-nationalization),尤其是在铁路交通系统方面。PPP 模式虽然可能提供质量更佳的公共产品,却使私人利益与公共利益的划分出现灰色地带 (Gray area),无法泾渭分明。原本公共组织所追求的公共利益已很模糊,民营化的出现使得公共利益逐渐和私人利益重叠而更难理清[2]。在实际应用中,公共部门和私人部门的前期谈判旷日持久,导致 PPP 项目的招标投标时间长,大大增加了交易成本。Marcus & Graemebowles 通过对英国 PPP 项目的调查研究发现,98% 的 PPP 项目在签订合同前所耗费的时间都超过非 PPP 项目,超出范围在 11%~116%,谈判时间所耗费的成本超过正常咨询和投标所必需的 25%~200%[3]。Birnie 的一项研究表明:PPP 项目的投标成本远远高于传统模式的项目。PPP 模式中的投标成本占整个工程成本的 0.48%~0.62%,而与此相对应,在 D+B 项目中为 0.18%~0.32%,传统项目为 0.04%~0.15%[4]。一些文献研究表明,PPP 模式还存在着如下的一些缺点:

- 增加使用者使用基础设施的费用。
- 由私营机构提供公共服务,可能会降低服务质量。
- 减少公共部门的人员,从而导致公共部门裁员。
- PPP 计划很少能最终实施。
- 缺乏经验和适合的技巧。
- 高昂的参与成本。
- 私营部门承担的风险过大。
- 可能导致较高的建设成本。
- 由于政治争议导致拖延。
- 政府对公共产品控制权的丧失。

---

[1] Li B, Akintoye A, Edwards P J and Hardcastle C (2004) Risk Allocation Preferences in PPP/PFI in Construction Projects in the UK [C]. The international construction research conference of the Royal Institution of Chartered Surveyors, COBRA 2004

[2] 江岷钦 (2007) 行政中立的理论与实务 [EB/OL]. http://homepage.ntu.edu.tw/~persadm/news/940502.doc

[3] Marcus A and Graemebowles (2004) Public-Private partnership and Contract negotiations: an empirical study [J]. Construction management and economics, Vol. 14, No. 3, p26-87

[4] Birnie J (1998). Risk allocation to the construction firm within a private finance initiative (PFI) project. Procurement [C]. ARCOM Conference, The University of Reading, London, p527-534

8.4.2 PPP采购模式的适用范围

公共项目经历市场调查、商业计划草拟、项目确定、招标投标、签订合约、设计、施工、运营和维护维修管理等诸多阶段，整个寿命周期大多超过 30 年。这期间公共部门、私营部门和金融机构的责任、义务与风险承担是不断变化的。只有选择合适的项目，才能发挥 PPP 模式的优势。对于 PPP 模式适用范围的分析，可以从项目的表现及其自身特性两个方面来考虑。

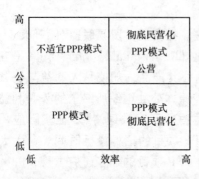

图 8-10 PPP 模式的适用范围

1) 对公共项目采取 PPP 模式的初衷是克服市场失灵和政府失灵的负面作用，在公平情况下能够高效率地提供公共产品。因此，可以采用公共产品所表现的公平（社会效益）和效率（经济效益）来决定 PPP 模式的选用，如图 8-10 所示。

- 兼有低公平和低效率的公共事业。这类项目适于采用 PPP 模式，通过引入私营机构的有效竞争，增强活力，提高效率；同时通过政府部门的适当规制，以保证公平的实现。

- 兼有低公平与高效率的公共事业。这类项目不仅应该采取 PPP 模式，而且可以走向更为彻底的民营化。为了防止以利润最大化的目标影响公共利益最大化的目标，进而使得公平与效率出现严重的不相容，需要政府的合理引导和科学指导，使此类公共事业在保证公平最大化的前提下，有自主追求企业合理利润的空间和能力。虽然这类公共事业具有采用 PPP 模式的可能性，因为它们本身具备了可盈利性的品质，但始终不能离开政府的积极引导和有效指导。

- 兼有低效率与高公平的公共事业。这类公共事业关系到社会稳定与国家安全。如果对这类企业采取 PPP 模式或者实行民营化，可能会引起社会的重大不公或不稳定，比如社会弱势群体的基本生活保障、社会治安与国防等。现有国情决定了在非常漫长的时期内不适宜对此类项目实行民营化。

- 兼有高公平与高效率的公共事业。对此类公共事业而言，政府是否愿意放弃当前的利益，以便将精力集中在为社会提供更好的服务上，将取决于政府财力、政府治理能力与水平等多种因素的共同博弈。在这种兼有高公平和高效率的最有利的情势下，政府在公共事业的运营形式上可以有三种选择，即彻底民营化、公私合营以及继续保持公营。如果公共事业在未进入民营化之前就能够做到高公平与高效率同时并举，那么，这三种选择都是可行的，而到底采用哪种方式，将由政府的政策偏好决定。

2) 根据前述的公共产品理论及项目区分理论，可以从项目的竞争性、排他性以及营利性等三个方面来考察 PPP 模式的适用性。具有下列属性的公共物品适宜以 PPP 模式的方式来提供。

- 可竞争性。可竞争性是介于竞争性和非竞争性之间的一种过渡性质。某一公共物品在供应的全过程中具有竞争性，或者通过分解后，其中的某些环节具有竞争性，则可以采取 PPP 模式。

- 可排他性。可排他性是居于排他性和非排他性之间的一种中间状态，是指将消费某一公共物品的搭便车者排除在外的技术上的可行性和经济上的合理性。可排他性为公共事业民营化的可行性提供了一条重要的参考标准。可排他性的判断不仅应着眼于经济和技术的尺度，还应着眼于公共利益最大化即社会整体公平的尺度。如果同时符合这两个尺度的要求，那么此类公共事业是适合采取PPP模式的。

■ 可营利性。可营利性是处于营利性和非营利性之间的一种弹性状态，是指某一公共物品的供应允许在"全部成本价格"的基础上有一定的营利弹性空间，这也使得这类公共产品具备了亲市场的意向性，这类项目也可以采取PPP模式。但是，营利始终不应是公共产品供给的第一位目标，应以公共利益最优化作为永恒的价值追求。在此基础上，公共事业为了自身的生存和发展，可以而且应该自由追求包括营利在内的其他多元目标。公共事业适度营利空间的存在，既有利于公共事业本身的发展，也有利于公共利益的更好维护和更大扩展，从而更加充分地促进公平的普遍形成。

就实践而言，PPP/PFI所应用的项目主要集中在城市基础设施和各个层级的公共项目的建设运营中（如表8-4所示）。

PPP/PFI项目涉及分布的领域 表8-4

领域分类	项目
交通运输	一般高速公路（不收费）、新型有轨电车、航空港、地铁
医疗卫生保健	医院、护理设施、养老院
教育、文化	中学、高等院校、公立大学、美术馆、博物馆、图书馆
行政设施	政府办公楼、住宅、驻外公馆、消防署、警察署、税务署
情报信息	国民保险情报系统、税务系统、电子邮件信息系统、劳务招聘情报系统、邮电窗口服务自动化系统
国防	直升机飞行训练模拟演习装置、国防通信设施、训练设施
其他	自来水供应、污水处理、监狱、社区服务中心

资料来源：普华永道会计事务所

8.5 PPP/PFI采购模式合同管理

8.5.1 PPP/PFI涉及的主要合同

PPP/PFI项目需要一系列的合同安排，而且各个合同环环相扣，合同之间的相关性导致整个项目合同群成为一个系统工程。PPP/PFI项目实施中涉及的主要合同如下：

■ 项目协议（特许协议 Project Agrement/Concession Agreement）。这是至为关键的一份合同文件，通常通过该协议对项目公司授权以进行整个项目的操作，内容包括项目的设计、建设、融资和经营。项目公司会尽量将所有的风险转移给各种分包商。例如将设计和建设的风险转移给承包商；将运营维护风险转移给运营商等。

■ 建设合同（Construction Contract）。PFI项目中的建设合同往往都是"交钥匙"合同，由承包商承担设计、施工、供应、安装、调试与试运行等全部工作。

■ 运营与维护协议（Operation and Maintenance Agreement）。该协议是从服务开始时执行的，一般都应当选用具有卓著业绩的运营者，因为运营是产生收益的来源，良好的运营才能保证对投资者（贷款人）贷款的偿还。

- 其他专业分包合同（Other Subcontract）。例如培训合同、物流合同等。
- 附带保证（Collateral Warranty）/承包商直接协议（Direct Agreement）。直接协议是 PPP/PFI 项目的一个特色。它是指资金提供方（出贷方）与借款方（承/分包商）根据 PPP/PFI 项目合同经过双方直接谈判协商签订的直接协议，规定在借款方（承/分包商）违反 PPP/PFI 项目合同时，出贷方不能直接终止与借款方的 PPP/PFI 项目合同，而必须给出贷方一个"介入"（Step-in）项目进行的机会，以纠正违约。

8.5.2 PPP/PFI 合同管理要点

从契约经济学角度来看，合约安排要处理好三个问题，即道德风险、不履行承诺以及合约的不完备性。道德风险是指由于私营机构所考虑的是本身的利益而非公众的利益，而私营机构的行为政府无从监控，因此需适用奖惩机制来使私营机构与政府合作；不履行承诺是指合约的双方都会策略性地改变其承诺，通常在合约设计中可以增强承诺的功效以避免违约的发生；合约的不完备性代表了无法预期的长期复杂合约所有可能事件及其影响后果，因此也无法预先确定处理方法。因此，合约通常会设计种种规则与程序，以增加合约的弹性来适应环境的变化。

1. 道德风险

道德风险之所以会发生，是因为私营机构的行为政府无从得知，所以政府也无法指望私营机构忠实地遵守其所认为是最理性的做法。但是政府能够观察私营机构的绩效，并利用财务上的奖罚机制让私营机构依照政府所想要的方式进行，绩效好坏可以用来显示私营机构无法察觉的行为。基于道德风险的理论，PPP 合约的设计可以从私营机构绩效的衡量指标（Performance Measure）和奖惩机制（Reward/Punishment Scheme）来考虑。

(1) 绩效衡量指标

如果有一套合适的绩效衡量指标反映私营机构的表现，这样构建的合约就如同信息对称状况下的合约。但是由于 PPP 项目的多目标性及每个项目的特殊性，建立这样一套指标体系并不容易，但下述一些原则可以参考：

- 衡量指标须清楚地定义，并且是可观测的，譬如服务的品质。
- 鉴于 PPP 项目的长期性，所选取的衡量指标必须维持较长一段时间，并且应着眼于对未来的整体贡献，譬如工程的质量。
- 私营机构不可被观测的行为与衡量指标之间应该有很强的关系，譬如设计质量。
- 剔除私营机构无法控制的因素以使衡量指标更为准确，譬如非私营机构原因对工期的影响。
- 衡量指标应能反映政策的多重目标，譬如经济效益、服务品质等。

(2) 奖惩机制

用来衡量的指标确定以后，应为每一种指标确定合理的标准，既不能太高也不能太低。标准的制定可根据竞标、议价、过去业绩、参考类似项目等确定。标准制定后，还需要相应的奖惩机制对私营机构偏离衡量标准予以约束。建立奖惩机制的原则主要应考虑：奖惩机制应能体现对私营机构的导向作用；奖惩机制应反映私营机构无法被察觉的成本（隐性成本）。

2. 履行承诺

合约是一个在法律上能够被强制执行的协议。传统的合约理论并没有承诺的问题，因为如果任何一方不遵守合约，法律会给予另一方相应的能力来强制合约的执行。在不完全合约里，须有保证合约双方能够遵守合约的措施。在 PPP 模式下，私营机构先投资基础设施建设，在经营期通过收费获得收益。如果政府想吸引私营机构投资基础设施，就必须使私营机构确信未来的预期收益能够弥补其成本。如果没有强制执行的机制，承诺有可能无效，因为作为公众代表的政府，为了增加公众的财富，未来有极大的诱因支付较低的费用，从而损害私营机构的利益。

契约的一方不履行承诺，对于一个理性的决策者而言，其之所以这么做原因在于不遵守约定比遵守约定有利于自己，这常常导致对方的支出增加。因此，必须有相应的机制来避免不履行承诺的发生。在 PPP 模式下，承诺约束力的增强可以采取如下一些措施：

- 公正而具有时效性的争议解决机制。
- 额外的保障措施，如保险、保证金等。
- 限制单一私营机构的谈判能力，防止技术和市场的过度集中。

3. 合约的不完备性

契约内容不完备的主要原因是契约未能将未来影响契约关系的变数纳入合同体系中加以考虑。对于契约不完备的问题，契约双方必须制定能够迅速适应环境快速变化的管理构架及调节机制，以期能够有效管理和控制复杂情况，不能仅仅依靠契约双方对契约条款的增减变化。因为有的情况可以适用契约的条款来处理，但有的情况必须适用契约外的方式来管理才有效率。针对合约的不完备性，可采取如下一些应对措施：

- 尽可能地明确。由于 PPP 合同是不完全合同，因此，并不要求对将来发生的事情都做出明确的规定，因为规定太死，便容易"套牢"，尽可能明确规定的内容应当是交易双方必须遵循的规则、风险的承担和权力的安排。
- 合同的内容应当体现对动态关系发展补充的允许，即可以连续谈判，并设置连续谈判的前提条件，对遵守的规则及权力安排等作出必要的规定。
- 风险计划在处理合同中提供"灵活"作用。保障条款以及变更条款是提供灵活机制的范例。标准合同条件虽然常常被认为是当然之法则，但合同的计划者在起草合同时应考虑这些不同的"灵活规定"。
- 在交易双方信息不对称、缺乏有关诚信的信息时，为了减少风险，依据重复博弈的声誉模型，投资与收益应尽可能安排在时期较长的多阶段或多次交易中。例如，建设期间可采用按进度付款、营运期可按照提供服务的质量和数量分期付款等。
- 不完备契约可采取后续的再协商（Renegotiation）方式进行修正。契约双方的谈判地位将影响再协商的结果。如私营机构拥有特殊的技术、专利，则其在再协商中处于优势地位，反之则处于劣势。再协商的方式有三种：其一，公共部门行使行政优益权与自由裁量权，但是这种权力必须是有限的和受到规范的，必须受到严格的程序限制；其二，结构性协商（Structured Renegotiation），如调解、仲裁、诉讼等；其三，合理的行政程序。

4. 关于政府介入权的规定

当项目存在与公共财产或人民健康、安全、环境有关的严重风险时，或者为了履行法令性的义务，政府部门行使介入权（Step-in）。英国的《PFI 合同标准》（第 3 版）将介入权定义为：如果存在与健康、安全（个人或者资产）有关的严重风险，政府部门认为有必要去减轻或阻止这种风险或者为了履行法令性的责任，对与服务有关的事情，政府自己采取行动。政府行使介入权是自由裁量的行政措施，自由裁量权是政府介入权的依据。在PPP合同中定义政府介入权是将行政自由裁量权明示化。合同中须对介入权的相关内容予以明确。

- 介入期的长短。政府介入期的长短通常取决于介入时的具体情况，这个时期可能持续几个小时、几天或者几周。这种权利旨在解决短期内严重的、紧急的问题。风险得到控制或者政府部门已经履行了法令性的义务，政府部门将介入期间免除的部分合同责任再次交由私人部门执行，即政府部门的"退出"（Stepping-out）。如果将要解决的问题需要一个长期、无法确定的介入，并且有可能没有"退出"，那么此种情况下的补救措施就不是政府的介入，而是合同的终止。

- 介入的内容。政府部门行使介入权对项目进行政府介入，主要分为两种情况：一种是私人部门无违约情况下的政府介入；另一种是私人部门违约情况下的政府介入。政府介入的主要内容包括：一是政府介入期间，部分合同责任的免除；二是对于私人部门的付款和赔偿。

- 介入的程序。在行使自由裁量权处理案件时，应履行充分说理义务，即必须充分说明行使的理由，不能只有结果而无理由。在政府部门采取规定的义务以及相应的额外行动时，私人部门具有给政府部门提供合理帮助的义务。行政合同特权中的命令权就是要求相对人采取措施、实施某项活动的权利，私人部门提供合理帮助的义务则是行政合同命令权的表现。

- 介入权的规制。政府行使介入权，使得PPP合同的相对人——私人部门在PPP合同中处于劣势的地位。为了防止政府利用行政干预合同或者滥用特权，维护私人部门的合法利益，整个介入要在一种规制的环境下，即有效的司法救济的环境下进行。对于PPP合同来说，强调行政合同的救济制度是十分必要的。对政府介入权进行规制、对相对人设定救济途径是寻求法律平衡的一种方法。

8.6 PPP合同标准文本及设计

8.6.1 国际PPP合同标准文本

1. 英国《PFI合同标准》简介

由于英国政府在长期与私人机构的合作中积累了许多宝贵的经验，由英国财政部发布的《PFI标准合同》具有较好的借鉴意义，其中许多条款设计和机制设置具有普适性，具体详细，有较好的可行性。这份标准合同有力推动了PFI模式在英国的应用，使得公私双方在签订合同时可以有所依据，并且通过规范化的合同合理规定了双方的权利、义务、风险和利益，通过价格机制、变更机制等灵活性的调整方法来应对项目未来实施中的不确定性变化。

(1)《PFI合同标准》的发展历程

《PFI合同标准》（Standardization of PFI Contracts，简写"SoPC"）第1版于1997

年7月出版。它的主要目的是为PFI项目中出现的关键问题提供指引,以促进商业平衡合同的获得,让公共工程采购者实现他们的目标并获得最佳经济效益。英国政府贸易办公室(简写"OGC")于2002年12月出版了第2版。2003年4月1日,政府贸易办公室将PFI和SoPC的政策责任转移给了英国财政部(HM Treasury),由其继续推行SoPC。吸收2002年以来在公共和私人领域的工程实践经验,并对一些条款进行工程实践证实的可行的改进,英国财政部于2004年4月发布了第3版,并已经在HM Treasury网站上公布。许多不同的政府官方部门已经把《PFI合同标准》第3版作为向更广泛的领域推广PFI合同的基础。

(2) PFI标准合同框架

图8-11显示了英国PFI标准合同的整体框架。从PFI合同的架构来看,整个PFI合同属于激励型合同,合同中强调公私双方的合作,力争体现PPP的原旨——VFM (Value for Money)。合同综合运用了支付机制、监督机制、争端解决机制等,来促进项目的实施。同时PFI独有的评分和激励机制在很大程度上鼓励私人机构妥善处理项目。图8-11中总则部分由引言(Introduction)、合同持续时间(Duration of contract)、权利和义务的分配(Assignment)、直接协议(Direct agreement)、授权书(Commitment letters)等构成,监督机制包括了政府的介入权(Step-in),项目融资包括了再融资(Refinancing)。

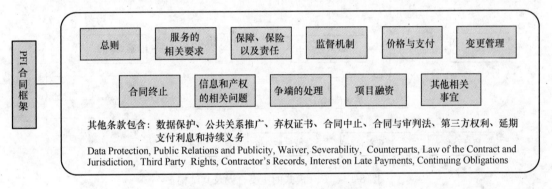

图8-11 英国PFI标准合同的整体框架

PFI合同中有针对性地给出了相应的措施,如对于法律变更,PFI合同中规定由私人机构与授权部门共担风险(分为区别对待的法律变更、特定的法律变更和普通的法律变更),而变更造成的价格变化运用PFI提供的三种计算方法(基准评价、市场调查和指数化价格)来确保额外运营成本的正确估计,并且政府介入权(Step-in)的引入说明了PFI模式的公共性,通过政府的有效监督来保证公共项目的利益不受损害。

PFI标准合同由于经历多年的修改与完善,在整体架构上已趋于完善,对于PFI项目可能遇到的各种问题都有充分的预见性,其合同安排体现了竞争性与博弈性的特点。另一方面,事实上PFI在实施过程中仍然存在诸多问题需要改善,特别是合同安排较为繁琐,不够简洁,同时对工程风险控制的重视无形地增加了成本,一些风险因素转化为费用,不能够体现VFM的原则。

(3)《PFI合同标准》的适用条件

在法律方面,《PFI合同标准》以英格兰和威尔士有关建设、融资、公共健康和安全等方面的法律为基础。合同必须受英格兰和威尔士法律的管理,对于争议的处理当事人各方应服从英格兰和威尔士法庭的专有司法权。在适用项目类型方面,《PFI合同标准》以PFI项目为背景,针对DBFO模式,适用于新建项目。

同时,《PFI合同标准》的编写基于一定的假设条件:与公共部门签订合同的一方是有特定目标的法人,具体项目的实施由分包商完成;项目包含几个建设阶段,承包商的全部工作是在实施阶段中完成的;项目融资全部或部分采用有限资源贷款。《PFI合同标准》编写的主要目的包括:让人们普遍认识到标准的PFI项目中存在的主要风险;保持一系列相似项目在实施和计价方面的一致性;摒弃冗长的谈判过程,使项目各参与方在某些问题上达成一致以使合同签订可以继续,从而缩短谈判时间,降低谈判成本。

PFI模式主要合同及其结构如图8-12所示。

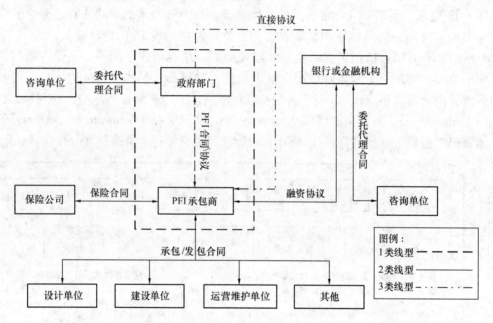

图8-12 PFI模式的主要合同及其结构

(4)《PFI合同标准》内容

《PFI合同标准》共分为35个章节和4个附件,内容包括对具体条款的说明和标准合同条款。其条款撰写的形式主要包括如下几种:

1)借助指导性说明对条款进行完整、详细的解释和说明。

2)对条款的一部分内容进行详细标准的描述,形成标准合同条款(Standard Clause),余下的部分在注释中进行解释。

3)通过指导性说明解释如何应用推荐的方法来处理一些问题。

PFI合同主要针对DBFO模式,《PFI合同标准》按融资(Finance)部分、设计和建造部分(Design + Build)、运营部分(Operate)、所有权移交(Transfer)部分、合同元素的改变、保险和问题解决、其他规定等进行了归类。其中服务开始日之前的条款归入设计和建造部分,服务开始日之后的条款归入运营部分。当然很多条款没有严格的划分,有些条款涉及设计、建造、运营三个阶段,一般将其归入设计建造部分。其实从合同总体的思路来说,很多运营条款是设计建造条款的一种延伸。归类后的《PFI合同标准》的文本结构如图8-13所示。

8.6 PPP合同标准文本及设计

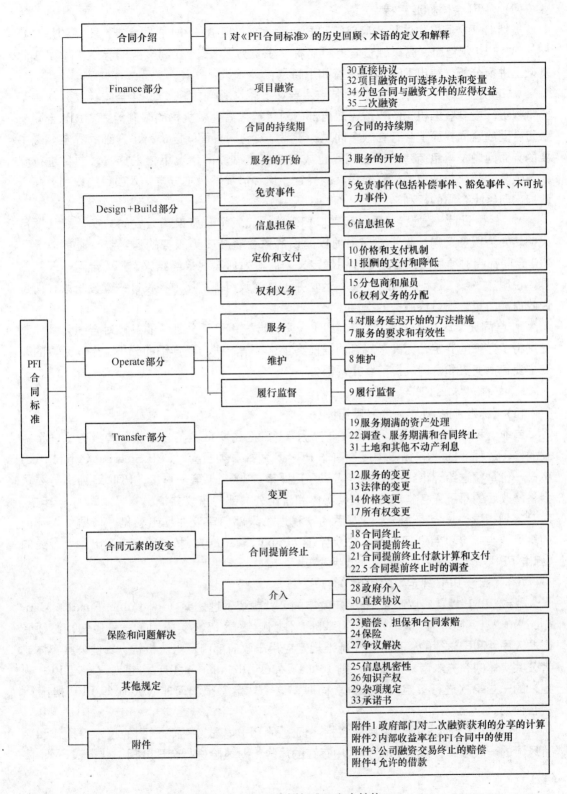

图 8-13 《PFI合同标准》文本结构

(5)《PFI 合同标准》特点

虽然 PFI 合同的主体是政府部门和 PFI 承包商，但是《PFI 合同标准》更多的是对政府部门、PFI 承包商、高级融资贷方（简称"主贷方"）三方权利义务的界定。所以在此基础上进行分析，得出 PFI 合同具有如下特点：

- 重视主贷方权利义务。这个特点主要在 F 部分得到体现。《PFI 合同标准》从始至终重视银行或者金融机构的权益、政府部门对银行或者金融机构的限制能力。PFI 合同与融资合同的合同界面上会存在很多问题，F 部分对合同界面问题进行了详细的界定。最主要的界面问题是承包商违约后合同终止或者有终止威胁的情况下，主贷方对项目进行介入、恢复、转让、拍卖的权利和程序的界定。这种情况下，主贷方介入项目的权利要高于政府部门终止合同的权利。

- "轻"设计—建设、"重"运营。PFI 模式代表了政府采购方式的转变，即从项目采购转变为服务采购；政府部门由项目建设的监管者转变为服务的购买者。通常情况下 PFI 合同都会对项目的最终结果作明确定义，而对如何实现最终结果，PFI 合同一般不作具体说明。"轻"设计—建设、"重"运营并不是说政府部门不重视设计—建设阶段，而是说政府部门更重视最终服务的提供。

- 合同元素改变的详细界定。《PFI 合同标准》用了五分之一的篇幅对合同元素的改变进行了详细的界定，尤其是对合同提前终止这种情况进行了详细的分析。合同元素的改变主要包括变更和合同的提前终止两部分。

2. 南非《标准 PPP 规定》

(1)《标准 PPP 规定》的发展历程

南非《标准 PPP 规定》于 2004 年 3 月 11 日正式发布。在这之前，其经历了一个较长的修正过程。2002 年第四季度，南非 PPP 筹划指导委员会（PPP Steering Committee）将第一份草稿送给评审组（Review Group）评审。2003 年第一季度，PPP 筹划指导委员会将修改后的草稿送各省部门、公共实体和法定公共部门审议并提出意见。2003 年年中，PPP 筹划指导委员会将进一步修改后的草稿送私人部门审议并提出意见。根据私人部门的意见，2003 年 9 月 3 日举行了公众听证（Public hearing），私人部门应邀出席。最终的《标准 PPP 规定》于 2004 年 3 月出版发布。

(2)《标准 PPP 规定》的适用条件

《标准 PPP 规定》以南非 1999 年发布的公共融资管理法案（the Public Finance Management Act，简写为"PFMA"）为基础，作为财政部 PPP 实施的第一号通知，必须受南非人民共和国法律的管理。这个标准规定应用于政府部门、宪法机构、其他公共实体或者公共实体的补充。南非财政规则 16（Treasury Regulation 16）中也对《标准 PPP 规定》的一些条款进行了定义和处理。同时，这个规定必须和南非《2004 年 PPP 指南》[1]联合使用。

《标准 PPP 规定》编写的目的包括：促进对 PPP 模式中经常遇到的技术、操作和融资风险的一般理解；认识 PPP 模式中存在的风险，对风险进行合理分担，获得 VFM；降

---

[1] NATIONAL TREASURY. STANDARDISED PPP PROVISIONS（"Standardisation"）[EB/OL]. First Issue. http://www.treasury.gov.za, 2004-03-11

低PPP合同参与各方对合同进行协商的时间和成本。《标准PPP规定》合同结构如图8-14所示。

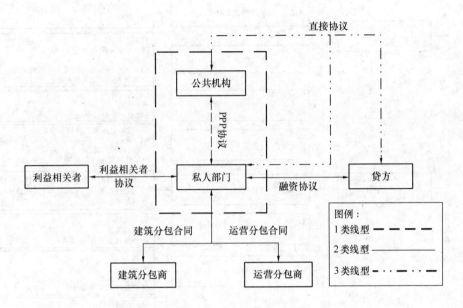

图8-14 南非PPP模式主要合同及其结构

(3)《标准PPP规定》的内容

《标准PPP规定》包括前言、术语表和A～S共19个部分，总计96个条款。其合同结构按融资(Finance)部分、设计和建设部分(Design＋Build)、运营部分(Operate)、所有权移交(Transfer)部分、合同元素的改变、保险和问题解决、其他规定等进行了归类。其中"标准的直接协议"条款既可以归入融资部分，也可以归入合同元素改变部分。归类后的《标准PPP规定》的文本结构如图8-15所示。

(4)《标准PPP规定》的特点

描述了PPP项目中可能出现的一些关键议题，以及这些关键议题在PPP合同中如何处理。与英国的《PFI合同标准》相比较，南非的《标准PPP规定》有以下特点：

■ 将相关议题进行组合。《标准PPP规定》将合同条款中的相关议题组合到一起，形成一个部分。例如E部分的"持续时间和服务开始"包括持续时间、设计风险和服务开始、独立证明者、认可和服务开始、延迟服务开始的防范措施和质量评估。而在《PFI合同标准》中，将持续时间和服务延迟开始的方法措施分两章单独进行叙述。《标准PPP规定》一共有A～S共19个部分。

■ 注重项目前期的文件及现场条件。《标准PPP规定》注重项目前期的文件、项目现场，分别用两章来对这两方面作出规定，即B部分的项目文件和D部分的项目现场。由此看出，南非政府对于PPP项目的建设放手幅度比英国要小。

■ 对项目终止情况详细界定。《标准PPP规定》对项目终止情况进行了详细的界定。N部分"终止"占据了整个合同文本六分之一的篇幅。其对合同终止的原因、合同提前终止的情况、终止的付款情况进行了详细界定。合同终止情况的设定其实是合同的一种退出机制，其设计的好坏对合同的影响很大。

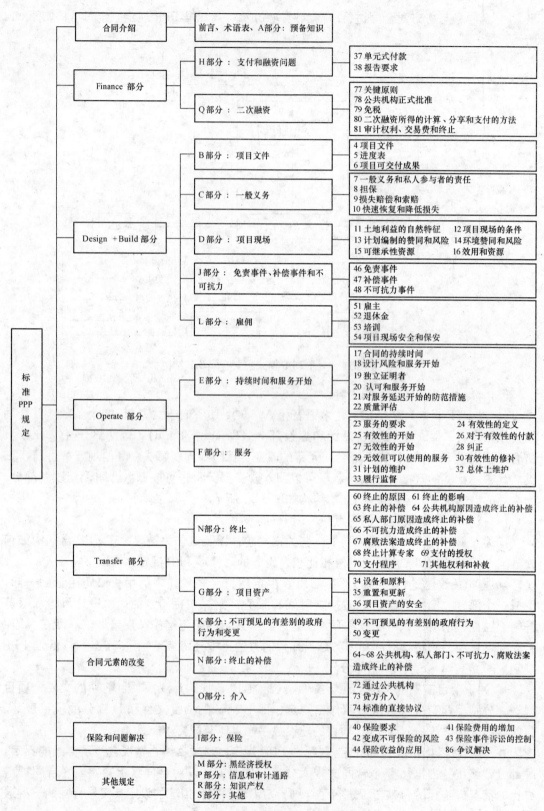

图 8-15 《标准 PPP 规定》文本结构

■ 注重黑人经济承诺。《标准 PPP 规定》对黑人经济承诺（Black Economic Empowerment，简写为"BEE"）进行规定。黑人经济授权主要是为了保护黑人资产及其雇佣权利。这应该与南非的社会、经济环境有关。《标准 PPP 规定》的 M 部分对其进行了详细的规定，包括私人部门中的黑人资产净值、私人部门管理和雇佣黑人工人及对当地社会经济影响等。

8.6.2 我国 PPP 合同文本设计

1. PPP 合同框架设计

PPP 合同框架的设计首先应满足 PPP 项目的不同要求，适应 PPP 模式广泛的应用范围，同时应充分体现竞争性和博弈性的特点，对项目实施过程中的各种变化能有预见性，满足公私双方各自的要求，最大限度地体现公共工程的社会福利性。并且，合同安排应灵活，易于操作，适合 Partner 的操作模式。PPP 模式在我国应用的合同设计思路可参照图 8-16 所示。

PPP 合同文本的核心条款包括：总则、服务要求、合同的持续期、定价和支付、免责事件、产权界定、保险、合同提前终止、争议解决、声明和条件。主要选项条款包括六个模块：融资模块、设计＋建设模块、运营模块、项目转移模块、合同元素的改变模块和其他。每个模块又包括若干的基本合同条款。次要选项条款包括二次融资、其他融资选择、土地和不动产、对服务延迟开始的方法措施、替换或更新、最终维护责任担保、合同终止时的补偿、其他担保等。PPP 合同文本的架构如图 8-17 所示。

图 8-16　PPP 模式下的合同设计思路

8 PPP/PFI 采购模式与管理

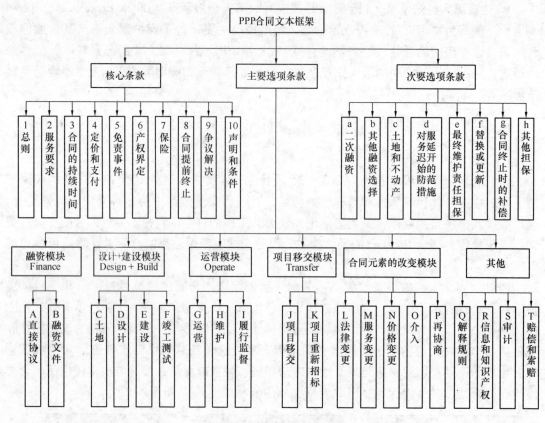

图 8-17 PPP 合同文本架构

2. PPP 合同核心条款设计

PPP 合同核心条款是 PPP 合同的基本结构要素。根据 PPP 合同核心条款的组成依据，对 PPP 合同核心条款进行设计，并以 PPP 合同核心条款组成表的形式进行表示。同时，选取 PPP 合同核心条款中的一些分条款，从其条款设计及处理流程等方面进行分析。通过这些分析，可以对合同深入设计应注意的问题作出详细的说明和指导。

PPP 合同核心条款主要是从签订合同要满足的基本的结构性条款、根据合同目标而设定的条款和司法限制三个方面进行选择。

1) 签订合同要满足的基本的结构性条款

在双务合同中，一方当事人要支付货币来履行义务（如价款、佣金等），即所谓金钱履行；而另一方则为非金钱履行（如建设、运营资产）。金钱履行的义务和非金钱履行的义务的界定即是合同要满足的基本的结构性条款。这些条款包括如下几个方面：

■ 任务和任务的详细定义。要详细列举合同中包括的所有任务及潜在任务，并对这些任务进行详细的定义。在很多 PPP 合同中，主要是对承包商提供服务的定义。

■ 参与者责任的定义。为了完成任务每个参与者的责任，例如政府部门支付价款的责任和承包商按标准提供服务的责任等。

■ 项目产品或者服务标准的定义。在 PPP 合同中，主要是对承包商提供设备或服务标准的定义，即产出说明（Output Specification）。详细的产出说明应该在附件中以列表的形式展示。

■ 争议解决机制的定义。这几乎是每个合同必备的条款。

■ 合同退出机制的定义。合同的退出机制是指定义会导致合同终止尤其是提前终止的条件。PPP合同参与方众多、涉及面广，导致合同提前终止的情况也很多，例如承包商违约、政府违约、不可抗力、腐败等。设计一个较好的退出机制才能在合同提前终止情况发生时减少项目损失、保护参与方的利益。

2）根据合同目标而设定的条款

PPP合同的目标主要包括服务、工期、质量和成本等。其中，服务目标和质量目标在结构性条款的产出说明中进行了定义。针对余下的目标设定的合同条款主要包括：合同持续期、定价和支付机制。PPP合同大部分应用于基础设施建设，其产权归国家所有。根据张五常的合约经济学理论，不同的产权制度导致不同的合同选择。因此PPP合同必须将产权（包括所有权和经营权等）定义作为核心条款。

3）立法限制条款

每个国家都有相应的立法对PPP条款施以法律限制。这些限制的类型主要包括合同持续期、投资量或者比率。例如巴西对合同持续期的限制是在5~35年，对投资量或者比率的限制大约670万美元、70/30。我国PPP立法虽然不健全，但是也有相应的立法对其条款进行限制。例如北京市2005年颁布的《北京市城市基础设施特许经营条例》第十三条规定特许经营期不得超过30年；《国家工商行政管理局关于中外合资经营企业注册资本与投资总额比例的暂行规定》中规定中方必须控股等。

通过以上分析及相关PPP合同文本的分析，PPP合同核心条款如表8-5所示。

PPP合同核心条款组成　　　　　　　　　　　表8-5

核心条款	分条款	次分条款（或说明）
1 总则	1.1 合同用词及其定义	
	1.2 解释与法律	包括适用法律和语言
2 服务要求	2.1 产出说明	附件：产出说明
3 合同的持续期	3.1 合同生效日期	
	3.2 服务开始和结束日期	3.2.1 提前开始服务的奖励
		3.2.2 延迟开始服务扣留预定违约金
4 定价和支付	4.1 政府的支付义务（单元式付款）	
	4.2 支付扣减（预定违约金）	4.2.1 对无效服务进行惩罚性扣减
		4.2.2 履行不符合要求时进行惩罚性扣减
	4.3 计价和支付安排	4.3.1 如何计价
		4.3.2 明确政府是否对价格进行管制
		4.3.3 是否对项目产品或服务价格进行定期调整
	4.4 支付的方式	
	4.5 延迟支付	4.5.1 付款到期日
		4.5.2 延迟支付的利息
	4.6 增值税	
	4.7 对私人部门超额利润的处理方式	是否分享、何时分享、如何分享
	4.8 争议解决	

续表

核心条款	分条款	次分条款（或说明）
5 免责事件	5.1 补偿事件	5.1.1 补偿事件的定义
		5.1.2 提交补偿事件通知和证明材料
		5.1.3 补偿和豁免
		5.1.4 争议解决
	5.2 豁免事件	与5.1条类似
	5.3 不可抗力事件	与5.1条类似
6 产权界定	6.1 所有权的归属	
	6.2 经营权的归属及期限	
	6.3 转让权	6.3.1 政府部门的转让
		6.3.2 私人部门的转让（承包商、项目公司）
		6.3.3 融资机构的转让
		6.3.4 承包商持股人的股权转让
7 保险	7.1 政府部门对保险的要求	
	7.2 增加保额的机制	
	7.3 保险收益的应用	
	7.4 变成不可投保的风险	
	7.5 保险事件诉讼的控制	
8 合同提前终止	8.1 合同提前终止事件定义	8.1.1 政府部门违约导致终止事件
		8.1.2 私人部门违约导致终止事件
		8.1.3 可抗力导致终止事件
		8.1.4 政府部门自愿终止合同
		8.1.5 违反二次融资条款引起终止事件
	8.2 合同提前终止的计算和赔偿	8.2.1 政府违约和自愿终止合同的赔偿
		8.2.2 私人部门违约的赔偿
		8.2.3 不可抗力引起合同终止的赔偿
		8.2.4 腐败和欺诈、违反二次融资条款引起合同终止的赔偿
	8.3 终止意向通知和终止通知	
	8.4 私人部门纠正违约的程序	
	8.5 贷方介入	
	8.6 政府重新投标	
	8.7 合同提前终止的调查	
	8.8 某些收益的使用	8.8.1 保险
		8.8.2 处置资产获得的收益
9 争议解决	9.1 运营协调委员会友好解决	
	9.2 提交专家决定	包括专家小组的选择程序
	9.3 仲裁或者诉讼	9.3.1 仲裁机制的选择
		9.3.2 仲裁争议的范围
	9.4 分包商争议的联合诉讼	
	9.5 争议解决期间的履行	
10 声明和条件	10.1 政府部门声明	10.1.1 有无违反"招标投标法"声明或采用折中办法
		10.1.2 "非固定回报率项目"声明
	10.2 项目公司声明	

8.6 PPP合同标准文本及设计

3. PPP合同主要选项条款的组成

PPP合同的主要选项条款从融资、设计＋建设、运营、移交、合同元素的改变、其他等六个方面进行分析，形成六个模块。对这六个模块进行选择并组合来适应不同类型的PPP合同。例如DBFO合同需要对这六个模块进行完全选择；DBO合同需要对除了融资部分外的五个模块进行选择；TOT合同需要对除了融资部分、设计＋建设部分外的四个模块进行选择。

对于PPP合同的六个模块，将每个模块中的独特部分保留作为主要选项条款。这些主要选项条款基本是每个模块的必选条款，但是不排除在应用过程中对相关条款的删减。对于已建的、需要进行项目移交的工程，项目移交模块的主要选项条款需要选择两次，即项目开始时的移交和项目结束时的移交。PPP合同主要选项条款如表8-6所示。

PPP合同主要选项条款 表8-6

模块	主要选项条款	分条款（及次分条款）	
融资模块 (Finance)	A 直接协议	A1 政府对担保物权的批准	
		A2 终止前通知和现存负债通知	
		A3 无流动性市场通知	
		A4 指定代表的任命	
		A5 介入期	A5.1 政府不能终止合同的情况
			A5.2 政府被授予终止合同权利的情况
			A5.3 私人部门对指定代表的责任
		A6 贷方退出介入	
		A7 与替代私人部门之间的PPP协议的签订	
		A8 其他	
	B 融资文件	B1 政府与融资文件或股东协议有关的权利	
设计＋建设模块 (Design＋Build)	C 土地	C1 土地使用权的获得	
		C2 土地使用权的费用	
		C3 对土地使用权的限制	
	D 设计	D1 详细设计（可能包括设计要求、初步设计）	
		D2 向政府部门提交设计和相关信息	
		D3 设计变更的程序	
	E 建设	E1 政府部门的主要义务	
		E2 私人部门的主要义务	
		E3 分包商及雇员	E3.1 分包商（建设、运营分包商）的确定及更换
			E3.2 承包商（私人部门）对分包商的责任
			E3.3 政府部门对分包商及其雇员的权利
		E4 承包商的质量管理体系的建立及实施	
		E5 项目计划及进度日期	
		E6 市政府的监督和检查权利	
		E7 建设成本	E7.1 当建设成本超支时，政府是否进行财务支援
	F 竣工测试	F1 竣工评定者的任命（独立的第三方的任命）	
		F2 竣工检验的程序	
		F3 竣工检验的通知	
		F4 竣工检验报告	
		F5 完工证明的颁布	
		F6 竣工争议的解决	

续表

模块	主要选项条款	分条款（及次分条款）	
运营模块 (Operation)	G 运营	G1 服务有效（无效、无效但可使用、最低可接受水平）的定义	
		G2 服务开始	G2.1 服务开始的确认（有效服务的开始）
			G2.2 提前或延迟开始服务（通知、结果等）
			G2.3 过渡期（长短、适用标准、支付机制）
			G2.4 有效性证明的颁布（是否需要）
		G3 无效或无效但可以使用的服务	G3.1 无效服务开始的确认
			G3.2 服务的修正（修正期、修正计划）
			G3.3 服务再次有效的通知及确认程序
			G3.4 无效服务的惩罚性扣减
	H 维护	H1 维护计划（附件：检验与维护手册）	
		H2 一般维护	H2.1 对私人部门维护和运营的要求
			H2.2 政府对私人部门维护义务的监督（或调查）
			H2.3 私人部门未履行维护义务的结果（维修准备金扣减等）
		H3 合同期满前资产的维护（最终维护责任担保、维修保函）	
	I 履行监督	I1 履行监督的要求（附件：质量管理体系）	
		I2 完整地履行监督的方法	
		I3 履行监督的开始	
		I4 分包商更换后的履行情况约定	
		I5 报告履行监督的结果	
		I6 履行不符合约定的后果	
项目转移模块 (Transfer)	J 项目移交	J1 项目移交范围（要求转让的权益、资产、其他资料等）	
		J2 保证期	J2.1 移交日项目资产状态
			J2.2 缺陷责任期
			J2.3 未能修理缺陷或损坏的赔偿
		J3 项目资产调查	J3.1 资产调查的时间
			J3.2 调查机构的任命
			J3.3 调查程序
			J3.4 调查不符合要求的结果（担保、准备金账户）
		J4 项目移交程序	J4.1 移交前检查或性能测试
			J4.2 技术转让（所有技术和专有技术）
			J4.3 人员和人员安排（或培训等）
			J4.4 合同的取消、转让（承包商签订的分包合同）
			J4.5 移走项目公司所有的物品
			J4.6 移交费用和批准
			J4.7 移交委员会和移交程序
			J4.8 移交效力
			J4.9 维修保函的解除
			J4.10 争议解决

续表

模块	主要选项条款	分条款（及次分条款）	
项目转移模块（Transfer）	K 项目重新招标	K1 重新招标通知（政府给予承包商的）	
		K2 私人部门协助招标	K2.1 提供招标所需信息（除商业敏感信息外）
			K2.2 向投标者提供进入项目现场和项目资产的合理通知和合理时间
			K2.3 其他必要措施
		K3 继任承包商给现任承包商的最终付款	
合同元素的改变模块（Variation）	L 法律变更	L1 需要遵守的所有适用法律	
		L2 法律变更	L2.1 法律变更的界定
			L2.2 法律变更发生时的通知义务
			L2.3 处理法律变更影响的机制
		L3 税法变更（除增值税外）	
		L4 增值税变更	L4.1 增值税变更影响的分担机制
			L4.2 不可回收增值税的支付
合同元素的改变模块（Variation）	M 服务变更	M1 政府部门变更	M1.1 政府部门变更提议通知
			M1.2 私人部门对政府变更的估价（估计单）
			M1.3 政府部门和私人部门的协商
			M1.4 私人部门提供证据义务（举证义务）
			M1.5 政府部门对估价单的书面确认及变更提议撤销
			M1.6 融资贷款的获得（二次融资）
			M1.7 对报酬单价或者公众收费的调整（补偿、定价）
			M1.8 政府部门支付程序
			M1.9 争议解决
		M2 私人部门变更	M2.1 私人部门变更提议通知
			M2.2 政府部门对私人部门变更的评价（同意与否）
			M2.3 政府部门和私人部门的协商
			M2.4 对报酬单价或者公众收费的相关规定
			M2.5 争议解决
	N 价格变更	N1 基准评价和/或市场评价（评价周期、程序等）	
		N2 通货膨胀引起的价格调整（价格指数化）	
		N3 价格调整周期及机制	

续表

模块	主要选项条款	分条款（及次分条款）	
合同元素的改变模块（Variation）	O 介入	O1 政府部门介入	O1.1 政府部门介入情况定义
			O1.2 政府部门介入通知
			O1.3 私人部门违约情况下的介入（部分合同责任的免除、给私人部门的付款和赔偿）
			O1.4 非私人部门违约情况下的介入（部分合同责任的免除、给私人部门的付款和赔偿）
			O1.5 介入权的规制——司法救济
		O2 贷方介入（见直接协议）	
	P 再协商	P1 再协商情况的界定	
		P2 再协商的程序	
其他（Others）	Q 解释规则	Q1 合同文件的组成	Q1.1 PPP合同文件
			Q1.2 融资文件和股东协议
			Q1.3 分包合同
			Q1.4 附件
			Q1.5 承诺书
		Q2 合同文件优先顺序	
		Q3 协议份数	
		Q4 修改和弃权（是否允许弃权及弃权的法律效率）	
	R 信息和知识产权	R1 信息和保密	R1.1 合同双方信息和保密的义务
			R1.2 违反信息和保密的处理
			R1.3 数据保护
		R2 知识产权	R2.1 承包商侵害知识产权的定义和处理
			R2.2 政府部门侵害知识产权的定义和处理
			R2.3 合同期满和提前终止的知识产权处理
	S 审计	S1 政府部门的审计权利	
		S2 审计程序	
	T 赔偿和索赔		

4. PPP合同次要选项条款的组成

次要选项条款是PPP合同的专用部分。将主要选项条款中的六个模块及工程中一些特殊的规定和要求作为次要选项条款。次要选项条款作为可选条款需要根据具体工程加以选用。PPP合同次要选项条款如表8-7所示。

PPP合同次要选项条款　　　　　　　　　　　　　　表8-7

次要选项条款	分 条 款	
a 二次融资	a1 向政府提交二次融资的通知	
	a2 政府对二次融资的批准	
	a3 豁免二次融资情况的界定	
	a4 二次融资收益	a4.1 二次融资收益的计算
		a4.2 二次融资收益的分享
		a4.3 二次融资收益的支付
	a5 审计权利和交易成本	
	a6 二次融资导致合同终止	

续表

次要选项条款	分 条 款	
b 其他融资选择	b1	公司融资
	b2	政府资本投入
	b3	其他
c 土地和不动产	c1	政府对土地和/或不动产的转让
	c2	政府对土地和/或不动产信息的担保范围
	c3	政府对土地和/或不动产的权利
d 对服务延迟开始的防范措施	d1	预定违约金（私人部门导致的完工或者开始商业运营延误）
	d2	履约保函
	d3	母公司担保
	d4	最终期限
	d5	提前开始服务的奖励（激励付款等）
	d6	延误补偿（政府部门导致的开始商业运营延误）
e 最终维护责任担保	e1	维修准备金账户
	e2	维修保函
f 替换或更新	f1	替换或更新的要求
	f2	替换计划（replacement programme）（见附件）
	f3	政府部门对替换掉的资产的使用权力
g 合同终止时的补偿	g1	补偿的计算
	g2	补偿的支付
h 其他担保	h1 承包商的附属担保	
	h2 政府部门保证	h2.1 慰问信
		h2.2 间接保证（有国有企业参与的）

在 PPP 合同核心条款、主要选项条款和次要选项条款中，存在一些需要进行详细说明的分条款。为了保持合同文本的简略得当，这些分条款的详细说明可以在合同后以附件的形式进行表述，并将这些附件进行汇总，形成附件汇总表，如表 8-8 所示。

PPP 合同附件汇总 表 8-8

附件	名 称
1	定价和支付机制
2	履行分数表格
3	金融模型
4	二次融资获利的计算、分享及支付方法
5	产出说明（required Output specification，即服务要求）
6	检验与维护手册 该手册应该包括进行定期和年度检查、日常维护、大修维护和年度维护的程序和计划，以及调整和改进检验及维护安排的程序和计划。项目公司允许市政府获得和检查该手册。
7	质量管理体系
8	资产替换和更新计划

8.7 PPP采购模式案例分析

8.7.1 项目概况

发展旅游业是香港特区经济转型时期的重要应对策略。特区政府把旅游业列为四大支柱产业之一,过去数年,香港为开发旅游资源已经投入310亿港元。虽然目前香港旅游业只占香港本地生产总值的7%,但旅游业的兴旺,带动了相关行业如零售业、餐饮业、酒店业的增长。为了将香港打造成家庭旅游核心胜地,改善过去香港购物场所多而旅游景点少的缺陷,香港特区政府在1998年决定引进迪士尼项目。

1999年12月10日,香港特区政府与华特迪士斯尼公司(Walt Disney Company, WD)达成协议,在竹篙湾兴建香港迪士尼乐园(Hong Kong Disneyland, HKDLD)(第Ⅰ期),由双方共同成立的合资公司——香港国际主题公园有限公司(Hong Kong International Theme Parks Limited, HKITP)负责兴建和营运。香港迪士尼乐园采用的是PPP模式中的联营体方式。

据特区政府所述,预计香港迪士尼乐园在40年间可为香港经济带来达1480亿元的巨大经济效益。这项计划还会提供大量的就业机会。主题乐园及相关基础设施的建设提供超过11000个就业机会。此外,预期主题乐园启用后会创造约18400个新职位,估计20年内职位数目会增至35800个。主题乐园开幕后,估计每年前往该处的游客达560万人次,而当主题乐园开幕时,需要的员工人数约为5000人。

香港迪士尼乐园(HKDLD)位于大屿山竹篙湾,占地180公顷,其中126公顷供第一期发展,此外,香港政府还预留154公顷土地作为迪士尼第二期和第三期的发展用地。

香港迪士尼乐园包括六个主题小公园,园内有16个项目、两间酒店及购物、饮食及娱乐设施,是全球五个迪士尼乐园中规模最小的。香港迪士尼乐园平面布置图如图8-18所示。香港迪士尼乐园于2003年1月12日开始动工兴建,2005年9月11日如期竣工交付使用。

图8-18 香港迪士尼乐园平面布置图

8.7.2 股本结构

香港国际主题公园有限公司（HKITP）兴建主题公园的费用估计为 141 亿港元，除了资本金 57 亿港元，还需要借款 84 亿港元，以达到"负债/净资产" 6∶4 的最佳资本结构，其股本结构如图 8-19 所示。

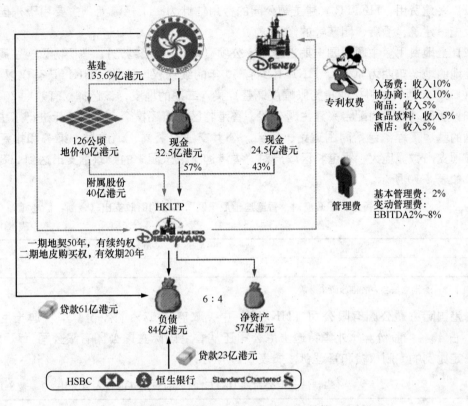

图 8-19　香港迪士尼乐园的股权结构

香港国际主题公园有限公司（HKITP）的资金来源如表 8-9 所示。

HKITP 公司资金来源　　　　　表 8-9

		股　本		负　债	
		香港特区政府	华特迪士尼	政府贷款	商业贷款
	金额（亿港元）	32.5	24.5	61*	23*
	在项目中所占比例	23%	17.4%	43.3%	16.3%
合计	金额（亿港元）	57		84	
	所占比例	40.4%		59.6%	

* 包括资本化的利息。资料来源：香港立法会，香港旅游事务署 http://www.legco.gov.hk

84 亿负债中包括 61 亿港元政府贷款（包括资本化的利息 5 亿港元），分 25 年连同利息摊还以及 23 亿港元的商业贷款。商业贷款只占负债的 1/4 强，原因是预期 HKITP 运作初期，流动资金不能承受过高比例的商业贷款。为协助 HKITP 最初数年的发展，政府贷款将根据递进计算法借出：在主题公园建设期间和启用后最初八年，按优惠利率（8.5%）减 1.75%，即 6.75%；其后八年，按优惠利率减 0.875%；其后九年，则按优惠利率8.5%。整个贷款期的平均利率约为7.5%，远高于香港特区政府以外汇基金的回报率计算的资本成本。

8.7.3 项目费用与收益分配

整个迪士尼乐园的项目费用由三部分组成：兴建费用、土地费用和后勤基建费用。

（1）兴建费用。HKITP兴建主题公园的费用估计为141亿港元，主要用于乐园内的游乐设施、建筑、酒店、园艺等的修建。

（2）土地费用。主题公园一期占地126公顷（地价40亿港元），按照协议，主题公园一期土地的地契年期为50年，HKITP继有50年的续约权。此外，HKITP有权以28亿港元（1999年地价，将按通货膨胀幅度调整）买入二期的地皮，该选择权有效期20年。

（3）后勤基建。为配合兴建主题公园，香港特区政府还投资136亿港元进行了主题公园周围的基建工程，包括周围道路、码头、公共交通、警岗、消防局、渠务和排污设施等。该项支出数额庞大，香港特区政府对"香港迪士尼乐园"的财政总支出达到268.5亿港元，如表8-10所示。

香港特区政府对"香港迪士尼乐园"项目的财政支出（金额：亿港元）

表8-10

股本	附属股本	贷款	基建	合计
32.5	40	60	136	268.5

资料来源：香港立法会，香港旅游事务署。

香港国际主题公园有限公司（HKITP）中，政府占57%的股份，华特迪士尼公司（WD）占43%的股份。此外华特迪士尼公司还从香港国际主题公园有限公司（HKITP）收取一定比例的专利权费和管理费，如表8-11所示。

华特迪士尼公司从HKITP收取的费用（占收入百分比） 表8-11

专利权费					基本管理费	可变动的管理费
入场费	协办费	商品	食物饮料	酒店		
10%	10%	5%	5%	5%	2%	交付利息、税项并扣除折旧和摊销前收入的2%至8%

注：主题公园由华特迪士尼公司的一家全资子公司负责管理。资料来源：香港立法会，香港旅游事务署。

8.7.4 经验及教训

特区政府在香港迪士尼乐园项目上风险管理方面的一些经验值得借鉴。

1. 股权结构设计

良好的股权结构设计，能有效提高项目的自偿性，降低项目融资难度，以吸引私营资本的投入。兴建迪士尼乐园给香港带来的众多经济社会效益是难以量化的，而如果交由私营资本操作，根据收入预测，HKITP无法用现金支付有关费用，总投入约300亿港元的巨额支出将使项目资本回收期遥不可及。否则从投资者的角度来看，股本的预计回报率将大大降低，达不到合理回报，从而导致HKITP不能按商业形式筹措资金。

为了实现商业化运作，香港特区政府在交易结构的设计中煞费苦心：首先，仅将兴建费用列作项目支出，以确保项目收益率高于一般基建项目（例如投资机场或铁路）；其次，根据合理负债率确定了股权出资额，并由政府提供低息贷款，避免出现财务费用过重的困境；最后，香港特区政府以附属股本形式向 HKITP 注资 40 亿港元，作为主题公园一期的土地费用。附属股本可以在 HKITP 业绩理想时转换为公司普通股，但只能在主题公园启用五年后开始转换，通过"地转股"的安排分享项目成熟期收益，并适时退出。

2. 政府的强有力支持

特区政府承担了全部土地获取及整理的风险。因为特区政府作为全港土地拥有者在土地获取方面具有优势，在申请填海方面也可充分发挥政府的权限，同时特区政府在管理大型填海工程方面的经验和兴建基础设施方面的责任，都使得由政府承担该风险最为妥当。同时为了安全起见，特区政府在 HKDLD 第一期发展项目内的公众码头，划辟禁止碇泊区，禁止船只在竹篙湾填海区朝海一面停泊，为此修订了《船舶及港口管制规例》。此外还修改了《飞航（香港）令》，在迪士尼乐园一带设置限制飞入区。政府的强有力支持，使得迪士尼乐园项目顺利实施。

3. 程序透明

PPP 计划的透明度越高，公众整体的接受程度就越大。除了涉及一些商业机密的资料外，特区政府为立法会议员提供了关于迪士尼项目非常翔实的资料，并针对议员和公众所反映的问题和建议，进行了澄清和回应，此举赢得了议员和公众的支持和信任。

4. 政府对项目强有力的监控

特区政府的土木工程署（Civil Engineering Department，CED）下属的专责事务部（Special Duties Office，SDO）对工程的竣工负责，对迪士尼乐园及毗邻的大屿山北部的相关基础设施进行协调和监控。SDO 还负责政府所聘用的工程师、承包商的选择以及政府部门、设施公司、铁路营运商以及 HKITP 公司之间的协调。迪士尼乐园项目中还包括许多与常规设计不同的复杂建筑结构，为此，政府建筑署（Building Department）设立了一个特别小组，对设计工作进行监督检查，以保证质量、按期完工。

当然，香港迪士尼乐园项目也有一些地方值得商榷，如政府介入过多，所承担的风险过大等。

8.8 本章小结

本章在对国内外文献大量调研和分析的基础上，提炼和分析了 PPP/PFI 模式的概念及内涵；阐述了 PPP/PFI 采购模式的类型、分类、组织结构及工作流程；分析了 PPP/PFI 采购模式的特点、适用范围、合同管理要点；介绍了国际 PPP 标准合同文本的主要结构、内容以及我国 PPP 合同文本的设计框架；最后介绍了 PPP 采购模式在香港迪士尼乐园项目中的应用。

9 BOT采购模式与管理

9.1 BOT采购模式定义与概念

BOT（Build-Operate-Transfer），直译为"建设—经营—转让"，作为私营机构参与国家基础设施建设的一种形式，是PPP/PFI的一种主要方式。自1984年由土耳其总理Turgut Ozal正式提出以后，已被广泛运用于各国的基础设施和公用事业的建设和管理。

各种国际组织机构对BOT的定义也有所不同，如联合国工业发展组织（UNIDO）把BOT定义为：在一定时期内私有组织对基础设施进行筹资、建设、维护及运营，此后所有权移交为公有。世界银行《1994年世界发展报告》把BOT定义为：政府给予某些公司新项目建设的特许权时，私人合伙人或某国际财团愿意自己融资、建设某项基础设施，并在一定时期内经营该设施；然后将此移交给政府部门或其他公共机构。亚洲开发银行（ADB）把BOT定义为：项目公司计划、融资和建设基础设施项目，经所在国政府特许在一定时期经营项目，特许权到期时，项目的资产所有权移交给国家。

综上分析，可以将BOT定义为：政府部门通过特许权协议，授予项目发起人/项目公司（主要是私营机构）进行项目（主要是基础设施）的融资、设计、建造、经营和维护，在规定的特许期内向该项目（产品/服务）的使用者收取适当的费用，由此回收项目的投资、经营、维护等成本，并获得合理的回报。特许期满后，项目公司将项目免费移交给政府。

9.2 BOT采购模式的研究现状及实践应用

9.2.1 BOT采购模式的研究现状

1. 国外研究现状

国外对BOT模式的研究，主要集中在以下几个方面。

■ 对BOT采购模式运行方式的研究。在早期BOT仅是建设—运营—移交的简单方式。后来随着BOT模式的不断发展，逐渐衍生出了其他相关的模式。根据世界银行《1994年世界发展报告》[1]的定义，通常所说的BOT实际上至少应该包括以下三种具体的建设方式：BOT、BOOT（Build-Own-Operate-Transfer）、BOO（Build-Own-Operate）。项目地点、时间、外部条件、政府要求以及有关规定不同，具体的项目又有不同的名称。这些变化形式表明：虽然不同的BOT项目具有共同的特性，但是并没有一个固定的模式。

---

[1] 世界银行.1994年世界银行发展报告：为发展提供基础设施. 北京：中国财政经济出版社，1994

■ 对BOT融资风险的研究。BOT项目组织关系复杂、合同风险高，如何评估和分担风险一直是BOT研究的热点问题。对BOT项目的政治风险研究是最多的，政治风险是BOT项目所在国以及参与方所在国的政治状况可能带来的风险，主要表现为强制收购风险、法律风险、批准延期风险、贪污腐败行为风险、企业的可靠性风险等❶，在所有政治风险中政策风险是最主要的风险。金融风险是BOT项目的另一个重要风险，金融风险主要表现在利率风险和汇率风险两个方面。如果发生了高于预期的通货膨胀，则BOT项目预定的价格（在预期价格已经约定的情况下）会显得偏低；如果利率升高，由于一般BOT项目所具有的高负债率，则BOT项目的融资成本就会大大增加。对于国际BOT项目而言，汇率的变化或兑现的困难也会给项目带来一定的风险。还有一些学者建立了BOT项目融资风险模型，如Zayde等人提出了BOT风险评估的原始模型，在模型中提出了风险指数，同时利用这些指数来对风险进行评估，并且对风险的规避提出了具体的措施❷。

■ 对BOT模式案例的研究。有许多学者对BOT模式开展了案例研究，通过对各个成功或失败的BOT融资项目案例进行分析从而得出某些经验或教训。例如Tam分析了亚洲利用BOT模式进行融资的失败和成功因素❸。此外，还有关于BOT融资模式方面的研究，如Tiong研究了BOT项目的财务担保问题，提出了在激烈市场竞争环境中BOT项目发起方如何完成有竞争力的财务报告❹。Tiong还研究了BOT项目建议书的评价问题，对目前使用的各种评价方法进行了论述和分析，主要包括净现值方法、评分系统和Kepnoe-Tregoe决策方法，并通过实证进行了说明等❺。Yeo则从冲突管理的角度研究了如何降低BOT项目风险的问题❻。

从上面的分析可以看出，国外对BOT融资模式的理论研究已经趋于成熟，目前的研究主要集中在对不同国家和地区的案例研究方面。

2. 国内研究现状

目前国内学者对BOT融资模式的研究主要有以下几个方面。

■ BOT融资模式的风险分析问题研究。古夫在对BOT系统及其主要特征讨论分析的基础上，着重进行了BOT风险分析，提出了基于Keeney和Raffia所阐述的多属性效用理论（MAUT）的风险测量和评估模型❼。孔德军提出了最优风险分担的理论框架，用来帮助政府获得最优产出❽。田权魁深入分析了BOT项目的风险来源及构成，并将模糊

---

❶ Wang S Q, Tiong R L K, Ting S K and Ashley D. Political Risks: Analysis of Key Contract Clauses in China's BOT Project, Journal of Construction Engineering and Management, ASCE, 1999, Vol. 125, No. 3, p190-197

❷ Zayde, T M & Chang L M. Prototype Model for BOT Risk. Journal of Management in Engineering, 2002, 1 (18): 7-16

❸ 3 Tam C M (1999) Build-Operate-Transfer model for infrastructure developments in Asia: reasons for successes and failures [J]. International Journal of Project Management, Vol. 17, No. 6, p377-382

❹ Tiong R L K and Alum J. Financial commitments for BOT projects [J]. International Journal of Project Management, 1997, Vol. 15, No. 2, p73-78

❺ Tiong R L K and Alum J Evaluation of proposals for BOT projects. International Journal of Project Management. 1997, 15 (2): 67-72

❻ Yeo K T and Tiong R L K (2000) Positive management of difference for risk reduction in BOT projects [J]. International Journal of Project Management, No. 18, p257-265

❼ 古夫. BOT项目特许协议的风险研究 [D]. 天津：天津大学，2004

❽ 孔德军. 建设项目实行BOT模式的风险管理研究 [D]. 同济大学，1999

数学方法与 AHP（层次分析法）相结合，建立了模糊层次综合评判模型并用于对 BOT 项目风险评估的研究，为 BOT 项目的风险辨识、估计和评价提供了一种主客观相结合的分析方法[1]。杨萍从 BOT 项目风险分担机制的原则出发，论述了在政府规制框架下就风险分担问题制定参与约束和激励相容约束的必要性，提出内部风险代理的风险分担机制，并建立模型进行分析，制定 BOT 项目的风险分担计划[2]。俞波研究了基于统计概率风险积分模型的项目投资决策模型[3]。张利则借鉴传统 BOT 融资模式与我国土地市场交易理论和实践提出一种新的项目融资方式—TOT，并对其存在的问题进行了全面分析与研究[4]。左进研究了 BOT 在我国水务行业中的应用及风险规避问题[5]。戴大双研究了 BOT 项目的风险量化问题，并以大连某污水处理厂为例进行了实证研究[6]。

■ BOT 融资模式的相关法律问题研究。张波探讨了 BOT 特许权协议的有关法律问题，总结了部分国家 BOT 的立法经验，分析了中国 BOT 立法的现状和存在的问题，对中国 BOT 立法提出了一个框架设计[7]。王芳则从实践的角度研究 BOT 特许协议的法律性质及争议解决问题[8]。

■ BOT 融资模式的其他相关理论问题研究。在特许权期确定方面：李启明等在分析了确定特许权期的若干原则和作用及其影响因素的基础上，建立了确定特许权期的数量决策模型，为 BOT 项目特许权期的确定和决策提供了较系统的理论方法。秦旋研究了基于资本资产定价模型（CAPM）的 BOT 项目特许期的计算模型[9]。杨宏伟研究了基于博弈论的交通 BOT 项目特许权期的决策模型，建立了政府和项目公司之间的博弈模型，并对政府和项目公司的最优战略问题进行了研究[10]。BOT 模式在不同领域的应用方面：罗辑研究了在旅游资源开发中应用 BOT 模式的若干问题[11]。林祥友研究了 BOT 模式在林业项目融资中的应用及存在问题[12]。王廷伟研究了 BOT 模式在我国经济中可能的应用领域及存在问题[13]。

■ 案例研究。王守清研究了我国首个 BOT 项目—广西来宾电厂实施过程及其存在问题，该项目对于我国 BOT 项目的实践具有重要借鉴意义[14]。高福生通过对来宾电厂 BOT 项目的实例研究，总结成功经验，并对项目实施过程中存在的管理体制、法律环境和政策

---

[1] 田权魁．模糊理论与 AHP 相结合的 BOT 风险研究．科学管理．2004（2）：91-93
[2] 杨萍．BOT 项目中风险评价及分担机制研究［D］．成都：西南石油学院，2005
[3] 俞波，余建星．投资项目决策中的财务风险分析—以污水处理 BOT 项目为例．福建农林大学学报（哲学社会科学版），2005，8（2）：41-45
[4] 张利，周戒，范合群等．TOT 项目融资模式及其风险分析．四川建筑科学研究．2004，30（2）：119-121
[5] 左进，韩洪云．BOT 在我国水务行业中的应用及风险规避．城市问题，2005（2）：22-25
[6] 戴大双，于英慧，韩明杰．BOT 项目风险量化方法与应用．科技管理研究．2005（2）：98-103
[7] 张波．BOT 特许权协议与 BOT 立法研究［D］．上海：复旦大学，2001
[8] 王芳．BOT 中特许协议的法律性质及争议解决初探．重庆邮电学院学报（社会科学版）．2005（2）：243-247
[9] 秦旋．基于 CAPM 的 BOT 项目特许期的计算模型．管理工程学报．2005，19（2）：60-63
[10] 杨宏伟，何建敏，周晶．BOT 项目"有限追索权"融资方式的风险收益分析．东南大学学报（自然科学版）．2002，32（6）：920-924
[11] 罗辑．试析 BOT 方式在旅游资源开发中的应用．社会科学家．2005，112（2）：123-125
[12] 林祥友．引入 BOT 系列模式解决林业项目融资瓶颈问题．改革之窗，2005（1）：25-27
[13] 王廷伟．BOT 模式在我国经济当中的应用．成都教育学院学报．2005，19（2）：11-15
[14] Wang S Q and Tiong R L K. Case study of government initiatives for PRC'S BOT power plant project [J], International Journal of Project Management，2000，No.18，p69-78

环境等问题进行了分析,重点阐述了改善中国BOT融资方式应用环境的对策,并提出运用内资进行BOT项目建设的建议❶。林晓言则以台湾高速铁路BOT方案为例,研究民间投资基础设施需要的保障措施❷等。

9.2.2 BOT采购模式的实践应用

1. 境外实践

在近二十年间,BOT项目在世界各国得到了蓬勃发展。土耳其、新加坡、泰国、马来西亚、菲律宾、巴基斯坦、泰国、智利、阿根廷、墨西哥等发展中国家都有BOT项目。美国、英国、法国、日本、澳大利亚等发达国家也采用BOT方式建设了一批基础设施项目。目前国际上比较典型的BOT项目有英法海底隧道、英国利物浦轻型铁路、悉尼港口隧道、香港海底隧道、希腊雅典新机场、曼谷二期高速公路、马来西亚南北高速公路、中国台湾南北高速铁路、日本跨东京湾高速公路、法国和西班牙Perpignan-Figueras铁路、荷兰Randstad的Wijkertunnel交通工程、南非克鲁格国家公园的生态旅游项目等。表9-1为一些典型BOT项目的概况。

(1) BOT融资方式在发达国家的实践

BOT融资方式与市场机制的发达程度和法制体系的健全程度密切相关。一般而言,发达国家法律健全、政策透明度高、市场经济发达,对BOT融资方式的认识和监管较为成熟,因此BOT融资方式运作比较规范。不过各发达国家BOT的运作方式也不尽相同,大体上可分为两种方式:一种是通用法规管理方式,即法规适用于所有BOT项目;另一种是单独立法方式,即针对每一个BOT项目的具体情况而单独制订具有法律效力的法规、合同或协议。

■ 美国。1993年底,美国国会颁布通告允许各州采用BOT方式,利用私人资本进行高速公路、桥梁、发电厂、机场、自来水供应及污水处理等公共项目的建设。之后美国私人投资路、桥、水厂、电厂等十分普遍,以BOT方式运作的项目几乎覆盖了全部基础设施领域并取得了明显的社会效益。美国是BOT项目较多的国家之一,多数是BOO方式。美国BOO电力项目叫IPP(独立电厂项目),1994年IPP发电量占全国的7%,到2000年大约为20%。美国也有很多交通BOT项目,如加利福尼亚私有运输公司(CPTC)建设和运营的一条10英里长四车道收费公路,特许权期为35年。

■ 澳大利亚。澳大利亚也是BOT项目数量比较多的国家之一,其中比较著名的交通BOT项目有M4和MS收费公路项目、MS西线公路联网项目、太平洋高速公路项目、MZ西北交通联网项目、悉尼机场铁路联网项目、悉尼轻轨项目等。供水BOT项目包括蓝山污水管道项目、新南威尔士麦克阿瑟水质改造项目等。另外澳大利亚还有一些监狱和电力BOT项目,而悉尼港区隧道项目,则是成功BOT项目的典范。在澳大利亚,现有的法律为BOT项目的运作提供了较完整的法律框架,对BOT项目的管理都是依据目前已经形成的法律进行的。如新南威尔士州规范项目融资的最高法律文件是《PFP(Privately Financed Projects)指南》。该《指南》从项目融资的规划、选项、立项、前期开发、

---

❶ 高福生. BOT融资方式在我国基础设施建设中的应用及问题研究[D]. 北京:北京科技大学,2000
❷ 林晓言. 民间投资基础设施需三大保障中国投资. 2005(2):111-112

9 BOT 采购模式与管理

表 9-1　典型的 BOT 案例及其相关情况

国家	澳大利亚	英国	英、法国	中国	中国	马来西亚	泰国	巴基斯坦
项目	悉尼港隧道	Darford 大桥	海底隧道	沙角电厂	来宾电厂	南北公路	曼谷公路	Indus 公路
主要参数	2.3km	钢缆吊桥	50km, 2 条隧道	2×350MW 燃煤	2×350MW 燃煤	523km 高速	38km 高速公路	147.3km 高速公路
投标商数	1	8	4		6	5	2	5
中标公司	澳大利亚最大私营建设公司 Transfield + 日本熊谷组 Kumagal	数家银行 + 英国 Trafalgar 建屋集团	英银行/承包商 + 法国银行 + 承包商,14 家承包公司	香港合和控股 Hopewell Holdings	EdF + GEC Alsthom	马私营公司 United Engineers	泰国 BECL + 日本 Kumagai Gumi	巴 Sachal Eng'g Work + 英 Tibury Douglas
公司性质	承包商	银团和承包商	银团和承包商	承包商	设备供应/承包商	承包商	承包商	承包商
投资	5.5 亿美元	3.42 亿美元	103 亿美元	5.5 亿美元	6.16 亿美元	18 亿美元	10.6 亿美元	10.75 亿美元
投资来源	股本金 2900 万美元 + 6% 利率债券 2.79 亿美元 + 政府 30 年无息贷款 1.25 亿美元	0.36 亿美元股票 + 1.21 亿美元从属贷款债券 + 1.85 亿美元贷款	股票 20 亿美元 + 贷款 83 亿美元(68 亿美元用于主要设备,15 亿美元用于辅助设施)	股本金/股东从属贷款 5520 万美元 + 中方丛书贷款 9240 万美元 + 日方出口信贷 2.614 亿美元 + 商业贷款 1.316 亿美元	股本金 1.54 亿美元 + 贷款 4.62 亿美元(COFACE 贷款 3.06 亿美元 + 商业贷款 1.56 亿美元)	股本金 3.39 亿美元 + 政府贷款 6.5 亿美元 + 银团贷款 15 年期 9.21 亿美元,其中本国银行 5.81 亿美元,外国 3.4 亿美元	股票 2.16 亿美元(政府认购 49% + 贷款 8.44 亿美元)	
融资地域	本地	本地	本地 + 海外	海外	海外	本地 + 海外	本地 + 海外	本地为主
备用金		3600 万美元	18 亿美元		股本金 6000 万 + 应急股本 2000 万 + 备用贷款 4000 万			总投资的 10%

续表

国家	澳大利亚	英国	英法国	中国	马来西亚	泰国	巴基斯坦
发起人本金	1100万美元（股票）	名义1800万美元	8000万美元	1700万美元	1.54亿美元	900万美元		1000万美元或10%的总投资之多者
其他股东本金	1800万美元（股票）	无	17.2亿美元（股票和债券；银行和承包商2亿美元、私营机构3.7亿美元、公共投资者13.5亿美元）	无	无	2.8亿美元	合计1700万美元	3.225亿巴币
本/贷比	5：95	0：100	20：80	3：97	25：27	10：90	20：80	30：70
融资亮点	2.97亿美元债券30年隧道贷款依了融资大大降低了融资成本	本贷比0：100，从属贷款债券持有者承担了资金风险（但无资本金分红）	209家银行提供8.3亿美元贷款，14家银行/承包商认购4支8000万美元资本金股票/债券	46家海外银行提供5亿美元贷款，辛迪加贷款，延迟7.5年向承包商付款，优化了现金流	法国出口信贷机构COFACE提供3.06亿美元信贷	向承包商支付87%现金和13%股票，但股票只能在建设后期出售，优化了现金流并转嫁了资本风险	政府认购49%资本金股票，约8000万美元	政府提供利率约8%的13%总投资
合同签订	1986年	1988年	1987年	1984年，1986年动工	1996年	1988年	1988年	1993年
特许期	35年（1987—2022年）含建造期5年	20年（1988—2008）长短可调但最长25年	55年（1987—2040）含建造期7年	10年（1988—1998年）不含建造期33个月	18年（1997—2014）含建造期3年	30年（1998—2018）	30年（1988—2018）含建造期3年	30年含建造期5年
税前收益	6%+通胀	不详	10%～20%	不详	约18%	12%～17%	10%～20%	
其他	可研18个月/400万澳元		专门设立协调委员会+安全局		电价0.4～0.6元人民币/kWh			

审批、招标投标、政府各部门协调、项目执行管理、项目风险管理、项目管理结构、合同问题、政府采购、审计等方面作了全面而细致的规定，其中把风险分为设计风险、施工风险、财务风险、市场风险、运营风险、法律和政府风险、不可抗力风险等，并为每一种风险都规定了必要的应对措施和标准，还专门罗列了必须同时适用的其他法律法规，如招标投标法、审计法、投资法、政府采购法等。

(2) BOT融资方式在发展中国家的实践

发展中国家真正开始运用BOT方式进行基础设施建设的时间较晚，这与其宏观经济环境紧密相关，如立法不完善、市场效率低下等。同时发展中国家的BOT管理不规范，不同BOT项目的各种条件差异也很大。

■ 菲律宾。菲律宾是运用BOT较多的国家之一，主要集中在电力项目。20世纪80年代，菲律宾能源需求增长迅速，为解决电力供应不足问题，菲律宾开始允许私营资本进入发电业，从1991年用了三年时间推行BOT项目，由私营部门负责筹资建设需要的发电能力（配电公司主要由私营部门经营），不仅项目建设时间短，而且造价明显降低。菲律宾还是目前亚洲乃至世界上开展BOT最好的国家之一，也是亚洲第一个为BOT专门立法的国家，1993年菲律宾政府正式颁布了《关于私营企业参与融资建设、经营管理和维修基础设施和其他项目的法案》，即《BOT投资法》，该法对私人资本在菲律宾从事BOT投资的有关宏观政策、BOT项目审批程序等一系列问题进行了明确规定。在BOT法律中，菲律宾政府把BOT融资方式引入到非常广泛的领域，如公路、铁路、港口、航空、发电、输电、水坝、给水排水、旅游、教育、土地开发等，同时政府还成立了国家BOT投资咨询中心，专门负责BOT项目的投资咨询工作。

■ 泰国。泰国在20世纪80年代末开始应用BOT模式，项目主要集中在交通设施，如空中列车、曼谷二期高速公路、轻型铁路网运输等，其中曼谷二期高速公路是典型的BOT成功案例。泰国政府除对吸收外资投资基础设施项目有明确规定外，目前还没有专门BOT方面的法律，对国内资金以BOT融资方式承担基础设施建设还未作考虑，也无平等对待内外资的专门法律。其管理措施都是针对具体项目而言，关于私人资本的投资回报率、各种风险分担都没有明确的规定。

2. 中国实践

在中国BOT项目也日益受到重视，并逐渐成为吸引私营企业投资基础设施项目的重要方式。

(1) 中国内地

中国第一个基础设施BOT项目是深圳沙角B电厂，1984年由香港合和实业公司投资建设，已于项目特许期结束后由投资人移交给当地政府，该项目在国际BOT领域也是一个典型案例。虽然该项目开创了中国基础设施融资的新途径，但并没有使BOT模式在国内得到广泛推广。

1994年原国家计委、电力部和交通部联合下发了《关于试办外商投资特许权项目审批管理有关问题的通知》，为国内运作BOT项目提供了法规依据。1995年5月8日，原国家计委批准了第一个BOT试点项目：广西来宾B电厂，同时还选择了成都第六水厂、长沙电厂和广东淀白高速公路等作为BOT试点项目，标志着中国BOT项目进入了起步发展阶段。但由于种种原因，这些BOT试点项目1997年结束以后，BOT项目并没有在国内得到推广。

随着2004年建设部颁布的《市政公用事业特许经营管理办法》以及2005年《国务院关于鼓励支持和引导个体私营等非公有制经济发展的若干意见》的出台，BOT模式在电力、高速公路、隧道、城市轨道交通、水务以及奥运体育设施等方面得到广泛的应用。

(2) 中国台湾

台湾于2000年颁布了"促进民间参与公共建设"（Private Participation in Infrastructure Projects, PPIP），简称"促参法"，促进民间力量参与公共建设，通过民间资金、创意及管理技术，让公共服务品质更好。《促参法》内容从交通建设扩大至各类公共建设，除BOT方式外，还有OT、BTO、BOO、ROT等不同方式。据台湾地区"行政院"公共工程委员会统计，自2000年《促参法》施行至今，已有541件项目完成签约，民间投资金额达新台币3346亿元。典型的BOT项目有：月眉大型娱乐区开发计划、大鹏湾国家风景区建设案、中国台湾高速公路电子收费系统（ETC）、台南都会区大众捷运系统、中正国际机场至台北捷运系统建设计划、台北港货柜储运中心、台湾高铁及高雄捷运计划等。

(3) 中国香港

香港红磡海底隧道被认为是较早期的BOT项目之一。1965年8月，香港政府与海底隧道有限公司达成了特许授权的意向，香港政府于1969年6月20日颁布了《香港海底隧道条例》，正式授权越港隧道有限公司负责兴建该隧道项目。该工程于1969年9月开工，并于1972年8月提前开通使用，到1977年付清了全部债务，目前仍是世界上经营最成功的隧道项目之一。除红磡海底隧道外，香港典型的BOT项目还包括：东区海底隧道、西区海底隧道、大老山隧道、大榄隧道、香港迪士尼公园等。

香港政府对BOT项目的管理采用单项立法形式，目前香港所有采用BOT融资方式建设的项目（主要是电力和交通项目），都是在香港政府和项目公司签订的"管制法"下进行的。它的主要内容有：项目公司必须以合理的成本为社会提供足够的产品或服务（如电力），在此前提下，项目公司得到合理的利润；同时项目公司接受政府监督，公司每年要向政府提交考核报告，每五年要向政府提交一份财务报告，或在重大投资前必须向政府报告有关情况。

9.3 BOT采购模式的主要内容

9.3.1 BOT采购模式的类型

BOT模式从产生、发展到现在，其内涵不断得到扩充和完善，并在其基本形式的基础上，根据时间、地点、外部条件、政府要求等不同出现了许多派生形式。以下是BOT的基本形式及其演变形式。

1. BOT的基本形式

世界银行在《1994年世界发展报告》中指出，BOT至少有3种具体形式：

- BOT（Build-Operate-Transfer），即"建设—经营—转让"，是最典型的形式。指

私人机构被授权为东道国政府设计、建造基础设施项目,并在特许期内经营、管理项目以取得收益、得到投资补偿,在特许期满后将项目资产无偿转让给政府。

- BOOT (Build-Own-Operate-Transfer),即"建设—拥有—经营—转让",BOOT与BOT的区别在于,BOT方式在项目建成后,私人机构只拥有项目的经营权而无所有权,而BOOT项目的私人机构在特许期内既有经营权又有所有权,同时采用BOOT的时间一般比BOT方式的要长。
- BOO (Build-Own-Operate),即"建设—拥有—经营"。这种方式是私人机构根据政府赋予的特许权,建设并经营某项基础设施,但特许期满后并不转让给政府,而是继续经营。

2. BOT的演变形式

除了上述三种基本形式之外,BOT在实践应用中还衍生出一些变体:

1) BOOST (Build-Own-Operate-Subsidy-Transfer),即"建设—拥有—经营—补贴—转让",私人机构在项目建成后,在特许期内既拥有项目资产又经营管理项目,但风险高或者经济效益差时,政府提供一定的补贴,特许期满后将项目资产转让给政府。

2) ROT (Rehabilitate-Operate-Transfer),即"修复—经营—转让"。政府授权私人机构把项目修复好,并在授权期内进行经营和管理,获取收益,期满后将项目资产转让给政府。

3) BLT (Build-Lease-Transfer),即"建设—租赁—转让"。即私人机构在项目建成后并不直接经营,而是以一定的租金出租给政府,由政府经营,授权期满后,将项目资产转让给政府。

4) ROMT (Rehabilitate-Operate-Maintain-Transfer),即"修复—经营—维修—转让"。私人机构修复项目,负责经营和维护,在授权期满后,私人机构将项目资产转让给政府。

5) ROO (Rehabilitate-Own-Operate,) 即"修复—拥有—经营"。私人机构在政府授权下修复项目后,拥有项目所有权,对项目进行经营和管理。

6) TOT (Transfer-Operate-Transfer),即"转让—经营—转让"。政府将项目转让给私人机构,由私人机构负责经营和管理,授权期满后转让给政府。

此外,BOT融资方式还有:

- DBOT (Design-Build-Operate-Transfer),即"设计—建设—经营—转让"。
- DOT (Develop-Operate-Transfer),即"开发—经营—转让"。
- OT (Operate-Transfer),即"经营—转让"。
- OMT (Operate-Management-Transfer),即"经营—管理—转让"。
- SOT (Sold-Operate-Transfer),即"售出—经营—转让"。
- OMT (Operate-Manage-Transfer),即"运营—管理—移交"。
- DCMF (Design-Construct-Manage-Finance),即"设计—施工—管理—融资"等形式。

这些形式在具体运作方式和转换方式上各不相同,但其基本原则、思路和BOT实际上是一样的。

9.3.2 BOT采购模式的特点及适用范围

1. BOT模式的特点

用BOT方式筹措基础设施建设资金逐渐被许多国家所采用，并有逐步取代传统的主权借款或国家预算资金担保办法的趋势。但BOT和传统融资方式有很大差别，下面就BOT融资方式的特点进行分析。

(1) BOT融资方式以特许权为前提

传统的由国家建设的基础设施是将建设、经营和拥有合为一体的，但BOT方式以市场机制为基础，在不改变基础设施公益、公用、公共性质前提下，将其建设、经营、拥有权分离，从而改变一切都由政府承担的运作模式，包括利益、风险、投资压力、管理和经营等方面。

BOT项目实行政府特许权制度，私营、非公共机构及外商必须得到政府特别授予的专营权，才可以对公共基础设施进行建设和经营。在政府和私人资本相互需要的基础上，通过政府权力让渡，才使得私人资本有机会参与对基础设施的投资。政府的这种权力让渡只是出让建设的权利，包括为收回投资而给予投资者在一段时间内经营管理该项目的权限，到期后，投资者须将项目所有权归还给政府，这就是权力出让的最好体现。政府有权监督私营、非公共机构及外商履行特许权协议的行为，具有维护公共利益的名义权、利益权甚至终止合同权等，特许经营期结束后，东道国政府将无偿得到公共基础设施的拥有权。

(2) 财产权利的特殊性

作为独立法人的项目公司对其项目财产拥有所有权，但这种权利始终是一种不完全的财产所有权。项目公司设立之初，其尚未形成的财产已经抵押给贷款银行，且这一抵押权需征得财产所有人同意，BOT项目建成后，在整个还贷期间，项目财产始终处于抵押权的限制下，而且在回报期内，随着回报额增加和经营期的减少，未来所有人即政府的实际所有权逐步扩大，直至项目的所有权被移交给政府。

(3) 融资的特殊性

项目融资一般分为无追索权融资和有限追索权融资，BOT是狭义项目融资的一种典型方式。所谓狭义项目融资，是指没有追索权或仅有有限追索权的融资活动，是相对于广义项目融资（为特定项目建设、收购以及债务重组进行的融资活动）而言。由于无追索权融资方式对贷款人风险太大，一般很少采用。有限追索权的项目融资方式对项目发起人来说，可实现资产负债表外融资，不影响项目发起人的借贷资信能力，对政府来说，可以减少政府债务负担，提高项目的运作效率。BOT融资方式是以项目资产、与项目有关的权益以及未来的运营收益为担保来偿还贷款的项目融资方式。私人投资是开发BOT融资方式进行基础设施建设的基础。BOT项目实质上是项目融资的工具，就债权而言，BOT项目是私营部门借款人以有限追索权为条件寻求项目贷款。

绝大部分BOT项目的融资贷款人只有有限追索权。在实践中，无追索权的项目极少，为了平衡股东和贷款人的风险责任，绝大部分项目被设计成有限追索的形式。一般情况下，都是由股东向项目公司注入一定的资本金，承担直接的经济责任和风险，贷款人以项目公司的资产、预期收益或其他权益作抵押（或质押）提供贷款。在有些项目上，贷款人会要求项目公司股东、项目的最终所有者或其他第三者提供附加的担保。在这种情况下，贷款人可能会拥有完全的追索权。BOT项目不应使用未证实和未试用的技术，项目整个生命期的财务可行性应得到充分证明，否则得不到相应的资金支持。股本资金一般由BOT项目的成员提供，债务资金则由商业银行、国际金融组织或政府贷款机构提供，股本资金一般占项目成本的10%~30%，有限追索债务使贷款人对发起人无追索权，只能依赖于项目的现金流收回投资。

（4）政府给予指导和支持的必要性

BOT方式在不同程度上需要得到政府的支持，支持的程度如何需根据项目和各国政府的情况而定。从理论上说，BOT项目的一个主要吸引力是由私营部门筹资，无须政府做出任何财政承诺，政府的参与很少。但在实际操作中，尤其是在发展中国家，政府控制着影响基础设施项目的众多因素，因此政府在立法、管理、行政以及财务等方面的支持是必不可少的。BOT方式的社会效益如图9-1所示，优缺点如表9-2所示。

BOT模式的优缺点　　　　　表9-2

	优　点	缺　点
发起人/承包商	• 充分利用项目经济状况的弹性，减少资本金支出； • 拓宽项目资金来源，减少借贷方的债务负担； • 提高了项目发起人/项目公司的谈判地位； • 转移特定的风险给放贷方（有限追索）、极小化项目发展商的政治风险，加上其他风险管理措施合理分配风险，减少风险危害，但保留投资收益； • 避免合资企业的风险，因为项目公司中可以独资； • 创造发展商/承包商的商业机会（如果它们作为发起人/项目公司）	• 融资成本较高，因此要求的投资回报率也高； • 投资额大，融/投资期长，受益的不确定性大； • 合同文件繁多、复杂； • 有时融资杠杆能力不足，且母公司有时仍需承担部分风险； • 适用范围局限，较适用于营利性的公共产品和基础设施项目
公共部门	• 拓宽资金来源，引进外资和利用本国民间资本，减少政府的财政支出和债务负担，加快发展基础设施； • 将公营机构的风险转移到私营机构； • 引进先进的管理和技术，提高项目运作效率和质量； • 合理利用资源，可行性论证严谨，避免了无效益项目开工或重复建设； • 有利于发展国民经济和金融资本市场； • 提前满足社会和公众需要	• 产品/服务使用价格较高，造成公众不满； • 在特许期限内，政府将失去对项目所有权和经营权的控制； • 如果特许公司是国外公司，会有大量的外汇流出
放贷人	• 承担同样风险但收益率较高； • 易于评估信用借款方的风险，因为只需评估项目本身； • 提供了良好的投资机会，而且较少竞争，因为项目投资额一般巨大，且一般的放贷人无法参与竞争	• 投资额大，融/投资期长，受益的不确定性大； • 合同文件繁多，复杂

2. BOT模式的适用范围

BOT模式主要用于公共基础设施项目，包括道路、桥梁、隧道、轻轨、地铁、铁路、港口、水利、发电、供水、污水处理、垃圾处理等。但它并不是只能用于公共基础设施项目，也可用于资源开发项目，如石油、天然气、铁矿、煤等矿产资源的开发，还可用于一

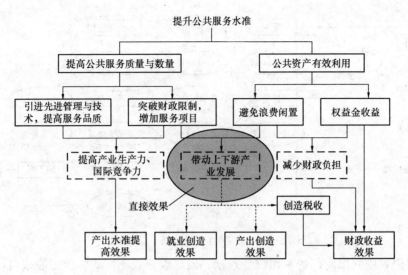

图 9-1 BOT 方式的社会效益

般的工业项目,如澳大利亚波特兰铝厂项目、加拿大塞尔加纸浆厂项目和我国四川的水泥厂项目等。表 9-3 列出了适用于 BOT 的项目及较易融资的一些项目。

适用于 BOT 的项目及较易融资的项目　　　　　　　　表 9-3

适用项目	主要是基础设施项目,按融资难易为序 • 采油采气采矿(产品供出口); • 电厂、供水或废水/垃圾处理厂(政府购买服务); • 通信(主要靠国际收益); • 公路、隧道或桥梁; • 铁路、地铁; • 机场、港口等
易于融资的项目	• 收益为硬货币,如美元、欧元、日元等; • 设备资金比例高(易于采用出口信贷); • 对项目迫切需求; • 有可靠的用户/服务采购者; • 技术可靠; • 所在国法律、税收、金融系统较健全

9.3.3　BOT 采购模式的运作模式

1. BOT 采购模式的基本结构

BOT 采购模式的组织结构随项目类型、项目特征、项目所在国情况以及项目发起人等诸多因素的差别而有所不同,其基本运作结构如图 9-2 所示。采用 BOT 融资方式投资建设的项目,涉及众多角色,这些角色包括政府、发起人或股东、债权人、供应商、保险公司、运营商、建设承包商和产品购买商等,每个角色与项目公司之间的关系都是一种双边协议关系。由于 BOT 项目具有长期性和环境变化大等特点,因此对参加 BOT 项目的各参与方有着较为严格的要求。

■ 项目发起人。项目发起人首先应作为股东,分担一定的项目开发费用。在 BOT 项目方案确定时,就应明确债务和股本的比例,项目发起人应做出一定的股本承诺。同时,

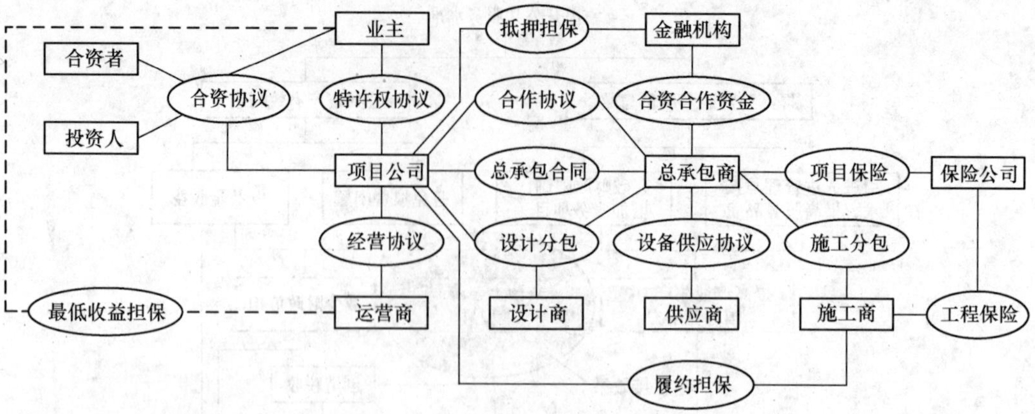

9 BOT 采购模式与管理

图 9-2 BOT 项目运作的基本结构图

应在特许权协议中列出专门的备用资金条款,当建设资金不足时,应由股东自行垫付不足资金,以避免项目建设中途停工或工期延误。除了承担上述义务之外,项目发起人也拥有相应的权利,即股东大会的投票权以及特许权协议中列出的资产转让条款中所规定的权利,即当政府有意转让资产时,股东拥有除债权人之外的第二优先权,从而保证项目公司不被怀有敌意的人控制,保护项目发起人的利益。

■ 产品购买商或服务接受方。作为基础设施项目,项目建成后必须有长期的产品购买商。在项目规划阶段,项目发起人或项目公司就应与产品购买商签订长期的产品购买合同。产品购买商必须有长期的盈利历史和良好的信誉保证,并且其购买产品的期限至少与 BOT 项目的贷款期限相同,产品的价格也应保证项目公司足以回收股本、支付贷款本息和股息,并有一定的利润空间。产品购买方或服务接受方的信用,须由政府或金融机构提供担保。例如在电厂项目中,项目公司一般会与当地供电局或其他权威供电机构签订购电协议,而在水厂项目中,项目公司须与当地自来水公司或市政部门签订长期购水协议,以保证项目稳定的现金流。

■ 债权人。债权人应提供项目公司所需的所有贷款,并按照协议规定的时间、方式支付。同时,与股东一样,应在贷款协议中列入"备用资金"条款,一旦项目建设资金不足,应有足够的备用资金使项目建设按原计划进行。作为回报,债权人享有相应的权利,即当政府计划转让资产或进行资产抵押时,债权人拥有获取资产和抵押权的第一优先权;项目公司若想举新债必须征得债权人的同意,债权人应获得合理的利息。

■ 建设承包商。BOT 项目的建设承包商必须拥有很强的建设队伍和先进的技术,能够在协议规定的期限内完成建设任务。为了充分保证建设进度,承包商需具有良好的工作业绩,并要有强有力的担保人提供担保。项目竣工后要进行验收和性能测试,以检测项目是否符合设计要求。一旦承包商因本身原因未能在合同规定期限内完成任务或者完成任务后未能通过竣工验收,项目公司将对其进行罚款。

■ 保险公司。保险公司的责任是对项目中各个角色均不愿承担的风险进行保险,包括项目建设风险(比如由意外造成的损害和自然灾害等)、业务中断风险、整体责任风险、政治风险(战争、国有化等)等。由于这些风险的不可预见性很强,造成的损失巨大,所以对保险商的财力、信用要求很高,一般的中小保险公司没有能力承保此类保险。

■ 供应商。供应商负责供应项目公司所需的设备、燃料、原材料等。在特许期内，项目对燃料（原料）的需求是长期和稳定的，因此供应商必须具有良好的信誉和稳定的盈利能力，能够提供至少不短于还贷期的燃料（原料），同时供应价格应在供应协议中明确注明，并由政府和金融机构对供应商进行担保。

■ 运营商。运营商负责项目建成后的运营管理，为保持项目运营管理的连续性，项目公司应与运营商签订长期合同，期限至少应等同于还款期。在一些 BOT 项目中，项目公司也直接负责项目的运营工作。合格的运营商，不但需要具备较强的技术和管理水平，还需要具备运作 BOT 项目的先进经验。在项目运营过程中，项目公司每年都应对项目的运营成本进行预算，列出成本计划，限制运营商的总成本支出。对于成本超支或效益提高，应有相应的罚款和奖励制度。

■ 政府。政府是 BOT 项目成功与否最关键的角色之一，政府对于 BOT 的态度以及在 BOT 项目实施过程中给予的支持将直接影响项目的成败。

通过上述八种角色与项目公司之间的双边协议，各角色之间及与项目公司之间形成了复杂而明确的合同协作关系，BOT 项目的成败将取决于这些协作关系是否顺畅，各个角色在 BOT 项目中所能获得的利益也将受这些协作关系的制约。所以 BOT 融资方式的结构是一种有机的结构，各角色之间的关系是不可分割、互相制约的整体。

2. BOT 融资方式的运作阶段

BOT 项目虽然不尽相同，但一般地说，每个项目都要经过项目确定、准备、招标、各种协议和合同的谈判与签订、建设、运营和移交等过程。大致的可分为准备、实施和移交三个阶段。

■ 准备阶段。该阶段主要是选定 BOT 项目，通过资格预审与招标，选定项目承办人。项目承办人选择合作伙伴并取得他们的合作意向，提交项目融资与项目实施方案文件，项目参与各方草签合作合同，申请成立项目公司。政府依据项目发起人的申请，批准成立项目公司，并通过特许权协议，授予项目公司特许权。项目公司股东之间签订股东协议，项目公司与财团签订融资等主合同以后，另与 BOT 项目建设、运营等各参与方签订子合同，提出开工报告。

■ 实施阶段。实施阶段包含 BOT 项目建设与运营阶段。在建设阶段，项目公司通过顾问咨询机构，对项目进行组织设计与施工，安排进度计划与资金营运，控制工程质量与成本，监督工程承包商，并保证财团按计划投入资金，确保工程按预算、按时完工。在项目运营阶段，项目公司的主要任务是要求运营公司尽可能边建设边运营，争取早投产早收益，特别要注意外汇资产的风险管理及现金流量的安排，以保证按时还本付息，并最终使股东获得一定的利润。在运营过程中同时要注意项目的维修与保养，以期项目最大效益的运营以及最后顺利的移交。

■ 移交阶段。即在特许期满时，项目公司把项目移交给东道国政府。项目移交包括资产评估、利润分红、债务清偿、纠纷仲裁等。

9.3.4 BOT 采购模式的融资结构

1. BOT 融资中的资金结构

项目融资的资金结构是指在项目融资过程中所确定的项目权益资本（或叫股本金）和

债务资本的形式、相互间的比例关系以及相应的筹资渠道安排。其中权益资本是指项目投资者直接投入资金作为股本金或是第三方通过在资本市场上购买优先股或普通股的形式作为股本金,拟或通过无担保贷款或可转换债券或零息债券作为准股本金投入。债务资本是指通过银行借款或资本市场发行债券或融资租赁等方式投入的资本。权益资本和债务资本的比例关系是指在项目资金结构中它们各自比例以及对项目融资的影响。

项目融资可以采取灵活多样的资金结构,在不会因为借债过多而伤害项目经济强度的前提下尽可能降低项目的资金成本,只要融资成功不影响项目的经济强度,选择什么样的资金结构都是允许的。因此,科学合理的资金结构既能满足投资者对资金的需求,又能保证项目的顺利实施,既能保证项目的现金流量又能使项目获得预期的经济效益。

(1) BOT 项目中的资金结构

BOT 项目资金结构中包含了权益资本、负债资本和中间资金三部分。

- 权益资本在所有项目资金中的求偿权是最低的。正常情况下只有项目的其他义务全部满足之后才能考虑权益投资人的利益。投标人的财务能力成为投标人能否通过资格预审的决定性因素。正式建议书中的项目资金结构,则是测算项目取费的基础条件之一,是评标的重要财务指标。

- 债务资本是所有项目资金中级别最高的。它具有对项目资产的第一求偿权,只有它得到满足之后才能考虑其他求偿权。因此在所有资金中其风险也是最低的,但回报只限于按照借款额应支付的利息。

- 中间资金是一种比较灵活的工具,它兼有权益和债务的特点,其风险介于权益资本和债务资本之间。项目资金充足时,支付优先债务之后就将向中间资金支付,优先于权益资本的股息支付。中间资金的回报介于权益资金和债务之间,其回报表现在两个方面:其一,获得高于优先债务的利率;其二,享受项目的利润或资本收益,如优先购股权、可转换权或保证收益等。

(2) BOT 项目利益相关者对资金结构的要求

在一般的 BOT 项目中,其利益相关者一般包括东道国政府、项目公司、项目发起人、债权人等。而 BOT 项目的资金结构直接影响权益投资者、债务投资者和东道国政府的风险和回报。各方对资金结构的要求是不同的,确定合理的资金结构有助于降低资金成本,减少风险和促成项目。

股本投资者希望 BOT 项目资金结构中负债比率尽量高一些,如果项目成功将获得较高的股本回报率,如果项目失败其承担的风险也较小。另一方面,较高的负债比率可使权益投资者保留一部分资金从事其他项目的开发。较高的负债比率对债务投资者来说意味着较大的风险。因此,它希望资金结构中的负债比率尽量低一些。资本结构还将影响到项目公司的财务风险,较高的负债比率将会使项目公司的财务结构稳定性变差。

资本结构的高低既然影响了权益投资者和债务投资者的风险,那么它必然在回报中得到反映,并且最终会影响到项目的资金成本。对东道国政府来说,资金成本是一个重要的财务要素,它反映了政府将要为项目的产品或服务付出的代价。

$$权益资本的资金成本 = 无风险报酬率 + 风险报酬率$$

因此，随着负债比率的提高，项目公司财务风险加大，风险报酬率将提高，权益资金资本成本将提高。

对于债务投资者来说，在某一负债比率之内，债务的资金成本不变。超过该比率时，由于项目公司财务风险的提高，债务资金成本随之提高。由于利润分配在所得税后，利息偿还在所得税前，而且权益风险大于债务风险，因此权益资金成本要高于债务资金成本，一般要高出10%以上。

项目资金成本＝负债比率×债务资金成本＋（1－负债比率）×权益资金成本

因债务资金成本较低，随负债比率提高，初始阶段项目资金成本将降低，负债比率超过一定比率后将开始增加。因此，最低资金成本所对应的负债比率对政府来说是一种理想的资金结构。通过分析可以看出，项目的资金结构选择取决于债务资金成本和权益资金成本，两者分别取决于债务投资者和权益投资者所承担的风险。因此，降低和合理分配两者风险是降低项目资金成本，获得理想资金结构的有效途径。

(3) BOT项目资金结构的选择

落实资金结构是BOT项目前期工作的重要组成部分，最后形成的资金结构应该能够满足政府、权益投资人和债务投资人的要求，否则项目将无法实施。

一般说来，政府在招标文件中对投标人的财务能力会提出明确要求：包括资金结构设想、提供权益资金的能力和金融机构愿为其提供贷款的声明等。接受邀请的投标人作为可能的权益投资人，一般是对BOT项目感兴趣的不同角色组成的财团。在投标阶段还没有形成项目公司，这些角色要签订初步合资协议。协议将规定如何分摊可行性研究费用、咨询顾问费和其他前期工作费用。最重要的是，协议将规定如果项目中标，各方提供股本投资的数量，且根据需要各方应以备用股本或附加债务形式提供额外支持，保证项目融资成功获得特许权。权益投资人要签订项目公司协议，除初始发起人外，权益投资者范围将扩大到一些被动投资人，项目公司最终权益投资人可能包括建筑商、供应商、政府或公用事业机构、运营商、证券投资人、机构权益投资人等。

在投标准备阶段发起人就要和贷款银团协商，并认真进行可行研究，吸引贷款银团投资，争取得到贷款承诺。项目公司成立后，项目公司要与贷款银团签订融资合同，最后落实项目贷款。

在典型BOT项目中，商业银行辛迪加可能仅提供建设贷款，也可能提供长期贷款。项目在不同阶段的风险不同，所以BOT项目融资可能是分阶段的，在每一阶段融资包含不同级别的优先债务和附属债务。项目建成并开始运营时，项目风险开始减少，保险公司和退休基金等在这种情况下可以为项目提供长期融资。在得到上述资金后，项目公司可以全部或部分偿还成本较高的商业银行建设贷款。为了促成项目，债务投资人也应保证在项目超支、延期、出现资金短缺等情况下为项目提供备用贷款或备用股本。

(4) 降低债务投资人风险

BOT项目资金结构的突出特点是负债比率高，一般在70%～90%，而且是无追索或有限追索融资，这样贷款投资人将承受比传统贷款项目高得多的风险。如何降低债务投资人的风险以合理成本获得借款，是项目融资成功的关键环节，可采取如下方式：

1) 偿还BOT项目的贷款只能靠项目的资产和现金流量。BOT项目往往是基础设施项目，资产一旦建成便不能移动，因此贷款者最注重的是现金流量。政府在保证现金流量方面可以做以下工作：
- 为产品购买协议担保，保证政府代理机构履行该协议，保证正常运行下的项目现金流入。
- 保证项目最低现金流入。如电力项目采取"或取或付"的方式，交通项目在交通流量低于预测值时延长特许期等。现金流量有了保证，借款的风险就会减少，获得借款和降低借款成本的可能性都将增加。

2) 发挥中间资金的作用。对债务投资人来说，中间资金通过附加权益安全余量或附属债务增加了项目的信用，降低了优先债务的风险。中间资金有以下几种形式：
- 在项目协议中规定的、在项目资金困难时，发起人提供部分备用股本或附属债务；
- 在特许协议中规定的、在项目资金困难时，东道国政府附属债务形成，为项目提供紧急贷款用以偿还优先债务；
- 在融资协议中规定的、债权人在项目资金困难时，为项目提供附属贷款或备用股本。有了这些中间资金就可以保证项目在资金困难时度过难关，这对项目成功是极其重要的。

2. BOT 与 ABS 融资模式的比较

(1) ABS 融资方式

ABS（Asset Backed Securitization），即资产证券化，20 世纪 70 年代产生于美国，最早起源于住房抵押贷款证券化，目前欧美国家的资产证券化市场仍然以住房按揭抵押贷款、企业应收账款等金融资产证券化为主。它是以项目所属的资产为支撑的证券化融资方式，即以项目所拥有的资产为融资基础，以项目资产可以带来的预期收益为保证，通过在资本市场发行债券来募集资金的一种项目融资方式，其本质就是资产证券化。图 9-3 所示为其运行结构图。

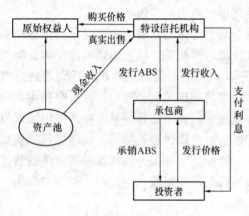

图 9-3 ABS 运行结构图

ABS 模式的实质是将基于基础设施或资产的现金流收入与原始权益人完全剥离，过户给特设信托机构（Special Purpose Vehicle，SPV），SPV 通过金融担保、保险及超额抵押等方式取得较高的信用评级，然后以债券的方式发售给资本市场的投资者，融取项目建设所需资金，并以设施的未来收入流作为投资者收益的保证，不需要以发行者自身的信用作为债券的偿还担保。

从 ABS 融资方式可以看到，通过资本市场发行债券筹集资金是 ABS 显著的特点，它同时也代表着项目融资的新方向，其特点主要表现为以下几个方面：
- 融资成本。在 ABS 整个运行过程中只涉及原始权益人、特设信托机构（SPV）、投资者、证券承销商等主体，共同按照市场经济规则运作，减少了中间费用；同时由于 ABS 融资方式在国际高等级证券市场筹资，该市场信用等级高、债券安全性和流动性高、利息率较低，从而有效地降低了融资成本。对基础设施项目来说，由于融资成本低，融资效率高，而且是用项目的未来收益来偿还债务，有利于缓解政府的财政资金压力。
- 投资风险。ABS 项目融资的对象是资本市场上数量众多的债券购买者,这就极大地分散了项目的投资风险,使每个投资者承担的风险减小;ABS 方式隔断了项目原始权益人自身的风险和项目资产未来现金收入的风险,使其清偿债券本金的资金仅与项目资产的未来现金收入有关,并不受原始权益人破产等风险的牵连,即"破产隔离"。另外,通过"信用增级"可进一步使以基础资产为支撑所发行的证券风险降到最低。
- 资产结构。对原始权益人来讲,ABS 融资方式出售的是项目的未来预期收益,直接发行证券的也不是原始权益人。故通过这种方式可获得资金但又不增加负债,而且这种负债也不会反映在原始权益人的资产负债表上,即"表外融资";通过"信用增级"使项目的资产成为高质甚至优质资产,可以获得高级别的融资渠道,募集到更多的资金。
- 项目控制。采用 ABS 方式融资,在债券发行期内项目的资产所有权虽然归 SPV 所有,但项目的资产运营和决策权仍然归原始权益人所有,SPV 拥有项目资产的所有权只是为了实现"资产隔离"。因此,运用 ABS 方式融资不必担心关系国计民生的重要项目被外商所控制和利用,这一点是 BOT 融资所不具备的。

ABS 融资方式有其不完善的地方,表现为:在利用 ABS 进行基础设施项目融资时,虽然政府可以保持对项目建设和运营的控制,但却不能把国外大型投资和管理公司先进的技术和管理经验发挥到项目的建设运营中来,这样就影响了东道国获取国外先进技术和管理经验来提高自身项目建设和运营的能力;虽然 ABS 方式能够把融资的风险分散到各个投资者身上,融资不受项目发起人本身资产状况的影响,但和 BOT 相比,在保证项目建设的质量、进度和运营效果等方面,ABS 更多地取决于项目发起人的管理。

(2) BOT 与 ABS 比较

从融资特征看,BOT 与 ABS 具有如下共同点:
- 两者都将归还贷款的资金来源限定在所融资项目的收益和资产范围之内,具有项目导向性和有限追索性,保证了项目投资者在项目失败时不至于危及投资方其他的财产。提供资金方对于项目资金的追索权被限制在项目公司的资产和现金流量中,不会对发起人的资产负债率带来影响,所以有条件成为项目发起人资产负债表外的业务,构成表外融资。
- 两者都具有项目信用的多样性。将多样化的信用支持分配到项目未来的各个风险点,从而规避和化解不确定项目风险。如要求项目"产品"的购买者以合理的价格签订长期购买协议,原材料供应商提供供货保证等,以确保强有力的信用支持。
- 两者融资程序复杂、融资数额大、期限长、涉及方多,涵盖融资方案总体设计及运作的各个环节,需要的法律性文件也多,前期费用占融资总额的比例与项目规模成反比,其融资成本高于一般商业贷款。
- 两者都能减少政府的直接财政负担,减轻政府的借款负债义务,对于基础设施和能源、交通运输等大型建设项目具有很大的吸引力和运作空间。

BOT 和 ABS 两种融资模式虽然具有很多相同点,但两者还是存在很多差异。理解两种融资模式的差异对于具体项目选择哪种融资模式具有重要的意义。BOT 和 ABS 两种融资模式的主要差异体现在以下几个方面:

1) 适用范围

从理论上讲，凡是能通过收费获得收入的基础设施或服务项目都是 BOT 方式的适用对象。BOT 方式是非政府资本介入基础设施领域，其实质是 BOT 项目在特许期内的民营化。因此，对于某些关系国计民生的重要部门，虽然它有稳定的预期现金流入，也是不宜采用 BOT 方式的。

ABS 方式则不然，在债券的发行期内项目的资产所有权虽然归 SPV 所有，但项目资产的运营和决策权仍然归原始权益人所有。SPV 拥有项目资产的所有权只是为了实现"资产隔离"，实质上 ABS 项目资产只是以出售为名，而行担保之实，目的就是为了在原始权益人一旦发生破产时，能带来预期收入的资产不被列入清算范围，避免投资者受到原始权益人的信用风险影响。SPV 并不参与企业的经营与决策，因此在运用 ABS 方式时，不必担心关系国计民生的重要项目被外商所控制。凡有可预见、稳定的未来现金收入的基础设施资产，经过一定的结构重组都可以证券化，比如不宜采用 BOT 方式的重要铁路干线、大规模电厂等重大基础设施项目，都可以考虑采用 ABS 方式，ABS 方式的适用范围要比 BOT 更加广泛。

ABS 融资中的项目资产是许多已建成良性资产的组合，政府部门可以运用 ABS 方式，以这些良性资产的未来收益作为担保，为其他基础设施项目融资，不仅可以筹集大量资金，还有助于盘活许多具有良好收益的固定资产。BOT 融资对象主要是具有未来收益能力的单个新建项目，如公路、桥梁等，而且该项目在融资时尚未建成，政府部门主要通过 BOT 方式为该项目的建设筹集资金。

2) 运作的繁简程度及融资成本的差异

BOT 方式操作比较复杂、难度大。采用 BOT 方式必须经过确定项目、项目准备、招标、谈判、签署与 BOT 有关的文件合同、维护、移交等阶段，涉及政府的许可、审批以及担保等诸多环节，牵扯的范围广，不易实施，而且其融资成本也因中间环节多而增高。

ABS 融资方式的运作则相对简单，只涉及原始权益人、特设信托机构 SPV、投资者、证券承销商等几个主体，无需政府的许可、授权及外汇担保等环节，是一种主要通过民间的非政府途径，按照市场经济规则运作的融资方式。它既实现了操作的简单化，又最大限度地减少了酬金、差价等中间费用，降低了融资成本。

3) 投资风险的差异

BOT 项目的投资者主要由两部分组成：一部分是权益投资人，另一部分是项目的债务投资人。从数量上看，BOT 项目的投资者是比较有限的，这种投资不能随便放弃和转让，因此，每个投资者承担的风险相对较大。同时由于其投资大、周期长，运营过程中受到政府政策和市场环境等因素影响，仍有较大风险。

ABS 项目的投资者是国际资本市场上数量众多的债券购买者，这就极大地分散了投资风险，使每个投资者承担的风险相对较小。这种债券还可以在二级市场上转让，具有较高的资信等级，变现能力强，在资本市场上风险较小。此外 ABS 债券经过"信用增级"，在资本市场上具有较高的资信等级，使投资者省去了分析研究风险收益的成本，提高了自身资产总体质量，降低了自身经营风险。这对于投资者，特别是金融机构投资者尤其具有吸引力。

4) 项目所有权、运营权的差异

BOT 项目的所有权、运营权在特许期限内是属于项目公司的,项目公司再把项目的运营权分包给运营维护承包商,政府在此期间则拥有对项目的监督权。特许期限届满,所有权将移交给政府指定的机构。因此,外资 BOT 基础设施项目可以带来国外先进的技术和管理经验,但外商会掌握项目控制权。

ABS 方式中,项目资产的所有权根据买卖合同由原始权益人即项目公司转至 SPV,SPV 通过证券承销商销售资产支撑的证券,取得发行权后,再按资产买卖合同规定的购买价格把发行权的大部分支付给原始权益人,使原始权益人达到筹资的目的。在债券的发行期内,项目资产的所有权属于 SPV,而项目的运营、决策权属于原始权益人。债券到期后,由资产产生的收入还本付息,支付服务费后,资产所有权又复归原始权益人。

5) 项目资金来源方面的差异

BOT 方式既可利用外资,也可利用国内资本金。这种方式以少量的国家投资,带动了大量的私有资本参与基础设施建设,对引导私有经济投资于基础设施领域起到了积极的作用,且能引导民营企业走股份制联合的道路,实现企业的集团化、规模化和现代化。

ABS 方式既可在国际债券市场上发行债券,也可以在国内债券市场上发行债券。我国在国际债券市场发行 ABS 债券可以吸引更多的外资来进行国内的基础设施建设。但这只是对外资的利用,不能像 BOT 方式一样带来国外先进的技术和管理经验。而如果在国内债券市场上发行,则因 ABS 债券的投资风险较小,将会对我国日益强大的机构投资者,如退休养老基金、保险基金、互助基金等产生较大的吸引力,同时也有利于各种基金的高效运作。

9.4 BOT 采购模式合同管理

9.4.1 BOT 采购模式合同体系

BOT 项目在参与各方之间涉及一系列的重要合同,如图 9-4 所示。

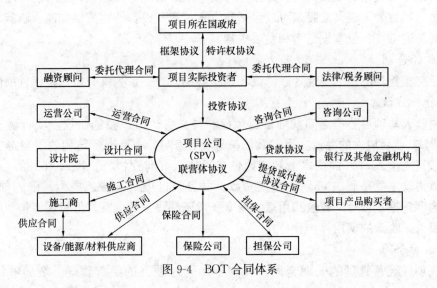

图 9-4 BOT 合同体系

1. 特许权经营协议

BOT项目最重要的合同是特许权经营协议，即最能代表BOT特征的合同就是特许权经营协议。需要融资的项目已经获得东道国政府许可，是其建设与经营具有合法性的重要标志。框架协议是投资人与政府签订的项目特许权服务的第一份协议，协议内容主要包括投资人与政府对前期费用支出的分配、成立项目公司的期限、政府对投资人控股地位的要求、项目开竣工的基本意见以及双方责任等内容。签订框架协议时投资人需向政府缴纳履约保证金，一般约为工程总投资的1%，直到项目竣工运营时返还。有时政府为考察投资人对项目实质性投资的能力，会要求投资人增加向政府缴纳履约保证金的比例，但在项目公司成立并在项目开工情况下，返还增加部分的履约保证金作为项目公司的资本金。

BOT项目特许权经营协议是在投资人与政府签订完成框架协议、不同发起人之间的联合体协议或合作投资协议签署完毕并成立了项目公司后，由项目公司与政府签订的关于项目设计、投资、建设、经营、维护和移交合同等全部内容的协议，它是整个BOT项目的核心合同，因此特许权经营协议必须得到政府的批复。

2. 投资协议

项目发起人和项目公司之间签订的协议，主要规定发起人向项目公司提供一定金额的资金支持，使项目公司具备足够的清偿债务能力。

3. 联合体协议

从项目发起人角度来看，第一个合同应是不同发起人之间签订的联合体协议或合作投资协议，以便作为项目共同发起人对与政府签订的框架协议作出反应。项目的投资者可以是一个或若干个，一般几个投资者合作共同投资的较多。联合体协议主要包括各方之间如何分担项目可行性研究和其他开发性工作所支出的费用以及各方的基本承诺。承诺是项目公司成立时各方投入项目公司的股本金时间和比例以及项目公司董事会、监事会成员比例。如果需要的话，联合体协议还应规定和确认各方对备用股本金和备用贷款的支持和经理层人员的分配。联合体协议还应指出项目各方的主要工作范围，例如建设、设备供应、运营和维护等，同时协议应规定如果联合体成员不对合理的市场价格、工作提供响应，项目公司有权寻找其他供货商和决定工作方式。最终的发起人联合体也可能会增加另外的投资成员。项目公司成员或股东可以包括建设承包商、设备和物资供应商、政府机构或公用事业局、运营商、股本投资者和金融机构。

4. 担保合同

包括完工担保协议、资金短缺协议和购买协议，是一系列具有履约担保性质的合同。

5. 贷款协议

是贷款人与项目公司之间就项目贷款权利与义务达成一致的协议。项目融资成功与否，是BOT项目成功的关键。目前我国高速公路BOT项目资金结构的主要形式是：初始权益投资人投入35%的资本金和初始债务投资人（商业银行）投入65%的商业贷款。因此贷款协议主要是解决65%的商业贷款，并且是以项目收费还贷为基础的贷款协议。其主要内容包括：资金的数量和用途、利率及偿还期限、佣金及其他费用、贷款的先决条件、项目未来收入的使用等。

6. 运营合同

有关项目经营管理的长期合同，有利于加强对项目的经营管理，增加项目成功的把握。

7. 供货协议

通常由项目发起人与项目设备、能源及原材料供应商签订。通过这类合同，在设备购买方面可以实现延期付款或者获取低息优惠的出口信贷，构成项目资金的重要来源；在材料和能源方面可以获取长期低价供应，为项目投资者安排项目融资提供便利条件。

8. 提货或付款协议

包括"无论提货与否均需付款"协议和"提货与付款"协议。前一种合同规定，无论项目公司能否交货，项目产品或服务的购买人都必须承担支付约定数额款项的义务；后一种合同规定只有在特定条件下购买人才有付款的义务。其中当产品是某种设施时，"无论提货与否均需付款"协议可以形成"设施使用协议"。

9. 其他协议

租赁协议：在BLT（Build-Lease-Transfer，建设—租赁—移交）或以融资租赁为基础的项目融资中承租人和出租人之间签订的租赁协议。

收益转让协议（托管协议）：按照这种合同，通常会将项目产品长期销售合同中的硬货币收益权转让，或将项目所有产品的收益权转让给一个受托人。这种合同的目的是使贷款人获得收益权的利益，使贷款人对项目现金收益拥有法律上的优先权。

先期购买协议：项目公司与贷款人拥有股权的金融公司或者与贷款人直接签订的协议。按照这个协议，后者同意向项目公司预先支付其购买产品的款项，项目公司利用该款项进行项目建设。这种协议包括了通常使用的"生产支付协议"。

此外，项目公司还有与咨询机构、保险公司、担保公司等签订的委托代理合同、保险合同、担保合同等。

上述这些文件的签订和履行都围绕特许经营协议进行，合同之间相互制约，但又互为补充，共同构成了项目融资的合同文件基础，形成了BOT合同体系。

9.4.2 BOT采购模式合同架构

国内关于BOT项目的组织架构与合同框架已基本达成共识，图9-5即为一般BOT特许权合同的框架结构。

其中"项目特许权"、"项目运营和维护"、"项目收益计量、收费和调价"以及"项目期终移交"四项内容，集中体现了BOT项目的重要特征。项目特许权是特许权协议的核心，主要阐明项目特许权的授予和独占性以及其转让、抵押或担保和项目特许运营期的相关问题；项目运营和维护是BOT模式中产品供给和服务质量的主要依据，应明确服务提供的范围和要求；项目收益计量、收费和调价是公私双方利益的焦点，私人机构因为收益而投标BOT项目，通过收费完成投资回收并进而盈利，公共部门收获的是私人机构带来高效、合理的管理和创新，当外部因素影响或内部管理出现问题时价格调整在所难免，合同安排中需要制定相应的条款来平衡双方

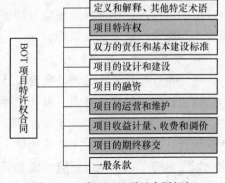

图9-5 一般BOT项目合同框架

的利益;项目期终移交是 BOT 项目的重要特点,由于涉及法律、财务、工程技术等诸方面内容,其流程复杂、手续繁琐,任何环节上的纰漏都会给项目移交后的运营带来麻烦,在合同中应仔细斟酌。

BOT 项目特许权合同的组织构架必须依靠缜密、逻辑性强的合同条款来支撑。围绕合同组织构架,主要应包括以下内容。

1. 定义和解释,其他特定术语

BOT 项目特许权合同为了保证自身的严密性,首先应对合同的各种用词、用语进行定义,以避免产生歧义。下列用词、用语一般是必须定义的:

- 经认可(或是经批准)。
- 招标人、中标人。
- 签订合同的甲、乙双方。
- 招标文件、投标文件。
- 中标通知书的核准者、发出者。
- 履约保证金或履约保函、投标保证金。
- BOT、项目特许权。
- 本项目、本设施。
- 档案资料、竣工日期、招标投标文件的附件。
- 单位服务收费。

除此以外,合同中还会针对一些特殊用语、用词做出明确的定义和解释。主要是针对合同文件本身而言的,一般要阐明合同文件的组成、地位、合同解释的顺序、合同与其他协议的关系等内容。

2. 项目特许权

主要应阐明项目特许权的授予、特许权的独占性、其转让、抵押或担保以及项目特许运营期的延长等主要问题。同时应指明项目特许权下诸如土地使用权、专利技术使用权等一些特殊权的归属。

3. 双方的责任和基本建设标准

双方的责任主要是指合同双方在整个项目建设、运营、移交中所应承担的责任。实际订立合同中一些突出的问题都应在合同中予以明确。基本建设标准则要说明项目建设应执行的国家标准,应达到的建设效果。此外,对污水处理厂而言,应写明进厂水质标准和经处理后的排放水质标准;而对垃圾焚烧厂来说,则应说明进厂垃圾的物理、化学成分,垃圾焚烧污染物排放限值要求等。

4. 项目设计和建设

项目设计和建设主要涉及项目设计、建设、货物及服务采购和项目验收等内容。合同中应对设计所需的资质要求、设计文件的审查、设计和施工应遵守的国家和地方技术标准和规范等问题作出明确的规定。在项目建设上,要明确应遵守的法律法规,工程建设质量达到设计、施工标准和技术规范的要求。同时还应对承包商及供货商的选择、建设期发现文物以及具有考古、地质研究价值物品时的处理,因双方原因造成开工和竣工延误应负责任,项目竣工验收等情况做出约定。

5. 项目融资

主要应阐明如何融资以及融资方案、融资账户的设立及监管等问题。

6. 项目运营和维护

项目运营和维护涉及项目的调试、试运营及费用承担，正式运营中的具体要求、运营日记、未按要求运营时的处理，运营维护工作和要求以及招标人在运营期的权利等诸多内容。对于垃圾焚烧厂还包括如何取得发电上网资格、发电上网基本原则、上网电量指标、电费支付形式等。此外招标人为保证项目正常运营而在整个特许运营期内是否拥有检查项目运营情况、财务审计、预算备案等权力，也是需要在合同中明确的重要内容。

7. 项目收益的计量、收费及调价

特许权合同首先要界定哪些收益属于BOT项目范畴，其次应明确项目的投资收益以何种币种兑现。特许权合同中对服务费用的计费方法、服务工作的计量、服务费用的支付方式、引起服务费用标准变化的有关边界条件等应明确约定。在运营期末最后一年，因涉及项目的期终移交，私人机构获得完整收益的工作前提以及出现违约行为收益如何扣减、如何承担甲方索赔要求等条款对双方而言均至关重要。

8. 项目的期终移交

在特许权合同中，主要应约定：

■ 人员培训：指在特许经营期末，甲方要求乙方为其人员进行项目运营、管理、维护方面的培训。

■ 设施设备运营状态：甲方要求项目所有设施、设备、工具、器材及车辆等在项目移交时均应处于正常的运营状态。

■ 档案、资料：与项目运营和维护有关的手册、制度、财务账目、凭证以及项目运营和维护期间所产生的记录、档案、技术资料等。

■ 项目资产状况：乙方至少应保证不得因自身债务而使甲方遭受任何其他方的追索。

■ 项目移交后有关事项：包括乙方应如何移走所属物品、项目移交后给予甲方的技术支持、移交发生的费用承担以及移交后获得再次特许经营权的优先权等。

9. 一般条款

BOT项目特许权合同中的一般条款，主要包含甲乙双方的一般义务、支付条款、履约保证金或履约保函、保险、补偿条款、环境保护、在特许权下可以从甲方得到的支持、保密、违约、甲乙双方过失导致的合同终止、不可抗力、争议与仲裁、适用法律、通知、不放弃的权利等内容。具体而言，包括如下一些内容：

■ 特许建设项目的时间、收费经营项目的时间。特许期满，无偿将项目形成的有形和无形资产全部交回给政府。

■ 项目所需全部资金的筹措，总投资额应严格控制在政府主管部门批准的设计概算内，如追加概算，须根据规定办理报批手续。

■ 特许期内对项目形成的财产有权占有、使用并取得其收益，依法自主经营、自负盈亏。特许期满，将有关产权证全部办到政府指定的机构名下。

■ 投资方对质押项目的权利，包括收费权和质押、转让和租赁项目特许期内其他的收益权。如为项目建设需要将项目特许期内的收益权质押给银行或财团进行贷款融资，政府要积极支持和配合,并出具相应的特许期内收益权的质押手续,但质押收费权所得的贷款只能用于项目及与经营项目相关的业务。质押收费权和质押、转让和租赁项目其他的收益权,须事先通报政府并在实际发生后一定时间内将有关协议、合同等文件副本交给政府指定的机构备案。

- 投资方对项目的抵押只能用于项目融资,且抵押后一定时间内将抵押合同、借款合同副本交给政府指定的机构备案。
- 特许期内政府主管部门依照政府管理职责和合同要求行使管理权利,对项目进行行业管理。
- 特许期延长。一般由于政府履行义务的延误或不可抗力或情势变迁,造成投资方和项目公司工期延误或实质性损失,而这些损失又不能由政府来补偿,双方可协商延长特许期。
- 特许协议还应约定:工程项目的基本内容、建设工期要求、资金到位要求、资金筹措方案、建设用地、拆迁执行标准、工程永久性和临时性用地、政府已完成前期工作的处理、前期工作费用承担、项目年度基本建设计划、设计变更、工程招标、工程监理、项目开工前审计、工程监督、检查、工程交工验收和竣工验收、项目放弃以及项目转让和周边新项目建设等。政府最关心项目公司股权的转让,一般在建设期不能接受初始投资方控股地位的转让。企业最关心的是在投资项目地区建设新的类似竞争项目(如距离30 km左右平行新建另一条高等级公路),一般在项目获得赢利或交通流量达到设计流量前,企业不能接受政府在平行地区又投资新的高等级公路。

9.4.3 国际BOT标准合同介绍

1995年联合国工业发展组织的专家们为我国国家计委编写了特许权协议格式。1997年9月22日,中华全国律师协会在北京举行"外商投资特许权项目(BOT)法律事务讲座",提出了国际BOT项目特许权协议格式❶。这两种协议的组合就是现在应用比较广泛的《国际BOT投资合同格式》。

《国际BOT投资合同格式》着重于我国电力行业利用外资进行国际BOT特许权项目运作。本合同格式适用于我国相关政府部门与根据我国法律组建的、在我国境内办公的特许权项目公司签署。政府部门授予项目公司勘测和实施基础设施工程的专有权,方式为政府部门与项目公司共同投资。

《国际BOT投资合同格式》仅将关键合同条款列出,并没有对如何有效执行给予说明或者指导。同时这个合同格式是由外国专家设计,在某些方面存在偏袒外方利益的倾向。

《国际BOT投资合同格式》仅由23条组成。合同条款的前后顺序总体以项目实施的时间顺序为标准。根据合同结构分析方法,将本合同文本分为六个部分:合同和解释、Build部分、Operate部分、Transfer部分、保险和问题解决、其他合同主题。《国际BOT投资合同格式》文本结构如图9-6所示。

---

❶ 冯松林. 中国民营BOT特许权协议项目运作[EB/OL]. http://www.njsfj.gov.cn/cps/site/njsfj/njsf-mb_a200511232015.htm

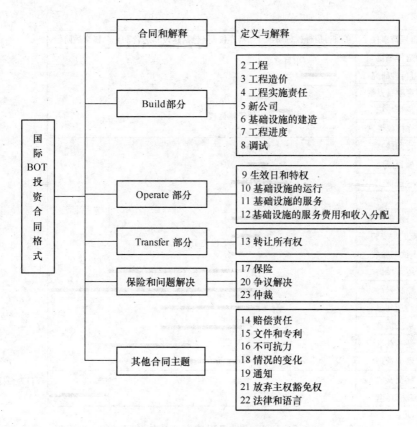

图 9-6 国际 BOT 投资合同格式的文本结构

9.4.4 BOT 合同中的特许权期和保证担保

1. 特许权期

大部分特许权合约采用固定的特许权期限，特许权人的收益随特许权期内需求量的不确定而变化很大，当合约双方都无法承受这种不确定性带来的巨大风险时，可以考虑采用可变特许权期。为了减小特许权人的风险，政府又想避免因担保出现财政支出的不确定性带来管理困难和福利损失时，往往在特许权合约中规定在哪些情况下可以延长特许权期限。

特许权协议中一般都规定在何种情况下提前结束行使特许权。当特许权人出现明显违约行为或者对政府提出改正错误的意见反应缓慢时，政府除了设置相应的惩罚条款外，严重情况下，政府可根据特许权人的行为表现决定提前结束特许权。若出现协议中未预料到的变化，双方可以另行谈判对特许权期限进行修改。当政府需要提前结束特许权时，可以采用向特许权人赎买的方式收回特许权，如香港政府对电信经营权的赎买。

特许权期是 BOT 合同中的关键内容之一，合理确定特许权期也是保证投资者和政府权益的关键。BOT 项目全寿命周期可分为三个阶段：立项与招标投标阶段、建设阶段、运营阶段和移交（后）阶段，各里程碑阶段及其主要操作步骤的时间过程如图 9-7 所示。

特许权期的确定受到一系列内、外部因素的影响，图 9-8 表示了影响特许权期的因素结构图。

9 BOT 采购模式与管理

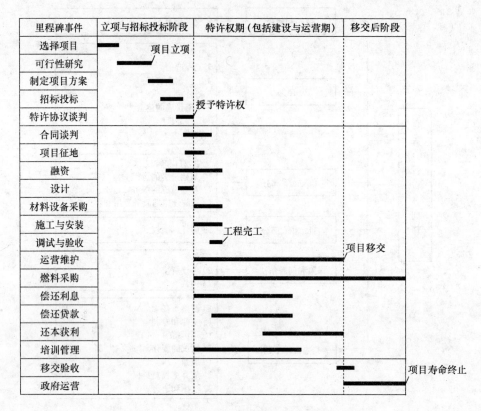

图 9-7 BOT 项目里程碑事件及其时间过程

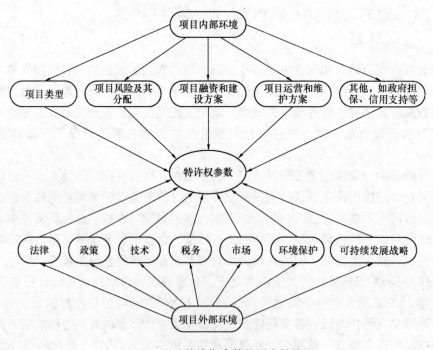

图 9-8 影响特许期参数的因素结构图

2. 保证担保

在 BOT 项目谈判中,担保不仅是热点问题,而且是个难点问题,主要在于不同国家和地区由于法律制度不同和法律观念差异所造成的隔阂,各方当事人很难取得一致意见。从国内外 BOT 的实践来看,担保可分为两大类型:

第一类是民事担保,是指由债务人或者第三人为债务偿还所提供的信用担保、物权担保和其他担保。这类担保以债务人负有特定的民法上的义务为前提。比如原材料供应合同供应人的供应义务;项目产品或服务购买合同中买方的购买义务;贷款合同中借款方的还款义务等。由于债务人存在不履行义务的可能致使债权人要求债务人或者第三人提供担保,以保障其债权的实现。

第二类是担保性承诺,这类担保与民事担保不同,即不存在特定的债务人及债务,实际上是政府基于信用所作出的行政性承诺,或借款人基于信用所作出的民事性承诺。如果政府未履行承诺,项目公司或发起人不能依民法的有关规定追究其违约责任,只能依行政法的有关规定追究其行政责任。

(1) BOT 项目融资的民事担保

BOT 项目融资民事担保的具体形式主要有:保证、抵押、所有权担保(或所有权让与担保)、浮动担保或财团担保、债权转让担保、担保权转移等。

1) 保证

保证又称人的担保、信用担保。这是国际贷款融资包括 BOT 项目融资中使用较多的一种担保方式。即保证人和贷款人(债权人)约定,当债务人不履行债务时,由保证人按照约定承担债务履行责任的行为。在项目融资中,保证人的资格问题非常重要。一般只有借款人所在国政府或政府机构(如财政部等)以及较大银行等金融机构才有资格和能力向贷款银行提供还款担保。在外汇管制国家,政府以外的机构对外提供担保通常还需经所在国外汇主管部门的授权或批准。在一般国际贷款中,贷款人往往要求借款人的所在国政府或母公司提供担保。然而,BOT 项目融资正是针对基础设施项目特点而产生的一种分散风险的投融资模式,因此,贷款人并不要求主办项目的母公司承担贷款偿还的担保责任,而仅仅要求承担"完工保证"的有限担保责任。如我国深圳沙角 B 电厂 BOT 项目贷款就是由广东省信托投资公司提供信用保证作为偿还担保。

2) 抵押

抵押是物权担保形式之一,是 BOT 项目最重要的担保形式,主要发生在项目公司与贷款人之间,项目公司以项目经营收益为还款的基本来源甚至唯一来源。项目公司以其自有的动产和不动产为借款提供担保,抵押期间抵押财产不转移占有,仍然由项目公司占有、使用,这有利于充分发挥抵押财产的效用。根据我国《担保法》的规定,抵押应当办理抵押登记,抵押合同自登记之日起生效。

3) 浮动担保(或财团担保)

浮动抵押担保制度创始于 19 世纪的英国,目前在英美法系国家及地区得到广泛运用。该担保在大陆法系国家则称财团担保,其实两者并无实质性区别。由于用作担保的资产是不确定的,且不断变化的,因此此类担保被称为"浮动担保"。由于 BOT 项目财产的形成是以专营权获得为前提,以项目专营权及其收益权为法律基础,而项目专营权需在项目财产形成基础上才能显现,因而项目专营权与项目财产互为依存、难以分离,具有集合性特点。同时，项目财产是在取得专营权后的建设过程中逐步形成的，项目运营过程中的债权债务关系始终处于变动中，项目财产本身不断地处于增减状态中，因而具有浮动性特点。因此在BOT项目融资中采用浮动担保最为合适。因为某些国家没有足够的经济实力为巨额贷款提供担保，或者其法律不允许境内机构提供担保。而采用传统的不动产物权和动产物权担保，因项目尚未建成，可用作担保的不动产和动产数量非常有限，以这些财产作抵押担保，贷款银行往往难以接受，而采用浮动担保，以项目现有和未来的全部财产作为贷款担保，就可解决上述难题。

4）让与担保

让与担保是债务人或第三人为担保债务而将担保标的物的所有权转移给担保权人，但债务人仍占有标的物的一种担保方式。当债务人履行债务后，标的物的所有权应返还给债务人或第三人；当债务人不履行债务时，担保权人可就该标的物优先受偿。让与担保是一种物之权属转移控制型担保，物之实态并不转移。由于让与担保无需转移担保物的占有，克服了质押须转移质押物占有的缺陷，并且在担保期间，标的物的所有权发生了转移，其债权担保功能并没有因为担保物未转移占有而有所减损。

5）债权转让担保

这种担保形式源自英美法系国家，现已为世界各国BOT项目融资所普遍采用。债权转让担保是指以借款人或第三人拥有的某一债权性权利附条件地先行转让给贷款人作为借款人履行到期债务的担保，借款人或第三人保留该财产权利的现行支配权和赎回权。当出现双方约定的违约行为时，贷款人就可取得该债权的支配权利，借款人或第三人则丧失赎回权。它是通过债权转让达到担保的目的和效力。作为担保权人的贷款人，其目的并非是为了获得这些财产权利，而是通过控制标的物的经济价值以获得还款的法律保障。与抵押、质押等担保形式不同的是，当发生借款人违约或出现其他对贷款人不利的情况时，贷款人可直接以债权人的身份，采取有效法律措施取得标的物的支配权而加以处分。

6）质押

项目融资中运用动产质押担保方式通常会遇到一系列法律障碍，因为作为借款人的项目公司可用于出质的动产是项目资产，要将这些资产移交贷款人占有必然会损害其使用价值，影响项目公司的生产经营，进而影响项目的按期完工和贷款的最终偿还。因此，动产质押在BOT项目中是难以发挥作用的。但是和动产质押相比，权利质押因无需转移质押标的物的占有，因而在BOT项目融资中得到广泛运用。权利质押的标的物主要是财产所有权以外的具有交换价值的财产权，比如债权、股权、商标权、专利权、著作权等无形财产权。不具有交换价值的权利，不能作为权利质押的标的物。权利质押在BOT项目融资中的表现形式之一是公路、桥梁、隧道或者渡口等不动产收益权（比如收费权）质押。对此，我国《担保法》、最高人民法院《关于适用〈中华人民共和国担保法〉若干问题的解释》以及国务院1999年4月26日颁布的《关于收费公路项目贷款担保问题的批复》等法律、法规、司法解释都作了明确规定。

7）担保权转移

所谓担保权转移，是指担保权人（通常是项目公司）将担保权转让给项目贷款人的一种法律行为，也即担保权人的变更。在BOT项目融资中，项目贷款人往往要求项目公司将为项目产品或者服务的购买者提供担保的担保权转让给自己,以使贷款偿还取得双重或者多重保障。比如,根据1996年1月10日上海市人民政府发布的《上海市大场自来水处理厂专营管理办法》规定,上海市自来水公司与英方投资者签订了由项目公司建设、经营、转让大场水厂的专营合同。后来项目融资时,贷款人就要求项目公司转让上海市城市建设投资开发公司承诺的购水价款支付担保权。

(2) BOT项目融资的担保性承诺

担保性承诺与前述民法意义上的担保有着本质区别。前者不以特定债务的存在为前提,无主债务从债务之分;后者往往以特定债务存在为前提,有主债务从债务之分。担保性承诺可分为两类:以企业信用为基础的民事性承诺和以国家信用为基础的行政性承诺。

1) 以企业信用为基础的民事性承诺

以企业信用为基础的民事性承诺主要有完工担保和或取或付合同两种形式。

- 完工担保。该担保的核心内容:一是保证项目按照融资协议确定的标准和日期竣工;二是如果项目建设所需资金超过原预算,担保人将承担追加资金的义务。完工担保一般由项目公司承担,有时由项目公司联合项目承包商共同承担,这实际上是项目公司或项目承包商以自己的信用向项目贷款人提供的保证。由于项目融资中借款人是以项目的未来收益作为还款来源,项目的如期完工并顺利投产对贷款的归还有着至关重要的影响。因此项目公司与贷款人签订贷款协议时,贷款人往往要求项目公司提供完工担保。

- 或取或付合同。或取或付合同是项目公司与项目产品的买主或项目设施的用户订立的长期买卖合同。按照合同约定,不论项目公司能否交货或提供服务,买主或用户都有义务支付价款,并且该价款应能足以偿还贷款本息。可见,这种合同实际上是买方或用户向项目公司提供的一种财务担保,也即项目产品或服务的买方或用户以自己的信用所作的无论是否取得项目产品或获得服务均予以付款的保证,这对贷款的回收起到了担保作用。

2) 以国家信用为基础的行政性承诺

与民事性承诺一样,行政性承诺对项目公司既定经营目标的实现同样重要。行政性承诺实际上是政府基于信用所作的政策性承诺。虽然政府并非民法意义上的保证人,当政府违背承诺时不能简单适用民法的违约责任制度追究其责任。但政府既然作出了承诺,就应当守信,否则将损害政府的形象,进而影响东道国的投资环境。行政性承诺一般体现在特许协议、立法性文件或其他有关特定事项的行政文件中,主要有:

- 政府承诺在特许期满前不对项目公司实行国有化和征收。
- 提供投资回报率或最低营运收入保证。
- 外汇兑换及汇出保证。
- 给予税收优惠。
- 不竞争保证,即政府保证在同一地区不设立过多的同类项目,以避免过度竞争引起投资者经营收益下降。
- 土地使用权优惠。
- 保证项目建设、项目公司营运所需的原材料、能源的供应。
- 政治风险的保证。
- 法律风险的保证等。

上述行政性承诺既可避免或减少项目发起人的经营风险，又可避免或者减少项目贷款人或其他项目利害关系人的经营风险，因而对项目的顺利完工及营运都是十分重要的。

(3) 政府在 BOT 项目中的保证责任

BOT 项目的成功离不开政府支持，在 BOT 投资合同中政府常常提供经营期保证、项目后勤保证、不竞争保证、外汇的兑换和汇出担保等，表 9-4 为典型 BOT 项目的政府担保情况。

国内外 BOT 项目政府担保的比较　　　　表 9-4

担保	悉尼港隧道	英法海底隧道	沙角电厂	来宾电厂	南北公路	曼谷公路
支持贷款	有，2.23 亿澳元无息贷款，约 30% 的总投资，35 年期	无	无，但在不可抗力下会提供贷款	无，利率 8%	有，6.5 亿美元贷款，约 35% 的总投资，25 年期，15 年宽限期	无
最低收入	有，但限期	无	有	有	头 17 年有，交通流量不足时政府提供贷款	无
授权	有，接管悉尼港大桥且大桥收费从 1985 年的 0.2 澳币调为隧道收费 1 澳币	无	无	无	有，接管政府已建 317km，月收 200 万美元过路费	有，但政府分享 27 年运营期新建和现有公路收费
自由经营	无	有，可自定价	无	无	无	无
外汇兑换	无	无利润部分的 30%	有，半外币，且政府承担偿还外汇投资本息部分的汇率风险	有，汇率变化 >5% 时，政府通过贷款形式补偿	有，当汇率下降 >15% 时，政府通过贷款形式补偿	无
利率	无	无	无	有，已考虑在电价贷款形式补偿	有，当汇率下降 >20% 时，政府通过贷款形式补偿	无，支持贷款
排他设施	无	有，33 年内不建第 2 通道	无	无	无	无
土地提供	提供 35 年土地租用，象征性租金	免费	免费	免费	免费使用，但项目公司不能抵押给放贷人	特许期的第 2 个 15 年间偿还土地费
税收优惠				3 减 2 免		从取得收益的第 1 天起免征 8 年所得税和利息税
其他	新南威尔士州 1987 年 5 月《悉尼港隧道法》	《海峡隧道法》	不可抗力时延长特许期，保证还本付息	不可抗力时延长特许期	不可抗力时延长特许期	

- 土地及其他后勤保证。投资者承担 BOT 项目后，需要政府在供水、供电、备土、劳力、生活服务等方面提供便利条件。政府应主动协调电力、邮电、供水、劳动、粮食、交通等职能部门与项目公司或项目运营公司之间的关系，积极疏导项目承建方与当地政府和群众的关系，维护良好的治安和施工秩序。

- 外汇汇兑保证。政府对 BOT 项目资本进出东道国所面临的货币兑换及汇出、支付手段等风险进行的保证是外商最为关注的政府保证问题。我国属于外汇管制国家，人民币不能自由兑换，虽然现行《外汇管理条例》规定在经常性项目下外汇实行自由兑换的浮动汇率制，但在资本项目外汇上仍然严格管理，外汇自由进出仍受到限制。例如公路 BOT 项目不是出口创汇项目，实施 BOT 项目主要采用境外外汇融资方式，收益则为人民币，很少能自行做到外汇平衡。因此，经营利润能否兑换成外汇并自由汇出，不仅关系到投资者的投资，而且还关系到公路建成后以收费作为还本的问题。因此，投资者往往会要求政府对其经营收入能够自由兑换作出保证，目前采用国际 BOT 方式的发展中国家，很多都对外汇汇兑作出了保证。

- 限制竞争保证。例如公路运营企业的收益直接取决于公路项目过往车辆的交通量。为保证项目建成通车后，运营企业有稳定的收入，政府承诺特许权期限内不在项目附近兴建任何竞争性公路，并控制公路支线岔道口的连接，使公路运营企业保持较高的回收率，以避免过度竞争引起投资者经营收益的下降。实践中提供限制竞争保证已成为国际 BOT 方式的一种习惯做法。例如英吉利海底隧道工程中，英法两国政府对承建隧道的欧洲隧道公司作出保证，在 33 年内不建造第二条横跨海峡的连接设施。应强调的是，竞争只有过度才是不必要的，因为这会导致资源的严重浪费。因此政府保证应是针对"不过度竞争"而作出的。

- 经营期保证。即要求政府保证项目公司一定时期的特许经营权，不因投资者利润的丰厚而要求提前收回项目或以其他方式损害其利益。从投资者角度，经营期越长越有利，但从国家角度看则正好相反。具体期限的确定，还要视项目类型和特点、投资者归还银行债务的安排及获利等情况而定。

- 投资回报率保证。投资回报率是指项目经营期内利润与投资的比率。由于 BOT 项目投资大、风险高，东道国政府为吸引私人投资，弱化投资风险，一般要考虑给予投资者一定的投资回报率保证。不过，这种保证一般是间接的，并限于对市场和价格的保证，而不包括对工程超期、超支等商业风险的保证。但从实质上讲，政府对投资回报率的保证仍属于对商业风险进行保证的范畴，而并非政治风险方面的政策性承诺或保证。

9.5 BOT 采购模式的应用案例

穿越英吉利海峡、连接英国和法国的海底隧道被称为欧洲隧道（Euro-Tunnel），是目前世界上最长的连接两个国家的海底隧道，它通过英吉利海峡上英法之间陆地距离最短的多佛尔海峡海底，隧道全长 49.94 公里，隧道内建有铁路线，由电动列车运送旅客和货物。

项目发起人为 CTG-FM（Channel Tunnel Group-France Manche S.A.）集团。CTG-FM 是一个由两国建筑公司、金融机构、运输企业、工程公司和其他专业机构联合的商业

9 BOT采购模式与管理

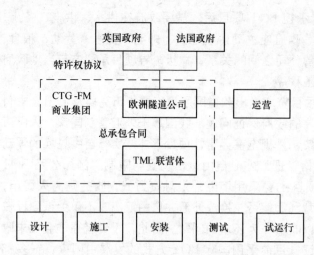

图 9-9 英法海底隧道组织结构示意图

集团。CTG-FM 由两个部分组成：一个是 TML（Transmanche link）联营体作为总承包商，负责设计、施工、安装、测试和移交试运行；另一个是欧洲隧道公司（Euro-tunnel），作为业主负责运行和经营（如图 9-9 所示）。

1986 年 3 月，英、法政府与欧洲隧道公司正式签订协议，授权该公司建设和经营欧洲隧道 55 年（其中包括计划为 7 年的施工期，自 1987 年算起），后来延长到 65 年，最后在 1997 年 12 月延长到 99 年，经营权行使到 2086 年。它是目前世界上特许期最长的一个 BOT 项目。

欧洲隧道公司承担了海峡隧道的全部建设风险，并为可能的预算超支准备了一笔 17 亿美元的备用贷款。49 亿美元陆上建筑工程的一半采用固定总价合同，而隧道自身采用目标成本合同（Target Cost Contract）。根据商定的目标造价，欧洲隧道公司将把实际费用加固定费用（目标值的 12.36%）支付给承包商，此项费用估算为 2.5 亿美元。如果隧道以低于目标造价完成，承包商将得到全部节约额的一半。如果实际造价超出目标造价，承包商必须支付规定的违约偿金。由于不可预见的地质状况、设计及技术规格的变更以及通货膨胀，其合同价格可以调整。隧道列车的采购采用成本加酬金合同（Coat Plus Fee Contract）。

计划总投资费用：103 亿美元，股本为 18 亿美元，股贷比为 2∶8。该项目就地融资，英法两国政府不作外汇风险担保。融资构成如图 9-10 所示。由于工程难度大、施工过程中缺乏监督且随意修改工艺等原因，工程造价一再增加，使得工程实际造价增加到 190 亿美元，工期也增加了一年，到 1994 年才开始运营。

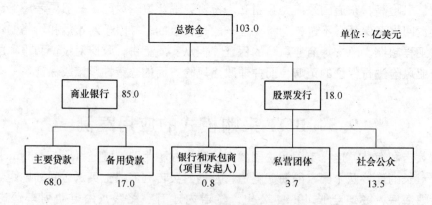

图 9-10 英法海底隧道融资结构

与其他 BOT 项目的发起人相比，欧洲隧道公司从英法两国政府得到的担保是最小的。除特许期较长外，政府没有向该公司提供支持贷款、最低经营收入担保、外汇及利率担保，仅仅提供了商务自主权、"无二次设施"（33年内不设跨海峡的二次连接设施的担保）。

欧洲隧道于1994年5月6日开通运营，但现在经营越来越困难。欧洲隧道公司的一半收入来自它的铁路协议，即利用隧道的国家铁路将伦敦同目前尚未充分开发的欧洲高速铁路网联结起来，其他收入将来自对过往隧道铁路的商业车辆的收费。由于航空和海运的竞争，英法隧道运量近几年来呈下降趋势，欧洲隧道公司每年的收入难以弥补债务和利息，导致债台高筑，至2004年，其债务总额更高达90亿欧元，欧洲隧道公司面临破产的危机。

9.6 本章小结

本章主要介绍了BOT的基本概念、研究现状及实践应用；对BOT模式的类型、特点、适用范围、运作模式和融资结构进行了分析，并将BOT模式与ABS模式进行了比较分析；探讨了BOT模式的合同体系、合同架构及国际BOT标准合同；对BOT合同中的特许权期、保证担保等重要问题进行了讨论；最后介绍了英法海底隧道BOT项目实施案例。

10 DBO 采购模式与管理

10.1 DBO 采购模式的基本概念

在国际工程实践中，PPP 模式除了衍生 BOT 模式之外，还衍生出一些新的模式，其中被广泛应用的就是设计—施工—运营（Design Build Operation，DBO）模式。在 DBO 合同条件下，承包商完成设计和施工后还要负责工程的运营和养护。从设计—施工合同条件到 DBO 的发展，就是鼓励和促进承包商将设计和施工质量做得更好，减少质量控制风险，降低运营和养护的总成本。

美国审计总署（United States General Accounting Office，USGAO）对 DBO 定义为：A single contract is awarded to a private business which designs, builds, and operates the public facility, but the public retains legal ownership。美国的 PPP 国家委员会（The National Council For PPP, USA）给 DBO 下了一个更为明确的定义：In the Design Build Operate (DBO) model, the private sector designs, builds and operates the facility over the long term, while the public sector provides both the construction and permanent financing using tax-exempt financing, which is more cost effective than private financing。

因此，DBO 模式可以定义为：一国政府或所属机构将某些城市基础设施项目的特许权转让给社会投资者，社会投资者独立或联合他方组建起项目公司，负责项目的设计和建造，在项目建成后独立进行项目的管理和经营，并在项目的运营中获得投资回报和合理利润。合同期间，自始至终项目的投融资全部由政府负责，并且政府在特许权协议中始终保有对这些城市基础设施的所有权。各环节项目风险由政府和私营机构共同分担。该合同期满后，资产所有权移交给公共部门。

DBO 模式下，政府保留所有权和收费权，而私营机构负责项目的设计和建设。设计和施工成本在竣工时由政府全额支付（或者有些情况下在竣工后分期支付），即设计建造完成后即能获得政府支付，而不会在设施的使用年限，例如 20 年到 30 年的期间内分期支付。整个城市基础设施项目设计、建设及运营过程紧密结合为一个连续串联的有机体，项目公司各私营部门和政府对项目运作共担风险，共享利益。DBO 模式一般用于政府有充裕建设资金的情况，但操作时应注意明确建设范围、工期、质量，注意检查工程质量，注意审查和监督运营维护方案的执行。

10.2 DBO 采购模式的研究现状及实践应用

10.2.1 DBO 采购模式的研究现状

专门讨论 DBO 模式的文献并不多见，很多学者在分析、研究 PPP/PFI/BOT 模式时对DBO模式也进行了一些探讨。Palaneeswaran E，Kumaraswamy M M，Zhang X Q (2001) 研究了项目采购模式的供应链，并对DBO模式的供应链与传统模式、DB模式、BOT等进行了分析对比研究。Ruben R et al. (2006) 对加利福尼亚州采用DBOO (Design Build Own Operate) 模式进行固体废物处理进行了案例分析，并探讨了DBOO模式的采购流程和选择DBOO承包商的标准。Levinson D, Garcia R, and Carlson, K (2006) 选取了爱尔兰的Luas System、葡萄牙的Tagus Bridge、美国的Alameda Corridor and Dulles Greenway等四个DBO项目，分别从社会接受程度 (Society Acceptance)、政府接受程度 (Government Acceptance)、预算 (Budget) 和进度 (On Schedule) 方面对项目进行了分析和评价。国内学者对DBO模式的研究很少，古立毅 (2007) 对DBO模式进行了理论探讨和分析，归纳出DBO模式的一些特点，同时结合小城镇基础设施建设的特点和存在的问题，总结了DBO模式在小城镇基础设施建设中的运作模式。

10.2.2 DBO采购模式的实践应用

最近数十年DBO模式在世界上被广泛地应用在固体废物处理设施项目、污水处理厂、收费高速公路项目。美国一些基础设施项目较早使用了DBO项目模式，如1995年弗吉尼亚州的Dulles绿色通道收费项目，2002年California的Alameda Corridor铁路连接线工程。欧洲一些国家和地区也在基础设施领域推行DBO项目模式，并且这些项目多集中在污水处理、小城镇供水以及一些环境保护项目。如爱尔兰政府从1995年开始在交通基础设施领域要求首先考虑采用PPP模式的可能性，而爱尔兰采用PPP模式主要是DBO和DBFO (Design Build Finance Operate) 两种形式，如Dublin地区的废水处理计划采用DBO模式，Dublin的轻轨系统 (Light Rail Transit System, LRTS) 采用DBFO模式。1991年耗资10亿欧元的葡萄牙里斯本的Tagus River大桥也采用DBO模式。中东地区也在开始采用DBO模式，如2006年开始动工、耗资2.34亿美元阿曼废水公司的第二期污水处理工程等。

中国香港地区在上世纪90年代初引进DBO模式用以运营环保设施，其中尤以废物处理方面最为成功，香港特区境内几乎所有的固体废物管理设施，都是利用DBO形式建设的。香港特区政府也把DBO应用于垃圾堆填区的建造、营运和复修工作上，如2005年香港新界东南的堆填采用DBO模式。迄今为止共投资了40.63亿港元建造4个主要堆填区，分配给3家专业公司去运营。DBO已被确认为一种经济高效的运作模式而在香港的环保工作上得到广泛的采用。澳门污水处理也大多采用了DBO模式，澳门污水项目试运行期一般为3年，加上2年建设期，其合同的期限为5年。

中国内地采用DBO模式刚刚起步，如天津汉沽营城污水处理厂采用DBO模式。

10.3　DBO采购模式的类型、特点及适用范围

10.3.1　DBO采购模式的类型

项目采购模式可以根据其所包含的元素进行划分。这些元素包括项目所有权的归属

(Own) 及变化 (Transfer) 以及项目实施的内容，如设计 (Design)、建设 (Build)、运营 (Operate)、融资 (Finance)。而这些元素的不同组合就衍生出一系列的采购模式，以适应项目的特殊环境。

随着专业分工的进一步整合以及设计、建设、运营一体化趋势，项目采购模式由传统的 DBB 模式，逐步演化为 DB、DBO、DBFO、BOT、DBOOT 等模式。随着其他相关元素的加入，DBO 模式也衍生出 DBFO、DBOM 以及 DBOO、DBOOT 等形式（如图 10-1 所示）。

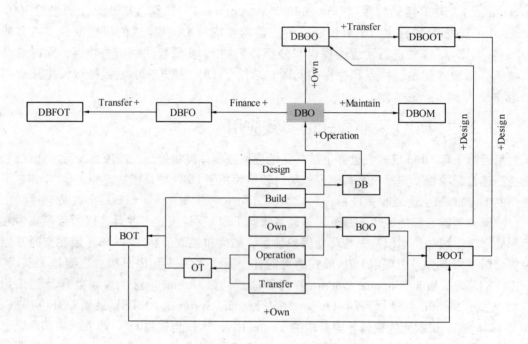

图 10-1　DBO 模式的演变与发展

DBO 的这些变体在实践中都有相应的应用，其中应用最为广泛的是 DBO、DBFO 和 DBOM 三种，DBO 及其变体的典型案例如表 10-1 所示。

DBO 及其变体的典型案例　　　　　　　　　　　　表 10-1

采购模式	典型案例	投资	合同期限
DBO	Lane Cove Tunnel，Sydney	17.5 亿澳元	33 年 1 个月
	英国威尔特郡的联合指挥参谋学院	8800 万英镑	30 年
	美国 Lake Pleasant 污水处理厂	3.36 亿美元	15 年
	Veolia water and tampa baywater treatment partnership	1.44 亿美元	15 年，另加 5 年续签期
	Doha wastewater treatment facility in Qatar	2.6 亿美元	10 年
	伦敦大学学院医院重建及发展计划	4.22 亿英镑	40 年
	加拿大 Highway 407 Express Toll Route	31 亿美元	99 年

续表

采购模式	典型案例	投资	合同期限
DBFO	Britannia Mine Water Treatment Plant in Canada	NA	10年
	Newport Southern Distributor Road（NSDR）	2亿英镑	37年
	匈牙利M1-M15高速公路	NA	35年
	南非政府位于Bloemfontein和Louis Trichardt的两所监狱	NA	25年
DBFOT	Edwardsville Water and Wastewater Treatment Facilities	1100万美元	15年
DBOM	亚特兰大的Buckhead的供水项目	4.3亿美元	20年
DBOO	Biosolids Recycling Facility in California	1.01亿英镑	30年
DBOOT	Tampa bay seawater desalination	1.1亿美元	30年

10.3.2 DBO采购模式的特点

DBO模式除了具有转移和降低风险，提高基础设施项目的运作效率，满足社会和公众的需要，促进经济的发展等特点外，其自身还独具特点，主要表现为：

■ 能够有效地吸引到有经验的运营商。DBO合同的重心在"运营"这个环节。一些大型服务基础设施项目，比如垃圾处理场、焚化场等项目成功的关键是能否吸引到有经验的运营商。这些运营商可能对单个的运营合同招标投标不是那么感兴趣，或者觉得在他们既没有介入也无法控制设施的前期设计和施工的情况下，他们将难以接受长期运营责任。在亚洲项目上的经验表明，DBO确实能够有效地吸引有国际经验的运营商。

■ 没有融资风险，设计建造完成后即能获得政府支付。DBO项目不涉及融资，从而减少了私营机构与项目融资相关的一些风险，相对于BOT合同来说结构更简单些，这是DBO与BOT或DBFO根本的不同。DBO与BOT另外一个显著的不同在于BOT项目在建设完成之后承包商即开始运营并取得利润，在项目运营期结束后再将项目移交给业主，而在DBO模式下，项目在建成后需将整个项目产权移交给业主，经业主审核后，承包商才能进行项目的经营，因此DBO模式下，增强了业主对项目的控制权。从合同制定的角度上说，由于不必考虑融资、资本性支出的补偿等方面的复杂问题，相对更为容易。在运营期，政府部门只需要对承包商的运营服务付费，而无需像在BOT项目中那样需要考虑对承包商资本性支出的补偿。

■ 设计—施工—运营一体化的建造模式。DBO决定了承包商要承担从设计到建造和运营的全过程，原来的三个角色变成了一个角色，减少了摩擦和争议。设计—施工—运营一体化的建造模式要求项目设计阶段与其后各阶段的衔接，项目各过程的实施能够更有效地符合项目初衷，达到项目整体的统一协调，项目的建设流程更加流畅。承包商承担运营，承包商更有动力优化设计和施工，注重工程质量以减少其运营和维护时的成本费用，最大限度地优化项目的全寿命周期成本。

■ DBO是PPP模式中的一种，因此不可避免地也具有PPP模式的一些缺点：招标投标过程漫长、投标的费用很高等。

10.3.3 DBO 采购模式的适用范围

从 DBO 模式的实践应用及其特点来看，DBO 模式主要适用于需要通过直接融资（多为政府提供资金或贷款）的一些公用设施项目，并且这些项目的设计、施工、运营需要集成的一些项目（如图 10-2 所示）。这类项目或者是因项目本身自偿性不足，无法吸引私营机构介入，或者是政府有充裕建设资金的项目，就实践应用而言，DBO 模式主要应用于①环保设施，比如垃圾处理场、焚化场、废物转运站等项目。②城市水务项目，特别是政府投资的新建水厂。③高速公路收费项目。

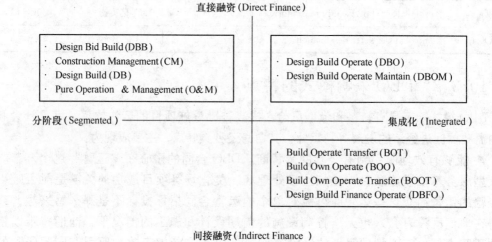

图 10-2 项目采购模式的选择

10.4 DBO 采购模式的运作过程

DBO 模式的运作过程与 PPP/PFI/BOT 大致相同。总体上来看，DBO 模式的运作可以分为项目策划和项目实施两大主要步骤。项目策划包括：项目构想、可行性研究、计划、采购 4 个阶段，项目实施包括设计施工以及运营 2 个阶段。这 6 个阶段可以进一步分为 18 个分阶段（Sub-phases），共计 40 个里程碑事件（见图 10-3）。

从项目参与各方供应链的角度来看，DBO 模式与 BOT、DB 以及 DBB 模式在信息传递和资金流向方面存在比较大的区别（如图 10-4 所示）。从图 10-4 中可以看出，DBB、DB 和 DBO 模式均需要业主提供项目资金，而 BOT 模式则是通过项目的收益来回收项目的成本；DBO 与 BOT 模式都涉及运营，因此，BOT 和 DBO 承包商都与运营商有资金往来和信息传递关系。

10.4 DBO 采购模式的运作过程

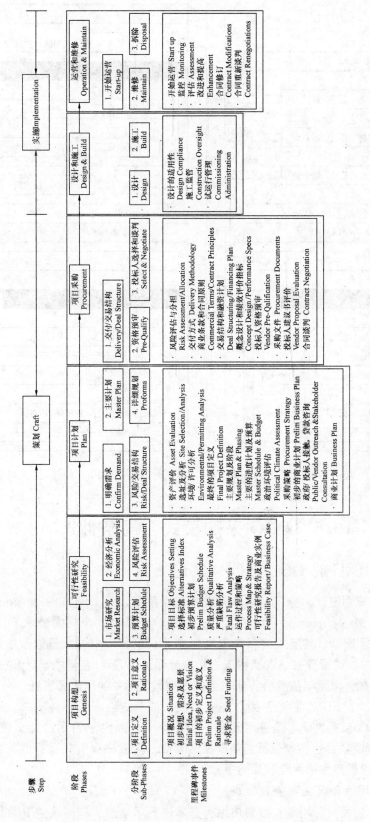

图 10-3 DBO 模式的主要工作阶段及内容

资料来源：John F. Williams, P3: project management. *HDR Engineering, Inc. New York City*

10 DBO 采购模式与管理

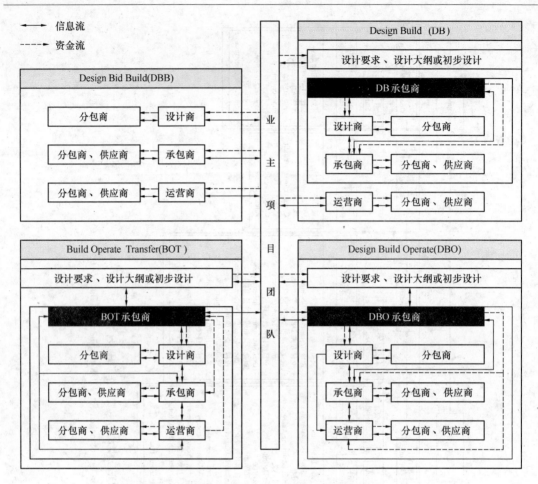

图 10-4　DBO 模式与 DBB、DB、BOT 模式供应链关系比较

10.5　DBO 采购模式合同条件

10.5.1　FIDIC 的 DBO 合同（讨论版）

DBO 合同分为规划设计、施工、运营与养护三个阶段，是 DB（Design Build）合同和 OM（Operation Maintenance）合同的组合。在缺少标准格式合同的情况下，DBO 项目的合同多半是根据 FIDIC 黄皮书（新黄皮书）或 FIDIC 橙皮书作大量修改或定制。虽然黄皮书（新黄皮书）或橙皮书（以及银皮书）充分涵盖了 DBO 合同的设计和施工方面，但 FIDIC 没有一个文件涉及与该类合同所包含的长期运营相关的风险和责任。

DBO 合同将作为"FIDIC 彩虹系列"的新成员，成为继红皮书、黄皮书、白皮书后的一款金皮书。DBO 合同的重心是在"运营"这个环节，鼓励承包商设计运营一肩挑，事实上，现有的 DBO 项目也多半是承包商即是运营商。金皮书中有关运行的条款却是全新的，这一特色要求重新审视风险和保险条款。

1. FIDIC 的 DBO 合同主要条款组成

FIDIC 的 DBO 合同（讨论版）以黄皮书为蓝本进行了增删。与传统的 FIDIC 合同一样，DBO 合同分为通用条件和专用条件及附录和附件等。其中通用条件共有 20 条 191 款，包括：一般规定、业主、业主代表、承包商、设计、员工、工程设备、材料和工艺、开工日期、竣工和进度安排、设计—施工、运营服务、检验、缺陷、变更和调整、合同价格和支付、业主提出终止、承包商提出暂停和终止、风险分担、保险、意外风险索赔、争端与仲裁（如表 10-2 所示）。

FIDIC 的 DBO 合同主要条款组成　　　　表 10-2

主 题 条 款	分 条 款
1. General Provisions（一般规定）	1.1　Definitions（定义） 1.2　Interpretation（解释） 1.3　Communications（通信交流） 1.4　Law and Language（法律和语言） 1.5　Priority of Documents（文件的优先次序） 1.6　Contract Agreement（合同协议书） 1.7　Operating License（运营许可证） 1.8　Assignment（权益转让） 1.9　Care and Supply of Documents（文件的照管和提供） 1.10　Errors in the Employer's Requirements（业主要求中的错误） 1.11　Employer's Use of Contractor's Documents（业主使用承包商的文件） 1.12　Contractor's Use to Employer's Documents（承包商使用业主的文件） 1.13　Confidential Details（保密事项） 1.14　Compliance with Laws（遵守法律） 1.15　Joint and Several Liability（共同的和各自的责任）
2. The Employer（业主）	2.1　Right of Access to the Site（进入现场的权利） 2.2　Permit，Licenses or Approvals（许可证、执照或批准） 2.3　Employer's Personnel（业主人员） 2.4　Employer's Financial Arrangements（业主的资金安排） 2.5　Employer's Claims（业主索赔）
3. The Employer's Representative（业主代表）	3.1　Employer's Representative's Duties and Authority（业主代表责任和权利） 3.2　Delegation by the Employer's Representative（业主代表委托） 3.3　Instructions of the Employer's Representative（业主代表的指示） 3.4　Replacement of the Employer's Representative（业主代表的替换） 3.5　Determinations（确定）
4. The Contractor（承包商）	4.1　Contractor's General Obligations（承包商的一般义务） 4.2　Performance Security（履约担保） 4.3　Contractor's Representative（承包商代表） 4.4　Subcontractors（分包商） 4.5　Nominated Subcontractors（指定分包商） 4.6　Co-operation（合作） 4.7　Setting Out（放线） 4.8　Safety Procedures（安全程序） 4.9　Quality Assurance（质量保证） 4.10　Site Data（现场数据） 4.11　Sufficiency of the Accepted Contract Amount（中标合同金额的充分性）

续表

主 题 条 款	分 条 款
4. The Contractor（承包商）	4.12 Unforeseeable Physical Conditions（不可预见的现场条件） 4.13 Rights of Way and Facilities（道路通行权和设施） 4.14 Avoidance of Interference（避免干扰） 4.15 Access Route（进场通路） 4.16 Transport of Goods（货物运输） 4.17 Contractor's Equipment（承包商设备） 4.18 Protection of the Environment（环境保护） 4.19 Electricity, Water and Gas（电、水和燃气） 4.20 Employer's Equipment and Free-Issue Material（业主的设备和免费供应的材料） 4.21 Progress Reports（进度报告） 4.22 Security of the Site（现场保安） 4.23 Contractor's Operations on Site（承包商的现场作业） 4.24 Fossils（化石）
5. Design（设计）	5.1 General Design Obligations（设计的一般义务） 5.2 Contractor's Documents（承包商文件） 5.3 Contractor's Undertaking（承包商保证） 5.4 Technical Standards and Regulations（技术标准和规章） 5.5 As-Built Documents（竣工文件） 5.6 Operation and Maintenance Manuals（操作和维护手册） 5.7 Design Error（设计错误）
6. Staff and Labor（员工）	6.1 Engagement of Staff and Labor（员工的雇佣） 6.2 Rates of Wages and Conditions of Employment（工资的标准和劳动条件） 6.3 Persons in the Service of Employer（为业主服务的人员） 6.4 Labor Laws（劳动法规） 6.5 Working Hours（工作时间） 6.6 Facilities for Staff and Labor（为员工提供设施） 6.7 Health and Safety（健康和安全） 6.8 Contractor's Superintendence（承包商的管理工作） 6.9 Contractor's Personnel（承包商人员） 6.10 Records of Contractor's Personnel and Equipment（承包商人员和设备的记录） 6.11 Disorderly Conduct（无序行为）
7. Plant, Materials and Workmanship（工程设备、材料和工艺）	7.1 Manner of Execution（实施方式） 7.2 Samples（样品） 7.3 Inspection（检查） 7.4 Testing（检验） 7.5 Rejection（拒收） 7.6 Remedial Work（补救工作） 7.7 Ownership of Plant and Materials（工程设备和材料的所有权） 7.8 Royalties（土地（矿区）使用费）

续表

主 题 条 款	分 条 款
8. Commencement Date, Completion and Program（开工日期、竣工和进度安排）	8.1　Commencement Date（开工日期） 8.2　Time for Completion（竣工时间） 8.3　Program（进度计划） 8.4　Advanced Warning（提前告知） 8.5　Delays Damages（误期损害赔偿费） 8.6　Contract Completion Certificate（合同完成证书） 8.7　Residual Life（剩余生命期）
9. Design-Build（设计—施工）	9.1　Commencement of Design-Build（设计—施工开始） 9.2　Time for Completion of Design-Build（设计—施工竣工时间） 9.3　Extension of Time for Completion of Design-Build（设计—施工竣工时间延长） 9.4　Delays Caused by Authorities（当局引起的延误） 9.5　Rate of Progress（工程进度） 9.6　Delay Damages relating to Design-Build（与设计—施工相关的误期损害赔偿费） 9.7　Suspension of Work（暂停工作） 9.8　Consequences of Suspension（暂停工作的后果） 9.9　Payment for Plant and Material in Event of Suspension（暂停工作情况下对工程设备和材料的支付） 9.10　Prolonged Suspension（持续的暂停） 9.11　Resumption of Work（复工） 9.12　Completion of Design-Build（设计—施工竣工） 9.13　Failure to Complete（未能完成）
10. Operation Service（运营服务）	10.1　General Requirements（一般要求） 10.2　Commencement of Operation Service（运营服务的开始日期） 10.3　Independent Compliance Audit（独立合规审计） 10.4　Delivery of Raw Materials（原材料的配送） 10.5　Training（培训） 10.6　Delays and interruption during the Operation Service（运营服务期间的延迟和干扰） 10.7　Failure to Reach Production Outputs（未能达到生产产量） 10.8　Completion of Operation Service（运营服务结束）
11. Testing（检验）	11.1　Testing of the Works（工程检验） 11.2　Delayed Tests on Completion of Design-Build（设计—施工竣工延误检验） 11.3　Retesting of the Works（工程重新检验） 11.4　Failure to Pass Tests on Completion of Design-Build（未能通过设计—施工竣工检验） 11.5　Completion of the Works and Sections（工程和分项工程竣工） 11.6　Commissioning of Parts of the Works（部分工程试生产） 11.7　Commissioning Certificate（试生产证书） 11.8　Joint Inspection Prior to Contract Completion（合同完成前联合检查） 11.9　Procedure for Tests Prior to Contract Completion（合同完成前检验程序） 11.10　Delayed Tests Prior to Contract Completion（合同完成前延误检验） 11.11　Failure Pass Tests Prior to Contract Completion（没有通过合同完成前检验） 11.12　Retesting Prior to Contract Completion（合同完成前重新检验）

续表

主题条款	分条款
12. Defects（缺陷）	12.1 Completion of Outstanding Work and Remedying Defects（扫尾工作和修复缺陷完成） 12.2 Cost of Remedying Defects（修复缺陷成本） 12.3 Failure to Remedy Defects（未能修复缺陷） 12.4 Further Tests（进一步检验） 12.5 Removal of Defective Work（移走有缺陷的工程） 12.6 Contractor to Search（承包商调查） 12.7 Unfulfilled Obligations（未履行的义务）
13. Variations and Adjustments（变更和调整）	13.1 Right to Vary（变更的权利） 13.2 Value Engineering（价值工程） 13.3 Variation Procedure（变更程序） 13.4 Payment in Applicable Currencies（以适用的货币支付） 13.5 Provisional Sums（暂定金额） 13.6 Adjustments for Changes in Legislation（因法律改变的调整） 13.7 Adjustments for Changes in Technology（因技术改变的调整） 13.8 Adjustments for Changes in Cost（因为费用波动而调整）
14. Contract Price and Payment（合同价格和支付）	14.1 The Contract Price（合同价格） 14.2 Advance Payment（预付款） 14.3 Application for Advance and Interim Payment Certificates（预付款和期中支付证书申请） 14.4 Schedule of Payments（支付表） 14.5 Asset Replacement Schedule（资产置换表） 14.6 Payment for Plant and Materials Intended for the works（用于工程的永久设备和材料支付） 14.7 Issue of Advance and Interim Payment Certificates（预付款和期中支付证书颁发） 14.8 Payment（支付） 14.9 Delayed Payment（延误的支付） 14.10 Payment of Retention Money（保留金支付） 14.11 Application for Final Payment Certificate Design-Build（设计—施工最终支付证书申请） 14.12 Issue of Final Payment Certificate Design-Build（设计—施工最终支付证书颁发） 14.13 Application for Final Payment Certificates Operation Service（运行服务最终支付证书申请） 14.14 Discharge（结清单） 14.15 Issue of Final Payment Certificate Operation Service（运行服务最终支付证书颁发） 14.16 Cessation of Employer's Liability（业主责任的终止） 14.17 Currencies of Payment（支付货币） 14.18 Asset Replacement Fund（资产置换基金） 14.19 Maintenance Retention Fund（维修保留金）

10.5 DBO采购模式合同条件

续表

主题条款	分条款
15. Termination by Employer（业主提出终止）	15.1 Notice to Correct（通知改正） 15.2 Termination for Contractor's Default（由于承包商违约而提出终止合同） 15.3 Valuation at Date of Termination for Contractor's Default（由于承包商违约终止日期时的估价） 15.4 Payment after Termination for Contractor's Default（承包商违约终止后的支付） 15.5 Termination for Employer's Convenience（业主自主终止合同） 15.6 Valuation at Date of Termination for Employer's Convenience（业主自主终止合同时的估价） 15.7 Payment after Termination for Employer's Convenience（业主自主终止合同时支付）
16. Suspension and Termination by Contractor（承包商提出暂停和终止）	16.1 Contractor's Entitlement to Suspend Work（承包商暂停工作的权利） 16.2 Termination by Contractor（承包商提出终止） 16.3 Cessation of Work and Removal of Contractor's Equipment（停止工作及承包商的设备的撤离） 16.4 Payment on Termination（终止时的支付）
17. Risk Allocation（风险分担）	17.1 The Employer's Risks During the Design-Build Period（业主在设计—施工阶段的风险） 17.2 The Contractor's Risks During the Design-Build Period（承包商在设计—施工阶段的风险） 17.3 The Employer's Risks During the Operation Service Period（业主在运营阶段的风险） 17.4 The Contractor's Risks During the Operation Service Period（承包商在运营阶段的风险） 17.5 Responsibility for Care of the Works（对工程照管的责任） 17.6 Consequences of the Employer's Risks of Damage（业主风险的后果） 17.7 Consequences of Contractor's Risks Resulting in Damage（承包商风险的后果） 17.8 Limitation of Liability（责任限度） 17.9 Indemnities by the Contractor（承包商的保障） 17.10 Indemnities by the Employer（业主的保障） 17.11 Shared Indemnities（业主和承包商共同的保障） 17.12 Risk of Infringement of Intellectual and Industrial Property Rights（侵害知识产权和工业产权的风险）
18. Exceptional Risks（意外风险）	18.1 Exceptional Risks（意外风险） 18.2 Notice of an Exceptional Risk（意外风险通知） 18.3 Duty to Minimize Delay（将延误减至最小的义务） 18.4 Consequences of an Exceptional Risk（意外风险造成的后果） 18.5 Optional Termination, Payment and Release（可选择的终止、支付和返回） 18.6 Release from Performance under the Law（根据法律解除履约）
19. Insurance（保险）	19.1 General Requirements（总体要求） 19.2 Insurance to be Provided by the Contractor during the Design-Build Period（承包商在设计—施工阶段提供的保险） 19.3 Insurances to be provided by the Contractor during the Operation Service（承包商在运营服务阶段提供的保险）

续表

主题条款	分条款
20. Claims, Disputes and Arbitration（索赔、争端与仲裁）	20.1 Contractors Claims（承包商的索赔） 20.2 Appointment of the Dispute Adjudication Board（任命争端裁定委员会） 20.3 Failure to Agree Dispute Adjudication Board（未能同意争端裁决委员会的委任） 20.4 Avoidance of Disputes（争端的避免） 20.5 Obtaining Dispute Adjudication Board's Decision（获得争端裁决委员会的决定） 20.6 Amicable Settlement（友好解决） 20.7 Arbitration（仲裁） 20.8 Failure to Comply with Dispute Adjudication Board's Decision（未能遵守争端裁决委员会的决定） 20.9 Disputes Arising during the Operation Services Period（在运营服务阶段出现的争端） 20.10 Expiry of Dispute Adjudication Board's Appointment（争端裁决委员会的委任期满）

2. FIDIC 的 DBO 合同条件分析

(1) DBO 合同的框架及结构

DBO 合同的内容按照项目进展阶段（设计、施工、营运），约定项目各参与方之间的关系，其内容包括：进度管理、质量管理、费用管理、沟通管理、风险管理、HSE 管理及合同管理等（如图 10-5 所示）。

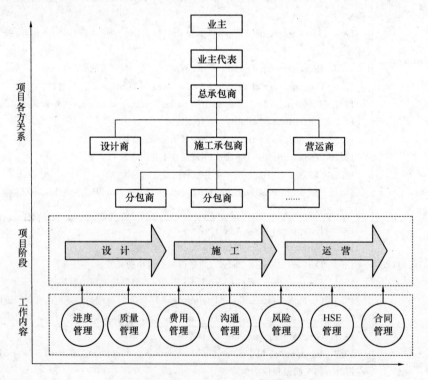

图 10-5 DBO 合同的框架

FIDIC 的 DBO 合同沿袭了新红皮书、新黄皮书、银皮书的结构框架，包括 20 个主题条款，且多数条款都一样（如表 10-3 所示）。

FIDIC 新红皮书、新黄皮书、银皮书、金皮书的结构比较　　　表 10-3

条款	FIDIC 新红皮书	FIDIC 新黄皮书	FIDIC 银皮书	FIDIC 金皮书
1	一般规定	√	√	√
2	业主	√	√	√
3	工程师	√	业主的管理	业主代表
4	承包商	√	√	√
5	指定分包商	设计	设计	设计
6	员工	√	√	√
7	工程设备、材料和工艺	√	√	√
8	开工、延误与暂停	√	√	开工日期、竣工和进度安排
9	竣工检验	√	√	设计—施工
10	业主的接收	√	√	运营服务
11	缺陷责任	√	√	检验
12	计量与估价	竣工后的检验	竣工后的检验	缺陷
13	变更和调整	√	√	√
14	合同价格和支付	√	√	√
15	业主提出终止	√	√	√
16	承包商提出暂停和终止	√	√	√
17	风险与责任	√	√	风险分担
18	保险	√	√	意外风险
19	不可抗力	√	√	保险
20	索赔、争端与仲裁	√	√	√

注：√表示与 FIDIC 新红皮书相同。

(2) DBO 关于运营服务的条款内容

DBO 与 FIDIC 其他合同条件相比，最大的差别在于增加了运营服务的相关条款，其主要内容有：

1) 一般要求

承包商应按照运营管理系统实施。运营管理系统是指合同中以及在合同执行过程中达成一致的修改意见所提供的。承包商应遵守运营维护计划和运营维护手册的要求。除非先征得业主代表的同意，否则不能有实质性改变。工程设备运营人员和维护人员应有适当的经验和资格去实施运营服务。所有运营和维护人员的名字以及相应资格和经验的详细材料，应提交给业主，以征得其同意。在征得同意之前，任何这样的人员都不能被雇佣。

2) 运营服务的开始日期

除非业主要求中另有说明，运营服务开始日期应从颁发移交证书开始，并且只有设计—施工所有工程或任何部分完成，运营服务才应开始。移交证书或者相关通知或附件，应包括合同中的规定和约束条件，承包商应遵守这些规定和约束条件。如果由于这个原因引起承包商额外的费用，业主应对此赔偿。然后，承包商应按照运营管理系统，提供运营服务。

如果承包商要修改先前提交获批准的文件，应马上通知业主代表，随后并向业主代表提交修改后的文件供其审核，附带一份修改的书面解释理由。直到业主代表审核了修改的文件，并书面同意承包商这样实施工程，承包商才能实施修改的建议。但任何批准或认可或审核（根据本款或其他）都不应免除承包商的任何义务和责任。

3）独立合规审计

在运营服务期间，运营服务开始前至少182天，业主和承包商应联合任命审计主体进行独立和公平的审计。关于任命审计主体的条款应包括在业主要求中，其目的是为了在运营服务期间，根据运营管理系统对业主和承包商的进展进行审计和监督。如果双方在任命审计主体时无法达成协议，应交由争端裁决委员会解决，由争端裁决委员会进行任命，并通知相应双方。审计主体应在运营服务开始的同时，行使其义务。审计主体的支付应包括在合同中的暂定金额中。双方应与审计主体合作，并对审计主体发布报告中提出的事项给予相应的响应。

4）原材料的配送

业主应将其负责的原材料、燃料、消费品以及业主要求中规定的其他产品免费发送、提供和运输至现场（或者其他指定的地点）。所有上述物品应符合目的，符合合同要求的质量、目的和功能。

如果上述任何产品或物品没有根据商定的配送计划运送，或者不符合规定的质量，这种延迟或偏差引起了承包商额外的支付费用，承包商应有权向业主发出相应的通知，并有权索要费用及相应的利润。但不适用由于以下情况引起的延迟：

- 由承包商责任引起的损害、维修、置换以及其他运营失误。
- 由承包商承担的健康、安全和环境风险。
- 根据合同，承包商的任何遗漏或行为。

5）培训

承包商应按照业主要求中规定的范围，对业主人员进行工程操作和维护培训。培训计划和安排应与业主协商，承包商应提供有经验的培训人员以及业主要求中列明的所有培训材料。业主应负责提供培训场所，推荐和选择合适的人员接受培训。

6）运营服务期间的延迟和干扰

- 由承包商引起的延迟和干扰。如果在运营服务期间，延迟和干扰是由承包商引起的或者承包商对此原因负责，承包商应补偿业主所有的损失，包括收入损失、利润损失以及一般管理费的损失。补偿的总额应由业主代表与每一方进行协商。业主有权在给承包商的下期支付款中，扣除相应的数额，以获得赔偿。然而，由承包商支付给业主的赔偿总量不应超过合同基本资料中列明的总量。任何延期和干扰都不产生运营服务期的延长。

- 由业主引起的延期和干扰。如果在运营服务期间，延迟和干扰是由业主引起的或者业主对此原因负责，业主应补偿承包商所有的损失，包括收入损失和利润损失。补偿的总额同样由业主代表与每一方进行协商。业主可以在下期支付给承包商的款项中，进行相应的调整，以此来赔偿承包商。除了业主选择终止承包商服务这种情况外，由业主支付给承包商的赔偿总量不应超过合同基本资料中列明的总量。任何延期和干扰都不产生运营服务期的延长。

- 由业主引起的暂停。在运营服务期间，业主代表可以在任何时间指示承包商暂停运营服务的进程。在暂停期间，承包商应保护、存储、保卫以及维护工程设备免受变质、损失或损害。如果业主暂停运营服务是由承包商的失误引起的，或者根据合同应由承包商负责，则应由承包商补偿业主所有的损失。如果暂停不是由于承包商的失误引起的，或者根据合同应由业主负责的状况，此暂停持续超过84天，承包商可以要求业主代表允许其继续运营服务。如果业主代表在收到这样的要求后28天内，没有给出允许，承包商可以通知终止合同。在可以继续运营的允许或指示发出后，承包商和业主代表一起检查工程。承包商应对工程的损害或缺陷进行修补，业主代表对由承包商实施的所有修补要进行书面记录。如果暂停不是由于承包商的失误引起的，或者根据合同应由业主负责的状况，则在重新开始运营服务之前，对工程的修补，承包商有权要求得到成本加利润的支付。

7）未能达到生产产量
- 如果承包商未能达到合同中要求的产品产量，合同双方应共同寻找失败的原因。
- 如果失败的原因在于业主或者他的服务人员或者他的代理人，那么，与承包商商议后，业主应给出书面指示，使承包商按照业主的要求采取措施。如果承包商由此失败或业主发出的指示产生额外费用，业主应向承包商支付费用及利润。
- 如果失败的原因在于承包商，那么，与业主商议后，承包商应采取各种措施使其产量达到合同中要求的水准。如果由于此失败或承包商采取此措施，引起业主的损失，承包商应向业主支付合同基本资料中规定的业绩损失。

除非合同基本资料中另有规定，如果失败持续的时间超过84天，承包商无法达到所要求的生产产量，业主可以：
- 以一个确定的减少水平的补偿继续运营。
- 如果生产产量不能达到合同基本资料中要求的最低产量，以书面的形式提前56天通知结束合同。在这种情况下，业主可以自主继续运营服务或雇佣他人来进行运营服务。

8）运营服务结束
除非双方相互同意延长运营服务期，承包商运营和维护工程设备的义务在合同所规定的运营服务期结束时结束。

3. DBO合同中的主要流程
金皮书中合同实施的流程、支付流程及承包商索赔流程中的主要事件及时间分别如图10-6，图10-7，图10-8所示。

10.5.2 世界银行固体废弃物处理（DBO模式）标准合同文本

世界银行于2005年8月推出了固体废弃物处理DBO模式的标准合同文本，其通用条件共11个主题条款和50个分条款（如表10-4所示）。

10 DBO采购模式与管理

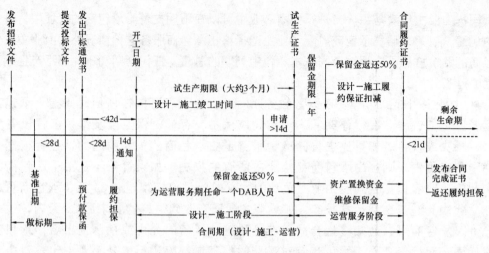

图 10-6 DBO 合同的里程碑事件及时间

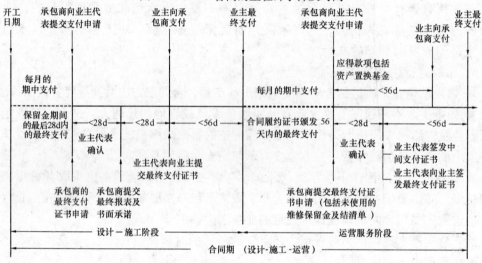

图 10-7 DBO 模式的支付流程

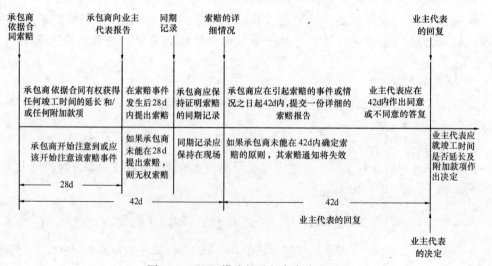

图 10-8 DBO 模式的承包商索赔流程

10.5 DBO采购模式合同条件

世界银行固体废弃物处理 DBO 合同主要条款组成　　　　表 10-4

主 题 条 款	分 条 款
A Contract and Interpretations（合同和解释）	
1.（合同和解释）	1.1　Definitions（定义） 1.2　Contract Documents（合同文件） 1.3　Interpretation（解释） 1.4　Notice（通知） 1.5　Governing Law（控制法令） 1.6　Settlement of Disputes（争议的解决） 1.7　Assignment（安排） 1.8　Contract Records, Accounting and Auditing（合同记录、清算账目和审计） 1.9　Operator's Claims During the Design-Build Period（设计—建造期间运营者的索赔）
B. Subject Matter of the Contract（合同主题）	
2. Contract Term, Timing and Completion（合同工期、时间选择和完工）	2.1　General（一般情况） 2.2　Design-Build Period and New Operations Period（设计—建造期和新运营期） 2.3　Design-Build Period - Commencement, Delays and Suspension（设计—建造期—开始、延期和暂停） 2.4　New Operations Period（新运营期）
3. Obligations of the Operator（运营者的义务）	3.1　General-Services and Standards of Performance（一般—服务和履约标准） 3.2　Law Governing Services（控制服务的法律） 3.3　Conflict of Interest（利益的冲突） 3.4　Plant and Equipment, Operator's Equipment (Design-Build) and Operations Equipment (Operations)（工厂和设备、运营者的设备（设计—建设）和操作设备） 3.5　Site Information and Investigation（现场信息和调查） 3.6　Access to the Site and New Facility（进入现场和新设施的途径）
4. Obligations of the Owner's（业主的义务）	4.1　Assistance to the Operator（业主给予运营的协助） 4.2　Access to the Site and New Facility（进入现场和新设施的途径） 4.3　Reviews and Approvals of Submissions（提交报告的审查和批准）
C. Payment（支付）	
5. Contract Price and Payment（合同价格和付款）	5.1　Contract Price（合同价格） 5.2　Terms of Payment（付款条件） 5.3　Performance Incentive Compensation（履约奖金） 5.4　Liquidated Damages - Operations（规定的违约偿金—运营） 5.5　Securities（担保） 5.6　Taxes and Duties（税金和关税）
D. Intellectual Property（知识产权）	
6. Copyright - Design-Build Documents（版权—设计—建设文件）	6.1　Copyright - Design-Build Document（版权—设计—建设文件） 6.2　Confidentiality（保密）

313

续表

主题条款	分条款
E. Execution of the Services（服务的执行）	
7. Contract Administraion and Supervision During the Design-Build and New Operations Periods（在设计—建设和新运营期间的合同的管理和监督）	7.1 General（一般情况） 7.2 Design-Build Supervision（设计-建设监督） 7.3 Operations Supervision（运营监督）
8. Representatives, Staff and Subcontracting（代表、员工和分包）	8.1 Representatives（代表） 8.2 Operator's Superintendence（运营者监督） 8.3 Operator's Personnel（运营者的职员） 8.4 Replacement of Operator's Personnel（运营者的职员的替换） 8.5 Existing Staff（现有的职员） 8.6 Subcontractors（分包商）
F. Liability and Risk Distribution（责任和风险分配）	
9. Liability and Risk Dsitribution（责任和风险分配）	9.1 Defect Liability（缺陷责任） 9.2 Limitation of Liability（责任范围） 9.3 Transfer of Ownership and Existing Equipment and Materials（所有权、现有设备和材料的转移） 9.4 Care of the Site and New Facility（现场和新设备的照管） 9.5 Indemnification（补偿） 9.6 Insurance（保险） 9.7 Unforeseeable Physical Conditions（不可预见的物理条件） 9.8 Force Majeure（不可抗力） 9.9 War Risks（战争风险） 9.10 Change in Laws and Regulations（法律法规的改变） 9.11 Patent Indemnity（专利权保证） 9.12 Functional Guarantees（功能担保）
G. Change in Contract Elements（合同元素的改变）	
10. Change in Contract Elements（合同元素的改变）	10.1 Change to the Design-Build Services（设计—建设服务的改变） 10.2 Change to the Operations Services（运营服务的改变）
11. Suspension and Termination（暂停和终止）	11.1 Suspension（暂停） 11.2 Termination（终止）

10.6 DBO采购模式与相关模式的比较

10.6.1 DBO与PPP其他模式的比较

DBO和业内熟知的其他采购方式，比如BOT（Build-Operate-Transfer）和DBFO

(Design -Build-Finance-Operate)有着实质性的区别：BOT模式下承包商要承担项目融资，DBFO模式下承包商要承担设备融资，而在DBO模式下，融资是由公共部门负责，所以DBO的承包商没有融资风险；BOT模式下承包商在运营期结束后将项目所有权转让给公共部门，而DBO合同下，项目所有权始终归公共部门所有。在BOT和DBFO中，承包商要收回成本，既可以通过直接用户收费，也可以通过用户收费和公共部门付款相结合的方式。而DBO中承包商收回成本的唯一途径就是公共部门的付款，当然以其提供必须符合公共部门预先设定的产量及标准为前提。

DBO模式与几种容易混淆的PPP模式相比，相同之处在于公共设施的建设和经营均由私营部门负责，不同之处主要体现在投资和所有权关系两个方面（如表10-5所示）。

DBO与其他几种PPP模式比较　　　　　　　　　　表10-5

	比　较　项	DBO	DBTO	DBFO	BLOT	BOOT	BOO
投资	私营部门投资			✓	✓	✓	✓
	通过向用户收费收回投资		✓	✓	✓	✓	✓
	通过政府付费收回投资	✓	✓	✓			
建设	私营部门建设工程	✓	✓	✓	✓	✓	✓
经营	私营部门提供运营服务	✓	✓	✓	✓	✓	✓
拥有	公共部门永久拥有	✓	✓	视合同而定	✓		
	合同期间私营部门拥有					✓	
	私营部门永久拥有						✓

此外，不同模式对于承包商的选择标准是不同的，在传统模式下，选择承包商的依据多是根据承包商的报价，如最低价中标，而在DBO、BOT、DBOM等模式下，对承包商的选择更多的是从最优价值、创新等方面考虑，价格不再是唯一的或主要的因素（如图10-9所示）。

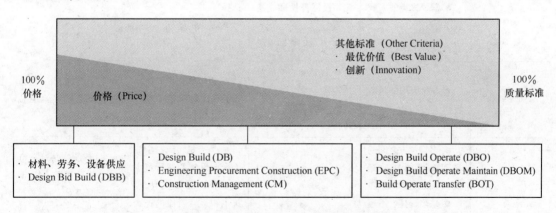

图10-9　不同模式下承包商的选择标准

10.6.2　DBO与传统的D、B、F、O、以及DBFO模式的比较

一个项目的完成通常需要四个步骤：设计（D）、建设（B）、运营（O）、融资（F）。

前三个要素按照时间顺序排列（尽管它们有交叠），融资元素是项目的支撑。对于不需要运营的项目，它和施工阶段关系密切；对于设备和服务采购类的长期合同，它又贯穿项目整个生命期。这四个步骤，或者说这四个要素可以进行很多种组合来适应项目的特殊环境，例如 D、B、O、F 单独组织，如传统施工合同；DB 合同，外加 O、F 的单独组织；DBO 合同，外加 F 的单独组织；以及 DBFO 合同等。还有其他的采购组合，虽然理论上可行，但是在实践应用中并不普遍。DBO 模式与 D、B、F、O、DB 以及 DBFO 模式的比较如表 10-6 所示。

DBO 与 D、B、F、O、DB、DBFO 模式的比较　　　　表 10-6

采购模式 比较项	传统的（D, B, O, F）	设计建造 (D&B, O, F)	设计、建造和运营 (DBO, F)	设计、建设、融资、运营（DBFO）
控制	● 业主对项目的设计、施工阶段的控制很强	● 业主在设计和施工阶段的控制减少了	● 业主一般很少对项目进行详细控制	● 业主一般很少对项目进行详细控制
合同管理	● 业主需要很多的人力和财力来管理和监控合同	● 合同设计成允许承包商自我监控的形式	● 合同设计成允许承包商自我监控的形式	● 合同设计成允许承包商自我监控的形式
效率	● 效率较低	● 比传统模式更快的采购程序	● 比 DB 模式更快的采购程序	● 比 DBO 模式更快的采购程序
招标投标	● 在各个阶段，投标者评估相对简单并且可以很快完成 ● 快速、相对低的成本和采购成本 ● 需要多重的采购程序	● 需要两个采购程序 ● 投标期必须更长，允许投标者准备初步设计 ● 与传统模式相比，投标者投标成本更高 ● 复杂的评标程序	● 投标期必须更长，允许投标者准备初步设计并且计划运营 ● 复杂的投标人选择 ● 复杂的评标	● 复杂的投标人选择 ● 复杂的评标 ● 由于项目融资，复杂的采购程序时间更长，比 DBO 模式的招标投标成本更高
风险转移	● 非常有限的风险转移	● 设计和施工风险被转移 ● 运营风险的有限转移	● 设计、施工和运营的风险转移给了私人部门	● 设计、施工、运营、融资的风险转移给了私人部门
界面	● 参与各方之间的界面有可能导致延误、争议和成本超支 ● 缺陷责任、不履行责任和全生命期成本的不连贯性	● 施工和运营阶段的缺陷/不履行责任的不连续性	● 一个承包商对全生命期设施的履行负有责任，确保设计、施工和运营阶段的连续性、最小化缺陷和避免冲突	● 一个承包商对全生命期设施的履行负有责任，确保设计、施工和运营阶段的连续性、最小化缺陷和避免冲突
所有权	● 政府拥有设施的所有权	● 政府拥有设施的所有权	● 政府拥有设施的所有权	● 承包商拥有设施的所有权直到合同结束

续表

采购模式 比较项	传统的（D，B，O，F）	设计建造 （D&B，O，F）	设计、建造和运营 （DBO，F）	设计、建设、融资、运营（DBFO）
融资	● 需要政府来筹集资金成本 ● 政府可以借入资金来筹集资金，这种借入利率比私人部门这种借入利率低	● 需要政府来筹集资金成本 ● 政府可以借入资金来筹集资金，这种借入利率比私人部门这种借入利率低	● 需要政府来筹集资金成本 ● 政府可以借入资金来筹集资金，借入利率比私人部门这种借入利率低	● 政府不需要为项目进行融资 ● 如果项目融资，一般比私人社团融资（Private Corporate Finance）成本要低
成本	● 直到运营合同签订，才能确定全生命期成本	● 设计和建造成本在项目的早期阶段就可以被确定 ● 直到运营合同签订，才能确定全生命期成本	● 在早期阶段，全生命期成本就被定义 ● 承包商有最小化延误和不履行成本的动机	● 在早期阶段，全生命期成本就被确定 ● 承包商有最小化延误和成本的动机 ● 更高的法律顾问成本，对业主的专家团队资源的需求更多
竞争	● 价格竞争激烈 ● 技术竞争可能是有限的	● 招标投标中增加的竞争有可能压低价格和相关联的设计质量	● 承包商技术、运营能力的竞争	● 承包商技术、融资、运营能力的竞争
灵活性	● 在项目生命期内，改变灵活	● 与传统模式相比，一旦合同授予，设计改变的灵活性小	● 长期合同限制灵活性	● 长期合同限制灵活性
创新	● 承包商在设计阶段没有介入，丧失了创新和最大化建造能力的机会	● 允许承包商的创新，承包商设计和建造	● 允许承包商的创新，自己设计、建造和运营	● 允许承包商的创新，自己设计、建造和运营
业主要求	● 对于设施的设计、施工和运营，业主准备了精确的要求	● 对于设施的设计和施工，业主准备了大纲性的要求；并且对于设施运营，单独准备了一系列详细要求的详细设计	● 业主详细说明了设施需要获得的产出	● 业主详细说明了设施需要获得的产出
业主管理团队	● 在专业顾问的支持下，管理团队较为简单	● 在专业顾问的支持下，管理团队较为简单	● 管理团队较为庞大，需要有法律、经济、技术、保险方面的顾问	● 管理团队较为庞大，需要有法律、经济、技术、保险方面的顾问

10.7 DBO采购模式案例分析

由于爱尔兰都柏林（Dublin）地区的废水处理未能达标而排放在都柏林海湾里，欧盟（European Union）的都市废水处理部（Urban Waste Water Treatment Directive）要求爱尔兰政府采取措施提高都柏林海湾的海水质量。为此，爱尔兰政府水务和废水管理部门启动了爱尔兰Dublin地区废水处理项目。该项目主要对大都柏林地区（Greater Dublin Area，包括Dublin City, Fingal, South Dublin和Dun Laohaire-Rethdown等地区）的生活、生产废水进行处理。

爱尔兰Dublin地区废水处理项目采用DBO模式，主要目的是提高向公众服务的质量和效率，吸引到最先进的技术和专家，形成了如图10-10所示的有利于保障私营机构投资的DBO结构。

图10-10 都柏林废水处理计划结构图

该项目采用公开招标，最终由爱尔兰的Ascon、英国的Anglia Water公司和Black & Veatch公司组成的联营体中标，项目的特许期为20年。根据合同，联营体负责设计、建设与运营，对废水的处理要达到欧盟都市废水处理部所制订的标准，并且负责在运营期间对处理设备进行维修。

由于对国内废水排放的用户收费存在很大困难，因此，只能向国外废水排放的用户进行收费，但这个费用弥补不了项目的建设与运营费用。为此，欧盟聚合基金（E.U. Cohesion Fund）提供了1.33亿欧元（占总投资2.65亿欧元的50%左右）的补助。爱尔兰政府没有为联营体提供任何保证，但提供了另外50%的资金，联营体不需要融资。

该项目的一些做法提供了借鉴意义：

■ 欧盟聚合基金、爱尔兰政府以及向国外消费者收费的资金来源，使原本自偿性不足的废水处理项目变得可行，这样吸引到私营机构采用最先进的技术提供优质服务。采用DBO模式有效地降低了项目的寿命周期成本。

■ 联营体通过向国外消费者收费以抵补维修和运营费用，而国内的消费者没有支付废水处理的相关费用，相当于政府对国内消费者进行了间接补贴（Indirectly Subsidized）。该项目曾试图向国内的消费者收费，但遇到了极大的阻力。

■ DBO合同使私营机构的投资利益得到保障，使项目具有可持续性，运营者也就有对设备的维修和提高运营效率的积极性。

10.8 本章小结

本章首先介绍了DBO采购模式的基本概念、研究现状及实践应用情况；然后分析了DBO模式的演化类型、特点、适用范围及运作过程。重点对于FIDIC和世界银行的DBO

模式的合同条件进行了阐述和分析。本章还对 DBO 模式与其他模式进行了分析和对比。最后对 DBO 模式在爱尔兰都柏林地区废水处理计划应用的案例进行了分析。

参 考 文 献

1. 古立毅. 基于 DBO 模式的小城镇基础设施建设研究—以汉沽营城污水处理厂项目为例 [D]. 天津：南开大学，2007
2. European Commission Resource Book on PPP Case Studies. 2004. 7. http：//europa. eu. int/comm/regional _ policy/sources/docgener/guides/pppguide. htm
3. Palaneeswaran E. Kumaraswamy M M, Zhang X Q. Reforging construction supply chains：a source selection perspective [J]. European Journal of Purchasing & Supply Management. 2001 (7)：165-178
4. Ruben R, Robles P E, John H, Dodds, J D. Alternative Project Delevery-California's First Design-Build-Own-Operate Biosolids Recycling Facility. Water Environment Foundation. 2006：55-71
5. Finnish Road Enterprise Headquarters. Innovative Project Delivery Methods for Infrastructure：An International Perspective，2002
6. Phang S Y. Urban rail transit PPPs：Survey and risk assessment of recent strategies. Transport Policy, 2007 (14)：214-231
7. Fred Blaney，P. Eng. Alternative Service Delivery Projects in Canada (Presentation to the North Atlantic Transportation Planning)，August 15，2006
8. United States General Accounting Office (2002)，Public-Private Partnerships：Terms Related to Building and Facility Partnerships，in NCPPP.
9. Levinson，David，Garcia，Reinaldo，and Carlson，Kathy (2006) A Framework for Assessing Public Private Partnerships，in Institutions and Regulatory Reform in Transportation (ed. Piet Rietveld and Roger Stough) Edward Elgar Publishers.
10. David L. Seader. The United States' Experience with Outsourcing，Privatization and Public-Private Partnerships. http：//www. ncppp. org

11 其他采购模式与管理

11.1 Partnering

20世纪80年代美国建筑业受进度、成本、质量目标的约束,为了提高市场竞争力,提出了Partnering模式。Partnering模式被认为是一种在业主、承包方和设计方之间为了达到彼此目标,满足长期需要,实现未来竞争优势的一种合作战略。目前Partnering模式被认为是一种具有较强生命力的管理工具而被广泛接受和应用。

11.1.1 Partnering模式的定义及内涵

1. 定义

Partnering一词看似简单,但要准确地译成中文却相当困难。台湾有的学者将其译为合作管理;香港房屋委员会将其译为伙伴关系;埃德·里格斯比将其译为"合作伙伴"[1]。在中国内地,对Partnering的翻译也是各不相同。徐长义等将其译为合伙[2];周栩将其译为联合[3]。本书沿用英文-Partnering。国际上一些组织机构在采用Partnering模式时,对其理解也不尽相同。

(1) 美国建筑业协会 (The Construction Industry Institute, CII)

CII建立了一个特别小组专门研究Partnering模式能否作为在业主、承包方和设计方之间的一种"合同"方式的可行性。如今普遍应用的Partnering模式的定义是CII在1991年提出的,CII对Partnering模式的定义为:A long-term commitment between two or more organizations is important for achieving specific business objectives by maximizing the resources of each participant. Consequently, it is necessary to replace traditional relationships with a shared culture without regard to organizational boundaries. Such relationship is based on trust, dedication to common goals, and an understanding of individual expectations and values. The expected benefits include improved efficiency and cost-effectiveness, increased innovation opportunities, and the continuous improvement of quality products and services (Partnering模式是在两个或两个以上的组织之间为了获取特定的商业利益,最大化地利用各组织的资源而作出的一种长期承诺。这种关系建立在信任、追求共同目标和理解各组织的期望和价值观的基础之上,期望获取的利益包括提高工作效率、降低成本、增加创新机遇和不断提高产品和服务的质量)。

(2) 美国总承包商协会 (The Association of General Contractors, AGC)

---

[1] 埃德·里格斯比著,唐艳,王情芳译. 合作的艺术 [M]. 北京: 中信出版社, 2003
[2] 徐长义, 樊启祥. 建设项目管理模式与三峡工程管理实践. 中国三峡建设, 2003 (4): 30-32
[3] 周栩. 建筑工程项目管理手册 [M]. 湖南: 湖南科学技术出版社, 2004

AGC认为建筑业是一个充满着竞争、高风险的行业，行业中通常会出现业主和承包商不能很好地解决项目冲突，而使双方关系恶化，致使在行业中的竞争力下降。AGC通过分析意识到只有采用"伙伴关系"的管理模式才能有效地化解各方面的矛盾，实现各自的目标，降低风险，提高组织竞争力。AGC对"伙伴关系"的理解是：一种与传统管理模式根本不同的方法，是以指导各组织实现"双赢"目标，培植团队精神为基础的管理模式，推动了工程项目管理的发展。

(3) 美国陆军工程公司 (The U.S. Army Corps of Engineers, COE)

COE通常在政府投资项目采用伙伴关系的管理模式。对Partnering模式的理解，COE并不是从竞争力角度出发的，他们认为Partnering模式"创造了一种在合同履行过程中尽可能避免争端的积极氛围，它运用团队的思想引导各组织确立共同的目标，同时促进相互间的交流，培养了一种在工作过程中共同解决问题的态度，Partnering模式的核心任务是鼓励将传统组织间不良的关系转变为一种以团队为基础、亲密合作的融洽关系。在工程项目中成功应用Partnering模式能够避免争端，提高工作效率，提高产品或服务质量，按时完工，促进长期的合作关系，公平的利益分配和及时地支付工程款"。COE对Partnering模式的理解具有里程碑的意义，他们认为伙伴协议不是法律意义上的合同，伙伴关系成员都是出于自愿参与的。他们还认为在建筑业中伙伴关系主要存在于业主与承包商之间，是一种促进业主和承包商实现互惠互利的关系，它鼓励各伙伴成员共同承担风险，共同分享利益。

(4) 海军设施工程司令部 (The Naval Facilities Engineering Command, NAVFAC)

NAVFAC结合了CII、AGC和COE对Partnering模式的定义，认为Partnering模式是通过"承诺、信任、交流、共享资源"来创造团队工作的态度，营造有效解决问题的氛围来实现的。NAVFAC相信Partnering模式不仅可以应用于具有合同关系的双方，而且可以应用于非合同关系的双方，因为伙伴关系的团队和合作特点在任何组织中都能适用。正如1992年Bufngton所说"Partnering模式不仅让我们更好、更快、更低成本地为顾客服务，而且也减少了我们与顾客、供应商间的矛盾而使我们更愉快地工作"。

(5) 美国总务管理局公共房屋事务部 (The Public Building Service of the U.S. General Services Administration, GSA)

1994年GSA将Partnering作为正式的管理模式应用在建设项目中，并取得了成功。他们不但将Partnering模式应用在投资上亿美元的大型工程项目中，而且也鼓励将其应用在条件允许的小型工程项目中，特别是施工复杂、容易引起矛盾的工程项目中。GSA认为"Partnering模式是一种正式的管理过程，在这一过程中所有参与组织自愿达成一项协议：即采用以合作、团队为基础的方法去管理和解决各种问题，尽可能地避免或最小化冲突、诉讼和索赔。伙伴关系存在于任何的工作关系中，如今它已普遍应用在公立性或私立性的大型建设项目中。众所周知，业主、设计方、项目经理、总承包商和分包商，任何双方间或多方间在项目中出现矛盾时都会只考虑自身利益而忽略他人的利益，通常会做出相互抵触的做法。Partnering模式是要营造一种合作和信任的环境而使得各参与组织积极处理矛盾，避免产生这种抵触做法"。

(6) 英国经济发展委员会 (National Economic Development Council, NEDC)

NEDC将Partnering定义为：long term commitment between two or more organizations for the purpose of achieving specific business objectives by maximizing the effectiveness of each of the participants❶（两个或多个组织通过参与各方最大限度地发挥作用，以实现特定商业目标的一种长期承诺）。

除了一些组织机构对 Partnering 模式定义外，许多专家学者也从不同的角度给出了 Partnering 模式的定义。Erik Larson 认为 Partnering 模式是将传统合同关系转变成具有共同目标，建立及时有效解决争端的一种联合团队的管理模式❶。Crowley 和 Karim 定义 Partnering 模式是：an organization implementing a co-operative strategy by modifying and supplementing the traditional boundaries separating companies in a competitive climate❶（对已被竞争氛围四分五裂的传统组织边界的修改和补充的一种合作战略）。从这一意义来说，Partnering 模式可以用来营造合作的环境，使得各参与组织坦诚地交流与沟通。

2. 内涵

从上述定义可以看出，Partnering 模式的内涵主要体现在以下几个方面：

(1) 信任

信任是 Partnering 模式的坚实基础。信任的含义是信心、依赖，或是建立在诚信、真实、公正、友谊等对待他人或他物正当原则之上的信赖，它能将整个组织凝聚在一起，使其具有较强的凝聚力。相互信任能够鼓励双方进行有效的沟通，交流想法，共享资源，只有相互信任才能产生一种整合的关系。

伙伴关系中的信任是建立在对彼此互相尊重基础上的。例如成功的伙伴关系要求每个伙伴成员都能共享他们的一些战略和信息。共享程度的深浅通常取决于合作伙伴对团队的工作范围、目标期望和自我利益的理解程度。因此共享资源时要尊重其他伙伴对本组织某些机密信息的保留。信任关系的建立需要各方长期的投入和精心的呵护，而破坏已建立的信任关系却是轻而易举的事，且重新建立的信任关系也是脆弱的。

(2) 承诺

参与 Partnering 的承诺必须由各方管理高层做出。长期的协议（Partnering Charter）能够改善相互之间的关系，减少传统合同的对抗性以及冲突发生的可能性。

承诺是建立伙伴关系重要的核心理念。对伙伴的承诺有时意味着要去做那些明知令人不愉快但又必须要做的事情，承诺还要求为你的伙伴提供他所需要的东西。建立长期的合作目标，并努力帮助他们实现短期、长期目标，这是承诺的重要表现。

伙伴关系的承诺由高层管理人员作出，以保证承诺的准确性和可实施性。同时要制定 Partnering 协议以避免由于高层管理人员的变动而造成已作出承诺的变更，尽可能地保持与各伙伴成员的积极关系。

(3) 协同

协同优势是伙伴关系的一项特征，能带来所追求的利益，尽管在开始时要费些工夫，但它将会做得比想象的还要好。Partnering 模式的益处大都是从改善各合作方之间的合作方式而衍生的，包括建立在多赢互利理念之上的各合作方之间传统组织界面及其运行模式的变革，这种变革是多边的、互动的。Partnering 模式的合作机制体现在最高管理层支

---

❶ Shamil Naoum (2001) An overview into the concept of partnering. International Journal of project management，21：71-76

持、共同目标、建立工作组、发挥各方的经验技能和资源效用等多个方面。

(4) 理解和宽容

在许多领域中相互理解、宽容对合作成功至关重要。在 Partnering 模式中，理解和宽容应当被团队中的每个人所珍视并付诸实施。当接受一种想法所表达的观点而不仅仅是关心这个想法是谁提出时，就真正做到了宽容，并真正理解了对方。理解也意味着接受新情况、新观点，愿意根据变化了的需要或经济发展状况来改变自己。

(5) 相互依存

伙伴关系将个人和组织联合在一起，将各不同利益相关组织联合在一起，因此只有当所有人既有付出又有收获时，才称得上是成功的伙伴关系。在相互协作的过程中，各个合作方都根据他们的能力和需要来付出和索取。相互依存并不一定意味着平等，它只能说明所有人的需要都很大程度上得到了满足。相互依存还体现在各参与组织共同分担风险，共享组织资源，追求共同的组织目标上。

Partnering 模式还特别强调以下几点：

- 追求双赢的解决策略：任何一方都不会把自己的利益建立在他人的损失之上。
- 争端的解决：参与各方会把争端当作共同的问题来解决，而非个体间的争论来处理。
- 坦诚公开地面对任何问题：鼓励各方提出问题，通过有效的沟通来解决日常问题。
- 公平公正：各方的需求、目标都应平等地对待。
- 强调保持长期伙伴关系的价值观，意识到并乐于帮助其他成员满足其需求、解决其担忧和达到其合理目标。
- 创造有利于利润产生的环境，意识到剥夺其他成员获取利润的机会就是在剥夺自己获取利润的机会。

11.1.2 Partnering 模式的研究现状及实践应用

1. Partnering 模式的研究现状

(1) 国外研究现状

Cook 和 Hancher 在 1990 年提出 Partnering 是未来的一种合作战略，并对 Partnering 的概念、定义、关键因素以及 Partnering 与组织成长和提高竞争力关系等问题进行探讨❶。

早期的研究集中于评估合作伙伴模式带来的潜在利益，相应的也有学者关注应用合作伙伴模式带来的风险。不同国家的管理专家对 Partnering 的研究指出：Partnering 在提高建设行业的生产效益方面有很显著的成效，但同样的研究亦指出 Partnering 并未有既定的模式。Latham（1994 年）的研究报告被认为是在英国公共工程项目中推广合作伙伴模式的里程碑，英国国家经济发展委员会、财政部以及美国建筑业协会的调查研究都表明了公共工程项目推行合作伙伴模式的重要性。英国机场署（BAA）的报告显示从 1995 年到 1997 年间，运用合作伙伴模式比传统模式节省了 30% 的建造时间（Miller et al. 2002）。

---

❶ Cook E L and Hancher D E (1990) Partnering: contracting for the future. Journal of management in Engineering. No. 6: 431-44

在美国，合作伙伴模式也是从具有公共性质的军事工程项目逐渐推广到私营工程项目，并且在两种类型的工程建设上都获得了成功。这些采用Partnering模式成功的实践案例引起了相关研究者的高度重视。

Larson（1995）对280个工程项目的管理模式进行考察，比较了业主、承包商之间的四种不同关系类型，指出合作伙伴关系是管理低标价和非低标价工程项目中业主—承包商关系最为成功的方法[1]。

其他研究表明合作伙伴模式在单一工程项目中的应用能够使工程预算节省10%[2]，而在另外一些长期项目中，应用这一模式可以节省30%的工程预算。Partnering模式为业主带来的收益可以通过节省的预算和减少的工期进行度量，但给其他参与组织带来的收益却难以用客观标准进行评估。在一些极端的案例中，合作伙伴模式成为业主获取比承包商和咨询工程师更多权利的工具[3]，而且也有研究表明合作伙伴模式并不能给小型分包商带来实质性利益[4]。

其后的研究发现影响合作伙伴模式成功的很多关键因素都涉及参与组织的行为和态度，例如信任、合作、促进相互关系以及承诺等。David C. Brown（2001）研究了建立Partnering关系的途径，论述了英国Forton湖桥梁项目采纳的作为项目执行计划过程选择合作伙伴的独特而严格的方法，通过见证应用于短期建设项目选择伙伴的系统过程，说明可以发展协作、避免对抗[5]。Ng S.T（2002）等从合作者、业主、承包商、项目四个方面研究了危及项目Partnering关系的原因等问题[6]。Mike Bresnen（2002）则以两个项目为背景，从Partnering"正式"和"非正式"过程两个方面进行了研究，"正式"的方面包括协议、合同及激励、承包商选择程序、正式的团队建设及其促进；"非正式"的方面包括组织形式、管理手段及项目团队的动态管理[7]。

由于合作伙伴模式广泛应用于各类工程项目，因此也发展出了各种应用规范和指南。美国总承包商协会、达拉斯敏捷建造协会和联邦东部高速公路署都针对各自工程项目的特点建立了相应的合作伙伴组织规范。

（2）国内研究现状

Partnering模式的研究在国内工程界尚是一个新领域，特别是大陆关于Partnering模式的研究很少。易继伟（1998）探讨了Partnering模式的概念、组织结构、组织系统以及在我国建设领域引进Partnering模式的价值、必要性和可能性[8]。狄波娃、许天戟

---

[1] Larson E (1995). Project partnering: results of study of 280 construction projects [J]. *Journal of Manage Enginering*. (2): 30-35

[2] Bennett J. and Jayes S. The seven pillars of partnering - a guide to second generation partnering. The partnering task force of the reading construction forum. The University of Reading. Thomas Telford; April 1997.

[3] BinghamT. Spot the balls [J]. Building, 21st Augest 1998.

[4] Packham G et. el. Partnering in the house building sector: a subconstractor's view [J]. International Journal of Project Management, 2003, (21): 327-332

[5] David C. Brown (2001) New project procurement process. Journal of management in Engineering. Vol. 17, No. 4, 192-20

[6] Ng S T, Rose T M., Make M, Chen S N (2002) Probiematic Issues Associated with Project Partnering-The Contractor Perspective. International Journal of Project Management. 20. 437-44

[7] Mike Bresnen (2002) The Engineering or evolution of cooperation? A tale of two partnering project International Journal of project management. 20: 497-50

[8] 易继伟. Partnering一种新的建设管理模式 [D]. 上海：同济大学，1998

(2002) 针对建筑行业项目的碎片性质和较其他行业更易出现争端的特点，在分析现行伙伴采购模式的基础上，引入"防护屏罩"的概念，提出一种预防争端和冲突的机制和协议体系，对现行建设伙伴架构进行了必要的补充，使建设伙伴采购模式更加充实和趋于完善[1]。吕文学（2003）结合香港房屋建委会实施 Partnering 模式的成功经验，介绍了如何建立伙伴关系的框架，并从中得到启示，认识到 Partnering 模式是一种解决争端的好方法，诚挚沟通、相互支持和长期合作是支持 Partnering 模式的基础关键[2]。

孟宪海、李小燕（2006）认为 Partnering 的过程是组织间关系的建立。管理技能对于有效管理组织间的关系是至关重要的，它构成了开始和推动 Partnering 过程的基础；另一方面，Partnering 应用环境的一些特性可能会促进或减弱整体组织系统的合作关系。并对 partnering 模式的关键环境从足够的资源、高层支持、相互信任、长期协议、协调、创新等六个方面进行了探讨[3]。

马琳、陆惠民（2005）在分析 Partnering 模式基本要素和类型的基础上，研究了 Partnering 模式的组织结构、工作流程和主要运作内容[4]。张连营等（2006）提出了一个关于伙伴关系模式的概念模型[5]。梁春阁等（2006）分析了在我国实行 Partnering 模式的可行性，提出包括项目定位及两段式的创新 Partnering 模式[6]。

总体而言，国内对 Partnering 模式的研究主要以介绍性内容为主，对其实施措施、方法及实践应用研究还涉及很少。

台湾学者王明德、廖纪勋（1997）提出 Partnering 工作流程，具有较强的实际指导价值[7]，而 Chen W T and Chen T T 研究了台湾工程项目采用 Partnering 模式的关键因素[8]，并认为沟通的效率、相互信任、目标的一致性以及对问题的态度是最重要的因素。

香港学者 Cheng E W L 和 Li H 在世界范围内选取了 27 个合适的样本，来检测 Partnering 模式进程中关键成功因素的模型，并提出了 Project Partnering 和 Strategic Partnering 两种模式之分。研究结果表明，Partnering 模式进程是一个循环过程，每一个循环中又分为形成、实施、完成/反馈三个阶段，每个阶段的成功实施都会受到四个共同因素的影响，即高层管理者支持、彼此信任、坦诚交流和有效合作[9]。而 Chan et. al. 通过研究找出 Partnering 中关键成功因素（CSFs）分别是：建立和交流冲突解决战略、双赢态度、定期监控 Partnering 模式的进程、明确责任和共享资源[10]。

---

[1] 狄·波娃、许天戟、王用琪. 防止建设争端和冲突的伙伴协议系统［J］. 西安交通大学学报（社会科学版）. 2002.6

[2] 吕文学，马萍萍，张连营. 国际工程项目管理新模式—伙伴关系—解析香港建设业伙伴关系项目管理模式［J］. 建筑经济. 2003.5

[3] 孟宪海，李小燕. Partnering 模式成功的关键影响因素［J］. 建筑经济. 2006.5：48-51

[4] 马琳，陆惠民. 国际工程项目管理新模式-Partnering 模式研究［J］. 建筑管理现代化 2005（5）：1-4

[5] 张连营，王争朋，张杰（2006）伙伴关系模式的发展以及对中国建筑业的启示. 中国工程科学. Vol. 8, No. 8, p7-11

[6] 梁春阁，房庆方，郭建华. 我国应用 Partnering 模式创新研究［J］. 四川建筑科学研究. 2006, 32（3）：181-184

[7] 王明德、廖纪勋（1997）营建管理新制度—合作管理（Partnering）之应用［J］. 台湾营建管理季刊.

[8] Chen W T, and Chen T T (2007). Critical success factors for construction partnering in Taiwan［J］. International Journal of Project Management, Vol. 25, Issue 5, p：475-484

[9] Cheng E W L, Li H and Love P E D. Establishment of critical success factors for construction partnering, J Manage Eng 16 (2000) (2), pp. 84-92.

[10] Chan A P C et. al. Exploring critical success factors for partnering in construction projects, J Construct Eng Manage 130 (2004) (2), pp. 188-198

2. Partnering 模式的实践应用

(1) 国外实践

1984年壳牌石油公司与SIP工程公司签订了被美国建筑业协会（CII）认可的第一个真正意义上的Partnering协议。1988年美国陆军工程公司（The Army Corps of Engineers，ACE）开始采用Partnering方式并取得成功。美国军方建筑公司发现应用合作伙伴模式能使预算超支减少80%～100%、工期缩短、减少75%的文字工作，在工程安全和交易道德方面有显著的积极作用。1992年美国陆军工程公司规定在其所有新建工程上都采用Partnering管理，从而大大促进了Partnering的发展。20世纪90年代，华盛顿州、田纳西州的政府部门开始在政府项目中积极实验和采用Partnering管理方式。美国建筑师学会（American Institute of Architects，AIA）、美国总承包商协会（American General Contractors，AGO）、美国咨询工程师委员会（American Consulting Engineers Council，ACEC）等专业组织都赞成应用Partnering管理方式。美国有些州、市在一些大型项目上将Partnering作为投标要求之一，并有几个州的立法机构考虑在所有新项目上实施Partnering。

到20世纪90年代中后期，Partnering模式的应用已逐渐扩大到加拿大、英国、澳大利亚、新加坡、日本、中国香港和台湾等国家和地区，由于Partnering在提高建设行业效益方面有良好的实际成果，在世界各地开始受到有关政府部门和建筑工程界的重视。

1993年Partnering开始被新南威尔士政府接受为一种改变管理方法的一个方向。在1994年，澳大利亚政府工程有20%采用Partnering方式而全部都能达到预期的效果。新南威尔士政府并且指定超过1亿澳元的建设项目，都要采用Partnering模式，范围包括水利、土建、房屋、道路、商业大厦和其他市政工程。澳大利亚悉尼的Nepean's医院扩建工程表明：应用合作伙伴模式使该项目提前竣工并低于工程预算，没有产生用于解决纠纷的拖延时间，工程安全也高于行业的平均水平。英国建筑业委员会（Construction Industry Board，CIB）的报告指出：英国大企业如British Petroleum，Selfridges，Safeway，McDonald's等41家企业以及美国Montgomery Watson顾问公司在不同州的公共工程和马萨诸塞州公路局（Massachusets Highways）负责的公共工程，都指定Partnering为合约条件之一。

(2) 国内实践

我国尚未正式系统地引入Partnering模式，还罕有以"Partnering管理方式"的名义实施的工程项目，但是已经有项目在实践中贯穿了Partnering的管理理念和方法，如上海浦东国际机场及岭澳核电建设项目等。香港地区在1994年的香港医院建设中首次应用Partnering模式，2000年香港房屋委员会在房屋建造过程中尝试采用Partnering模式，但Partnering模式仍未被建设行业普遍接受。

11.1.3 Partnering 模式的内容

1. Partnering 模式的分类

(1) 根据Partnering生命周期长短分类

根据生命周期长短不同，可以将Partnering模式主要划分为两类：工程项目Partnering模式和战略性Partnering模式。

1) 工程项目 Partnering 模式

工程项目 Partnering 模式是针对个别项目（Project Specific）的 Partnering，业主与承包商自愿达成 Partnering 协议后签订合同，对双方应尽的职责作出明确的规定。在这种 Partnering 模式下，可以在规划、设计、施工过程中针对项目采用专门的管理方法，不再需要不必要、多余和无活力的外部项目方的参与。这种模式面临的挑战在于既建立了非对抗的工作环境，又在其中保持了传统的合同形式。在工程项目 Partnering 模式中，保持的伙伴关系是短期、单一的，强调项目自身的具体目标，追求短期合作。

图 11-1 传统项目管理组织与 Partnering 管理组织

相对于传统项目管理模式，工程项目 Partnering 模式更有利于项目参与各方之间的信息交流和传递（如图 11-1 所示）。

2) 战略性 Partnering 模式

战略性 Partnering 模式，又称为长期性 Partnering。这种 Partnering 模式通常只在业主和承包商有过一次或多次成功合作经验之后才会出现，它所针对的是一种长期稳定的合作关系，长期合作为双方不断学习和持续改进提供了可能。不过，战略性 Partnering 模式也并非一成不变，必要时，这种模式也会允许角色的更换或新团队的加入。战略性 Partnering 模式，要求组织间长期合作、重复博弈、建立长期的战略目标。

两种 Partnering 模式的比较如表 11-1 所示。

Project Partnering 与 Strategic Partnering 的比较　　　　表 11-1

比较内容	Partnering 模式	Project Partnering	Strategic Partnering
伙伴关系		短期合作伙伴	长期合作伙伴
关键成功因素（CSFs）		● 合作解决问题 ● 拥有充分的资源 ● 追求项目自身的共同目标	● 具有 Partnering 模式经验 ● 营建学习氛围 ● 长期承诺
适用项目		公共项目或私人投资项目	私人投资项目

(2) 根据伙伴关系的程度

美国建筑业协会（CII）以各组织间伙伴关系的程度不同为基础，将 Partnering 模式的发展分为四种：竞争（Competition）、互助（Cooperation）、合作（Collaboration）和联合（Coalescence）。

1) 竞争模式

竞争是传统组织间的关系，各组织参与项目只是为了追求各自的目标，最大化自身的利益，根本不考虑对其他组织是否造成不利影响。冲突、诉讼频繁出现，项目的质量、进度也无法保证。它的特点是：

- 没有共同的目标，经常发生冲突。
- 最大化自身的利益，不考虑对他人的影响（"零和"博弈）。
- 短期承诺。

- 组织间没有建立对项目共同的衡量标准。
- 组织间不互相信任。
- 很少或根本没有"伙伴"的思想。
- 组织间只是单一的合同关系。
- 没有共同分担风险,每个组织都处于戒备状态。

2) 互助 Partnering 模式

各参与组织共同关注项目目标,他们都认识到只有实现项目目标(高质量、安全、按时完工等),才能实现自己的目标(高利润)。组织间要求经常交流、互相信任、互相尊重,此时工作关系已开始发生了质的改变。它的特点是:

- 建立共同的目标。
- 促进个人、组织间的交流。
- 能够与其他组织建立伙伴关系。
- 合同中有促进组织间互助的条款。
- 组织间互相信任,共同分担风险、共享资源。
- 伙伴关系或多或少地成为衡量项目组织行为效率的一个标准。

3) 合作 Partnering 模式

组织间的关系在互助 Partnering 模式上进一步发展,组织间的边界在一定程度上可以互相渗透。这种模式在工程项目中经常采用,它的特点是:

- 为了实现各组织战略目标,建立长期的承诺。
- 法律效力的合同与非合同性的伙伴协议共同约束组织行为。
- 对项目和组织间的工作关系建立统一的衡量标准。
- 能够提高工作效率、减少重复劳动、降低交易成本。
- 组织间的关系均为横向关系,平等相处。
- 建立团队精神。
- 坦诚、诚信、共同分担风险是基本要求。

4) 联盟 Partnering 模式

它是比合作 Partnering 更高一级的模式,它的特点为:

- 组织间关系更加亲密。
- 多种组织文化交融共同适应。
- 组织边界模糊。
- 信任关系基础厚,有共同的行为衡量标准。

竞争与其他三种模式有本质的区别,它更强调相互独立的工作,组织间的关系仅靠合同来维持。而互助、合作、联盟则强调应用伙伴关系来实现共同的目标,是伙伴关系程度不同的表现。显然,四个阶段的联盟程度是逐渐加强的,带来的潜在利润也逐渐增加。

2. Partnering 模式的组织结构

(1) Partnering 模式的组织边界

Crowley 和 Karim 把组织比作一个个细胞,Partnering 模式的组织关系就好似细胞分裂时各细胞重叠的部分,并用图解方式给出了 Partnering 模式组织关系的结构图(图11-2)。

该模型示意了三个主要的项目参与方:业主 A、设计商 B 和承包商 C 的组织边界情

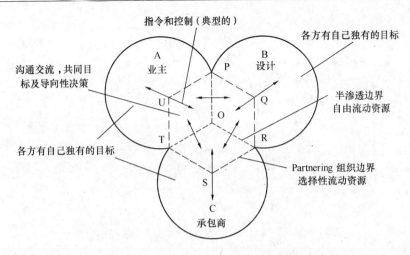

图 11-2　Partnering 组织关系模型示意图

况（项目其他利益方，如分包商、供货商等简化略去）。模型中 A、B、C 三个圆表示的是业主、设计商和承包商三方的整个企业，而非仅仅是其参与 Partnering 的部分。在 Partnering 实施过程中，A、B、C 针对共同的中心，其组织边界发生相互作用。随着 Partnering 关系的建立，传统的组织边界会发生显著的变化：增加新的边界 PQRSTU。PQRSTU 表示项目 Partnering 组织的建立，A、B、C 三方要为项目 Partnering 配置资源，并着眼于面对共同目标和共同利益开展合作，在这个边界内，团队意识和人际关系得到发展和强化。这一边界围成的三个部分又使 Partnering 组织中的混合文化与 A、B、C 公司的特有组织文化相区别，这一边界线的深浅可标志项目成员受母公司的影响程度以及 Partnering 实施期间各方对敏感信息交流的限制程度。

项目组织内部边界用 PO、RO、TO 表示，Partnering 的作用在于提高这一边界的通透性，通过其通透性促进沟通、提高信任，为实现共同目标促进各方的良性互动，并提升解决处理问题能力；另一方面，这一边界还标志着 A、B、C 三方有各自不同的二级目标。

Partnering 模式组织关系的形成可划分为三个阶段：

- 第一阶段：组织间的距离较远，组织边界清晰，没有相互渗透，一个组织的人员抵制外来人员的"入侵"。组织间的唯一关系是合同关系，此时伙伴关系还未形成。这种组织关系被称为传统组织关系或合同式组织关系。
- 第二阶段：组织间相互作用，出现重叠区域。虽然重叠区域的边界还存在，但组织间已经可以共享资源、共同分担风险。这一阶段被称为 Partnering 模式的雏形阶段。
- 第三阶段：组织间相互作用，重叠部分的边界已模糊，形成了可渗透的边界，不再是"你的"、"我的"、"他的"，而只有"我们的"。组织间共享资源，寻求长期的合作。此时 Partnering 模式的组织关系已形成。

图 11-2 中，假设有三个组织 A，B，C 形成联盟，建立伙伴关系。当它们关系比较亲密时，组织间的边界就会逐渐模糊（虚线），形成联盟的组织会建立伙伴工作小组（虚线所包括的部分）。小组成员代表的是所在组织的利益，不仅需要与自身组织成员沟通交流，有选择性地选取共享资源（避免商业机密泄露），而且还要与小组内成员沟通交流，以最大化地利用共享的资源。图 11-3 是多个组织建立伙伴关系后组织边界的示意图。

11 其他采购模式与管理

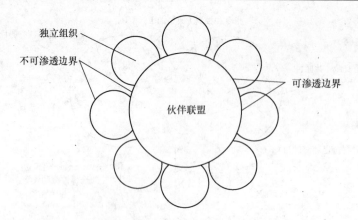

图 11-3　多个组织的 Partnering 模式组织边界示意图

（2）Partnering 模式的组织沟通

Partnering 形成的是一种类似矩阵式组织，矩阵式组织形式的特点是将按照职能划分的纵向部门与按照项目划分的横向部门结合起来，以构成类似矩阵的管理系统。矩阵式组织在很大程度上实现了对大量职能之间相互影响的工作任务提供集中、持续和综合的关注与协调。与传统的矩阵式组织形式不同，Partnering 矩阵式组织形式的横向指挥职能以面向项目各方共同目标为主；纵向指挥职能以面向项目各方自己目标为主。Partnering 矩阵式组织是在传统"业主—设计—施工—供货"纵向为主的关系基础上，又建立了 Partnering 协议主导下以 Partnering 讨论会为主渠道的横向为主的沟通关系，并利用这种制度化的沟通措施来提高项目管理水平。

Partnering 形成的矩阵式组织还有分权化特征。Partnering 工作组中大量的工作是独立于其母组织的，这种分权的组织结构以其灵活性和适应性可及时地对客户的需求作出反应。Partnering 的矩阵式组织结构设计，使其在满足特殊的项目需求方面有更大的灵活性，这一新型的组织形式在很大程度上有利于解决日常问题、冲突，加快决策，提高组织竞争力。

相对 Partnering 而言，传统项目组织结构形式的组织边界分割了各方资源，局限于各组织自己的目标和区域。而 Partnering 通过重新定位、重组、为特定目标调整资源结构和工作安排等方式实现对组织灵活性和渗透性的改善。

（3）Partnering 模式的组织结构

Partnering 模式突破了传统的组织界限。整个 Partnering 管理机构由一位经协议双方共同选定的中立第三方来主持和促进，叫主持人（Facilitator）。主持人并不具有指令的权力，但他在协调小组工作和处理争议上起着关键作用。高级管理层是指各参与方的领导决策层，各方的高级管理人员将共同组建管理小组，负责包括订立共同目标、计划与决策、委任工作组成员以及争议处理和绩效评价统筹工作（如图 11-4 所示）。

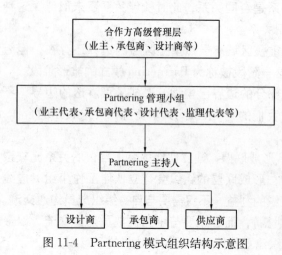

图 11-4　Partnering 模式组织结构示意图

Partnering 管理模式是在各方签订合同之后，再通过 Partnering 协议构建的一种柔性化的项目管理机制。Partnering 模式以目标实现机制为核心，包括合作机制、协调机制、激励机制、信任机制和沟通机制（如图 11-5 所示）。

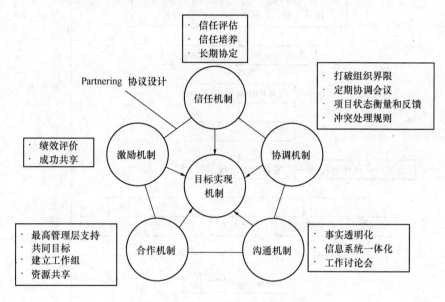

图 11-5　Partnering 模式的管理机制框架

3. Partnering 模式的实施流程

Partnering 模式的实施过程可以划分为策划、建立、实施、总结和再实施等五个阶段，如图 11-6 所示。

(1) 策划阶段

业主与承包商签订合同之后，首先应保持审慎的态度，从经济效益、社会效益等各方面对项目采用 Partnering 模式的效果进行充分的估计，若双方对估计结果比较满意，则决定采用 Partnering 模式，接下来确定项目的参与者，进行 Partnering 准备工作。实施 Partnering 宜在工程招标阶段即开始策划，这时可以及早了解未来项目主要参加方对应用 Partnering 的期望，及早探讨项目面临的具体问题和影响因素，如进度安排、新技术应用、现场条件等。

(2) 建立阶段

■ 确定 Partnering 主持人和参加方。由项目参与各方共同指定一个 Partnering 主持人。该主持人的身份是中立第三方，与项目无任何利益关系，对各参与方没有发出指令的权力，但他对加强各方之间的沟通、避免争议的产生、提出争议的处理建议等方面，都发挥着至关重要的作用。Partnering 主持人（Facilitator）应当在首次 Partnering 讨论会之前选定，其主要职责包括 Partnering 管理方面的培训、指导建立 Partnering 工作组、指导拟定 Partnering 协议、准备并主持 Partnering 讨论会、指导各方建立并完善各项 Partnering 项目管理机制等。Partnering 主持人应获得项目团队的信任，帮助项目团队实现预先确定的目标。主持人应具备很好的 Partnering 管理经验，熟悉本工程项目的情况，有出色的项目管理能力、组织能力、控制局面和处理冲突的能力，还应保持公正和乐观。主持人的费用可由项目各方分摊。

11 其他采购模式与管理

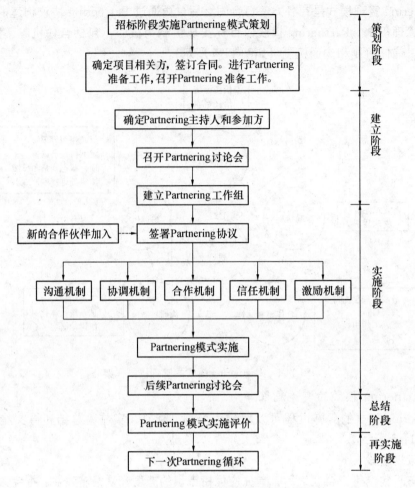

图 11-6 Partnering 实施流程示意图

- 召开 Partnering 讨论会。由主持人准备第一次 Partnering 研讨会议的召开。在该会议上，项目各参与方之间就整体目标、各方目标、对其他各方表现的期望、沟通程序、冲突处理等内容进行充分的交流。根据个体目标与整体目标的一致性程度，对项目目标进行调整，使得一致性尽可能达到最大；根据他方对己方表现的期望，对其他各方做出相应的承诺，同时对其他参与方提出合理的期望并就沟通程序、冲突处理达成共识。该会议奠定了项目各方相互信任的基础，决定了今后项目过程中各方合作的程度，也会决定 Partnering 模式的实施效果。该会议之后，项目各参与方就要签订 Partnering 协议，将目标、期望、承诺等约定的内容以文档形式记录下来，作为对各方在项目过程中表现的约束。然后就是项目各方具体地制订项目争议处理系统和项目绩效评价系统。

- 建立 Partnering 工作组。Partnering 工作组不同于各方的"项目部"，而是由参与 Partnering 各方（如业主、设计、总包、分包、主要供货商、最终用户等）派出人员组成的一个临时共同体，各方派出的人员应当包括项目负责人和熟悉现场的管理人员，对于业主、总包等项目主要参与方可适当增加派出的人数。各方参加 Partnering 工作组的主要成员应当有权代表本方对有关事项进行商议和决定，Partnering 工作组各成员职责应当明确。大型项目的 Partnering 工作组又可设 Partnering 协议、沟通、冲突处理、项目评价等若干工作小组，Partnering 工作组是实施 Partnering 的重要组织保证。

(3) 实施阶段

在实施阶段，首先由参加 Partnering 的各方签署 Partnering 协议，并建立起有效的合作机制、协调机制、激励机制、信任机制和沟通机制。在项目实施期间应定期召开后续 Partnering 讨论会，与会者应着眼项目中已经出现的问题，将讨论会作为解决项目中出现的冲突、沟通、风险问题的一个平台。讨论会还将根据先前设定的目标评估各方表现，根据需要实施发展行动计划，调整和完善预先制订的沟通程序和冲突处理过程，并维持其有效性。随着项目向前推进，很有可能项目参与方的组成会发生变化，需要一些新成员的加入，同时一些原来参与方的项目任务已经完成，可以退出或暂时退出该项目。此时需要对 Partnering 协议书进行修改，与新成员重新进行协调和磨合，同时由变化之后的项目参与方重新指定 Partnering 主持人。

(4) 总结阶段

在战略性 Partnering 模式中，为了在后续项目中更好地合作，创造更好的项目效果，往往还要对 Partnering 模式的实施效果进行回顾、评价和总结。

(5) 再实施阶段

在再实施阶段，提出当本项目完成 Partnering 合作后下一步的走向：或者是再次进行项目 Partnering 层面上的合作；或者是在再次合作时由项目 Partnering 上升到战略 Partnering；或者是业主无后续项目，合作结束。

Partnering 实施流程的关键环节主要包括：Partnering 工作组的建立、共同 Partnering 协议以及对 Partnering 实施进行的周期性评估和完善三个方面。Partnering 模式的实施流程是一个不断完善、持续改进的动态过程，同时 Partnering 是一个开放的系统，可以随着项目的进程吸纳新的合作伙伴 (Partner)，Partnering 协议也是开放的，可以根据项目情况修改和完善。

从 Partnering 模式的实践来看，Partnering 工作流程并无一种公认的、统一的模式。在应用 Partnering 模式时，重点在于是否真正落实了合作、共赢的理念，是否在项目上建立并完善了项目参与各方信任、合作、协调、沟通和激励的管理机制。

4. Partnering 协议

Partnering 协议 (Partnering Agreement) 有时也称为 Partnering 章程 (Partnering Charter)。伙伴工作会议最重要的一个成果就是形成 Partnering 协议。Partnering 协议不同于传统严格法律程序上的合同，它是由所有建立伙伴关系的项目团队为了共同的目标，达成一致共识后起草，并由各小组成员签字后生效的。签字后的协议是伙伴关系团队承诺追求共同目标的象征。协议形成文本后，应分发到各组织中。在国外，会将其放在办公室醒目的地方，或张贴在办公室里。

(1) Partnering 协议的作用

Partnering 协议是由参加 Partnering 各方共同签署的文件，包括目标和行为要求等内容，多数情况下 Partnering 协议不具备法律效力。Partnering 协议主要确定参与各方在建设工程上的共同目标、任务分工和行为规范，是各方实施 Partnering 的纲领性文件。Partnering 协议是伙伴间共同认可的协议，是一个团体规范，对于整个项目团体及各成员有多重作用和价值，表现为：

- 增强协议内容的合理性。Partnering 协议的拟订可收集各方意见，综合多方面掌握的信息，使方案建立在较全面、完整的信息与专业知识的基础上，进而使协议更为稳妥、合理。
- 增强参与各方的认同感。Partnering 协议的制订参与者往往也都是项目的执行者，通过亲身参与可增加各方对 Partnering 管理的认同，促进决策的执行。
- 作为整个项目团队的支柱。规范是项目各方经协商认同的，它使项目各方有了一致行为的基础。没有这种规范，整个项目团队的合作意识、凝聚力就会大打折扣。
- 作为评价标准。Partnering 协议是项目各方行为的参照标准，也是衡量每个项目成员行为的准绳，形成个体成员的行为动力。由于团体压力效应和从众行为心理的作用，作为团体规范，Partnering 协议对项目各成员行为的作为和不作为常常有着决定性作用，同时它也起行为矫正的作用，使项目成员遵从规范，利于项目目标的实现。

(2) Partnering 协议的制订

业主在建设项目中处于主导和核心地位。对 Partnering 模式而言，业主是最主要的推动者和倡导者，因此当业主决定采用 Partnering 管理方式，在确定重要的合作伙伴之后，就应着手准备 Partnering 协议。Partnering 协议应在施工阶段开始前、工程合同签订后，由业主、承包商、分包商、设计单位、咨询单位、主要供货商等各方共同签署。

由于 Partnering 协议所整合的使命和目标对项目的成败影响很大，因此，制订协议是一项细致的工作，应当考虑 Partnering 协议的内容如何转化为项目团队和个体的行为，协议如何体现合作各方的共同认识和项目组织的持续改进，建立 Partnering 关系对项目管理有何具体的管理手段，如何跟踪反馈，如何沟通等。其难点在于协议不仅应能被各方接受，还应当成为各方自我评价及 Partnering 工作组对各方进行评价的标准。协议的讨论制订应由所有参与 Partnering 的各方代表参加。应通过举行讨论会等形式，由各方充分提出各自的意见，进行意见整合，并使各方接受，是一个关于"agreeing to agree"的承诺。

Partnering 协议是开放、动态发展的。由于合作伙伴是陆续选定的，因此在 Partnering 协议确定之后，当有新伙伴加入时，应与新伙伴就 Partnering 协议的内容进行沟通，取得共识。Partnering 协议可以通过分步实施效果的反馈和需要进行修改完善，当一方或多方对协议的某些内容有意见时，可以通过会议讨论达成一致后对协议内容进行修改。该协议并不改变参与各方在有关合同规定范围内的权利和义务关系，参与各方对合同规定的内容仍要切实履行。

(3) Partnering 协议的主要内容

完整的 Partnering 协议中应有明确的使命和愿景陈述，并能用具体的目标表述，以便项目完成后可作为衡量 Partnering 模式是否成功应用的标准。协议内容应围绕建设工程的质量、工期、成本三大目标以及工程变更管理、争议、索赔管理、安全管理、信息沟通管理和公共关系等问题作出规定。主要提出沟通目标、争端处理系统、实施目标等。此外协议中还应包括提出问题解决争端的过程、职权的分配及后续会议召开的频度和时间。

最终完成的协议一般以"使命申明（Mission Statement）"开始，用一两句话概括出项目团队任务完成的最佳可能结果。在"使命申明"之后，是各分项部分的具体目标。

伙伴关系靠 Partnering 协议推动，Partnering 协议可以为正式的或非正式的，取决于项目的规模、复杂性、风险以及各方之间已形成的信任范围。通常按照伙伴构建的轨迹来撰写，详略则根据各方的需要决定。Partnering 协议一般应包括如下一些内容：
- 清楚界定项目目的、任务以及共同目标。
- 识别恰当的项目采购策略，包括合同格式、合作奖励的创建与红利计划。
- 详细规划进度。
- 识别冲突、争端的潜在来源及其可能造成的范围。
- 适当分配风险。
- 挑选和任命项目组及挑选合适的、能协作的人员。
- 清楚界定组内每个成员的责任和权限层次。
- 建立联盟绩效的测评系统。
- 建立联盟的奖励系统。
- 组成适当的问题解决小组，负责识别所有现存和潜在的问题、争端或者冲突，并且对所有与业主最大利益有关的问题加以解决。引入"影子伙伴"，即组内每个成员都有一个对立组的成员与其直接联系，这些伙伴有权挑出他们存在的问题。当寻求改进的全部努力失败后，问题就应交给管理层处理。

(4) 制订 Partnering 协议时易出现的问题

Partnering 协议是实施 Partnering 管理的核心文件，在形成 Partnering 协议中还需要注意以下几个问题，应当着力避免并加以解决：

- 形成过程草率。Partnering 协议要对整个项目团队和各方的期望进行识别，还要对项目目标和各分类目标进行识别，并经过充分酝酿和提出、交流、讨论等过程，这些都需要花费一定的时间，举行多次会议，经过一定的阶段后才能完成。不经充分讨论，急于求成、一蹴而就的做法会造成 Partnering 协议针对性不强、可操作性差、项目各方对协议的认同感低等问题。
- 屈从团体压力。团体内存在社会压力，因为通常人们不希望自己被团体拒绝，这种压力迫使少数人屈从多数人的意见，可能使参与方人云亦云，反而不能发挥团体协商、集思广益的优势。因此，Partnering 各方应在一定程度上克服团体压力的影响，明确提出自己的想法，对自己准备去做并能够做到的事项做出承诺。
- 责任模糊。既然是集思广益，由大家共同协商，各方有份，都应提出自己的建议，承担一份责任，这有时反而会使各方相互推诿，认为和自己没有直接关系，结果是没有人负责任。因此，应宣传 Partnering 协议的重要作用，提高各方对 Partnering 协议的重视和参与程度。
- 主要人员缺乏能力。即使是团体协商，通常也由一些关键人员主持或操纵。如果部分关键人员能力平庸，影响了整个团体决策的质量或各方的积极性，则不能制订出较理想的协议。因此各方应挑选确有能力、项目经验丰富、合作意识强并亲身负责该项目的管理人员参与 Partnering 协议的制订。

(5) Partnering 协议与工程合同比较

Partnering 协议与工程合同是两类不同性质的文件。合同的基本目的是确定合同双方的权利、义务、职责与风险分配。工程合同将规定合同各方责任、权利和工作的划分，明确承包商提供的物资和服务，业主对该物资和服务如何进行支付，规定工程的功能、质量、工期和费用要求，合同中常规定有大量相互制约防范的内容。而 Partnering 协议则主要确定参与各方在建设工程上的共同目标、原则和行为规范,是旨在取得最佳工作效果的协议。Partnering 协议与工程合同主要的不同之处在于:

- Partnering 协议既可以是一个双边协议,也可以是一个多边协议,一个项目只有一个 Partnering 协议。而工程合同一般是一个双边协议,一个项目一般有多个双边合同组成。
- 提出时间可能与签订 Partnering 协议的时间相距甚远。由于业主处于主导和核心地位,通常由业主提出采用 Partnering 模式的建议。业主可能在建设工程策划阶段或设计阶段开始前就提出采用 Partnering 模式,但可能到施工阶段开始前才签订 Partnering 协议。而工程合同是在业主(或总承包商)分别确定每个发包对象之后与其陆续分别签署。
- Partnering 协议是开放、动态发展的,Partnering 协议的参与者未必一次性全部到位。例如,最初 Partnering 协议的签署方可能不包括材料设备供应商。当有新伙伴加入时,应与新伙伴就 Partnering 协议的内容进行商讨、谈判,并根据实施效果的反馈和需要对 Partnering 协议进行修改、补充和完善。
- 工程合同通常是由业主提出合同文本,该合同文本可以采用成熟的标准文本,也可以自行起草或委托咨询单位起草,经过谈判达成一致后签订合同。而 Partnering 协议没有确定的起草方,必须经过参与各方的充分讨论后确定协议的内容,由参与各方一致同意后共同签署后方生效。
- 就合同和协议效力而言,工程合同具有强制约束力,合法的合同受法律保护,是诉讼的依据。Partnering 协议建立在合同的基础上,虽然是正式文件,但大都不具有法律效力,具有软约束力和非强制性。如经各方商定,也可有优先于合同内容的条款。

11.1.4 Partnering 模式的特点及适用范围

1. Partnering 模式的特点

(1) Partnering 模式的特征

Partnering 模式通过在项目参与各方间建立共同目标,使得各方以项目整体利益为目标,弱化了项目参与各方的利益冲突,其特征主要体现在以下几个方面:

- 出于自愿。在 Partnering 模式中,建立伙伴关系的各方必须是完全自愿,而非出于任何原因的强迫,要充分认识到,这种模式的出发点是实现建设工程的共同目标以使参与各方都能获益。只有在认识上统一才能在行动上采取合作和信任的态度,才能愿意共同分担风险和有关费用,共同解决问题和争议。
- 高层管理者的参与。Partnering 模式的实施需要突破传统观念和传统的组织界限。建设工程各方高层管理者的参与以及高层管理者之间达成的共识,对该模式的顺利实施非常重要,这是因为该模式要由参与各方共同组成工作小组,要分担风险、共享资源,甚至是公司的重要信息资源等,因此高层管理者的认同、支持和决策是关键因素。
- Partnering 协议不是法律意义上的合同。Partnering 协议与工程合同是两个完全不同的文件。在工程合同签订后,建设工程参与各方经过讨论协商后才会签署 Partnering 协议。该协议并不改变参与各方在有关合同规定范围内的权利和义务关系,参与各方对有关合同规定的内容仍然要切实履行。伙伴协议主要确定了参与各方在建设工程上的共同目标、任务分工和行为规范,是工作小组的纲领性文件。Partnering 协议的内容也不是一成不变的，当有新的参与者加入时，或某些参与者对协议的某些内容有意见时，都可以召开会议讨论并对协议内容进行修改。

- 信息的开放性。Partnering 模式强调资源共享，信息作为一种重要的资源对于参与各方必须公开。同时，参与各方要保持及时、经常和开诚布公的沟通，在相互信任的基础上，要保证工程的设计资料、投资、进度、质量等信息能被参与各方及时、便利地获取。这不仅能保证建设工程目标得到有效的控制，而且能减少许多重复性的工作，降低成本。Partnering 模式与传统模式比较，有着较大的区别，如表 11-2 所示。

Partnering 模式与传统模式的比较　　　　　　　表 11-2

比较项目	传 统 模 式	Partnering 模式
目 标	项目要素的量度和评定标准弹性差异大：承包商偏好追求成本、工期等硬指标的实现，而质量、风险等软指标对业主的影响也大，造成参与各方目标差异	将建设工程参与各方的目标融为一个整体，在实现甚至超越业主预定目标的同时，充分考虑项目其他方利益，着眼于不断地提高和改进。使项目各方在共同目标前提下有正确处理项目要素的积极性
信 任	信任建立在完成建设工程能力的基础上，因而每个建设工程均需组织招标	信任建立在共同的目标、相互承诺的基础上，长期合作可以采用议标的方式
沟 通	项目参与各方信息不对称、沟通不充分，易使各方工作导向产生偏离	建立沟通机制，信息对相关各方透明公开，借助一体化信息系统，信息传递及时准确
冲 突	随着工程进展会不断出现新情况，引起工作范围、设计、资源安排、工程量、进度等方面的变化，造成项目各参与方的讨价还价，发生利益冲突。可能因争议多、数额大，导致仲裁或诉讼	由于项目参与各方希望保持长远关系，在解决问题过程中彼此合作的可能大大增加。通过对项目状态评价和冲突处理机制进行协调控制，预见和避免潜在问题，及时化解冲突，争议和索赔少，甚至完全避免
合 同	传统的具有法律效力的合同	在具有强约束力的传统合同基础上具有软约束力的 Partnering 协议
期 限	合同规定的期限	既可以在一个工程项目上开展合作，也可以在多个工程项目上长期合作
回 报	根据工程完成情况，承包商有时可能得到一定的奖金（如提前工期奖、优质工程奖）或再接到新的工程	利益共享，有时可能就工程实施过程中产生的额外收益进行分配或再接到新的工程

(2) Partnering 模式的优点

Partnering 模式针对建设领域突出的行业特征，能够充分利用各类企业外部资源，有效扩展和延伸建筑企业的边界，以有效整合各方的核心能力，更好地安排灵活的协同关系。实践证明 Partnering 模式是一种有利于工程参与各方的合作方式。在这种模式下，工程中遇到的问题能够在多方参与的情况下得到尽快的解决，减少责任推诿，纠纷和冲突的数量因此大为降低，决策者也因为更加贴近工程本身而愈加注意工作效率。具体而言，Partnering 模式的优点主要体现在以下几个方面：

1) 在设计方面的益处：
- 通过设计与施工的沟通和紧密结合确保了设计的可施工性。
- 能帮助尽可能地减少重复设计。

- 通过设计与施工的结合缩短了项目的工期。
- 能够优化设计。

2) 更加有效利用项目各参与方的资源
- 通过建立工作小组减少了业主方的人力需求。
- 通过建立工作小组减少了项目参与各方的人力需求。

3) 改善了参与各方的沟通
- 通过沟通能对项目有关的解决提出良好的建议。
- 提高了整个项目的工作效率。
- 改善了项目的信息交流。

4) 争端的解决
- 能够大大减少诉讼的发生。
- 能够更加高效地处理争议。

5) 对进度、投资、指令方面的改善
- 承包商对业主的管理系统更加熟悉，节省了学习时间，从而对进度和投资控制有利。
- 减少了返工，从而提高工程质量。
- 减少了重复检查，从而降低成本，加快进度。
- 通过及时的材料设备供应，缩短了项目工期。
- 保证了业主投资控制在合理的范围之内，也保证了承包商获取合理的利润。
- 能提高设计质量、材料设备供应质量等。

根据 Gransberg, Douglas 等（1998）对 Partnering 应用于工程项目管理实践结果的调查统计，与传统的合同管理方式相比，Partnering 表现为工期缩短（平均实际工期比计划提前 4.7%），工程变更、争议、索赔费用减少（只有传统管理方式的 20%~54%），客户对工程质量的满意程度提高（比传统方式提高 26%），团队成员的工作关系得到明显改善（业主和承包商认为得到很大改善的分别为 67% 和 71%）[1]。

(3) Partnering 模式的缺点

Partnering 模式也有其缺点和局限性，主要表现为以下几点：

- Partnering 模式必须建立在一定程度的相互信任之上。除了团队成员之间的信任之外，还要求成员对整个合作程序保持一定的信心，特别是在建立合作关系以及共同目标的制定上。而各参与方一直以来习惯于对立的局面，而且一些成功的经验也都建立在对立的基础上，很难在短时间内建立起相互的信任。
- 能否顺畅有效地进行合作交流是 Partnering 取得成功的另一个要素。不同的团队共同协作，需要打破一些旧的工作习惯，建立新的适应 Partnering 模式的企业文化。这就要求团队成员之间多加交流，进而形成相互适应的工作方式。
- Partnering 是一种在初期高投入的模式。虽然在稳定运行之后，参与者将逐渐尝到该模式的甜头，但高密度的初期投入的确会让一部分人望而却步。

---

[1] Gransberg, Douglas D, and Howard I. Roynolds. Measuring Partnered Project Performance. AACE-1 TRANSACTIONS-1998

- 容易丧失应有的市场灵敏度。由于长期与固定的几个伙伴合作，企业的工作重心大部分放在合作上，逐渐远离市场、与市场脱节，从而丧失适应市场的能力。
- 很有可能造成过度依赖于对方的局面。由于Partnering模式强调合作伙伴的实力，而且参与各方被视为一个整体，有可能使一方过度依赖于另一方，造成权责不分，工作效率低下等问题。

2. Partnering模式的适用范围

Partnering模式并不能作为一种独立存在的模式，它总是与建设项目其他模式结合使用，常与EPC、DB、CM模式等结合使用。Partnering的特点决定了它特别适用于以下类型的项目：

- 业主有连续的系列工程项目。如大型房地产开发项目、商业连锁建设项目、代表政府进行市政投资建设的项目等。连续的项目为业主与承包商等参与方的长期合作提供了有利的环境与基础，不仅仅是在一个单独的项目上实施Partnering模式，而且可能实施战略性的Partnering模式。
- 不确定因素较多的项目。如项目的组成复杂、技术复杂、参与单位复杂等，尤其是技术复杂、施工不确定因素较多的项目，在采用一般模式时，往往会产生较多的合同争议和索赔，容易导致业主和承包商产生对立情绪，相互之间的关系紧张，影响整个建设工程目标的实现，其结果可能是两败俱伤。在这类建设工程上采用Partnering模式，可以充分发挥其优点，协调参与各方之间的关系，有效避免和减少合同争议，避免仲裁或诉讼，较好地解决索赔问题，从而更好地实现建设工程参与各方共同的目标。
- 不宜采用公开招标或邀请招标的建设工程。例如，军事工程（Partnering模式就是源于军方工程）、涉及国家安全或机密的工程、工期特别紧迫的工程等。在这些建设工程上，相对而言，投资一般不是主要目标，业主与承包商较易形成共同的目标和良好的合作关系。而且，虽然没有连续的建设工程，但良好的合作关系可以保持下去，在今后新的建设工程上仍然可以再度合作。这表明，即使对于短期内一个确定的建设工程，也可以签订具有长期效力的协议（包括在新的建设工程上套用原来的Partnering协议）。不适宜采用招标的项目，采用Partnering模式可以有效地对项目目标进行控制。
- 国际金融组织贷款的建设工程。按贷款机构的要求，这类建设工程一般应采用国际公开招标（或称国际竞争性招标），常常有外国承包商参与，合同争议和索赔经常发生而且数额较大；另一方面，一些国际著名承包商往往具有Partnering模式的实践经验。因此，在这类工程上采用Partnering模式容易被外国承包商所接受并较为顺利地运作，从而可以有效地防范和处理合同争议和索赔，避免仲裁或诉讼，较好地控制建设工程的目标。

Partnering模式与传统模式的实用性对比如表11-3所示。

Partnering模式与传统管理模式适用性比较　　　　　　　　表11-3

比较模式 比较项目	传统DBB模式	Partnering模式	
		工程项目Partnering模式	战略性Partnering模式
建设周期	较短	较长	较长或很长
项目预算	较少且无弹性	较多且有一定弹性	较多且富有弹性
工程质量	达到计划要求	更高的质量要求	精益求精，力求不断改进

续表

比较模式 比较项目	传统 DBB 模式	Partnering 模式	
		工程项目 Partnering 模式	战略性 Partnering 模式
不确定性	较 小	中 等	较 大
设计与建造	以规范为主	规范有重要参考价值	主要为新的设计和评估
项目效益	经济效益为主	经济、社会效益平衡	社会效益为主
项目规模	中小型项目	一般大型项目	大型、超大型项目、项目群

11.1.5 标准合同文本介绍

2000 年英国咨询建筑师协会（Association of Consultant Architects，ACA）出版了"项目伙伴关系合同标准文本"（The ACA Standard Form of Contract for Project Partnering，简称 PPC2000），并在 2003 年出版了修订版。这是第一份以项目伙伴关系命名的标准合同文本，它把在项目中建立伙伴关系的理念以合同形式固定下来，促进了伙伴关系管理模式的进一步完善和发展。这一标准合同文本的面世和应用为建设项目采用伙伴关系模式奠定了合同基础。该合同共包括 28 项条款（如表 11-4 所示）和 5 个附件。

项目伙伴关系合同条款（PPC2000） 表 11-4

主 题 条 款	子 条 款
1. Project and Partnering Team Members（项目和伙伴团队成员）	1.1 Partnering Contract（伙伴关系合同） 1.2 Partnering Team（伙伴团队） 1.3 Roles and Responsibilities（角色和责任） 1.4 Definitions（定义） 1.5 Consultants（咨询顾问） 1.6 Specialists（专家） 1.7 Reasonableness（合理性）
2. Partnering Documents（合伙文件）	2.1 Roles and Relationships（角色和关系） 2.2 Partnering Documents（合伙文件） 2.3 Effect of Partnering Documents（合伙文件的效应） 2.4 Responsibility for Partnering Documents（合伙文件的责任） 2.5 Partnering Documents Complementary（补充的合伙文件） 2.6 Priority of Partnering Documents（合伙文件的优先级）
3. Communication and Organisation（交流和组织）	3.1 Cooperative Exchange of Information（信息的合作交流） 3.2 Methods of Communication（交流方法） 3.3 Core Group and Members（核心小组和成员） 3.4 Responsibility for Core Group members（核心小组成员的责任） 3.5 Core Group Meetings（核心小组会议） 3.6 Core Group Decisions（核心小组决策） 3.7 Early Warning（预警） 3.8 Partnering Team Meetings and Decisions（伙伴团队会议和决策） 3.9 Interested Parties（有兴趣的参与方） 3.10 Secondments and Further Cooperation（特殊要求和进一步合作） 3.11 Records（记录）

续表

主题条款	子条款
4. Partnering Objectives（合伙目的）	4.1 Partnering objectives（合伙目的） 4.2 Partnering targets（合伙目标）
5. Client Representative and Partnering Adviser（业主代表和合伙顾问）	5.1 Client Representative functions（业主代表的功能） 5.2 Client Representative authority（业主代表的权限） 5.3 Instructions to Constructor（对承包商的指示） 5.4 Objection to instructions（对指示的反对） 5.5 Compliance with instructions（遵守指示） 5.6 Partnering Adviser（合伙顾问） 5.7 Replacement of Partnering Adviser（合伙顾问的替换）
6. Partnering Timetable and Project Timetable（合伙时间表和项目时间表）	6.1 Partnering Timetable（合伙时间表） 6.2 Development of Project Timetable（制定项目时间表） 6.3 Sections（阶段） 6.4 Site possession and access（现场所有权和通道） 6.5 Compliance with Project Timetable（遵守项目时间表） 6.6 Acceleration or postponement（加速和延误） 6.7 Updating Project Timetable（项目时间表更新）
7. Health and Safety, Site welfare and Employees（健康和安全、现场福利和雇员）	7.1 CDM Regulations（CDM 法规） 7.2 Health and Safety（健康和安全） 7.3 Skills, qualifications and experience（技能、资格和经验） 7.4 Responsibility for individuals（个人的责任） 7.5 Replacement of individuals（个人的替换） 7.6 Employment and training initiatives（雇用和培训行动）
8. Design and Process Development（设计和过程开发）	8.1 Design development（设计开发） 8.2 Design contributions（设计贡献） 8.3 Pre-commencement designs（开始前设计） 8.4 Surveys and investigations（测量和勘测） 8.5 Approvals（认可） 8.6 Designs after commencement（开始后设计） 8.7 Budget（预算） 8.8 Value Engineering（价值工程） 8.9 Planning Supervisor（规划监督员） 8.10 Approvals and comments（认可和评价） 8.11 Constructor objection to designs（承包商反对设计） 8.12 Designs as Partnering Documents（设计作为合伙文件） 8.13 Design Team meetings（设计团队会议）
9. Intellectual Property（知识产权）	9.1 Non-infringement of Intellectual Property Rights（知识产权的非侵占） 9.2 Licence to copy and use（复制和使用的许可） 9.3 Liability for use of designs and documents（使用设计和文件的责任） 9.4 Ownership of documents（文件的所有权）

续表

主 题 条 款	子 条 款
10. Supply Chain（供应链）	10.1 Specialist relationships（专家间关系） 10.2 Specialists as Partnering Team members（专家作为合伙团队成员） 10.3 Business Cases for Preferred Specialists/Direct Labour Packages（合适专家/人员的业务案例） 10.4 Analysis of Business Cases（业务案例的分析） 10.5 Market testing（市场测试） 10.6 Specialist tenders（专家招标） 10.7 Selection documentation（选择文件） 10.8 Maximum Specialist contributions（最大的专家贡献） 10.9 Specialist Contracts（专家合同） 10.10 Consultants as Specialists（顾问作为专家） 10.11 Client-appointed Specialists（业主任命的专家） 10.12 Responsibility for Specialists（专家的责任） 10.13 Termination of Specialist Contracts（专家合同的终止） 10.14 Instructions to Specialists（对专家的指示）
11. Volume Supply Agreements（大量供应协议）	11.1 Notifying Volume Supply Agreements（通知大量供应协议） 11.2 Review of Volume Supply Agreements（大量供应协议的评审） 11.3 Volume Supply Agreements as Specialist Contracts（大量供应协议作为专家合同）
12. Prices（价格）	12.1 Payment for Constructor's Services（承包商服务的付款） 12.2 Payment under Pre-Possession Agreement（占有前协议下的付款） 12.3 Price Framework, Agreed Maximum Price and Budget（价格结构、同意的最高价格和预算） 12.4 Profit, Central Office Over-heads and Site Overheads（利润、总公司和现场管理费） 12.5 Proposed Direct Labour Packages and Preferred Specialists（建议的合适专家和人员） 12.6 Prices of approved Direct Labour Packages and Preferred Specialists（认可的合适专家和人员的价格） 12.7 Prices of other Specialists（其他专家的价格） 12.8 Discounts（折扣） 12.9 Risk contingencies（风险意外事件） 12.10 Cost savings and added value（成本节约和价值增值）
13. Incentives（激励）	13.1 Appropriate incentives（合适的激励） 13.2 Shared savings and added value incentives（节约和增值的分享激励） 13.3 Pre-Possession Agreement（占有前协议） 13.4 Pre-Possession Activities（占有前活动） 13.5 Payment and KPIs（支付和关键绩效指标） 13.6 Third party benefits（第三方利益）
14. Pre-conditions to Start on Site（现场开始前条件）	14.1 Pre-conditions to start on Site（现场开始前条件） 14.2 Satisfying pre-conditions（满足前期条件）

续表

主题条款	子条款
15. Project on Site（现场项目）	15.1 Commencement Agreement（开工协议） 15.2 Carrying out Project（履行项目） 15.3 Constructor on Site（现场承包商） 15.4 Ownership of materials, goods and equipment（材料、货物和设备所有权）
16. Quality and Environment（质量和环境）	16.1 Quality of Project（项目质量） 16.2 Standards（标准） 16.3 Quality Management System（质量管理系统） 16.4 Environmental risk and Hazardous Substances（环境风险和危险物品）
17. Change（变更）	17.1 Partnering Team proposed Changes（合伙团队建议变更） 17.2 Client proposed Changes（业主建议变更） 17.3 Constructor's Change Submission（承包商变更的递交） 17.4 Evaluation of Change if not agreed（如果不同意对变更的评估） 17.5 Urgent Change（紧急变更） 17.6 Minimum adverse effects（最小的不利效应） 17.7 Effect of Change（变更的效应） 17.8 Changes and Consultants（变更和咨询顾问）
18. Risk Management（风险管理）	18.1 Risk Management（风险管理） 18.2 Constructor risk（承包商风险） 18.3 Extensions of time（时间延长） 18.4 Notification of events（事件的通知） 18.5 Time-based Site Overheads（基于时间的现场管理费） 18.6 Unavoidable work or expenditure（不可避免的工作或开支） 18.7 Extensions and Consultants（延长和咨询顾问） 18.8 Site and boundaries（现场和围墙） 18.9 Soil, rock strata and structures（土壤、岩石地层和结构） 18.10 Delay or disruption by Specialists（专家延误或分裂）
19. Insurance and Security（保险和保证）	19.1 Insurance of Project and Site（项目和现场的保险） 19.2 Repair and restoration（修理和恢复） 19.3 Third party insurance（第三方保险） 19.4 Professional indemnity/product liability insurance（职业保证/产品责任险） 19.5 Environmental Risk Insurance（环境风险保险） 19.6 Latent Defects Insurance（隐藏缺陷保险） 19.7 Whole Project Insurance（整个项目保险） 19.8 Insurance obligations（保险义务） 19.9 Other forms of security（其他类型保证）
20. Payment（支付）	20.1 Payment obligations（支付义务） 20.2 Payment applications（支付申请） 20.3 Valuations and payments to Constructor（对承包商估价和支付） 20.4 Payments to Consultants（对咨询顾问的支付） 20.5 Content of Constructor valuations（承包商估价的内容） 20.6 Withholding or deduction（扣留或扣除）

续表

主题条款	子条款
20. Payment（支付）	20.7 Adjustment of valuations and notices（估价和通知的调整） 20.8 Valuations not approved（估价未被认可） 20.9 Interest on late payment（延迟支付的利息） 20.10 Fluctuation（波动） 20.11 Payment of Specialists（专家的支付） 20.12 Inspection of financial records（财务记录的检查） 20.13 Statutory deduction（法规要求的扣除） 20.14 Payment on Project Completion（项目竣工时的支付） 20.15 Final Account（最终支付） 20.16 Non-agreement of Final Account（最终支付未达成一致） 20.17 Suspension of performance（履行中断）
21. Project Completion and Support（项目竣工和支撑）	21.1 Notice of Project Completion（项目竣工通知） 21.2 Inspection and testing（检查和测试） 21.3 Part Project Completion（部分项目竣工） 21.4 Rectification of defects（缺陷改正） 21.5 Confirmation of rectification of defects（缺陷改正的确认） 21.6 Operation of completed Project（完工项目的运行）
22. Duty of Care and Warranties（注意和保证的责任）	22.1 Skill and care（技能和注意） 22.2 Collateral warranties（附属保证） 22.3 Specialist warranties（专家保证） 22.4 Third party rights（第三方权利）
23. Key Performance Indicators and Continuous Improvement（关键绩效指标和持续改进）	23.1 KPIs（关键绩效指标） 23.2 Measurable continuous improvement（可测量的持续改进） 23.3 Demonstration of progress against KPIs（与KPI相对照的进展说明） 23.4 Core Group review of continuous improvement proposals（核心小组对持续改进建议的评审） 23.5 Criteria for continuous improvement（持续改进的标准） 23.6 Post-Project completion review（项目竣工后的评审）
24. Joint Initiatives and Strategic Alliancing（共同行动和战略联盟）	24.1 Joint initiatives（共同行动） 24.2 Strategic alliancing（战略联盟）
25. General（总体要求）	25.1 Exclusion of partnership（伙伴关系的排除） 25.2 Assignment and sub-contracting（转让和分包） 25.3 Whole Partnering Contract（整个合伙合同） 25.4 Laws and regulations（法律和法规） 25.5 Confidentiality（保密）
26. Termination（终止）	26.1 Termination for unforeseeable reasons（不可预测原因的终止） 26.2 Bankruptcy or insolvency（破产或无力偿付债务） 26.3 Termination for Partnering Team breach (not Client or Constructor)（合伙团队违约的终止，非业主或承包商原因） 26.4 Termination for Constructor breach（承包商违约的终止） 26.5 Termination for Client breach（业主违约的终止）

续表

主 题 条 款	子 条 款
26. Termination（终止）	26.6　Suspension or abandonment（中断或放弃） 26.7　Consequences of suspension or abandonment（中断或放弃的后果） 26.8　Protection of Project（项目保护） 26.9　Replacement Consultant（替换咨询顾问） 26.10　Notice of Client-appointed Specialist proposed termination（业主任命专家建议终止的通知） 26.11　Notice of Constructor-appointed Specialist proposed termination（承包商任命专家建议终止的通知） 26.12　Termination of Specialist for Client breach（业主违约时的专家终止） 26.13　Termination of Specialist for Constructor breach（承包商违约时的专家终止） 26.14　Other Partnering Team members（其他合伙团队成员） 26.15　Accrued rights and obligations（产生的权利和义务）
27. Problem Solving and Dispute Avoidance or Resolution（问题解决和争议避免或处理）	27.1　Notice of difference or dispute（差异或争议的通知） 27.2　Problem-Solving Hierarchy（问题解决层次） 27.3　Core Group review（核心小组评审） 27.4　Conciliation, mediation or other alternative dispute resolution（调解、斡旋或其他替代争议解决方法） 27.5　Adjudication（裁决） 27.6　Litigation or arbitration（诉讼、仲裁） 27.7　Law and jurisdiction（法律和司法） 27.8　Limitations（限制）
28. Special Terms（专用条款）	
ACA Project Partnering Contract Appendix（ACA项目合伙合同附件）	
Appendix 1（附件1）	Definitions（定义）
Appendix 2（附件2）	Form of Jointing Agreement (Detailed terms to be prepared by Partnering Adviser- see clauses 10.2 and 26.9 of Partnering Terms) 共同协议格式（由合伙顾问准备详细条款—参见合伙条款10.2和26.9）
Appendix 3（附件3）	Part 1（第1部分） Form of Pre-Possession Agreement (Detailed terms to be prepared by Partnering Adviser - see clause 13.3 of Partnering Terms) 占有前协议格式（由合伙顾问准备详细条款—参见合伙条款13.3） Part 2（第2部分） Form of Commencement Agreement (Detailed terms to be prepared by Partnering Adviser - see clause 15.1 of Partnering Terms) 开始协议格式（由合伙顾问准备详细条款—参见合伙条款15.1）
Appendix 4（附件4）	Part 1　Insurance of Project and Site (see clause 19.1 of Partnering Terms) 第1部分　项目和现场保险（参见合伙条款19.1） Part 2　Third Party Liability Insurance (see clause 19.3 of Partnering Terms) 第2部分　第三方责任保险（参见合伙条款19.3）

续表

主 题 条 款	子 条 款
Appendix 4（附件 4）	Part 3　Professional Indemnity or Product Liability Insurance (see clause 19.4 of Partnering Terms) 第 3 部分　专业保证或产品责任保险（参见合伙条款 19.4） Part 4　Insurance- General (see clause 19.7 of Partnering Terms) 第 4 部分　保险—总体（参见合伙条款 19.7）
Appendix 5（附件 5）	Part 1　Conciliation (see clause 27.4 of Partnering Terms) 第 1 部分　调解（参见合伙条款 27.4） Part 2　Adjudication (see clause 27.5 of Partnering Terms) 第 2 部分　裁决（参见合伙条款 27.5） Part 3　Arbitration (if Applicable) (see clause 27.6 of Partnering Terms) 第 3 部分　仲裁（如果适用）（参见合伙条款 27.6）

11.1.6　Partnering 模式应用案例

1. 概况

2000 年至 2001 年香港进入建造房屋高峰期，大约建成八万余套房屋。在房屋建造过程中，出现了一些问题，如房屋质量纠纷、工程延期等。为提高房屋质量，提高居民的满意度，香港房屋委员会（房委会）于 2000 年起草了一份旨在通过改善各参与方关系，提高房屋建造质量的文件，并在房屋建造过程中尝试采用 Partnering 模式，房委会还在其制定的 2001 年—2002 年机构计划中进一步强调了"与顾客及其他参与者建立伙伴关系，并加强与员工和顾客的沟通，清楚了解彼此目的和需要"的策略方针。

2. 确定参与方

在项目建设中涉及的参与方众多，香港房屋署界定的各参与方如图 11-7 所示。

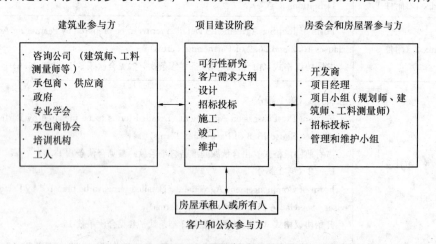

图 11-7　香港房屋署界定的项目涉及的各参与方

3. Partnering 模式的要素

香港房委会认为，建立合作伙伴项目管理模式必须具备六大要素：承诺、明确的角色和责任、共同分担风险、充分的沟通与反馈、评价履约行为的客观方法以及公平的奖惩机制。在建立伙伴关系方面，房委会起着领导作用，并且每年组织伙伴关系论坛，以促进伙伴关系的进一步发展。

(1) 承诺

项目参与方必须拥有提交质量合格住房的共同目标，并对此作出承诺。同时承诺各方均应为建造优质房屋的目标尽力，在预算内按时提交房屋，最终使各方都能受惠。香港房委会为了加强各参与方提交质量合格房屋的承诺，在两个层面上采取了一些具体的措施：在策略层面上，通过形成伙伴，邀请业务上的合作伙伴和投资人签订《质量伙伴关系章程》；在项目层面上，积极表扬各参与方作出的贡献，如在新落成的房屋处竖立基石，刻上工程咨询公司、承包商、供应商和房屋署工程小组的名字，使其对工程有责任感和成就感。

(2) 明确的角色和责任

建设项目涉及多个参与方，很难通过详细的合同约定明确所有各方的角色和责任，但Partnering模式必须尽可能清楚地确定各关键参与方的角色和责任，使各关键方对项目的贡献和相互作用达到收益最大化。房委会对关键参与方的主要角色和责任作出了如下划分：

- 香港政府作为政策的制定者和管理者，应对房地产的长期需求进行评估，建立真实可靠的生产目标；同时促进稳定的房屋生产供应和充足的土地，以推动建设业的进一步发展，达到质量改进。

- 房委会作为最大的公共房屋开发商，应当提供政府评估确定的房屋需求量；建立提交质量合格的公共住房的政策框架，并形成战略；确定明确的工程需求、质量基准和接收的标准；促进质量的提高和创新；在公共房屋的建设项目中对房屋署进行监督。

- 房屋署作为房委会政策的执行机构，应当向房委会提出最好的建议，提交价廉质高的住房；在房委会的政策框架下，确立清晰和真实的对承包商、咨询公司和供应商的工程要求和指南；在公共房屋的规划、设计和施工中确保遵守相关的法律法规；对咨询公司和承包商的工作进行监督和审查，以确保他们满足房委会关于质量、时间和预算的各种要求；为房委会提供专业建议和支持。

- 咨询公司根据被委托的工作内容，须执行以下职责：作为设计组的领导，在遵守规划、设计和法律方面，应向房委会提供专业支持和建议；作为被委任的合同管理者，应管理和审查承包商的工作，确保工程满足房委会的要求和遵守有关的安全条例；作为专业服务的提供者，应该为新的设计和技术提出建议，并根据其专家意见对工程提供技术支持。

- 承包商作为工作的直接执行者，应监督建设过程以满足安全和专业技术标准；在预算之内完全按合同要求，及时移交工程。

- 专业学会和行业协会作为专业标准的指导者，应维持和制定业务法规以维护职业道德规范；在会员中促进对专业道德和标准的服从；推动开发新思路和新产品以获得持续改进。

- 培训机构应为本行业的参与者提供连续培训，开发新的培训项目以满足行业新的需求，并对工人进行职业考核。

- 房屋承租人和房屋所有人作为最终产品顾客，应能够期望得到质量合格的住房，并对具有缺陷房屋的开发商拥有追索权；如果可行，提供反馈意见以便在生产过程方面作出改进。

（3）公平的风险分担

香港房委会为促进伙伴关系的发展，与承包商和咨询公司就合同中的风险分担条款进行了修改。如：对现场具有复杂地质条件的打桩项目，放宽使用"工程师的设计"，以减少打桩承包商由于现场条件的不确定性带来的风险，制定了更清晰的索赔程序，包括约定承包商提供索赔资料的时间以及房屋署回复和评估的时间等。对复杂的建筑合同，房委会引入裁决或争端解决顾问的方法，以求快速地解决争端。争端必须在预定的时间期限内解决，如果未能解决，各方应能将任何未解决的问题立即提交到更高的层次上去，以期获得最快的决定。

（4）沟通和反馈

香港房委会在建设过程中采取了一系列的手段确保各参与方的观点和反馈意见得到充分考虑。具体的举措包括：

■ 在高层水平上，房屋委员会将与主要承包商、咨询公司和供应商的高级管理人员每年举办一次伙伴会议，交换意见并为提高公共住房的质量确定发展方向。

■ 在部门水平上，房屋署董事会成员将定期召开专题研讨会，与资深的承包商管理者、咨询公司、供应商等，研究提高可建造性的新方法，并提出共同关心的问题。

■ 项目开始之前，房屋署工程小组将与所有项目咨询公司和承包商一起召开伙伴会议，以提前就项目的实施方式达成共识。此后继续每月召开一次会议来监督项目的进度。

■ 项目完成以后，房屋署工程小组将与承包商、供应商和咨询公司一起，召开项目审核的专题研讨会，从而对整个项目的实施过程进行评估并确定要改进的方面。

■ 通过定期调查和集中小组会议，收集承租人和房屋所有人关于房屋设计和质量的反馈意见。房屋署的设计和项目组会直接征求顾客意见，获得第一手信息。

■ 实施定期的咨询研究来获得市场的最新反馈和住房设计的发展趋势。

（5）客观的履约行为评价

伙伴关系项目管理模式的高级形式是形成一种长期的战略合作关系，而履约行为的好坏是能否延续这种伙伴关系的基础。香港房委会承诺为承包商和咨询公司建立客观、公开和公平的行为评价体系，并在2000年引入新的评价计分体系，以评估承包商的履约状况。该体系通过现场职员每天的现场监督记录，工程专业人员的月报告和其独立小组每季度的报告对承包商进行评价计分。对咨询公司的履约行为则是通过房屋署的咨询行为报告进行评价。

（6）公平的奖惩机制

适当的激励措施，如工程节余与增值部分利益共享的激励措施，对加强伙伴关系意义重大。香港房委会的奖惩机制主要表现在纪律机制和招标投标机制。

■ 纪律机制。房委会建立了名册制，履约好的承包商和咨询公司将被列入名册，对于愿意加入伙伴合作关系的承包商将建立战略性伙伴关系。其辖下的建筑小组委员会负责审核承包商和咨询公司是否有资质列入名册中，并以中止投标、降级或除名的形式采取惩戒措施。

■ 招标投标机制。房委会是一个负责巨额预算的公共机构，其职责是确保其采购政策体现资金的价值，因此，多年来对工程和咨询合同采用公开竞争性招标以识别称职的商业伙伴，在标书评估中除一般的评估标准（如技术、财务、业绩、工作量等）外，还考虑了投标人以往的履约状况。房委会还推出了"综合评分投标制度"和"奖赏计划"。

Partnering 模式在香港房屋建造业中成功应用，取得了很大的效果，有效地解决了建设过程中存在的大量工程投资失控、质量低劣、工期拖延、社会和环境效益差、工程建设市场混乱等问题。通过实践应用也进一步认识到 Partnering 模式是一种解决争端的好办法，各参与方应着眼于项目的长期合作、诚挚的沟通和相互支持。

11.2 Novation Contract

11.2.1 Novation Contract 的定义及概念

Novation Contract 有学者译为转换型合同或更替型合同，本书仍沿用英文——Novation Contract，或简称 NC。

作为一个合同程序，债务变更并不是一个新的概念，Novation 的概念可以追溯到古罗马时代的民法。牛津字典将 Novation 定义为：The Substitution of a New Obligations for the One Existing。简而言之，债务变更就是一个合同置换的过程，在此过程中一个合同被作废而由另外一个合同取代。从法律角度而言，债务变更就是用新责任代替现有责任。

澳大利亚皇家建筑师协会（Royal Australian Institute of Architects，RAIA）给出了 Novation Contract 在建筑业中的定义：*Novation contract is a form of Design and Construct agreement, in which the proprietor (client) initially employs the consultant team to carry out design and documentation to the extent that the client's needs and intent are clearly identified and documented. On the basis of these documents. Tenders are called and a building contractor selected. The proprietor (client) then novates the consultant agreement to the contractor who takes responsibility for the project to completion*（Novation Contract 是设计—施工合同协议的一种形式。在此形式中，业主先委托设计商完成一定深度的设计文件，使得业主的要求和想法在这一定深度的设计文件中得到清楚的表述，然后以这些设计文件为基础，进行招标并选定承包商。此时，业主与设计商的协议中止，由中标的承包商与原设计商签订新的设计合同，并由承包商负责完成整个项目）。

NC 模式的实质为：在项目实施的不同阶段，通过设计合同发包人角色的转换，使得项目采购模式的形式从开始的传统采购模式转变成为后来的设计—施工（Design+Build，DB）采购模式。但 NC 模式又不简单等同于 DB 模式，而是有其自身的特点。在招标确定承包商之前，业主是设计合同的发包人。设计商从业主处直接获得设计报酬，通过招标确定承包商之后，业主与设计商没有了合同关系。中标承包商必须与原设计商签订新的设计合同，中标的承包商成为新设计合同的发包人，设计商不再从业主处直接获得设计报酬，而是从中标的承包商处获得其设计报酬。

11.2.2 Novation Contract 研究现状及实践应用

1. Novation Contract 研究现状

目前相关的研究文献主要集中在 NC 模式的定义、概念、合同结构、特点及风险分配等方面。Ng S T & Skitmore R M (2002) 通过对项目经理的调查和访问，研究了承包商在 NC 模式中所承担的主要风险，这些风险主要包括：业主选定设计商的设计能力和表现，承包商在转换后阶段缺乏设计费用的分配，承包商与设计商的合作关系和 NC 模式的持续时间。研究还发现，承包商在投标准备阶段缺乏足够的时间核对设计商提供的设计方案❶。

李佳川、金军秀介绍了 NC 模式的概念、合同结构、优缺点及其风险分配❷。陈炳泉等 (2007) 调查了 NC 模式在香港建筑业界的应用，并对其在未来建筑业可能的应用进行讨论❸。

2. Novation Contract 实践应用

NC 模式在西方建筑业界已经得到广泛应用，如在 1994 年，英国大约 36％ "设计＋施工总承包" 模式的项目采用了 NC 的概念。在澳大利亚，尤其是在阿德雷得市的许多大型项目中采用了该模式，其中包括墨尔本市 MCG 的南部看台以及新的联邦中心、阿德雷得市的娱乐中心、展览中心以及在这两座城市的新电信大楼等。

但在国内，NC 模式仍然是一个全新的概念而未得到广泛的应用，没有相关的文献证明在大陆有这样的实践案例，迄今为止唯一报道过使用该模式的案例是一个由香港政府建筑署资助与开发的屠宰场项目。

11.2.3 Novation Contract 模式的主要内容

NC 模式的发包过程为：业主聘请设计顾问进行项目的初步设计（或设计概要），待该初步设计满足业主对项目的要求后，进行招标，选择合格的承包商负责完成剩余设计和全部工程的施工。通过债务变更实现从传统模式向 DB 模式的转换。业主、承包商以及设计顾问必须签署一个合同（债务变更合同），在该合同下，业主与设计顾问之间的原始协议被承包商与设计顾问之间的新合同所取代。

根据其发包过程，NC 模式分为两个主要阶段，即债务变更前阶段 (Pre-novation stage) 与债务变更后阶段 (Post-novation stage)，其合同结构如图 11-8 所示。

1. 债务变更前阶段

业主委托设计商进行初步设计，这一过程与传统采购模式十分相似，业主通过聘请设计顾问开始设计来启动项目。设计顾问的职责是进行项目的初步设计（一般做到方案设计或更多），直到业主的需求得到明确的描述，根据不同类型的建筑物，这一阶段的设计一般达到全部设计的 30％～80％。当设计文件达到合法表示清楚，并得到业主满意，以减

---

❶ Ng S T & Skitmore R M (2002). Contractors' risks in Design, Novate and Construct contracts. International Journal of Project Management, Volume 20, Issue 2, February 2002, Pages 119-126

❷ 李佳川，金军秀 (1999) Novation Contract (NC) 一种新型的承发包模式 [J]. 建设监理，No.2：52-54

❸ 陈炳泉，马远发，左剑 (2007) 试论转换型承包及其在香港建筑界的应用 [J]. 项目管理技术，5：48-51

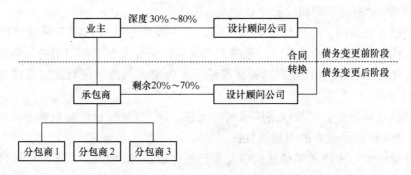

图 11-8 NC 承发包模式的合同结构

少以后变化的可能性。业主即可进行招标,选择承包商,由中标的承包商负责完成剩余的设计和全部的施工。

2. 债务变更后阶段

一旦完成设计合同的转换,承包商与业主、设计商就建立了直接的合同关系,这与传统的 DB 合同结构类似,承包商变成了剩余设计任务的发包方,并负责所有的设计和施工任务。设计顾问公司成为设计分包商,对承包商负责,而不对业主负责。但是 NC 模式的承包商必须聘用受业主委托、并完成了部分设计的原设计顾问公司,不能像在一般的设计施工模式中自己有权选择设计顾问公司。这种新的项目管理模式,也可看做是传统模式与 DB 模式的巧妙结合。

承包商在详细设计阶段的介入使得他可以根据其特有的施工技术、经验和设备来完成施工图设计,他甚至可以修改设计以适应其材料和熟练工人的状况。承包商必须将与设计有关的事情通知业主,同时还必须满足初步设计中定下的主要要求。为了使业主保留对设计过程进行监督并提出建议的权利,可在 NC 合同中保留适当的条款,但业主不能直接给设计商下达指令,业主应注意不要做可能被视为承担设计责任的事情。

11.2.4 Novation Contract 模式的特点及适用范围

1. NC 模式的特点

采用 NC 模式的主要原因是业主试图尽早确定所需要支付的真正的"固定总价"。业主常常要面对由于各种原因造成的费用增加,这些原因大多是建筑界本身的低效率所造成的。因此,NC 模式旨在将工程施工过程中的风险从业主转移到承包商,而理论上承包商比业主更有能力管理风险。

(1) NC 模式的优点

■ 完成项目的时间较短。传统采购模式由于设计与施工分离,一般而言,完成项目所需的时间较长。而 NC 模式由于容许设计与施工的部分搭接,并且容许承包商根据其施工技术特长来进行有关设计,可加快施工进度,故采用 NC 模式的项目完成时间一般较短。

■ 项目工期和投资比较确定。虽然传统采购模式通常也要求承包商保证固定价格及工期,但由于设计变更与设计错误以及其他不可预见的因素,仍然存在工期延长、造价增加的风险。NC 模式可把设计责任转嫁给承包商,并让承包商承担诸如恶劣气候和通货膨胀等风险，使得业主的工期和投资比较明确。

■ 转移更多的风险。在传统采购模式中，业主要承担许多与施工活动管理有关的风险，例如由于设计错误、决策失误、恶劣天气及与政府有关主管部门的协调等原因导致的延误。在 NC 模式中，所有这些风险都转移给了承包商，而由承包商来管理这些风险可能更好一些。

■ 更好的可建造性。与传统采购模式相比较，NC 模式在设计阶段就考虑到了施工的可行性，因此它提供了更好的可建造性设计。

■ 责任单一。与传统采购模式的多元责任制比较，NC 模式提供了单一责任制。从业主的角度来说，NC 模式消除了追究责任的困难，总承包商是唯一责任人，他不能把责任推给任何其他方。

■ 合同管理易操作。在 NC 模式中，承包商没有机会像在传统采购模式中那样提出变更索赔，业主与承包商的合同关系对业主来说比较有利。由于设计已经达到一定的深度，NC 模式使承包商可以在更一致的基础上进行投标，避免了在设计施工模式中，由于不同承包商提供的设计大不相同，使得业主很难对不同设计施工承包商提交的投标文件进行评估和比较。

(2) NC 模式的缺点

■ 业主对设计与质量控制的权力较小。在传统采购模式中，业主通过技术规范的说明和监督，可以更好地控制设计与质量标准；而在 NC 模式中，业主会失去部分控制权力，但这可以通过在合同条件中更加强调质量控制来解决。

■ 灵活性较小。在 NC 模式中，业主在项目的开始阶段就必须非常清楚地知道他究竟想要什么，在转移设计合同后，业主想改变其想法的可能性就减小，对工期与投资的影响将加大。而在传统模式中，业主在项目的很晚阶段还可以改变设计，最多引起设计费用的增加和变更工程费用的增加。因此，选择使用 NC 模式的业主，必须在项目早期就对所建项目有一个非常明确的认识和了解。

■ 合同安排比较复杂。由于合同转换的要求，NC 模式的合同安排比较复杂，业主与设计商之间的合同必须恰当地转移给承包商，以避免可能的索赔。

2. NC 模式的适用范围

NC 模式具有其自身的优缺点。业主在决定选用何种采购模式之前，一定要根据项目的实际情况，在综合比较各种模式对项目的适用性后，再作出选择的决定。NC 模式比较适合于对项目投资和项目建设权限要求比较高的项目，它对投资控制和进度控制较为有利，适合采用该模式的项目主要有：

■ 项目异常复杂。
■ 设计要求非常专业。
■ 业主要求严格控制项目的设计。
■ 项目费用可控性极高。
■ 项目工期要求紧。
■ 项目工作量大。
■ 要求项目单点负责制。
■ 尽量减少业主的风险。

11.2.5 Novation Contract 模式应用案例

香港上水屠房（Sheung Shui Slaugh—terhouse）项目采用了 NC 模式，它是第一个政府资助的采用 NC 模式发包管理的项目。

1. 项目背景

该项目是在新界上水 2B 区域建立一个新的屠宰场。设计目标考虑了成本经济性、运行效率、能源保护、垃圾循环利用、动物保护以及最重要的环境保护。

2. 债务变更过程

1）债务变更前阶段

香港建筑署聘请了黄与欧阳建筑师楼对上水屠房项目进行可行性研究。为提高效率，在完成可行性研究报告后，该公司又被聘请为设计顾问。被聘请为项目设计顾问后，黄与欧阳建筑师楼很快发现该屠宰场项目包含许多专业化的设计需求，而他们公司本身不具备所有的技能来完成这些设计。因此建筑署邀请了一些海外的专家来协助设计。这些来自英国以及荷兰的专家拥有丰富的设计屠宰场的经验，他们主要负责协助设计屠宰厂的污水处理以及详细设计。

黄与欧阳建筑师楼与建筑署签订了债务变更协议，保证他们接受合同将债务变更给总包商，并且将遵守债务变更协议中的相关条款。设计顾问负责在招标前完成该项目设计概要的 A 阶段和 B 阶段，并且完成 20%D 阶段的设计任务。

2）项目招标

被邀请投标的承包商仅限于那些符合资格预评估的单位。该项目建立了一个评估小组对合同授予提供意见和建议。评估的目的在于确保合同被授予最合适的、以最佳费用满足业主工期以及质量要求的承包商。该项目选用的合同条款是 DB 合同的标准模式。最后中国某建筑公司赢得合同成为该项目的总包商。

3）债务变更后阶段

根据债务变更协议，黄与欧阳建筑师楼被总包商—中国某建筑公司聘请继续完成设计。同时，根据合同特别条款第 4 部分，中国某建筑公司必须聘请一个设计核查专家。尽管由中国某建筑公司支付费用，但该专家直接向建筑署报告设计相关事宜。

11.3 Program Management

11.3.1 定义及概念

1. Program 的概念及特性

(1) Program 的定义

学术界对于 Program 至今没有一个公认的统一定义，下面列举对 Program 的典型定义：

■ 英国的 BT Programme Office 在 1994 年《项目管理手册》中给 Program（英式英语为 Programme）定义为：*A group of related projects which together achieve a* *common purpose in support of the strategic aims of the business*❶。

- Ferns（1991）则将 Program 定义为：*A group of projects that are managed in a coordinated way to gain benefits that would not be possible were the projects to be managed independently*❷。
- PMI（Project Management Institute）在项目管理知识体系指南（Guide to the Project Management Body of Knowledge，PMBOK）中将 programme 定义为：*A group of related projects managed in a co-ordinated way*❸。
- 英国的 Association for Project Management's Body of Knowledge 则将 Programme 定义为：*Programme is a collection of projects related to some common objective*❹。
- 还有学者，如 Gareis R（1999）认为只要项目超过 2 年就可以称之为 Programme❺。

从这些定义中可以看出：Programme 实际上是指为了实现共同目标的、相关联的项目集合，即项目群。

(2) Program 的特性

项目群具有复杂性、可测量性、多重性和不确定性。

- 多重性。Program 包含极为丰富的内容，同时存在多种思维方式，受到环境多方面的影响（如政府政策、社会制度、经济、技术和道德等）。
- 可测量性。Program 有可量化的工作内容，并且在实施过程中能对其进行跟踪和评价。
- 复杂性。复杂性源自 Program 各组成项目之间交界面的大量问题，加上各项目周期的合并和重叠，使对 program 的管理更具挑战性。
- 不确定性。Program 的持续时间较长，环境发生变化的可能性增大，因此运行过程中的不确定性很大。

2. Program Management 的概念

与 Program 一样，学术界对于 Program Management 的定义和理解也各不相同，也没有一个公认的定义，以下列举出一些国际机构及学者有影响的定义：

(1) CCTA（Central Computer and Telecommunications Agency）

CCTA 认为 Program Management 是为了实现组织的一系列商业目标而对一组项目进行的协同管理（*The coordinated management of a portfolio of projects to achieve a set of business objectives*❻）。Program Management 要帮助组织研究长期战略目标，一旦这些目标被确定下来，就要实施多个项目，确保项目完成后能达到既定的收益。

---

❶ BT (Internal Document) *Project Management Handbook* BT Programme Office UK (1994).

❷ Ferns，D C (1991) Developments in programme management [J]. *International Journal of Project Management* 9 148-156

❸ Project Management Institute. Guide to the project management body of knowledge. Upper Darby，PA：PMI；2000

❹ Association for Project Management. Body of knowledge. High Wycombe：APM；2000

❺ Gareis, R. (1999) May the PMBOK™ guide be challenged by a new project management paradigm? Proceedings of the 30th PMI Seminars and Symposium，PMI HQ Publishing，Newton Square，PA

❻ CCTA (Central Computer and Telecommunications Agency) (1999) Guide to programme management 'HMSO Publications' Norwich

(2) PMG (The Program Management Group)

PMG 认为 Program Management 是对一组项目的任务和资源进行计划和监督（*The planning and monitoring of tasks and resources across a portfolio projects*），并指出以下类型的组织将从 Program Management 中收益和增值：

- 同时实施多个项目。
- 项目在地理位置上分散。
- 项目的管理非常复杂。

(3) APM (Association for Project Management)

APM 对 Program Management 的定义是：*To co-ordinate a portfolio of projects to harmonize communications in order to achieve a set of stated business objectives. Provision of strategy alignment with design objectives in order to maintain control over a multiple project environment. Ensuring quality and deliverables which meet business operational needs*。APM 并指出 Program Management 应该关注以下三个问题：

- 很好地理解 Program 中设计的技术和概念。
- 明确 Program 要实现的目标。
- 要有明确的计划。

除了一些国际组织机构对 Programme Management 进行定义之外，还有一些专家学者也对此进行了研究，如：Ruth M W and Thiry (2000) 试图对这些定义进行综合，并给出了相应的定义：*A collection of change actions (projects and operational activities) purposefully grouped together to realise strategic and/or tactical benefits*[1]。陈笑冬 (2004) 对 Programme Management 定义为：为了实现组织确定的目标，组织对由多个相关项目构成的组合所进行的管理[2]。还有一些学者将 Programme Management 的定义与多项目协作 (multi-project co-ordination)、组合管理 (portfolio management) 联系起来[3]。Reiss (1996)[4]、Pellegrinelli (1997)[5]、Bartlett (1998)[6] 和 Becker (1999)[7] 则将 Programme Management 与组织变革联系起来。Geoff Reiss (1996) 列出了对 Program Management 的五种不同理解[8]：

1) 对与组织变革有关的项目的管理。

2) 组织对其多个项目的管理：对多项目的组合 (a portfolio of projects) 进行的协同管理以实现一系列业务目标，它获益于采用了统一的方法。

---

[1] Murray-Webster R, Thiry M. Managing programmes of projects' Gower handbook of project management, 3rd edition. In: Turner, Simister, editors. Chapter 3. Aldershot, UK: Gower Publishing, 2000

[2] 陈笑冬. 大型建设项目应用 Program Management 的理论研究 [D]. 上海：同济大学, 2004

[3] Patrick (1999) Program Management—Turning many projects into few priorities with TOC, PMI-99 30th annual seminars and symposiums proceedings, PMI HQ Publishing, Newton Square, PA

[4] Reiss, G. (1996) Programme management demystified, Spon Press, London

[5] Pellegrinelli S. Programme management: organising project based change. International Journal of Project Management 1997; 15: 141-9

[6] Bartlett J. Managing programmes of business change. Wokingham: Project Manager Today Publications, 1998

[7] Becker M. Project or program management? PM Network, Vol. 13- No. 10. Drexel Hill, PA: PMI Communications, 1999

[8] Reiss G. Programme management demystified: managing multiple projects successfully. London: E&FN Spon; 1996

3）对巨型项目的管理：这类 Program 有结束的日期。一旦整体目标实现，Program 及其所有组成项目宣告结束。项目虽然可能并不共享资源，但是因为不同项目的作业之间一般存在逻辑关系，所以项目间往往是有联系的，所以一个项目的延迟可能会对其他项目产生影响。

4）对同一个客户的多个项目的管理：Program Management 是组织内部对同一个客户的一系列项目的管理。

5）组织对一个项目组合的管理：组合中的项目都旨在实现组织的某个目标或对多个项目的协同支持、计划、确定优先权和监控，以满足不断变化的业务需要。组织同时进行多个项目，它们都是为了实现组织的某个战略目标。组织的目标转化为一系列项目的目标，每个项目都将成为组织目标实现的一部分。项目之间可能共享资源，但项目必须通过竞争的方式才能获得它们所需的共享资源。

这五种不同理解的共同点是：多个项目同时进行或部分搭接、对多个项目的整体进行管理。不同点是：项目之间是否共享资源、项目之间是否存在逻辑关系、项目是否共同为组织的某个目标服务。

11.3.2 Program Management 模式的研究现状

1. 国外研究现状

国外的研究范围较广，实证研究较多。主要包括项目群管理的文化、政治、商业环境问题，项目群中各项目的相互关系，引入全生命期概念及项目群管理的技术和方法，探讨如何有效实施 Program Management。

Sergio Pellegrinelli（1997）认为与 Project Management 相比，Program management 已经发展成为具有一套行动、结构安排和方法的独特管理理论，并指出应将 Program management 理论与 WBS、网络、风险分析与管理和项目监督与控制等技术结合使用，提高 Program Management 的管理有效性[1]。Sergio Pellegrinelli et. al.（2007）通过对六个 Program 的实证研究，强调了不同文化、政治、商业环境对 Program 运行的重要影响[2]。Roderic J Gray（1997）探讨了 Program 的定义、Program Management 管理方式的选择标准及 Program 中各 Project 的相互关系等[3]。David Partington，Sergio Pellegrinelli and Malcolm Young（2005）采用调查方法，总结了对于实施成功的 Program Management，Program Manager 应具备的能力[4]。Michel Thiry（2002）引入价值管理并建立了集成化的学习—绩效 Program Management 模型，并分析了模型的具体方法和技术及其在项目寿

---

[1] Sergio Pellegrinelli. Program management: organizing project-based change. International Journal of Project Management, Volume 15, Issue 3, June 1997, Pages 141-149

[2] Sergio Pellegrinelli, David Partington , Chris Hemingway, Zaher Mohdzain, Mahmood Shah. The importance of context in programme management: An empirical review of programme practices. International Journal of Project Management 25 (2007) 41-55

[3] Roderic J Gray. Alternative approaches to program management. International Journal of Project Management, Volume 15, Issue 1, February 1997, Pages 5-9

[4] David Partington, Sergio Pellegrinelli and Malcolm Young. Attributes and levels of program management competence: an interpretive study. International Journal of Project Management, Volume 23, Issue 2, February 2005, Pages 87-95

命期的应用❶。Michel Thiry（2004）讨论了 Program Management 的生命周期过程及其与战略的关系❷。John H Payne and J Rodney Turner（1999）讨论了对项目群中各项目的管理问题，在战略层面上，对项目群中各项目应采用同一种管理方法，这样有利于比较进度、分配资源及培养人才等；而在具体操作层面，则应根据项目群中各项目的不同特点采取相应的管理方法❸。Engwall M（2003）通过案例研究发现项目群管理中第一位、也是最为根本的问题是资源分配问题❹。Mark Lycett（2004）把项目群管理生命周期划分为项目群的辨识、计划、执行和终止 4 个阶段❺。

2. 国内研究现状

国内研究文献主要集中在 Program Management 的定义、概念、适用范围、优缺点、组织形式、内容及与 Project Management 的区别等方面，主要集中在 IT 和项目管理的理论研究领域，代表性的有：

丁杰（2003）介绍了 Program Management 产生的背景、概念、特点、内容及与 Project Management 的区别等❻。陈笑冬（2004）从 Program Management 定义出发，将其基本理论引入工程建设领域，论证其在大型建设项目中的应用价值，并提出大型建设项目应用 Program Management 的基本理论，探讨了 Program Management 的概念和理论架构，以及 PMO（Program Management Office）进行 Program Management 的基本原理及 PMO 在大型建设项目中的应用❼。王祎望等（2004）阐述项目群管理结构，并从管理要素维度、干系人维度、层次维度和时间维度对项目群管理活动进行了分析，同时构建了项目群管理信息系统❽。郭长有，陈军（2005）从项目群管理理论和企业管理信息系统入手，对蓝巢项目群管理实例进行了分析❾。陈峰（2006）分析了工程项目群构建流程，并研究了构建流程中各个阶段的主要内容❿。何鹏，谭章禄（2006）对项目群中风险传播进行了研究，建立了项目群风险知识集成模型⓫。张朝勇等（2008）结合工程公司特点，提出了项目群管理模式的实施模型，其实施过程包含目标合同的选择、项目群方案的确立、项目群实施过程控制、项目群管理绩效四个方面，并对各个方面的影响因素进行了详细的论述⓬。

---

❶ Michel Thiry. Combining value and project management into an effective program management model. International Journal of Project Management, Volume 20, Issue 3, April 2002, Pages 221-227

❷ Michel Thiry. For DAD: a program management life-cycle process. International Journal of Project Management, Volume 22, Issue 3, April 2004, Pages 245-252

❸ John H Payne and J Rodney Turner. Company-wide project management: the planning and control of programs of projects of different type. International Journal of Project Management. Volume 17, Issue 1, February 1999, Pages 55-59

❹ Engwall M, Jerbrant A. The resource allocation syndrome: the prime challenge of multiproject management? [J]. International Journal of Project Management, 2003,（21）: 403-409

❺ Mark Lycett, Andreas Rassau and John Danson. Program management: a critical review, International Journal of Project Management, Volume 22, Issue 4, May 2004, Pages 289-299

❻ 丁杰. Program Management 在大型工程项目中的应用. 中国建筑学会工程管理分会 2003 年学术年会论文集, 2003（7）: 49-55

❼ 陈笑冬. 大型建设项目应用 Program Management 的理论研究 [D]. 上海：同济大学, 2004

❽ 王祎望, 杜纲, 齐庆祝（2004）项目群管理模式研究 [J]. 西安电子科技大学学报（社会科学版）Vol. 14. No. 3, p75-79

❾ 郭长有, 陈军（2005）基于信息化建设的项目群管理模式研究. 管理工程学报. 增刊, p18-21

❿ 陈峰. 工程项目群构建理论研究 [D]. 武汉：华中科技大学, 2006

⓫ 何鹏, 谭章禄（2006）项目群中风险传播理论研究 [J]. 北京工商大学学报（社会科学版）, Vol. 21, No. 2, p70-74

⓬ 张朝勇, 吴学庆, 王卓甫（2008）工程建筑公司项目群管理：一个实施模型 [J]. 建筑经济, No. 1: 101-105

11.3.3 Program Management 模式的主要内容

1. Program Management 模式的分类

按照不同的定义和划分标准,项目群可以有很多种分类,比如按照项目的规模和数量、项目间的作用与关系、交付物的性质、面向的客户、企业的项目管理水平或战略发展阶段等,相应的项目群管理方式也不一样。

(1) 按照项目活动的后果分类

Gray 和 Bamford (1999) 以项目活动的后果为标准将项目群划分为两类:直接导致利益、资金流入组织的为移交型项目群 (Delivery programme),导致组织结构改善的为平台型项目群 (Platform programme) ❶。

(2) 按照项目群中项目联系程度分类

Roderic J Gray (1997) 按照项目之间的联系程度,将项目群分为松散型 (Losse) 模式、紧密型 (Strong) 模式和开放型 (Open) 模式。当松散型模式中的项目经理被授权可以获取其他项目信息、达到信息共享以优化决策时,松散型模式就转化为开放型模式❷。其结构分别如图 11-9 (a)、11-9 (b) 和 11-9 (c) 所示。

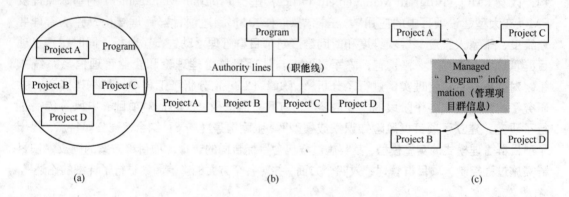

图 11-9 项目群结构形式

(a) Loose 模式的项目群结构;(b) Strong 模式的项目群结构;(c) Open 模式的项目群结构

(3) 按照项目群目标(或共同主题)分类

王祎望等 (2004) 按照项目群的目标(或共同的主题)进行分类❸。项目群的目标(或共同的主题)主要有:满足共同的约束、达到共同客户的满意、提交共同的产品、实现共同的战略。相应项目群的类型有:面向约束型、面向客户型、面向产品型、面向战略型。

■ 面向约束型 (Restraint-oriented programme)。面向约束型项目群是受共同约束限

---

❶ Roderic Gray, Pamela Bamford. Issues in programme integration [J]. International Journal of Project Management, 1999, Vol. 17, No. 6: 361-366.

❷ Roderic J Gray (1997) Alternative approaches to programme management [J]. International Journal of Project Management Vol. 15, No. 1, p. 5-9

❸ 王祎望,杜纲,齐庆祝 (2004) 项目群管理模式研究 [J]. 西安电子科技大学学报(社会科学版)Vol. 14. No. 3, p75-79

制的一些项目的集群,通过对项目的协调,以改善项目的履行。这里的约束可以是合同、资源(人才、技术、设备、资金)等,期望的利益可能是合同的更好履行、资源的更优利用、个人的发展以及新技术的研究与应用等。项目群以共同的主题——约束为纽带,通过资源整合与优化,实现项目群管理目标。

- 面向客户型(Client-oriented programme)。这类项目群中项目的特点是交付对象一致,项目目标是达到共同客户的满意。项目群通过对客户需求的理解和把握,有效地识别工作范围,建立迅速、准确的沟通机制,使各项目形成一个有机的整体,以综合、统一的界面开展项目群管理,达到或超过客户的期望。
- 面向产品型(Product-oriented programme)。这类项目群的共同点是同质化的产品(交付物),产品可以是有形的交付物,也可以是无形的服务或科研成果。项目群可能是成熟产品多地点、多客户的交付,也可能是新产品的研究开发或商业应用。
- 面向战略型(Strategy-oriented programme)。这些项目有一个共同的主题:实现组织特定的战略。组织通过对现有系统、结构、流程或组织进行调整和改革,减少项目群管理中的混乱和弊端,改善管理功能或业务能力,提升企业核心竞争力。这类项目群一般都很大、很复杂,项目间可能没有直接的业务关联,但他们都直接来源于组织的战略规划。

2. Program Management 模式的组织结构

项目群管理一方面要保持项目管理的优势;另一方面,项目群还要发挥学习型组织的特点以及规模经济和网络协同效应,使一个有效的、基于项目的组织同时成功地架构在传统功能组织框架中,使类似或者相关的项目连接到一个持续改进和增效的整体上,建立垂直等级少的组织结构,如图11-10 所示。

项目群管理组织结构的核心是项目群管理办公室(Program Management Office, PMO)。PMO 将有效管理项目群中的所有项目,负责将战略反映到项目群中并监控项目群,以确保可以持续地获得战略上的主动权,提升企业的核心竞争力。

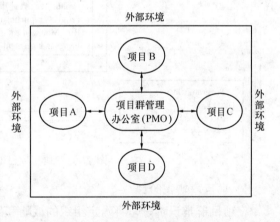

图 11-10 项目群管理组织结构

项目群管理办公室是一个规模不大,但却是高端的和战略层次的工作组,它将企业所进行的项目管理工作与企业战略商业目标、高层管理思想联结在一起。它既具有传统的项目管理职能,又具有战略性的管理职能,通常包括:

- 提供项目支持、实施并维持项目管理过程、标准和方法。
- 项目管理人员培训管理和培养。
- 提供项目管理咨询和指导。
- 选择并维护项目管理软件工具。
- 进行项目群协同管理评估和提升项目管理成熟度。
- 创建项目文化以及提升企业文化。

11 其他采购模式与管理

- 企业内过程和系统的整合以及满足企业独特需求的其他职能。

3. Program Management 模式的实施流程

(1) 项目群管理的生命周期和主要工作

项目群管理生命周期可划分为辨识、计划、执行和终止四个阶段，如图 11-11 所示。

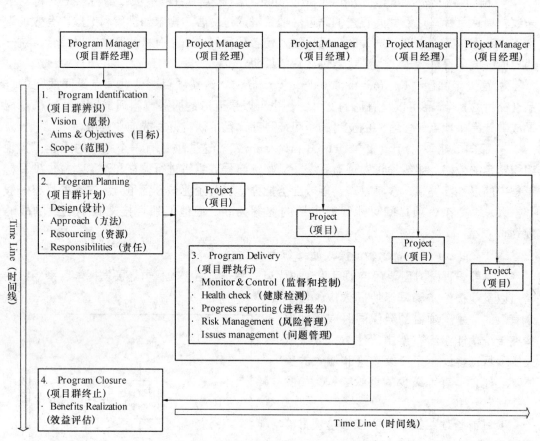

图 11-11　典型项目群管理生命周期❶

1) 项目群辨识阶段

在项目群辨识阶段，将确定组织的战略和发展方向。该阶段的主要任务是定义项目群的目标以及其在企业运营和发展战略中的地位，并且给出项目群的边界。该阶段应给出项目群的一个简要报告，报告内容包括：项目群的建设背景、远景规划、策略集合、范围、预期收益和风险等。

2) 项目群计划阶段

该阶段主要任务是把第一阶段定义的项目群管理的目标具体化，可以通过项目群管理机构的设置、实施方案设计、人员职责分工、资源配置等具体工作内容来实现。项目群管理在这个阶段的主要工作有：

- 确定清晰的目标。

---

❶ Haughey D. A perspective on programme management. Project Smart Website；2001.

- 对项目实施方法与参与各方达成共识。
- 明确参与项目群的每个人员的角色和责任。
- 建立相互交流和信息沟通机制。
- 明确组成项目群的各个项目之间的关系及优先级。
- 制订项目群的实施计划,包括每个项目的计划。

3) 项目群执行阶段

该阶段主要任务是由项目经理实施单个项目,而项目群经理则负责监督和控制项目群中各个项目的完成进度,进行必要的项目间的协调和管理工作,并对项目群的风险和争端进行处理,以确保项目群整体战略目标的实现。

4) 项目群终止阶段

如同项目一样,项目群的实施时间也是有限的。一旦达到建设目标,项目群就宣告结束。在该阶段的主要任务是对项目群完成后的收益和战略目标的实现情况进行评估和总结。

(2) 项目群管理活动

从层次维度来看,项目群是对项目进行集群管理的组织框架,在最高层次,项目间是一种扁平化的组织结构,以下各层次的划分按照项目分解结构(Project Breakdown Structure, PBS),项目分解结构类似于工作分解结构(Work Breakdown Structure, WBS),但它只是物理单位的分解,项目的下一个层级为子项目(Sub-project),子项目的下一个层级为工作包(Work package)(如图11-12所示)。工作包具有一定的功能,这样就保证了控制过程中信息来源的单一性和集成性,因而其组成的结构体系不仅能反映整个项目的控制过程,又能反映所有特性、内部相互关系和控制目标。

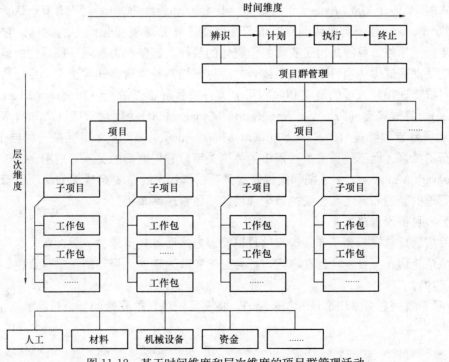

图 11-12 基于时间维度和层次维度的项目群管理活动

从时间维度看,由于项目群组成的复杂性,管理过程的时间跨度更加模糊和不明确,管理过程也呈现出一定的循环特性(如图 11-12 所示)。项目群的管理始于对机会与需求的识别,项目群管理办公室(PMO)必须作出决策,判断机会、战略、项目群目标之间的适配性,然后对项目群及其中的项目进行定义,确定范围及内容,并制订规划,在此基础上,选择、构建项目群最优管理模式,履行和控制项目过程,提供符合期望的交付物,同时,针对干系人对项目群管理及交付物的反馈,对过程进行调整、改进和优化,并产生新的交付,直至项目群的终止。

与项目管理相比,项目群经理并不要求去管理和监督各个项目,这些是项目经理的任务。项目群经理是对整个工程项目进行全过程的管理,从一开始整个项目的定义就开始介入,并参与整个工程的策划和实施阶段的管理,直到工程终止,在这个过程中,项目群经理只要从全局上进行控制和协调,确保全部项目正常实施并实现预期目标。项目群经理的主要工作有:

- 协助业主制定目标、定义各个项目。
- 明确相关人员的任务和责任。
- 制订 Program 计划。
- 确定项目之间的优先级别。
- 与业主交流、向业主汇报。
- 项目群的进度、投资、质量控制和协调。
- 项目群的风险管理和变更管理。
- 项目群的终止。

4. 项目群管理层次和内容

日本的 Project Management Professionals Certification Center(PMCC)认为:Program Management 是一套灵活调整组织运营以适应外部环境变化能力的架构,它负责提出应对变化的措施,目的是为了实现某个整体的目标。这些能力表现在集成化的管理活动中,这些活动通过优化项目之间关系或合并项目来增加整体价值和实现整体目标[1]。

项目群管理按照管理的层次和内容可分为:项目群管理总揽(Program Management Overview)、集成管理(Program Integration Management)、项目管理(Project Management)和项目专项管理(Project Segment Management)。四者之间存在一种自上而下、由总到分的关系,而不是通常那种简单的并列关系,它们之间的关系可用图 11-13 表示。

Program Management 总揽和集成管理是项目群管理的重要组成部分,项目管理和项目专项管理的原理和方法与传统的单个项目的项目管理基本相同。

(1) 项目群管理总揽

项目群管理总揽指为了详细确定项目群管理方法而首先形成的一般理解,这些方法的形成与集成管理、项目专项管理、因与社会经济和政治牵连而受到的影响等紧密联系,它包括以下内容:

1) 项目群的任务(Program Mission):指高层对项目群要达到什么目标共有的观点,

---

[1] Project Management Professionals Certification Center,2002. A Guidebook of Project & Program Management for Enterprise Innovation,Revision 1. Japan

图 11-13 Program Management 的管理层次及主要内容

它反映 Program 干系人抱有的整体任务要求；

2) 项目群的价值 (Program Value)：指在关键的里程碑节点，根据普通而清楚的标准在创造价值和干系人满意程度等方面对 Program 进行评价；

3) 项目群的群体 (Program Community)：指项目群团队核心竞争力聚集的群体；

4) 项目群的结构 (Program Architecture)：指项目群组成的基本结构，是项目群的构想和体系的蓝图。

项目群管理总揽是集成管理的基础，必须首先被明确，否则任何形式的项目群都必将失败。基于项目群管理总揽产生了项目群平台 (Program Platform) 的概念。项目群平台是项目群的基础，包括任务、评估、群体和结构四个平台。

1) 任务平台

在项目群中，任务是对如何实现组织战略目标的指导，回答的是项目群要做什么。任务平台负责明确项目群的整体任务。整体任务提出了多方面要求，它内涵丰富、优先级高、十分复杂、不确定性强，与组织的政策和战略密切相关，因此它与单个项目特定的目标有很大不同。

为了实现组织的战略目标，确定整体任务时，必须对项目群的意义、相关干系人、有关问题的描述、解决问题的指导和相关学科的意见等内容进行重点讨论。所有这些对目标要求描述形成的文件叫做任务陈述文件，通常采用自上而下的方式制定。明确整体任务的流程包括：

- 基于对问题的观察预测解决方案。
- 替代解决方案的甄选。
- 例证说明解决方案。
- 评价解决方案。

2) 评估平台

项目群的价值是决定管理方向的重要指标之一。项目群的价值会随时间的推移和环境（如政治、社会、经济、竞争和技术进步等）的改变而变化，其期望值必须与最初计划不断进行比较。在项目群被批准认可之前应该进行评估。评估指标应该具备的特点有：易于理解、可量化、可形象化、及时发布、易于准备、内容一致等。除此之外，最重要一点是评估的平衡性，平衡的整体价值评估指标有七个方面：

- 效能（Efficiency）：资源在项目中的有效性，即产出（收益）和资源投入之比。
- 有效性（Effectiveness）：干系人对项目的满意程度。
- 赢得值分析（Earned Value）：通过把项目范围、时间进度和费用（资源）联系起来，用统一的尺度测算进程。
- 道德规范（Ethics）：符合被广泛接受、公平、正确的观念，社会和行业的道德规范。
- 生态保护（Ecology）：对全球环境保护应有的重视，支持可持续发展。
- 责任性（Accountability）：担负起对项目群成果负责、使项目群状态的透明化，信息的披露达到满意程度的管理责任。
- 可接受性（Acceptability）：干系人对一系列有关价值实现的条款达成一致，通常用资金投入量、保证回报和现金流计划等表示。

3）群体平台—旨在智力资源的集成

在项目群中，群体和组织两者的概念有些类似。组织非常重视职能、权利和文化的划分，上下级的权利和责任清楚，工作流程标准化。组织十分重视履行职责，而群体更注重发挥创造力。在项目群实施活动中，解决问题应被置于首位。

在项目群中，把人力从组织垂直式的资源池中释放出来，组成一个包含不同类型人才的扁平化群体。群体正是利用团队把个人团结起来以克服组织弱点，包括专业能力的形成和展示、学习机会、对工作的满意程度和通过专业人员力量的合并展现创造力等。

4）结构平台

项目群结构是对项目群构造的全套设计，具备整体、基本的可操作性，用以展现项目群的大概轮廓和反映作为其设计基础的项目群方案的基本要求。其目的是产生为实现项目群整体任务的总体设计和管理方案，它也是确定项目群价值的基础。结构平台包括对项目群的整体功能设计、项目模型设计和项目群操作设计。

- 整体功能设计：包括定义基本要求和对项目群生命周期、基本构造、总体功能和基本操作的设计。
- 项目模型设计：把项目群分解为多个项目和把项目按其整体功能划分为模块项目。
- 项目群操作设计：是制定项目群的发展路线图及其管理规则。

(2) 集成管理

项目群管理的总体思路是将项目群整体任务分解转化为由多个项目构成的有机组合，以便协调地满足多个干系人的要求。项目群管理的目标就是能够从较高层次实现多个项目的集成，增加项目群的整体价值。项目群集成管理是在项目群总揽的基础上，根据项目群集成活动的基本原则，对项目群内多个项目进行集成化管理，它是项目群管理人员核心竞争力的基础。项目群集成管理的内容主要有：

- 规划管理（Profiling Management）：研究确定实现战略目标的可行方案。
- 项目群战略管理（Program Strategy Management）：选择管理战略并确保其最终能够实现。
- 架构管理（Architecture Management）：建立实现目标的战略流程、项目模型、项目内部的结构和职能。
- 平台管理（Platform Management）：建立、维护和发展一个能够进行人员、信息和文化集成的空间。
- 全寿命周期管理（Life Cycle Management）：将项目群划分为若干个明确的阶段，考虑每个阶段的功能和可能的项目组成。
- 价值指标管理（Value Indicator Management）：建立 Program 的价值指标体系并持续测算指标的数值，测算可以在计划好的某个阶段、在变更发生的时候、在关键性里程碑事件或在最终结束时进行。

11.3.4　Program Management 模式的特点及适用范围

1. Program Management 的特点

项目群管理具有以下特点：
- 多个项目同时进行、部分搭接或分布在不同的地理位置上。
- 多个项目之间存在联系，都是为了实现一个共同的目标，包括组织变革、收益、实体交付成果等。
- 多个项目需要共享组织的资源，需要进行项目之间的资源调配。
- 充分利用信息技术进行高效的信息沟通。
- 单个项目上进行 Project Management，Program Management 是对多个项目进行的总体控制和协调。

Program Management 的优点体现在：
- 能够在各个独立项目间调节高峰工作量却不增加管理人员，并且在一系列项目完成后无须面临裁员问题。
- 能够加快多个工程项目的整体进度。
- 能够把专家的技能带给每个项目。
- 执行机构管理人员可以形成强大的后援支持。
- 有助于新技术和新理念的推广。

Program Management 缺点主要有：
- 提高成本。
- 不利于针对 Program 中各个 Project 的不同特点进行管理。

2. Program Management 的适用范围

由于项目群管理的特点决定了其相应的适用范围，一般而言，项目群管理模式适用于以下一些项目：
- 有明确的目标，一般是政府或企业制定的长期战略目标，该目标需要通过建设多个项目来实现，对组织影响很大。
- 有明确的投资计划，投资数额一般巨大。
- 有明确的进度目标，往往需要长期建设才能完成。
- 一般为大型工程建设项目，项目中又包含多个项目，项目可能同时进行，也可能有先后次序，可能位于不同的地区甚至不同的国家。项目之间是有联系的，项目的实施都是为了实现组织的目标。

11.3.5 Program Management 模式与其他模式的比较

1. Program Management 与 Project Management 的比较

项目群管理虽来源于项目管理，但它无论从战略高度还是管理范围、管理复杂性、不确定性等都远远超越于项目管理。Program Management 以 Project Management 作为其根本基础，在 Program 的每个项目上使用 Project Management 进行日常管理。Program 的每个项目各由一个项目经理负责，他负责组织和管理实施该项目的团队并处理项目实施过程中出现的问题，Program 的每个项目在一段时间内都有各自明确的进度、费用、质量目标，每个项目中具体的工作方式和管理制度可因项目而异。与 Project Management 所做的日常事务性工作相比，Program Management 需要做的工作更具有战略性。

项目群管理和项目管理相互联系但又各具特色，项目群管理更侧重于组织的战略，通过对项目的孤立性、模糊性的改善以及对组织发展和最终产品的统筹，获得更大的利益；而项目管理注重计划和执行并提交最终产品。在项目群管理中，项目群经理需要对多个具有不同目标的项目进行协调平衡和管理，而项目经理是在单一功能的项目内进行管理。项目群管理和项目管理的主要区别见表 11-5。

Program Management 与 Project Management 的比较　　　　表 11-5

比较对象	Program Management	Project Management
管理对象	项目群：多个相关项目的组合。对复合的、相互关联的特定产品进行管理	单个项目：对单一的、具体的特定产品的管理
管理目标	实现组织所确定的战略目标	实现项目的进度、成本、质量等目标
管理层面	从战略和技术层面进行管理	从技术层面进行管理
管理内容	专注于实现战略或满足组织需求，项目群管理者处理大量管理者的相互作用，以确保各项目的目标和组织的战略目标保持一致	专注于特定产品的控制和交付，管理内容包括：进度管理、成本管理、质量管理、沟通管理、采购管理、风险管理、资源管理、范围管理等
时间	时间域可能是不明确的，通常数年至数十年	有比较明确的时间跨度计划，通常数月至数年
风险	项目群风险管理，跨越各个项目，并与商业和技术成功概率相关	风险包含在单个项目中，只涉及技术成功概率
对管理者要求	项目群经理需要具有更广泛的管理和商业技能及经验	项目经理需要管理和技术方面的技能

2. Program Management 与 Multi-Project / Portfolio Management 的比较

Multi-Project Management（多项目管理）是指：组织对一组多个项目的管理，而这些项目之间并不存在直接联系。例如企业的营销部门负责推广多种产品，每种产品的推广被作为一个营销项目并由不同的团队负责实施，营销部门主管所做的就是 Multi-Project Management 的工作，他可能的工作包括制定适用于各项目的部门规章制度、对各个项目进行指导、监督各个项目的进展情况并汇总记录、向上级主管提交阶段性工作报告等。

Multi-Project Management 不能像 Program Management 一样成为 Project Management 的更高层次，关键的原因就在于它缺少一个共同的目标。此外，它管理的项目可能同时是 Program Management 和 Portfolio Management 的对象。

Portfolio Management（组合项目管理）是指：组织对其所有项目的管理，而无论项目之间是否存在联系。Portfolio Management 处在比 Program Management 和 Multi-Project Management 更高的层次，通过它可以总揽整个组织所有正在进行的项目，而不是关注单个 Program 或 Project，这对组织的决策者十分有价值，它确保组织集中考虑重要问题，帮助避免重复浪费和向下传递战略决策。Portfolio Management 将所有项目分成若干个项目组合进行管理，通常按照职能进行项目组合的划分，Portfolio Management 和组织的战略计划直接相关，它的一个重要内容就是根据战略计划和可用资源作出对 Program 或项目的投资和支持。

管理的多个项目之间是否存在联系成为 Program Management 和 Multi-Project 之间的重要区别。Program Management 的目的是为了实现组织确定的目标，该目标是组织长期战略计划的一部分，它和 Portfolio Management，Project Management 共同构成一个多层次的结构系统。Multi-Project Management 虽然能对其所管理项目的 Project Management 起指导作用，但是项目之间没有一个共同目标。

多数情况下，Portfolio Management 作为比 Program Management 和 Project Management 更高层次的形式出现。Portfolio Management 是对所有项目的管理，即对全部 Program 和单个项目的管理，目的是为了实现组织的战略计划，其主要工作内容包括战略一致性检查、风险管理、进展报告等。它比 Program Management 更具战略意味，与组织战略计划的关系更加紧密的同时，对具体项目活动的影响更加间接。组织对每个发展目标所包括的项目进行 Portfolio Management，对每个策略所包括的相关项目进行 Program Management，并对 Program 所包括的每个项目分别进行 Project Management。

根据发展目标、策略以及实施的关系，Portfolio Management、Program Management 和 Project Management 三者之间的关系可以表示为如图 11-14。

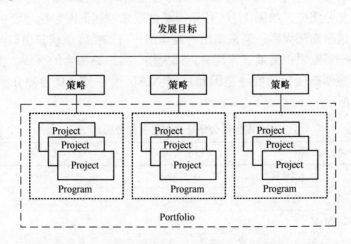

图 11-14　Portfolio、Program 和 Project 三者之间的关系

11.3.6　Program Management 模式应用案例

本节主要根据同济大学经济与管理学院乐云教授承担的上海市科委"登山行动计划"世博科技专项"基于可持续发展战略的上海世博会项目群管理研究"进行归纳整理。

1. 上海世博会项目群背景

上海世界博览会（简称世博会）场址规划区位于黄浦江两岸地区上游，处于城市中心区边缘，如图 11-15 所示。与日本爱知世博会、德国汉诺威世博会、韩国大田世博会等其他几届世博会相比，上海世博会项目群具有以下特点。

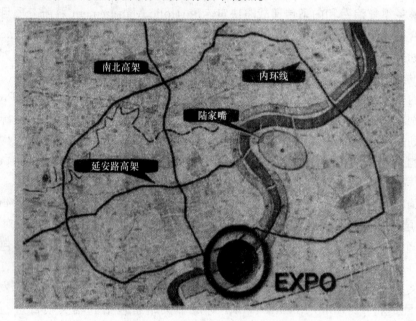

图 11-15　上海世博会的选址位置

（1）规划用地广阔、建设规模庞大

上海世博会场址规划用地面积约 6.68 平方公里（不包括黄浦江、白莲径水域面积），由浦西、浦东两部分组成，如图 11-16 所示。总体规划控制范围包括浦西中山南路—外马路、南浦大桥—浦东南浦大桥—浦东南路—耀华路—打浦桥隧道浦东出口—浦东克虏伯北边界—耀华支路—倪家洪—黄浦江岸线—卢浦大桥、鲁班路围合的区域。上海世博会场址规划区总体规划控制范围包括红线范围和规划协调区两部分，其各部分面积和位置如表 11-6 和图 11-16 所示。

上海世博会场址规划区各部分面积　　　　表 11-6

规划控制范围类型		面积（km²）	浦东部分面积（km²）	浦西部分面积（km²）
规划红线范围	围栏区	3.22	2.54	0.68
	配套区	2.06	1.39	0.67
规划协调区		1.4	—	—
合　计		6.68	—	—

上海世博会建设规模庞大，它包括各类展馆、公共活动中心和配套服务设施。根据上海世博会总体规划工作组 2005 年 3 月编制的《中国 2010 上海世博会总体规划实施方案》的说明文件，预计上海世博会总建筑容量将达到 183.6 万 m^2；其中各类展馆总建筑面积约为 75.3 万 m^2，公共活动中心总建筑面积约为 25.3 万 m^2，配套服务设施总建筑面积为 80 万 m^2，其具体情况如表 11-7 所示。上述各类建筑还不包括未来世博园区内的道路、绿化、景观小品等设施以及在世博会期间开通并作为进入世博园区的上海轨道交通等相关交通配套设施。如此巨大的建设规模，不仅世博会建设史上是少见的，就是世界城市建设史上也是少见的。

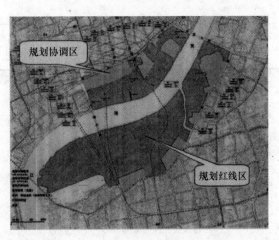

图 11-16　上海世博会场址规划用地

上海世博会各种建筑容量一览表　　　　表 11-7

用地类别			总建筑面积/万 m^2	备 注
1. 各类展馆			75.3	各类展馆建筑面积合计不超过 800000m^2
其中		主题馆	10	共计 5 栋，每栋平均建筑面积为 20000m^2
	国家馆	自建独立展馆	22.5	共计 90 栋，每栋平均建筑面积为 2500m^2
		出租独立展馆	10	共计 50 栋，每栋平均建筑面积为 2000m^2
		出租联合展馆	10	利用 2 个现有建筑改建，共计 50 个展览空间，每个展览空间平均建筑面积为 2000m^2
		中国国家馆	2	1 栋，建筑面积不少于 20000m^2
	国际组织馆		2	共计 10 栋，每栋建筑面积平均为 2000m^2
	中国地区馆		6.8	共计 34 栋，每处建筑面积平均为 2000m^2
	企业馆		12	共计 40 个，每处建筑面积平均为 2500m^2；部分利用现有建筑改建，总建筑面积为 60000m^2
小　计			75.3	
2. 公共活动中心			25.3	
其中	会议中心		4.5	包括各种类型和规模的会议设施
	演艺中心		8	包括各种类型和规模的演艺设施
	文化博览中心		2	利用现有建筑改建
	宴会厅/新闻中心		6	
	宾馆		4.8	规划 400 个床位、五星级标准
小　计			25.3	

续表

用地类别		总建筑面积/万 m²	备注
3. 配套服务设施		80	
其中	医院	10	可考虑分期建设，会展期间规划医疗急救中心
	世博村（围栏区外）	28	
	城市实验区（围栏区外）	12	
	特许经营：餐饮购物	20	其中餐饮设施 160000m²，商业购物设施 80000m²
	管理服务配套设施	10	其中园区管理设施 32000m²，运营配套设施 40000m²，其他服务设施 28000m²
	小计	80	
市政设施（围栏区外）		3	
合计		183.6	
其中	围栏区内建筑面积	125.8	
	围栏区外建筑面积	57.8	

(2) 建设期长、运营期短、资源利用率低

由于会展性活动一次性的特点，上海世博会这样全球瞩目的活动尽管会产生巨大的直接和间接效益，拉动经济增长，但是庞大的建设规模也隐藏着巨大的问题。上海世博会的建设已于 2006 年 8 月 19 日正式开工，到 2009 年底将基本结束，总投资约 30 亿美元，展览期将从 2010 年 5 月 1 日至 10 月 31 日，预计为 184 天。这些展览期间所使用的建筑大都是专门为世博会所建造的临时建筑。我国强制性设计规范规定，临时性建筑设计使用年限为 5 年，而世博会大部分临时建筑的实际使用年限远远低于 5 年设计使用年限标准，我国目前设计规范没有考虑到上海世博会临时建筑的特殊情况。而根据上海世博会总体规划，世博会的临时建筑只有一部分保留，其余部分的建筑将在会后拆除。如果大部分世博会临时建筑都按照目前设计规范采用常规设计，并按照传统的拆除方式处理，在会后将产生大量建筑垃圾，将会对环境产生巨大的污染。建造这些临时建筑物所耗费的自然资源，从资源利用效率的角度来看也是非常低的。因此，对于计划拆除建筑的后续利用问题必须进行深入分析和研究，将对生态环境和资源使用的不利影响降到最低，这样才真正符合上海世博会的"可持续发展"主题。

(3) 参展组织与参与人数规模史无前例

根据上海世博会总体规划，预计上海世博会参展国及国际组织将达到 200 个。而综合其潜在需求、政府目标和市场运作等各方面因素，规划客流总规模目标值为 8000 万人次。预计世博会期间，平均日客流量 40 万人次、高峰日客流量 60 万人次、极端高峰日客流量 80 万人次。与历届较大规模的世博会相比，上海世博会的参展组织与参与人数规模也是史无前例巨大。

2. 上海世博会项目群的管理需求

上海世博会项目是由统一目标的、由多个相互关联的项目所构成的复杂系统,在项目管理学科领域中可以定义为"Program Management"。从上海世博会项目群实施过程的管理需求出发,其具有如下三方面的特征:

- 开放式复杂巨系统。总量接近 200 万平方米的建设规模,数量超过 200 个的建设项目以及预计数以千计的参与单位,使得世博会项目群的建设过程成为一个开放式复杂巨系统,并具有若干不同层级结构。要实现对这一复杂开放过程的管理,必须将人、信息技术、管理流程及作业"综合"集成起来。
- 参与者众多,整体协调工作量大。就世博会直接相关的多个项目建设而言,预计参加单位数以千计,甚至有可能上万,如何从整体上来协调和安排这些参与方的工作,整体推进项目的实施,需要进行良好的组织和管理。此外,园区内还有相当数量场馆的建设是由参展国家、组织机构和企业自行修建的,这就更增加了整体建设协调工作的复杂性,譬如语言沟通、设计图纸及说明的沟通、建设标准和业主方管理方式确定等问题都需要深入研究。这些协调工作量还没有把世博村和市政设施等配套项目考虑在内。
- 后续利用任务艰巨。除了现有规划方案中计划 20%～25% 临时建筑就地保留外,还应考虑其他方式来解决会后的后续利用问题,提高世博会设施资源利用率。日本爱知世博会的场馆建筑及设施在会前都采用了模数化的设计,期望能回收大量临时建筑材料进行后续利用,但由于没有事先决定用途,这一良好的设想并没有实现。日本早稻田大学的木村建一教授认为:"如不事先考虑建材具体的回收使用途径,循环再利用也很难再实现"。到目前为止,由 161 个模块组成的爱知世博会展馆由于事前没有确定会后的归宿,精心拆除的回收材料由于缺乏再利用的途径而无法利用,同时还需要大量储藏空间。因此,上海世博会计划拆除的场馆建筑及设施必须进一步思考后续利用的问题。

3. 上海世博会项目群管理组织架构

(1) 总体控制层面

结合现有上海世博会项目群管理的组织架构,针对"可持续建筑"战略的实施,结合"项目总控"原则,上海世博会项目群总控管理组织架构可参见图 11-17。其各层次涉及的组织机构及分工如表 11-8 所示。

上海世博会项目总控各层次相关组织及分工   表 11-8

层级	机构/人员	机构人员/构成/职能
决策层	2010 年上海世博会组织委员会/执行委员会	1) 吸取上海世博会项目群整体实施情况阶段性汇报,对整体实施工作给予指导; 2) 对上海世博会重大事务进行决策
控制层	上海世博会事务协调局	1) 确定世博会整体实施计划和方案,并综合考虑实施期与运营期的衔接; 2) 推进和指导世博会各项项目的展开; 3) 定期搜集上海世博会项目群整体实施的各项工作信息,定期向世博会组委会/执委会进行汇报; 4) 定期对世博会项目群整体实施情况给予反馈指导

11 其他采购模式与管理

续表

层级	机构/人员	机构人员/构成/职能
控制层	上海世博土地控股有限公司	1) 确定世博会部分项目群实施计划和方案; 2) 推进和指导责任范围内的世博会各项目的展开; 3) 定期搜集责任范围内的上海世博会项目群整体实施的各项工作信息,定期向世博局进行汇报; 4) 吸取世博局的反馈意见,对世博会项目群整体实施情况给予反馈指导
	项目群信息化管理支持团队	1) 负责开发、集成和建立上海世博会项目群管理信息平台; 2) 负责对世博会项目群管理信息平台在世博局、土控公司和世博项目上的实施应用提供技术和培训支持; 3) 负责维护信息平台的正常运行
实施层	专业项目管理公司/设计单位/供货商/承包商/监督单位/造价咨询公司	1) 具体负责项目实施的各项具体工作; 2) 定期将实际工作进展情况提供给世博局或土控公司有关部门(代建的专业项目管理公司)
协调机构	上海世博会运营有限公司	对于涉及展览部分的项目实施公司提供建议,并于世博局协商各个项目实体和资料移交的方式,衔接好实施和运营的关系

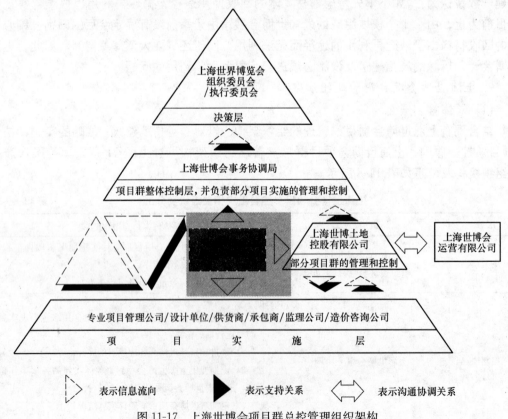

图 11-17 上海世博会项目群总控管理组织架构

(2) 项目管理流程层面

在建立上海世博会项目群总控管理组织架构后,还需要建立相应的项目群总控管理流程图,以便对各类项目实施和项目群总体控制提供支持。按照各项目建设主体,可以将上海世博会项目划分为以下三种类型,如表 11-9 所示。

上海世博会项目管理范围划分及特征分析　　　　表 11-9

序号	建设单位	项目类型	使用/运营对象	策划和设计工作世博局参与部门	建议工程管理方式	控制目标
Ⅰ	上海世博局工程建设部	中国馆 主题馆	运营公司	主题演绎部 中国展馆部	自行管理	生态目标 经济目标 质量目标 进度目标 安全目标
Ⅱ	国际国内参展国家/企业及国际组织	自建独立国家馆 自建国家组织馆 自建国外企业馆	国际参展组织/ 其他国家/企业	国际参展部	—	进度目标 生态目标 安全目标
		自建国内地区馆 自建国内企业馆	国内参展 地区/企业	国内参展部		进度目标 生态目标 安全目标
Ⅲ	土控公司	都市试验区	运营公司	主题演绎部 中国展馆部	自行管理	生态目标 经济目标 质量目标 进度目标 安全目标
		出租独立国家馆 出租联合国家馆 出租国际组织馆 出租国外企业馆	国际参展组织/ 其他国家/企业	国际参展部	一体化管理	
		出租国内地区馆 出租国内企业馆	国内参展地区/ 企业	国内参展部		
		演艺中心 会议中心 文化博览中心	运营公司	活动部		
		宴会厅/新闻中心	运营公司	媒体公关部	一体化管理	
		宾馆 医院 世博村	运营公司	运营公司	项目管理总承包	
		特许经营/餐饮购物设施/管理配套服务设施	运营公司	运营部		
		市政配套设施	—	规划协调部	总承包	进度目标 质量目标 经济目标 安全目标

■ 上海世博局工程建设部负责的项目。上海世博局工程建设部主要负责世博会整体

建设工作的协调，同时负责核心项目主题馆和中国馆的建设，这部分世博会核心项目，大部分很可能在会后原址保留。

■ 国际国内参展国家企业及国际组织。对于国际国内参展国家企业及国际组织自建的展馆，从总体控制的角度，要从进度和环境两方面确定约束条件，保证其场馆建设能符合整体实施进度要求和生态目标。

■ 上海世博土地控股有限公司。该公司作为上海世博会项目群实施的核心主体，主要负责世博会配套市政设施和部分场馆及配套设施的建设管理，在其工作范围内各个项目的策划和设计阶段组织和协调工作，应当是该公司整体工作的核心，其协调工作量巨大、工作任务复杂。此外，该公司还要考虑所负责项目群与运营公司项目移交的关系。

4. 上海世博会服务和使用对象人群

通过分析，世博会的服务和使用对象人群主要包括 5 种类型和 3 个层次，如图 11-18 所示。

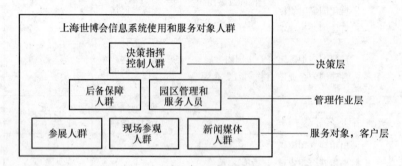

图 11-18 上海世博会信息系统使用和服务对象人群类型和层次

■ 现场参观人群：2010 年上海世博会的主要人群，也是信息系统主要服务对象。其需求主要包括远程了解世博信息、网上预约购票、现场购票、排队服务、寄存服务、参观引导、园区交通服务、咨询服务、紧急帮助和饮食服务等。

■ 参展人群的需求：包括了解展位布局与展位信息、物流与仓储服务、销售管理、参观人群预警与管理、信息通信与信息服务、应急通信保障、后勤供应和水电煤气供应等。

■ 新闻媒体人群的需求：便利、可靠、快速的通讯服务和信息服务，如为记者提供话音接入和数据接入，保证全球的新闻媒体能够方便地采访世博会场和高速同步发布文稿、图片、视频等。

■ 园区管理和服务人员的需求：此部分需求比较复杂，按照工作职能可以划分为安保人员、售检票人员、设施管理人员、物流供应人员、交通调度人员、客流疏导人员、卫生管理人员和志愿者等。其需要由其承担的具体职能所确定。

■ 后备保障人群的需求：后备保障人群包括公安、消防、保安、抢修人员、搬运工、施工队、急救人员等，他们的调入具有突发性和不可预知性，因此后备保障人群应随时待命，等候决策指挥控制人群的指令和调度。

■ 决策指挥控制人群的需求：作为世博会的首脑和心脏，决策指挥控制人群需要根据世博会进展的实际情况随时动态决策，调整管理措施，及时地调度各种后备资源，在突发事件发生时要能快速地启动应急措施或应急设施。

5. 上海世博会项目群管理信息化方案

与普通项目不同，上海世博会项目群管理期相对较长、运营期较短，且运营期整体管理难度较大，尤其是面对突发事件处理时，需要高度灵活快速的应急反应能力。在整个世博会实施管理和运营的信息化建设中，其运营期是整个项目信息化建设中的重点，因此，为实现各运营服务子系统间的协同效应和对突发事件应急反应能力，实现建设期和运营期内各子系统的集成是非常必要的。从全寿命周期出发建立的信息系统集成模型如图 11-19 所示。在各单项功能的信息系统的基础上，通过统一数据交换和控制标准建立中央数据库，并在此基础上，开发面向决策指挥和控制人群的决策指挥和控制系统，以实现不同系统间的协同工作和对突发事件的敏捷反应机制，加强世博会决策层的决策指挥能力。

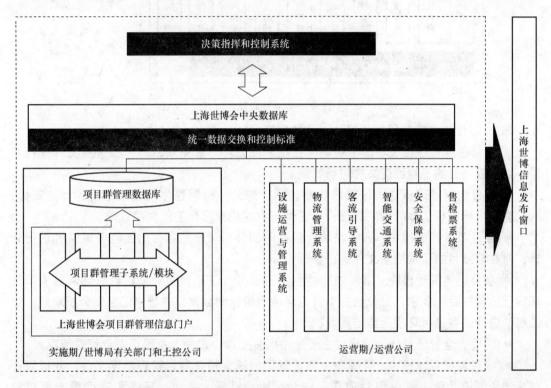

图 11-19　上海世博会信息系统全寿命周期集成化模型

上海世博会项目群信息门户的结构包括 10 个功能模块和一个专用项目群管理数据库。此外，通过统一数据交换和控制标准，将项目群管理数据库内的数据浓缩后定期传输到上海世博会中央库中，供决策和指挥系统调用。其结构及功能模块如图 11-20 所示。

■ 项目基础数据模块。该模块主要是对现场原始状况数据、世博会总体规划方案和各个建筑方案的相关文件进行管理，并提供图形化、可视化和动态化的显示和管理界面，便于世博会项目群基础数据的查询和管理。

■ 规划设计管理模块。该模块功能包括四部分：说明整体规划设计工作计划；对已完成规划设计文件包括图纸、效果图及视频等及其变更文件进行管理；对正在进行的规划设计文件及其变更文件进行管理；对拟进行规划设计工作计划进行调整和编辑（包括整体

11 其他采购模式与管理

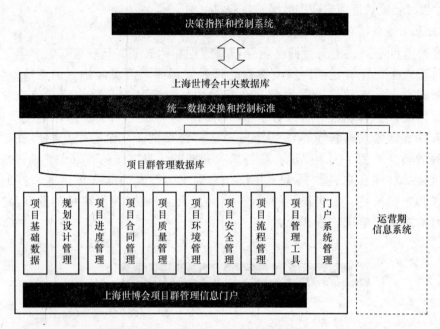

图11-20 上海世博会项目群管理信息门户结构

和一年),以便指导下阶段规划设计工作的展开。

■ 项目进度管理模块。该模块功能包括两部分:对已完项目的工程进度文件进行管理;对在建项目的工程进度文件进行管理。

■ 项目合同管理模块。该模块功能包括三部分:说明整体招标投标工作计划安排;对已完成招标投标工作的合同管理;正在进行中的招标投标工作文件管理。

■ 项目质量管理模块。该模块功能包括两部分:对已完项目的工程质量文件进行管理;对在建项目的工程质量文件进行管理。

■ 项目环境管理模块。该模块功能包括三部分:说明世博会项目群总体及各个项目环境污染控制目标要求;记录已完项目的环境污染检测数据,并提供汇总和分析功能;记录当前进行的各项目环境污染监测数据。

■ 项目安全管理模块。该模块主要是由各施工单位定期上报现场安全管理情况。

■ 项目流程管理模块。该模块主要是管理世博会相关项目管理制度文件,并提供在线查询和浏览功能,其中包括质量、安全、招标投标、费用、环境和进度等方面管理制度。

■ 项目管理工具模块。该模块主要为世博局相关项目群实施管理部门和土控公司的用户提供在线工作支持,包括三个方面:内域网电子邮件、各种进度计划在线创建和编辑、在门户公告板上发布各种通知以及创建各种项目管理文件等。

■ 门户系统管理模块。世博会项目群的各个建设单位和工作范围的设定,主要是通过用户权限设置来实现的,用户设置功能应包括三个纬度,即门户功能模块(10个功能模块)、项目范围和操作范围(阅读、创建、编辑、上传和下载),每个用户拥有一个专用的用户名和登录密码。此外,该模块还有一项重要功能就是对每个用户每步操作进行记录,避免发生错误和误操作行为出现,提高系统的安全性。

11.4 本章小结

本章主要介绍了 Partnering 模式的定义、内涵、研究现状及实践应用；对 Partnering 模式的分类、组织结构、实施流程和协议进行了分析，并介绍了在香港房委会应用 Partnering 模式的案例。介绍了 Novation Contract 模式的定义、内涵、研究现状及实践应用；对 Novation Contract 模式的过程、特点、适用范围进行了分析，并介绍了该模式在香港的一个应用案例。介绍了 Program Management 模式的概念、研究现状；对 Program Management 模式的主要内容、分类、组织结构、实施流程、管理内容作了重点分析和介绍，将 Program Management 模式与其他模式作了对比分析，最后介绍了 Program Management 模式的应用案例。

12 工程合同索赔与争议管理

12.1 工程合同索赔基础

12.1.1 索赔的基本概念

1. 索赔概念

索赔（Claim）一词具有较为广泛的含义，其一般含义是指对某事、某物权利的一种主张、要求、坚持等。工程索赔通常是指在工程合同履行过程中，合同当事人一方因非自身责任或对方不履行或未能正确履行合同而受到经济损失或权利损害时，通过一定的合法程序向对方提出经济或时间补偿的要求。索赔是一种正当的权利要求，它是业主、工程师和承包商之间一项正常的、大量发生而且普遍存在的合同管理业务，是一种以法律和合同为依据的、合情合理的行为。

2. 索赔的特征

- 索赔是双向的，不仅承包商可以向业主索赔，业主同样也可以向承包商索赔。由于实践中业主向承包商索赔发生的频率相对较低，而且在索赔处理中，业主始终处于主动和有利的地位，他可以直接从应付工程款中扣抵或没收履约保函、扣留保留金甚至留置承包商的材料设备作为抵押等来实现自己的索赔要求。因此在工程实践中，大量发生的、处理比较困难的是承包商向业主的索赔，也是索赔管理的主要对象和重点内容。承包商的索赔范围非常广泛，一般认为只要因非承包商自身责任造成工程工期延长或成本增加，都有可能向业主提出索赔。

- 只有实际发生了经济损失或权利损害，一方才能向对方索赔。经济损失是指发生了合同外的额外支出，如人工费、材料费、机械费、管理费等额外开支；权利损害是指虽然没有经济上的损失，但造成了一方权利上的损害，如由于恶劣气候条件对工程进度的不利影响，承包商有权要求工期延长等。因此发生了实际的经济损失或权利损害，应是一方提出索赔的一个基本前提条件。

- 索赔是一种未经对方确认的单方行为。它与工程签证不同，在施工过程中签证是承发包双方就额外费用补偿或工期延长等达成一致的书面证明材料和补充协议，它可以直接作为工程款结算或最终增减工程造价的依据，而索赔则是单方面行为，对对方尚未形成约束力，这种索赔要求能否得到最终实现，必须通过确认（如双方协商、谈判、调解或仲裁、诉讼）后才能实现。

3. 索赔的起因

引起工程索赔的原因非常多和复杂，主要有以下方面：

- 工程项目的特殊性。现代工程规模大、技术性强、投资额大、工期长、材料设备价格变化快。工程项目的差异性大、综合性强、风险大，使得工程项目在实施过程中存在许多不确定变化因素,而合同则必须在工程开工前签订,它不可能对工程项目所有的问题都能作出合理的预见和规定,而且业主在工程实施过程中还会有许多新的决策,这一切使得合同变更比较频繁,而合同变更必然会导致项目工期和成本的变化。

- 工程项目内外部环境的复杂性和多变性。工程项目的技术环境、经济环境、社会环境、法律环境的变化,诸如地质条件变化、材料价格上涨、货币贬值、国家政策和法规的变化等,会在工程实施过程中经常发生,使得工程的实际情况与计划实施过程不一致,这些因素同样会导致工程工期和费用的变化。
- 参与工程建设主体的多元性。由于工程参与单位多,一个工程项目往往会有业主、总承包商、工程师、分包人、指定分包人、材料设备供应人等众多参加单位,各方面的技术、经济关系错综复杂,相互联系又相互影响,只要一方失误,不仅会造成自己的损失,而且会影响其他合作者,造成他人损失,从而导致索赔和争执。
- 工程合同的复杂性及易出错性。工程合同文件多且复杂,经常会出现措词不当、缺陷、图纸错误,以及合同文件前后自相矛盾或者可作不同解释等问题,容易造成合同双方对合同文件理解不一致,从而出现索赔。

以上这些问题会随着工程的逐步开展而不断暴露出来,使工程项目必然受到影响,导致工程项目成本和工期的变化,这就是索赔形成的根源。因此,索赔的发生,不仅是一个索赔意识或合同观念的问题,从本质上讲,索赔也是一种客观存在。

4. 索赔管理的特点

要健康地开展索赔工作,必须全面认识索赔,完整理解索赔,端正索赔动机,才能正确对待索赔,规范索赔行为,合理地处理索赔事件。因此业主、工程师和承包商应对索赔工作的特点有个全面认识和理解。

(1) 索赔工作贯穿工程项目始终

合同当事人要做好索赔工作,必须从签订合同起,直至履行合同的全过程中,要认真注意采取预防保护措施,建立健全索赔业务的各项管理制度。在工程项目的招标、投标和合同签订阶段,作为承包商应仔细研究工程所在国的法律、法规及合同条件,特别是关于合同范围、义务、付款、工程变更、违约及罚款、特殊风险、索赔时限和争议解决等条款,必须在合同中明确规定当事人各方的权利和义务,以便为将来可能的索赔提供合法的依据和基础。在合同执行阶段,合同当事人应密切注视对方的合同履行情况,不断地寻求索赔机会;同时自身应严格履行合同义务,防止被对方索赔。

(2) 索赔是融工程技术和法律的综合学问和艺术

索赔问题涉及的层面相当广泛,既要求索赔人员具备丰富的工程技术知识与实际施工经验,使得索赔问题的提出具有科学性和合理性,符合工程实际情况,又要求索赔人员通晓法律与合同知识,使得提出的索赔具有法律依据和事实证据,并且还要求在索赔文件的准备、编制和谈判等方面具有一定的艺术性,使索赔的最终解决表现出一定程度的伸缩性和灵活性。这就对索赔人员的素质提出了很高的要求,他们的个人品格和才能对索赔成功的影响很大。索赔人员应当是头脑冷静、思维敏捷、处事公正、性格刚毅且有耐心,并具有以上多种才能的综合人才。

(3) 影响索赔成功的相关因素多

索赔能否获得成功,除了上述方面的条件以外,还与企业的项目管理基础工作密切相关，主要有以下四个方面：

- 合同管理：合同管理与索赔工作密不可分，有的学者认为索赔就是合同管理的一部分。从索赔角度看，合同管理可分为合同分析和合同日常管理两部分。合同分析的主要目的是为索赔提供法律依据。合同日常管理则是收集、整理施工中发生事件的一切记录，包括图纸、订货单、会谈纪要、来往信件、变更指令、气象图表、工程照片等，并加以科学归档和管理，形成一个能清晰描述和反映整个工程全过程的数据库，其目的是为索赔及时提供全面、正确、合法有效的各种证据。
- 进度管理：工程进度管理不仅可以指导整个施工的进程和次序，而且可以通过计划工期与实际进度的比较、研究和分析，找出影响工期的各种因素，分清各方责任，及时地向对方提出延长工期及相关费用的索赔，并为工期索赔值的计算提供依据和各种基础数据。
- 成本管理：成本管理的主要内容有编制成本计划，控制和审核成本支出，进行计划成本与实际成本的动态比较分析等，它可以为费用索赔提供各种费用的计算数据和其他信息。
- 信息管理：索赔文件的提出、准备和编制需要大量工程施工中的各种信息，这些信息要在索赔时限内高质量地准备好，离开了当事人平时的信息管理是不行的。应该采用计算机进行信息管理。

12.1.2 索赔的分类

由于索赔贯穿于工程项目全过程，可能发生的范围比较广泛，其分类随标准、方法不同而不同，主要有以下几种分类方法。

1. 按索赔有关当事人分类

- 承包商与业主间的索赔。这类索赔大都是有关工程量计算、变更、工期、质量和价格方面的争议，也有中断或终止合同等其他违约行为的索赔。
- 总承包商与分包人间的索赔。其内容与承包商和业主间的索赔大致相似，但大多数是分包人向总包人索要付款和赔偿及承包商向分包人罚款或扣留支付款等。
- 业主或承包商与供货人、运输人间的索赔。其内容多系商贸方面的争议，如货品质量不符合技术要求、数量短缺、交货拖延、运输损坏等。
- 业主或承包商与保险人间的索赔。此类索赔多系被保险人受到灾害、事故或其他损害或损失，按保险单向其投保的保险人索赔。

2. 按索赔的依据分类

- 合同内索赔 (Contractual Claim)。合同内索赔是指索赔所涉及的内容可以在合同文件中找到依据，并可根据合同规定明确划分责任。一般情况下，合同内索赔的处理和解决要顺利一些。
- 合同外索赔 (Non-Contractual Claim)。合同外索赔是指索赔所涉及的内容和权利难以在合同文件中找到依据，但可从合同条文引申含义和合同适用法律或政府颁发的有关法规中找到索赔的依据。
- 道义索赔 (Ex-Gratia Payment)。道义索赔是指承包商在合同内或合同外都找不到可以索赔的依据，因而没有提出索赔的条件和理由，但承包商认为自己有要求补偿的道义基础,而对其遭受的损失提出具有优惠性质的补偿要求,即道义索赔。道义索赔的主动权在业主手中,业主一般在下面四种情况下,可能会同意并接受这种索赔:第一,若另找其他承包商,费用会更大;第二,为了树立自己的形象;第三,出于对承包商的同情和信任;第四,谋求与承包商更理解或更长久的合作。

3. 按索赔目的分类

- 工期索赔 (Claim for Extension of Time)。即由于非承包商自身原因造成拖期的,承包商要求业主延长工期,推迟原规定的竣工日期,避免违约误期罚款等。
- 费用索赔 (Cost Claim)。即要求业主补偿费用损失,调整合同价格,弥补经济损失。

4. 按索赔事件的性质分类

- 工程延期索赔。因业主未按合同要求提供施工条件,如未及时交付设计图纸、施工现场、道路等,或因业主指令工程暂停或不可抗力事件等原因造成工期拖延的,承包商对此提出索赔。
- 工程变更索赔。由于业主或工程师指令增加或减少工程量或增加附加工程、修改设计、变更施工顺序等,造成工期延长和费用增加,承包商对此提出索赔。
- 工程终止索赔。由于业主违约或发生了不可抗力事件等造成工程非正常终止,承包商因蒙受经济损失而提出索赔。
- 工程加速索赔。由于业主或工程师指令承包商加快施工速度,缩短工期,引起承包商的人、财、物的额外开支而提出的索赔。
- 意外风险和不可预见因素索赔。在工程实施过程中,因人力不可抗拒的自然灾害、特殊风险以及一个有经验的承包商通常不能合理预见的不利施工条件或客观障碍,如地下水、地质断层、溶洞、地下障碍物等引起的索赔。
- 其他索赔。如因货币贬值、汇率变化、物价、工资上涨、政策法令变化等原因引起的索赔。
- 这种分类能明确指出每一项索赔的根源所在,使业主和工程师便于审核分析。

5. 按索赔处理方式分类

- 单项索赔。单项索赔就是采取一事一索赔的方式,即在每一件索赔事项发生后,报送索赔通知书,编报索赔报告,要求单项解决支付,不与其他的索赔事项混在一起。单项索赔是针对某一干扰事件提出的,在影响原合同正常运行的干扰事件发生时或发生后,由合同管理人员立即处理,并在合同规定的索赔有效期内向业主或工程师提交索赔要求和报告。单项索赔通常原因单一,责任单一,分析起来相对容易,由于涉及的金额一般较小,双方容易达成协议,处理起来也比较简单。因此合同双方应尽可能地用此种方式来处理索赔。
- 综合索赔。综合索赔又称一揽子索赔,即对整个工程(或某项工程)中所发生的数起索赔事项,综合在一起进行索赔。一般在工程竣工前和工程移交前,承包商将工程实施过程中因各种原因未能及时解决的单项索赔集中起来进行综合考虑,提出一份综合索赔报告,由合同双方在工程交付前后进行最终谈判,以一揽子方案解决索赔问题。在合同实施过程中,有些单项索赔问题比较复杂,不能立即解决,为不影响工程进度,经双方协商同意留待以后解决。有的是业主或工程师对索赔采用拖延办法,迟迟不作答复,使索赔谈判旷日持久。还有的是承包商因自身原因，未能及时采用单项索赔方式等，都有可能出现一揽子索赔。由于在一揽子索赔中许多干扰事件交织在一起，影响因素比较复杂而且相互交叉，责任分析和索赔值计算都很困难，索赔涉及的金额往往又很大，双方都不愿或不容易作出让步，使索赔的谈判和处理都很困难。因此综合索赔的成功率比单项索赔要低得多。

12.1.3 索赔事件

索赔事件又称干扰事件，是指那些使实际情况与合同规定不符合，最终引起工期和费用变化的那类事件。不断地追踪、监督索赔事件就是不断地发现索赔机会。在工程实践中，承包商可以提出的索赔事件通常有：

1. 业主违约（风险）或指令

(1) 业主未按合同约定完成基本工作。如：业主未按时交付合格的施工现场及行驶道路、接通水电等；未按合同规定的时间和数量交付设计图纸和资料；提供的资料不符合合同标准或有错误（如工程实际地质条件与合同提供资料不一致）等。

(2) 业主未按合同规定支付预付款及工程款等。一般合同中都有支付预付款和工程款的时间限制及延期付款计息的利率要求。如果业主不按时支付，承包商可据此规定向业主索要拖欠的款项并索赔利息，敦促业主迅速偿付。对于严重拖欠工程款，导致承包商资金周转困难，影响工程进度，甚至引起中止合同的严重后果，承包商则必须严肃地提出索赔，甚至诉讼。

(3) 业主应该承担的风险发生。由于业主承担的风险发生而导致承包商的费用损失增大时，承包商可据此提出索赔。许多合同规定，承包商不仅对由此而造成工程、业主或第三人的财产的破坏和损失及人身伤亡不承担责任，而且业主应保护和保障承包商不受上述特殊风险后果的损害，并免于承担由此而引起的与之有关的一切索赔、诉讼及其费用。相反，承包商还可以得到由此损害引起的任何永久性工程及其材料的付款及合理的利润，以及一切修复费用、重建费用及上述特殊风险而导致的费用增加。如果由于特殊风险而导致合同终止，承包商除可以获得应付的一切工程款和损失费用外，还可以获得施工机械设备的撤离费用和人员遣返费用等。

(4) 业主或工程师要求工程加速。当工程项目的施工计划进度受到干扰，导致项目不能按时竣工，业主的经济效益受到影响时，有时业主或工程师会要求承包商加班赶工来完成工程项目，承包商不得不在单位时间内投入比原计划更多的人力、物力与财力进行施工，以加快施工进度。

(5) 设计错误、业主或工程师错误的指令或提供错误的数据等造成工程修改、停工、返工、窝工，业主或工程师变更原合同规定的施工顺序，打乱了工程施工计划等。由于业主和工程师原因造成的临时停工或施工中断，特别是根据业主和工程师不合理指令造成了工效的大幅度降低，从而导致费用支出增加，承包商可提出索赔。

(6) 业主不正当地终止工程。由于业主不正当地终止工程，承包商有权要求补偿损失，其数额是承包商在被终止工程上的人工、材料、机械设备的全部支出，以及各项管理费用、保险费、贷款利息、保函费用的支出（减去已结算的工程款），并有权要求赔偿其盈利损失。

2. 不利的自然条件与客观障碍

不利的自然条件和客观障碍：一般是指有经验的承包商无法合理预料到的不利的自然条件和客观障碍。"不利的自然条件"中不包括气候条件，而是指投标时经过现场调查及根据业主所提供的资料都无法预料到的其他不利自然条件，如地下水、地质断层、溶洞、沉陷等。"客观障碍"是指经现场调查无法发现、业主提供的资料中也未提到的地下（上）人工建筑物及其他客观存在的障碍物，如下水道、公共设施、坑、井、隧道、废弃的旧建筑物、其他水泥砖砌物以及埋在地下的树木等。由于不利的自然条件及客观障碍，常常导致涉及变更、工期延长或成本大幅度增加，承包商可以据此提出索赔要求。

3. 工程变更

由于业主或工程师指令增加或减少工程量、增加附加工程、修改设计、变更施工顺序、提高质量标准等，造成工期延长和费用增加，承包商可对此提出索赔。注意由于工程变更减少了工作量，也要进行索赔。比如在住房施工过程中，业主提出将原来的100栋减为70栋，承包商可以对管理费、保险费、设备费、材料费（如已订货）、人工费（多余人员已到）等进行索赔。工程变更索赔通常是索赔的重点，但应注意，其变更绝不能由承包商主动提出建议，而必须由业主提出，否则不能进行索赔。

4. 工期延长和延误

工期延长和延误的索赔通常包括两方面：一是承包商要求延长工期；二是承包商要求偿付由于非承包商原因导致工程延误而造成的损失。一般这两方面的索赔报告要求分别编制，因为工期和费用索赔并不一定同时成立。如果工期拖延的责任在承包商方面，则承包商无权提出索赔。

5. 工程师指令和行为

如果工程师在工作中出现问题、失误或行使合同赋予的权力造成承包商的损失，业主必须承担相应合同规定的赔偿责任。工程师指令和行为通常表现为：工程师指令承包商加速施工、进行某项工作、更换某些材料、采取某种措施或停工，工程师未能在规定的时间内发出有关图纸、指示、指令或批复（如发出材料订货及进口许可过晚），工程师拖延发布各种证书（如进度付款签证、移交证书、缺陷责任合格证书等），工程师的不适当决定和苛刻检查等。因为这些指令（包括指令错误）和行为而造成的成本增加和（或）工期延误，承包商可以索赔。

6. 合同缺陷

合同缺陷常常表现为合同文件规定不严谨甚至前后矛盾、合同规定过于笼统、合同中的遗漏或错误。这不仅包括商务条款中的缺陷，也包括技术规范和图纸中的缺陷。在这种情况下，一般工程师有权作出解释，但如果承包商执行工程师的解释后引起成本增加或工期延长，则承包商可以索赔，工程师应给予证明，业主应给予补偿。一般情况下，业主作为合同起草人，他要对合同中的缺陷负责，除非其中有非常明显的含糊或其他缺陷，根据法律可以推定承包商有义务在投标前发现并及时向业主指出。

7. 物价上涨

由于物价上涨的因素，带来了人工费、材料费甚至施工机械费的不断增长，导致工程成本大幅度上升，承包商的利润受到严重影响，也会引起承包商提出索赔要求。

8. 国家政策及法律、法规变更

国家政策及法律法规变更，通常是指直接影响到工程造价的某些政策及法律法规的变更，比如限制进口、外汇管制或税收及其他收费标准的提高。就国际工程而言，合同通常都规定：如果在投标截止日期前的第 28 天以后，由于工程所在国家或地方的任何政策和法规、法令或其他法律、规章发生了变更，导致了承包商成本增加，对承包商由此增加的开支，业主应予补偿；相反，如果导致费用减少，则也应由业主收益。就国内工程而言，因国务院各有关部、各级建设行政主管部门或其授权的工程造价管理部门公布的价格调整，比如定额、取费标准、税收、上缴的各种费用等，可以调整合同价款，如未予调整，承包商可以要求索赔。

9. 货币及汇率变化

就国际工程而言，合同一般规定：如果在投标截止日期前的第 28 天以后，工程所在国政府或其授权机构对支付合同价格的一种或几种货币实行货币限制或货币汇兑限制，业主应补偿承包商因此而受到的损失。如果合同规定将全部或部分款额以一种或几种外币支付给承包商，则这项支付不应受上述指定的一种或几种外币与工程所在国货币之间的汇率变化的影响。

10. 其他承包商干扰

其他承包商干扰是指其他承包商未能按时、按序进行并完成某项工作、各承包商之间配合协调不好等而给本承包商的工作带来干扰。大中型土木工程，往往会有几个独立承包商在现场施工，由于各承包商之间没有合同关系，工程师有责任组织协调好各个承包商之间的工作；否则，将会给整个工程和各承包商的工作带来严重影响，引起承包商的索赔。比如，某承包商不能按期完成他那部分工作，其他承包商的相应工作也会因此而拖延，此时，被迫延迟的承包商就有权向业主提出索赔。在其他方面，如场地使用、现场交通等，各承包商之间也都有可能发生相互干扰的问题。

11. 其他第三人原因等

其他第三人的原因通常表现为因与工程有关的其他第三人的问题而引起的对本工程的不利影响，如：银行付款延误、邮路延误、港口压港等。如业主在规定时间内依规定方式向银行寄出了要求向承包商支付款项的付款申请，但由于邮路延误，银行迟迟没有收到该付款申请，因而造成承包商没有在合同规定的期限内收到工程款。在这种情况下，由于最终表现出来的结果是承包商没有在规定时间内收到款项，所以，承包商往往向业主索赔。对于第三人原因造成的索赔，业主给予补偿后，应该根据其与第三人签订的合同规定或有关法律规定再向第三人追偿。

12.1.4 索赔的依据与证据

1. 索赔的依据

索赔的依据主要是法律、法规及工程建设惯例，尤其是双方签订的工程合同文件。由于不同的具体工程有不同的合同文件，索赔的依据也就不完全相同，合同当事人的索赔权利也不同。表 12-1、表 12-2 分别给出了 FIDIC 合同条件（1987 年，第四版）和我国建设工程施工合同示范文本（GF—1999—0201）中业主和承包商的索赔依据和索赔权利，可供参考。

业主向承包商的索赔依据（或权利）　　　　　　　　　　　　表 12-1

合同文本种类	条　款　序　号								
FIDIC 合同条件	6.5 29.1 53.1	8.2 30.2 60.9	10.3 37.4 63.1	20.1 38.2 64.1	20.2 39.2	22.1 46.1	24.1 47.1	26.1 49.3	28.1 49.4
建设工程施工合同示范文本 (GF—1999—0201)	4.1 29.2,3	7.3 35.2	9.2 39.3	12 41	14.2,15	18	19.5	20.1,22	27.3,28

承包商向业主的索赔依据（或权利）　　　　　　　　　　　　表 12-2

合同文本种类	条　款　序　号								
FIDIC 合同条件	2.5 22.3 38.2 51.1 66.1	5.2 25.4 40.1 52.1 69	6.3 27.1 40.2 52.2 70.1	6.4 28.1 40.3 52.3 70.2	7.1 30.3 42.2 53.1 71.1	12.2 31.2 44.1 59.2	17.1 36.4 44.2 60.21	18.2 36.5 44.3 65.3	21.3 36.7 50.2 65.5~65.8
建设工程施工合同示范文本 (GF—1999—0201)	6.2,3 19.5 33.3,4	7.3 20.2 35.1	8.3 21.1,2 36	11.2,22 39.3	12 23.3 40	13 24 41	14.3 26 48	15.3,4 27.4	18 29.1

2. 索赔证据

索赔证据是当事人用来支持其索赔成立或和索赔有关的证明文件和资料。索赔证据作为索赔文件的组成部分，在很大程度上关系到索赔的成功与否。证据不全、不足或没有证据，索赔是很难获得成功的。

在工程项目的实施过程中，会产生大量的工程信息和资料，这些信息和资料是开展索赔的重要依据。如果项目资料不完整，索赔就难以顺利进行。因此在施工过程中应始终做好资料积累工作，建立完善的资料记录和科学管理制度，认真系统地积累和管理合同文件、质量、进度及财务收支等方面的资料。对于可能会发生索赔的工程项目，从开始施工时就要有目的地收集证据资料，系统地拍摄现场，妥善保管开支收据，有意识地为索赔文件积累所必要的证据材料。常见的索赔证据主要有：

■ 各种合同文件，包括工程合同及附件、中标通知书、投标书、标准和技术规范、图纸、工程量清单、工程报价单或预算书、有关技术资料和要求等。具体的如业主提供的水文地质、地下管网资料，施工所需的证件、批件、临时用地占地证明手续、坐标控制点资料等。

■ 经工程师批准的承包商施工进度计划、施工方案、施工组织设计和具体的现场实施情况记录。各种施工报表有：①驻地工程师填制的工程施工记录表，这种记录能提供关于气候、施工人数、设备使用情况和部分工程局部竣工等情况；②施工进度表；③施工人员计划表和人工日报表；④施工用材料和设备报表。

■ 施工日志及工长工作日志、备忘录等。施工中发生的影响工期或工程资金的所有重大事情均应写入备忘录存档，备忘录应按年、月、日顺序编号，以便查阅。

■ 工程有关施工部位的照片及录像等。保存完整的工程照片和录像能有效地显示工程进度。因而除了标书上规定需要定期拍摄的工程照片和录像外，承包商自己应经常注意拍摄工程照片和录像，注明日期，作为自己查阅的资料。

■ 工程各项往来信件、电话记录、指令、信函、通知、答复等。有关工程的来往信件内容常常包括某一时期工程进展情况的总结以及与工程有关的当事人，尤其是这些信件的签发日期对计算工程延误时间具有很大参考价值。因而来往信件应妥善保存，直到合同全部履行完毕，所有索赔均获解决时为止。

■ 工程各项会议纪要、协议及其他各种签约、定期与业主雇员的谈话资料等。业主雇员对合同和工程实际情况掌握第一手资料，与他们交谈的目的是摸清施工中可能发生的意外情况，会碰到什么难处理的问题，以便做到事前心中有数，一旦发生进度延误，承包商即可提出延误原因，说明延误原因是业主造成的，为索赔埋下伏笔。在施工合同的履行过程中，业主、工程师和承包商定期或不定期的会谈所作出的决定或决议，是施工合同的补充，应作为施工合同的组成部分，但会谈纪要只有经过各方签署后方可作为索赔的依据。业主与承包商、承包商与分包人之间定期或临时召开的现场会议讨论工程情况的会议记录，能被用来追溯项目的执行情况，查阅业主签发工程内容变动通知的背景和签发通知的日期，也能查阅在施工中最早发现某一重大情况的确切时间。另外这些记录也能反映承包商对有关情况采取的行动。

■ 业主或工程师发布的各种书面指令书和确认书以及承包商要求、请求、通知书。气象报告和资料。如有关天气的温度、风力、雨雪的资料等。

■ 投标前业主提供的参考资料和现场资料。

■ 施工现场记录。工程各项有关设计交底记录、变更图纸、变更施工指令等，工程图纸、图纸变更、交底记录的送达份数及日期记录，工程材料和机械设备的采购、订货、运输、进场、验收、使用等方面的凭据及材料供应清单、合格证书，工程送电、送水、道路开通、封闭的日期及数量记录，工程停电、停水和干扰事件影响的日期及恢复施工的日期等。

■ 工程各项经业主或工程师签认的签证。如承包商要求预付通知，工程量核实确认单。工程结算资料和有关财务报告。如工程预付款、进度款拨付的数额及日期记录，工程结算书、保修单等。

■ 各种检查验收报告和技术鉴定报告。由工程师签字的工程检查和验收报告反映出某一单项工程在某一特定阶段竣工的程度，并记录了该单项工程竣工的时间和验收的日期，应该妥为保管。如：质量验收单、隐蔽工程验收单、验收记录；竣工验收资料、竣工图。

■ 各类财务凭证。需要收集和保存的工程基本会计资料包括工卡、人工分配表、注销薪水支票、工人福利协议、经会计师核算的薪水报告单、购料定单收讫发票、收款票据、设备使用单据、注销账应付支票、账目图表、总分类账、财务信件、经会计师核证的财务决算表、工程预算、工程成本报告书、工程内容变更单等。工人或雇请人员的薪水单据应按日期编存归档，薪水单上费用的增减能揭示工程内容增减的情况和开始的时间。承包商应注意保管和分析工程项目的会计核算资料，以便及时发现索赔机会，准确地计算索赔的款额，争取合理的资金回收。
- 其他，包括分包合同、官方的物价指数、汇率变化表以及国家、省、市有关影响工程造价、工期的文件、规定等。

3. 索赔证据的基本要求
- 真实性：索赔证据必须是在实施合同过程中确实存在和实际发生的，是施工过程中产生的真实资料，能经得住推敲。
- 及时性：索赔证据的取得及提出应当及时。这种及时性反映了承包商的态度和管理水平。
- 全面性：所提供的证据应能说明事件的全部内容。索赔报告中涉及的索赔理由、事件过程、影响、索赔值等都应有相应证据，不能零乱和支离破碎。
- 关联性：索赔的证据应当与索赔事件有必然联系，并能够互相说明、符合逻辑，不能互相矛盾。
- 有效性：索赔证据必须具有法律效力。一般要求证据必须是书面文件，有关记录、协议、纪要必须是双方签署的；工程中重大事件、特殊情况的记录、统计必须由工程师签证认可。

12.1.5 索赔文件

1. 索赔文件的一般内容

索赔文件也称索赔报告，它是合同一方向对方提出索赔的书面文件，它全面反映了一方当事人对一个或若干个索赔事件的所有要求和主张，对方当事人也是通过对索赔文件的审核、分析和评价来作出认可、要求修改、反驳甚至拒绝的回答，索赔文件也是双方进行索赔谈判或调解、仲裁、诉讼的依据，因此索赔文件的表达与内容对索赔的解决有重大影响，索赔方必须认真编写索赔文件。

在合同履行过程中，一旦出现索赔事件，承包商应该按照索赔文件的构成内容，及时地向业主提交索赔文件。单项索赔文件的一般格式如下：
- 题目（Title）。索赔报告的标题应该能够简要准确地概括索赔的中心内容。如：关于……事件的索赔。
- 事件（Events）。详细描述事件过程，主要包括：事件发生的工程部位、发生的时间、原因和经过、影响的范围以及承包商当时采取的防止事件扩大的措施、事件持续时间、承包商已经向业主或工程师报告的次数及日期、最终结束影响的时间、事件处置过程中的有关主要人员办理的有关事项等。也包括双方信件交往、会谈，并指出对方如何违约，证据的编号等。
- 理由（Reasons）。是指索赔的依据，主要是法律依据和合同条款的规定。合理引用法律和合同的有关规定，建立事实与损失之间的因果关系，说明索赔的合理合法性。
- 结论（Conclusion）。指出事件造成的损失或损害及其大小，主要包括要求补偿的金额及工期，这部分只需列举各项明细数字及汇总数据即可。
- 损失估价和延期计算（Loss Estimating & Time Extension）。为了证实索赔金额和工期的真实性，必须指明计算依据及计算资料的合理性，包括损失费用、工期延长的计算基础、计算方法、计算公式及详细的计算过程及计算结果。
- 附件（Appendix）。包括索赔报告中所列举事实、理由、影响等各种经过编号的证明文件和证据、图表。

对于一揽子索赔，其格式比较灵活，它实质上是将许多未解决的单项索赔加以分类和综合整理。

一揽子索赔文件往往需要很大的篇幅甚至几百页材料来描述其细节。一揽子索赔文件的主要组成部分如下：
- 索赔致函和要点。
- 总情况介绍（叙述施工过程、对方失误等）。
- 索赔总表（将索赔总数细分、编号，每一条目写明索赔内容的名称和索赔额）。
- 上述事件详述。
- 上述事件结论。
- 合同细节和事实情况。
- 分包人索赔。
- 工期延长的计算和损失费用的估算。
- 各种证据材料等。

2. 索赔文件编写要求

编写索赔文件需要实际工作经验，索赔文件如果起草不当，会失去索赔方的有利地位和条件，使正当的索赔要求得不到合理解决。对于重大索赔或一揽子索赔，最好能在律师或索赔专家的指导下进行。编写索赔文件的基本要求有：

(1) 符合实际

索赔事件要真实、证据确凿。索赔的根据和款额应符合实际情况，不能虚构和扩大，更不能无中生有，这是索赔的基本要求。这既关系到索赔的成败，也关系到承包商的信誉。一个符合实际的索赔文件，可使审阅者看后的第一印象是合情合理，不会立即予以拒绝。相反如果索赔要求缺乏根据，不切实际地漫天要价，使对方一看就极为反感，甚至连其中有道理的索赔部分也被置之不理，不利于索赔问题的最终解决。

(2) 说服力强
- 符合实际的索赔要求，本身就具有说服力，但除此之外索赔文件中责任分析应清楚、准确。一般索赔所针对的事件都是由于非承包商责任而引起的，因此，在索赔报告中要善于引用法律和合同中的有关条款，详细、准确地分析并明确指出对方应负的全部责任，并附上有关证据材料，不可在责任分析上模棱两可、含糊不清。对事件叙述要清楚明确，不应包含任何估计或猜测。
- 强调事件的不可预见性和突发性。说明即使一个有经验的承包商对它不可能有预见或有准备，也无法制止，并且承包商为了避免和减轻该事件的影响和损失已尽了最大的努力，采取了能够采取的措施，从而使索赔理由更加充分，更易于对方接受。
- 论述要有逻辑。明确阐述由于索赔事件的发生和影响，使承包商的工程施工受到严重干扰，并为此增加了支出，拖延了工期。应强调索赔事件、对方责任、工程受到的影响和索赔之间有直接的因果关系。

(3) 计算准确

索赔文件中应完整列入索赔值的详细计算资料，指明计算依据、计算原则、计算方法、计算过程及计算结果的合理性，必要的地方应作详细说明。计算结果要反复校核，做到准确无误，要避免高估冒算。计算上的错误，尤其是扩大索赔款的计算错误，会给对方留下恶劣的印象，他会认为提出的索赔要求太不严肃，其中必有多处弄虚作假，会直接影响索赔的成功。

(4) 简明扼要

索赔文件在内容上应组织合理、条理清楚，各种定义、论述、结论正确，逻辑性强，既能完整地反映索赔要求，又要简明扼要，使对方很快地理解索赔的本质。索赔文件最好采用活页装订，印刷清晰。同时，用语应尽量婉转，避免使用强硬、不客气的语言。

12.1.6 索赔工作程序

索赔工作程序是指从索赔事件产生到最终处理全过程所包括的工作内容和工作步骤。由于索赔工作实质上是承包商和业主在分担工程风险方面的重新分配过程，涉及双方的众多经济利益，因而是一项繁琐、细致、耗费精力和时间的过程。因此，合同双方必须严格按照合同规定办事，按合同规定的索赔程序工作，才能获得成功的索赔。具体工程的索赔工作程序，应根据双方签订的施工合同产生。图12-1给出了国内某工程项目承包商的索赔工作程序，可供参考。

在工程实践中，比较详细的索赔工作程序一般可分为如下主要步骤：

1. 索赔意向通知

索赔意向通知是一种维护自身索赔权利的文件。在工程实施过程中，承包商发现索赔或意识到存在潜在的索赔机会后，要做的第一件事是要在合同规定的时间内将自己的索赔意向，用书面形式及时通知业主或工程师，亦即向业主或工程师就某一个或若干个索赔事件表示索赔愿望、要求或声明保留索赔的权利。索赔意向的提出是索赔工作程序中的第一步，其关键是抓住索赔机会，及时提出索赔意向。索赔意向通知，一般仅仅是向业主或工程师表明索赔意向，所以应当简明扼要。通常只要说明以下几点内容：索赔事由发生的时间、地点、简要事实情况和发展动态；索赔所依据的合同条款和主要理由；索赔事件对工程成本和工期产生的不利影响。

FIDIC合同条件及我国建设工程施工合同条件都规定：承包商应在索赔事件发生后的28天内，将其索赔意向以正式函件通知工程师。反之如果承包商没有在合同规定的期限内提出索赔意向或通知，承包商则会丧失在索赔中的主动和有利地位，业主和工程师也有权拒绝承包商的索赔要求，这是索赔成立的有效和必备条件之一。因此在实际工作中，承包商应避免合理的索赔要求由于未能遵守索赔时限的规定而导致无效。在实际的工程承包合同中，对索赔意向提出的时间限制不尽相同，只要双方经过协商达成一致并写入合同条款即可。

施工合同要求承包商在规定期限内首先提出索赔意向，是基于以下考虑：

- 提醒业主或工程师及时关注索赔事件的发生、发展等全过程。
- 为业主或工程师的索赔管理作准备，如可进行合同分析、收集证据等。

12 工程合同索赔与争议管理

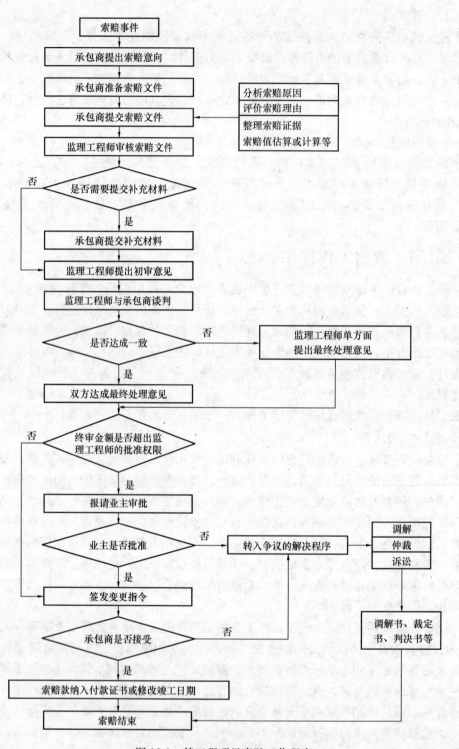

图 12-1 某工程项目索赔工作程序

- 如属业主责任引起索赔，业主有机会采取必要的改进措施，防止损失的进一步扩大。
- 对于承包商来讲，意向通知可以对其合法权益起到保护作用，使承包商避免"因被称为'志愿者'而无权取得补偿"的风险。

2. 索赔资料的准备

从提出索赔意向到提交索赔文件，是属于承包商索赔的内部处理阶段和索赔资料准备阶段。此阶段的主要工作有：

- 跟踪和调查干扰事件，掌握事件产生的详细经过和前因后果。
- 分析干扰事件产生原因，划清各方责任，确定由谁承担，并分析这些干扰事件是否违反了合同规定，是否在合同规定的赔偿或补偿范围内，即确定索赔根据。
- 损失或损害调查或计算。通过对比实际和计划的施工进度和工程成本，分析经济损失或权利损害的范围和大小，并由此计算出工期索赔和费用索赔值。
- 收集证据。从干扰事件产生、持续直至结束的全过程，都必须保留完整的当时记录，这是索赔能否成功的重要条件。在实际工作中，许多承包商的索赔要求都因没有或缺少书面证据而得不到合理解决，这个问题应引起承包商的高度重视。
- 起草索赔文件。按照索赔文件的格式和要求，将上述各项内容系统反映在索赔文件中。

索赔的成功很大程度上取决于承包商对索赔作出的解释和真实可信的证明材料。即使抓住合同履行中的索赔机会，如果拿不出索赔证据或证据不充分，其索赔要求往往难以成功或被大打折扣。因此，承包商在正式提出索赔报告前的资料准备工作极为重要。这就要求承包商注意记录和积累保存工程施工过程中的各种资料，并可随时从中提取与索赔事件有关的证明资料。

3. 索赔文件的提交

承包商必须在合同规定的索赔时限内向业主或工程师提交正式的书面索赔文件。FIDIC合同条件和我国建设工程施工合同条件都规定，承包商必须在发出索赔意向通知后的28天内或经工程师同意的其他合理时间内，向工程师提交一份详细的索赔文件和有关资料，如果干扰事件对工程的影响持续时间长，承包商则应按工程师要求的合理间隔（一般28天），提交中间索赔报告，并在干扰事件影响结束后的28天内提交一份最终索赔报告。如果承包商未能按时间规定提交索赔报告，则他就失去了该项事件请求补偿的索赔权利，此时他所受到损害的补偿，将不超过工程师认为应主动给予的补偿额，或把该事件损害提交仲裁解决时，仲裁机构依据合同和同期记录可以证明的损害补偿额。

4. 工程师对索赔文件的审核

工程师是受业主的委托和聘请，对工程项目的实施进行组织、监督和控制工作。在业主与承包商之间的索赔事件发生、处理和解决过程中，工程师是个核心人物。工程师在接到承包商的索赔文件后，必须以完全独立的身份，站在客观公正的立场上审查索赔要求的正当性，必须对合同条件、协议条款等有详细的了解，以合同为依据来公平处理合同双方的利益纠纷。工程师应该建立自己的索赔档案，密切关注事件的影响和发展，有权检查承包商的有关同期记录材料，随时就记录内容提出他的不同意见或他认为应予以增加的记录项目。

工程师根据业主的委托或授权，对承包商索赔的审核工作主要分为判定索赔事件是否成立和核查承包商的索赔计算是否正确、合理两个方面，并可在业主授权的范围内作出自己独立的判断。

承包商索赔要求的成立必须同时具备如下四个条件：
- 与合同相比较，事件已经造成了承包商实际的额外费用增加或工期损失。
- 造成费用增加或工期损失的原因不是由于承包商自身的责任所造成。
- 这种经济损失或权利损害也不是由承包商应承担的风险所造成。
- 承包商在合同规定的期限内提交了书面的索赔意向通知和索赔文件。

上述四个条件没有先后主次之分，并且必须同时具备，承包商的索赔才能成立。其后工程师对索赔文件的审查重点主要有两步：第一步，重点审查承包商的申请是否有理有据，即承包商的索赔要求是否有合同依据，所受损失确属不应由承包商负责的原因造成，提供的证据是否足以证明索赔要求成立，是否需要提交其他补充材料等。第二步，工程师应以公正的立场、科学的态度，重点审查并核算索赔值的计算是否正确、合理，分清责任，对不合理的索赔要求或不明确的地方提出反驳和质疑，或要求承包商作出进一步的解释和补充，并拟定自己计算的合理索赔款项和工期延展天数。

5. 工程师索赔处理

工程师核查后初步确定应予补偿的额度，往往与承包商的索赔报告中要求的额度不一致，甚至差额较大，主要原因大多为对承担事件损害责任的界限划分不一致、索赔证据不充分、索赔计算的依据和方法分歧较大等，因此双方应就索赔的处理进行协商。通过协商达不成共识的话，工程师有权单方面作出处理决定，承包商仅有权得到所提供的证据满足工程师认为索赔成立那部分的付款和工期延展。不论工程师通过协商与承包商达成一致，还是他单方面作出的处理决定，批准给予补偿的款额和延展工期的天数如果在授权范围之内，则可将此结果通知承包商，并抄送业主。补偿款将计入下月支付工程进度款的支付证书内，业主应在合同规定的期限内支付，延展的工期加到原合同工期中去。如果批准的额度超过工程师的权限，则应报请业主批准。

对于持续影响时间超过28天以上的工期延误事件，当工期索赔条件成立时，对承包商每隔28天报送的阶段索赔临时报告审查后，每次均应作出批准临时延长工期的决定，并于事件影响结束后28天内承包商提出最终的索赔报告后，批准延展工期总天数。应当注意的是：最终批准的总延展天数，不应少于以前各阶段已同意延展天数之和。规定承包商在事件影响期间每隔28天提出一次阶段报告，可以使工程师能及时根据同期记录批准该阶段应予延展工期的天数，避免事件影响时间太长而不能准确确定索赔值。

工程师经过对索赔文件的认真评审，并与业主、承包商进行了较充分的讨论后，应提出自己的索赔处理决定。通常，工程师的处理决定不是终局性的，对业主和承包商都不具有强制性的约束力。

我国建设工程施工合同条件规定，工程师收到承包商送交的索赔报告和有关资料后应在28天内给予答复，或要求承包商进一步补充索赔理由和证据。如果在28天内既未予答复，也未对承包商作进一步要求，则视为承包商提出的该项索赔要求已经认可。

6. 业主审查索赔处理

当索赔数额超过工程师权限范围时，由业主直接审查索赔报告，并与承包商谈判解决，工程师应参加业主与承包商之间的谈判，工程师也可以作为索赔争议的调解人。业主首先根据事件发生的原因、责任范围、合同条款审核承包商的索赔文件和工程师的处理报告，再依据工程建设的目的、投资控制、竣工投产日期要求以及针对承包商在施工中的缺陷或违反合同规定等的有关情况，决定是否批准工程师的处理决定。例如，承包商某项索赔理由成立，工程师根据相应条款的规定，既同意给予一定的费用补偿，也批准延展相应的工期，但业主权衡了施工的实际情况和外部条件的要求后，可能不同意延展工期，而宁愿给承包商增加费用补偿额，要求他采取赶工措施，按期或提前完工，这样的决定只有业主才有权作出。索赔报告经业主批准后，工程师即可签发有关证书。对于数额比较大的索赔，一般需要业主、承包商和工程师三方反复协商才能作出最终处理决定。

7. 最终索赔处理

如果承包商同意接受最终的处理决定，索赔事件的处理即告结束。如果承包商不同意，则可根据合同约定，将索赔争议提交仲裁或诉讼，使索赔问题得到最终解决，参见第12章。在仲裁或诉讼过程中，工程师作为工程全过程的参与者和管理者，可以作为见证人提供证据、做答辩。

工程项目实施中会发生各种各样、大大小小的索赔、争议等问题，应该强调：合同各方应该争取尽量在最早的时间、最低的层次，尽最大可能以友好协商的方式解决索赔问题，不要轻易提交仲裁或诉讼。因为对工程争议的仲裁或诉讼往往是非常复杂的，要花费大量的人力、物力、财力和精力，对工程建设也会带来不利，有时甚至是严重的影响。

12.2 工 期 索 赔

12.2.1 工程延误的合同规定及要求

工程延误是指工程实施过程中任何一项或多项工作实际完成日期迟于计划规定的完成日期，从而可能导致整个合同工期的延长。工程工期是施工合同中的重要条款之一，涉及业主和承包商多方面的权利和义务关系。工程延误对合同双方一般都会造成损失。业主因工程不能及时交付使用、投入生产，就不能按计划实现投资效果，失去盈利机会，损失市场利润；承包商因工期延误而会增加工程成本，如现场工人工资开支、机械停滞费用、现场和企业管理费等，生产效率降低，企业信誉受到影响，最终还可能导致合同规定的误期损害赔偿费处罚。因此工程延误的后果是形式上的时间损失，实质上的经济损失，无论是业主还是承包商，都不愿意无缘无故地承担由工程延误给自己造成的经济损失。工程工期是业主和承包商经常发生争议的问题之一，工期索赔在整个索赔中占据了很高的比例，也是承包商索赔的重要内容之一。

1. 关于工期延误的合同一般规定

如果由于非承包商自身原因造成工程延期，在土木工程合同和房屋建造合同中，通常都规定承包商有权向业主提出工期延长的索赔要求，如果能证实因此造成了额外的损失或开支，承包商还可以要求经济赔偿，这是施工合同赋予承包商要求延长工期的正当权利。

FIDIC合同条件第44条规定："如果由于任何种类的额外或附加工程量，或本合同条件中规定的任何原因的拖延，或异常的恶劣气候条件，或其他可能发生的任何特殊情况，而非由于承包商的违约，使得承包商有理由为完成工程而延长工期，则工程师应确定该项延长的期限，并应相应通知业主和承包商……"我国建设工程施工合同条件第13条也对工期可以相应顺延进行了规定。此外，英国JCT63合同第23条、JCT80合同第25条和

IFC84合同第2.3、2.4、2.5条等也有相近的规定。

2. 关于误期损害赔偿费的合同一般规定

如果由于承包商自身原因未能在原定的或工程师同意延长的合同工期内竣工时，承包商则应承担误期损害赔偿费（见FIDIC第47条，英国JCT63第23条，JCT80第24条，IFC84第2.6、2.7、2.8等条款），这是施工合同赋予业主的正当权利。具体内容主要有两点：

- 如果承包商没有在合同规定的工期内或按合同有关条款重新确定的延长期限内完成工程时，工程师将签署一个承包商延期的证明文件。
- 根据此证明文件，承包商应承担违约责任，并向业主赔偿合同规定的延期损失。业主可从他自己掌握的已属于或应属于承包商的款项中扣除该项赔偿费，且这种扣款或支付，不应解除承包商对完成此项工程的责任或合同规定的承包商的其他责任与义务。

3. 承包商要求延长工期的目的

- 根据合同条款的规定，免去或推卸自己承担误期损害赔偿费的责任。
- 确定新的工程竣工日期及其相应的保修期。
- 确定与工期延长有关的赔偿费用，如由于工期延长而产生的人工费、材料费、机械费、分包费、现场管理费、总部管理费、利息、利润等额外费用。

12.2.2 工程延误的分类、识别与处理原则

1. 工程延误的分类和识别

整个工程延误分类见图12-2。

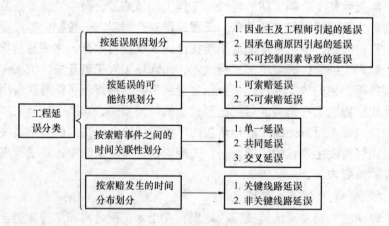

图12-2 工程延误分类图

(1) 按工程延误原因划分

- 因业主及工程师自身原因或合同变更原因引起的延误。包括业主拖延交付合格的施工现场、拖延交付图纸、业主或工程师拖延审批图纸、施工方案、计划、拖延支付预付款或工程款、业主提供的设计数据或工程数据延误、业主指定的分包商违约或延误、业主未能及时提供合同规定的材料或设备、业主拖延关键线路上工序的验收时间，造成承包商下道工序施工延误、业主或工程师发布指令延误，或发布的指令打乱了承包商的施工计

划、业主或工程师原因暂停施工导致的延误、业主对工程质量的要求超出原合同的约定、业主设计变更或要求修改图纸，要求增加额外工程，导致工程量增加，工程变更或工程量增加引起施工程序的变动等。

■ 因承包商原因引起的延误。由承包商原因引起的延误一般是其内部计划不周、组织协调不力、指挥管理不当等原因引起的。如①施工组织不当，如出现窝工或停工待料现象。②质量不符合合同要求而造成的返工。③资源配置不足，如劳动力不足，机械设备不足或不配套，技术力量薄弱，管理水平低，缺乏流动资金等造成的延误。④开工延误。⑤劳动生产率低。⑥承包商雇用的分包商或供应商引起的延误等。显然上述延误难以得到业主的谅解，也不可能得到业主或工程师给予延长工期的补偿。

■ 不可控制因素导致的延误。包括人力不可抗拒的自然灾害导致的延误、特殊风险如战争、叛乱、革命、核装置污染等造成的延误、不利的自然条件或客观障碍引起的延误、施工现场中其他承包商的干扰、合同文件中某些内容的错误或互相矛盾、罢工及其他经济风险引起延误，如政府抵制或禁运而造成工程延误等。

(2) 按工程延误的可能结果划分

■ 可索赔延误：是指非承包商原因引起的工程延误，包括业主或工程师的原因和双方不可控制的因素引起的延误，并且该延误工序或作业一般应在关键线路上，此时承包商可提出补偿要求，业主应给予相应的合理补偿。根据补偿内容的不同，可索赔延误可进一步分为以下三种情况：第一，只可索赔工期的延误。这类延误是由业主、承包商双方都不可预料、无法控制的原因造成的延误，如上文所述的不可抗力、异常恶劣气候条件、特殊社会事件、其他第三方等原因引起的延误。对于这类延误，一般合同规定：业主只给予承包商延长工期，不给予费用损失的补偿。但有些合同条件（如 FIDIC）中对一些不可控制因素引起的延误，如"特殊风险"和"业主风险"引起的延误，业主还应给予承包商费用损失的补偿；第二，只可索赔费用的延误。这类延误是指由于业主或工程师的原因引起的延误，但发生延误的活动对总工期没有影响，而承包商却由于该项延误负担了额外的费用损失。在这种情况下，承包商不能要求延长工期，但可要求业主补偿费用损失，前提是承包商必须能证明其受到了损失或发生了额外费用，如因延误造成的人工费增加、材料费增加、劳动生产率降低等；第三，可索赔工期和费用的延误。这类延误主要是由于业主或工程师的原因而直接造成工期延误并导致经济损失。如业主未及时交付合格的施工现场，既造成承包商的经济损失，又侵犯了承包商的工期权利。在这种情况下，承包商不仅有权向业主索赔工期，而且还有权要求业主补偿因延误而发生的、与延误时间相关的费用损失。在正常情况下，对于此类延误，承包商首先应得到工期延长的补偿。但在工程实践中，由于业主对工期要求的特殊性，对于即使因业主原因造成的延误，业主也不批准任何工期的延长，即业主愿意承担工期延误的责任，却不希望延长总工期。业主这种做法实质上是要求承包商加速施工。由于加速施工所采取的各种措施而多支出的费用，就是承包商提出费用补偿的依据。

■ 不可索赔延误：是指因可预见的条件或在承包商控制之内的情况，或由于承包商自己的问题与过错而引起的延误。如果没有业主或工程师的不合适行为，没有上面所讨论的其他可索赔情况，则承包商必须无条件地按合同规定的时间实施和完成施工任务，而没有资格获准延长工期，承包商不应向业主提出任何索赔，业主也不会给予工期或费用的补偿。相反，如果承包商未能按期竣工，还应支付误期损害赔偿费。

（3）按延误事件之间的时间关联性划分
- 单一延误：是指在某一延误事件从发生到终止的时间间隔内，没有其他延误事件的发生，该延误事件引起的延误称为单一延误或非共同延误。
- 共同延误：当两个或两个以上的单个延误事件从发生到终止的时间完全相同时，这些事件引起的延误称为共同延误。共同延误的补偿分析比单一延误要复杂。图12-3列出了共同延误发生的部分可能性组合及其索赔补偿分析结果。

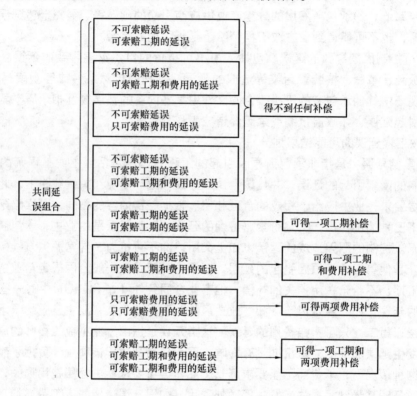

图12-3 共同延误组合及其补偿分析

- 交叉延误：当两个或两个以上的延误事件从发生到终止只有部分时间重合时，称为交叉延误。由于工程项目是一个复杂的系统工程，影响因素众多，常常会出现多种原因引起的延误交织在一起，这种交叉延误的补偿分析比较复杂。实际上，共同延误是交叉延误的一种特殊情况。

（4）按延误发生的时间分布划分
- 关键线路延误：是指发生在工程网络计划关键线路上活动的延误。由于在关键线路上全部工序的总持续时间即为总工期，因而任何工序的延误都会造成总工期的推迟，因此，非承包商原因引起的关键线路延误，必定是可索赔延误。
- 非关键线路延误：是指在工程网络计划非关键线路上活动的延误。由于非关键线路上的工序可能存在机动时间，因而当非承包商原因发生非关键线路延误时，会出现两种可能性：第一，延误时间少于该工序的机动时间。在此种情况下，所发生的延误不会导致整个工程的工期延误，因而业主一般不会给予工期补偿。但若因延误发生额外开支时，承包商可以提出费用补偿要求。第二，延误时间多于该工序的机动时间。此时，非关键线路上的延误会全部或部分转化为关键线路延误，从而成为可索赔延误。

2. 工程延误的一般处理原则

(1) 工程延误的一般处理原则

工程延期的影响因素可以归纳为两大类：第一类是合同双方均无过错的原因或因素而引起的延误，主要指不可抗力事件和恶劣气候条件等；第二类是由于业主或工程师原因造成的延误。一般地说，根据工程惯例对于第一类原因造成的工程延误，承包商只能要求延长工期，很难或不能要求业主赔偿损失；而对于第二类原因，假如业主的延误已影响了关键线路上的工作，承包商既可要求延长工期，又可要求相应的费用赔偿；如果业主的延误仅影响非关键线路上的工作，且延误后的工作仍属非关键线路，而承包商能证明因此，如劳动窝工、机械停滞费用等引起的损失或额外开支，则承包商不能要求延长工期，但完全有可能要求费用赔偿。

(2) 共同和交叉延误的处理原则

共同延误可分两种情况：在同一项工作上同时发生两项或两项以上延误；在不同的工作上同时发生两项或两项以上延误，这是对整个工程综合影响的"共同延误"。第一种情况主要有以下几种基本组合：

■ 可索赔延误与不可索赔延误同时存在。在这种情况下，承包商无权要求延长工期和费用补偿。可索赔延误与不可索赔延误同时发生时，则可索赔延误就变成不可索赔延误，这是工程索赔的惯例之一。

■ 两项或两项以上可索赔工期的延误同时存在，承包商只能得到一项工期补偿。

■ 可索赔工期的延误与可索赔工期和费用的延误同时存在，承包商可获得一项工期和费用补偿。

■ 两项只可索赔费用的延误同时存在，承包商可得两项费用补偿。

■ 一项可索赔工期的延误与两项可索赔工期和费用的延误同时存在，承包商可获得一项工期和两项费用补偿。即：对于多项可索赔延误同时存在时，费用补偿可以叠加，工期补偿不能叠加，参见图12-3。

第二种情况比较复杂。由于各项工作在工程总进度表中所处的地位和重要性不同，同等时间的相应延误对工程进度所产生的影响也就不同。所以对这种共同延误的分析就不像第一种情况那样简单。比如，不同工作上业主延误（可索赔延误）和承包商延误（不可索赔延误）同时存在，承包商能否获得工期延长及经济补偿？对此应通过具体分析才能回答。首先我们要分析不同工作上业主延误和承包商延误分别对工程总进度造成了什么影响，然后将两种影响进行比较，对相互重叠部分按第一种情况的原则处理。最后，看看剩余部分是业主延误还是承包商延误造成的，如果是业主延误造成的，则应该对这一部分给予延长工期和经济补偿；如果是承包商延误造成的，就不能给予任何工期延长和经济补偿。对其他几种组合的共同延误也应具体问题具体分析。

对于交叉延误，可能会出现以下几种情况，参见图12-4。具体分析如下：

■ 在初始延误是由承包商原因造成的情况下，随之产生的任何非承包商原因的延误都不会对最初的延误性质产生任何影响，直到承包商的延误缘由和影响已不复存在。因而在该延误时间内，业主原因引起的延误和双方不可控制因素引起的延误均为不可索赔延误。见图12-4中的（1）～（4）。

■ 如果在承包商的初始延误已解除后，业主原因的延误或双方不可控制因素造成的延误依然在起作用，那么承包商可以对超出部分的时间进行索赔。在图12-4中（2）和（3）的情况下，承包商可以获得所示时段的工期延长，并且在图中（4）等情况下还能得到费用补偿。

■ 反之，如果初始延误是由于业主或工程师原因引起的，那么其后由承包商造成的延误将不会使业主摆脱（尽管有时或许可以减轻）其责任。此时承包商将有权获得从业主的延误开始到延误结束期间的工期延长及相应的合理费用补偿，如图12-4中（5）～（8）所示。

■ 如果初始延误是由双方不可控制因素引起的，那么在该延误时间内，承包商只可索赔工期，而不能索赔费用，见图12-4中的（9）～（12）。只有在该延误结束后，承包商才能对由业主或工程师原因造成的延误进行工期和费用索赔，如图12-4中（12）所示。

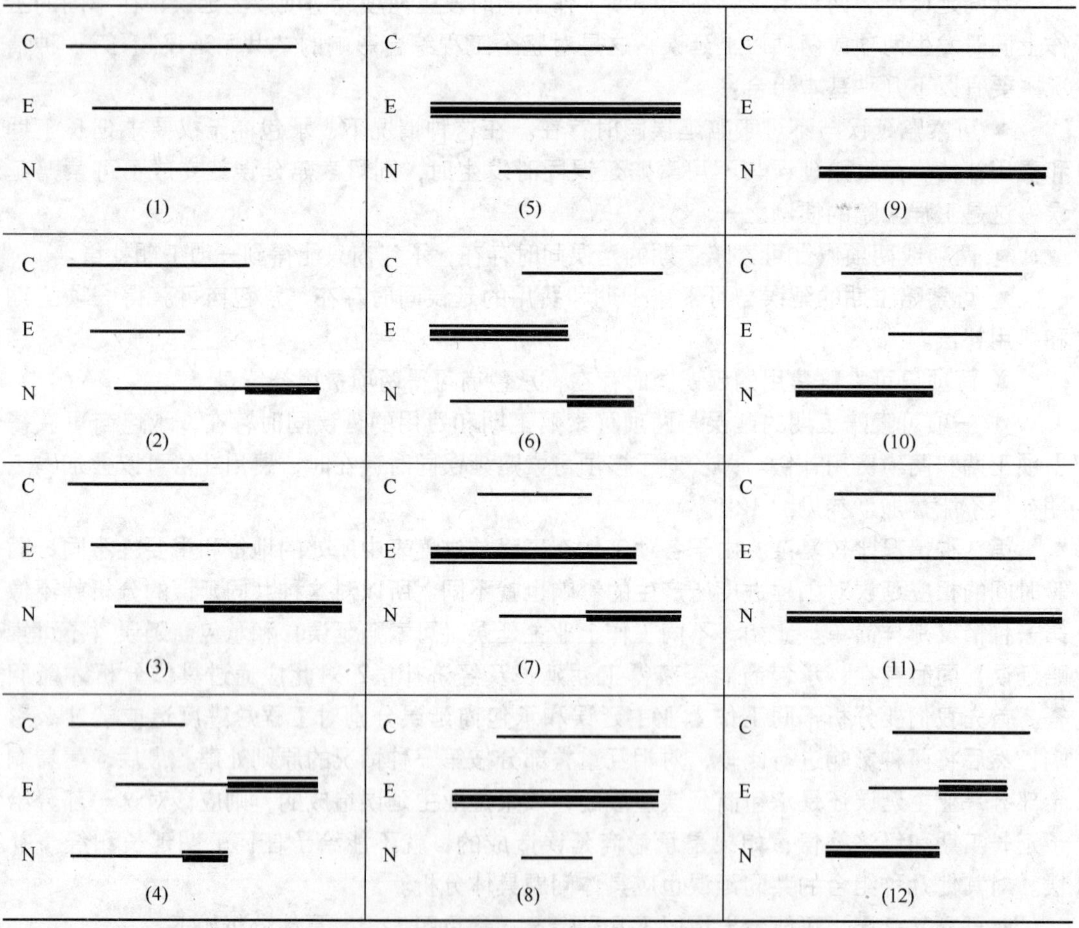

图12-4 工程延误的交叉与补偿分析图

（注：C为承包商原因造成的延误；E为业主或工程师原因造成的延误；N为双方不可控制因素造成的延误；──为不可得到补偿的延期；▬▬为可以得到时间补偿的延期；▬▬为可以得到时间和费用补偿的延期）

12.2.3 工期索赔分析方法

1. 工期索赔的依据与合同规定

表 12-3 列出了 FIDIC 合同条件和我国建设工程施工合同条件中有关工期延误与索赔的规定，工期索赔的依据主要有：合同约定的工程总进度计划；合同双方共同认可的详细进度计划，如网络图、横道图等；合同双方共同认可的月、季、旬进度实施计划；合同双方共同认可的对工期的修改文件，如会谈纪要、来往信件、确认信等；施工日志、气象资料；业主或工程师的变更指令；影响工期的干扰事件；受干扰后的实际工程进度；其他有关工期的资料等。此外在合同双方签订的工程施工合同中有许多关于工期索赔的规定，它们可以作为工期索赔的法律依据，在实际工作中可供参考。

工程索赔的依据和合同规定　　　　　表 12-3

序号	干扰事件	FIDIC 合同条件（1987 年,第四版本）	建设工程施工合同示范文本(GF—1999—0201)
一	由于业主或工程师失误造成的延误		
1	业主拖延交付合格的施工现场	42	8.1,13
2	业主拖延交付图纸	6.3,6.4	4.1,13.1
3	业主或工程师拖延审批图纸、施工方案、计划等	44.3	6,8,11,12,13
4	业主拖延支付工程款或预付款	60.10	24,26,33
5	业主指定分包商违约或延误	59.2	
6	业主未能及时提供合同规定的材料或设备	70.1	27
7	业主拖延验收时间	38.1,38.2	16.3
8	其他	17.1,22.3	11,18,19.5
二	因业主或工程师的额外要求导致延误		
1	业主要求修改图纸	7.1	29.1
2	业主对质量要求提高		30
3	业主指令打乱了施工计划	2.5,49.3	6.2
4	业主要求增加额外工程	20.3,60.3,44.1	13,29.1
5	业主的其他变更指令	18.1,36.4,51.1,52.3	
三	双方不可控制因素导致的延误		
1	人力不可抗拒的自然灾害	44.1	39.3
2	特殊风险	65.6~65.8,70.2	11,39
3	不利的施工条件或外界障碍	12.2,28.1	43
四	其他因素		
1	由于合同文件模糊	5.2	
2	其他		

2. 工期索赔的程序

不同的工程合同条件对工期索赔有不同的规定。在工程实践中，承包商应紧密结合具体工程的合同条件，在规定的索赔时限内提出有效的工期索赔。下面从承包商的角度来分析几种不同合同条件下进行工期索赔时承包商的职责和一般程序。

(1) 建设工程施工合同条件（GF-1999—0201）

建设工程施工合同条件第 13 条规定了工期相应顺延的前提条件和程序。建设工程施工合同条件第 36 条规定：如果业主未能按合同约定履行自己的各项义务或发生错误以及应由业主承担责任的其他情况，造成承包商工期延误的，承包商可按照索赔条款规定的程序向业主提出工期索赔。

(2) FIDIC 施工合同条件

FIDIC 施工合同条件第 44 条规定，如果由于：
- 额外或附加工作的数量或性质，或
- 本合同条件中提到的任何延误原因，如获得现场占有权的延误（第 42 条），颁发图纸或指示的延误（第 6 条），不利的自然障碍或条件（第 12 条），暂时停工（第 40 条），额外的工作（第 51 条），工程的损害或延误（第 20 和 65 条）等，或
- 异常恶劣的气候条件，或
- 由业主造成的任何延误、干扰或阻碍，或
- 除去承包商不履行合同或违约或由他负责的以外，其他可能发生的特殊情况，则

在此类事件开始发生之后的 28 天内，承包商应通知工程师并将一份副本呈交业主；在上述通知之后的 28 天内，或在工程师可能同意的其他合理的期限内，向工程师提交承包商认为他有权要求的任何延期的详细申述，以便可以及时对他申述的情况进行研究。工程师详细复查全部情况后，应在与业主和承包商适当协商之后，决定竣工日期延长的时间，并相应地通知承包商，同时将一份副本呈交业主。

(3) JCT80 合同条件

英国合同联合仲裁委员会（Joint Contracts Tribunal）制订的标准合同文本 JCT 条件规定，承包商在进行工期索赔时必须遵循如下步骤（其流程图见图 12-5）：
- 一旦承包商认识到工程延误正在发生或即将发生，就应该立即以书面形式正式通知建筑师，而且该延误通知书中必须指出引起延误的原因及其相关事件。
- 承包商应尽可能快地详细给出延误事件的可能后果。
- 承包商必须尽快估算出竣工日期的推迟时间，而且必须单独说明每一个延误事件的影响以及延误事件之间的时间相关性。
- 若承包商在延误通知书中提及了任一指定分包商，他就必须将延误通知书、延误的细节及估计后果等复印件送交该指定分包商。
- 承包商必须随时向建筑师递交关于延误的最新发展状况及其对竣工日期的影响报告，并同时将复印件送交有关的指定分包商。承包商有责任在合同执行的全过程中，随时报告延误的发生、发展及其影响，直至工程已实际完成。
- 承包商必须不断地尽最大努力阻止延误发展，并尽可能减少延误对竣工日期的影响。这不是说承包商必须增加支出以挽回或弥补延误造成的时间损失，但是承包商应确信工程进度是积极、合理的。
- 承包商必须完成建筑师的所有合理要求。如果业主要求并批准采用加速措施，并支付合理的费用，承包商就有责任完成工程加速。

3. 工期索赔的分析流程

工期索赔的分析流程包括延误原因分析、网络计划（CPM）分析、业主责任分析和

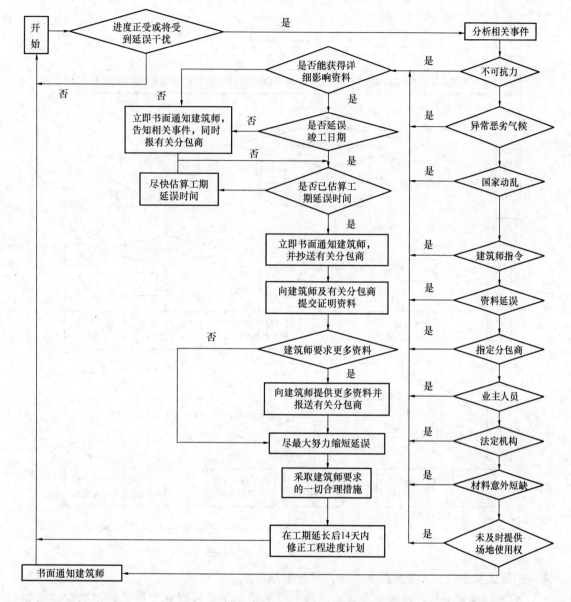

图12-5 JCT80合同条件下的工期索赔程序图

索赔结果分析等步骤,具体内容可见图12-6。

■ 原因分析。分析引起工期延误是哪一方的原因,如果由于承包商自身原因造成的,则不能索赔,反之则可索赔。

■ 网络计划分析。运用网络计划(CPM)方法分析延误事件是否发生在关键线路上,以决定延误是否可索赔。注意:关键线路并不是固定的,随着工程进展,关键线路也在变化,而且是动态变化。关键线路的确定,必须是依据最新批准的工程进度计划。在工程索赔中,一般只限于考虑关键线路上的延误,或者一条非关键线路因延误已变成关键线路。

■ 业主责任分析。结合CPM分析结果,进行业主责任分析,主要是为了确定延误是否能索赔费用。若发生在关键线路上的延误是由于业主原因造成的,则这种延误不仅可索赔工期,而且还可索赔因延误而发生的额外费用,否则,只能索赔工期。若由于业主原因

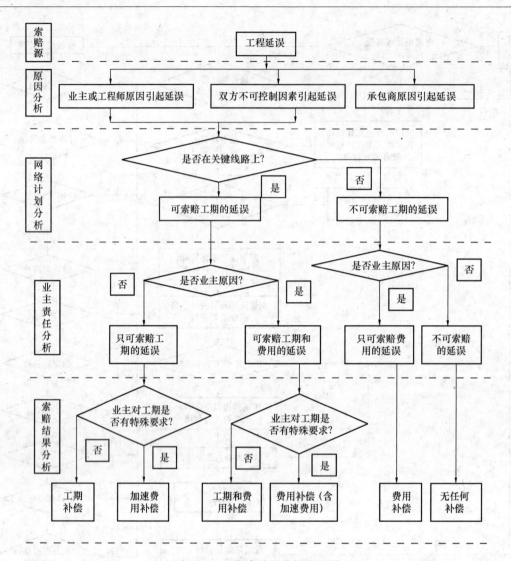

图 12-6 工期索赔的分析流程图

造成的延误发生在非关键线路上,则只可能索赔费用。

- 索赔结果分析。在承包商索赔已经成立的情况下,根据业主是否对工期有特殊要求,分析工期索赔的可能结果。如果由于某种特殊原因,工程竣工日期客观上不能改变,即对索赔工期的延误,业主也可以不给予工期延长。这时,业主的行为已实质上构成隐含指令加速施工。因而,业主应当支付承包商采取加速施工措施而额外增加的费用,即加速费用补偿。此处费用补偿是指因业主原因引起的延误时间因素造成承包商负担了额外的费用而得到的合理补偿。

4. 工期索赔的计算方法

(1) 网络分析法

承包商提出工期索赔,必须确定干扰事件对工期的影响值,即工期索赔值。工期索赔分析的一般思路是:假设工程一直按原网络计划确定的施工顺序和时间施工,当一个或一些干扰事件发生后,使网络中的某个或某些活动受到干扰而延长施工持续时间。将这些活动受干扰后的新的持续时间代入网络中,重新进行网络分析和计算,即会得到一个新工期。新工期与原工期之差即为干扰事件对总工期的影响,即为承包商的工期索赔值。网络分析是一种科学、合理的计算方法,它是通过分析干扰事件发生前、后网络计划之差异而计算工期索赔值的,通常可适用于各种干扰事件引起的工期索赔。但对于大型、复杂的工程,手工计算比较困难,需借助计算机系统来完成。

(2) 比例类推法

在实际工程中,若干扰事件仅影响某些单项工程、单位工程或分部分项工程的工期,要分析它们对总工期的影响,可采用较简单的比例类推法。比例类推法可分为两种情况:

1) 按工程量进行比例类推。当计算出某一分部分项工程的工期延长后,还要把局部工期转变为整体工期,这可以用局部工程的工作量占整个工程工作量的比例来折算。

$$工期索赔值 = 原工期 \times \frac{额外或新增工程量}{原工程量}$$

2) 按造价进行比例类推。如果施工中出现了许多大小不等的工期索赔事由,较难准确地单独计算且又麻烦时,可经双方协商,采用造价比较法确定工期补偿天数。

$$工期索赔值 = 原合同工期 \times \frac{附加或新增工程量价格}{原合同总价}$$

比例类推法简单、方便,易于被人们理解和接受,但不尽科学、合理,有时不符合工程实际情况,且对有些情况如业主变更施工次序等不适用,甚至会得出错误的结果,在实际工作中应予以注意,正确掌握其适用范围。

(3) 直接法

有时干扰事件直接发生在关键线路上或一次性地发生在一个项目上,造成总工期的延误。这时可通过查看施工日志、变更指令等资料,直接将这些资料中记载的延误时间作为工期索赔值。如承包商按工程师的书面工程变更指令,完成变更工程所用的实际工时即为工期索赔值。

12.3 费 用 索 赔

12.3.1 费用索赔的原因及分类

1. 费用索赔的含义及特点

费用索赔是指承包商在非自身因素影响下而遭受经济损失时向业主提出补偿其额外费用损失的要求。因此费用索赔应是承包商根据合同条款的有关规定,向业主索取的合同价款以外的费用。索赔费用不应被视为承包商的意外收入,也不应被视为业主的不必要开支。实际上,索赔费用的存在是由于建立合同时还无法确定的某些应由业主承担的风险因素导致的结果。承包商的投标报价中一般不考虑应由业主承担的风险对报价的影响,因此一旦这类风险发生并影响承包商的工程成本时,承包商提出费用索赔是一种正常现象和合情合理的行为。

费用索赔是工程索赔的重要组成部分,是承包商进行索赔的主要目标。与工期索赔相比,费用索赔有以下一些特点:

■ 费用索赔的成功与否及其大小关系到承包商的盈亏，也影响业主工程项目的建设成本，因而费用索赔常常是最困难、也是双方分歧最大的索赔。特别是对于发生亏损或接近亏损的承包商和财务状况不佳的业主，情况更是如此。

■ 索赔费用的计算比索赔资格或权利的确认更为复杂。索赔费用的计算不仅要依据合同条款与合同规定的计算原则和方法，而且还可能要依据承包商投标时采用的计算基础和方法以及承包商的历史资料等。索赔费用的计算没有统一、合同双方共同认可的计算方法，因此索赔费用的确定及认可是费用索赔中一项困难的工作。

■ 在工程实践中，常常是许多干扰事件交织在一起，承包商成本的增加或工期延长的发生时间及其原因也常常相互交织在一起，很难清楚、准确地划分开，尤其是对于一揽子综合索赔。对于像生产率降低损失及工程延误引起的承包商利润和总部管理费损失等费用的确定，很难准确计算出来，双方往往有很大的分歧。

2. 费用索赔的原因

引起费用索赔的原因是由于合同环境发生变化使承包商遭受了额外的经济损失。归纳起来，费用索赔产生的常见原因主要有：业主违约、工程变更、业主拖延支付工程款或预付款、工程加速、业主或工程师责任造成的可索赔费用的延误、非承包商原因的工程中断或终止、工程量增加、其他如业主指定分包商违约、合同缺陷、国家政策及法律、法令变更等。

12.3.2 费用索赔的费用构成

1. 可索赔费用的分类

(1) 按可索赔费用的性质划分

在工程实践中，承包商的费用索赔包括额外工作索赔和损失索赔。额外工作索赔费用包括额外工作实际成本及其相应利润。对于额外工作索赔，业主一般以原合同中的适用价格为基础，或者以双方商定的价格或工程师确定的合理价格为基础给予补偿。实际上，进行合同变更、追加额外工作，可索赔费用的计算相当于一项工作的重新报价。损失索赔包括实际损失索赔和可得利益索赔。实际损失是指承包商多支出的额外成本；可得利益是指如果业主不违反合同，承包商本应取得的、但因业主违约而丧失了的利益。计算额外工作索赔和损失索赔的主要区别是：前者的计算基础是价格，而后者的计算基础是成本。

(2) 按可索赔费用的构成划分

可索赔费用按项目构成可分为直接费和间接费。其中直接费包括人工费、材料费、机械设备费、分包费，间接费包括现场和公司总部管理费、保险费、利息及保函手续费等项目。可索赔费用计算的基本方法是按上述费用构成项目分别分析、计算，最后汇总求出总的索赔费用。

按照工程惯例，承包商对索赔事项的发生原因负有责任的有关费用；承包商对索赔事项未采取减轻措施，因而扩大的损失费用；承包商进行索赔工作的准备费用；索赔金额在索赔处理期间的利息、仲裁费用、诉讼费用等是不能索赔的，因而不应将这些费用包含在索赔费用中。

2. 常见索赔事件的费用构成

索赔费用的主要组成部分，同建设工程施工合同价的组成部分相似。由于我国关于施工合同价的构成规定与国际惯例不尽一致，所以在索赔费用的组成内容上也有所差异。按照我国现行规定，建筑安装工程合同价一般包括直接费、间接费、计划利润和税金。而国际惯例是将工程合同价分为直接费、间接费、利润三部分。

从原则上说，凡是承包商有索赔权的工程成本的增加，都可以列入索赔的费用。但是，对于不同原因引起的索赔，可索赔费用的具体内容则有所不同。索赔方应根据索赔事件的性质，分析其具体的费用构成内容。表 12-4 分别列出了工期延误、工程加速、工程中断和工程量增加等索赔事件可能的费用项目。

索赔事件的费用项目构成示例表　　　　　　　　　表 12-4

索赔事件	可能的费用项目	说　明
工程延误	(1) 人工费增加	包括工资上涨、现场停工、窝工、生产效率降低，不合理使用劳动力等损失
	(2) 材料费增加	因工期延长引起的材料价格上涨
	(3) 机械设备费	设备因延期引起的折旧费、保养费、进出场费或租赁费等
	(4) 现场管理费增加	包括现场管理人员的工资、津贴等，现场办公设施，现场日常管理费支出，交通费等
	(5) 因工期延长的通货膨胀使工程成本增加	
	(6) 相应保险费、保函费增加	
	(7) 分包商索赔	分包商因延期向承包商提出的费用索赔
	(8) 总部管理费分摊	因延期造成公司总部管理费增加
	(9) 推迟支付引起的兑换率损失	工程延期引起支付延迟
工程加速	(1) 人工费增加	因业主指令工程加速造成增加劳动力投入，不经济地使用劳动力，生产效率降低等
	(2) 材料费增加	不经济地使用材料，材料提前交货的费用补偿，材料运输费增加
	(3) 机械设备费	增加机械投入，不经济地使用机械
	(4) 因加速增加现场管理费	也应扣除因工期缩短减少的现场管理费
	(5) 资金成本增加	费用增加和支出提前引起负现金流量所支付的利息
工程中断	(1) 人工费增加	如留守人员工资，人员的遣返和重新招雇费，对工人的赔偿等
	(2) 机械使用费	设备停置费，额外的进出场费，租赁机械的费用等
	(3) 保函、保险费、银行手续费	
	(4) 贷款利息	
	(5) 总部管理费	
	(6) 其他额外费用	如停工、复工所产生的额外费用，工地重新整理等费用
工程量增加	费用构成与合同报价相同	合同规定承包商应承担一定比例（如 5%，10%）的工程量增加风险，超出部分才予以补偿 合同规定工程量增加超出一定比例时（如 15%～20%）可调整单价，否则合同单价不变

此外，索赔费用项目的构成会随工程所在地国家或地区的不同而不同，即使在同一国家或地区，随着合同条件具体规定的不同，索赔费用的项目构成也会不同。美国工程索赔专家 J. J. Adrian 在其 "Construction Claims" 一书中总结了索赔类型与索赔费用构成的关系表（见表12-5），可供参考。

索赔种类与索赔费用构成关系表　　　　　表 12-5

序号	索赔费用项目	索赔种类			
		延误索赔	工程范围变更索赔	加速施工索赔	现场条件变更索赔
1	人工工时增加费	×	√	×	√
2	生产率降低引起人工损失	√	○	√	○
3	人工单价上涨费	√	○	√	○
4	材料用量增加费	×	√	○	○
5	材料单价上涨费	√	√	√	√
6	新增的分包工程量	×	√	×	√
7	新增的分包工程单价上涨费用	√	√	○	√
8	租赁设备费	○	√	√	√
9	自有机械设备使用费	√	√	√	√
10	自有机械台班费率上涨费	○	×	○	○
11	现场管理费（可变）	○	√	○	√
12	现场管理费（固定）	√	×	√	○
13	总部管理费（可变）	○	√	○	√
14	总部管理费（固定）	√	○	√	○
15	融资成本（利息）	√	○	○	○
16	利润	○	√	√	√
17	机会利润损失	○	○	○	○

注：√表示一般情况下应包括；×表示不包含；○表示可含可不含，视具体情况而定。

索赔费用主要包括的项目如下：

（1）人工费

人工费主要包括生产工人的工资、津贴、加班费、奖金等。对于索赔费用中的人工费部分来说，主要是指完成合同之外的额外工作所花费的人工费用；由于非承包商责任的工效降低所增加的人工费用；超过法定工作时间的加班费用；法定的人工费增长以及非承包商责任造成的工程延误导致的人员窝工费；相应增加的人身保险和各种社会保险支出等。

在以下几种情况下，承包商可以提出人工费的索赔：

■ 因业主增加额外工程，或因业主或工程师原因造成工程延误，导致承包商人工单价的上涨和工作时间的延长。

■ 工程所在国法律、法规、政策等变化而导致承包商人工费用方面的额外增加，如提高当地雇用工人的工资标准、福利待遇或增加保险费用等。

- 若由于业主或工程师原因造成的延误或对工程的不合理干扰打乱了承包商的施工计划，致使承包商劳动生产率降低，导致人工工时增加的损失，承包商有权向业主提出生产率降低损失的索赔。

(2) 材料费

可索赔的材料费主要包括：
- 由于索赔事项导致材料实际用量超过计划用量而增加的材料费。
- 由于客观原因导致材料价格大幅度上涨。
- 由于非承包商责任工程延误导致的材料价格上涨。
- 由于非承包商原因致使材料运杂费、采购与保管费用的上涨。
- 由于非承包商原因致使额外低值易耗品使用等。

在以下两种情况下，承包商可提出材料费的索赔：
- 由于业主或工程师要求追加额外工作、变更工作性质、改变施工方法等，造成承包商的材料耗用量增加，包括使用数量的增加和材料品种或种类的改变。
- 在工程变更或业主延误时，可能会造成承包商材料库存时间延长、材料采购滞后或采用代用材料等，从而引起材料单位成本的增加。

(3) 机械设备使用费

可索赔的机械设备费主要包括：
- 由于完成额外工作增加的机械设备使用费。
- 非承包商责任致使的工效降低而增加的机械设备闲置、折旧和修理费分摊、租赁费用。
- 由于业主或工程师原因造成的机械设备停工的窝工费。机械设备台班窝工费的计算，如系租赁设备，一般按实际台班租金加上每台班分摊的机械调进调出费计算；如系承包商自有设备，一般按台班折旧费计算，而不能按全部台班费计算，因台班费中包括了设备使用费。
- 非承包商原因增加的设备保险费、运费及进口关税等。

(4) 现场管理费

现场管理费是某单个合同发生的、用于现场管理的总费用，一般包括现场管理人员的费用、办公费、通讯费、差旅费、固定资产使用费、工具用具使用费、保险费、工程排污费、供热、水及照明费等。它一般约占工程总成本的 $5\%\sim10\%$。索赔费用中的现场管理费是指承包商完成额外工程、索赔事项工作以及工期延长、延误期间的工地管理费。在确定分析索赔费用时，有时把现场管理费具体又分为可变部分和固定部分。所谓可变部分是指在延期过程中可以调到其他工程部位（或其他工程项目）上去的那部分人员和设施；所谓固定部分是指施工期间不易调动的那部分人员或设施。

(5) 总部（企业）管理费

总部管理费是承包商企业总部发生的、为整个企业的经营运作提供支持和服务所发生的管理费用，一般包括总部管理人员费用、企业经营活动费用、差旅交通费、办公费、通讯费、固定资产折旧、修理费、职工教育培训费用、保险费、税金等。它一般约占企业总营业额的 $3\%\sim10\%$。索赔费用中的总部管理费主要指的是工程延误期间所增加的管理费。

(6) 利息

利息，又称融资成本或资金成本，是企业取得和使用资金所付出的代价。融资成本主要有两种：额外贷款的利息支出和使用自有资金引起的机会损失。只要因业主违约（如业主拖延或拒绝支付各种工程款、预付款或拖延退还扣留的保留金）或其他合法索赔事项直接引起了额外贷款，承包商有权向业主就相关的利息支出提出索赔。利息的索赔通常发生于下列情况：

- 业主拖延支付预付款、工程进度款或索赔款等，给承包商造成较严重的经济损失，承包商因而提出拖付款的利息索赔。
- 由于工程变更和工期延误增加投资的利息。
- 施工过程中业主错误扣款的利息。

(7) 分包商费用

索赔费用中的分包费用是指分包商的索赔款项，一般也包括人工费、材料费、施工机械设备使用费等。因业主或工程师原因造成分包商的额外损失，分包商首先应向承包商提出索赔要求和索赔报告，然后以承包商的名义向业主提出分包工程增加费及相应管理费用索赔。

(8) 利润

对于不同性质的索赔，取得利润索赔的成功率是不同的。在以下几种情况下，承包商一般可以提出利润索赔：

- 因设计变更等变更引起的工程量增加；
- 施工条件变化导致的索赔；
- 施工范围变更导致的索赔；
- 合同延期导致机会利润损失；
- 由于业主的原因终止或放弃合同带来预期利润损失等。

(9) 其他费用

包括相应保函费、保险费、银行手续费及其他额外费用的增加等。

12.3.3 索赔费用的计算方法

索赔值的计算没有统一、共同认可的标准方法，但计算方法的选择却对最终索赔金额影响很大，估算方法选用不合理容易被对方驳回，这就要求索赔人员具备丰富的工程估价经验和索赔经验。对于索赔事件的费用计算，一般是先计算与索赔事件有关的直接费，如人工费、材料费、机械费、分包费等，然后计算应分摊在此事件上的管理费、利润等间接费。每一项费用的具体计算方法基本上与工程项目报价计算相似。

1. 基本索赔费用的计算方法

(1) 人工费

人工费是可索赔费用中的重要组成部分，其计算方法为：

$$C(L) = CL_1 + CL_2 + CL_3$$

其中，$C(L)$ 为索赔的人工费，CL_1 为人工单价上涨引起的增加费用，CL_2 为人工工时增加引起的费用，CL_3 为劳动生产率降低引起的人工损失费用。

(2) 材料费

材料费在工程造价中占据较大比重,也是重要的可索赔费用。材料费索赔包括材料耗用量增加和材料单位成本上涨两个方面。其计算方法为:

$$C(M) = CM_1 + CM_2$$

其中,$C(M)$ 为可索赔的材料费,CM_1 为材料用量增加费,CM_2 为材料单价上涨导致的材料费增加。

(3) 施工机械设备费

施工机械设备费包括承包商在施工过程中使用自有施工机械所发生的机械使用费,使用外单位施工机械的租赁费以及按照规定支付的施工机械进出场费用等。索赔机械设备费的计算方法为:

$$C(E) = C \cdot E_1 + CE_2 + CE_3 + CE_4$$

其中,$C(E)$ 为可索赔的机械设备费,CE_1 为承包商自有施工机械工作时间额外增加费用,CE_2 为自有机械台班费率上涨费,CE_3 为外来机械租赁费(包括必要的机械进出场费),CE_4 为机械设备闲置损失费用。

(4) 分包费

分包费索赔的计算方法为:

$$C(SC) = CS_1 + CS_2$$

其中,$C(SC)$ 为索赔的分包费,CS_1 为分包工程增加费用,CS_2 为分包工程增加费用的相应管理费(有时可包含相应利润)。

(5) 利息

利息索赔额的计算方法可按复利计算法计算。至于利息的具体利率应是多少,可采用不同标准,主要有以下三种情况:按承包商在正常情况下的当时银行贷款利率;按当时的银行透支利率或按合同双方协议的利率。

(6) 利润

索赔利润的款额计算通常是与原报价单中的利润百分率保持一致。即在索赔款直接费的基础上,乘以原报价单中的利润率,即作为该项索赔款中的利润额。

2. 管理费索赔的计算方法

在确定索赔事件的直接费用以后,还应提出应分摊的管理费。由于管理费金额较大,其确认和计算都比较困难和复杂,常常会引起双方争议。管理费属于工程成本的组成部分,包括企业总部管理费和现场管理费。我国现行建筑工程造价构成中,将现场管理费纳入到直接工程费中,企业总部管理费纳入到间接费中。一般的费用索赔中都可以包括现场管理费和总部管理费。

(1) 现场管理费

现场管理费的索赔计算方法一般有两种情况:

■ 直接成本的现场管理费索赔。对于发生直接成本的索赔事件,其现场管理费索赔额一般可按该索赔事件直接费乘以现场管理费费率,而现场管理费费率等于合同工程的现场管理费总额除以该合同直接成本总额。

■ 工程延期的现场管理费索赔。如果某项工程延误索赔不涉及直接费的增加,或由于工期延误时间较长,按直接成本的现场管理费索赔方法计算的金额不足以补偿工期延误所造成的实际现场管理费支出,则可按如下方法计算:用实际(或合同)现场管理费总额除以实际(或合同)工期,得到单位时间现场管理费费率,然后用单位时间现场管理费费率乘以可索赔的延期时间,可得到现场管理费索赔额。

(2) 总部管理费

目前常用的总部管理费的计算方法有以下几种:

- 按照投标书中总部管理费的比例($3\%\sim8\%$)计算。
- 按照公司总部统一规定的管理费比率计算。
- 以工程延期的总天数为基础,计算总部管理费的索赔额。

对于索赔事件来讲,总部管理费金额较大,常常会引起双方的争议,常常采用总部管理费分摊的方法,因此分摊方法的选择甚为重要。主要有两种:

1) 总直接费分摊法。总部管理费一般首先在承包商的所有合同工程之间分摊,然后再在每一个合同工程的各个具体项目之间分摊。其分摊系数的确定与现场管理费类似,即可以将总部管理费总额除以承包商企业全部工程的直接成本(或合同价)之和,据此比例即可确定每项直接费索赔中应包括的总部管理费。总直接费分摊法是将工程直接费作为比较基础来分摊总部管理费。它简单易行,说服力强,运用面较宽。其计算公式为:

$$单位直接费的总部管理费率 = \frac{总部管理费总额}{合同期承包商完成的总直接费} \times 100\%$$

$$总部管理费索赔额 = 单位直接费的总部管理费率 \times 争议合同直接费$$

总直接费分摊法的局限之处是:如果承包商所承包的各工程的主要费用比例变化太大,误差就会很大。如有的工程材料费、机械费比重大,直接费高,分摊到的管理费就多,反之亦然。此外如果合同发生延期且无替补工程,则延误期内工程直接费较小,分摊的总部管理费和索赔额都较小,承包商会因此而蒙受经济损失。

2) 日费率分摊法。日费率分摊法又称 Eichleay,得名于 Eichleay 公司一桩成功的索赔案例。其基本思路是按合同额分配总部管理费,再用日费率法计算应分摊的总部管理费索赔值。其计算公式为:

$$争议合同应分摊的总部管理费 = \frac{争议合同额}{合同期承包商完成的合同总额} \times 同期总部管理费总额$$

$$日总部管理费率 = \frac{争议合同应分摊的总部管理费}{合同履行天数}$$

$$总部管理费索赔额 = 日总部管理费率 \times 合同延误天数$$

该方法的优点是简单、实用,易于被人理解,在实际运用中也得到一定程度的认可。存在的主要问题有:一是总部管理费按合同额分摊与按工程成本分摊结果不同,而后者在通常会计核算和实际工作中更容易被人理解;二是"合同履行天数"中包括了"合同延误天数",降低了日总部管理费率及承包商的总部管理费索赔值。

从上可知,总部管理费的分摊标准是灵活的,分摊方法的选用要能反映实际情况,既要合理,又要有利。

3. 综合费用索赔的计算方法

对于有许多单项索赔事件组成的综合费用索赔,可索赔的费用构成往往很多,可能包括直接费用和间接费用,一些基本费用的计算前文已叙述。从总体思路上讲,综合费用索赔主要有以下计算方法。

(1) 总费用法

总费用法的基本思路是将固定总价合同转化为成本加酬金合同，或索赔值按成本加酬金的方法来计算，它是以承包商的额外增加成本为基础，再加上管理费、利息甚至利润的计算方法。表 12-6 为总费用法的计算示例，供参考。

总费用法计算示例　　　　　　　　　　　　　表 12-6

序号	费用项目	金额（元）
1	合同实际成本	
	（1）直接费	
	1）人工费	200000
	2）材料费	100000
	3）设备	200000
	4）分包商	900000
	5）其他	+100000
	合计	1500000
	（2）间接费	+160000
	（3）总成本 [（1）+（2）]	1660000
2	合同总收入（合同价+变更令）	-1440000
3	成本超支（1-2）	220000
	加：（1）未补偿的办公费和行政费（按总成本的10%）	166000
	（2）利润（总成本的15%+管理费）	273000
	（3）利息	+40000
4	索赔总额	699000

总费用法在工程实践中用得不多，往往不容易被业主、仲裁员或律师等所认可，该方法应用时应该注意以下几点：

■ 工程项目实际发生的总费用应计算准确，合同生成的成本应符合普遍接受的会计原则，若需要分配成本，则分摊方法和基础选择要合理。

■ 承包商的报价合理，符合实际情况，不能是采取低价中标策略后过低的标价。

■ 合同总成本超支全系其他当事人行为所致，承包商在合同实施过程中没有任何失误，但这一般在工程实践中是不太可能的。

■ 因为实际发生的总费用中可能包括了承包商的原因（如施工组织不善、浪费材料等）而增加了的费用，同时投标报价估算的总费用由于想中标而过低。所以这种方法只有在难以按其他方法计算索赔费用时才使用。

■ 采用这个方法，往往是由于施工过程上受到严重干扰，造成多个索赔事件混杂在一起，导致难以准确地进行分项记录和收集资料、证据，也不容易分项计算出具体的损失费用，只得采用总费用法进行索赔。

■ 该方法要求必须出具足够的证据，证明其全部费用的合理性，否则其索赔款额将不容易被接受。

(2) 修正的总费用法

修正的总费用法是对总费用法的改进，即在总费用计算的原则上，去掉一些不合理的因素，使其更合理。修正的内容如下：

- 将计算索赔款的时段局限于受到外界影响的时间，而不是整个施工期。
- 只计算受影响时段内的某项工作所受影响的损失，而不是计算该时段内所有施工工作所受的损失。
- 与该项工作无关的费用不列入总费用中。
- 对承包商投标报价费用重新进行核算：按受影响时段内该项工作的实际单价进行核算，乘以实际完成的该项工作的工作量，得出调整后的报价费用。

按修正后的总费用计算索赔金额的公式如下：

索赔金额＝某项工作调整后的实际总费用－该项工作的报价费用（含变更款）

修正的总费用法与总费用法相比，有了实质性的改进，已相当准确地反映出实际增加的费用。

(3) 分项法

分项法是在明确责任的前提下，对每个引起损失的干扰事件和各费用项目单独分析计算索赔值，并提供相应的工程记录、收据、发票等证据资料，最终求和。这样可以在较短时间内给以分析、核实，确定索赔费用，顺利解决索赔事宜。该方法虽比总费用法复杂、困难，但比较合理、清晰，能反映实际情况，且可为索赔文件的分析、评价及其最终索赔谈判和解决提供方便，是承包商广泛采用的方法。表 12-7 给出了分项法的典型示例，可供参考。分项法计算通常分三步：

- 分析每个或每类索赔事件所影响的费用项目，不得有遗漏。这些费用项目通常应与合同报价中的费用项目一致。
- 计算每个费用项目受索赔事件影响后的数值，通过与合同价中的费用值进行比较即可得到该项费用的索赔值。
- 将各费用项目的索赔值汇总，得到总费用索赔值。分项法中索赔费用主要包括该项工程施工过程中所发生的额外人工费、材料费、施工机械使用费、相应的管理费以及应得的间接费和利润等。由于分项法所依据的是实际发生的成本记录或单据，所以在施工过程中，对第一手资料的收集整理就显得非常重要。

分项法计算示例　　　　表 12-7

序号	索赔项目	金额（元）	序号	索赔项目	金额（元）
1	工程延误	256000	5	利息支出	8000
2	工程中断	166000	6	利润 (1+2+3+4)×15%	69600
3	工程加速	16000	7	索赔总额	541600
4	附加工程	26000			

表 12-7 中每一项费用又有详细的计算方法、计算基础和证据等，如因工程延误引起的费用损失计算参见表 12-8。

工程延误的索赔额计算示例　　　　　表 12-8

序　号	索赔项目	金额（元）	序　号	索赔项目	金额（元）
1	机械设备停滞费	95000	4	总部管理分摊	16000
2	现场管理费	84000	5	保函手续费、保险费增加	6000
3	分包商索赔	55000	6	合计	256000

12.4　工程争议处理

工程合同争议，是指工程合同订立至完全履行前，合同当事人因对合同的条款理解产生歧义或因当事人违反合同的约定，不履行合同中应承担的义务等原因而产生的纠纷。在工程实践中，常见的工程合同争议主要包括工程价款支付主体、工程进度款支付、竣工结算及审价、工程工期拖延、安全损害赔偿、工程质量及保修、合同中止及终止等争议。工程合同争议经常发生，合同双方当事人都应该高度重视、密切关注并研究解决争议的对策，从而促使合同争议尽快合理地解决。

12.4.1　工程合同争议的解决方式

在国际工程合同中，争议解决的方式通常有：协商（Negotiation）、斡旋（Mediation）、调解（Conciliation）、小型审理（Mini-Trials）、工程师决定（Engineer's Decision）、DRB（Dispute Review Board）、裁决（Adjudication）、仲裁（Arbitration）、诉讼（Litigation），除仲裁、诉讼以外的其他七种方式又称为"替代争议解决方法"（Alternative Dispute Resolution，简称 ADR）。在我国，合同争议解决的方式主要有和解、调解、仲裁和诉讼四种。《合同法》第 128 条规定：当事人可以通过和解或者调解解决合同争议。当事人不愿和解、调解或者和解、调解不成的，可以根据仲裁协议向仲裁机构申请仲裁。涉外合同的当事人可以根据仲裁协议向中国仲裁机构或者其他仲裁机构申请仲裁。当事人没有订立仲裁协议或者仲裁协议无效的，可以向人民法院起诉。当事人应当履行发生法律效力的判决、仲裁裁决、调解书；拒不履行的，对方可以请求人民法院执行。

1. 和解

和解是指在合同发生争议后，合同当事人在自愿互谅基础上，依照法律、法规的规定和合同的约定，自行协商解决合同争议。和解是解决合同争议最常见的一种最简便、最有效、最经济的方法。和解应遵循合法、自愿、平等、互谅互让等基本原则，合同当事人在和解过程中应注意坚持原则、分清责任、注意把握和解技巧、及时解决争议。任何协商都不是一蹴而就和万事顺利的，可能有多种情况出现。一是双方坚持不让，谈判陷入僵局，这时比较可行的办法是委托双方都有关系的人员进行会外劝解，重新谈判，但第三人只在当事人之间起"牵线搭桥"的作用，并不实质上参与当事人之间的协商。二是谈判达成谅解。这时应及时将谈判结果写成书面文件，并经双方正式签署。新的协议文件应当是处理方案明确，且有处理的合理期限，以利实施。三是谈判破裂，在谈判已明显出现不可能达成妥协方案时，应当为其他解决争议的方式做好准备。

2. 调解

调解是指在合同发生争议后,在第三人的参加与主持下,通过查明事实,分清是非,说服劝导,向争议的双方当事人提出解决方案,促使双方在互谅互让的基础上自愿达成协议从而解决争议的活动。调解一般应遵循自愿、合法、公平等基本原则。调解方式主要有行政调解、法院调解或仲裁调解及人民(民间)调解。采用调解应注意的问题包括:选择合适的调解人;实事求是,查明起因;分清责任,依法调解;协调说服,互谅互让;及时调解,不能影响仲裁和诉讼。

3. DRB

(1) 争议评审概念

争议评审是指争议双方通过事前的协商,选定独立公正的第三人对其争议作出决定,并约定双方都愿意接受该决定的约束的一种解决争议的程序。

争议评审是工程承包实践活动中出现、总结和发展起来的新的解决争议方式。工程界一直希望寻求一种能在合同执行过程中随时排除纠纷和解决争议的方式。DRB (Dispute Review Board,简称 DRB) 处理工程争议的方式是 20 世纪 70 年代在美国科罗拉多州的艾森豪威尔隧道工程中使用并发展起来的。这条隧道的土建、电气和装修三个合同(价值 1.28 亿美元)都采用了 DRB 解决争议方式,在整个四年多的工期中,对其 28 次不同的争议进行了听证和评审,DRB 提出的处理意见都得到争议各方的尊重和执行,从未发生仲裁或诉诸法院解决。艾森豪威尔隧道工程采用 DRB 解决争议方式取得的成功,在美国产生了较大影响,后来不仅在许多地下工程、水坝工程中较为普遍地采用,一些大型的民用工程也有采用。过去,世界银行贷款项目招标时适用 FIDIC 的合同条件,现在世界银行已修改其适用贷款工程《采购指南》的某些招标规定,决定对该合同条件的第 67 条争议解决一节进行修改,规定合同总价超过 5000 万美元的项目应当采用 DRB 方式解决争议,而合同总价小于 5000 万美元的项目则可以选择 DRB 方式或者争议评审专家方式 (Dispute Review Expert,简称 DRE) 解决争议。

我国的水利水电施工项目借鉴国际工程经验,逐步引入合同争议的评审机制,并在一些大型施工项目上如二滩水电站等开始运用。在《水利水电土建工程施工合同条件》(GF-2000—0208) 中,规定水利水电工程建设应建立合同争议调解机制,当监理单位的决定无法使合同双方或其中任一方接受而形成争议时,可通过由双方在合同开始执行时聘请的争议调解组或行业争议调解机构进行争议评审和调解,以求得争议的合理、公正解决。

(2) 争议评审的基本程序

争议评审一般应有较具体的程序。由于我国缺乏具体的争议评审人主持争议评审的程序规定,如果争议双方愿意采用争议评审的方式解决争议,最好在合同中作出某些规定。特别是对如何指定争议评审人、争议评审的范围、争议评审人作出决断的有效性等应明确的规定。争议评审的程序规则,可以参考某些仲裁规则,并力求简化。选择争议评审人可能较为困难,一些组织如监理工程师协会、律师协会、仲裁委员会等可以联合提供有资格的争议评审人名单和其他服务。DRB 方式和争议评审专家方式采用的基本程序如下:

1) 采用 DRB 解决争议的协议或合同条款。首先要由业主和承包商共同在其施工合同条款或单独的专项协议中明确采用 DRB 或者争议评审专家的方式解决争议,合同条款和协议中还要特别写明这种解决争议的范围、DRB 成员人数和产生办法、DRB 或争议评审专家方式与监理工程师处理争议以及仲裁或诉讼处理争议的关系等。通常 DRB 或争议评审专家处理争议的建议是咨询性的，它并不替代合同中规定的工程师对争议处理的程序，更不排除争议方因不满意 DRB 或争议评审专家的建议而诉诸仲裁或诉讼；世界银行关于 DRB 的新规定中，写明争议一方在收到 DRB 的处理争议建议后 14 天之内应当通知各方其不接受该建议而拟诉诸仲裁的意向，否则该建议被认为是终局的，对争议双方有约束力；无论该建议是否变为终局的和有约束力的，该建议应当成为仲裁或诉讼程序中处理与该建议有关的争议问题的可采纳的证据。

2) DRB 或争议评审专家成员的选定。通常 DRB 有 3 名成员（大型项目可以有 5 名或以上成员），争议双方各指定一名，并经双方相互确认，而后由该两名已被相互确认的 DRB 成员共同推荐第三名成员，并经争议双方批准，该第三名成员将作为 DRB 的主席。应当规定争议评审专家成员的基本条件，例如应当是具有与本工程同类项目的管理经验，并有较好的解释合同能力的技术专家，应当是与本工程任何一方没有受雇和财务关系，并没有股份或财务利益的人士，还应当是从未实质上参与过本工程项目的活动，并与争议任何一方没有任何协议或承诺的人士。在 DRB 的成员选定中，还应规定时间限制，如果任何一方未能按时指定成员，或者未能及时批准对方指定的成员及共同指定的第三名成员时，应当规定由谁或者某一机构在何时代为指定成员。

3) DRB 成员被指定后应签署接受指定的声明。该声明应表示同意接受担任该项目的 DRB 成员，并保证与合同双方没有任何受雇和财务往来及任何利益和承诺关系，愿意按规定保密和按秉公与独立的原则处理双方争议。如果是在工程施工合同签订后才确定采用 DRB 方式处理争议，则可由业主、承包商和 DRB 成员共同签订一份三方协议，这种协议可以就 DRB 的工作范围、处理争议的工作程序、三方的责任、DRB 开始和结束工作的时间、报酬与支付、协议的中止、DRB 成员的更换、DRB 的建议书的形式和采纳以及本三方协议的争议解决等作出明确规定。

4) DRB 的一般工作程序。通常是双方的争议先由双方共同协商解决，或提交监理工程师决定。只有在双方协商不能达成一致，或者其中一方对工程师的决定不同意时，可以在某一规定时间内提交给 DRB 处理；在一方向 DRB 提交争议处理请求时应相应地通知对方；DRB 将决定举行听证会，或者可以在 DRB 定期访问现场期间举行听证会。通常听证会在工程现场举行，在此之前双方应向 DRB 的每位成员提交书面文件和证据材料；听证会一般不作正式记录和录音、录像，但给争议双方充分的时间陈述和提出证据材料或者书面声明，DRB 成员在听证期间不得就争议的是非曲直发表任何观点，随后 DRB 成员将秘密进行讨论，直到形成处理争议的建议，建议以书面形式提出并由 DRB 成员签字。如果 DRB 成员中有少数不同意见者，可以附上少数成员的意见，但最好是尽力达成一致性的意见，以利各方执行；书面建议应分发给争议双方。

5) DRB 定期访问现场和定期现场会议。为使 DRB 成员了解工程施工和进展情况，并使工程进展过程中发生的争议得到及时处理，或者对潜在的争议提出可能的避免方法，一般都规定 DRB 成员应定期访问现场（例如每半年一次）。在访问期间，DRB 成员将由业主和承包商的双方代表陪同参观工程的各部位，并召开圆桌会议，听取上次会议以来的工程进展和存在问题的各方说明，听取各方对潜在争议的预测及其解决的建议。如果必要，可指定一方整理定期会议纪要供各方修改和定稿，并分发给三方备存。定期访问期间，DRB成员不得接受任何一方的单独咨询。如果定期访问期间处理已发生的争议，则按工作程序另外安排听证会议。

我国《水利水电土建工程施工合同条件》（GF-2000—0208）通用条款中，对合同争议评审和调解作了如下规定：

■ 争议调解组。业主和承包商应在签订合同协议书后的84天，共同协商成立争议调解组，并由双方与争议调解组签订协议。争议调解组由3（或5）名有合同管理和工程实践经验的专家组成，专家的聘请方法可由业主和承包商共同协商确定，亦可请政府主管部门推荐或通过行业合同争议调解机构聘请，并经双方认可。争议调解组成员应与合同双方均无利害关系。争议调解组的各项费用由业主和承包商平均分担。

■ 争议的提出。业主和承包商或其中任一方对监理人作出的决定有异议，又未能在监理人的协调下取得一致意见而形成争议，任一方均可以书面形式提请争议调解组解决，并抄送另一方。在争议尚未按"争议的评审"的规定获得解决之前，承包商仍应继续按监理人的指示认真施工。

■ 争议的评审。第一，合同双方的争议，应首先由主诉方向争议调解组提交一份详细的申诉报告，并附有必要的文件、图纸和证明材料，主诉方还应将上述报告的一份副本同时提交给被诉方。第二，争议的被诉方收到主诉方申诉报告副本后的28天内，亦应向争议调解组提交一份申辩报告，并附必要的文件、图纸和证明材料。被诉方亦应将报告的一份副本同时提交给主诉方。第三，争议调解组收到双方报告后的28天内，邀请双方代表和有关人员举行听证会，向双方调查和质询争议细节；若需要时，争议调解组可要求双方提供进一步的补充材料，并邀请监理人参加听证会。第四，在听证会结束后的28天内，争议调解组应在不受任何干扰的情况下，进行独立和公正的评审，将全体专家签名的评审意见提交给业主和承包商，并抄送监理人。第五，若业主和承包商接受争议调解组的评审意见，则可由监理人按争议调解组的评审意见，拟定争议解决议定书，经争议双方签字后作为合同的补充文件，并遵照执行。第六，若业主和承包商或其中任一方不接受争议调解组的评审意见，并要求提交仲裁，则任一方均可在收到上述评审意见后的28天内将仲裁意向通知另一方，并抄送监理人。若在上述28天期限内双方均未提出仲裁意向，则争议调解组的评审意见为最终决定，双方均应遵照执行。

(3) DRB解决争议方式的优点

在业已采用DRB处理争议方式的项目中，建设主管部门、业主、承包商和贷款金融机构等各方面的反映都是良好的。归纳起来，争议评审方式具有以下优点：

■ 技术专家的参与，处理方案符合实际。由于DRB成员都是具有施工和管理经验的技术专家，比起将争议交给仲裁或诉讼中的法律专家、律师和法官，仅凭法律条款去处理复杂的技术问题，更令人放心，即其处理结果更符合实际，并有利于执行。

■ 节省时间，解决争议便捷。由于DRB成员定期到现场考察情况，他们对争议起因和争议引起的后果了解得更为清楚，无须大量准备文字材料和费尽口舌向仲裁庭或法院解释和陈述；DRB的决策很快，可以节省很多时间。因为DRB可以在工程施工期间直接在现场处理大量常见争议，避免了争议的拖延解决而导致工期延误；也可防止由于争议的积累而使之扩大化、更为复杂化，是一种事前预防纠纷产生、扩大的合同控制方法。

■ 争议评审方式的成本比仲裁和诉讼更便宜。不仅总费用较少，而且所花费用是由争议双方平均分摊的。而在仲裁或诉讼中，则任何一方都有可能要承担双方为处理争议而花费的一切费用的风险。

■ DRB 并不妨碍再进行仲裁或诉讼。即使 DRB 的建议不具有终局性和约束力，或者一方不满意而不接受该建议，仍然可以再诉诸仲裁或诉讼。

4. 仲裁

(1) 仲裁概念及特点

仲裁是指由合同双方当事人自愿达成仲裁协议、选定仲裁机构对合同争议依法作出有法律效力裁决的解决合同争议的方法。仲裁具有灵活性、仲裁程序保密性、仲裁效率较高和费用较低等特点。仲裁应遵循独立、自愿、或裁或审、一裁终局、先行调解等原则。

(2) 仲裁的一般程序

1) 仲裁申请和受理

仲裁申请和受理主要有以下三个重要环节：

■ 仲裁协议：是指当事人自愿选择仲裁的方式解决他们之间可能发生的或者已经发生的合同争议的书面约定。仲裁协议应当具有以下主要内容：①请求仲裁的意思表示。即双方当事人应当明确表示将合同争议提交仲裁机构解决。②仲裁事项。即双方当事人共同协商确定的提交仲裁的合同争议范围。③选定的仲裁委员会。双方当事人应明确约定仲裁事项由哪一个仲裁机构进行仲裁。

■ 仲裁申请：是指当事人向仲裁委员会依照法律的规定和仲裁协议的约定，将争议提请约定的仲裁委员会予以仲裁。当事人在申请仲裁时，应当向仲裁委员会提交仲裁协议、仲裁申请书及副本。仲裁申请书应当载明下列事项：①当事人的姓名、性别、年龄、职业、工作单位和住所，法人或其他组织的名称、住所和法定代表人或者主要负责人的姓名、职务；②仲裁请求和所根据的事实、理由；③证据和证据来源、证人姓名和住所。

■ 仲裁受理：是指仲裁委员会依法接受对争议的审理。仲裁委员会在收到仲裁申请书之日起 5 日内，认为符合受理条件的，应当受理，并通知当事人；认为不符合受理条件的，应当书面通知当事人不予受理，并说明理由。

2) 组成仲裁庭

仲裁委员会受理仲裁申请后，应当组成仲裁庭进行仲裁活动。仲裁庭组成的原则是一案一组庭。仲裁庭可以由三名仲裁员组成，即合议制的仲裁庭；或者由一名仲裁员组成，即独任制的仲裁庭。

3) 开庭和裁决

开庭是指仲裁庭按照法定的程序，对案件进行有步骤有计划的审理。仲裁庭在作出裁决前，可以先行调解，当事人自愿调解的，仲裁庭应当调解；当事人不愿调解或调解不成的，仲裁庭应当进行裁决。当事人申请仲裁后，可以自行和解。调解达成协议的，仲裁庭应当制作调解书，调解书应当写明仲裁请求和当事人协议的结果。调解书由仲裁员签名，加盖仲裁委员会印章，送达双方当事人。

仲裁裁决是指仲裁机构经过当事人之间争议的审理，依据争议的事实和法律，对当事人双方的争议作出的具有法律约束力的判定。裁决应当制作裁决书，裁决书应当写明仲裁请求、争议事实、裁决结果、仲裁费用的负担和裁决日期。裁决书由仲裁员签名加盖仲裁委员会印章，仲裁书自作出之日起发生法律效力。

(3) 法院对仲裁的协助和监督

1) 法院对仲裁活动的协助

■ 财产保全。财产保全是指为了保证仲裁裁决能够得到实际执行，以免利害关系人的合法利益受到难以弥补的损失，在法定条件下所采取的限制另一方当事人、利害关系人处分财物的保障措施。财产保全措施包括查封、扣押、冻结以及法律规定的其他方法。

■ 证据保全。证据保全是指在证据可能毁损、灭失或者以后难以取得的情况下，为保存其证明作用而采取一定的措施加以确定和保护的制度。证据保全是保证当事人承担举证责任的补救方法，在一定意义上也是当事人取得证据的一种手段。证据保全的目的就是保障仲裁的顺利进行，确保仲裁庭作出正确裁决。

■ 强制执行仲裁裁决。仲裁裁决具有强制执行力，对双方当事人都有约束力，当事人应该自觉履行。但由于仲裁机构没有强制执行仲裁裁决的权力，因此，为了保障仲裁裁决的实施，防止负有履行裁决义务的当事人逃避或者拒绝仲裁裁决确定的义务，我国《仲裁法》规定，一方当事人不履行仲裁裁决的，另一方当事人可以依照民事诉讼法的有关规定向人民法院申请执行，受申请的人民法院应当执行。这时，法院将只审查仲裁协议的有效性、仲裁协议是否承认仲裁裁决是终局的以及仲裁程序的合法性等，而不审查实体问题。许多国家的法律制度最大限度地减少对仲裁的司法干预，以保证仲裁程序的独立公正、实际和迅速地进行，并确认仲裁裁决的终局性和提供执行的便利。

2) 法院对仲裁的监督

为了提高仲裁员的责任心，保证仲裁裁决的合法性、公正性，保护各方当事人的合法权益，我国《仲裁法》规定了法院对仲裁活动予以司法监督的制度。规定表明，对仲裁进行司法监督的范围是有限的而且是事后的。如果当事人对仲裁裁决没有异议，不主动申请司法监督，法院对仲裁裁决采取不干预的作法；司法监督的实现方式主要是允许当事人向法院申请撤销仲裁裁决和不予执行仲裁裁决。

■ 撤销仲裁裁决。当事人提出证据证明裁决有下列情形之一的，可以在自收到仲裁裁决书之日起6个月内向仲裁委员会所在地的中级人民法院申请撤销仲裁裁决：没有仲裁协议的；裁决的事项不属于仲裁协议的范围或者仲裁委员会无权仲裁的；仲裁庭的组成或者仲裁的程序违反法定程序的；裁决所根据的证据是伪造的；对方当事人隐瞒了足以影响公正裁决证据的；仲裁员在仲裁该案时有索贿受贿、徇私舞弊、枉法裁决行为的。以上规定表明，当事人申请撤销裁决应当在法律规定的期限内向法院提出，并应提供证明以上情形的证据。同时，并非任何法院都有权受理撤销仲裁裁决的申请，只有仲裁委员会所在地的中级人民法院对此享有专属管辖权。此外，法院认定仲裁裁决违背社会公共利益的应当裁定撤销。法院应当在受理撤销裁决申请之日起两个月内作出撤销裁决或者驳回申请的裁定，法院裁定撤销裁决的，应当裁定终止执行；撤销裁决的申请被裁定驳回的，法院应当裁定恢复执行。

■ 不予执行仲裁裁决。在仲裁裁决执行过程中，如果被申请人提出证据证明裁决有下列情形之一的，经法院组成合议庭审查核实，裁定不予执行该仲裁裁决：当事人在合同中没有订有仲裁条款或者事后没有达成书面仲裁协议的；裁决的事项不属于仲裁协议的范围或者仲裁机构无权仲裁的；仲裁庭的组成或者仲裁的程序违反法定程序的；认定事实和主要证据不足的；适用法律有错误的；仲裁员在仲裁该案时有贪污受贿、徇私舞弊、枉法裁决行为的。

5. 诉讼

(1) 诉讼概念和特点

诉讼是指合同当事人按照民事诉讼程序向法院对一定的人提出权益主张并要求法院予以解决和保护的请求。诉讼具有以下特点：

- 提出诉讼请求的一方，是自己的权益受到侵犯和他人发生争议，请求的目的是为了使法院通过审判，保护受到侵犯和发生争议的权益。任何一方当事人都有权起诉，而无须征得对方当事人的同意。
- 当事人向法院提起诉讼，适用民事诉讼程序解决；诉讼应当遵循地域管辖、级别管辖和专属管辖的原则。在不违反级别管辖和专属管辖的原则的前提下，可以依法选择管辖法院。
- 法院审理合同争议案件，实行二审终审制度。当事人对法院作出的一审判决、裁定不服的，有权上诉。对生效判决、裁定不服的，尚可向人民法院申请再审。

(2) 诉讼参加人

诉讼参加人是指与案件有直接利害关系并受法律判决约束的当事人以及与当事人地位相似的第三人及其他们的代理人。诉讼参加人可以是自然人、法人或其他组织。

- 当事人（原告、被告）：是指因合同争议而以自己的名义进行诉讼，并受法院裁判约束，与案件审理结果有直接利害关系的人。在第一审程序中，提起诉讼的一方称为原告，被诉的一方称被告。原、被告都享有委托代理人、申请回避、提供证据、进行辩论、请求调解、提出上诉、申请保全或执行等诉讼权利，同时也必须承担相应的诉讼义务，包括举证、遵守庭审秩序、履行发生法律效力的判决、裁定和调解协议等。
- 第三人：是指对他人争议的诉讼标的有独立请求权或者虽然没有独立请求权，但案件的处理结果与其有法律上的利害关系，因而自己请求或根据法院的要求参加到已经开始的诉讼中进行诉讼的人。有独立请求权的第三人享有原告的一切诉讼权利，无独立请求权的第三人不享有原、被告的诉讼权利，只享有维护自己权益所必需的诉讼权利。
- 诉讼代理人：是指在诉讼中，受当事人的委托以当事人名义在其授予的代理权限内实施诉讼行为的人。在工程合同争议诉讼中，诉讼代理人的代理权大多数是由委托授权而产生的。

(3) 第一审普通程序

1) 起诉与受理

起诉是指合同争议当事人请求法院通过审判保护自己合法权益的行为。起诉必须符合下列条件：原告是与案件有直接利害关系的公民、法人和其他组织；有明确的被告；有具体的诉讼请求和事实、理由；请求的事由属于法院的收案范围和受诉法院管辖；原、被告之间没有约定合同仲裁条款或达成仲裁协议。受理是指法院对符合法律条件的起诉决定立案审理的诉讼行为。法院接到起诉状后，经审查，认为符合起诉条件的，应当在7日内立案，并通知当事人；认为不符合起诉条件的，应当在接到起诉状之日起6日内裁定不予受理；原告对裁定不服的，可以提起上诉。

2) 审理前的准备

法院受理案件后应当组成合议庭，合议庭至少由三名审判员或至少由一名审判员和两名陪审员组成，不包括书记员。合议庭组成后，应当在3日内将合议庭组成人员告知当事人。其他准备工作包括：发送受理案件通知书和应诉通知书，告知当事人的诉讼权利义务；告知合议庭组成人员，确定案件是否公开审理；审核诉讼材料，调查收集必要的证据；追加诉讼第三人；试行调解等。

3) 开庭审理

开庭审理是指在法院审判人员的主持下，在当事人和其他诉讼参与人的参加下，法院依照法定程序对案件进行口头审理的诉讼活动。开庭审理是案件审理的中心环节。审理合同争议案件，除涉及国家秘密或当事人的商业秘密外，均应公开开庭审理。

■ 宣布开庭。法院应在3日前将通知送达当事人及有关人员。对公开审理的案件3日前应贴出公告。开庭前，由书记员查明当事人和其他诉讼参与人是否到达法庭及其合法身份，同时宣布法庭纪律。开庭审理时，由审判长或独任审判员宣布开始，同时核对当事人并告知当事人诉讼权利和义务。

■ 法庭调查。这是开庭审理的核心阶段，主要任务是审查、核对各种证据，以查清案情认定事实。其顺序是：当事人陈述，先由原告陈述，再由被告陈述；证人作证，法庭应告知证人的权利义务，对未到庭的证人应宣读其书面证言；出示书证、物证和视听资料；宣读鉴定结论；宣读勘验笔录。当事人在法庭上可以提供新证据，可以要求重新调查、鉴定或勘验，是否准许，由法院决定。

■ 法庭辩论。法庭辩论是由当事人陈述自己的意见，通过双方的言词辩论，使法院进一步查明事实，分清是非。其顺序是：原告及其诉讼代理人发言；被告及其诉讼代理人答辩；第三人及其诉讼代理人发言或者答辩；互相辩论。法庭辩论终结，由审判长按照原告、被告、第三人的先后顺序征询各方最后意见。

■ 评议审判。法庭辩论结束后，由合议庭成员退庭评议，按照少数服从多数原则作出判决。评议中的不同意见，必须如实记入笔录。评议除对工程合同争议案件作出处理决定外，还应对物证的处理、诉讼费用的负担作出决定。判决当庭宣告的，在合议庭成员评议结束重新入庭就座后，由审判长宣判，并在10日内向当事人发送判决书。定期宣判的，审判长可当庭告知双方当事人定期宣判的时间和地点，也可以另行通知。定期宣判后，立即发给判决书。宣判时应当告知当事人上诉权利、上诉期限和上诉法院。

4) 法院调解

经过法庭调查和法庭辩论后，在查清案件事实的基础上，当事人愿意调解的，可以当庭进行调解，当事人不愿调解或调解不成的，法院应当及时裁决。当事人也可以在诉讼开始后至裁决作出之前，随时向法院申请调解，法院认为可以调解时也可以随时调解。当事人自愿达成调解协议后，法院应当要求双方当事人在调解协议上签字，并根据情况决定是否制作调解书。对不需要制作调解书的协议，应当记入笔录，由争议双方当事人、审判人员、书记员签名或盖章后，即具有法律效力。多数情况下，法院应当制作调解书，调解书应当写明诉讼请求、案件的事实和调解结果。调解书应由审判人员、书记员签名，加盖法院印章，送达双方当事人。

(4) 第二审程序

第二审程序是指诉讼当事人不服第一审法院判决、裁定，依法向上一级法院提起上诉，由上一级法院根据事实和法律，对案件重新进行审理的程序。其审理范围为上诉请求的有关事实和适用的法律。上诉期限，不服判决的为 15 日，不服裁定的为 10 日。逾期不上诉的，原判决、裁定即发生法律效力。当事人提起上诉后至第二审法院审结前，原审法院的判决或裁定不发生法律效力。

第二审法院应当组成合议庭开庭审理，但合议庭认为不需要开庭审理的，也可以直接进行判决、裁定。第二审法院对上诉或者抗诉的案件，经审理后依不同情况分别处理：

- 原判决认定事实清楚、适用法律正确的，判决驳回上诉，维持原判。
- 原判决适用法律错误的，依法改判。
- 原判决认定事实错误，或者原判决认定事实不清、证据不足，裁定撤销原判决，发回原审法院重审，或者查清事实后改判。
- 原判决违反法定程序，可能影响案件正确判决的，裁定撤销原判决，发回原审法院重审。当事人对重审案件的判决、裁定，可以上诉。

第二审法院作出的判决、裁定是终审判决、裁定，当事人没有上诉权。二审法院对判决、裁定的上诉案件，应当分别在案件立案之日起 3 个月内和 1 个月内审结。第二审法院可以对上诉案件进行调解。调解达成协议的，应当制作调解书，调解书送达后，原审法院的判决即视为撤销。调解不成的，依法判决。

(5) 执行程序

执行是法院依照法律规定的程序，运用国家强制力，强制当事人履行已生效的判决和其他法律文书所规定的义务的行为，又称强制执行。对于已经发生法律效力的判决、裁定、调解书、支付令、仲裁裁决书、公证债权文书等，当事人应当自动履行。一方当事人拒绝履行的，另一方当事人有权向法院申请执行，也可以由审判员移送执行员执行。申请执行的期限，双方或一方当事人是公民的为一年，双方是法人或其他组织的为六个月，从法律文书规定履行期限的最后一日起计算。

执行中，双方当事人自行和解达成协议的，执行员应当将协议内容记入笔录，由双方当事人签名或盖章。一方当事人不履行和解协议的，经对方当事人申请恢复对原生效法律文书的执行，执行中被执行人向法院提供担保并经申请执行人同意的，法院可以决定暂缓执行及暂缓执行的期限。被执行人逾期仍不履行的，法院有权执行被执行人的担保财产或者担保人的财产。

依照《民事诉讼法》规定，强制执行措施有：法院有权扣留、提取被执行人应当履行义务部分的收入；有权向银行等金融机构查询被执行人的存款情况，冻结、划拨被执行人的存款，但不得超出被执行人应履行义务的范围；查封、扣押、冻结、拍卖、变卖被执行人应当履行义务部分的财产；对被执行人隐匿的财产进行搜查；执行特定行为等。

12.4.2 工程合同的争议管理

1. 有理有节，争取和解或调解

施工企业面临着众多争议而且又必须设法解决的困惑，不少企业都参照国际惯例，设置并逐步完善了自己的内部法律机构或部门，专职实施对争议的管理，这是企业进入市场之必需。要注意预防解决争议找法院打官司的单一思维，通过诉讼解决争议未必是最有效的方法。由于工程合同争议情况复杂，专业问题多，有许多争议法律无法明确规定，往往造成主审法官难以判断、无所适从。因此，要深入研究案情和对策，处理争议要有理有利

有节,能采取和解、调解甚至争议评审方式解决争议的,尽量不要采取诉讼或仲裁方式。

2. 重视时效,及时主张权利

通过仲裁、诉讼的方式解决工程合同争议的,应当特别注意有关仲裁时效与诉讼时效的法律规定,在法定时效内主张权利。《仲裁法》第74条规定,法律对仲裁时效有规定的,适用该规定,法律对仲裁时效没有规定的,适用诉讼时效的规定。《民法通则》第5条规定,向人民法院请求保护民事权利的诉讼时效期间为2年,法律另有规定的除外。《合同法》第129条规定:因国际货物买卖合同和技术进出口合同争议提起诉讼或者申请仲裁的期限为四年。有关工程合同争议的仲裁和诉讼时效期间的计算问题如下:

■ 追索工程款、勘察费、设计费,仲裁和诉讼时效期间均为2年,从工程竣工之日起计算,双方对付款时间有约定的,从约定的付款期限届满之日起计算。

■ 工程因业主的原因中途停工的,仲裁和诉讼时效期间从工程停工之日起计算。

■ 工程竣工或工程中途停工,承包商应当积极主张权利。实践中,承包商提出工程竣工结算报告或对停工工程提出中间工程竣工结算报告,系承包商主张权利的基本方式,可引起诉讼时效的中断。

■ 追索材料款、劳务款,仲裁和诉讼时效期间亦为2年,从双方约定的付款期限届满之日起计算;没有约定期限的,从购方验收之日起计算,或从劳务工作完成之日起计算。

■ 出售质量不合格的商品未声明的,仲裁和诉讼时效期间均为1年,从商品售出之日起计算。

根据《民法通则》关于时效中断的规定,对于债权,具备申请仲裁或提起诉讼条件的,应在时效的期限内提请仲裁或提起诉讼。尚不具备条件的,应设法引起时效中断,具体办法有:

■ 工程竣工后或工程中间停工的,承包商应尽早向业主或监理工程师提出结算报告;对于其他债权,亦应以书面形式主张债权。对于履行债务的请求,应争取到对方有关工作人员签名、盖章,并签署日期。

■ 债务人不予接洽或拒绝签字盖章的,应及时将要求该单位履行债务的书面文件制作一式数份,自存至少一份备查后,将该文件以电报的形式或其他妥善的方式通知对方。

3. 收集证据,确保客观充分

证据是指能够证明案件真实情况的事实。在民事案件中,事实是指发生在当事人之间的引起当事人权利义务的产生、变更或者消灭的活动。证据具有两个基本特征,其一,证据是客观存在的事实,不以人的意志为转移;其二,证据是与案情有联系的事实,这也是证据之所以能起到证明案件真实情况的作用的原因。从不同的角度可以将证据划分为不同的类型。根据能够作为证据的客观事实所借以表现的形式,《民事诉讼法》第63条将证据分为7种,即书证、物证、视听资料、证人证言、当事人的陈述、鉴定结论、勘验笔录。收集证据应当遵守如下要求:

■ 为了及时发现和收集到充分、确凿的证据,在收集证据以前应当认真研究已有材料,分析案情,并在此基础上制定收集证据的计划,确定收集证据的方向、调查的范围和对象、应当采取的步骤和方法,同时还应考虑到可能遇到的问题和困难,以及解决问题和克服困难的办法等。

- 收集证据的程序和方式必须符合法律规定。凡是收集证据的程序和方式违反法律规定的，例如，以贿赂的方式使证人作证的，或不经过被调查人同意擅自进行录音的等等，所收集到的材料一律不能作为证据来使用。
- 收集证据必须客观、全面。收集证据必须尊重客观事实，按照证据的本来面目进行收集，不能弄虚作假，断章取义，制造假证据。全面收集证据就是要收集能够收集到的、能够证明案件真实情况的全部证据，不能只收集对自己有利的证据。
- 收集证据必须深入、细致。实践证明，只有深入、细致地收集证据，才能把握案件的真实情况，因此，收集证据必须杜绝粗枝大叶、马虎行事、不求甚解的做法。
- 收集证据必须积极主动、迅速，证据虽然是客观存在的事实，但可能由于外部环境或条件的变化而变化，如果不及时予以收集，就有可能灭失。

4. 摸清财务状况，做好财产保全

对工程合同的当事人而言，提起诉讼的目的，大多数情况下是为了实现金钱债权，因此，必须在申请仲裁或者提起诉讼前调查债务人的财产状况，为申请财产保全做好充分准备。调查债务人的财产范围应包括：

- 固定资产，如房地产、机器设备等尽可能查明其数量、质量、价值，是否抵押等具体情况。
- 开户行、账号、流动资金的数额等情况。
- 有价证券的种类、数额等情况。
- 债权情况，包括债权的种类、数额、到期日等。
- 对外投资情况（如与他人合股、合伙创办经济实体），应了解其股权种类、数额等。
- 债务情况。债务人是否对他人尚有债务未予清偿，以及债务数额、清偿期限的长短等，都会影响到债权人实现债权的可能性。
- 此外，如果债务人系企业的，还应调查其注册资金与实际投入资金的具体情况，两者之间是否存在差额，以便确定是否请求该企业的开办人对该企业的债务在一定范围内承担清偿责任。

执行难是一个令债权人十分头痛的问题。因此，为了有效防止债务人转移、隐匿财产，顺利实现债权，应当在起诉或申请仲裁成立之前向人民法院申请财产保全。《民事诉讼法》第92条第（1）款规定："人民法院对于可能因当事人一方的行为或者其他原因，使判决不能执行或者难以执行的案件，可以根据对方当事人的申请，作出财产保全的裁定；当事人没有提出申请的，人民法院在必要时也可以裁定采取财产保全措施"。"利害关系人因情况紧急，不立即申请财产保全将会使其合法权益受到难以弥补的损害的，可以在起诉前向人民法院申请采取财产保全措施"。应当注意，申请财产保全，一般要向法院提供担保，且起诉前申请财产保全的，必须提供担保。担保应当以金钱、实物或者人民法院同意的担保等形式实现，所提供的担保的数额应相当于请求保全的数额。因此，申请财产保全的应当先作准备，了解保全财产的情况后，缜密做好以上各项工作后，即可申请仲裁或提起诉讼。

5. 聘请专业律师，尽早介入争议处理

近年来，各地都已出现了一些熟悉、擅长工程合同争议解决的专业律师和专业律师事务所。由于这些律师经常从事专业案件的处理，具有解决复杂案件的能力，有的已经成为专家。这是法律服务专业化分工的必然结果。因此，合同当事人不论是否有自己的法律机构，当遇到案情复杂、难以准确判断的争议时，应当尽早聘请专业律师，避免走弯路。目前，不少承包商抱怨，官司打赢了，得到的却是一纸空文，判决无法执行，这往往和起诉时未确定真正的被告和未事先调查执行财产并及时采取诉讼保全有关。工程合同争议的解决不仅取决于行业情况的熟悉，很大程度上取决于诉讼技巧和正确的策略，而这些都是专业律师的专长。

12.5 本章小结

本章介绍了工程合同索赔的概念、特点、种类、程序及索赔文件构成等基本内容，并重点分析工期索赔和费用索赔的基本方法；此外还介绍了工程争议的解决方式以及工程合同的争议管理。